2026 공무원 시험대비【5월분】

합격을 만드는

주간 합격모의고사

5월

-제1회-

이 름: _____

제1과목 국어
제2과목 영어
제3과목 한국사
제4과목 행정법총론
제5과목 행정학개론

주간 모의고사 정오표

합격까지 박문각

국 어

1. <공공언어 바로 쓰기 원칙>에 따라 수정한 것으로 적절하지 않은 것은?

> **< 공공언어 바로 쓰기 원칙 >**
>
> ○ 다듬은 말 사용
> - 다듬기(국어 순화)의 의미: 지나치게 어렵거나 생소한 말을 '쉽고 바르고 고운 말'로 다듬는 것, 생소한 외래어나 외국어를 우리말로 다듬는 것.
> - 다듬기의 목적 및 효용: 국어의 쉽고 원활한 의사소통 기능 향상, 국어 문화와 민족 문화 발전, 경제적 손실 방지.

① "사업 계획서를 첨부하여 반납하시오."에서 '반납'을 '제출'로 수정한다.

② "관련 서류를 익일까지 제출하시오."에서 '익일'을 '내일'로 수정한다.

③ "본 사업의 니즈를 파악한다."에서 '니즈'를 '수익'으로 수정한다.

④ "행사 당일 드레스코드를 준수하시오."에서 '드레스코드'를 '복장 규정'으로 수정한다.

2. <개요>의 빈칸에 들어갈 내용으로 적절하지 않은 것은?

> **<개 요>**
>
> ○ 제목: 도심 내 소음 공해 심화 문제와 저감 방안
>
> Ⅰ. 도심 소음 공해의 실태
> 1. 인간 활동으로 발생하는 불쾌한 소리로 인한 생활 환경 훼손
> 2. 도심 소음 민원 급증 및 시민의 수면·건강 피해 확산
>
> Ⅱ. 도심 소음 공해 심화의 원인
>   [   ]
>
> Ⅲ. 도심 소음 공해 저감 방안
> 1. 교통량 분산 및 저소음 도로 포장재 보급 확대
> 2. 생활 소음 발생 업종에 대한 시간대별 규제 강화
> 3. 도심 내 완충 녹지대 조성 및 방음 시설 설치 확대

① 차량 증가 및 도로 교통 소음의 지속적 심화

② 심야 시간대 상업 시설·공사장 소음 관리 미흡

③ 도심 내 녹지 및 방음 완충 공간의 절대적 부족

④ 소음 피해 시민을 위한 심리 상담 프로그램 운영 부재

3. ㉠~㉣ 중 문맥상 어색한 곳을 수정한 것으로 가장 적절한 것은?

> 판구조론에 따르면 판의 경계는 지각이 새로 형성되는 발산 경계, 지각이 맨틀 속으로 들어가 사라지는 수렴 경계, 그리고 지각의 생성이나 소멸 없이 판이 평행하게 스쳐 지나가기만 하는 보존 경계의 세 가지로 구분된다. 먼저 발산 경계에서는 두 판이 서로 ㉠ <u>멀어지며</u>, 마그마가 분출하여 새로운 지각이 형성된다. 대서양 중앙 해령이 그 예로, 이곳에서는 해저 지각이 지속적으로 생성되어 해저가 확장된다. 이와 달리 수렴 경계에서는 두 판이 서로 가까워지며 충돌한다. 해양판과 대륙판이 충돌할 경우, ㉡ <u>밀도가 높은 해양판이 대륙판 아래로 섭입되며</u> 해구를 형성하는데, 이때 판이 맨틀 속으로 들어가 녹으면서 지각의 소멸이 일어난다. 반면 밀도가 비슷한 두 대륙판이 충돌하면 판이 아래로 들어가는 섭입 과정 없이 지각이 ㉢ <u>융기하여</u> 히말라야와 같은 높은 산맥을 형성한다. 마지막으로 보존 경계에서는 두 판이 서로 반대 방향으로 수평 이동하며, ㉣ <u>지각의 생성과 소멸이 활발하게 일어나고</u> 화산 활동보다는 지진이 자주 발생한다.

① ㉠: 가까워지며

② ㉡: 밀도가 비슷한 해양판이 대륙판 아래로 섭입되며

③ ㉢: 침강하여 깊은 골짜기를 형성하며

④ ㉣: 지각의 생성과 소멸 없이 수평 이동만 일어나고

4. 다음 글의 ㉠과 ㉡에 대한 분석으로 적절하지 않은 것은?

> 최근 흉악 범죄에 대한 처벌 수단으로 사형제도의 실효성을 둘러싼 논쟁이 다시 수면 위로 떠오르고 있다. 우리나라는 1997년 이후 사형을 집행하지 않아 사실상 사형 폐지국으로 분류되고 있으나, 법적으로는 여전히 사형제도가 유지되고 있다. 이에 사형제도를 완전히 폐지할 것인지, 아니면 존치할 것인지에 대한 사회적 논의가 활발하게 이루어지고 있으며 전문가들의 견해도 엇갈리고 있다. ㉠ <u>존치 측</u>은 사형제도가 범죄 예방을 위한 강력한 심리적 기제이자 법적 정의의 최후 보루라고 주장한다. 무엇보다 범죄자가 타인의 생명을 침해했다면 국가 역시 그에 상응하는 형벌을 부과해야 한다는 '응보적 정의'의 실현을 강조한다. 이는 피해자가 입은 고통에 대해 국가가 법적으로 보복해 주는 공적 절차이며, 비례의 원칙에 따라 악행에 합당한 책임을 묻는 최소한의 도리라는 것이다. 또한, 사형이라는 극형의 존재 자체가 잠재적 범죄자들에게 경고를 보내 강력 범죄 발생률을 낮추는 억제 효과를 지닌다고 본다. ㉡ <u>폐지 측</u>은 사형제도를 시행하는 국가와 폐지한 국가의 강력 범죄 발생률을 비교했을 때 유의미한 차이가 없다는 연구 결과를 근거로 사형제도의 범죄 억제 효과에 의문을 제기한다. 아울러 사법 절차의 오류로 인해 무고한 사람이 사형에 처해질 수 있는 위험성을 지적하며, 국가가 인간의 생명을 빼앗을 권한을 가져서는 안 된다고 주장한다.

① ㉠은 사형 선고가 잠재적 범죄자의 범행 결심에 실질적인 영향을 미친다는 근거를 제시해야 한다.

② ㉠은 피해자 유족의 심리적 회복이 응보적 정의의 실현만으로 충분히 이루어진다는 근거를 제시해야 한다.

③ ㉡은 사형제도를 시행하는 국가와 폐지한 국가의 사회적 조건이 유사하다는 근거를 제시해야 한다.

④ ㉡은 사법 절차상의 오류가 실제로 사형 집행으로 이어진 사례가 존재한다는 근거를 제시해야 한다.

5. 다음 글을 이해한 내용으로 적절하지 않은 것은?

> 인식론에서 '게티어 문제'는 전통적인 지식의 정의에 근본적인 의문을 제기한 사례이다. 전통적으로 지식은 '정당화된 참인 믿음', 즉 어떤 명제가 참이고, 그것을 믿으며, 그 믿음에 정당한 근거가 있을 때 성립한다고 여겨져 왔다. 그러나 에드먼드 게티어는 이 세 조건이 모두 충족되더라도 그것이 진정한 지식이 아닌 경우가 있음을 반례를 통해 보여 주었다. 예를 들어 시계가 멈춰 있는 줄 모르고 우연히 정확한 시간에 그 시계를 보아 시간을 맞힌 경우, 그 믿음은 참이고 정당화되어 있지만 우연에 의한 것이어서 진정한 지식으로 보기 어렵다. 이 문제는 인식론 역사에서 큰 반향을 일으켰으며, 이후 지식의 정의를 보완하려는 다양한 시도로 이어졌다. 게티어 문제 이후 철학자들은 지식의 정의에 네 번째 조건을 추가하거나, 정당화의 개념을 정교화하는 방식으로 대응하였다. 그중 하나가 '인과 이론'으로, 어떤 믿음이 지식이 되려면 그 믿음이 사실과 적절한 인과적 연결을 맺고 있어야 한다는 것이다. 즉 참인 명제가 그 믿음을 인과적으로 야기하지 않은 경우, 그 믿음은 지식으로 인정받기 어렵다. 이러한 논의들은 지식이 단순한 믿음 이상의 무언가를 요구한다는 점을 분명히 하였으나, 지식의 완전한 정의는 여전히 철학적 논쟁의 대상으로 남아 있다.

① 전통적 지식의 정의는 정당화된 참인 믿음이라는 세 가지 조건으로 구성된다.

② 게티어 문제는 세 가지 조건이 충족되더라도 진정한 지식이 아닐 수 있음을 보여 준다.

③ 인과 이론에 따르면 참인 명제가 믿음을 인과적으로 야기하지 않아도 그 믿음은 지식으로 인정된다.

④ 게티어 문제 이후 지식의 정의를 보완하려는 다양한 철학적 시도가 이어졌다.

6. 다음 글에서 추론한 내용으로 적절하지 않은 것은?

> 생물의 형질이란 생물이 지닌 특정한 성질이나 특성을 의미한다. 형질은 크게 유전 형질과 후천적 형질로 구분되며, 두 유형은 결정 요인이라는 측면에서 분명히 구별된다. 유전 형질은 부모로부터 자녀에게 유전자를 통해 전달되는 형질로, 개체의 경험이나 생활 환경과 무관하게 오직 유전자에 의해 결정된다. 혈액형, 눈동자 색깔, 특정 유전 질환 등이 이에 해당하며, 이들은 부모 세대의 유전자 조합 방식에 따라 자녀에게 전달된다. 반면 후천적 형질은 환경의 영향이나 개체의 경험에 의해 형성되는 것으로, 개체가 태어날 때부터 지닌 유전자에 의해 결정되지 않는다. 특정 언어를 구사하는 능력이나 악기 연주 기술, 스포츠 역량은 경험과 반복 학습을 통해 획득되므로 후천적 형질에 해당한다. 그런데 키나 체중처럼 유전자의 영향을 받으면서도 영양 상태나 생활 환경에 따라 그 값이 달라질 수 있는 형질도 존재한다. 이처럼 유전자와 환경이 함께 작용하여 결정되는 형질은 유전 형질과 후천적 형질 어느 하나로만 단정 짓기 어렵다. 결국 형질 분류의 기준은 유전자와 환경 가운데 어느 요인이 결정적으로 작용하느냐에 달려 있으며, 두 요인의 영향이 중첩될수록 분류의 경계는 점점 흐려진다. 이러한 이유로 현대 생물학에서는 유전과 환경의 상호작용을 종합적으로 고려하여 형질을 분석하는 관점이 널리 받아들여지고 있다.

① 부모 모두에게서 동일한 혈액형을 물려받은 자녀의 혈액형은 유전 형질에 해당한다.

② 오랜 기간 반복 훈련을 통해 익힌 피아노 연주 실력은 후천적 형질에 해당한다.

③ 유전자 구성이 동일한 일란성 쌍둥이라도 성장 환경에 따라 키가 서로 달라질 수 있다.

④ 눈동자 색깔은 환경의 영향도 함께 받으므로 유전 형질과 후천적 형질 어느 하나로 단정할 수 없다.

7. 다음 글의 중심 생각으로 가장 적절한 것은?

> 양자 역학은 원자보다 작은 세계를 기술하는 물리학의 한 분야로, 고전 역학으로는 설명할 수 없는 현상들을 다룬다. 고전 역학에서는 입자의 위치와 운동량을 동시에 정확하게 측정할 수 있다고 가정하지만, 양자 역학에서는 이것이 원리적으로 불가능하다. 하이젠베르크의 불확정성 원리에 따르면, 입자의 위치를 정밀하게 측정할수록 운동량의 불확실성은 커지고, 반대로 운동량을 정밀하게 측정할수록 위치의 불확실성은 커진다. 이는 측정 기술의 한계가 아니라 자연 자체의 근본적인 속성이다.
>
> 또한 양자 역학은 입자가 파동의 성질을 동시에 지닌다는 파동-입자 이중성을 주장한다. 전자를 이중 슬릿에 통과시키면 파동처럼 간섭무늬를 형성하지만, 검출기로 관측하는 순간 입자처럼 특정 위치에서 발견된다. 이처럼 관측 행위 자체가 대상의 상태에 영향을 미친다는 점에서, 양자 역학은 관측자와 대상을 분리할 수 없다는 새로운 인식론적 함의를 제시한다. 슈뢰딩거의 고양이 사고 실험은 이러한 관측 문제를 극적으로 보여 주는 사례로, 관측 이전에는 고양이가 살아 있는 상태와 죽어 있는 상태가 중첩되어 존재한다는 역설적 결론에 이른다.
>
> 이처럼 양자 역학은 단순히 미시 세계의 현상을 기술하는 데 그치지 않고, 실재와 인식에 관한 근본적인 질문을 던진다. 현대 물리학자들은 양자 역학의 해석을 둘러싸고 코펜하겐 해석, 다세계 해석, 숨은 변수 이론 등 다양한 관점을 제시하며 논쟁을 이어가고 있으며, 이 논쟁은 물리학을 넘어 철학적 영역으로까지 확장되고 있다.

① 양자 역학은 고전 역학의 오류를 정면으로 반박하고 이를 완전히 대체하는 확정된 이론 체계이다.

② 하이젠베르크의 불확정성 원리와 파동-입자 이중성은 측정 기술의 발전으로 극복될 수 있는 한계이다.

③ 양자 역학은 미시 세계의 현상을 기술하는 데 그치지 않고, 실재와 인식에 관한 근본적인 물음을 제기한다.

④ 양자 역학의 다양한 해석들은 철학적 논쟁에 불과하며 물리학의 실증적 영역과는 무관하다.

8. 다음 글의 빈칸에 들어갈 결론으로 가장 적절한 것은?

서양 근대 철학에서 '주체'의 문제는 데카르트의 코기토 명제로부터 출발한다. "나는 생각한다, 고로 나는 존재한다"는 이 명제는 사유하는 자아를 세계 인식의 확고한 출발점으로 삼는다. 이때 주체는 외부 세계와 분리된 채 독립적으로 존재하며, 대상을 관찰하고 분류하는 중립적 인식자로 기능한다. 이 구도 속에서 세계는 주체가 파악하고 지배해야 할 객체로 위치 지어진다. 그러나 20세기에 들어서면서 이러한 근대적 주체 개념은 여러 방면에서 도전을 받기 시작했다. 프로이트는 인간의 행동이 의식적 자아가 아닌 무의식의 충동에 의해 지배된다고 주장하며, 이성적이고 자율적인 주체라는 관념 자체를 흔들었다. 푸코는 주체가 스스로를 형성하는 것이 아니라 권력과 담론의 그물망 속에서 사회적으로 구성된다고 보았다. 데리다는 언어 체계 자체가 불안정하고 자기 모순적임을 드러냄으로써, 언어를 통해 세계를 투명하게 인식한다는 주체의 특권적 위상을 해체하였다. 이처럼 근대적 주체의 해체는 단일한 방향에서 진행된 것이 아니라 무의식, 권력, 언어라는 서로 다른 층위에서 복합적으로 이루어졌다. 그 결과 오늘날 철학에서 주체는 더 이상 세계 인식의 투명한 기원으로 간주되지 않는다. 이와 같이 현대 철학에서 주체 개념은 [   ]

① 데카르트의 코기토 명제를 계승하면서도 무의식과 언어의 층위에서 이를 심화한 개념으로 재정립되었다.

② 근대적 자아의 독립성과 자율성을 전제로 하되, 사회적 맥락 속에서 보완·수정되는 방향으로 발전하였다.

③ 이성적 자아를 중심에 놓는 근대적 구도를 다양한 방향에서 비판·해체함으로써 근본적인 전환을 맞이하였다.

④ 프로이트, 푸코, 데리다의 논의를 종합하여 주체의 자율성을 새로운 방식으로 복원하는 데 기여하였다.

9. 다음 글의 전개 순서로 가장 자연스러운 것은?

(가) 그러나 모든 사람이 공감 능력을 같은 방식으로 발휘하는 것은 아니다. 심리학자들은 공감을 크게 정서적 공감과 인지적 공감으로 구분한다. 정서적 공감은 타인의 감정을 함께 느끼는 능력이고, 인지적 공감은 타인의 처지를 이성적으로 파악하는 능력이다. 뛰어난 사회적 관계를 유지하는 사람들은 이 두 가지를 상황에 따라 균형 있게 활용할 줄 안다.

(나) 공감 능력은 인간의 사회적 삶을 가능하게 하는 핵심 능력 중 하나이다. 우리는 타인의 기쁨에 함께 웃고, 타인의 슬픔에 함께 아파한다. 이러한 공감의 능력은 인간관계를 유지하고 사회적 유대를 형성하는 데 있어 필수적인 역할을 담당한다.

(다) 따라서 공감 능력을 계발하기 위해서는 단순히 감정에 몰입하는 것만으로는 부족하다. 상대방의 감정을 느끼는 동시에, 그 상황을 객관적으로 이해하려는 노력이 함께 이루어져야 한다. 이처럼 정서와 이성이 조화를 이룰 때 비로소 진정한 공감이 완성된다고 할 수 있다.

(라) 문제는 정서적 공감만 지나치게 발달할 경우 오히려 판단력이 흐려질 수 있다는 점이다. 타인의 고통에 과도하게 몰입하면 냉정한 판단이 어려워지고, 결과적으로 상대방에게 실질적인 도움을 주지 못하는 상황이 발생하기도 한다. 반대로 인지적 공감만 앞설 경우에는 차갑고 계산적인 인상을 줄 수 있다.

① (가)-(나)-(다)-(라)

② (나)-(가)-(라)-(다)

③ (나)-(라)-(가)-(다)

④ (다)-(나)-(가)-(라)

[10~11] 다음 글을 읽고 물음에 답하시오.

조선 후기 실학자들이 주목한 '이용후생(利用厚生)'의 이념은 단순한 경세론에 그치지 않고, 사물을 바라보는 인식론적 전환을 내포하고 있었다. 당시 주류 사회를 지배하던 성리학자들은 사물을 도덕적 질서와의 관계 속에서만 파악하고자 하였다. ㉠ 그들은 어떤 기물이나 제도가 얼마나 유용한가보다는 그것이 예(禮)의 체계에 부합하는가가 더 중요한 평가 기준이라고 믿었다. 그러나 실학자들은 이 같은 관점이 현실의 민생 문제를 외면하게 만든다고 보았다.

박지원은 청나라 문물을 직접 목도한 후, 기술과 제도의 낙후가 단순히 경제적 빈곤을 낳는 것이 아니라 인간의 도덕적 삶 자체를 훼손한다고 주장하였다. 그에게 있어 풍족한 물질적 조건은 도덕 실천의 전제였지, 도덕의 대립항이 아니었다. 박제가 역시 소비를 미덕으로 재해석하며, 물자의 순환이 국가와 개인 모두의 도덕적 건강을 유지시킨다고 역설하였다. 그들은 성리학적 금욕주의가 물질을 경시하는 데서 나아가 실제로는 백성의 삶을 피폐하게 만드는 이데올로기로 기능하고 있다고 비판하였다.

한편, 정약용은 이용후생의 논의를 제도 개혁론으로 심화시켰다. 그는 기술의 도입이나 물자의 유통보다 근본적으로 토지 제도와 관료 체계의 모순을 바로잡는 것이 선결 과제라고 보았다. ㉡ 그들의 개혁론은 성리학적 명분론을 정면으로 부정하기보다는, 그 내부에서 실천적 함의를 재해석하고 확장하는 방식을 취하였다. 가령 정약용은 '인(仁)'의 개념을 추상적 덕목에서 구체적 민생 개선의 의무로 재규정함으로써, 유학적 언어를 유지하면서도 그것의 실질적 내용을 변환시켰다.

실학의 이용후생론은 이처럼 도덕과 물질, 이념과 현실의 이분법을 해체하려는 시도였다. ㉢ 그들은 성리학의 외피를 두르고 있었지만, 그 내부에서는 근대적 실용주의와 친화적인 인식론적 지향을 키워가고 있었다. 그러나 이들의 사상이 당대에 제도적으로 관철되지 못한 것은, 조선의 지배 이념이 지닌 자기 재생산 능력이 그만큼 강고하였음을 방증한다. ㉣ 그들의 사상은 당대보다 오히려 후대의 개화사상가들에게 더 깊은 영향을 미쳤다는 점에서, 시대를 앞선 인식론적 기획으로 평가받는다.

10. 윗글을 읽고 추론한 내용으로 가장 적절한 것은?
① 박지원은 물질적 풍요가 도덕적 가치와 본질적으로 상충한다고 보았기 때문에, 청나라의 기술 문물을 비판적 시각으로 수용해야 한다고 주장하였다.

② 성리학적 세계관에서 사물의 가치는 실용성보다 도덕적 질서와의 부합 여부로 판단되었기 때문에, 실학자들은 이를 민생 문제 해결에 장애가 된다고 비판하였다.

③ 박제가는 소비를 미덕으로 해석함으로써, 물자의 순환보다 금욕적 절약이 국가 경제의 도덕적 건강을 유지하는 핵심 수단임을 강조하였다.

④ 정약용은 기술 도입과 물자 유통을 제도 개혁보다 우선시하였기 때문에, 토지 제도의 문제는 이용후생론의 범위 밖에 있다고 보았다.

11. ㉠~㉣ 중 지시 대상이 나머지와 다른 하나는?
① ㉠
② ㉡
③ ㉢
④ ㉣

[12~13] 다음 글을 읽고 물음에 답하시오.

　염상섭의 소설 세계는 '관찰자적 리얼리즘'이라는 말로 압축된다. 그의 대표작 「삼대」는 조선 말기에서 일제강점기에 이르는 격변의 시대를 배경으로, 조씨 가문 삼대(三代)의 갈등과 분열을 통해 근대적 가치관의 충돌을 ㉠ 세밀하게 묘사한다. 조 의관으로 대표되는 구세대는 유교적 가치관과 재산 보존에 집착하며 변화하는 시대에 완고하게 ㉡ 맞서고, 그의 아들 조상훈은 기독교와 신문물에 ㉢ 기대어 개화를 지향하지만 실상은 위선과 방탕함을 감추지 못한다. 손자 조덕기는 일제강점기의 현실 속에서 사회주의 운동과 전통적 가족 질서 사이에서 ㉣ 머뭇거리며 뚜렷한 방향을 잡지 못한다. 염상섭은 이 세 인물을 통해 어느 한편을 이상화하거나 단죄하지 않고, 각각의 삶의 방식이 지닌 한계와 모순을 냉정하게 드러낸다.

　「삼대」가 높이 평가받는 이유 가운데 하나는 서술 방식의 정밀함에 있다. 작가는 전지적 시점을 취하면서도 특정 인물에 대한 감정적 개입을 최소화하고, 인물들의 행동과 대화를 통해 독자 스스로 판단을 내리도록 유도한다. 이는 현실을 있는 그대로 포착하려는 리얼리즘 문학의 이상에 충실한 태도이다. 또한 소설에 등장하는 다양한 군상들―기생, 사회주의자, 종교인, 친일파―은 단순한 배경이 아니라, 당대 식민지 조선의 사회적 모순을 입체적으로 반영하는 역할을 한다.

　특히 주목할 것은 작품 내에서 '돈'이 수행하는 기능이다. 조 의관의 유산을 둘러싼 갈등은 단순한 재산 다툼이 아니라, 가치관의 충돌과 세대 간 단절을 상징하는 장치로 작동한다. 돈을 매개로 얽혀드는 인물 관계는 가족 내부의 도덕적 해이와 공동체적 연대의 붕괴를 동시에 보여 준다. 이 점에서 「삼대」는 단순한 가족 소설을 넘어, 근대 전환기 조선 사회 전체를 진단하는 사회 소설로서의 성격을 지닌다고 평가된다.

12. 윗글을 이해한 내용으로 가장 적절한 것은?
① 조상훈은 유교적 가치관을 바탕으로 시대 변화에 저항하는 인물로 그려진다.
② 염상섭은 삼대 중 손자 조덕기를 이상적 인물로 형상화하여 시대적 방향을 제시한다.
③ 「삼대」에서 유산을 둘러싼 갈등은 가치관 충돌과 세대 간 단절을 상징하는 기능을 한다.
④ 「삼대」는 전지적 시점을 통해 특정 인물에 대한 감정적 개입을 극대화하는 서술 방식을 취한다.

13. ㉠~㉣과 바꿔 쓸 수 있는 표현으로 적절하지 않은 것은?
① ㉠: 정치(精緻)하게
② ㉡: 대항(對抗)하고
③ ㉢: 의탁(依託)하여
④ ㉣: 당황(唐慌)하며

14. (가)~(다)를 전제로 할 때 빈칸에 들어갈 결론으로 가장 적절한 것은?

(가) 마케팅 예산이 증가하고 신제품이 출시되지 않았다면, 기존 제품의 판매량이 늘어난다.
(나) 기존 제품의 판매량이 늘어난다면, 영업 이익이 개선된다.
(다) 영업 이익이 개선되지 않았다.
따라서 _____

① 마케팅 예산이 증가하지 않았다.
② 신제품이 출시되었다.
③ 마케팅 예산이 증가하지 않았거나, 신제품이 출시되었다.
④ 마케팅 예산이 증가하지 않았고, 신제품이 출시되지 않았다.

15. ㉠을 이끌어 내기 위해 추가해야 할 전제로 가장 적절한 것은?

　민준이가 수학도 공부하지 않고 영어도 공부하지 않는다면, 국어를 공부하지 않는다. 민준이가 국어를 공부하지 않거나 과학을 공부하지 않는다면, 사회를 공부하지 않는다. 그런데 민준이는 사회를 공부한다. 따라서, ㉠ 민준이는 영어를 공부한다.

① 민준이는 수학을 공부한다.
② 민준이는 수학을 공부하지 않는다.
③ 민준이는 과학을 공부하지 않는다.
④ 민준이는 국어를 공부하지 않는다.

16. 다음 대화의 빈칸에 들어갈 말로 적절한 것은?

갑: 창의적인 사람은 모두 예술가야. 그러니까 창의적이지 않은 사람은 예술가가 아니야.
을: 그 결론이 나오려면 "_____"가 참이어야 해.

① 모든 예술가는 창의적이다.
② 창의적이지 않은 사람도 예술가일 수 있다.
③ 모든 창의적인 사람은 예술가가 아니다.
④ 어떤 예술가는 창의적이다.

17. 다음 글을 읽고 추론한 내용으로 적절하지 않은 것은?

『한글 맞춤법』에서는 두음 법칙과 관련한 규정을 두고 있다. 두음 법칙이란 단어의 첫머리에 오는 자음이 발음하기 어려운 경우 다른 소리로 바뀌거나 탈락하는 현상으로, 국어의 음운론적 특성을 반영한 표기 원칙이다. 'ㄹ'과 관련한 두음 법칙에는 두 가지 원칙이 적용된다. 첫째, 단어의 첫머리에서 'ㄹ'은 모음 'ㅏ, ㅓ, ㅗ, ㅜ, ㅐ, ㅔ' 등 앞에서 'ㄴ'으로 바뀐다. 예를 들어 '樂園'의 본음은 '락원'이지만 두음 법칙에 따라 '낙원'으로 적고, '來日'의 본음 '래일'은 '내일'로 적는다. 둘째, 단어의 첫머리에서 'ㄹ'은 모음 'ㅣ'나 반모음 'ㅣ'(ㅑ, ㅕ, ㅛ, ㅠ) 앞에서는 탈락한다. '理髮'의 본음 '리발'이 '이발'로, '旅行'의 본음 '려행'이 '여행'으로 바뀌는 것이 그 예이다. 'ㄴ'과 관련한 두음 법칙으로는 단어의 첫머리에서 'ㄴ'이 모음 'ㅣ'나 반모음 'ㅣ' 앞에서 탈락하는 원칙이 있다. '女子'의 본음 '녀자'가 '여자'로 바뀌는 것이 이에 해당한다. 단, 이러한 두음 법칙은 단어의 첫머리에만 적용되며, 모음이나 'ㄴ' 받침 뒤에 이어지는 경우에는 두음 법칙을 적용하지 않고 본음대로 적는다. 따라서 '연령(年齡)'의 '령'이나 '쾌락(快樂)'의 '락'은 두음 법칙이 적용되지 않는다.

① '낙원(樂園)'의 '낙'은 'ㄹ'이 'ㄴ'으로 바뀐 결과이다.
② '여자(女子)'의 '여'는 'ㄴ'이 탈락한 결과이다.
③ '연령(年齡)'의 '령'은 단어 첫머리가 아니므로 두음 법칙이 적용되지 않는다.
④ '내일(來日)'의 '내'는 'ㄹ'이 탈락한 결과이다.

18. 다음 글의 ㉠에 해당하는 사례로 적절한 것은?

국어의 음운 변동은 교체, 탈락, 첨가, 축약의 네 가지로 분류된다. 이 중 ㉠ 교체는 한 음운이 다른 음운으로 바뀌는 현상으로, 변동 전후의 음운 개수가 동일하게 유지된다는 것이 핵심적인 특징이다. 교체에는 음절의 끝소리 규칙, 비음화, 유음화, 구개음화 등이 포함된다. 그런데 교체는 단독으로 일어나기도 하지만, 하나의 단어에서 교체와 다른 음운 변동이 함께 일어나는 경우도 있어 주의가 필요하다. 예컨대 '닭만'은 자음군 단순화에 의해 [닥]으로 발음된 후 비음화가 일어나 [당만]으로 발음되는데, 이처럼 복수의 음운 변동이 연쇄적으로 적용되는 경우에도 각 단계에서 일어나는 변동의 유형을 정확히 파악해야 한다. 또한 표기상으로는 변동이 드러나지 않더라도 발음 과정에서 교체가 일어나는 경우가 있으므로, 음운 변동의 유형은 반드시 발음을 기준으로 판단해야 한다. 탈락은 음운의 수가 줄고, 첨가는 음운의 수가 늘며, 축약은 두 음운이 하나로 합쳐진다는 점에서 교체와 명확히 구별된다.

① '밟다'는 자음군 단순화로 인해 'ㄼ' 중 'ㄹ'이 탈락하여 [밥따]로 발음된다.
② '신라'는 'ㄴ'이 'ㄹ'의 영향을 받아 [실라]로 발음된다.
③ '넓히다'는 'ㅂ'과 'ㅎ'이 결합하여 [널피다]로 발음된다.
④ '이기다'의 어간 '이기-'에 어미 '-어'가 결합할 때 'ㅣ'가 탈락하여 [이겨]로 발음된다.

19. 다음 대화에 대한 평가로 적절한 것만을 모두 고르면?

갑: 요즘 SNS에서 자신의 일상을 과장해서 올리는 사람들이 많아. 팔로워 수를 늘리는 데 아주 효과적인 전략이라고 하더라고.

을: 맞아. 하지만 그런 과장된 콘텐츠는 보는 사람들에게 비현실적인 기대를 심어줘서 상대적 박탈감을 유발해. 공동체의 정신 건강을 위해 SNS에서의 과장 표현은 지양해야 해.

병: 꼭 그렇게만 볼 수는 없어. SNS는 기본적으로 자기표현의 공간이잖아. 과장된 게시물을 보고 박탈감을 느낄지, 아니면 단순한 연출로 즐길지는 받아들이는 사람의 주관에 달린 문제야. 표현의 자유 측면에서 보면 과장이 문제라고 단정 짓기 어려워.

㉠ SNS에서 과장된 게시물을 자주 접한 집단이 그렇지 않은 집단보다 삶의 만족도가 유의미하게 낮다는 연구 결과는 을의 입장을 강화한다.
㉡ SNS 이용자들이 과장된 게시물을 접했을 때 느끼는 감정이 박탈감보다는 '단순한 흥미'라는 응답이 압도적이라는 조사 결과는 을의 입장을 약화한다.
㉢ 표현의 자유를 중시하여 게시물 가이드라인이 느슨한 플랫폼일수록 이용자의 우울감 지수가 높게 나타난다는 통계는 병의 입장을 약화한다.

① ㉢
② ㉠, ㉡
③ ㉡, ㉢
④ ㉠, ㉡, ㉢

20. 다음 글의 논지를 약화하는 것으로 가장 적절한 것은?

직접 민주주의는 시민이 정치적 의사 결정에 직접 참여하는 형태로, 대의 민주주의보다 더 순수하고 이상적인 민주주의의 실현 방식으로 평가받는다. 대의 민주주의에서는 시민들이 선출한 대표자가 정책을 결정하는데, 이 과정에서 대표자가 시민의 의사를 왜곡하거나 이익집단의 압력에 굴복하는 일이 빈번하게 발생한다. 반면 직접 민주주의는 대표자를 통한 의사 전달의 왜곡 가능성을 원천적으로 차단할 수 있다. 오늘날 디지털 기술의 발전으로 대규모 직접 민주주의의 실현 가능성은 더욱 높아졌다. 전자 투표 시스템과 온라인 플랫폼을 활용하면 수백만 명의 시민이 개별 정책 사안에 대해 직접 의사를 표명하고 결정할 수 있다. 따라서 현대 국가들은 기술적 인프라를 구축하여 직접 민주주의로의 전환을 적극 추진해야 하며, 이를 통해 더 높은 수준의 민주주의적 정당성을 확보할 수 있다.

① 스위스의 국민투표 사례 연구에 따르면, 직접 민주주의 방식의 의사 결정은 전문성이 요구되는 복잡한 정책 사안에서 비전문가적 판단으로 인해 사회 전체에 불리한 결과를 초래하는 경우가 많다.
② 대의 민주주의 국가에서도 시민단체와 청원 제도를 통해 시민들이 정책 결정 과정에 실질적으로 참여할 수 있는 다양한 경로가 존재한다.
③ 디지털 플랫폼을 활용한 직접 참여 방식은 투표에 소요되는 시간과 비용을 획기적으로 절감하여, 기존 대의제에서 나타나던 낮은 정치 참여율 문제를 보완할 수 있다.
④ 역사적으로 고대 아테네의 직접 민주주의는 실제로는 여성, 노예, 외국인을 배제한 제한적 참여 구조였다는 점에서 진정한 민주주의의 모델로 삼기 어렵다.

영 어

1. 밑줄 친 부분과 의미가 가장 가까운 것은?

> She appeared to <u>attract</u> the audience, which led her performance to a huge success.

① protest
② fascinate
③ accompany
④ accommodate

2. 밑줄 친 부분에 들어갈 말로 가장 적절한 것을 고르시오.

> The brand new software is designed to _____ the outdated system, offering faster processing and improved function.

① put up with
② be absorbed in
③ take the place of
④ take for granted

3. 밑줄 친 부분에 들어갈 말로 가장 적절한 것을 고르시오.

> My father is proud of my _____ this trophy, then.

① awarding
② being awarded
③ having awarded
④ having been awarded

4. 대화의 흐름으로 보아 빈칸에 가장 적절한 것은?

Daughter
Dad, you said you're going downtown this afternoon, right?
11:16 am

Dad
Yes. I'm meeting my friends at 2 p.m. Why do you ask?
11:16 am

Daughter
Then can I go with you? I'd like to go shopping downtown this afternoon.
11:17 am

Dad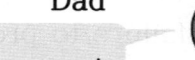
No problem. _____.
11:17 am

① I'll give you a ride there
② All right. Let's stay home all day today
③ I'm sorry, but I can't meet you before 2 o'clock
④ I didn't know you were waiting for me downtown

5. 대화의 흐름으로 보아 빈칸에 가장 적절한 것은?

> A: Hey, why do you look so angry? You seem like you're about to hit the roof.
> B: Ugh, I just got into a huge fight with my boyfriend. It was about something so small, but it is really getting bigger.
> A: Oh no, I'm sorry to hear that. What happened?
> B: He completely forgot our anniversary, even though I reminded him last week. And then, far from apologizing, he _____.

① seemed to be sorry and bought me flowers
② made an excuse about his wedding
③ acted like it wasn't a big deal
④ didn't make fun of me

6. 다음 글의 목적으로 가장 적절한 것은?

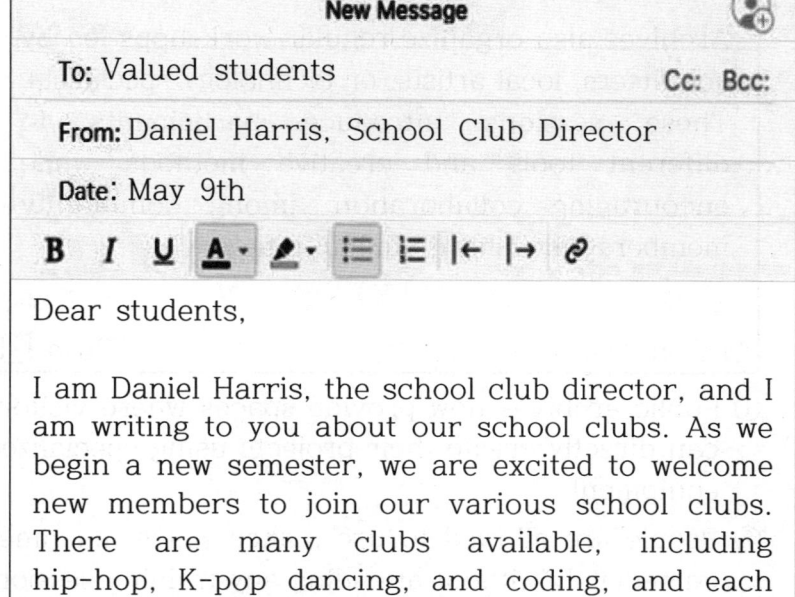

New Message

To: Valued students   Cc: Bcc:

From: Daniel Harris, School Club Director

Date: May 9th

Dear students,

I am Daniel Harris, the school club director, and I am writing to you about our school clubs. As we begin a new semester, we are excited to welcome new members to join our various school clubs. There are many clubs available, including hip-hop, K-pop dancing, and coding, and each club is looking for enthusiastic students to participate. Joining a club is a great way to explore your interests, meet new friends, and develop new skills. Therefore, I encourage you to sign up for a club that interests you. Please visit the school website or come to my office by the end of this week to register. I look forward to your active participation.

Best regards,
Daniel Harris

① To survey students' satisfaction with club activities
② To announce the recruitment of new club members
③ To introduce the after-school extracurricular activities
④ To encourage students to submit proposals for new clubs

7. 다음 글에서 Urban Archive Maker Space Program내용과 일치하는 것은?

Urban Archive Maker Space Program

A New Direction for Public Archives

Many city archives have recently begun redesigning their public spaces to support hands-on learning. Instead of focusing only on reading areas, some archives now include maker spaces equipped with tools such as 3D printers, laser cutters, and digital design software. These areas allow visitors to experiment with creative projects and practical skills.

Reservation and Equipment Use

Because a lot of the machines require training and careful handling, archives usually ask visitors to complete a short orientation session before using them. After finishing the orientation, participants can reserve specific time slots to perform their projects using the equipment provided in the maker space.

Workshops and Community Participation

Archives also organize regular workshops led by volunteers, local artists, or technology specialists. These sessions introduce participants to different tools and creative methods while encouraging collaboration among community members who share similar interests.

☐ Don't show again　　　　Close ⊠

① Public archives now provide spaces where visitors can directly create their projects using specialized equipment.

② People are allowed to use maker space machines immediately without attending any training session.

③ Workshops mainly operate to evaluate volunteers, local artists, or technology specialists.

④ Workshops explain how to use similar equipment to community members who have common interests.

[8~9] 다음 글을 읽고 물음에 답하시오.

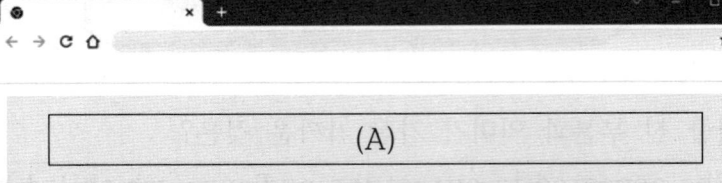

(A)

Take a kayak tour in Adel Dolphin Park to enjoy the great outdoors while spotting wildlife! You'll be able to paddle through ancient mangrove forests and see dolphins passing by. Also, a naturalist guide will teach you all about the native animals and their habitats. The tour pace is slow, and no kayaking experience is necessary.

- The tour fee is $50 per person.
- The tour lasts about three hours.
- All kayaking gear, including life jackets, is included.
- A waterproof bag is provided to keep your valuables dry.
- It is essential to arrive 15 minutes prior to the tour start time.
- Reserve now and pay at any time up to 2 days before your tour.

☐ Don't show again　　　　Close ⊠

8. (A)에 들어갈 윗글의 제목으로 가장 적절한 것은?
① Enjoy a Kayak Adventure at Adel Dolphin Park
② Join a Dolphin-Watching Tour with Experts
③ Learn About Native Wildlife on a Guided Tour
④ Explore Ancient Mangrove Forests with a Kayak

9. 윗글의 내용과 일치하지 않는 것은?
① 노를 저어 가면서 돌고래를 볼 수 있다.
② 동식물학자 가이드가 토종 동물과 서식지에 대해 알려 준다.
③ 구명조끼를 포함한 카약 장비 일체가 제공된다.
④ 예약할 때 투어 비용을 완납해야 한다.

10. 밑줄 친 부분 중 어법상 가장 적절한 것은?
① He pulled her by the arms lest she <u>fell</u> down the hill while hiking.
② If we <u>left</u> earlier, we would have arrived on time as soon as possible.
③ I <u>did</u> finish the report before the deadline, but I forgot to email it to you.
④ Our failure to provide him with <u>fully</u> security has surprised the community.

[11~12] 다음 글을 읽고 물음에 답하시오.

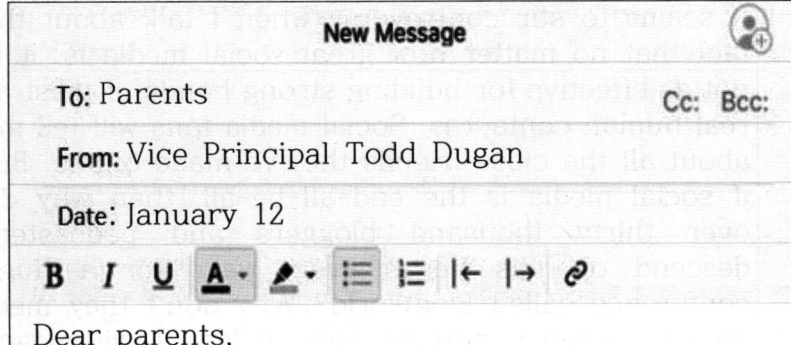

Dear parents,

As we head into the winter months, our school is preparing for potential school closure days due to <u>inclement</u> weather (most commonly known as snow days). As part of this preparation, we are looking for feedback on our proposed plan for shifting to virtual learning during some of these days. Shifting to virtual learning on school closure days will support students' continuous learning and will minimize the impact that closures have on the school year calendar. Please read our proposed plan attached to this email and send us your feedback. If you have any questions, please feel free to contact the school administrative office at 065-522-4432.

Yours with gratitude,
Vice Principal Todd Dugan

11. 윗글의 목적으로 가장 적절한 것은?
① 겨울 방학 학습 과제를 안내하려고
② 폭설로 인한 피해 상황을 조사하려고
③ 변경된 온라인 수업 방식을 소개하려고
④ 휴교 대비 계획에 관한 피드백을 요청하려고

12. 밑줄 친 "inclement"의 의미와 가장 가까운 것은?
① mild
② harsh
③ serene
④ temperate

13. 밑줄 친 부분 중 어법상 틀린 것은?

It seems to me that I can ① <u>hardly</u> pick up a magazine nowadays without ② <u>encountering</u> someone's views on our colleges. Majority of the writers ③ <u>are</u> critical; they think the colleges are not doing a good job, and ④ <u>what</u> they question the value of a college education.

14. 다음 글의 요지로 가장 적절한 것은?

John Elway is one of the greatest quarterbacks of all time, and yet he has his own private quarterback coach. Why does John need a coach that costs several hundred thousand dollars a year? If you think his coach is standing around watching John practice all day long and telling him how great he is, you are mistaken. John's coach earns his money by criticizing John. You can almost see how the system works when he says, "John, here's the play, here's what you did wrong, and here's what you need to do to perfect the play. Try it again." If the best people recognize a perpetual need for criticism, then so should you. Maybe the use of criticism in the sports world can be a typical example, but whatever field you work in, you cannot be the exception.

① Every player should practice every day.
② Praise is more powerful than any criticism.
③ Perfection is the lowest standard you can set.
④ Everybody needs criticism for their own good.

15. 다음 글의 제목으로 가장 적절한 것은?

Newton was the first to point out that light is colorless, and that consequently color has to occur inside our brains. He wrote, "The waves themselves are not colored." Since his time, we have learned that light waves are characterized by different frequencies of vibration. When they enter the eye of an observer, they set off a chain of neurochemical events, the end product of which is an internal mental image that we call color. The essential point here is: What we perceive as color is not made up of color. Although an apple may appear red, its atoms are not themselves red.

*neurochemical: 신경 화학의

① Frequencies of Vibration
② Differences in Color
③ Atoms of an Apple
④ Perception of Color

16. 다음 글의 흐름상 어색한 문장은?

Parents often don't realize that they teach their babies some gestures like bye waves, hugs, pointing and so forth. ① <u>Kids or infants pick up these gestures much more quickly and effectively than most adults can imagine.</u> ② <u>They learn how to express their need physically in signs long before they can speak.</u> ③ <u>Babies may learn how to use as many as 20 words before their first birthday even if they get used to utilizing lots of body languages.</u> ④ <u>Using signs also reduces cries and frustrations, because kids manage to get their needs cared for.</u>

17. 다음 주어진 글 다음에 이어질 글의 순서로 가장 적절한 것은?

Not all beliefs are knowledge. While belief is necessary for knowledge to exist, it is not all that is needed.

(A) For example, one cannot know a bridge is safe to cross without first crossing it safely. If you believe the bridge is safe to cross, but as you begin to cross it, it collapses, then you cannot say that you knew it was safe.

(B) One can believe the bridge is safe to cross, and then only after safely crossing it can one then declare that they know it is safe. In the process of acquiring knowledge, people attempt to increase the amount of true beliefs they have (and minimize the amount of false beliefs in the process).

(C) There needs to be something else that allows for one's thoughts to match up with the real world. When thoughts do not match with the real world, then they cannot be considered knowledge.

① (B)-(A)-(C)
② (B)-(C)-(A)
③ (C)-(A)-(B)
④ (C)-(B)-(A)

18. 다음 주어진 문장이 들어가기에 가장 적절한 곳은?

Luckily, humans can eat just about anything, and each group of people around the globe has its various diets, with its own mix of fat, protein, carbohydrates, fiber, and sugars.

A better understanding of basic human genetics might help explain what kind of diet is best for human bodies. Due to a lot of overly simplified story, many people have come to believe that there was one way of eating that was "natural" for all humans. (①) As a result, many believe that there is one "natural" healthy diet that should be eaten if we want to become and stay healthy and active. (②) This belief may, in fact, not be true at all. (③) When modern humans migrated out of Africa, they quickly expanded to all corners of the earth, including some places where there was no whole grain bread, lean beef, or gardens full of leafy greens! (④) People with beautiful skin have been raised on each of these many different diets.

*whole grain 미 정제(정제되지 않은) 곡물
**lean: 기름기가 적은

19. 다음 글의 빈칸에 들어갈 말로 가장 적절한 것은?

It seems to stir controversy when I talk about the fact that no matter how great social media is, it is not as effective for building strong bonds of trust as real human contact is. Social media fans will tell me about all the close friends they've made online. But if social media is the end-all-be-all, then why do over thirty thousand bloggers and podcasters descend on Las Vegas every year for a huge conference called BlogWorld? Why don't they meet online? Because nothing can replace face-to-face meetings for social animals like us. We like to actually be around people who are like us. It makes us feel like we belong. It is also the reason a video conference can never replace a business trip. Trust is not formed through a screen; it is formed across a table. It takes a handshake to bind humans... and no technology yet can replace that. There is no such thing as _____ trust.

① social
② virtual
③ one-way
④ conditional

20. 다음 글의 빈칸에 들어갈 말로 가장 적절한 것은?

One of the most common negotiating mistakes is to announce that you have found the solution to the problem. City planners unveil their scheme for a new waste-disposal site without having involved the residents of the surrounding neighborhood; in response, a citizens' group immediately organizes to fight the project. Management announces a streamlined work plan without having consulted its employees; the workers secretly sabotage the plan. The national budget director and the President's chief of staff closet themselves with six congressional leaders and emerge with an agreed-upon set of budget cuts; members of Congress who weren't involved denounce the agreement and reject it in the subsequent vote. So, too, your negotiating counterparts are likely to reject your proposal _____.

① if they have no role in shaping it
② when they play an active role of the plan
③ when they have excessively interfered with it
④ if managers announce a streamlined work plan

한 국 사

1. 다음 자료의 나라에 대한 내용으로 옳은 것은?

> 해마다 10월이면 하늘에 제사 지내는데, 주야로 술 마시며 노래 부르고 춤추니 이를 무천이라 한다.

① 서옥제라는 혼인 풍습이 있었다.
② 해마다 영고라는 제천 행사를 열었다.
③ 국가의 중대사는 제가 회의에서 논의 되었다.
④ 읍락을 함부로 침범하면 노비와 소, 말로 배상하였다.

2. 다음 지역에서 전개된 역사적 사실로 옳은 것은?

> ○ 고대 : 고구려의 수도
> ○ 고려 : 묘청의 난, 조위총의 난
> ○ 근현대 : 제너럴 셔먼호 사건

① 쌍성총관부가 설치되었다.
② 국채 보상 운동이 시작되었다.
③ 장수왕 때 이곳으로 수도를 옮겼다.
④ 지눌이 이곳에서 수선사 결사 운동을 펼쳤다.

3. 밑줄 친 '이 나라'에 대한 설명으로 옳은 것은?

> 우륵은 이 나라의 음악가로서 가야 음악 12곡을 지었는데, 이 나라가 멸망하기 직전인 신라 진흥왕 때 가야금을 가지고 신라에 투항하였다.

① 김수로가 건국하였다.
② 후기 가야연맹을 주도하였다.
③ 지방을 5경 15부 62주로 정비하였다.
④ 낙랑과 왜를 연계하는 중계 무역이 발달하였다.

4. 밑줄 친 '그'에 대한 설명으로 옳지 않은 것은?

> 그는 충숙왕의 둘째 아들로서 원나라 노국 대장 공주를 아내로 맞이하고 원에서 살다가 원의 후원으로 왕위에 올랐으나 고려인의 정체성을 결코 잃지 않았다.

① 만권당을 설립하였다.
② 승려 신돈을 중용하였다.
③ 정동행성 이문소를 폐지하였다.
④ 쌍성총관부의 지역을 다시 회복하였다.

5. (가)와 (나) 사이에 일어난 사건으로 옳은 것을 모두 고르면?

> (가) 고구려는 낙랑군을 차지하였다.
> (나) 고구려는 백제의 수도 한성을 함락하였다.

> ⊙ 천리장성을 축조하였다.
> ⓒ 신라를 도와 왜를 격퇴하였다.
> ⓒ 영락이라는 독자적인 연호를 사용하였다.
> ⓔ 후연을 격파하고 요동 지역을 차지하였다.

① ⊙, ⓒ
② ⓒ, ⓒ
③ ⓒ, ⓔ
④ ⓒ, ⓒ, ⓔ

6. 밑줄 친 '왕' 때의 사실로 옳지 않은 것은?

> 왕은 당나라가 내분으로 어지러워진 틈을 타서 영토를 크게 넓혔으며 수도를 중경에서 상경으로, 다시 동경으로 옮겼다. 또한, 일본에 외교 문서를 보내 천손(하늘의 자손)이라고 표현하였다.

① 신라도를 개설하였다.
② 대흥이라는 연호를 사용하였다.
③ 수도에 서시와 남시를 설치하였다.
④ 당나라의 문물을 받아들여 체제를 정비하였다.

7. 빈칸에 들어갈 인물에 대한 설명으로 옳은 것은?

> ○○은/는 법회를 마치고 또래의 젊은 승려들과 결사를 다짐하며 "마땅히 명리(名利)를 버리고 산림에 은둔하여 정혜에 힘쓰자."고 하였는데, 이것이 바로 수선사결사(정혜결사)였다.

① 교관겸수를 제창하였다.
② '왕오천축국전'을 남겼다.
③ 유불 일치설을 주장하였다.
④ 선종과 교종의 통합을 완성하였다.

8. (가)의 업적으로 옳은 것은?

> 신라 제27대 왕인 (가)은/는 우리나라 최초의 여왕이다. 백제 의자왕의 침입으로 나라가 위기에 처하자 김춘추를 당에 보내 원병을 요청하였을 뿐만 아니라 김유신에게 백제를 공격하게 하였다.

① 당나라와 동맹을 체결하였다.
② 황룡사 9층 목탑을 건립하였다.
③ 이사부를 보내 우산국을 정복하였다.
④ 이차돈의 순교를 계기로 불교를 공인하였다.

9. 밑줄 친 '왕'의 재위 기간에 있었던 사실로 옳은 것은?

> 7년 5월에 왕이 하교하여 문무관료전을 차등 있게 지급하였다.

① 녹읍이 부활하였다.
② 독서삼품과가 시행되었다.
③ 김흠돌의 반란을 진압하였다.
④ 백성들에게 정전을 지급하였다.

10. 다음 사건을 일어난 순서대로 바르게 나열한 것은?

> ㉠ 현종이 나주로 피난하였다.
> ㉡ 윤관이 별무반 편성을 건의하였다.
> ㉢ 여진을 몰아내고 동북 9성을 쌓았다.
> ㉣ 서희가 소손녕과 외교담판을 하였다.

① ㉠-㉢-㉣-㉡
② ㉠-㉣-㉡-㉢
③ ㉣-㉠-㉡-㉢
④ ㉣-㉠-㉢-㉡

11. 밑줄 친 '왕' 때 일어난 사실로 옳은 것은?

> 이자겸 등이 말하기를 "금이 예전에는 작은 나라여서 요와 우리나라를 섬겼으나, 지금은 갑자기 흥성하여 요와 송을 멸망시켰다. … 작은 나라로서 큰 나라를 섬기는 것은 선왕의 도이니, 마땅히 우선 사절을 보내야합니다."라고 하니 왕이 그 의견을 따랐다.

① 정방을 설치하였다.
② 강화도로 천도하였다.
③ 최충이 9재 학당을 세웠다.
④ 김부식이 '삼국사기'를 편찬하였다.

12. 다음 사건을 순서대로 바르게 나열한 것은?

> ㉠ 신립이 탄금대에서 대패하였다.
> ㉡ 권율이 행주산성에서 일본군을 격파하였다.
> ㉢ 원균이 이끄는 조선 수군이 칠천량에서 크게 패배하였다.
> ㉣ 이순신 장군이 한산도 앞바다에서 왜의 수군을 격퇴하였다.

① ㉠-㉣-㉡-㉢
② ㉠-㉣-㉢-㉡
③ ㉣-㉠-㉡-㉢
④ ㉣-㉡-㉠-㉢

13. 다음 (가) 단체에 대한 설명으로 옳지 않은 것은?

> 임병찬은 스승 최익현과 함께 의병을 일으켰다가 쓰시마섬에 유배를 당하였다. 귀국한 후 은거하던 그는 의병장과 유생들을 모아 (가)을/를 조직하였다.

① 복벽주의를 표방하였다.
② 고종의 비밀 지령을 받아 조직되었다.
③ 박상진, 김좌진 등을 중심으로 결성되었다.
④ 총독부에 국권 반환 요구서를 보내려고 하였다.

14. 다음 내용이 담긴 조약에 대한 설명으로 옳은 것은?

> 한국 정부는 금후 일본국 정부의 중개를 거치지 않고서는 국제적 성질을 가진 어떠한 조약이나 약속을 하지 않을 것을 약속한다.

① 대한제국의 외교권이 박탈되었다.
② 헤이그 특사 사건을 계기로 체결되었다.
③ 조선 총독부를 설치한다는 조항이 포함되어 있다.
④ 재정 고문 메가타가 화폐 정리 사업을 실시하는 근거가 되었다.

15. 다음 민족 운동에 대한 설명으로 옳은 것은?

> 우리는 지금 우리 조선이 독립국이고 조선인이 자주민임을 선언하노라. 이를 세계 여러 나라에 알려 인류 평등의 대의를 분명히 밝히고, 이를 후손에게 대대로 전하여 민족 자존의 정당한 권리를 영원히 누릴 수 있도록 하노라.

① 신간회가 진상 조사단을 파견하였다.
② 순종의 장례일에 시위를 하기로 계획하였다.
③ 민족주의 세력과 사회주의 세력이 연대하였다.
④ 대한민국 임시 정부가 수립되는 계기가 되었다.

16. 밑줄 친 '이곳'에서 일어난 사실로 옳은 것은?

> 이곳에서는 한인 집단 거주지인 신한촌이 형성되어 자치 기구와 학교가 만들어졌다. 한편, 이곳에서 이상설 등은 성명회를 조직하여 독립 운동을 전개하였다.

① 권업회라는 독립 운동 단체가 조직되었다.
② 독립군 양성을 위한 신흥강습소가 설치되었다.
③ 항일 민족 교육의 요람인 서전서숙을 설립하였다.
④ 신규식, 박은식 등의 주도로 동제사를 조직하였다.

17. 다음 부대에 대한 설명으로 옳은 것은?

> 1930년대 만주에서 활약한 한국 독립군은 쌍성보, 대전자령 등지에서 일본군을 격파하였다.

① 한국 독립당의 산하 부대이다.
② 총사령관 양세봉이 지휘하였다.
③ 조선 의용대의 일부 병력이 합류하였다.
④ 중국 관내에서 최초로 결성된 무장 단체이다.

18. 다음 수취 제도에 대한 설명으로 옳지 않은 것은?

> "토지 1결마다 2번에 걸쳐 8두씩 거두어 본청에 수납하고, 본청은 그때의 물가 시세를 보아 쌀로써 공인에게 지급하여 수시로 물건을 납부하게 하소서."라고 하니, 임금(광해군)이 이에 따랐다.

① 장시의 확대에 기여하였다.
② 지주에게 결작을 부과하였다.
③ 관할 관청으로 선혜청을 설치하였다.
④ 공납의 폐단을 막기 위해 실시하였다.

19. 다음 강령을 선포한 단체의 활동으로 옳은 것은?

> ○ 우리는 완전한 독립 국가의 건설을 기함
> ○ 우리는 전 민족의 정치적,사회적 기본 요구를 실현할 수 있는 민주주의 정권의 수립을 기함
> ○ 우리는 일시적 과도기에 있어서 국내 질서를 자주적으로 유지하며 대중 생활의 확보를 기함

① 여운형과 김규식 등이 주도하였다.
② 모스크바 3국 외상 회의 결정에 찬성하였다.
③ 전국에 지부를 건설하고 치안대를 조직하였다.
④ 친일파를 청산하기 위한 반민족 행위 처벌법을 공포하였다.

20. 다음 민주화 운동에 대한 설명으로 옳은 것은?

> 국가의 미래요 소망인 꽃다운 젊은 이를 야만적인 고문으로 죽여놓고 … 현 정권에게 국민의 분노가 무엇인지를 분명히 보여 주고, 국민적 여망인 개헌을 일방적으로 파기한 4·13 호헌 조치를 철회시키기 위한 민주 장정을 시작한다.

① 이승만이 하야하는 계기가 되었다.
② 5년 단임의 대통령 직선제 개헌이 이루어졌다.
③ 한·일 회담에 반대하고 정권의 퇴진을 요구하였다.
④ 조선 학생 과학 연구회 등 학생 단체들이 시위를 주도하였다.

행정법총론

1. 취소소송의 원고적격에 대한 설명으로 옳은 것은?
   ① 한의사 면허는 강학상 특허에 해당하고, 한약조제시험을 통하여 약사에게 한약조제권을 인정함으로써 한의사들의 영업상 이익이 감소되었다면 이러한 이익은 「약사법」이나 「의료법」 등의 법률에 의하여 보호되는 법률상 이익이라 볼 수 있다.
   ② 당초에 상품매도점포로서의 근린생활시설로 되어 있던 용도를 치과의원을 개설할 수 있도록 의원으로서의 근린생활시설로 변경한 서울특별시장의 용도변경처분에 대하여 인근 치과의원 경영자에게는 취소소송의 원고적격이 인정된다.
   ③ 다른 약사에 대한 약국개설등록처분으로 인하여 조제 기회를 전부 또는 일부라도 상실하게 된 기존 약국개설자는 특별한 사정이 없는 한 해당 처분의 취소를 구할 법률상 이익이 있다.
   ④ 담배 일반소매인으로 지정되어 영업을 하고 있는 기존업자는 신규 구내소매인 지정처분의 취소를 구할 원고적격이 있다.

2. 행정행위의 하자의 승계에 대한 설명으로 옳은 것은?
   ① 근로복지공단이 사업종류 변경결정을 하면서 「행정절차법」에서 정한 처분절차를 준수하지 않아 사업주에게 방어권행사 및 불복의 기회가 보장되지 않은 경우에는 사업주가 사업종류 변경결정에 대하여 제소기간 내에 취소소송을 제기하지 않았다고 하더라도 후행처분인 산재보험료 부과처분에 대한 쟁송절차에서 선행처분인 사업종류 변경결정의 위법성을 다투는 것은 허용된다.
   ② 수용보상금의 증액을 구하는 소송에서는 선행처분으로서 그 수용대상 토지 가격 산정의 기초가 된 비교표준지공시지가결정의 위법을 독립된 사유로 주장할 수 없다.
   ③ 「공인중개사법」 위반으로 업무정지처분을 받고 그 업무정지기간 중 중개업무를 하였다는 이유로 중개사무소개설등록취소처분을 받은 경우, 양 처분은 서로 결합하여 1개의 법률효과를 완성하는 때에 해당한다고 볼 수 있다.
   ④ 「국토의 계획 및 이용에 관한 법률」상 도시·군계획시설결정과 실시계획인가는 동일한 법률효과를 목적으로 하는 것이므로 선행처분인 도시·군계획시설결정의 하자는 실시계획인가에 승계된다.

3. 행정입법에 대한 설명으로 옳은 것은?
   ① 법률의 시행령은 법률에 의한 위임 없이도 법률이 규정한 개인의 권리·의무에 관한 내용을 변경·보충하거나 법률에 규정되지 아니한 새로운 내용을 규정할 수 있다.
   ② 법률의 시행령의 내용이 모법의 입법 취지와 관련 조항 전체를 유기적·체계적으로 살펴보아 모법의 해석상 가능한 것을 명시하였더라도 모법에 이에 관하여 직접 위임하는 규정을 두지 아니하였다면, 이를 무효라고 볼 수 있다.
   ③ 헌법에서 채택하고 있는 조세법률주의의 원칙상 과세요건과 징수절차에 관한 사항을 명령·규칙 등 하위법령에 구체적·개별적으로 위임하여 규정할 수 없다.
   ④ 헌법이 인정하고 있는 위임입법의 형식은 예시적인 것으로 보아야 할 것이고, 그것은 법률이 행정규칙에 위임하더라도 그 행정규칙은 위임된 사항만을 규율할 수 있으므로, 국회입법의 원칙과 상치되지도 않는다.

4. 행정소송의 집행정지에 대한 설명으로 옳지 않은 것은?
   ① 과징금을 납부하기 위하여 무리하게 외부자금을 차입할 경우 자금사정이 악화되어 회사의 존립자체가 위태롭게 될 정도의 중대한 경영상의 위기를 맞게 될 우려가 있다는 사정은 집행정지 요건인 회복하기 어려운 손해에 해당한다.
   ② 집행정지결정 후 본안소송이 취하되어 소송이 계속되지 아니하더라도 집행정지결정의 효력이 당연히 소멸되는 것은 아니고 별도의 취소조치를 필요로 한다.
   ③ 처분의 취소가능성이 없음에도 처분의 효력이나 집행의 정지를 인정한다는 것은 집행정지제도의 취지에 반하므로 집행정지사건 자체에 의하여도 신청인의 본안청구가 이유 없음이 명백하지 않아야 한다는 것도 집행정지의 요건이다.
   ④ 처분의 효력정지는 처분 등의 집행 또는 절차의 속행을 정지함으로써 목적을 달성할 수 있는 경우에는 허용되지 아니한다.

5. 행정대집행에 대한 설명으로 옳지 않은 것은?
   ① 대집행계고처분 취소소송의 변론이 종결되기 전에 대집행영장에 의한 통지절차를 거쳐 사실행위로서 대집행의 실행이 완료된 경우에는 계고처분의 취소를 구할 법률상의 이익이 없다.
   ② 계고처분의 후속절차인 대집행에 위법이 있다고 하더라도 그와 같은 후속절차에 위법성이 있다는 점을 들어 선행절차인 계고처분이 부적법하다는 사유로 삼을 수는 없다.
   ③ 대집행계고처분을 하기 위하여는 법령에 의하여 직접 명령되거나 법령에 근거한 행정청의 명령에 의한 의무자의 대체적 작위의무 위반행위가 있어야 한다.
   ④ 건물의 점유자가 철거의무자일 때에도 법치행정의 원칙상 건물철거의무에 퇴거의무가 포함되어 있는 것으로 볼 수는 없으므로, 별도로 퇴거를 명하는 집행권원이 필요하다.

6. 신뢰보호의 원칙에 대한 설명으로 옳지 않은 것은?
  ① 신뢰보호의 원칙이 적용되기 위한 요건인 행정권의 행사에 관하여 신뢰를 주는 선행조치가 되기 위해서는 반드시 처분청 자신의 적극적인 언동이 있어야만 한다.
  ② 행정청의 공적 견해표명이 있다고 인정하기 위해서는 적어도 담당자의 조직상 지위와 임무, 당해 언동을 하게 된 구체적인 경위 등에 비추어 그 언동의 내용을 신뢰할 수 있는 경우이어야 한다.
  ③ 시의 도시계획과장과 도시계획국장이 도시계획사업의 준공과 동시에 사업부지에 편입한 토지에 대한 완충녹지 지정을 해제함과 아울러 당초의 토지소유자들에게 환매하겠다는 약속을 했음에도 이를 믿고 토지를 협의매매한 토지소유자의 완충녹지지정해제신청을 거부한 것은 신뢰보호의 원칙을 위반하거나 재량권을 일탈·남용한 위법한 처분이다.
  ④ 도시계획구역 내 생산녹지로 답인 토지에 대하여 종교회관 건립을 이용목적으로 하는 토지거래계약의 허가를 받으면서 담당공무원이 관련법규상 허용된다고 하여 이를 신뢰하고 건축준비를 하였으나 그 후 토지형질변경허가신청을 불허가한 것은 신뢰보호의 원칙에 위반된다.

7. 「행정기본법」상 처분의 재심사에 대한 설명으로 옳지 않은 것은?
  ① 처분의 재심사 신청은 당사자가 처분의 재심사 사유를 안 날부터 30일 이내에 하여야 한다. 다만, 처분이 있은 날부터 1년이 지나면 신청할 수 없다.
  ② 처분의 재심사를 신청할 수 있는 자는 처분의 상대방으로 한정된다.
  ③ 당사자는 처분에 대하여 법원의 확정판결이 있는 경우에는 처분의 근거가 된 사실관계 또는 법률관계가 추후에 당사자에게 유리하게 바뀐 경우에도 해당 처분을 한 행정청이 처분을 취소·철회하거나 변경하여 줄 것을 신청할 수는 없다.
  ④ 행정청의 위법 또는 부당한 처분의 취소와 적법한 처분의 철회는 처분의 재심사에 의하여 영향을 받지 아니한다.

8. 정보공개에 대한 설명으로 옳은 것은?
  ① 견책의 징계처분을 받은 자가 소속기관의 장에게 징계위원회에 참여한 징계위원의 성명과 직위에 대한 정보공개청구를 하였으나 해당 정보가 비공개 대상이라는 이유로 거부된 경우, 그 견책처분에 대한 취소소송의 기각판결이 확정되었다면 정보공개거부처분의 취소를 구할 법률상 이익은 인정되지 않는다.
  ② 독립유공자서훈 공적심사위원회의 심의·의결 과정 및 그 내용을 기재한 회의록은 독립유공자 등록에 관한 신청당사자의 알 권리 보장과 공정한 업무수행을 위해서 공개되어야 한다.
  ③ 정보공개 여부 결정기간은 "일" 단위로 계산하고 첫날을 산입하되, 공휴일과 토요일은 산입하지 아니한다.
  ④ 국민의 알 권리에서 파생되는 정부의 공개의무는 특별한 사정이 없는 한 국민의 적극적인 정보수집행위나 특정의 정보에 대한 공개청구가 있는 경우에야 비로소 존재하는 것은 아니다.

9. 행정조사에 대한 설명으로 옳지 않은 것은?
  ① 「마약류 불법거래 방지에 관한 특례법」에 따른 조치의 일환으로 특정한 수출입물품을 개봉하여 검사하고 그 내용물의 점유를 취득한 행위는 수출입물품에 대한 적정한 통관 등을 목적으로 조사를 하는 경우와는 달리, 범죄수사인 압수 또는 수색에 해당하여 사전 또는 사후에 영장을 받아야 한다.
  ② 「행정조사기본법」은 행정조사 실시를 위한 일반적인 근거 규범으로서 행정기관은 다른 법령 등에서 따로 행정조사를 규정하고 있지 않더라도 「행정조사기본법」을 근거로 행정조사를 실시할 수 있다.
  ③ 음주운전 여부에 대한 조사 과정에서 운전자 본인의 동의를 받지 아니하고 법원의 영장 없이 채혈조사를 한 결과를 근거로 한 운전면허 정지·취소처분은 특별한 사정이 없는 한 위법한 처분으로 볼 수밖에 없다.
  ④ 납세자 등이 대답하거나 수인할 의무가 없고 납세자의 영업의 자유 등을 침해하거나 세무조사권이 남용될 염려가 없는 조사행위까지 재조사가 금지되는 '세무조사'에 해당한다고 볼 것은 아니다.

10. 행정심판의 재결에 대한 설명으로 옳은 것은?
  ① 행정심판의 재결이 확정되면 피청구인인 행정청을 기속하는 효력이 있고 그 처분의 기초가 된 사실관계나 법률적 판단이 확정되므로 이후 당사자는 이에 모순되는 주장을 할 수 없다.
  ② 행정심판위원회의 기각재결이 있은 후에는 행정청은 원처분을 직권으로 취소할 수 없다.
  ③ 행정심판위원회가 직접처분을 하기 위하여는 처분의 이행을 명하는 재결이 있었음에도 당해 행정청이 아무런 처분을 하지 아니하였어야 하므로, 당해 행정청이 어떠한 처분을 하였다면 그 처분이 재결의 내용에 따르지 아니하였다고 하더라도 위원회가 직접처분을 할 수는 없다.
  ④ 행정심판위원회는 취소심판의 청구가 이유 있다고 인정하면 처분을 취소하거나 다른 처분으로 변경할 수 있으며, 피청구인에게 처분을 취소하거나 변경할 것을 명할 수 있다.

11. 행정행위의 취소와 철회에 대한 설명으로 옳지 않은 것은?
  ① 행정청은 적법한 처분을 철회하려는 경우에는 철회로 인하여 처분의 상대방이 입게 될 불이익과 철회로 달성되는 공익을 비교·형량하여야 한다.
  ② 행정청이 의료법인의 이사에 대한 이사취임승인취소처분(제1처분)을 직권으로 취소(제2처분)한 경우, 제1처분과 제2처분 사이에 법원에 의하여 선임결정된 임시이사들의 지위는 법원의 해임결정이 있어야 소멸된다.
  ③ 과세관청이 조세부과처분을 취소하면 그 부과처분으로 인한 법률효과는 일단 소멸하는 것이므로, 그 후 다시 동일한 과세대상에 대하여 조세부과처분을 하여도 이미 소멸한 법률효과가 다시 회복되는 것은 아니다.
  ④ 수익적 처분이 상대방의 허위 기타 부정한 방법으로 인하여 행하여졌다면 상대방은 그 처분이 그와 같은 사유로 인하여 취소될 것임을 예상할 수 있으므로, 이러한 경우까지 상대방의 신뢰를 보호하여야 하는 것은 아니다.

12. 국가배상에 대한 설명으로 옳은 것은?
① 하천의 제방이 계획홍수위를 넘고 있더라도, 하천이 그 후 새로운 하천시설을 설치할 때 '하천시설기준'으로 정한 여유고를 확보하지 못하고 있다면 그 사정만으로 안정성이 결여된 하자가 있다고 보아야 한다.
② 불법어로행위자가 단속반의 추적을 피해 해상 도주를 하다 배가 좌초되어 바다로 추락사망한 사안에서, 당시 단속공무원들의 결정이 결과론적·사후적 관점에서 최선이 아니었다 하더라도 평균인이 통상 갖추어야 할 주의의무를 게을리 한 잘못이 있다고 쉽게 단정할 수 없다.
③ 지방자치단체로부터 대집행권한을 위탁받은 한국토지주택공사가 수탁 공무인 대집행을 실행하면서 불법행위로 손해를 발생시킨 경우 국가배상책임은 해당 지방자치단체에게 발생한다.
④ 영조물이 안전성을 갖추었는지 여부는 영조물의 설치자 또는 관리자가 그 영조물의 위험성에 비례하여 사회통념상 일반적으로 요구되는 정도의 방호조치의무를 다하였는지를 기준으로 판단하여야 하고, 그 설치자 또는 관리자의 재정적·인적·물적 제약 등은 고려하지 않는다.

13. 신고에 대한 설명으로 옳지 않은 것은?
① 노동조합의 설립신고가 행정관청에 의하여 형식상 수리되었더라도 법에서 정한 실질적 요건을 갖추지 못하였다면, 실질적 요건이 흠결된 하자가 해소되거나 치유되는 등의 특별한 사정이 없는 한 그 설립은 무효이다.
② 악취방지법령상 악취배출시설 설치·운영신고는 관할 행정청이 수리 여부를 심사할 권한이 있는 '수리를 필요로 하는 신고'이다.
③ 「부가가치세법」상의 사업자등록은 과세관청으로 하여금 부가가치세의 납세의무자를 파악하고 그 과세자료를 확보케 하려는데 입법취지가 있는 것으로써, 이는 단순한 사업사실의 신고로 사업자가 소관 세무서장에게 소정의 사업자등록신청서를 제출함으로써 성립되는 것이다.
④ 행정청은 주민등록전입신고의 수리 여부를 심사하는 단계에서 전입신고자가 거주의 목적 이외에 다른 이해관계에 관한 의도를 가지고 있는지 여부를 고려하여야 한다.

14. 「행정소송법」상 처분에 대한 설명으로 옳지 않은 것은?
① 「군인사법」상 각 군 참모총장이 '군인 명예전역수당 지급대상자 결정절차'에서 국방부장관에게 수당지급대상자를 추천하거나 신청자 중 일부를 추천하지 않는 행위는 항고소송의 대상이 되는 처분에 해당한다.
② 운전면허 행정처분처리대장상 벌점의 배점은 그 배점 자체만으로는 아직 국민에 대하여 구체적으로 어떤 권리를 제한하거나 의무를 명하는 등 법률적 규제를 하는 효과를 발생하는 요건을 갖춘 것이 아니어서 취소를 구하는 소송의 대상이 되는 행정처분이라고 할 수 없다.
③ 코로나바이러스감염증-19의 예방을 위하여 음식점 및 PC방 운영자 등에게 영업시간을 제한하거나 이용자 간 거리를 둘 의무를 부여하는 서울특별시고시들은 항고소송의 대상인 행정처분에 해당한다.
④ 공정거래위원회가 「하도급거래 공정화에 관한 법률」 제26조(관계 행정기관의 장의 협조)에 따라 관계 행정기관의 장에게 한 원사업자 또는 수급사업자에 대한 입찰참가 자격의 제한을 요청한 결정은 항고소송의 대상이 되는 처분에 해당한다.

15. 행정행위의 내용에 대한 설명으로 옳지 않은 것은?
① 「의료법」상 신의료기술의 안전성·유효성 평가나 신의료기술의 시술로 국민보건에 중대한 위해가 발생하거나 발생할 우려가 있는지 여부에 대한 판단과, 그 경우 행정청이 어떠한 종류와 내용의 지도나 명령을 할 것인지의 판단에 관해서는 행정청에 재량권이 부여되어 있다.
② 토지거래허가는 허가 전의 유동적 무효 상태에 있는 법률행위의 효력을 완성시켜 주는 인가적 성질을 갖는다.
③ 「수도권대기환경특별법」상 대기오염물질 총량관리사업장 설치허가는 수도권 대기관리권역에서 총량관리대상 오염물질을 일정량을 초과하여 배출할 수 있는 특정한 권리를 설정하여 주는 행위로서 그 처분의 여부 및 내용의 결정은 행정청의 재량에 속한다.
④ 공익법인의 기본재산 처분에 대한 허가의 법률적 성질은 형성적 행정행위로서의 인가에 해당하므로, 그 허가에 조건으로서의 부관의 부과가 허용되지 아니한다.

16. 취소소송의 판결에 대한 설명으로 옳은 것은?
① 주민 등의 도시관리계획 입안 제안을 거부한 처분을 이익형량에 하자가 있어 위법하다고 판단하여 취소하는 판결이 확정된 경우, 행정청은 그 입안 제안을 그대로 수용하는 내용의 도시관리계획을 수립할 의무가 있다.
② 행정처분을 취소하는 확정판결이 있으면 그 취소판결 자체의 효력에 의해 그 행정처분을 기초로 하여 새로 형성된 제3자의 권리는 당연히 그 행정처분 전의 상태로 환원된다.
③ 「도시 및 주거환경정비법」상 주택재개발사업조합의 조합설립인가처분이 법원의 재판에 의하여 취소된 경우, 당해 주택재개발사업조합이 조합설립인가처분 취소 전에 도시정비법상 적법한 행정주체 또는 사업시행자로서 한 결의 등 처분은 달리 특별한 사정이 없는 한 소급하여 효력을 상실한다.
④ 취소소송의 피고는 처분청이므로 행정청을 피고로 하는 취소소송에 있어서의 기판력은 당해 처분이 귀속하는 국가 또는 공공단체에는 미치지 않는다.

17. 행정벌에 대한 설명으로 옳지 않은 것은?
① 과태료 사건은 다른 법령에 특별한 규정이 있는 경우를 제외하고는 과태료 부과관청의 소재지의 지방법원 또는 그 지원의 관할로 한다.
② 국가가 그의 사무의 일부를 지방자치단체의 장에게 위임하여 처리하게 하는 기관위임사무의 경우 지방자치단체는 양벌규정에 의한 처벌대상이 되는 법인에 해당한다고 볼 수 없다.
③ 행정법상의 질서벌인 과태료의 부과처분과 형사처벌은 그 성질이나 목적을 달리하는 별개의 것이므로 행정법상의 질서벌인 과태료를 납부한 후에 형사처벌을 한다고 하여 이를 일사부재리의 원칙에 반하는 것이라고 할 수는 없다.
④ 양벌규정에 의한 영업주의 처벌은 금지위반행위자인 종업원의 처벌에 종속하는 것이 아니라 독립하여 그 자신의 종업원에 대한 선임감독상의 과실로 인하여 처벌되는 것이므로 종업원의 범죄성립이나 처벌이 영업주 처벌의 전제조건이 될 필요는 없다.

18. 행정절차에 대한 설명으로 옳은 것은?
   ① 「군인사법」에 따라 당해 직무를 수행할 능력이 없다고 인정하여 장교를 보직해임 하는 경우, 처분의 근거와 이유 제시 등에 관하여 「행정절차법」의 규정이 적용된다.
   ② 「건축법」상의 공사중지명령에 대한 사전통지를 하고 의견제출의 기회를 준다면 많은 액수의 손실보상금을 기대하여 공사를 강행할 우려가 있다는 사정은 사전통지 및 의견제출절차의 예외사유에 해당하지 아니한다.
   ③ 수익적 행정행위의 신청에 대한 거부처분은 직접 당사자의 권익을 제한하는 처분에 해당하므로, 그 거부처분은 「행정절차법」상 처분의 사전통지대상이 된다.
   ④ 행정청이 행정처분을 하면서 논리적으로 당연히 수반되어야 하는 의사표시를 명시적으로 하지 않았으면, 그것이 행정청의 추단적 의사에 부합하고 상대방이 이를 알 수 있는 경우에도, 행정처분에 이와 같은 의사표시가 묵시적으로 포함되어 있다고 볼 수 없다.

19. 「공익사업을 위한 토지 등의 취득 및 보상에 관한 법률」에 대한 설명으로 옳지 않은 것은?
   ① 중앙토지수용위원회는 이의신청을 받은 경우 재결이 위법하거나 부당하다고 인정할 때에는 그 재결의 전부 또는 일부를 취소하거나 보상액을 변경할 수 있다.
   ② 공익사업으로 인해 농업손실을 입은 자가 사업시행자에게서 「공익사업을 위한 토지 등의 취득 및 보상에 관한 법률」에 따른 보상을 받으려면 재결절차를 거쳐야 하고, 이를 거치지 않고 곧바로 민사소송으로 보상금을 청구하는 것은 허용되지 않는다.
   ③ 사업시행자에게 한 잔여지 매수청구의 의사표시는 일반적으로 관할 토지수용위원회에 한 잔여지 수용청구의 의사표시로 볼 수 있다.
   ④ 「공익사업을 위한 토지 등의 취득 및 보상에 관한 법률」상 적법하게 시행된 공익사업으로 인하여 이주하게 된 주거용 건축물 세입자의 주거이전비 보상청구권은 공법상의 권리이고, 따라서 그 보상을 둘러싼 쟁송은 민사소송이 아니라 공법상의 법률관계를 대상으로 하는 행정소송에 의하여야 한다.

20. 행정상 계약에 대한 설명으로 옳지 않은 것은?
   ① 중소기업 정보화지원사업에 따른 지원금 출연을 위하여 중소기업청장이 체결하는 협약은 공법상 대등한 당사자 사이의 의사표시의 합치로 성립하는 공법상 계약에 해당하므로, 그 협약의 해지 및 그에 따른 환수통보는 행정처분에 해당한다고 볼 수 없다.
   ② 「공익사업을 위한 토지 등의 취득 및 보상에 관한 법률」상 사업시행자와 토지소유자 사이의 협의취득에 대한 분쟁은 민사소송으로 다투어야 한다.
   ③ 조달청이 계약상대자에 대하여 나라장터 종합쇼핑몰에서의 거래를 일정기간 정지하는 조치는, 비록 물품구매계약의 추가특수조건이라는 사법상 계약에 근거한 것이라고 하더라도 행정청인 조달청이 행하는 구체적 사실에 관한 법집행으로서의 공권력의 행사로서 그 상대방 회사의 권리·의무에 직접 영향을 미치므로 항고소송의 대상이 되는 행정처분에 해당한다.
   ④ 「국유림의 경영 및 관리에 관한 법률」에 따른 임산물매각계약은 공법상 계약에 해당한다.

행정학개론

1. 직업공무원제의 한계를 보완하기 위한 제도가 아닌 것은?
   ① 임기제 공무원제
   ② 직위분류구조의 활용
   ③ 연령상한제
   ④ 민간근무휴직제

2. 우리나라의 데이터기반 행정에 대한 설명으로 옳은 것은?
   ① 「데이터기반행정 활성화에 관한 법률」에 의하면 국가데이터처장은 데이터기반행정을 체계적으로 추진하기 위하여 데이터기반행정 활성화를 위한 기본계획을 3년마다 수립하여야 한다.
   ② 「공공데이터의 제공 및 이용 활성화에 관한 법률」에 의하면 공공기관은 다른 법률에 특별한 규정이 있는 경우 등을 제외하고는 공공데이터의 영리적 이용인 경우에도 이를 금지 또는 제한하여서는 아니 된다.
   ③ 「개인정보 보호법」상 가명정보란 추가 정보의 사용 여부와 상관없이 그 자체로 특정 개인을 알아볼 수 없게 처리된 정보를 말한다.
   ④ 「개인정보 보호법」에 의하면 개인정보처리자는 통계작성, 과학적 연구, 공익적 기록보존 등을 위하여 정보주체의 동의를 얻어 가명정보를 처리할 수 있다.

3. 애자일 조직(Agile Organization)에 대한 설명으로 옳지 않은 것은?
   ① 완벽한 계획 수립보다는 실행과 피드백을 통한 지속적인 개선을 중시하는 실용주의적 접근을 취한다.
   ② 고객의 요구사항을 수시로 반영할 수 있도록 짧은 작업주기(Sprint)를 반복하며 성과를 창출한다.
   ③ 고객의 요구에 따라 장기적으로 지속적인 정책 추진이 이루어진다는 점에서 정책의 신뢰성을 제고할 수 있다.
   ④ 과업에 따라 소규모의 프로젝트 팀을 수시로 구성하고 해체하는 애드호크라시(Adhocracy)의 일종이다.

4. 기금에 대한 설명으로 옳지 않은 것은?
   ① 기금은 자율성과 탄력성이 강한 장치이지만 설치시 법적 근거가 필요하며, 국회의 심의·의결 및 결산의 대상이 된다.
   ② 기금은 일정시점의 재산 상태를 나타내는 '조성'과 일정기간의 운영상황을 나타내는 '운용'으로 나누어 계획을 수립한다.
   ③ 기금은 통일성의 원칙, 완전성의 원칙, 단일성의 원칙의 예외이다.
   ④ 기금은 특정한 목적을 위하여 특정한 자금을 신축적으로 운영할 필요가 있을 때 정부예산의 일부로 설치한다

5. 킹던(Kingdon)의 정책의 창 모형(Multiple Streams Framework)에 관한 설명으로 가장 옳지 않은 것은?
   ① 정책 과정은 문제의 흐름(Problem stream), 정책의 흐름(Policy stream), 정치의 흐름(Politics stream)이라는 세 가지 흐름으로 구성된다.
   ② 세 가지 흐름은 상호 의존적으로 발전하며, 정책의 창은 주로 '정책의 흐름'이 주도하여 열리게 되고 한 번 열리면 장기간 지속되는 특성이 있다.
   ③ '정책의 흐름'에서는 전문가, 연구자, 보좌관 등으로 구성된 정책 공동체 내에서 다양한 대안들이 제안되고 걸러지는 과정을 거친다.
   ④ '정치의 흐름'은 국민적 정서, 이익단체의 압력, 선거 결과, 행정부나 의회의 인적 교체 등과 같은 요인에 의해 결정된다.

6. 지방자치단체의 기관구성 형태에 대한 설명으로 가장 옳지 않은 것은?
   ① 기관대립형은 행정의 전문성과 책임성을 명확히 할 수 있으나, 행정의 안정성과 능률성을 저해할 수 있다.
   ② 기관통합형인 '위원회형(Commission form)'은 소규모 자치단체에 적합하며, 할거주의를 타파하고 부서 간 협력을 공고히 할 수 있다.
   ③ 의회 - 시지배인형은 의회가 집행기관을 총괄하는 시지배인을 선임하는 유형으로 시장은 의례적이고 명목적인 기능만 수행한다.
   ④ 「지방자치법」에 의하면 지방자치단체의 기관구성형태를 다양화할 수 있으며, 지방의회와 집행기관의 구성을 달리하려는 경우에는 주민투표를 거쳐야 한다.

7. 직무급(Job - based Pay)에 대한 설명으로 옳지 않은 것은?
   ① 수행업무의 중요성과 난이도에 따라 보수를 결정한다.
   ② 개인별 직무실적이나 성과가 보수에 반영되는 변동급의 성격을 갖는다.
   ③ 직무의 상대적 가치를 결정하기 위한 직무평가가 선행되어야 한다.
   ④ 동일직무 동일보수의 원칙이 적용되어 보수의 공정성이 높다.

8. 규제완화 또는 민영화를 통해서 해결하기 곤란한 정부실패 현상은?
   ① X-비효율성
   ② 파생적 외부효과
   ③ 사적목표의 설정
   ④ 비용과 수익의 절연

9. 무의사결정(non-decision making)에 대한 설명으로 옳지 않은 것은?
① 문제상황이 조성되었더라도 그것이 문제화되는 것을 차단하는 행동이다.
② 무의사결정을 위해 지배적인 가치, 신념 등을 내세우는 방법이 사용된다.
③ 엘리트 이론의 관점을 반영하는 것이다.
④ 가치의 재배분을 추구하는 사람들에게 유리하게 작용한다.

10. 「공직자윤리법」에 대한 다음 설명 중 옳지 않은 것은?
① 국가 및 지방자치단체의 4급 이상 공무원 등은 재산을 등록해야 하며, 1급 이상 공무원 등은 등록된 재산을 공개해야 한다.
② 재산등록의무자는 관할 공직자윤리위원회의 승인을 받으면, 퇴직일로부터 3년 이내라 할지라도 취업제한기관에 취업할 수 있다.
③ 공무원 등이 외국 또는 그 직무와 관련하여 외국인으로부터 선물을 받으면 지체 없이 소속 기관·단체의 장에게 신고하고, 그 선물을 인도해야 한다.
④ 재산공개대상자 등이 보유하고 있는 주식의 직무관련성을 심사·결정하기 위해 행정안전부에 주식백지신탁 심사위원회를 둔다.

11. 다음 중 전통적 예산원칙에 해당하지 않는 것은?
① 예산은 국민에게 공개되고 누구나 알 수 있어야 한다.
② 예산집행 전 입법부의 의결을 거쳐야 한다.
③ 예산은 회계연도 내에 집행되어야 한다.
④ 사업 계획과 예산편성이 연계되어야 한다.

12. 정책문제 구조화의 기법에 대한 설명으로 옳지 않은 것은?
① 계층분석은 문제 상황의 가깝고도 먼 원인을 식별하기 위한 기법으로 분석가의 직관이나 판단에 의한다.
② 경계분석은 문제상황의 구성요소를 파악하기 위한 기법으로 개념의 명확화를 목적으로 한다.
③ 가정분석은 여러 대립적인 전제들을 창조적으로 통합하기 위한 기법이다.
④ 분류분석은 문제상황을 정의하고 분류하기 위하여 사용되는 개념을 명백하게 하기 위한 기법이다.

13. 다음 중 갈등 조장 전략이 아닌 것은?
① 조직 내 수평적 분화의 촉진
② 인사이동 또는 직위 간 관계의 재설정
③ 표준운영절차의 확립
④ 개방형임용제 등 새로운 구성원의 투입

14. 공공가치관리론에 대한 설명으로 옳지 않은 것은?
① 무어(Moore)는 공적 가치의 형성, 정당성과 지원의 확보, 운영 역량의 형성으로 구성된 전략적 삼각형 모형(strategic triangle model)을 제시하였다.
② 보즈만(Bozeman)은 공공서비스가 사회적 가치를 충분히 생산하지 못하는 '공공가치 실패(Public Value Failure)' 개념을 제시하였다.
③ 무어(Moore)의 '공공가치회계'를 제안하였고, 보즈만(Bozeman)은 '공공가치 지도그리기(mapping)'를 통해 통해 공공가치를 체계화하였다.
④ 무어(Moore)는 사회 전체적 차원에서의 공공성 평가와 이론적 기준 마련에 초점을 둔다면, 보즈만(Bozeman)은 개별 공공관리자의 전략적 리더십과 실천적 지침에 초점을 둔다.

15. 티부(Tiebout) 가설에 대한 설명으로 옳지 않은 것은?
① 사무엘슨(Samuelson)의 적정 공공재 공급이론을 비판하고 등장한 이론이다.
② 지방정부에서 생산하는 지방공공재는 원칙적으로 외부효과가 없다고 가정한다.
③ 지방정부의 재원은 소득세나 소비세로 충당된다고 가정한다.
④ 시장원리에 의한 공공서비스의 효율적인 공급을 중시하는 이론이다.

16. 다음의 정책수단 중 직접성이 낮은 정책수단이 아닌 것은?
① 보조금
② 바우처
③ 대출보증
④ 정부소비

17. 성과주의 예산제도(PBS)에 대한 설명으로 옳지 않은 것은?
① 예산서에 사업목적이 포함되며, 업무 측정단위를 선정하고 단위원가를 계량화하여 예산을 편성한다.
② 예산의 배정과정에서 전년도 성과를 기준으로 필요 사업량이 제시되므로 산출물 증가에 필요한 예산의 추가 투입액 파악이 용이하다.
③ 사업중심의 예산으로 사업의 우선순위 파악이 용이하다.
④ 관리자에게 운영관리를 위한 지침으로 효과적이다.

18. 우드워드(J. Woodward)의 기술유형론에 대한 설명으로 가장 옳지 않은 것은?
① 기술의 복잡성에 따라 단위·소량생산, 대량생산, 연속공정생산 기술로 분류하였다.
② 기술의 복잡성이 가장 낮은 단위·소량생산 기술과 가장 높은 연속공정생산 기술은 유기적(Organic) 조직구조에서 효율성이 높게 나타났다.
③ 대량생산 기술(Mass Production)은 표준화와 분업이 중요하므로 기계적(Mechanical) 조직구조가 가장 적합하다.
④ 기술의 복잡성이 증가함에 따라 조직의 관리직 비율(Administrative Intensity)은 점차 감소하는 경향을 보인다.

19. 근무성적평정에서 나타나는 오류에 대한 설명이다. 옳지 않은 것은?
① 특정 평정자가 다른 평정자들에 비해 언제나 후하거나 박한 점수를 주는 일관된 오류를 유형화의 오류라 한다.
② 하나의 평정요소에 대한 평정자의 판단이 다른 평정요소에 영향을 미치는 오류를 후광효과(halo effect)라 한다.
③ 평정자의 평정기준이 일정치 않아 관대화 경향과 엄격화 경향이 불규칙하게 나타나는 오류를 총계적 오류라 한다.
④ 평정의 요소와 관계없는 성별·출신학교·출신지역·종교·연령 등에 대해 평정자가 가지고 있는 편견이 평정에 영향을 미치는 오류를 상동적 오차라 한다.

20. 사회적 자본이론에 대한 내용 중 가장 옳지 않은 것은?
① 사회학적 시각에서는 사회적 자본의 출현에 필요한 조건으로서 연결이나 관계를 강조한다.
② 사회적 자본의 순기능으로는 신뢰를 통해 거래비용을 감소시키는 효과를 들 수 있다.
③ 사회적 자본은 사회적 제재 메커니즘을 제공하며, 상호간 소망스러운 행위를 유도한다.
④ 사회적 자본은 동조성(conformity)에 대한 요구를 창출하고, 이로 인해 개인의 사적 자유는 더 보장받게 된다.

합격을 만드는

주간 합격모의고사

5월

- 제2회 -

이 름: _____

제1과목 국어
제2과목 영어
제3과목 한국사
제4과목 행정법총론
제5과목 행정학개론

주간 모의고사 정오표

합격까지 박문각

국 어

1. <공공언어 바로 쓰기 원칙>에 따라 수정한 것으로 적절하지 않은 것은?

> **< 공공언어 바로 쓰기 원칙 >**
>
> ○ 다듬은 말 사용
> - 다듬기(국어 순화)의 의미: 지나치게 어렵거나 생소한 말을 '쉽고 바르고 고운 말'로 다듬는 것, 생소한 외래어나 외국어를 우리말로 다듬는 것.
> - 다듬기의 목적 및 효용: 국어의 쉽고 원활한 의사소통 기능 향상, 국어 문화와 민족 문화 발전, 경제적 손실 방지.

① "본 조항은 금후부터 적용한다."에서 '금후'를 '현재'로 수정한다.

② "해당 안건을 조속히 처리하시오."에서 '조속히'를 '빨리'로 수정한다.

③ "신청서를 구비하여 방문하시오."에서 '구비하여'를 '갖추어'로 수정한다.

④ "시스템 오류 발생 시 컨트롤타워에 보고한다."에서 '컨트롤타워'를 '중앙 본부'로 수정한다.

2. <개요>의 빈칸에 들어갈 내용으로 적절하지 않은 것은?

> **<개 요>**
>
> ○ 제목: 청년 주거 불안정 문제의 원인과 개선 방안
>
> Ⅰ. 청년 주거 불안정 문제의 실태
>   1. 청년 계층의 안정적 주거 공간 확보 어려움 및 주거 빈곤 현상
>   2. 청년 1인 가구의 주거비 부담 증가 및 열악한 주거 환경 심화
>
> Ⅱ. 청년 주거 불안정의 원인
>   1. 수도권 주택 가격 급등 및 전·월세 부담 심화
>   2. 청년 대상 공공 임대 주택 공급 절대적 부족
>   3. 주거 취약 청년을 위한 금융 지원 제도 미비
>
> Ⅲ. 청년 주거 불안정 문제의 개선 방안
>

① 청년 주거 안정을 위한 전·월세 가격 상한제 도입 및 규제 강화

② 청년 주거 문제 해소를 위한 지방 이주 강제 유도 정책 추진

③ 청년 맞춤형 공공 임대 주택 공급 확대 및 입주 요건 완화

④ 청년 주거비 지원 대출 상품 개발 및 금융 접근성 제고

3. ㉠~㉣ 중 문맥상 어색한 곳을 수정한 것으로 가장 적절한 것은?

> 혈당 조절은 이자에서 분비되는 호르몬인 인슐린과 글루카곤의 길항 작용으로 이루어진다. 식사 후 혈당이 상승하면 이자의 β세포가 자극되어 인슐린이 분비된다. 인슐린은 조직 세포의 포도당 흡수를 촉진하고, 간에서 포도당을 글리코겐으로 합성하는 과정을 ㉠ 촉진하여 혈당을 낮춘다. 반면, 혈당이 과도하게 낮아지면 이자의 α세포가 자극되어 글루카곤이 분비된다. 글루카곤은 간에서 글리코겐을 포도당으로 분해하는 과정을 촉진하여 혈당을 높인다. 인슐린과 글루카곤은 ㉡ 서로 반대 방향으로 작용하는 길항 호르몬으로, 혈당을 일정 범위 내에서 유지시키는 항상성 조절의 핵심이다. 한편 당뇨병은 혈당 조절에 이상이 생긴 질환으로, 1형 당뇨는 자가면역 반응으로 β세포가 파괴되어 인슐린이 ㉢ 과잉 분비되는 것이 원인이다. 반면 2형 당뇨는 인슐린 분비 자체보다는 조직 세포의 인슐린 수용체 기능이 저하되어 ㉣ 세포가 인슐린에 정상적으로 반응하지 못하는 인슐린 저항성이 주요 원인으로 작용한다.

① ㉠: 억제하여 혈당을 낮춘다

② ㉡: 서로 같은 방향으로 작용하는 협력 호르몬

③ ㉢: 분비되지 않는 것

④ ㉣: 세포가 인슐린에 과민하게 반응하는 인슐린 과민성

4. 다음 글의 ㉠과 ㉡에 대한 분석으로 가장 적절한 것은?

> 인공지능(AI) 기술의 발전으로 채용 과정에서 AI 면접을 도입하는 기업이 늘어나고 있다. AI 면접은 지원자의 표정, 말투, 답변 내용 등을 분석하여 역량을 평가하는 방식으로, 기존의 인간 면접관 중심 면접을 대체하거나 보완하는 수단으로 활용되고 있다. 이에 대해 도입을 찬성하는 측과 반대하는 측의 의견이 팽팽하게 맞서고 있다. ㉠ 찬성 측은 AI 면접이 면접관의 주관적 판단이나 외모, 출신 등에 따른 편견을 배제함으로써 지원자를 보다 공정하게 평가할 수 있다고 주장한다. 또한 대규모 채용에서 일관된 기준으로 다수의 지원자를 효율적으로 평가할 수 있다는 점도 장점으로 든다. ㉡ 반대 측은 AI가 학습한 데이터 자체에 편향이 내포되어 있을 경우, AI 면접 역시 특정 집단에 불리한 결과를 낳을 수 있다고 주장한다. 아울러 직무 역량과 무관한 표정이나 말투 등의 비언어적 요소가 평가에 과도하게 반영될 수 있으며, 지원자가 평가 기준을 알 수 없어 이의를 제기하기도 어렵다고 지적한다.

① ㉠은 AI 면접 도입 이후 실제 채용된 인원의 직무 성과가 향상되었다는 근거를 반드시 제시할 필요가 없다.

② ㉡은 AI 면접이 인간 면접관보다 항상 더 편향된 결과를 낳는다는 근거를 제시해야 한다.

③ ㉠은 AI 면접의 평가 기준이 투명하게 공개되어 있다는 근거를 제시해야 한다.

④ ㉡은 AI 학습 데이터의 편향이 실제 평가 결과에 영향을 미친 사례가 없다는 근거를 제시해야 한다.

5. 다음 글을 이해한 내용으로 적절하지 않은 것은?

'프레이밍 효과'는 동일한 정보라도 어떤 방식으로 제시되느냐에 따라 사람들의 판단과 선택이 달라지는 현상을 말한다. 대니얼 카너먼과 아모스 트버스키의 고전적 실험에서, 참가자들은 동일한 의학적 결과를 '생존율 90%'로 제시받았을 때와 '사망률 10%'로 제시받았을 때 서로 다른 선호를 보였다. 통계적으로 동일한 정보임에도 불구하고, 이득의 관점에서 제시된 정보는 위험 회피적 선택을 유도하고, 손실의 관점에서 제시된 정보는 위험 감수적 선택을 유도하는 경향이 있다. 이는 인간의 판단이 정보의 객관적 내용만이 아니라 그 정보가 표현되는 맥락과 형식에 의해서도 크게 좌우됨을 보여 준다. 프레이밍 효과는 단순한 심리적 착각이 아니라 인간의 인지 구조에 내재된 특성에서 비롯된다. 카너먼은 인간의 사고를 빠르고 직관인인 '시스템 1'과 느리고 분석적인 '시스템 2'로 구분하였는데, 프레이밍 효과는 주로 시스템 1이 우세하게 작동할 때 나타난다. 시스템 2가 충분히 개입하면 프레이밍의 영향을 어느 정도 줄일 수 있지만, 일상적 판단 대부분은 시스템 1에 의존하기 때문에 프레이밍 효과를 완전히 제거하기는 어렵다. 이 효과는 광고, 정치, 의료 등 다양한 영역에서 의사결정에 광범위하게 영향을 미치고 있다.

① 동일한 정보라도 이득의 관점으로 제시될 때와 손실의 관점으로 제시될 때 사람들의 선택이 달라질 수 있다.

② 프레이밍 효과는 인간의 인지 구조에 내재된 특성에서 비롯된다.

③ 시스템 2가 충분히 개입하면 프레이밍 효과를 완전히 제거할 수 있다.

④ 프레이밍 효과는 주로 빠르고 직관적인 사고가 우세하게 작동할 때 나타난다.

6. 다음 글에서 추론한 내용으로 적절하지 않은 것은?

재화는 경합성과 배제성을 기준으로 네 가지 유형으로 분류된다. 경합성이란 한 사람의 소비가 다른 사람이 소비할 수 있는 양을 줄이는 성질을 말하고, 배제성이란 대가를 지불하지 않은 사람을 소비에서 제외할 수 있는 성질을 말한다. 경합성과 배제성을 모두 갖춘 재화는 사적 재화라 하며, 일반 시장에서 거래되는 대부분의 상품이 이에 해당한다. 경합성도 배제성도 없는 재화는 공공재라 하는데, 국방 서비스나 등대가 그 대표적인 예이다. 배제성은 있으나 경합성이 없는 재화는 클럽재라 하는데, 요금을 납부한 사람이라면 동시에 여럿이 이용하더라도 서로의 이용량에 영향을 주지 않는다. 유료 스트리밍 서비스나 케이블 TV가 그 대표적인 예이다. 경합성은 있으나 배제성이 없는 재화는 공유 자원이라 하는데, 누구나 자유롭게 이용할 수 있지만 한 사람의 과도한 이용이 다른 사람의 이용 가능성을 줄인다. 이 때문에 공유 자원은 개인의 합리적 선택이 집합적으로는 자원 고갈을 초래하는 남용 문제가 발생하기 쉬우며, 이를 흔히 공유지의 비극이라 부른다. 어떤 재화가 어느 유형에 속하는지는 기술 발전이나 제도적 변화에 따라 달라지기도 한다. 예컨대 과거에 공공재였던 것이 기술의 발달로 배제성을 갖추어 클럽재로 전환되는 경우가 그러하다.

① 유료 케이블 TV 채널은 요금을 내지 않으면 시청이 불가능하지만, 한 사람의 시청이 다른 사람의 시청량을 줄이지 않으므로 클럽재에 해당한다.

② 공해상의 어류는 누구나 포획할 수 있지만 한 어선의 과도한 어획이 다른 어선의 어획량을 줄이므로 공유 자원에 해당한다.

③ 국방 서비스는 세금을 내지 않은 시민도 배제할 수 없고, 한 시민의 혜택이 다른 시민의 혜택을 감소시키지 않으므로 공공재에 해당한다.

④ 마트에서 판매되는 생수는 경합성이 없으므로 사적 재화로 볼 수 없다.

7. 다음 글의 중심 생각으로 가장 적절한 것은?

화폐는 단순한 교환 수단을 넘어 사회적 신뢰의 산물이다. 금본위제 시대에는 화폐의 가치가 실물인 금에 의해 뒷받침되었지만, 오늘날 법정 화폐는 국가의 권위와 사회 구성원들의 집단적 신뢰에 의해 그 가치가 유지된다. 즉, 지폐 한 장이 실질적인 구매력을 갖는 것은 그것이 내재적인 가치를 지니기 때문이 아니라, 사람들이 그것을 가치 있는 것으로 믿고 받아들이기 때문이다.

이러한 관점에서 화폐 위기는 단순한 경제 현상이 아니라 사회적 신뢰의 붕괴로 이해할 수 있다. 초인플레이션이 발생한 국가들의 사례를 보면, 물가 상승 자체보다 화폐에 대한 신뢰 상실이 먼저 나타나는 경우가 많다. 바이마르 공화국의 초인플레이션이나 짐바브웨의 사례에서 볼 수 있듯이, 사람들이 화폐의 가치를 더 이상 믿지 않게 되는 순간 화폐 경제는 급속도로 붕괴된다. 이때 사람들은 물물교환으로 회귀하거나 외국 화폐를 대체 수단으로 사용하게 되는데, 이는 화폐의 기능이 궁극적으로 공동체의 신뢰에 기반하고 있음을 잘 보여 준다.

최근 등장한 암호화폐는 이러한 화폐의 본질에 새로운 질문을 던진다. 비트코인과 같은 암호화폐는 국가나 중앙은행의 보증 없이도 블록체인 기술과 사용자 집단의 합의에 의해 가치를 인정받는다. 이는 화폐의 가치가 발행 주체의 권위보다 사용자들 사이의 신뢰 네트워크에 의해 결정될 수 있음을 시사한다. 결국 화폐의 역사는 신뢰의 형태가 어떻게 변화해 왔는지를 보여 주는 기록이라 할 수 있다.

① 암호화폐의 등장은 국가 중심의 화폐 체계가 가진 구조적 결함을 증명한다.

② 화폐의 가치는 발행 주체의 신용도와 보유 실물 자산의 규모에 의해 결정된다.

③ 화폐는 그 형태와 발행 주체에 관계없이 사회 구성원들 사이의 신뢰를 기반으로 가치를 지닌다.

④ 초인플레이션은 정부의 무분별한 화폐 발행이 초래하는 필연적인 경제적 결과이다.

8. 다음 글의 빈칸 (가)에 들어갈 내용으로 가장 적절한 것은?

> 19세기 후반 프랑스에서 등장한 인상주의는 회화사의 근본적인 전환점을 이룬다. 인상주의 이전의 서양 회화는 대상을 정확하게 재현하는 것을 최고의 가치로 삼았다. 화가들은 원근법과 명암법을 활용하여 3차원 공간을 2차원 화폭에 환영적으로 재현하고자 했으며, 이를 위해 대개 실내 작업실에서 완성도 높은 마무리를 추구했다. 인상주의 화가들은 이러한 관행을 정면으로 거부했다. 그들은 빛의 순간적인 효과와 그것이 만들어내는 색채의 변화에 주목하여, 야외에서 직접 풍경을 그리는 '외광파' 방식을 채택했다. 모네, 르누아르, 피사로 등은 빠른 붓놀림과 순수한 색채를 병치하는 기법으로 빛의 떨림과 대기의 질감을 화폭에 담려 했다. 이 과정에서 윤곽선은 흐려지고 세부 묘사보다는 전체적인 인상이 강조되었다. 그러나 인상주의의 의의는 단순히 새로운 기법의 도입에 그치지 않는다. 인상주의는 (가) . 이후 세잔은 인상주의의 색채 실험을 계승하면서도 사물의 구조적 형태를 탐구하여 입체주의의 토대를 놓았고, 고흐와 고갱은 색채와 형태에 감정과 상징을 부여하여 표현주의와 상징주의의 선구자가 되었다. 이처럼 인상주의는 20세기 미술의 다양한 흐름들이 분기하는 출발점이 되었다.

① 야외 작업과 빠른 붓놀림이라는 혁신적 기법을 처음으로 도입함으로써 서양 회화의 완성도를 한층 높이는 데 결정적으로 기여했다

② 대상의 정확한 재현이라는 전통적 가치를 거부한 최초의 사조로서, 이후 미술사의 다양한 실험이 펼쳐질 수 있는 가능성의 지평을 열었다

③ 빛과 색채에 대한 탐구를 세잔, 고흐, 고갱에게 직접 전수함으로써 입체주의와 표현주의를 의도적으로 창시하는 데 주도적 역할을 했다

④ 자연의 순간적 인상을 포착하는 데 집중한 나머지 이후 미술사의 발전에는 별다른 영향을 미치지 못하고 독자적 사조로 마무리되었다

9. 다음 글의 전개 순서로 가장 자연스러운 것은?

> (가) 이처럼 플라세보 효과는 단순한 착각이 아니라 뇌의 실제적인 신경 반응에 의해 매개된다. 연구에 따르면 플라세보를 투여받은 환자의 뇌에서 실제 진통제를 투여했을 때와 유사한 엔도르핀 분비가 관찰되었다. 이는 믿음 자체가 신체에 물리적 변화를 일으킬 수 있음을 보여 준다.
>
> (나) 플라세보 효과란 실제 약효가 없는 가짜 약을 투여받은 환자가 실제로 증상이 호전되는 현상을 말한다. 이 효과는 오랫동안 단순한 심리적 착각으로 여겨졌으나, 최근 신경과학 연구들은 그 이면에 구체적인 생물학적 메커니즘이 존재함을 밝혀내고 있다.
>
> (다) 그러나 플라세보 효과를 의료 현장에 적극적으로 활용하는 것에 대해서는 윤리적 논란이 따른다. 환자에게 거짓 정보를 제공하는 것이 의사와 환자 사이의 신뢰를 훼손할 수 있기 때문이다. 따라서 플라세보의 치료적 가능성을 인정하면서도, 그 활용 방식에 대한 신중한 논의가 필요하다.
>
> (라) 더 나아가 일부 연구에서는 환자가 자신이 플라세보를 복용하고 있다는 사실을 알면서도 효과가 나타나는 오픈 라벨 플라세보 현상이 보고되었다. 이는 플라세보 효과가 단순한 기대감을 넘어 더 복잡한 심리·신경학적 기제와 연관되어 있음을 시사한다.

① (가)-(나)-(라)-(다)   ② (나)-(가)-(다)-(라)

③ (나)-(가)-(라)-(다)   ④ (라)-(나)-(가)-(다)

[10~11] 다음 글을 읽고 물음에 답하시오.

> 서양 미학사에서 '숭고'의 개념은 아름다움과는 구별되는 독자적인 미적 범주로 정립되었다. 버크는 숭고를 공포와 고통의 감정을 촉발하되, 그것이 직접적인 위협으로 작용하지 않을 때 발생하는 특수한 쾌감으로 정의하였다. 즉, 어두운 심연이나 폭풍우 치는 바다처럼 인간을 압도하는 거대한 자연 앞에서, 관찰자가 안전한 거리를 확보하고 있을 때 비로소 숭고의 감정이 성립한다는 것이다. 이때 숭고는 감각적 자극에서 비롯되는 생리적 반응으로 해석되었다.
>
> 칸트는 이 논의를 계승하면서도 근본적으로 재구성하였다. 그에게 숭고는 자연의 속성이 아니라 인간 이성의 능력에서 비롯되는 것이었다. 자연의 거대함이나 위력 앞에서 인간의 감성 능력은 일시적으로 좌절되지만, 그 순간 이성은 감성이 파악하지 못하는 것을 총체적으로 사유할 수 있다는 사실을 자각한다. ⊙그는 이 자각이야말로 인간이 자연의 물리적 위력을 초월하는 존엄한 존재임을 확인시켜 준다고 보았다. 숭고의 감정은 자연에 의해 촉발되지만, 그 원천은 어디까지나 인간 내면의 이성적 능력에 있다.
>
> 이에 반해 리오타르는 칸트의 숭고론을 포스트모던 미학의 맥락에서 전유하였다. 리오타르에게 숭고는 표현 불가능한 것, 즉 언어와 개념의 체계로 포착되지 않는 그 무엇의 현존을 감지하는 경험이다. ⓒ그는 모더니즘 예술이 표현 불가능한 것의 존재를 인식하면서도 그것을 형식 속에 담아내려 했다면, 포스트모던 예술은 표현 불가능성 그 자체를 전시하는 방향으로 나아간다고 주장하였다. 이러한 관점에서 숭고는 재현 체계 자체의 한계를 드러내는 미적 경험으로 재정의된다.
>
> 세 이론가의 논의는 숭고라는 동일한 개념을 출발점으로 삼으면서도, ⓒ그들이 상정하는 인간 주체의 위상과 이성에 대한 신뢰는 서로 현저히 달랐다. 버크는 인간을 생리적 반응의 주체로, 칸트는 이성적 자율성의 주체로, 리오타르는 재현의 한계를 체감하는 수동적 주체로 각각 설정하였다. ②그들의 숭고론이 각기 다른 철학적 토대에서 발원하였다는 사실은, 미적 경험의 해석이 결코 중립적일 수 없으며 언제나 특정한 세계관과 연루되어 있음을 시사한다.

10. 윗글을 읽고 추론한 내용으로 가장 적절한 것은?

① 버크의 숭고론에서는 관찰자가 위협 대상에 가까이 있을수록 숭고의 감정이 더욱 강렬하게 발생한다.

② 칸트에 따르면 자연의 거대함 앞에서 감성 능력이 좌절되는 경험은, 인간이 이성적 존재임을 자각하게 하는 계기가 된다.

③ 리오타르는 포스트모던 예술이 표현 불가능한 것을 완전히 언어화하는 데 성공했다는 점에서 모더니즘 예술보다 우월하다고 평가하였다.

④ 칸트와 리오타르는 숭고의 원천을 모두 인간 이성의 능력에서 찾았다는 점에서 버크와 구별된다.

11. ⊙~② 중 지시 대상이 같은 것끼리 묶인 것은?

① ⊙, ⓒ   ② ⊙, ②

③ ⓒ, ⓒ   ④ ⓒ, ②

[12~13] 다음 글을 읽고 물음에 답하시오.

「구운몽」은 김만중이 지은 조선 후기의 대표적인 몽자류(夢字類) 소설로, 꿈과 현실의 이중 구조를 통해 불교적 공(空) 사상과 유교적 현세 욕망 사이의 긴장을 ㉠ 탁월하게 형상화한 작품이다. 주인공 성진은 육관대사의 제자로서 수행에 힘쓰는 인물이지만, 팔선녀를 만난 후 인간 세계의 영화(榮華)에 대한 욕망이 싹트고, 이로 인해 꿈속에서 양소유로 환생하여 입신양명과 처첩 간의 애정을 두루 누린다. 그러나 양소유로서의 화려한 삶 끝에 성진은 모든 것이 일장춘몽(一場春夢)이었음을 ㉡ 깨달으며 다시 수행자의 길로 돌아온다.

이 작품에서 몽(夢)과 각(覺), 즉 꿈과 깨달음의 대비는 단순한 서사적 장치가 아니다. 꿈속의 현실은 독자에게 충분히 ㉢ 실감 나게 묘사되어 있어, 독자는 성진이 꿈에서 얻은 영화가 헛됨을 지적으로는 알면서도 감각적으로는 그 풍요로움에 ㉣ 이끌리는 복잡한 독서 체험을 하게 된다. 이는 작가가 의도적으로 설계한 구조로, 독자로 하여금 욕망과 해탈의 문제를 관념이 아닌 체험의 차원에서 성찰하도록 유도한다.

또한 「구운몽」은 당대의 사회적 맥락과 분리하여 이해할 수 없다. 김만중이 이 작품을 유배지에서 어머니를 위로하기 위해 집필했다는 사실은, 작품의 주제가 단순히 불교적 허무주의에 머무르지 않고 위안과 연대의 정서를 포괄함을 시사한다. 작품 전반에 걸쳐 드러나는 인간적 욕망에 대한 섬세한 이해는, 출세와 애정 모두를 충족시킨 뒤에야 비로소 그 허망함을 납득할 수 있다는 성숙한 인식에서 비롯된다.

12. 윗글을 이해한 내용으로 가장 적절한 것은?
① 성진은 처음부터 인간 세계의 욕망을 초탈한 인물로, 꿈속에서도 수행자의 태도를 잃지 않는다.
② 「구운몽」은 꿈속의 삶을 의도적으로 빈약하게 묘사하여 독자가 허무주의적 결론에 쉽게 도달하도록 유도한다.
③ 김만중이 유배지에서 이 작품을 집필한 맥락을 고려하면, 작품의 주제는 불교적 공 사상만으로 환원되지 않는다.
④ 「구운몽」에서 몽과 각의 대비는 독자가 욕망을 관념적으로만 이해하도록 유도하는 서사적 장치이다.

13. ㉠~㉣과 바꿔 쓸 수 있는 표현으로 적절하지 않은 것은?
① ㉠: 출중(出衆)하게
② ㉡: 각성(覺醒)하며
③ ㉢: 생동감(生動感) 있게
④ ㉣: 매료(魅了)되는

14. (가)~(다)를 전제로 할 때 빈칸에 들어갈 결론으로 가장 적절한 것은?

(가) 수면 시간이 부족하고 스트레스가 해소되지 않았다면, 면역력이 저하된다.
(나) 면역력이 저하된다면, 감기에 걸릴 가능성이 높아진다.
(다) 감기에 걸릴 가능성이 높아지지 않았다.

따라서 　　　　　　　　　　　　

① 수면 시간이 충분했다.
② 스트레스가 해소되었다.
③ 수면 시간이 충분했거나, 스트레스가 해소되었다.
④ 수면 시간이 충분했고, 스트레스가 해소되었다.

15. ㉠을 이끌어 내기 위해 추가해야 할 전제로 가장 적절한 것은?

지수가 피아노도 배우지 않고 바이올린도 배우지 않는다면, 플루트를 배운다. 지수가 플루트를 배우거나 드럼을 배운다면, 기타를 배우지 않는다. 지수는 기타를 배운다. 따라서, ㉠ 지수는 바이올린을 배운다.

① 지수는 피아노를 배운다.
② 지수는 피아노를 배우지 않는다.
③ 지수는 드럼을 배운다.
④ 지수는 드럼을 배우지 않는다.

16. 다음 대화의 빈칸에 들어갈 말로 적절한 것은?

갑: 거짓말을 하는 사람은 신뢰할 수 없어. 그런데 신뢰할 수 없는 사람이 반드시 거짓말을 하는 건 아니잖아. 능력이 없어도 신뢰를 잃을 수 있거든. 그러니까 능력 없는 사람도 신뢰할 수 없어.
을: 그 결론은 네 전제만으로는 나오지 않아. "능력 없는 사람도 신뢰할 수 없다."는 결론을 내리려면 "　　　　　　"가 참이어야 해.

① 신뢰할 수 없는 사람은 모두 거짓말을 한다.
② 거짓말을 하지 않는 사람은 모두 신뢰할 수 있다.
③ 능력 없는 사람은 모두 거짓말을 한다.
④ 신뢰할 수 있는 사람은 능력이 있다.

17. 다음 글을 읽고 추론한 내용으로 적절하지 않은 것은?

『표준발음법』에서는 받침의 발음과 관련한 규정을 두고 있다. 받침소리로는 'ㄱ, ㄴ, ㄷ, ㄹ, ㅁ, ㅂ, ㅇ' 7개만 발음할 수 있으며, 이 외의 자음이 받침에 오면 이 7개 중 하나로 바뀌어 발음된다. 예를 들어 'ㅋ, ㄲ'은 [ㄱ]으로, 'ㅅ, ㅆ, ㅈ, ㅊ, ㅌ'은 [ㄷ]으로, 'ㅍ'은 [ㅂ]으로 발음된다. 겹받침의 경우에는 원칙적으로 둘 중 하나만 발음하는데, 'ㄳ, ㄵ, ㄼ, ㄽ, ㄾ, ㅄ'은 앞의 자음을, 'ㄺ, ㄻ, ㄿ'은 뒤의 자음을 발음한다. 다만 겹받침 'ㄺ'은 'ㄱ' 앞에서 예외적으로 앞의 자음인 [ㄹ]로 발음한다. 예컨대 '읽다'는 [익따]이지만, '읽고'는 [일꼬]로 발음되는 것이 이 예외 규정의 적용을 받은 것이다. 또한 받침 뒤에 모음으로 시작하는 조사나 어미가 이어지면 받침을 뒤 음절 초성으로 연음하여 발음한다. 이때 겹받침은 뒤의 자음을 연음하는 것이 원칙이다. 이러한 규정들은 서로 충돌 없이 순서에 따라 적용되므로, 어떤 원칙이 우선 적용되는지를 파악하는 것이 중요하다.

① '닭'은 [닥]으로 발음하고, '읽고'는 [일꼬]로 발음한다.
② '삶'은 [삼]으로 발음하고, '몫'은 [목]으로 발음한다.
③ '꽃이'는 [꼬치]로 발음하고, '밭을'은 [바틀]로 발음한다.
④ '잇다'와 '있다'와 '잇다'는 모두 [읻따]로 발음이 동일하다.

18. 다음 글의 ㉠에 해당하는 사례로 적절하지 않은 것은?

> 국어의 9품사 중 ㉠부사는 주로 용언을 수식하지만, 다른 부사나 관형사, 체언, 문장 전체를 수식하기도 한다. 부사는 형태가 변하지 않는 불변어라는 점에서 활용하는 용언과 구별되며, 조사와 결합하지 않는다는 점에서 체언과도 구별된다. 그런데 부사는 관형사와 혼동되기 쉬운데, 관형사는 반드시 체언만 수식하는 반면, 부사는 체언만 직접 수식하지 않는다는 점에서 차이가 있다. 또한 부사 중에는 문장 전체의 의미를 한정하거나 화자의 태도를 나타내는 문장 부사도 있으며, 이는 특정 성분만 수식하는 성분 부사와 구별된다. 한편 '-이/-히'와 같은 접미사가 붙어 부사로 파생된 단어들도 있는데, 이 경우 해당 단어의 품사가 부사임에도 불구하고 형용사로 오인하는 경우가 많으므로 주의해야 한다. 덧붙여 품사는 단어의 형태, 기능, 의미를 종합적으로 고려하여 판별해야 한다.

① <u>과연</u> 그의 말이 사실이었다.

② 그는 매우 <u>빠르게</u> 달렸다.

③ 그 옷을 <u>여간</u> 입고 싶지 않았다.

④ 그녀는 <u>일찍</u> 자리를 떠났다.

19. 다음 대화에 대한 평가로 적절한 것만을 모두 고르면?

> 갑: 인공지능이 예술 작품을 창작하는 시대가 됐는데, 사람들은 여전히 인간이 만든 작품에 더 높은 가치를 부여하더라고. 나는 그게 단순한 편견이라고 생각해.
>
> 을: 그건 편견이 아니야. 예술 작품의 가치는 창작자의 감정과 경험에서 나오는데, 인공지능에는 그게 없잖아. 그러니까 인공지능의 창작물은 인간 작품보다 본질적으로 가치가 낮을 수밖에 없어.
>
> 갑: 감상자가 작품에서 감동을 느낀다면 그 작품은 충분히 가치 있는 거야. 창작자가 인공지능인지 인간인지는 작품 자체의 가치와 무관해. 실제로 인공지능 작품인 줄 모르고 감상한 사람들이 높은 감동을 받았다는 사례도 있잖아.

> ㉠ 창작자가 인공지능임을 안 후에도 작품에서 동일한 감동을 느꼈다는 감상자들의 사례는 을의 입장을 강화한다.
>
> ㉡ 인공지능이 학습한 데이터가 모두 인간의 감정과 경험에서 비롯된 것이라는 사실은 을의 입장을 약화한다.
>
> ㉢ 동일한 그림을 놓고 인간 작품이라고 했을 때와 인공지능 작품이라고 했을 때 감상자들의 평가 점수가 크게 달랐다는 실험 결과는 갑의 입장을 약화한다.

① ㉡

② ㉠, ㉢

③ ㉡, ㉢

④ ㉠, ㉡, ㉢

20. 다음 글의 논지를 약화하는 것으로 가장 적절한 것은?

> 인공지능 기반의 의료 진단 시스템은 방대한 임상 데이터를 학습하여 의사보다 더 정확하고 신속하게 질병을 진단할 수 있는 가능성을 갖추고 있다. 실제로 다수의 연구에서 특정 암의 영상 진단이나 희귀 질환 판별에서 인공지능이 전문의의 평균적 진단 정확도를 넘어서는 성과를 보였다. 이는 인공지능이 인간 의사가 처리하기 어려운 수준의 데이터 패턴을 인식할 수 있기 때문이다. 인간 의사는 피로, 감정적 편향, 경험의 한계 등 다양한 인지적 오류에 노출되어 있는 반면, 인공지능은 이러한 인간적 한계로부터 자유롭다. 따라서 의료 현장에서 진단의 주도권을 인공지능에 점진적으로 이양하는 것이 환자의 안전과 의료 서비스의 질을 높이는 데 기여할 것이다. 의료 자원이 부족한 지역에서는 특히 인공지능 진단 시스템이 의사를 대체함으로써 의료 격차를 해소하는 효과적인 수단이 될 수 있다.

① 인공지능 진단 시스템은 학습 데이터에 포함된 특정 인종·성별 집단의 편향을 그대로 반영하여, 특정 환자군에 대한 진단 정확도가 현저히 낮아지는 문제가 보고되고 있다.

② 인공지능 의료 시스템의 도입에는 초기 구축 비용이 막대하게 요구되며, 이는 오히려 의료 자원이 부족한 지역에서의 실질적 도입을 어렵게 만드는 장벽으로 작용한다.

③ 환자와의 정서적 교감 및 맥락적 의사소통 능력은 정확한 진단과 치료 순응도 향상에 핵심적인 역할을 하더라도, 이 또한 현재의 인공지능이 대체할 수 있는 영역으로 평가된다.

④ 의료 현장의 진단 오류 중 상당수는 개별 의사의 실수가 아니라 병원 시스템 전반의 소통 문제와 구조적 결함에서 비롯된다는 연구 결과가 있다.

영 어

1. 밑줄 친 부분에 들어갈 말로 가장 적절한 것을 고르시오.

While there are important reasons for cutting down trees, there are also dangerous consequences for life on earth. A major cause of the present _____ is the worldwide increasing demand for wood.

① destruction
② compliment
③ construction
④ accomplishment

2. 밑줄 친 부분에 들어갈 말로 가장 적절한 것을 고르시오.

Public health concerns have grown as more people are exposed to secondhand smoke in crowded urban spaces. Therefore, the bill to _____ smoking at near the public areas like the bus or subway stations in Korea was passed unanimously.

① claim
② vanish
③ prohibit
④ transcend

3. 밑줄 친 부분에 들어갈 말로 가장 적절한 것을 고르시오.

_____ is so dramatic and entertaining, is going to continue is not clear.

① If the soap opera, that
② If the soap opera, which
③ Whether the soap opera, that
④ Whether the soap opera, which

4. 밑줄 친 부분에 들어갈 말로 가장 적절한 것을 고르시오.

The king inherited a lot of fortune _____ he cared for a peculiar castle that had belonged to his father.

① that
② which
③ among that
④ among which

5. 다음 글의 밑줄 친 부분 중 어법상 옳지 않은 것은?

A final way to organize an essay is to proceeding from relatively simple concepts to more complex ① ones. By starting with ② general accepted evidence, you establish rapport with your readers and assure ③ them that the essay is firmly grounded in shared experience. In contrast, if you open with difficult material, you cannot escape ④ confusing your audience.

6. 대화의 흐름으로 보아 빈칸에 가장 적절한 것은?

Peter
Jane, have you ordered a cake for our tennis coach's farewell party next week?
11:16 am

Jane
Yes, I ordered a walnut cake with pistachio nuts on top. I'll pick it up next Wednesday afternoon from bakery.
11:16 am

Peter
Oh, no. I should have told you that he's allergic to all kinds of nuts.
11:17 am

Jane
_____.
11:17 am

① That's okay. I'll check if I can change the order.
② I can't believe it! We finally won a tennis match.
③ No thanks. I don't really like cakes with nuts on them.
④ No problem. I won't eat foods that cause allergic reactions.

7. 다음 빈칸에 들어갈 말로 가장 적절한 것은?

A: What do you think about the boss stepping down and his son taking over his position?
B: I don't think it will make much of a difference. They are both very similar.
A: You are right. They both have the same positive and negative characteristics.
B: You can say that again. _____.

① They are cut from the same cloth
② I think you have a lot on your mind
③ You must be working out or something
④ They often quarrel but they always make up

[8~9] 다음 글을 읽고 물음에 답하시오.

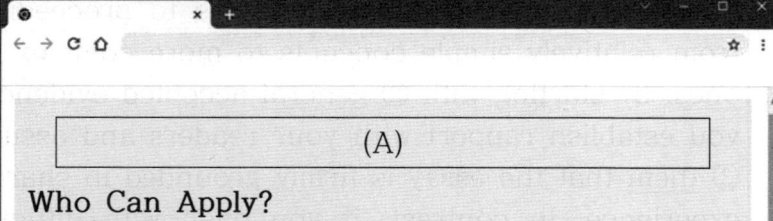

(A)

Who Can Apply?

The Quantum on the Clock Competition Contest is open to all high school students who are interested in quantum physics.

What to Do?

For the competition, participants need to create a video up to three minutes long about any aspect of quantum physics or technology. Participants can enter as an individual or in teams of up to four members.

Awards

Cash prizes will be awarded to winners and runners-up. The first-place individual and team winners will also receive an annual subscription to *Physics World*.

Judging Criteria

Entries will be judged based on ingenuity, clarity, and accuracy.

Registration Period

1 May — 30 June

To find out more and register, go to the competition website.

□ Don't show again   Close ☒

8. (A)에 들어갈 윗글의 제목으로 가장 적절한 것은?
① Explore Quantum Physics through the Quantum on the Clock Contest
② Registration Open for *Physics World* Subscription Contest
③ Create a Video on Quantum Physics and Win Prizes
④ Learn About Renowned Physicists in History

9. 윗글의 안내문의 내용과 일치하는 것은?
① 팀으로 참가하는 경우 최소 4명 이상이어야 한다.
② 입상자 모두 <물리학의 세계> 1년 구독권을 받는다.
③ 출품작은 창의성, 명료성, 정확성을 기준으로 심사된다.
④ 등록은 5월 1일에 시작해서 한 달간 진행된다.

[10~11] 다음 글을 읽고 물음에 답하시오.

Treetop Adventure

Admission

Ages: 12 — 17 $42 (2.5 hours)
Ages: 18 & above $49 (2.5 hours)

Adventure

No tiptoeing in these treetops! Soar, zip, climb, crawl and swing through the most unique and thrilling eco-adventure course of its kind in Georgia. *Treetop Adventure* features zip lines and Tarzan swings at heights of up to 55 feet off the forest floor! Treetop Adventure is a self-guided activity. Once you are <u>equipped</u>, we will teach you how to operate your equipment and you will swing through each course as many times as you want, for 2.5 hours.

Requirements:
· Casual clothing must be worn.
· Closed-toe shoes are required.
· Long hair must be pulled up.
· No necklaces, hoop earrings or loose jewelry is allowed.
· Everything from pockets must be removed, especially cell phones.

Treetop Course Rules:
· Only 1 person may be on a ladder or crossing at one time.
· Only 1 person can descend a zip line at one time.

□ Don't show again   Close ☒

10. Treetop Adventure에 관한 다음 안내문의 내용과 일치하는 것은?
① The admission fee is the same for participants aged 17 and 18.
② The height of the Tarzan swing is more than 55 feet above the floor.
③ It can be used as many times as desired within two and a half hours.
④ The ladder can be used by up to two people at the same time.

11. 밑줄 친 "equipped"의 의미와 가장 가까운 것은?
① required
② provided
③ unprepared
④ contemplated

12. Carl Stokes에 관한 다음 글의 내용과 일치하지 않는 것은?

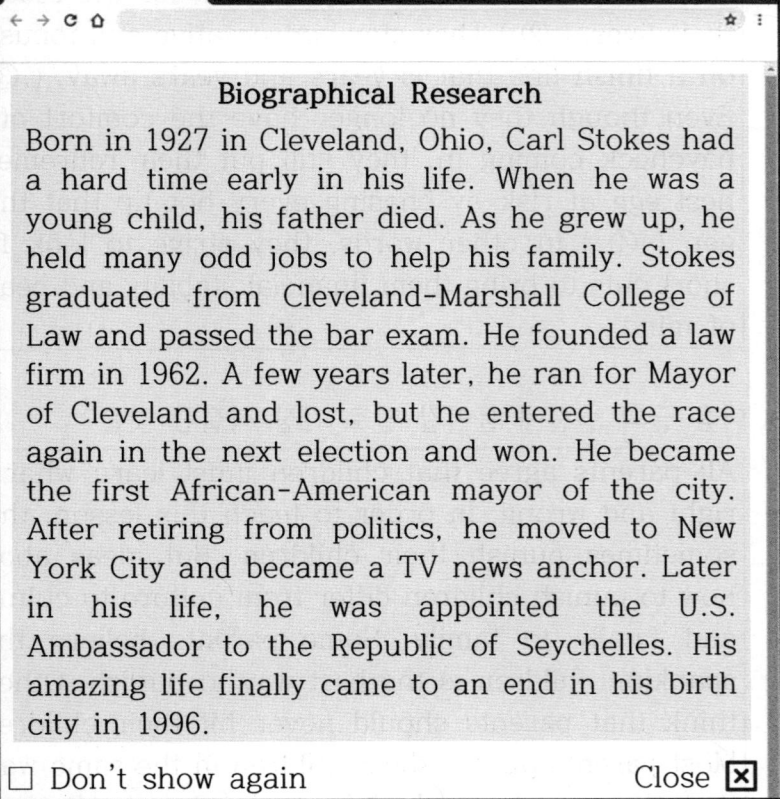

Biographical Research

Born in 1927 in Cleveland, Ohio, Carl Stokes had a hard time early in his life. When he was a young child, his father died. As he grew up, he held many odd jobs to help his family. Stokes graduated from Cleveland-Marshall College of Law and passed the bar exam. He founded a law firm in 1962. A few years later, he ran for Mayor of Cleveland and lost, but he entered the race again in the next election and won. He became the first African-American mayor of the city. After retiring from politics, he moved to New York City and became a TV news anchor. Later in his life, he was appointed the U.S. Ambassador to the Republic of Seychelles. His amazing life finally came to an end in his birth city in 1996.

☐ Don't show again   Close ☒

① 1962년에 법률 회사를 설립했다.
② Cleveland 시장 선거에서 모두 패배했다.
③ 정계 은퇴 후 TV 뉴스 앵커가 되었다.
④ 공화국에 미국 대사로 임명되었다.

13. 다음 글의 목적으로 가장 적절한 것은?

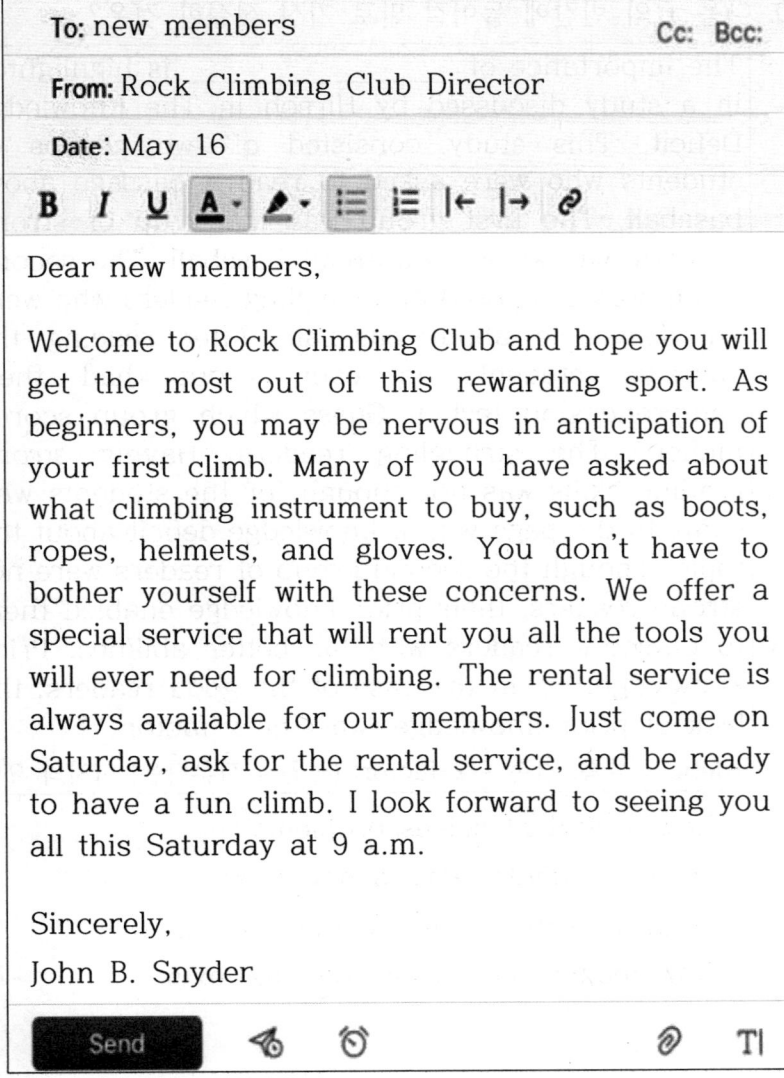

New Message

To: new members   Cc: Bcc:
From: Rock Climbing Club Director
Date: May 16

B *I* U A ⋅ ✎ ⋅ ☰ ☲ |← |→ ✐

Dear new members,

Welcome to Rock Climbing Club and hope you will get the most out of this rewarding sport. As beginners, you may be nervous in anticipation of your first climb. Many of you have asked about what climbing instrument to buy, such as boots, ropes, helmets, and gloves. You don't have to bother yourself with these concerns. We offer a special service that will rent you all the tools you will ever need for climbing. The rental service is always available for our members. Just come on Saturday, ask for the rental service, and be ready to have a fun climb. I look forward to seeing you all this Saturday at 9 a.m.

Sincerely,

John B. Snyder

Send   ✎ ⏲   ⬮ T!

① To explain the positive effects of rock climbing
② To inform about equipment rental for rock climbing
③ To announce temporarily controlled climbing sections
④ To notify the payment way for the rock climbing fee

14. 다음 글의 내용과 일치 하지 않는 것은?

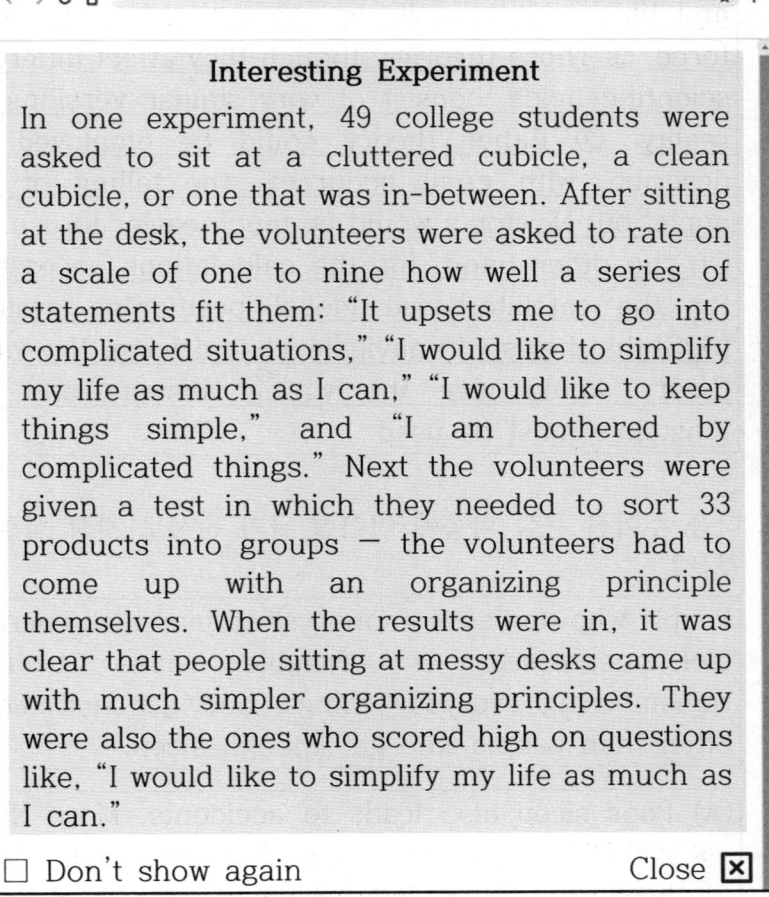

Interesting Experiment

In one experiment, 49 college students were asked to sit at a cluttered cubicle, a clean cubicle, or one that was in-between. After sitting at the desk, the volunteers were asked to rate on a scale of one to nine how well a series of statements fit them: "It upsets me to go into complicated situations," "I would like to simplify my life as much as I can," "I would like to keep things simple," and "I am bothered by complicated things." Next the volunteers were given a test in which they needed to sort 33 products into groups — the volunteers had to come up with an organizing principle themselves. When the results were in, it was clear that people sitting at messy desks came up with much simpler organizing principles. They were also the ones who scored high on questions like, "I would like to simplify my life as much as I can."

☐ Don't show again   Close ☒

① The experiment conducted by 49 students was divided into three groups.
② The statements given to participants were related with complexity and simplicity.
③ The subject were asked to classify 33 products into groups in the experiment.
④ The volunteers sitting at an unclean cubicle decreased their need for simplicity

15. 다음 글의 주제로 가장 적절한 것은?

Among the many physical risks facing astronauts sent to the Moon or Mars, the biggest danger will be the least visible: radiation. This is nuclear particles that arrive at almost light speed from beyond the Solar System. The particles slice through strands of DNA, boosting the risk of cancer and other ailments. A 2001 NASA study found that at least 39 former astronauts suffered cataracts after flying in space, 36 of whom took part in high-radiation missions such as the Apollo landings.

① many types of space missions
② the danger of radiation to astronauts
③ diverse medical sufferings of astronauts
④ the effect of nuclear particles on spaceships

16. 다음 글의 흐름상 어색한 문장은?

In physics, scientists invent models, or theories, to describe and predict the data we observe about the universe. Newton's theory of gravity is one example; Einstein's theory of gravity is another. ① Newton, for example, imagined that masses affect each other by exerting a force, while in Einstein's theory the effects occur through a bending of space and time and there is no concept of gravity as a force. ② Those theories, though they affect different scientific fields, consist of very similar versions of reality. ③ Either theory could be employed to describe, with great accuracy, the falling of an apple, but Newton's would be much easier to use. ④ On the other hand, for the calculations necessary for the satellite-based global positioning system (GPS) that helps you navigate while driving, Newton's theory would give the wrong answer, and so Einstein's must be used.

17. 다음 주어진 문장 다음에 이어질 글의 순서로 가장 적절한 것은?

People who don't get enough sleep may lack energy, feel depressed or irritable, have trouble remembering everyday things, and get sick more often than people who get enough sleep.

(A) Poor sleep also leads to accidents. More than 200,000 auto accidents happen each year because drivers fall asleep at the wheel. The 1989 Exxon Valdez oil spill was at least partially caused by the actions of a tired tanker operator.

(B) They seem to age faster and they may have problems concentrating at work or school. Some scientists believe a lack of sleep amy be partially responsible for such health problems as high blood pressure, heart problems, and even obesity.

(C) Likewise, too much sleep can be as harmful as too little. Recent studies have shown that adults who get 7 to 8 hours of sleep a night live longer and are less likely to get heart disease than those who sleep less or more.

① (A)-(C)-(B)   ② (B)-(A)-(C)
③ (B)-(C)-(A)   ④ (C)-(B)-(A)

18. 다음 주어진 문장이 들어가기에 가장 적절한 곳은?

There are also people who still have a "get rich quick" mentality, struggling in retirement, though.

The most successful retirees are those who look upon retirement as a long endeavor that can last 20 or 30 years or longer. They don't throw all of their years of preparation away by investing in the next "hot stock" after the retirement. (①) They're very careful with their finances; they know they have to make sure that their money will last for the rest of their lives. (②) They stay conservative and focused on a finish line that is years and years away. (③) Even though they no longer have the comfort of a paycheck coming in, they still put their retirement nest egg at risk by chasing every hot tip that they get. (④) In other words, they strive to look for short cuts to bring them financial stability and peace of mind.

19. 다음 글의 빈칸에 들어갈 말로 가장 적절한 것은?

All parents agree that children must learn what is right and wrong. In order to teach this lesson, they sometimes punish their children. But ideas about how to punish children differ from culture to culture and family to family. Some parents believe that spanking children is the best way to punish. Others think that parents should never hit their children. Most parents punish their children in the same ways that they were punished by their parents. In sum, there is a lot of _____ about the best way to punish children.

① uniform
② harmony
③ satisfaction
④ disagreement

20. 다음 글의 빈칸에 들어갈 말로 가장 적절한 것은?

The importance of _____ is highlighted in a study discussed by Hirsch in The Knowledge Deficit. This study consisted of two groups of students who were asked to read a passage about baseball. The first group was made up of strong readers who knew little about baseball. The second group was composed of struggling readers who were knowledgeable about baseball. After reading the passage, students in each group had their comprehension tested. Guess which group scored higher? The struggling readers. Having strong reading skills was not enough for the students who came to the page with a knowledge deficit about the topic. Though the second group of readers were not strong readers, their prior knowledge enabled them to outscore readers with far better abilities. Prior knowledge, or, in the case of the good readers, the lack of prior knowledge, was the x-factor.

*deficit: 부족, 결손 **x-factor: (성공을 좌우하는) 미지의 요인

① how a student solves problems
② where students learn a new topic
③ what a reader brings to the page
④ how readers approach complex texts

한 국 사

1. 다음 풍습을 가진 나라에 대한 설명으로 옳은 것은?

> 사람이 죽으면 누구나 가매장하여 형체만 덮이도록 했다가 가죽과 살이 썩으면 뼈를 취하여 곽 가운데 넣는다.
>
> - 「삼국지」 -

① 우리나라 최초의 국가이다.
② 읍군, 삼로라 불리는 군장이 있었다.
③ 왕과 신하들이 국동대혈에 모여 제사지냈다.
④ 쏭화강 상류의 넓은 평야 지대에서 성장하였다.

2. 다음은 신라의 삼국 통일 과정에서 있었던 사건들이다. 이를 시기순으로 바르게 연결한 것은?

> (가) 당나라는 평양에 안동 도호부를 설치하였다.
> (나) 매소성에서 당나라의 20만 대군을 격파하였다.
> (다) 나·당 연합군의 공격으로 사비성이 함락되었다.
> (라) 왜의 수군은 백강 입구까지 왔으나 패배하였다.

① (다)-(라)-(가)-(나)
② (다)-(라)-(나)-(가)
③ (다)-(가)-(나)-(라)
④ (라)-(다)-(가)-(나)

3. 밑줄 친 '이 나라'에 대한 설명으로 옳지 않은 것은?

> 이 나라의 건국 시조인 김수로는 부족장 9명의 추대를 받아 왕이 되었다고 한다. 이 지역에서 생산되는 풍부한 철을 중국의 군현, 왜 등지에 수출하였다.

① 중계 무역이 발달하였다.
② 진흥왕에게 정복당하였다.
③ 변한 지역에서 성장하였다.
④ 중앙 집권 국가로 발달하지 못하였다.

4. 다음 중 최우에 대한 설명으로 옳지 않은 것은?
① 정방을 설치하였다.
② 삼별초를 설치하였다.
③ 강화 천도를 단행하였다.
④ 개혁안 봉사 10조를 올렸다.

5. 조선 시대, 사림에 대한 설명으로 옳은 것을 모두 고르면?

> ㉠ 관학파를 계승했으며, 사장을 중시하였다.
> ㉡ 조선 건국과 계유정난 등에서 공을 세웠다.
> ㉢ 중앙 집권 체제보다는 향촌 자치를 내세웠다.
> ㉣ 도덕과 의리를 바탕으로 한 왕도 정치를 강조하였다.

① ㉠, ㉡
② ㉠, ㉣
③ ㉡, ㉢
④ ㉢, ㉣

6. 다음 시기에 집권했던 신라 국왕의 업적으로 옳은 것은?

> 이찬 이사부가 하슬라주 군주가 되어, 우산국 사람은 어리석고도 사나워서 힘으로 다루기는 어렵고 계책으로 복종시킬 수 있다'고 생각하였다. 이에 나무 사자를 많이 만들어 전선에 나누어 싣고 그 나라 해안에 도착했다. … 그 나라 사람들이 두려워 즉시 항복하였다.

① 상대등 제도를 처음 시행하였다.
② 왕호를 마립간에서 왕으로 바꾸었다.
③ 김씨에 의한 왕위 세습을 확립하였다.
④ 거칠부에게 '국사'를 편찬하게 하였다.

7. 밑줄 친 '왕'의 재위 기간에 있었던 역사적 사실로 옳은 것은?

> 왕은 붕당의 배후 세력인 산림의 공론을 인정하지 않았고, 그들의 본거지인 서원을 대폭 정리하였다.

① 청나라로부터 「고금도서집성」을 구해왔다.
② 장길산이 승려 세력과 함께 봉기하였다.
③ 수성윤음을 반포하여 수도 방위 체제를 강화하였다.
④ 군제를 개편하여 무위영·장어영 등 2영을 설치하였다.

8. 다음과 같이 주장한 인물은?

> 과연 불씨의 설과 같다면 사람의 화복과 질병이 음양오행과는 관계없이 모두 인과응보에서 나오는 것이 되는데, … 불씨의 설이 황당하고 오류에 가득 차 족히 믿을 수 없다.

① 조준
② 조광조
③ 정도전
④ 김종직

9. 다음 (가) 신분에 대한 설명으로 옳은 것은?

> 아아, 우리 왕조가 (가)의 벼슬길을 막은 지 300여 년이 되었으니, 폐단이 큰 정책으로 이보다 더한 것이 없습니다.

① 관등 승진의 상한은 아찬까지였다.
② 문과에 응시하는 것은 법적으로 금지되었다.
③ 재산으로 취급되어 매매, 상속, 증여의 대상이 되었다.
④ 조선 후기, 관권과 결탁하고 향회를 장악하려 하였다.

10. 다음 (가) 시기에 있었던 역사적 사실로 적절한 것은?

무단통치	→	(가)	→	민족말살통치
1910~1919				1931~1945

① 일본 상품에 대한 관세가 철폐되었다.
② 토지 조사 사업을 추진하였다.
③ 국가총동원법을 제정하였다.
④ 농촌 진흥 운동이 전개되었다.

11. 일제 강점기 우리나라 역사학자들에 대한 설명으로 옳은 것을 <보기>에서 모두 고르면?

> <보 기>
> ㉠ 백남운은 「조선 상고사」를 저술하였다.
> ㉡ 문일평은 민족정신을 얼에서 찾고자 하였다.
> ㉢ 안재홍은 1930년대에 조선학 운동을 주도하였다.
> ㉣ 정인보는 광개토왕릉 비문을 연구하여 고대사 왜곡을 바로잡고자 하였다.

① ㉠, ㉡
② ㉠, ㉣
③ ㉡, ㉢
④ ㉢, ㉣

12. 다음 결정문과 관련된 내용으로 옳지 못한 것은?

> 조선을 독립 국가로 재건설하며 조선을 민주주의적 원칙 하에 발전시키기 위한 조건을 조성하고 … 임시 조선 민주주의 정부를 수립할 것이다.

① 소련이 4개국의 신탁 통치안을 먼저 제시하였다..
② 이 결정문에 근거하여 미·소 공동 위원회가 개최되었다.
③ 카이로 선언을 실행에 옮기기 위한 방안으로 나온 것이다.
④ 미국, 영국, 소련의 외상들이 협의한 내용을 발표한 것이다.

13. 다음 민족 운동에 대한 설명으로 옳은 것은?

> 의복은 우선 남자는 두루마기, 여자는 치마를 음력 계해 정월 1월부터 조선인 산품 또는 가공품을 염색하여 착용할 것이며, 일용품은 조선인 제품으로 대용하기 가능한 것은 이를 사용할 것

① 1910년대부터 해방 때까지 지속되었다.
② 평양에서 시작되어 전국으로 확산되었다.
③ 사회주의자 성향의 운동 세력이 주도하였다.
④ 부녀자들은 비녀, 가락지 등을 내놓기도 하였다.

14. 대한제국기에 진행된 개혁에 대한 설명으로 옳은 것은?
① 중국 연호의 사용을 폐지하였다.
② 소학교령을 공포하고 소학교를 설치하였다.
③ 전국의 군현을 대상으로 양전을 완료하였다.
④ 황실 재정을 담당하는 내장원의 기능을 확대하였다.

15. 다음 조약의 내용을 체결된 순서대로 바르게 나열한 것은?

> ㉠ 한국 정부는 통감의 동의 없이 외국인을 용빙 아니할 것
> ㉡ 대한 제국 정부는 대 일본 제국 정부가 추천하는 일본인 1명을 재정 고문으로 삼아 재무에 관한 사항은 모두 그의 의견을 따른다.
> ㉢ 한국 황제 밑에 1명의 통감을 두되 통감은 오로지 외교에 관한 사항을 관리하기 위해 경성에 주재하고 한국 황제 폐하를 만날 수 있는 권리를 가진다.

① ㉠-㉡-㉢
② ㉡-㉢-㉠
③ ㉡-㉠-㉢
④ ㉢-㉡-㉠

16. (가), (나) 사이에 들어갈 역사적 사실로 적절한 것은?

> (가) 자유당 간부회는 재적 의원 203명의 3분의 2는 135.333 …이므로 이를 사사오입하면 135명이 개헌 정족수가 된다고 주장하였다.
> (나) 이번 4월의 참사는 학생운동 사상 최대 비극이요, 이 나라의 정치적 위기를 극복하기 위한 중대 사태이다. 우리 전국 대학교 교수들은 이 비상시국에 대처하여 양심의 호소를 하는 바이다.

① 부산정치파동이 일어나 개헌안이 통과되었다.
② 정부 비판 기사를 게재한 경향신문을 폐간시켰다.
③ 반공법과 데모 규제법을 만들어 시위를 탄압하였다.
④ 3대 국회 총선에서 자유당이 관권의 개입으로 압승하였다.

17. 다음 밑줄 친 '이 사건'과 관련된 내용으로 옳지 못한 것은?

> 내 친구 중에 <u>이 사건</u>을 잘 아는 이가 있는데, 그는 어쩌다 조선의 최고 수재들이 일본인에게 이용당해서 그처럼 큰 잘못을 저질렀는지 참으로 애석하다고 했다. 진실로 일본인이 조선의 운명과 그들의 성공을 위해 노력을 다했겠는가?

① 일본이 공사관 경비병을 주둔시켰다.
② 개화파 인사들을 중심으로 진행되었다.
③ 김윤식 등은 청국 군대의 개입을 요청하였다.
④ 한성 조약을 체결하여 보상금 등을 지불하였다.

18. 다음 중 조선 후기의 농업에 대한 설명으로 옳은 것은?
① 우경이 시작되었다.
② 주점, 다점 등의 관영 상점을 두었다.
③ 밭농사에 2년 3작의 윤작법이 시작되었다.
④ 고구마, 감자 등을 구황 작물로 활용하였다.

19. 다음 정책이 추진되었던 시기의 상황으로 가장 적절한 것은?

> ○ 해동통보를 비롯한 돈 15,000관을 주조하여 관리들에게 나누어 주었다.
> ○ 은 한 근으로 우리나라 지형을 본 딴 은병을 만들어 통용시켰는데, 민간에서는 이를 활구(濶口)라 불렀다.

① 성리학이 수용되었다.
② 왕명에 의해 '삼국사기'가 편찬되었다.
③ 사심관 제도와 기인 제도를 실시하였다.
④ 윤관의 건의에 따라 별무반을 조직하였다.

20. 유네스코 '세계기록유산'에 등재된 것만을 모두 고른 것은?

> <보 기>
> ㉠ 「일성록」
> ㉡ 「승정원일기」
> ㉢ 한국의 유교책판
> ㉣ 새마을운동 기록물

① ㉠, ㉡,
② ㉠, ㉡, ㉢
③ ㉠, ㉡, ㉣
④ ㉠, ㉡, ㉢, ㉣

행정법총론

1. 행정행위의 부관에 대한 설명으로 옳은 것은?
   ① 일반적으로 보조금 교부결정은 법령과 예산에서 정하는 바에 엄격히 기속되므로, 행정청은 보조금 교부결정을 할 때 조건을 붙일 수 없다.
   ② 행정처분에 붙인 부담인 부관에 제소기간 도과로 불가쟁력이 생긴 경우에는 그 부담의 이행으로 한 사법상 법률행위의 효력을 다툴 수 없다.
   ③ 기부채납 받은 행정재산에 대한 사용·수익허가에서 공유재산의 관리청이 정한 사용·수익허가의 기간은 그 허가의 효력을 제한하기 위한 행정행위의 부관으로서 독립하여 행정소송의 대상으로 삼을 수 있다.
   ④ 사도개설허가에서 정해진 공사기간 내에 사도로 준공검사를 받지 못한 경우에도 사도개설허가가 당연히 실효되는 것은 아니다.

2. 행정행위의 효력과 선결문제에 대한 설명으로 옳지 않은 것은?
   ① 과세대상과 납세의무자 확정이 잘못되어 당연무효한 과세에 대하여는 체납이 문제될 여지가 없으므로 체납범이 성립하지 않는다.
   ② 민사소송에 있어서 어느 행정처분의 당연무효 여부가 선결문제로 되는 때에는 이를 판단하여 당연무효임을 전제로 판결할 수 있고 반드시 행정소송 등의 절차에 의하여 그 취소나 무효확인을 받아야 하는 것은 아니다.
   ③ 물품세 과세대상이 아닌 것을 세무공무원이 직무상 과실로 과세대상으로 오인하여 과세처분을 행함으로 인하여 손해가 발생된 경우에는, 동 과세처분이 취소되지 아니하였다 하더라도, 국가는 이로 인한 손해를 배상할 책임이 있다.
   ④ 구 「도시계획법」 제78조 제1항에서 정한 처분이나 조치명령을 받은 자가 이에 위반한 경우, 설령 그 처분이 위법하다 하더라도 당연무효가 아닌 이상 같은 법 제92조 위반죄가 성립한다.

3. 이행강제금에 대한 설명으로 옳지 않은 것은?
   ① 「부동산 실권리자명의 등기에 관한 법률」상 장기미등기자가 이행강제금 부과 전에 등기신청의무를 이행하였더라도 동법에 규정된 기간이 지나서 등기신청의무를 이행하였다면 이행강제금을 부과할 수 있다.
   ② 공정거래법상 기업결합 제한위반행위자에 대한 이행강제금이 부과되기 전에 시정조치를 이행하거나 부작위 의무를 명하는 시정조치 불이행을 중단한 경우, 과거의 시정조치 불이행기간에 대하여 이행강제금을 부과할 수 있다.
   ③ 행정청은 이행강제금을 부과받은 자가 납부기한까지 이행강제금을 내지 아니하면 국세강제징수의 예 또는 「지방행정제재·부과금의 징수 등에 관한 법률」에 따라 징수한다.
   ④ 시정명령을 받은 의무자가 그 시정명령의 취지에 부합하는 의무를 이행하기 위한 정당한 방법으로 행정청에 신청 또는 신고를 하였으나 행정청이 위법하게 이를 거부 또는 반려함으로써 결국 그 처분이 취소되기에 이르렀다면, 특별한 사정이 없는 한 그 시정명령의 불이행을 이유로 이행강제금을 부과할 수는 없다.

4. 취소소송의 제소기간에 대한 설명으로 옳지 않은 것은?
   ① 처분 당시에는 취소소송의 제기가 법제상 허용되지 않아 소송을 제기할 수 없다가 위헌결정으로 인하여 비로소 취소소송을 제기할 수 있게 된 경우 객관적으로는 위헌결정이 있은 날, 주관적으로는 위헌결정이 있음을 안 날을 제소기간의 기산점으로 삼아야 한다.
   ② 처분시에 행정청으로부터 행정심판 제기기간에 관하여 법정 심판청구기간보다 긴 기간으로 잘못 통지받은 경우에 보호할 신뢰 이익은 그 통지받은 기간 내에 행정소송을 제기한 경우에까지 확대되지 않는다.
   ③ 행정청이 영업자에게 행정제재를 한 후 그 처분을 영업자에게 유리하게 변경하였고 그 변경처분에 의해 유리하게 변경된 내용의 행정제재가 위법하다고 소를 제기한 경우 제소기간의 준수 여부는 변경처분을 기준으로 판단한다.
   ④ 동일한 처분에 대하여 무효확인의 소를 제기하였다가 그 처분의 취소를 구하는 소를 추가적으로 병합한 경우, 주된 청구인 무효확인의 소가 적법한 제소기간 내에 제기되었다면 추가로 병합된 취소청구의 소도 적법하게 제기된 것으로 볼 수 있다.

5. 행정법의 효력에 대한 설명으로 옳지 않은 것은?
   ① 법령을 소급적용하더라도 일반 국민의 이해에 직접 관계가 없는 경우, 오히려 그 이익을 증진하는 경우, 불이익이나 고통을 제거하는 경우에는 법령의 소급적용이 허용된다.
   ② 법령등을 위반한 행위의 성립과 이에 대한 제재처분은 법령등에 특별한 규정이 있는 경우를 제외하고는 원칙적으로 제재처분 당시의 법령등에 따른다.
   ③ 법령등의 시행일을 정하거나 계산할 때에는 법령등을 공포한 날부터 일정 기간이 경과한 날부터 시행하는 경우 그 기간의 말일이 토요일 또는 공휴일인 때에는 그 말일로 기간이 만료한다.
   ④ 허가신청 후 허가기준이 변경되었다 하더라도 허가관청이 허가신청을 수리하고도 정당한 이유 없이 그 처리를 늦추어 그 사이에 허가기준이 변경된 것이 아닌 이상, 허가관청은 변경된 허가기준에 따라서 처분을 하여야 한다.

6. 국가배상에 대한 설명으로 옳은 것은?
   ① 공무원이 직무를 수행하면서 그 근거가 되는 법령의 규정에 따라 구체적으로 의무를 부여받았어도 그것이 국민의 이익과 관계없이 순전히 행정기관 내부의 질서를 유지하기 위한 것이라면 그 의무에 위반하여 국민에게 손해를 가하여도 국가 등은 배상책임을 부담하지 않는다.
   ② 군 복무 중 사망한 군인 등의 유족인 원고가 「국가배상법」에 따른 손해배상금을 지급받은 경우, 국가는 「군인연금법」 소정의 사망보상금을 지급함에 있어 원고가 받은 손해배상금 상당 금액을 공제할 수 없다.
   ③ 법령의 규정을 따르지 아니한 법관의 재판상 직무행위는 곧바로 「국가배상법」 제2조제1항에서 규정하고 있는 위법행위가 되어 국가의 손해배상책임이 발생한다.
   ④ 공무원들의 공무원증 발급 업무를 하는 공무원이 다른 공무원의 공무원증을 위조하는 행위는 「국가배상법」상의 직무집행에 해당하지 않는다.

7. 행정입법에 대한 설명으로 옳지 않은 것은?
① 행정관청 내부의 사무처리규정에 불과한 전결규정에 위반하여 원래의 전결권자 아닌 보조기관 등이 처분권자인 행정관청의 이름으로 행정처분을 한 경우, 그 처분은 권한 없는 자에 의하여 행하여진 것으로 무효이다.
② 일반적으로 법률의 위임에 의하여 효력을 갖는 법규명령의 경우, 구법에 위임의 근거가 없어 무효였더라도 사후에 법개정으로 위임의 근거가 부여되면 그 때부터는 유효한 법규명령이 된다.
③ 국토교통부장관이 국토교통부 훈령으로 정한 '개발행위허가운영지침'은 개발행위허가기준의 해석·적용에 관한 세부 기준을 정하여 둔 행정규칙에 불과하여 대외적 구속력이 없다.
④ 어떠한 고시가 일반적·추상적 성격을 가질 때에는 법규명령 또는 행정규칙에 해당할 것이지만, 다른 집행행위의 매개 없이 그 자체로서 직접 국민의 구체적인 권리의무나 법률관계를 규율하는 성격을 가질 때에는 행정처분에 해당한다.

8. 당사자소송에 대한 설명으로 옳지 않은 것은?
① 사업주가 당연가입자가 되는 고용보험 및 산재보험에서 보험료 납부의무 부존재확인의 소는 공법상의 법률관계 자체를 다투는 소송으로서 공법상 당사자소송이다.
② 「도시 및 주거환경정비법」상 재개발사업의 사업시행자가 같은 법 제27조 제1항에 따른 신탁업자인 때에는, 신탁업자와 토지 등 소유자 사이에 '위탁자'의 지위에 관한 분쟁이 발생하는 경우, 토지 등 소유자는 사업시행자인 신탁업자를 상대로 공법상 당사자소송에 의하여 '위탁자' 지위의 확인을 구하는 소를 제기할 수 있다.
③ 지방자치단체가 보조금 지급결정을 하면서 일정 기한 내에 보조금을 반환하도록 하는 교부조건을 부가한 경우, 보조금을 교부받은 사업자에 대한 지방자치단체의 보조금반환청구소송은 당사자소송에 해당한다.
④ 「공익사업을 위한 토지 등의 취득 및 보상에 관한 법률」상 환매권의 존부에 관한 확인을 구하는 소송 및 환매금액의 증감을 구하는 소송은 당사자소송에 해당한다.

9. 「질서위반행위규제법」에 대한 설명으로 옳은 것은?
① 「질서위반행위규제법」은 대한민국 영역 밖에서 질서위반행위를 한 대한민국의 국민에게는 적용하지 아니한다.
② 과태료의 부과·징수, 재판 및 집행 등의 절차에 관한 다른 법률의 규정 중 「질서위반행위규제법」의 규정에 저촉되는 것은 그 다른 법률의 규정이 정하는 바에 따른다.
③ 과태료는 행정법규위반이라는 객관적 사실에 대하여 과해지는 것으로 법령상 책임자로 규정된 자에게 부과되고, 위반자의 고의·과실을 요하지 않는다.
④ 과태료는 당사자가 과태료 부과처분에 대하여 이의를 제기하지 아니한 채 이의제기 기한이 종료한 후 사망한 경우에는 그 상속재산에 대하여 집행할 수 있다.

10. 취소소송의 심리에 대한 설명으로 옳은 것은?
① 취소소송에는 당해 처분등과 관련되는 손해배상·부당이득반환·원상회복등 청구소송을 이송할 수 있으나, 당해 처분등과 관련되는 취소소송을 이송할 수는 없다.
② 취소소송에 당해 처분의 취소를 선결문제로 하는 부당이득반환청구가 병합된 경우 그 청구가 인용되려면 소송절차에서 당해 처분의 취소가 확정되어야 한다.
③ 당사자가 확정판결의 존재를 사실심변론종결시까지 주장하지 아니하였더라도 상고심에서 새로이 이를 주장·입증할 수 있다.
④ 상고심에서 비로소 주장하는 처분의 위법성에 관한 사유는 적법한 상고이유가 될 수 있다.

11. 인허가의제에 대한 설명으로 옳지 않은 것은?
① 인허가의제 제도는 관련 인허가 행정청의 권한을 제한하거나 박탈하는 효과를 가진다는 점에서 법률 또는 법률의 위임에 따른 법규명령의 근거가 있어야 한다.
② 관련 인허가에 관하여 협의를 요청받은 관련 인허가 행정청은 해당 법령을 위반하여 협의에 응해서는 아니 된다. 다만, 주된 인허가에 필요한 심의, 의견청취 등 절차에 관하여는 법률에 인허가의제 시에도 해당 절차를 거친다는 명시적인 규정이 있는 경우에만 이를 거친다.
③ 도시계획시설인 주차장에 대한 건축허가신청을 받은 행정청으로서는 「건축법」상 허가 요건뿐 아니라 그에 의해 의제되는 국토의 계획 및 이용에 관한 법령이 정한 도시계획시설사업에 관한 실시계획인가 요건도 충족하는 경우에 한하여 이를 허가해야 한다.
④ 관련 인허가 의제 제도는 사업시행자의 이익을 위하여 만들어진 것이므로, 사업시행자가 반드시 관련 인허가 의제 처리를 신청할 의무가 있는 것은 아니다.

12. 정보공개에 대한 설명으로 옳지 않은 것은?
① 모든 국민은 정보의 공개를 청구할 권리를 가진다.
② 「보안관찰법」 소정의 보안관찰 관련 통계자료는 「공공기관의 정보공개에 관한 법률」 소정의 비공개대상정보에 해당하지 않는다.
③ 공공기관이 보유·관리하고 있는 개인정보의 공개에 관하여는 「공공기관의 정보공개에 관한 법률」 제9조 제1항 제6호가 「개인정보 보호법」에 우선하여 적용된다.
④ 「공공기관의 정보공개에 관한 법률」은 정보공개청구권자가 공개를 청구하는 정보와 어떤 관련성을 가질 것을 요구하거나 정보공개청구의 목적에 특별한 제한을 두고 있지 아니하므로 정보공개청구권자의 권리구제 가능성 등은 정보의 공개 여부 결정에 아무런 영향을 미치지 못한다.

13. 행정법의 일반원칙에 대한 설명으로 옳지 않은 것은?
① 지방의회의 조사·감사를 위해 채택된 증인의 불출석 등에 대한 과태료를 그 사회적 신분에 따라 차등 부과할 것을 규정한 조례안은 과태료를 부과하는 목적에 비추어 볼 때 그 합리성을 인정할 수 있어서 헌법에 규정된 평등의 원칙에 위배되지 않는다.
② 비례의 원칙은 법치국가 원리에서 당연히 파생되는 헌법상의 기본원리로서, 모든 국가작용에 적용된다.
③ 폐기물처리업 사업계획에 대하여 적정통보를 한 것만으로는 그 사업부지 토지에 대한 국토이용계획변경신청을 승인하여 주겠다는 취지의 공적인 견해표명을 한 것으로 볼 수 없다.
④ 평등원칙은 일체의 차별적 대우를 부정하는 절대적 평등을 의미하는 것이 아니라 입법과 법의 적용에 있어서 합리적인 근거가 없는 차별을 배제하는 상대적 평등을 뜻한다.

14. 기속행위와 재량행위에 대한 설명으로 옳은 것은?
① 「가축분뇨의 관리 및 이용에 관한 법률」에 따른 가축분뇨 처리방법 변경허가는 허가권자의 재량이 허용되지 않는 기속행위에 해당한다.
② 「주택건설촉진법」 제33조에 의한 주택건설사업계획의 승인은 인간이 본래 가지고 있는 자연적 자유의 회복을 내용으로 하는 행정청의 기속행위에 속한다.
③ 귀화신청인이 구 「국적법」 제5조 각 호에서 정한 귀화요건을 갖추지 못한 경우 법무부장관은 귀화 허부에 관한 재량권을 행사할 여지없이 귀화불허처분을 하여야 한다.
④ 경찰공무원에 대한 징계위원회의 심의과정에서 「공무원 징계령」 등에 따른 감경사유에 해당하는 공적 사항이 제시되지 아니한 경우라도 그 징계양정이 결과적으로 적정하였다면, 해당 징계처분은 위법하지 않다.

15. 「행정소송법」상 처분등에 대한 설명으로 옳은 것은?
① 재결취소소송의 경우 재결 자체에 고유한 위법이 있는지 여부를 심리할 것이고, 재결 자체에 고유한 위법이 없는 경우에는 원처분의 당부와는 상관없이 당해 재결취소소송은 이를 각하하여야 한다.
② 징계혐의자에 대한 감봉 1월의 징계처분을 견책으로 변경한 소청결정 중 그를 견책에 처한 조치는 재량권의 남용 또는 일탈로서 위법하다는 사유는 소청결정 자체에 고유한 위법을 주장하는 것으로 볼 수 없어 소청결정의 취소사유가 될 수 없다.
③ 구 「약관의 규제에 관한 법률」에 따른 공정거래위원회의 표준약관 사용권장행위는 권고적 행위에 불과한 것으로서, 항고소송의 대상이 되는 행정처분에 해당하지 않는다.
④ 과학기술기본법령상 국가연구개발사업 협약의 해지 통보는 단순히 대등 당사자의 지위에서 형성된 공법상 계약을 계약당사자의 지위에서 종료시키는 의사표시에 불과하므로, 항고소송의 대상이 되는 행정처분에 해당하지 않는다.

16. 행정상 손실보상에 대한 설명으로 옳지 않은 것은?
① 「감염병의 예방 및 관리에 관한 법률」상 필수예방접종에 관한 국가의 보상책임은 무과실책임이기는 하지만, 책임이 있다고 하기 위해서는 질병, 장애 또는 사망이 당해 예방접종으로 인한 것임이 인정되어야 한다.
② 자신의 토지를 장래에 건축이나 개발목적으로 사용할 수 있으리라는 기대가능성이나 신뢰 및 이에 따른 지가상승의 기회는 원칙적으로 재산권의 보호범위에 속하지 않는다.
③ 공유수면 매립면허의 고시가 있다고 하여 반드시 그 사업이 시행되고 그로 인하여 손실이 발생한다고 할 수 없으므로, 매립면허 고시 이후 매립공사가 실행되어 관행어업권자에게 실질적이고 현실적인 피해가 발생한 경우에만 「공유수면매립법」에서 정하는 손실보상청구권이 발생한다.
④ 「감염병의 예방 및 관리에 관한 법률」에 근거한 집합제한 조치로 인하여 영업이 제한되어 영업이익이 감소되었다면, 이는 청구인들이 소유하는 영업 시설·장비 등에 대한 구체적인 사용·수익 및 처분권한을 제한받는 것으로 볼 수 있으므로, 보상규정의 부재는 청구인들의 재산권을 제한한다고 볼 수 있다.

17. 행정의 실효성 확보수단에 대한 설명으로 옳지 않은 것은?
① 아무런 권원 없이 국유재산에 설치한 시설물에 대하여 행정청이 행정대집행을 실시하지 않는 경우에도 그 국유재산에 대한 사용청구권을 가지고 있는 것에 불과한 자로서는 국가를 대위하여 민사소송으로 그 시설물의 철거를 구할 수 없다.
② 보안처분 관계 법령에 따라 행하는 사항에 관하여는 「행정기본법」상 행정상 강제에 대한 규정이 적용되지 않는다.
③ 상당한 의무이행기간을 부여하지 아니한 대집행계고처분이 있었다면, 설령 행정청이 대집행영장으로써 대집행의 시기를 늦추었더라도 그 대집행계고처분은 적법절차에 위배한 것으로 위법한 처분이 된다.
④ 과세관청의 체납자 등에 대한 공매통지는 국가의 강제력에 의하여 진행되는 공매절차에서 체납자 등의 권리 내지 재산상 이익을 보호하기 위하여 법률로 규정한 절차적 요건에 해당하지만, 그 통지를 하지 아니한 채 공매처분을 하였다 하여도 그 공매처분이 당연무효로 되는 것은 아니다.

18. 행정절차에 대한 설명으로 옳은 것은?
① 공무원 인사관계 법령에 따른 처분에 관하여는 「행정절차법」 적용을 배제하고 있으므로, 군인사법령에 의하여 진급예정자명단에 포함된 자에 대하여 의견제출의 기회를 부여하지 아니하고 진급선발취소처분을 한 것이 절차상 하자가 있어 위법하다고 할 수 없다.
② 행정청은 행정처분으로 인하여 권익을 침해받게 되는 제3자에 대하여 처분의 원인이 되는 사실과 처분의 내용 및 법적 근거를 미리 통지하여야 한다.
③ 국가에 대해 행정처분을 할 때에도 사전 통지, 의견청취, 이유 제시와 관련한 「행정절차법」이 그대로 적용된다고 보아야 한다.
④ 행정청이 당사자와 사이에 도시계획사업의 시행과 관련한 협약을 체결하면서 관련 법령상 요구되는 청문절차를 배제하는 조항을 두었다면, 이는 청문을 실시하지 않아도 되는 예외적인 경우에 해당한다.

19. 행정행위의 하자에 대한 설명으로 옳지 않은 것은?
   ① 위헌인 법률에 근거한 행정처분이 당연무효인지의 여부는 위헌결정의 소급효와는 별개의 문제로서 취소소송의 제기기간을 경과하여 확정력이 발생한 행정처분에는 위헌결정의 소급효가 미치지 않는다.
   ② 과세처분에 불가쟁력이 발생하였고, 조세채권의 집행을 위한 체납처분의 근거규정 자체에 대하여는 따로 위헌결정이 내려진 바 없다고 하더라도, 과세처분의 근거법률에 대한 위헌결정이 있은 이후에는 조세채권의 집행을 위한 새로운 체납처분에 착수하거나 이를 속행하는 것은 더 이상 허용되지 않는다.
   ③ 징계처분이 중대하고 명백한 흠 때문에 당연무효이더라도 징계처분을 받은 자가 이를 용인한 경우에는 그 하자가 치유되는 것으로 볼 수 있다.
   ④ 행정청이 청문서 도달기간을 다소 어겼다 하더라도 영업자가 이에 대하여 이의하지 아니한 채 스스로 청문일에 출석하여 그 의견을 진술하고 변명하는 등 방어의 기회를 충분히 가졌다면 청문서 도달기간을 준수하지 아니한 하자는 치유된다.

20. 취소소송의 판결에 대한 설명으로 옳지 않은 것은?
   ① 사정판결은 당사자의 명백한 주장이 없는 경우에도 기록에 나타난 여러 사정을 기초로 직권으로 할 수 있다.
   ② 취소 확정판결의 기속력은 판결의 주문 및 전제가 되는 처분등의 구체적 위법사유에 관한 판단에도 미치므로, 종전 처분이 판결에 의하여 취소되었다면 종전 처분의 처분사유와 기본적 사실관계에서 동일하지 않은 다른 사유를 들어서 새로이 동일한 내용을 처분하는 것은 확정판결의 기속력에 저촉된다.
   ③ 전소의 판결이 확정된 경우 후소의 소송물이 전소의 소송물과 동일하지 않더라도 전소의 소송물에 관한 판단이 후소의 선결문제가 되는 경우에 후소에서 전소 판결의 판단과 다른 주장을 하는 것은 기판력에 반한다.
   ④ 과세처분을 취소하는 판결이 확정된 후 과세관청에서 그 과세처분을 경정하는 경정처분을 하였다면 그 경정처분은 당연무효이다.

행정학개론

1. 추가경정예산에 대한 다음 설명 중 옳지 않은 것은?
   ① 이미 성립된 예산에 변경을 가할 필요가 있을 때 편성되는 예산을 말한다.
   ② 추가경정예산은 예산 단일성의 원칙과 예산 한정성의 원칙의 예외적 장치이다.
   ③ 전쟁이나 대규모 재해가 발생한 경우 추가경정예산을 편성할 수 있다.
   ④ 세계잉여금은 추가경정예산에 사용할 수 없다.

2. 다음은 정책대안이 가져올 미래를 예측하는 기법들이다. 그 성격이 다른 하나는 무엇인가?
   ① 회귀분석
   ② 델파이기법
   ③ 선형계획
   ④ 투입 - 산출분석

3. 톰슨(Thompson)의 기술유형론에 대한 설명으로 옳지 않은 것은?
   ① 연속적 기술은 순차적 상호의존성을 지니며, 계획표를 조정방법으로 한다.
   ② 중개적 기술은 표준화를 조정방법으로 하며, 은행이나 직업소개소 등에서 활용된다.
   ③ 집약적 기술은 교호적 상호의존성을 지니며, 갈등의 발생 가능성이 낮다.
   ④ 중개적 기술을 사용하는 조직은 복잡성이 낮고, 집약적 기술을 사용하는 조직은 공식성이 낮다.

4. 신공공관리론적 행정개혁의 방향과 거리가 먼 것은?
   ① 정책기능과 집행기능의 통합에 의한 책임행정체제 확립
   ② 정부와 시장기능의 재정립을 통한 정부역할 축소
   ③ 공공부문 내에 경쟁원리와 시장기제 도입
   ④ 행정서비스의 질 향상 노력을 통한 고객지향적 행정체제의 확립

5. 특별지방자치단체에 대한 설명으로 옳지 않은 것은?
   ① 2개 이상의 자치단체가 공동으로 특정한 목적을 위하여 광역적으로 사무를 처리할 필요가 있을 때 법인으로 설치하는 자치단체를 말한다.
   ② 구성 자치단체는 특별지방자치단체의 경비에 대하여 특별회계를 설치하여 운영하여야 한다.
   ③ 특별지방자치단체의 의회는 규약으로 정하는 바에 따라 구성 자치단체의 의회의원으로 구성한다.
   ④ 특별지방자치단체의 장은 규약으로 정하는 바에 따라 특별지방자치단체의 의회에서 선출하며, 구성 자치단체의 장은 특별지방자치단체의 장을 겸할 수 없다.

6. 공무원 징계 및 신분보장과 관련된 다음의 내용 중 옳지 않은 것끼리 묶인 것은?

   > ㄱ. 강임은 1계급 아래로 직급을 내리고, 공무원 신분은 보유하나 3개월간 직무에 종사하지 못하며 그 기간 중 보수의 전액을 감하는 것이다.
   >
   > ㄴ. 전직시험에서 3회 이상 불합격한 자로서 직무능력이 부족한 자는 직위해제 대상이다.
   >
   > ㄷ. 금품수수나 공금횡령 및 유용 등으로 인한 징계의결요구의 소멸시효는 3년이다.
   >
   > ㄹ. 징계에 대한 불복시 소청심사위원회에 소청제기가 가능하나 근무성적평정결과나 승진탈락 등은 소청대상이 아니다.

   ① ㄱ, ㄴ
   ② ㄴ, ㄷ
   ③ ㄷ, ㄹ
   ④ ㄱ, ㄴ, ㄷ

7. 우리나라의 규제개혁 프로그램에 대한 설명으로 가장 적절하지 않은 것은?
   ① 규제 샌드박스(regulatory sandbox)란 일정한 조건 하에서 기존 규제의 한시적 면제 또는 유예를 통해 새로운 제품이나 서비스를 출시하고 테스트해볼 수 있도록 허용하는 제도이다.
   ② 규제등록제란 중앙행정기관의 장이 소관 규제의 명칭·내용·근거·처리기간 등을 국무총리 소속의 규제합리화위원회에 등록하여야 하는 제도이다.
   ③ 「행정규제기본법」에 따른 규제일몰제는 규제의 존속기한을 규제목적을 달성하기 위해 필요한 최소한의 기간 내에서 설정하도록 하고 있으며, 그 기간은 원칙적으로 5년을 초과할 수 없다.
   ④ 규제영향분석(regulatory impact analysis)은 규제를 신설 또는 강화하는 경우 그 규제에 따른 비용과 편익을 비교·분석하도록 하는 제도이다.

8. 블랙스버그 선언(Blacksburg Manifesto)에 대한 설명으로 옳지 않은 것은?
   ① 신공공관리론을 비판하면서 관료제와 직업공무원제를 옹호하였다.
   ② 전문직업주의를 통한 행정의 정체성 확립을 강조한다는 점에서 신행정론을 계승하고 있다.
   ③ 형평성과 대응성을 강조하고 정치행정일원론적 시각이라는 점에서 신행정론과 유사하다.
   ④ 정부의 효율성을 증진하기 위해서는 정부재창조가 아니라 정부재정립이 필요하다고 보았다.

9. 다음 중 관료제의 병리 현상이 아닌 것은?
   ① 전문화된 무능
   ② 권력구조의 이원화
   ③ 피터(Peter)의 원리
   ④ 비정의성

10. 「국가재정법」에 따른 우리나라의 예산과정에 대한 설명으로 옳지 않은 것은?
  ① 예산 및 기금에 관한 사무는 기획예산처장관이 관장하고, 결산에 관한 사무는 재정경제부장관이 관장한다.
  ② 기획예산처장관은 국가의 회계 또는 기금이 부담하는 금전채무에 대하여 매년 국가채무관리계획을 수립하여야 한다.
  ③ 기획예산처장관은 매년 국가보증채무의 부담 및 관리에 관한 국가보증채무관리계획을 작성하여야 한다.
  ④ 재정경제부장관은 국세감면율이 대통령령으로 정하는 비율 이하가 되도록 노력하여야 한다.

11. 사바티어(Sabatier) 등이 제시한 정책옹호연합모형(ACF)에 대한 설명으로 가장 옳지 않은 것은?
  ① 정책 변화를 이해하기 위한 분석 단위로 '정책 하위시스템(Policy Subsystem)'에 주목하며, 10년 이상의 장기적인 시계열적 관찰을 강조한다.
  ② 옹호연합(Advocacy Coalition)은 정책 하위시스템 내에서 특정한 신념체계(Belief System)를 공유하는 행정가, 전문가, 이익단체, 언론인 등으로 구성된다.
  ③ 신념체계 중 '정책 핵심 신념(Policy Core Beliefs)'은 규범적 선호와 인과적 신념을 포함하며, '규범적 핵심 신념(Deep Core Beliefs)'보다 변화가 곤란하다.
  ④ 외생적 변수(외부적 사건)인 사회경제적 조건의 변화나 통치 집단의 교체는 정책 하위시스템 내의 자원 배분에 영향을 주어 정책 변화를 유도할 수 있다.

12. '작은 정부'와 '큰 정부'에 대한 설명으로 옳지 않은 것은?
  ① '작은 정부'를 지향했던 근대입법국가는 정치와 행정의 분리와 입법우위성을 전제로 하였다.
  ② 케인즈(Keynes)이론에 입각한 루즈벨트(Roosevelt)의 뉴딜(New Deal) 정책은 '큰 정부'를 탄생시키는 계기가 되었다.
  ③ '작은 정부'는 제퍼슨(Jefferson) - 잭슨(Jackson) 패러다임에 기반을 두고 있었다.
  ④ '큰 정부'를 지향하는 진보주의적 철학은 배분적 정의보다는 교환적 정의를 중시하였다.

13. 직무평가의 방법 중에서 다음의 장점을 가진 방법은?

  ○ 체계적이고 과학적인 방법에 의하여 작성된 직무평가기준표를 사용하기 때문에 평가결과의 타당성과 신뢰성이 인정된다.
  ○ 한정된 평가요소만을 사용하는 것이 아니라, 분류대상 직위의 직무에 공통적이며 중요한 특징을 평가요소로 사용하기 때문에 관계인들이 평가결과를 쉽게 수용한다.

  ① 서열법
  ② 점수법
  ③ 분류법
  ④ 요소비교법

14. 다음 중 동기부여에 대한 과정이론만을 모두 고른 것은?

  ㄱ. 애덤스(Adams)의 형평성이론
  ㄴ. 브룸(Vroom)의 기대이론
  ㄷ. 매클리랜드(McClelland)의 성취동기이론
  ㄹ. 로크(Locke)의 목표설정이론

  ① ㄱ, ㄴ
  ② ㄱ, ㄴ, ㄹ
  ③ ㄴ, ㄷ, ㄹ
  ④ ㄷ, ㄹ

15. 계속비에 대한 다음 설명 중 옳지 않은 것은?
  ① 완성에 수년을 요하는 공사나 제조 및 연구개발사업의 경우 그 경비의 총액과 연부액을 정하여 미리 국회의 의결을 얻은 범위 안에서 수년도에 걸쳐서 지출할 수 있는 자금을 말한다.
  ② 계속비의 연한은 원칙적으로 그 회계연도부터 5년 이내로 하지만 사업규모 및 국가재원 여건을 고려하여 필요한 경우에는 예외적으로 10년 이내로 할 수 있다.
  ③ 계속비는 체차이월이 가능하므로 승인받은 계속비의 연부액 중 해당연도에 지출하지 못한 것은 계속비 사업 완성연도까지 계속해서 이월하여 사용할 수 있다.
  ④ 계속비는 경비총액과 연부액에 대하여 미리 국회의 의결을 얻으므로 매년의 연부액에 대해서는 다시 국회의 의결을 얻지 않고도 지출할 수 있다.

16. 다음은 정책평가의 타당성 저해요인들에 대한 설명이다. 성격이 다른 하나는?
  ① 실험 측정이 피조사자의 실험조작에 대한 감각에 영향을 주어 측정결과를 왜곡하는 현상
  ② 실험 직전의 측정 결과를 토대로 집단을 구성할 때 평소와 달리 특별히 좋거나 나쁜 결과 때문에 실험이 진행되는 동안 원래의 상태로 돌아가게 되어 측정이 왜곡되는 현상
  ③ 동일집단에 여러 번의 실험적 처리를 할 경우 실험처리에 어느 정도 익숙해짐으로써 얻은 결과가 그렇지 않은 경우와 동일한 결과를 얻을 수 없게 되어 나타나는 왜곡현상
  ④ 실험집단 구성원이 실험의 대상이라는 사실로 인하여 평소와는 다른 특별한 심리적 행동을 보이는 현상으로부터 나타나는 왜곡현상

17. 지방자치의 이념과 사상적 계보에 대한 설명으로 가장 옳지 않은 것은?
  ① 주민자치는 정치적 의미의 지방자치라면, 단체자치는 법률적 의미의 지방자치이다.
  ② 주민자치는 지방분권의 원리에 입각해 있다면, 단체자치는 민주주의의 원리에 입각해 있다.
  ③ 주민자치는 자치권을 천부적 권리로 인식하지만, 단체자치는 전래된 권리로 본다.
  ④ 주민자치는 주민참여에 초점이 있지만, 단체자치는 사무 배분에 초점이 있다.

18. 공익에 대한 설명으로 옳지 않은 것은?
  ① 공익과정설은 사회 구성원의 개별적 이익을 모두 합한 전체이익의 극대화를 강조한다.
  ② 플라톤(Platon)과 루소(Rousseau)는 공익실체설의 입장에서 규범적 공익관을 지향하였다.
  ③ 공익실체설은 사회 구성원이 보편적으로 공유하는 이익을 공익으로 인식한다.
  ④ 공익과정설은 적법절차의 원리를 중시하며, 공무원의 중립적 조정자 역할을 강조한다.

19. 넛지(Nudge)이론의 특징에 대한 설명으로 옳은 것은?
  ① 의사결정 - 알고리즘적 의사결정
  ② 학문적 토대 - 공공선택론
  ③ 관점 - 급진적 점증주의
  ④ 연구방법 - 가정에 기초한 연역적 분석

20. 대표관료제에 대한 설명으로 옳지 않은 것은?
  ① 소극적 대표성이 적극적 대표성을 촉진한다는 가정에 입각해 있다.
  ② 외부통제의 한계를 극복하고 내부통제를 강화하기 위한 방안으로 대두되었다.
  ③ 관료들의 재사회화 현상으로 출신집단의 이익이 반영될 수 있다고 보았다.
  ④ 실적주의를 훼손하고 행정의 전문성과 생산성을 저해할 수 있다는 비판을 받는다.

합격을 만드는

주간 합격모의고사

5월

- 제3회 -

이 름: _____

제1과목 국어
제2과목 영어
제3과목 한국사
제4과목 행정법총론
제5과목 행정학개론

주간 모의고사 정오표

합격까지 박문각

국 어

1. <공공언어 바로 쓰기 원칙>에 따라 수정한 것으로 적절하지 않은 것은?

> < 공공언어 바로 쓰기 원칙 >
>
> ○ 다듬은 말 사용
> - 다듬기(국어 순화)의 의미: 지나치게 어렵거나 생소한 말을 '쉽고 바르고 고운 말'로 다듬는 것, 생소한 외래어나 외국어를 우리말로 다듬는 것.
> - 다듬기의 목적 및 효용: 국어의 쉽고 원활한 의사소통 기능 향상, 국어 문화와 민족 문화 발전, 경제적 손실 방지.

① "전입 신고 시 거주지 변경 사항을 명기하시오."에서 '명기하시오'를 '밝히시오'로 수정한다.

② "관련 부서와 긴밀히 커뮤니케이션한다."에서 '긴밀히'를 '빽빽하게'로 수정한다.

③ "본 프로젝트의 로드맵을 수립한다."에서 '로드맵'을 '실행 계획'으로 수정한다.

④ "우리 기관의 미션은 국민 복지 증진이다."에서 '미션'을 '임무'로 수정한다.

2. <개요>의 빈칸에 들어갈 내용으로 적절하지 않은 것은?

> <개 요>
>
> ○ 제목: 플라스틱 폐기물 급증 문제의 원인과 저감 방안
>
> Ⅰ. 플라스틱 폐기물과 관련된 실태
> 1. 플라스틱 생산·소비 증가로 인한 폐기물 처리 한계 및 환경 오염
> 2. 플라스틱 폐기물 발생량의 지속 증가 및 해양·토양 오염 심화
>
> Ⅱ. 플라스틱 폐기물 급증의 원인
> 1. 일회용 플라스틱 제품의 과도한 생산 및 소비 문화 확산
> 2. 플라스틱 재활용 처리 기술 및 인프라 부족
> 3. 플라스틱 사용 억제를 위한 규제 및 경제적 유인 체계 미흡
>
> Ⅲ. 플라스틱 폐기물 저감 방안
> _____

① 플라스틱 폐기물 해외 수출 확대를 통한 국내 처리 부담 경감

② 일회용 플라스틱 생산 제한 및 대체 소재 사용 촉진

③ 플라스틱 재활용 기술 고도화 및 재활용 처리 시설 확충

④ 플라스틱 사용 부담금 도입 및 친환경 소비 인센티브 강화

3. ㉠~㉣ 중 문맥상 어색한 곳을 수정한 것으로 가장 적절한 것은?

> 빛은 공기 중에서 직진하다가 다른 물질을 만나면 방향이 바뀔 수 있다. 빛이 물질의 표면에서 튕겨 나오는 현상을 반사라고 하고, 빛이 한 물질에서 다른 물질로 들어가면서 방향이 꺾이는 현상을 굴절이라고 한다. 굴절은 빛이 물질에 따라 전달되는 속도가 다르기 때문에 나타난다. 예를 들어 빛은 공기 중에서보다 물속에서 ㉠ 더 느리게 진행한다. 물속에 있는 물체가 실제 위치보다 얕아 보이는 것은 바로 이 굴절 때문이다. 한편 볼록 렌즈는 가운데 부분이 가장자리보다 두꺼운 렌즈로, 빛을 ㉡ 한곳으로 모아 주는 역할을 한다. 이와 달리 오목 렌즈는 가운데 부분이 가장자리보다 얇아서, 빛을 퍼뜨려 주는 역할을 한다. 볼록 렌즈는 돋보기나 망원경에, 오목 렌즈는 근시 교정용 안경에 활용된다. 빛이 물속에서 공기 중으로 나올 때, 물속에서보다 공기 중에서 속도가 ㉢ 느려져 빛이 꺾인다. 이처럼 렌즈의 모양에 따라 빛이 나아가는 방향이 달라지기 때문에 ㉣ 렌즈의 종류를 목적에 맞게 선택하는 것이 중요하다.

① ㉠: 더 크게

② ㉡: 퍼뜨려 주는

③ ㉢: 빨라져

④ ㉣: 렌즈의 크기를 목적에 맞게 선택하는 것이 중요하다

4. 다음 글의 ㉠과 ㉡에 대한 분석으로 적절하지 않은 것은?

> 최근 의과대학 정원 확대를 둘러싼 논쟁이 사회적으로 큰 주목을 받고 있다. 정부는 지방 의료 공백과 필수 의료 인력 부족 문제를 해소하기 위해 의대 정원을 대폭 늘리겠다는 방침을 발표하였으며, 이에 대해 찬성 측과 반대 측의 의견이 첨예하게 갈리고 있다. ㉠ 찬성 측은 현재 우리나라의 인구 대비 의사 수가 OECD 평균에 비해 현저히 낮은 수준이며, 이로 인해 농어촌 지역과 응급·외과 등 필수 의료 분야에서 심각한 인력 부족이 발생하고 있다고 주장한다. 의대 정원을 확대하면 장기적으로 의사 공급이 늘어나 이러한 문제를 해소할 수 있다고 본다. ㉡ 반대 측은 의대 정원을 늘린다고 해서 배출된 의사들이 반드시 부족한 지역이나 필수 의료 분야로 유입되지는 않는다고 반박한다. 오히려 정원 확대로 인해 의학 교육의 질이 저하될 수 있으며, 의사 수 증가보다는 의료 수가 체계 개편이나 근무 환경 개선이 더 근본적인 해결책이라고 주장한다.

① ㉠은 우리나라의 의사 수 부족이 실제로 의료 서비스 접근성 저하로 이어지고 있다는 근거를 제시해야 한다.

② ㉡은 의대 정원을 확대했던 다른 나라에서 의사들이 필수 의료 분야로 고르게 분산되었다는 근거를 제시해야 한다.

③ ㉠은 의대 정원 확대가 장기적으로 의사 공급 증가로 이어진다는 근거를 제시해야 한다.

④ ㉡은 의료 수가 체계 개편이 의사 인력 부족 문제 해결에 실질적으로 기여할 수 있다는 근거를 제시해야 한다.

5. 다음 글을 이해한 내용으로 적절하지 않은 것은?

'기억의 재구성' 이론은 인간의 기억이 과거 사건의 정확한 녹화본이 아니라, 회상할 때마다 능동적으로 재구성되는 과정임을 강조한다. 프레데릭 바틀렛은 참가자들에게 낯선 문화권의 이야기를 읽게 한 뒤 시간이 지나 회상하게 하는 실험을 통해, 사람들이 원래 이야기를 그대로 기억하지 못하고 자신의 기존 지식 체계와 문화적 도식에 맞게 변형하여 기억한다는 사실을 밝혔다. 기억은 저장 당시부터 이미 개인의 신념, 기대, 감정에 의해 선택적으로 부호화되며, 회상 과정에서도 현재의 지식과 맥락에 의해 지속적으로 수정된다. 따라서 기억은 발굴되는 것이 아니라 구성되는 것이다. 이 이론은 목격자 증언의 신뢰성 문제와 직결된다. 엘리자베스 로프터스의 연구에 따르면, 목격자에게 유도적 질문을 던지는 것만으로도 실제로 보지 못했던 세부 사항이 기억에 삽입될 수 있다. 예를 들어 교통사고 영상을 본 후 "차가 충돌했을 때 속도가 얼마나 빠르던가요?"라는 질문을 받은 참가자들은 중립적 질문을 받은 참가자들보다 더 높은 속도를 추정하였고, 존재하지 않았던 유리 파편을 기억하기도 하였다. 이는 기억이 외부 정보에 의해 사후적으로도 변형될 수 있음을 보여 주며, 기억의 재구성 이론을 법적 맥락에서도 중요하게 다루어야 함을 시사한다.

① 바틀렛의 실험에서 사람들은 낯선 이야기를 자신의 기존 도식에 맞게 변형하여 기억하였다.

② 기억의 재구성 이론에 따르면 기억은 과거 사건의 정확한 녹화본으로 저장된다.

③ 로프터스의 연구는 유도적 질문이 목격자의 기억에 존재하지 않았던 세부 사항을 삽입할 수 있음을 보여 준다.

④ 기억은 저장 당시뿐만 아니라 회상 과정에서도 수정될 수 있다.

6. 다음 글에서 추론한 내용으로 적절하지 않은 것은?

명제란 참 또는 거짓을 판별할 수 있는 문장을 말하며, 단순 명제와 복합 명제로 나뉜다. 단순 명제는 하나의 사실이나 판단만을 담은 명제이고, 복합 명제는 두 개 이상의 단순 명제가 논리적 연결어로 결합된 것이다. '그리고'로 연결된 연언 명제는 결합된 단순 명제가 모두 참일 때만 전체가 참이 된다. 따라서 결합된 명제 중 하나라도 거짓이면 연언 명제 전체는 거짓이 된다. '또는'으로 연결된 선언 명제는 결합된 단순 명제 중 하나 이상이 참이기만 하면 전체가 참이 되며, 결합된 명제가 모두 거짓인 경우에만 선언 명제 전체가 거짓이 된다. '만약 P이면 Q이다'의 형식을 가진 조건 명제는 전건 P가 참이고 후건 Q가 거짓일 때만 전체가 거짓이 되며, 그 외의 경우에는 모두 참으로 간주한다. 특히 전건 P가 거짓이면 후건 Q의 참·거짓에 관계없이 조건 명제 전체는 참이 된다는 점에 주의해야 한다. 이는 조건 명제가 전건이 성립할 때에만 후건의 실현을 약속하는 구조를 가지기 때문이다. 전건이 충족되지 않은 상황에서는 후건의 실현 여부가 명제의 참·거짓에 영향을 주지 않는다. 이처럼 복합 명제의 참·거짓은 단순 명제들의 진릿값과 논리적 연결어의 종류에 따라 체계적으로 결정되며, 이를 정확히 이해하는 것이 올바른 논리적 추론의 기초가 된다.

① '오늘은 비가 오고 바람도 분다'는 연언 명제이므로, 비는 오지만 바람이 불지 않는다면 이 명제는 거짓이다.

② '오늘은 비가 오거나 바람이 분다'에서 비도 오고 바람도 분다면 이 명제는 참이다.

③ '만약 내일 비가 오면 소풍을 취소한다'에서 내일 비가 오지 않았는데 소풍이 취소되었다면 이 명제는 거짓이다.

④ '만약 합격하면 파티를 연다'에서 합격하지 못했다면, 파티를 열든 열지 않든 이 명제는 참으로 간주한다.

7. 다음 글의 중심 생각으로 가장 적절한 것은?

바로크 음악은 17세기 초부터 18세기 중반까지 유럽에서 번성한 음악 양식으로, 단순히 과거의 음악적 유물이 아니라 오늘날까지도 살아 숨쉬는 예술적 언어이다. 바로크 시대의 작곡가들은 감정의 극적인 표현, 화려한 장식음, 통주저음이라는 독특한 화성 기법을 통해 청중의 감정을 강렬하게 자극하는 음악을 창조했다. 비발디의 사계, 바흐의 무반주 첼로 모음곡, 헨델의 메시아는 이러한 바로크 음악의 정수를 보여 주는 대표적인 작품들이다.

바로크 음악의 핵심적인 특징 중 하나는 대위법의 정교한 활용이다. 대위법이란 둘 이상의 독립적인 선율이 동시에 진행되면서 서로 조화를 이루는 작법으로, 바흐는 이를 극한까지 발전시켜 푸가라는 형식을 완성했다. 푸가에서는 하나의 주제 선율이 여러 성부를 통해 모방되고 변주되며 복잡하게 얽히는데, 이 과정에서 수학적 정밀함과 음악적 아름다움이 동시에 실현된다. 이러한 대위법적 사고는 이후 고전주의, 낭만주의를 거쳐 현대 음악에 이르기까지 서양 음악 전반에 걸쳐 지속적인 영향을 미쳤다.

또한 바로크 시대에는 오페라, 오라토리오, 협주곡 등 오늘날까지 연주되는 주요 음악 장르들이 형성되었다. 특히 협주곡은 독주 악기와 오케스트라 사이의 대화라는 구조적 원리를 확립했으며, 이 원리는 모차르트와 베토벤을 거쳐 현대 협주곡에 이르기까지 그 본질적 형태를 유지하고 있다. 결국 바로크 음악은 서양 음악의 구조적·표현적 토대를 마련한 시대로, 그 유산은 현재의 음악 문화 속에 깊이 녹아 있다.

① 바로크 음악은 화려한 장식과 극적인 감정 표현을 추구했다는 점에서 이후의 고전주의 음악과 근본적으로 구별된다.

② 바흐의 푸가는 대위법의 완성형으로, 이후 어떤 작곡가도 이 수준을 넘어서지 못했다.

③ 바로크 음악은 서양 음악의 구조적·표현적 토대를 형성하였으며, 그 영향은 현대 음악 문화 속에까지 이어지고 있다.

④ 오페라와 협주곡 등 바로크 시대에 형성된 음악 장르들은 이후 시대를 거치며 본래의 형식적 원리를 상실하였다.

8. 다음 글의 빈칸에 들어갈 결론으로 가장 적절한 것은?

> 항생제 내성은 세균이 항생제의 작용을 무력화하는 능력을 획득하는 현상으로, 오늘날 공중 보건의 가장 심각한 위협 중 하나로 꼽힌다. 항생제 내성은 자연 선택의 원리에 따라 발생한다. 항생제를 투여하면 대부분의 세균은 사멸하지만, 우연한 유전적 변이로 내성을 가진 일부 세균은 살아남아 빠르게 증식한다. 이 생존한 개체들이 내성 유전자를 후대에 전달하며, 결국 집단 전체가 항생제에 저항성을 갖게 된다. 문제를 더욱 복잡하게 만드는 것은 수평적 유전자 전달이다. 세균은 종의 경계를 넘어 내성 유전자를 직접 교환할 수 있다. 플라스미드라 불리는 작은 DNA 조각이 세균 간에 전달되면, 한 종의 세균이 획득한 내성이 전혀 다른 종의 세균에게도 급속히 퍼질 수 있다. 이는 내성이 단순히 한 종 내에서의 진화에 그치지 않고, 미생물 생태계 전반으로 확산될 수 있음을 뜻한다. 내성 확산을 가속화하는 또 다른 요인은 항생제의 무분별한 사용이다. 바이러스성 질환에 항생제를 처방하거나, 축산업에서 성장 촉진 목적으로 항생제를 남용하는 행위는 내성균이 번성할 수 있는 환경을 조성한다. 이미 여러 항생제에 동시에 내성을 가진 '다제 내성균'의 출현은 기존 치료 체계로는 감당하기 어려운 수준에 이르렀다. 이와 같이 항생제 내성 문제는 ☐☐☐☐☐

① 자연 선택의 원리에 의한 세균의 진화 결과이므로, 새로운 항생제를 지속적으로 개발하는 것만으로 충분히 해결될 수 있다.

② 수평적 유전자 전달이라는 독특한 메커니즘을 통해 확산되므로, 특정 세균 종에 대한 집중적 관리만으로 효과적으로 통제할 수 있다.

③ 세균의 생물학적 특성과 인간의 항생제 남용이 복합적으로 작용하여 발생하는 것으로, 생태적·사회적 차원의 통합적 접근이 요구된다.

④ 축산업에서의 항생제 남용이 주된 원인이므로, 의료 현장보다 농축산 분야의 규제를 강화하는 것이 가장 우선적인 해결책이다.

9. 다음 글의 전개 순서로 가장 자연스러운 것은?

> (가) 이 같은 확증 편향은 개인의 판단뿐만 아니라 집단적 의사 결정에도 심각한 영향을 미친다. 집단 내에서 구성원들이 서로 유사한 정보만을 공유하고 강화하는 이른바 집단 사고 현상이 나타나면, 잘못된 결정이 내려지더라도 이를 교정할 기회를 잃게 된다.
>
> (나) 인간은 자신이 이미 믿고 있는 것을 지지하는 정보를 더 쉽게 받아들이고, 이와 상충하는 정보는 무시하거나 평가절하하는 경향이 있다. 이를 심리학에서는 확증 편향이라고 부르며, 이는 인간의 정보 처리 과정에서 매우 보편적으로 나타나는 인지적 오류이다.
>
> (다) 따라서 확증 편향을 극복하기 위해서는 의식적으로 반대 증거를 탐색하고, 자신의 믿음을 반증할 수 있는 가능성을 열어 두는 태도가 필요하다. 비판적 사고 훈련과 다양한 관점에 대한 노출이 이러한 편향을 줄이는 데 효과적인 방법으로 알려져 있다.
>
> (라) 확증 편향이 특히 문제가 되는 것은 이 편향이 스스로를 강화하는 성질을 지니기 때문이다. 편향된 정보 선택은 편향된 신념을 더욱 공고히 만들고, 그 신념은 다시 편향된 정보 탐색으로 이어지는 악순환이 반복된다.

> 이 과정에서 개인은 자신이 편향되어 있다는 사실조차 인식하지 못하는 경우가 많다.

① (나)-(가)-(다)-(라)　　　② (나)-(가)-(라)-(다)
③ (나)-(라)-(가)-(다)　　　④ (라)-(나)-(가)-(다)

[10~11] 다음 글을 읽고 물음에 답하시오.

> 언어가 단순히 의사소통의 도구가 아니라 사고 자체를 구성하는 매체라는 주장은 언어학과 철학의 접경에서 오랫동안 논쟁의 대상이 되어 왔다. 소쉬르는 언어를 기표(記標)와 기의(記意)의 자의적 결합으로 파악하면서, 언어 구조가 세계를 분절하는 방식을 결정한다고 보았다. 즉, 우리가 경험하는 세계의 범주는 언어 이전에 자연적으로 주어지는 것이 아니라, 언어 체계가 그것을 어떻게 나누느냐에 따라 달리 구성된다는 것이다.
>
> 사피어-워프 가설은 이 논의를 극단으로 밀어붙인다. 강한 형태의 언어 결정론에 따르면, 특정 언어를 사용하는 화자는 그 언어가 허용하는 방식으로만 세계를 인식할 수 있다. 가령 에스키모인들은 눈(雪)의 상태에 따라 어휘를 세밀하게 분절하여 인식하는데, ㉠ 그들은 언어적 수단이 풍부하기 때문에 다른 문화권보다 눈의 미세한 차이를 더 잘 지각하게 된다는 것이다. 이에 대한 반론으로 촘스키는 심층 구조의 보편성을 주장하였다. 표면적으로 언어들은 서로 다른 형태를 갖지만, 사람들의 언어 능력은 생득적으로 내재된 보편 문법에 기초한다는 것이다. ㉡ 그들은 누구나 종(種) 전체가 공유하는 인지적 보편성을 갖추고 있으며, 언어는 단지 이를 표출하는 수단일 뿐이다.
>
> 그러나 후기 비트겐슈타인은 언어의 의미가 공동체의 '언어 게임' 속에서 사용을 통해 확정된다고 보았다. 어떤 언어 공동체에 속하느냐에 따라 세계를 구성하는 방식이 달라지며, ㉢ 그들에게 의미란 사회적 실천 속에서 규칙을 따르는 행위 그 자체이다.
>
> 이처럼 언어와 사고의 관계에 대한 논의는 다양한 관점에서 전개되어 왔다. ㉣ 그들 각각의 입장은 언어의 어떤 측면에 주목하느냐에 따라 달라지며, 어느 하나도 이 복잡한 관계를 완전하게 해명하지 못한다는 점에서 논쟁은 여전히 열려 있다.

10. 윗글을 읽고 추론한 내용으로 가장 적절한 것은?

① 소쉬르는 세계의 범주가 언어와 무관하게 자연적으로 선재(先在)하며, 언어는 이를 반영하는 도구에 불과하다고 보았다.

② 촘스키의 관점에서 인간 언어의 다양성은 심층 구조의 차이에서 비롯되므로, 언어 간 근본적인 인지적 차이가 존재한다.

③ 강한 형태의 사피어-워프 가설에 따르면, 특정 언어를 사용하는 화자는 그 언어 구조의 범위 안에서만 세계를 인식할 수 있다.

④ 비트겐슈타인은 의미가 개인의 내적 인지 구조에 의해 선험적으로 결정되므로, 언어 공동체의 사용 관행은 의미 확정에 부차적인 역할만 한다고 보았다.

11. ㉠~㉣ 중 의미 범주가 나머지와 다른 하나는?

① ㉠　　　② ㉡　　　③ ㉢　　　④ ㉣

[12~13] 다음 글을 읽고 물음에 답하시오.

김소월의 시는 한국 근대시의 정수(精髓)로 평가받으며, 그의 작품 세계는 민요적 율조와 전통적 정한(情恨)의 미학으로 집약된다. 대표작 「진달래꽃」은 이별의 상황에서 사랑하는 이를 보내는 화자의 심리를 역설적 방식으로 드러낸다. 화자는 "나 보기가 역겨워 / 가실 때에는 / 말없이 고이 보내 드리오리다"라고 선언함으로써, 이별의 고통을 직접 토로하지 않고 ㉠ 억제하는 태도를 취한다. 그러나 바로 이 억제가 역설적으로 더 강렬한 슬픔을 환기시킨다.

이 시에서 '진달래꽃'은 단순한 자연물이 아니라, 화자의 정서를 ㉡ 매개하는 핵심 상징이다. 임이 떠나는 길에 꽃을 뿌려 주겠다는 행위는, 떠나는 이를 ㉢ 탓하지 않겠다는 다짐이자, 그 마음이 실현될 수 없음을 이미 알고 있는 화자의 내면적 분열을 드러낸다. 이러한 구조는 단순한 체념이 아니라, 사랑의 완성을 이별의 형식으로 수행하려는 숭고한 의지를 담고 있다.

김소월의 시에서 주목해야 할 또 다른 요소는 율격이다. 「진달래꽃」은 3·3·4 또는 3·4·4조의 음수율을 기반으로 하며, 이는 한국의 전통적 민요 리듬과 ㉣ 맞닿아 있다. 이 율격은 시의 내용이 지닌 슬픔을 음악적으로 감싸안아, 독자가 정서적 고통을 미적 쾌감으로 승화시켜 수용하도록 돕는다. 이처럼 김소월의 시는 형식과 내용이 유기적으로 결합된 구조물로, 단순한 서정시를 넘어 한국 근대시의 미적 가능성을 보여 준 성취로 평가된다.

12. 윗글을 이해한 내용으로 가장 적절한 것은?
① 「진달래꽃」의 화자는 이별의 고통을 직접적으로 표출하여 감정의 진실성을 강화하고 있다.
② 「진달래꽃」에서 진달래꽃을 뿌리는 행위는 화자의 정서와 무관한 단순한 자연적 묘사에 해당한다.
③ 김소월 시의 율격은 시의 정서와 유기적으로 결합하여 슬픔을 미적으로 승화시키는 기능을 한다.
④ 김소월의 시는 서양의 근대시 형식을 수용하여 전통적 율조를 의도적으로 해체하는 방향으로 나아갔다.

13. ㉠~㉣과 바꿔 쓸 수 있는 표현으로 적절하지 않은 것은?
① ㉠: 절제(節制)하는
② ㉡: 상징(象徵)하는
③ ㉢: 원망(怨望)하지
④ ㉣: 연결(連結)되어

14. (가)~(다)를 전제로 할 때 빈칸에 들어갈 결론으로 가장 적절한 것은?

(가) 지원자 수가 감소하고 홍보 활동이 강화되지 않았다면, 입학 경쟁률이 하락한다.
(나) 입학 경쟁률이 하락한다면, 대학의 재정 지원이 축소된다.
(다) 대학의 재정 지원이 축소되지 않았다.
따라서

① 지원자 수가 감소하지 않았다.
② 홍보 활동이 강화되었다.
③ 지원자 수가 감소하지 않았거나, 홍보 활동이 강화되었다.
④ 지원자 수가 감소하지 않았고, 홍보 활동이 강화되지 않았다.

15. ㉠을 이끌어 내기 위해 추가해야 할 전제로 가장 적절한 것은?

어떤 팀이 기획도 담당하지 않고 디자인도 담당하지 않는다면, 개발을 담당한다. 개발을 담당하는 팀은 반드시 테스트도 담당한다. 테스트를 담당하거나 마케팅을 담당한다면, 운영을 담당하지 않는다. 그 팀은 운영을 담당한다. 따라서, ㉠ 그 팀은 디자인을 담당한다.

① 그 팀은 기획을 담당한다.
② 그 팀은 기획을 담당하지 않는다.
③ 그 팀은 마케팅을 담당한다.
④ 그 팀은 마케팅을 담당하지 않는다.

16. 다음 대화의 빈칸에 들어갈 말로 적절한 것은?

갑: 모든 철학자는 논리적으로 사고해. 그리고 논리적으로 사고하는 사람은 감정에 휘둘리지 않지. 그러니까 감정에 휘둘리는 사람은 철학자가 아니야.
을: 네 말에서 "감정에 휘둘리는 사람은 철학자가 아니다."는 사실 네 전제들로부터 이미 유효하게 도출돼. 그런데 네가 거기서 한 발 더 나아가 "철학자가 아닌 사람은 모두 감정에 휘둘린다."고 주장하려면 "　　　　　"가 추가로 참이어야 해.

① 감정에 휘둘리지 않는 사람은 모두 철학자이다.
② 모든 철학자는 감정에 휘둘린다.
③ 논리적으로 사고하지 않는 사람은 감정에 휘둘린다.
④ 철학자가 아닌 사람은 논리적으로 사고하지 않는다.

17. 다음 글을 읽고 추론한 내용으로 적절하지 않은 것은?

『한글 맞춤법』 제1항은 "한글 맞춤법은 표준어를 소리대로 적되, 어법에 맞도록 함을 원칙으로 한다."라고 규정하고 있다. '소리대로 적는다'는 것은 발음 형태 그대로 표기하는 원칙이며, '어법에 맞도록 한다'는 것은 형태소의 본래 모양을 밝혀 적는 원칙이다. 두 원칙은 경우에 따라 하나씩 선택적으로 적용된다. 실질 형태소인 어근이나 명사 등은 그 형태를 고정하여 밝혀 적는 것이 일반적이다. 예를 들어 '꽃이'는 [꼬치]로 발음되지만 어근 '꽃'의 형태를 밝혀 '꽃이'로 적으며, '먹어'는 [머거]로 발음되지만 어간 '먹'의 형태를 고정하여 '먹어'로 적는다. 이는 모두 어법에 맞도록 하는 원칙이 적용된 것이다. 반면 소리대로 적는 경우는 해당 형태를 분석하기 어렵거나 관습적으로 굳어진 표기를 따를 때 나타난다. '어깨, 바람'처럼 형태소를 분석하여 본래의 형태를 밝히기 어려운 경우가 이에 해당하며, 이러한 단어들은 발음 형태 그대로 표기한다. 즉, 『한글 맞춤법』 제1항은 두 원칙 중 어법에 맞도록 하는 것을 더 우선하되, 그것이 불가능한 경우에는 소리대로 적도록 하는 방향성을 지니고 있다.

① '꽃이'를 [꼬치]로 발음하더라도 '꽃이'로 적는 것은 어법에 맞도록 하는 원칙이 적용된 것이다.
② '어깨'를 소리 나는 대로 '어깨'로 적는 것은 소리대로 적는 원칙이 적용된 것이다.
③ '부엌'을 [부억]으로 발음하더라도 '부엌'으로 적는 것은 소리대로 적는 원칙이 적용된 것이다.
④ '먹어'를 [머거]로 발음하더라도 '먹어'로 적는 것은 어법에 맞도록 하는 원칙이 적용된 것이다.

18. 다음 글의 ㉠에 해당하는 사례로 적절한 것은?

> 용언의 활용은 규칙 활용과 불규칙 활용으로 나뉜다. 불규칙 활용은 어간이나 어미의 형태가 일반적인 음운 규칙으로는 설명되지 않는 방식으로 변화하는 것이다. 이 중 ㉠ <u>어간과 어미가 모두 바뀌는 불규칙 활용</u>은 그 수가 많지 않아 자주 간과되는 유형이다. 어간만 바뀌는 불규칙으로는 'ㄷ 불규칙, ㅂ 불규칙, ㅅ 불규칙, 르 불규칙' 등이 있으며, 어미만 바뀌는 불규칙으로는 '여 불규칙' 등이 있다. 반면 어간과 어미가 모두 바뀌는 불규칙은 어간의 'ㅎ'이 탈락하는 동시에 뒤에 오는 어미도 변화하는 'ㅎ' 불규칙이 대표적이다. 예컨대 'ㅎ' 불규칙 활용을 하는 용언은 모음 어미 '-아/-어'와 결합할 때 어간의 'ㅎ'이 탈락하고 어미가 '-아/-어' 대신 '-애/-에'로 바뀐다. 이를 단순한 탈락이나 교체로 혼동하지 않도록, 어간과 어미의 변화를 동시에 확인하는 것이 중요하다.

① '고와'는 어간 '곱-'의 'ㅂ'이 '오'로 바뀌고 어미 '-아'가 결합한 것이다.

② '파래'는 어간 '파랗-'의 'ㅎ'이 탈락하고 어미가 '-애'로 바뀐 것이다.

③ '흘러'는 어간 '흐르-'의 '르'가 'ㄹㄹ'로 바뀌고 어미 '어'가 결합한 것이다.

④ '나아'는 어간 '낫-'의 'ㅅ'이 탈락하고 어미 '-아'가 결합한 것이다.

19. 다음 대화에 대한 평가로 적절한 것만을 모두 고르면?

> 갑: 청소년의 스마트폰 사용 시간을 법으로 제한해야 한다는 주장이 나오고 있어. 디지털 기기 과의존이 학습 능력을 저하시킨다는 근거에서인데, 나는 법적 규제가 필요하다고 봐.
>
> 을: 스마트폰 사용이 학습 능력에 미치는 영향은 사용 목적과 방식에 따라 달라. 교육적 목적으로 사용하면 오히려 학습에 도움이 되기도 하잖아. 그러니까 일률적인 법적 규제보다는 올바른 사용을 안내하는 교육이 더 효과적이야.
>
> 갑: 교육만으로는 한계가 있어. 자기 조절 능력이 미숙한 청소년에게는 외부적 강제력이 필요하고, 실제로 사용 시간 제한 정책을 시행한 나라에서 청소년 학업 성취도가 향상됐다는 사례도 있어.

> ㉠ 스마트폰 사용 시간을 스스로 조절하는 청소년일수록 학업 성취도가 높다는 연구 결과는 갑과 을의 입장을 모두 강화한다.
>
> ㉡ 스마트폰 사용 제한 정책을 시행한 국가에서 청소년들이 오히려 우회적인 방법으로 사용량을 늘렸다는 사례는 갑의 입장을 약화한다.
>
> ㉢ 스마트폰을 교육 목적으로 적극 활용한 학교에서 학생들의 자기 주도 학습 능력이 향상되었다는 사례는 을의 입장을 강화한다.

① ㉡

② ㉠, ㉡

③ ㉠, ㉢

④ ㉡, ㉢

20. 다음 글의 논지를 약화하는 것으로 가장 적절한 것은?

> 최저임금 인상은 저소득 노동자의 생활 수준을 향상시키고 소득 불평등을 완화하는 핵심적인 정책 수단으로 간주된다. 그러나 일부 경제학자들은 최저임금 인상이 오히려 고용을 감소시킨다고 주장한다. 이들의 논리는 임금이 오르면 기업의 노동 비용이 증가하고, 이에 따라 기업이 고용을 줄이거나 자동화로 대체하여 결국 저소득 노동자에게 불리한 결과를 초래한다는 것이다. 이 주장은 노동 시장이 완전 경쟁 시장이라는 가정에 근거하고 있다. 그러나 현실의 노동 시장은 완전 경쟁과는 거리가 멀다. 특히 저임금 노동 시장에서는 소수의 사용자가 다수의 노동자를 상대로 임금 결정력을 독점적으로 행사하는 수요 독점적 구조가 광범위하게 나타난다. 이러한 구조에서는 최저임금 인상이 고용을 감소시키기는커녕 오히려 고용량을 유지하거나 증가시키면서도 임금을 올릴 수 있다. 따라서 최저임금 인상 반대론의 이론적 전제 자체가 현실과 부합하지 않는다.

① 미국의 여러 주에서 최저임금을 단계적으로 인상한 이후, 인상 폭이 클수록 해당 지역의 저임금 일자리 수가 통계적으로 유의미하게 감소한 것으로 나타났다.

② 저임금 노동 시장에서 노동자의 협상력을 강화하기 위해서는 최저임금 인상보다 노동조합 결성을 지원하는 정책이 더 효과적이라는 주장이 있다.

③ 최저임금 인상의 효과는 지역별 생활 물가 수준과 산업 구조에 따라 상이하게 나타나므로, 전국 단일 최저임금보다 지역별 차등 적용이 바람직하다는 견해가 있다.

④ 자동화 기술의 급속한 발전으로 인해 저임금 노동자들이 담당하던 반복적 업무의 상당 부분이 이미 기계로 대체되고 있으며, 이 추세는 최저임금 수준과 무관하게 진행되고 있다.

영 어

1. 밑줄 친 부분과 의미가 가장 가까운 것은?

> It is pretty <u>absurd</u> to judge people only by their looks and treat them accordingly.

① obscure
② adequate
③ ridiculous
④ appropriate

2. 밑줄 친 부분에 들어갈 말로 가장 적절한 것을 고르시오.

> The investigation concluded two high school principals in Tokyo were _____ on charges of taking bribes from some parents.

① released
② arrested
③ polarized
④ acknowledged

3. 밑줄 친 부분과 의미가 가장 가까운 것은?

> Stop _____ what others do! When you simply copy others without understanding their intentions or methods, you limit your own creativity.

① mimicking
② foretelling
③ unfolding
④ ignoring

4. 밑줄 친 부분에 들어갈 말로 가장 적절한 것을 고르시오.

> _____ you say, I cannot believe in it.

① Admitted that
② Admitted what
③ Admitting that
④ Admitting what

5. 밑줄 친 부분에 들어갈 말로 가장 적절한 것은?

> Had my sister come to the recital, she _____ it now.

① enjoys
② will enjoy
③ would enjoy
④ would have enjoyed

6. 밑줄 친 부분 중, 어법상 틀린 것은?

> It's long been part of folk wisdom ① <u>that</u> birth order strongly affects personality, ② <u>intelligent</u> and achievement. However, half of the researches ③ <u>insisting</u> that firstborns are radically different from other children ④ <u>have</u> been discredited.

7. 대화의 흐름으로 보아 빈칸에 가장 적절한 것은?

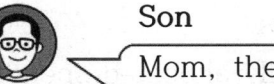 **Son**
> Mom, the art museum we visited yesterday had such fascinating exhibits.

11:16 am

Mom
> I agree. Which exhibit did you find the most interesting?

11:16 am

 **Son**
> The works of Picasso were particularly impressive. The way he broke down shapes was so unique.

11:17 am

Mom
> _____.

11:17 am

① I was also impressed by how much detail he put into his art.
② They're planning a renovation of the museum's main hall.
③ Oh, I'm going to take an ancient art class this semester.
④ Don't worry, the exhibition won't be called off.

8. 다음 대화의 빈칸에 들어갈 말로 가장 적절한 것은?

> A: Good morning. How can I help you today?
> B: Hi, I'd like to send this package to Toronto, Canada.
> A: Sure. Please put it on the scale. It's 1.2 kilograms. Do you want to send it by regular mail or by registered mail?
> B: I will use registered mail, please. How much is it?
> A: It's 27 dollars plus tax. _____?
> B: Yes. I want to buy 10 stamps.
> A: Okay. The total cost is 52 dollars.
> B: Here is my credit card.

① May I see your ID card
② Do you want to add insurance
③ Is there anything else you'd like
④ How many packages do you have

[9~10] 다음 글을 읽고 물음에 답하시오.

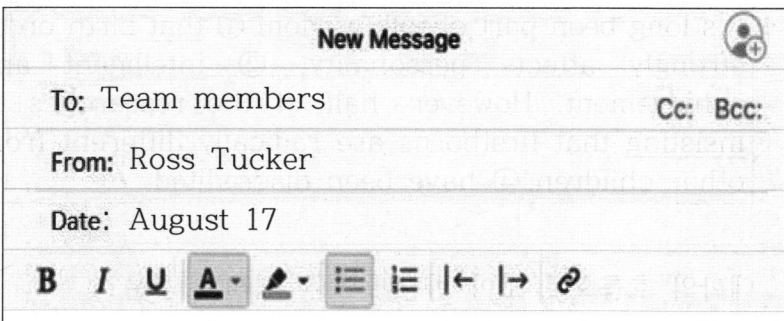

New Message

To: Team members   Cc: Bcc:

From: Ross Tucker

Date: August 17

To our valued team members,

Because of last year's carefully allocated spending within the company, we are pleased to inform you that we have found ourselves with spare money in the budget for the 2025 fiscal year. We will split these funds equally between departments, which you can use on needed supplies for your teams. Please take the time to meet within your departments to discuss the items you'd like to purchase with the <u>surplus</u> of funds, and have your decisions emailed to your department managers no later than a week from today so that we can review the suggestions and complete the orders. Thank you for all you do on a daily basis. This wouldn't have been possible without the thoughtful actions of the entire staff.

Warm regards,

Ross Tucker

9. 윗글의 목적으로 가장 적절한 것은?
① 예산을 초과하여 사용하지 않도록 당부하려고
② 물품 구매 관련 예산의 삭감 이유를 설명하려고
③ 예산 집행 현황 점검에 필요한 자료를 요청하려고
④ 남은 예산을 활용한 물품 구매 절차를 안내하려고

10. 밑줄 친 "surplus"의 의미와 가장 가까운 것은?
① lack
② excess
③ creation
④ shortage

[11~12] 다음 글을 읽고 물음에 답하시오.

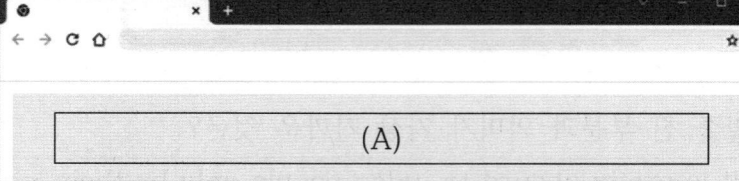

(A)

Explore the beautiful trails of Skyline Preserve under the breathtaking twilight sky, where the soft hues of sunset blend into the emerging starlight. Take in the serene beauty of nature as you walk alongside your loved ones, listening to the sounds of rustling leaves and chirping crickets. Create lasting memories by sharing stories, laughter, and moments of togetherness, all while immersing yourself in the peaceful surroundings. Connect with nature as a family, rekindling your appreciation for the great outdoors and strengthening bonds through this unforgettable adventure.

Date: Saturday, May 16

Time: 6 p.m. - 9 p.m.

Location: Skyline Preserve

Cost

· Adults: $20

· Children under 19: $10

Guidelines

· Children must be accompanied by legal guardians.

· Bring a flashlight and a bottle of water.

· Follow the instructions of the guides at all times.

Registration

· Visit www.familyhiking.com and register by April 26.

· A free first aid kit is provided for all who register by April 12.

☐ Don't show again   Close ☒

11. (A)에 들어갈 윗글의 제목으로 가장 적절한 것은?
① Family Hiking Adventure at Skyline Preserve
② Twilight Trails: Eliminating Your Memories
③ Explore Family Bonding Under the Stars
④ Make Evening of Fun Together

12. 윗글의 안내문의 내용과 일치하는 것은?
① 오후 5시에 시작된다.
② 어른과 어린이의 참가비는 같다.
③ 어린이는 법적 보호자를 동반해야 한다.
④ 추첨을 통해 구급상자가 무료로 제공된다.

13. 다음 글의 내용과 일치하지 않는 것은?

COMMUNITY BIKE-SHARING NOTICE

SERVICE PURPOSE

To reduce traffic congestion in the downtown area, the city has expanded its public bike-sharing service. The system allows registered users to borrow bicycles from designated stations and return them to any other station within the service zone. This expansion is intended to promote short-distance travel and reduce dependence on private vehicles.

USAGE POLICY

Bike use is free for the first 30 minutes of each ride. After that, usage fees are charged based on the total riding time. During peak commuting hours, access to bicycles in high-demand areas may be temporarily restricted to prevent shortages and ensure fair availability.

SAFETY GUIDELINES

Helmets are strongly recommended for all riders but are not required by law. However, users under the age of 16 must wear approved protective gear while using the service. Riders are also expected to follow local traffic regulations at all times.

ACCOUNT MANAGEMENT

In cases of repeated misuse, including failure to return bicycles properly or violations of safety rules, user accounts may be suspended. The city reserves the right to apply restrictions without prior notice in order to maintain reliable service for all users.

☐ Don't show again　　　　　Close ☒

① Registered users may return bikes to another station.

② Riding is free only if the bicycle is used for less than half an hour.

③ All users are legally required to wear helmets while using the service.

④ Accounts may be restricted after repeated rule violations.

14. 다음 글의 내용과 일치하지 않는 것은?

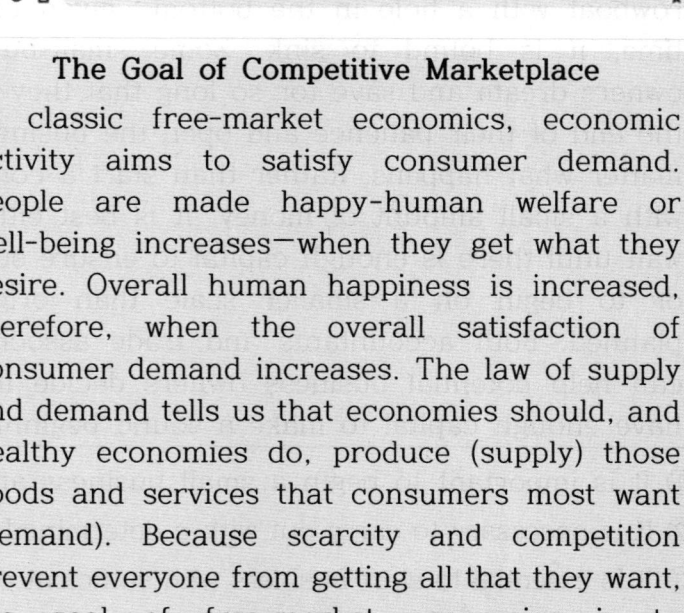

The Goal of Competitive Marketplace

In classic free-market economics, economic activity aims to satisfy consumer demand. People are made happy-human welfare or well-being increases—when they get what they desire. Overall human happiness is increased, therefore, when the overall satisfaction of consumer demand increases. The law of supply and demand tells us that economies should, and healthy economies do, produce (supply) those goods and services that consumers most want (demand). Because scarcity and competition prevent everyone from getting all that they want, the goal of free-market economics is to optimally satisfy wants and thus maximize happiness. Free markets accomplish this goal most efficiently, according to defenders, by allowing individuals to decide for themselves what they most want and then bargain for these goods in a free and competitive marketplace.

☐ Don't show again　　　　　Close ☒

① The aim of economic activity in classic free-market economics is to satisfy consumer demand.

② Satisfaction level of consumer demand is linked to the degree of human happiness.

③ Healthy economies produce the goods and services that suppliers most want.

④ The goal of free markets can be accomplished most efficiently in a free and competitive marketplace.

15. 다음 글의 제목으로 가장 알맞은 것은?

What causes the differences in intelligence? This is one of the oldest and most enduring questions in all of psychology. Reasonable as it may sound, the question does not also have a reasonable answer. In fact, there is some evidence that intelligence tends to run in families and may be due in part to innate, inherited factors. There are also data that tell us that a person's environment can and does affect intellectual, cognitive functioning.

① Nature versus Nurture

② Functions of Intelligence

③ Inherited Factors of Families

④ From Gene to Cognitive Function

16. 다음 글의 요지로 가장 적절한 것은?

A company with insufficient financing is like a rowboat with a hole in the bottom.: given enough time, it is bound to sink. Some small-business owners dream and save for so long that they reach the end of their patience and open the business no matter what happens. Rather than start a company with a small amount of money, it is best either to wait until there is enough capital to ensure success or to begin on a smaller scale than originally planned. Both accountants and trade associations can help potential business owners decide if they have enough capital to make a sound beginning.

① It is important to begin a small business at first.

② It is necessary to carry out with a determined mind.

③ It is essential to start business with sufficient capital.

④ It is not always important to do business with plenty of money.

17. 다음 주어진 문장이 들어가기에 가장 적절한 곳은?

Reciprocity with a rival works in much the same way.

Undoing a negative tie begins with giving up something of value rather than asking for a "fair tradeoff." If you give and then ask for something right away in return, you don't found a relationship; you carry out a transaction. When done correctly, reciprocity is like getting the pump ready. (①) In the old days, pumps required lots of effort to produce any water. (②) You had to repeatedly work a lever to eliminate a vacuum in the line before water could flow. (③) But if you poured a small bucket of water into the line first, the vacant space was quickly eliminated, enabling the water to flow with less effort. (④) Reflect carefully on what you should give and, ideally, choose something that requires little effort from the other party to reciprocate.

* reciprocity: 호혜(서로 특별한 혜택을 주고받는 일)

18. 다음 주어진 글에 이어질 글의 순서로 가장 적절한 것은?

Former president John Quincy Adams, an enthusiastic swimmer, used to bathe naked in the Potomac before starting the day's work. The newspaperwoman Anne Royall had been trying for weeks to get an interview with the President and had always been turned away.

(A) She introduced herself and started her errand. "Let me get out and dress," pleaded the President, "and I swear you shall have your interview." Anne Royall was adamant; she wasn't moving until she had the President's comment on the questions she wished to put to him.

(B) If he attempted to get out, she would scream loud enough to reach the ears of some fishermen on the next bend. She got her interview while Adams remained decently submerged in the water.

(C) One morning she tracked him to the riverbank and after he had got into the water she stationed herself on this clothes. When Adams returned from his swim, he found a very determined lady awaiting him.

① (A)-(C)-(B)　　② (B)-(C)-(A)

③ (C)-(A)-(B)　　④ (C)-(B)-(A)

19. 다음 글의 빈칸에 들어갈 말로 가장 적절한 것은?

Communicating through language is the crowning achievement of the human species. Through human language we have transformed our planet and launched spacecraft to Pluto. Through well-chosen words a three-year-old can exclaim that she wants "the cup with the giraffe on it, not the blue cup with the elephant." Language enables us to embrace an idea, to share our feelings, to comment on our world, and to understand each other's minds. Precisely because language is so _____, we fail to realize the remarkable capabilities that we take for granted. Trying to appreciate the complexities of language is somewhat like trying to appreciate the design of your eyeglasses while you are looking through them. With your glasses on, you gain a whole new perspective on the world but glasses are so common that their true value is not fully appreciated.

① strong

② universal

③ particular

④ complicated

20. 다음 글의 흐름상 어색한 문장은?

The earth is a planet full of life. One of the reasons for this is that our sun is the kind of star that can support life on a planet. All the time the sun continues to send out a steady supply of heat and light. For our sun is a stable star. ① This means that it stays the same size. And its output of energy (heat and light) does not change much. ② However, some stars are not stable. They grow bigger and hotter and then smaller and cooler. ③ The heat and light they send out vary greatly. If our sun behaved like that, the earth would boil and freeze repeatedly. ④ Life could exist under these great changes. Even so, we are here because a steady amount of energy pours forth from our sun.

한 국 사

1. 다음 밑줄 친 '이 기구'에 대한 설명으로 옳은 것은?

> 김익희가 상소하여 말하기를, "요즘 이 기구가 큰 일이건 작은 일이건 모두 취급합니다. … 이름은 '변방을 담당하는 것'이라고 하면서 과거에 대한 판정이나 비빈 간택까지도 모두 여기서 합니다."라고 하였다.

① 정조에 의해 사실상 폐지되었다.
② 의정부와 6조 중심의 행정 체계를 더욱 강화시켰다.
③ 을묘왜변을 계기로 처음 설치된 임시 회의 기구이다.
④ 전·현직 정승, 5조 판서 등 주요 관직자가 참여하는 합좌 기관이다.

2. 다음과 같이 주장한 사람이 저술한 책으로 옳은 것은?

> 무릇 1여(閭)의 토지는 1여(閭)의 사람들로 하여금 공동으로 경작하게 하고, 내 땅 네 땅의 구분 없이 오직 여장의 명령만을 따른다. 매 사람마다의 노동량은 매일 여장이 장부에 기록한다. 가을이 되면 무릇 오곡의 수확물을 모두 여장의 집으로 보내어 그 식량을 분배한다.

① 양반전
② 목민심서
③ 동사강목
④ 성호사설

3. 다음 글을 올린 인물에 대한 설명으로 옳은 것은?

> 적신 이의민은 성품이 사납고 잔인하여 윗사람을 업신여기고 아랫사람을 능멸하였고, 임금 자리를 흔들기를 꾀하여 화의 불길이 커져 백성이 살 수 없으므로 신 등이 일거에 소탕하였습니다. 원컨대 폐하께서는 새로운 정치를 도모하시어 태조의 바른 법을 좋아 행하여 중흥하소서.

① 지눌의 신앙 결사 운동을 후원하였다.
② 대몽항쟁을 위하여 강화도로 천도하였다.
③ 인사 행정을 담당하는 정방을 설치하였다.
④ 원의 일본 원정에 군대와 물자를 제공하였다.

4. 다음 중 신라 하대의 정치 상황으로 옳은 것은?
① 처음으로 백성에게 정전을 지급하였다.
② 경주에 동시와 감독 관청인 동시전을 설치하였다.
③ 장보고는 청해진을 설치하여 해상무역권을 장악하였다.
④ 녹읍을 폐지하고 문무 관리에게 관료전을 지급하였다.

5. 밑줄 친 '이 시대'의 유적지로 옳은 것은?

> 이 시대의 사람들은 짐승의 뼈로 만든 도구나 돌을 깨뜨려 만든 뗀석기를 사용하였다. 초기에는 찍개, 주먹도끼 등 한 개의 석기를 여러 용도로 사용하다가 점차 긁개, 밀개 등의 석기를 만들었다.

① 공주 석장리
② 부산 동삼동
③ 부여 송국리
④ 의주 미송리

6. 다음 (가) 인물이 살았던 시대의 정치 기구로 옳은 것은?

> (가)는/은 나이 20세가 되면 비로소 토지를 받고 60세가 되면 다시 바쳤는데 이 때 자손이나 친척이 있는 자는 그들로써 전정(田丁)을 교체하고 없는 자는 감문위(監門衛)에 소속시켜 70세가 된 이후로는 구분전(口分田)을 주고 나머지 토지는 국가에서 거두어들였다.

① 집사부
② 주자감
③ 홍문관
④ 중서문하성

7. 다음 (가), (나) 시기에 있었던 일로 옳은 것은?

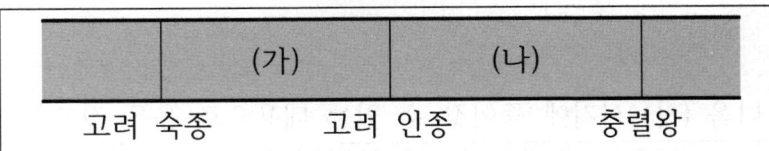

	(가)	(나)	
고려 숙종	고려 인종		충렬왕

① (가) - 과거제도를 도입하였다.
② (가) - 경정 전시과를 제정하였다.
③ (나) - 처인성에서 김윤후가 적장 살리타를 사살하였다.
④ (나) - 강동 6주를 얻어 압록강 유역까지 국경을 넓혔다.

8. 백제의 발전 과정에서 (가)와 (나) 사이에 들어갈 사실로 옳지 않은 것은?

> (가) 고구려의 공격을 받아 백제의 수도 한성이 함락되었다.
> (나) 백제와 신라가 연합하여 고구려를 공격함에 따라 백제는 한강 하류의 6군을 회복할 수 있었다.

① 웅진으로 천도하였다.
② 지방에 담로를 설치하였다.
③ 신라와 혼인 동맹을 맺었다.
④ 신라의 대야성을 함락하였다.

9. 다음 표의 ㉠~㉣ 시기에 있었던 역사적 사실에 대한 설명으로 옳은 것은?

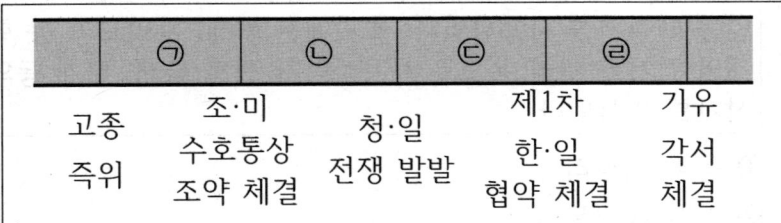

	㉠	㉡	㉢	㉣	
고종 즉위	조·미 수호통상 조약 체결	청·일 전쟁 발발	제1차 한·일 협약 체결	기유 각서 체결	

① ㉠ - 급진 개화파들이 정변을 일으켰다.

② ㉡ - 고종은 국호를 대한제국, 연호를 광무라 정하고 황제로 즉위하였다.

③ ㉢ - 동학 농민군은 정부와 전주화약을 체결하였다.

④ ㉣ - 허위 등 의병들이 서울 진공 작전을 시도하였다.

10. 다음 자료와 관련된 정책의 내용으로 옳은 것은?

> 백성들이 2필의 응역(應役)에 괴로워하였기 때문에 …그 폐단을 줄이려 하였으나 오래도록 결말이 나지 않았다. 이에 1필을 감하고 … 예부터 민역(民役)을 줄이는 방도는 경비를 절약하여 백성을 넉넉하게 해주는 것보다 나은 방도가 없는 것이다.

① 이원익의 건의로 실시되었다.

② 경기도에서 시범적으로 시행하였다.

③ 토지 1결당 미곡 2두를 부담시켰다.

④ 풍흉에 관계없이 전세를 고정시켰다.

11. 다음 (가) 시기에 들어갈 수 있는 내용으로 옳은 것은?

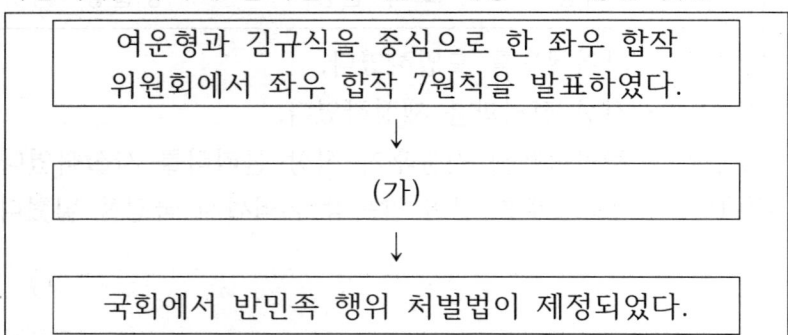

여운형과 김규식을 중심으로 한 좌우 합작 위원회에서 좌우 합작 7원칙을 발표하였다.
↓
(가)
↓
국회에서 반민족 행위 처벌법이 제정되었다.

① 김구, 김규식 등이 남북 협상을 위해 북한을 방문하였다.

② 모스크바 3국 외상 회의가 열려 한국 문제를 논의하였다.

③ 이승만이 정읍에서 남한만의 단독정부 수립을 주장하였다.

④ 애치슨이 태평양 방위선에서 한반도를 제외시킨다고 선언하였다.

12. 다음 중 1910년대에 일어난 역사적 사실을 바르게 묶은 것은?

> ㉠ 회사령 제정
> ㉡ 치안유지법 제정
> ㉢ 동양척식 주식회사 설립
> ㉣ 대한 광복군 정부의 수립

① ㉠, ㉡

② ㉠, ㉣

③ ㉡, ㉢

④ ㉢, ㉣

13. 다음 역사적 사실들을 시기 순으로 바르게 나열한 것은?

> ㉠ 이종무 등이 대마도를 정벌하였다.
> ㉡ 원각사 안에 10층탑을 건립하였다.
> ㉢ 집현전을 계승하여 홍문관을 설치하였다.
> ㉣ 도첩제를 실시하여 승려의 수를 제한하였다.

① ㉠ - ㉡ - ㉢ - ㉣

② ㉠ - ㉡ - ㉣ - ㉢

③ ㉣ - ㉠ - ㉡ - ㉢

④ ㉣ - ㉠ - ㉢ - ㉡

14. 다음 제도를 실시한 국왕 때의 일로 옳은 것은?

> 의정부에서 아뢰는 것은 오직 사형수를 논결하는 일뿐이다. 그러므로 옛날에 재상에게 위임하던 뜻과 어긋난다. … 의정부는 가부를 의논하여 왕에게 아뢴 뒤에 왕의 분부를 받아 6조에 내려 보내어 시행하게 한다.

① 한양으로 천도하였다.

② '경국대전'을 반포하였다.

③ 쓰시마 섬을 정벌하였다.

④ 집현전과 경연을 폐지하였다.

15. 다음 1894년에 전개된 역사적 사실들을 순서대로 바르게 나열한 것은?

> ㉠ 정부는 개혁을 위해 군국기무처를 설치하였다.
> ㉡ 농민군은 공주 우금치에서 관군, 일본군과 싸웠다.
> ㉢ 농민군은 황룡촌에서 홍계훈이 이끄는 경군을 격파하였다.
> ㉣ 일본은 군대를 동원하여 경복궁을 기습적으로 점령하였다.

① ㉠-㉢-㉣-㉡

② ㉢-㉣-㉠-㉡

③ ㉢-㉣-㉡-㉠

④ ㉣-㉢-㉡-㉠

16. 다음 자료에 나타난 시기의 경제 상황에 대한 설명으로 옳지 못한 것은?

> 한명회 등이 아뢰기를, "직전의 세(稅)는 관(官)에서 거두어 관에서 주면 이런 폐단이 없을 것입니다. …"라고 하였다. 전지하기를, "직전의 세는 소재지의 관리로 하여금 감독하여 거두어 주게 하라" 하였다.

① 육의전을 제외한 금난전권이 철폐되었다.
② 목화 재배가 확대되어 의생활이 개선되었다.
③ 시비법의 발달로 휴경지가 점차 소멸하였다.
④ 밭농사에서 조, 보리, 콩의 2년 3작이 널리 행해졌다.

17. 다음 조약에 관한 설명으로 옳은 것은?

> 제1관 조선국은 자주국으로 일본국과 평등한 권리를 갖는다.
> 제2관 15개월 후부터 수시로 사신을 파견한다.

① 군산과 마산까지 개항하게 되었다.
② 운요호 사건을 계기로 체결되었다.
③ 일본공사관 경비를 위해 일본군 주둔을 허용하였다.
④ 최혜국 대우와 무관세 조항이 포함된 불평등한 조약이었다.

18. 빈칸에 들어갈 국왕의 업적으로 옳은 것은?

> 태조가 죽은 후 기반이 약했던 혜종이 왕위에 오르자 외척 세력 사이에 왕위 다툼이 벌어졌다. 왕권의 안정은 4대 국왕인 ○○이/가 즉위한 이후 이루어졌다. ○○는/은 26년 동안 왕위에 있으면서 왕권 강화를 위해 여러 정책을 추진하였다.

① 제위보를 설치하였다.
② 평양을 서경으로 삼았다.
③ 2성 6부제를 수립하였다.
④ 장학 재단인 광학보를 설치하였다.

19. 다음 인물에 대한 설명으로 옳지 않은 것은?

> 이제 우리는 무기 휴회한 미소 공동 위원회가 재개될 기색도 보이지 않으며, 통일 정부를 고대하나 여의케 되지 않으니, 우리는 남방만이라도 임시 정부 혹은 위원회 같은 것을 조직하여 … 여러분도 결심하여야 할것이다.

① 임시정부의 대통령으로 활동하였다.
② 만민 공동회에서 연사로 참여하였다.
③ 미국에서 대한인 국민회를 조직하였다.
④ 국민 대표 회의에서 창조파로 활동하였다.

20. 다음 근대 서구 문물이 도입된 시기 순으로 바르게 나열한 것은?

> ㉠ 한성순보를 창간하였다.
> ㉡ 육영공원이 설립되었다.
> ㉢ 영은문을 허물고 독립문이 건립되었다.
> ㉣ 제물포와 노량진 사이에 철도가 완공되었다.

① ㉠-㉡-㉢-㉣
② ㉠-㉡-㉣-㉢
③ ㉠-㉣-㉡-㉢
④ ㉣-㉠-㉢-㉡

행정법총론

1. 행정행위의 취소와 철회에 대한 설명으로 옳은 것은?

① 행정청은 적법한 처분이 중대한 공익을 위하여 필요한 경우에는 그 처분을 소급하여 철회할 수 있다.

② 행정처분을 한 처분청은 그 처분에 하자가 있는 경우에는 원칙적으로 별도의 법적 근거가 없더라도 스스로 이를 직권으로 취소할 수 있고, 이러한 경우 이해관계인에게는 처분청에 대하여 그 취소를 요구할 신청권이 부여된 것으로 볼 수 있다.

③ 흠 있는 부분에 해당하는 점용료를 감액하는 처분은 당초 처분 자체를 일부 취소하는 변경처분에 해당하고, 이러한 변경처분은 변경처분 자체가 신뢰보호 원칙에 반한다는 등의 특별한 사정이 없는 한 점용료 부과처분에 대한 취소소송이 제기된 이후에도 허용될 수 있다.

④ 과세관청은 과세처분의 취소를 다시 취소함으로써 이미 효력을 상실한 과세처분을 소생시킬 수 있다.

2. 행정절차에 대한 설명으로 옳지 않은 것은?

① 행정청이 문서로 처분을 한 경우 원칙적으로 처분서의 문언에 따라 어떤 처분을 하였는지 확정하여야 하나, 처분서의 문언만으로는 행정청이 어떤 처분을 하였는지 불분명한 경우에는 처분 경위와 목적, 처분 이후 상대방의 태도 등 여러 사정을 고려하여 처분서의 문언과 달리 처분의 내용을 해석할 수 있다.

② 법령등에서 요구된 자격이 없거나 없어지게 되면 반드시 일정한 처분을 하여야 하는 경우에 그 자격이 없거나 없어지게 된 사실이 법원의 재판 등에 의하여 객관적으로 증명된 경우 행정청은 당사자에게 처분의 근거와 이유를 제시하지 않을 수 있다.

③ 행정청이 청문을 실시하고자 하는 경우에 처분의 사전통지를 청문이 시작되는 날부터 10일 전까지 당사자등에게 하여야 한다.

④ 육군3사관학교의 사관생도에 대한 징계절차에서 징계심의대상자가 대리인으로 선임한 변호사가 징계위원회 심의에 출석하여 진술하려고 하였음에도, 징계권자나 그 소속 직원이 변호사가 징계위원회의 심의에 출석하는 것을 막은 후 내린 징계위원회의 징계의결에 따른 징계처분은 특별한 사정이 없는 한 위법하여 원칙적으로 취소되어야 한다.

3. 행정계획에 대한 설명으로 옳은 것은?

① '4대강 살리기 마스터플랜'은 4대강 정비사업 지역 인근에 거주하는 주민의 권리·의무에 직접 영향을 미치는 것이어서 행정처분에 해당한다.

② 구 「도시계획법」상 행정청이 정당하게 도시계획결정의 처분을 하였다고 하더라도 이를 관보에 게재하여 고시하지 아니한 이상 대외적으로는 아무런 효력이 발생하지 않는다.

③ 문화재보호구역 내에 있는 토지를 소유한 것에 불과한 자로서는 위 보호구역의 지정해제를 요구할 수 있는 법규상 또는 조리상의 신청권이 없다.

④ 도시계획시설결정의 장기미집행으로 인해 재산권이 침해된 경우, 도시계획시설결정의 실효를 주장할 수 있고, 이는 헌법상 재산권으로부터 당연히 직접 도출되는 권리이다.

4. 취소소송의 피고적격에 대한 설명으로 옳지 않은 것은?

① 피고적격을 갖는 '행정청'이라 함은 국가 또는 공공단체의 기관으로서 국가나 공공단체의 의견을 결정하여 외부에 표시할 수 있는 권한, 즉 처분권한을 가진 기관을 말하고, 대외적으로 의사를 표시할 수 있는 기관이 아닌 내부기관은 실질적인 의사가 그 기관에 의하여 결정되더라도 피고적격을 갖지 못한다.

② 처분등이 있은 뒤에 그 처분등에 관계되는 권한이 다른 행정청에 승계된 때에는 이를 승계한 행정청을 피고로 한다.

③ 에스에이치공사가 택지개발사업 시행자인 서울특별시장으로부터 이주대책 수립권한을 포함한 택지개발사업에 따른 권한을 위임 또는 위탁받은 경우, 에스에이치공사 명의로 이루어진 이주대책에 관한 처분에 대한 취소소송의 피고는 에스에이치공사이다.

④ 행정처분을 행할 적법한 권한 있는 상급행정청으로부터 내부위임을 받은 데 불과한 하급행정청이 권한 없이 행정처분을 한 경우에는 그 처분을 행할 적법한 권한 있는 상급행정청을 피고로 하여야 한다.

5. 행정벌에 대한 설명으로 옳지 않은 것은?

① 과태료재판의 경우, 법원은 당사자가 주장하지 아니한 사실에 대하여는 판단할 수 없다.

② 고의 또는 과실이 없는 질서위반행위는 과태료를 부과하지 아니한다.

③ 통고처분은 상대방의 임의의 승복을 그 발효요건으로 하기 때문에 그 자체만으로는 통고이행을 강제하거나 상대방에게 아무런 권리·의무를 형성하지 않으므로 행정심판이나 행정소송의 대상으로서의 처분성을 인정할 수 없다.

④ 「관세법」상 통고처분을 할 것인지의 여부는 관세청장 또는 세관장의 재량에 맡겨져 있고, 따라서 관세청장 또는 세관장이 관세법에 대하여 통고처분을 하지 아니한 채 고발하였다는 것만으로는 그 고발 및 이에 기한 공소의 제기가 부적법하게 되는 것은 아니다.

6. 제재처분에 대한 설명으로 옳지 않은 것은?
   ① 효력기간이 정해져 있는 제재적 행정처분의 효력이 발생한 이후에는 행정청은 특별한 사정이 없는 한 상대방에 대한 별도의 처분으로써 효력기간의 시기와 종기를 다시 정할 수 없다.
   ② 영업소 폐쇄와 정지를 갈음하는 과징금 부과처분은 「행정기본법」상 제척기간이 적용되는 제재처분에 해당한다.
   ③ 행정법규 위반에 대하여 가하는 제재조치는 반드시 현실적인 행위자가 아니라도 법령상 책임자로 규정된 자에게 부과되고 특별한 사정이 없는 한 위반자에게 고의나 과실이 없더라도 부과할 수 있다.
   ④ 「행정기본법」상 제재처분이란 법령등에 따른 의무를 위반하거나 이행하지 아니하였음을 이유로 당사자에게 의무를 부과하거나 권익을 제한하는 처분을 말하며, 다만, 행정상 강제는 제외된다.

7. 공법관계와 사법관계에 대한 설명으로 옳은 것은?
   ① 「수도법」에 의하여 지방자치단체인 수도사업자가 수도물의 공급을 받는 자에 대하여 하는 수도료의 부과·징수와 이에 따른 수도료의 납부관계는 공법상의 권리의무관계라 할 것이므로 이에 관한 소송은 행정소송절차에 의하여야 한다.
   ② 법무사가 사무원을 채용할 때 소속 지방법무사회로부터 승인을 받아야 할 의무는 사법상 의무이다.
   ③ 재개발조합과 조합장 또는 조합임원 사이의 선임·해임 등을 둘러싼 법률관계는 공법상의 법률관계로서 그 조합장 또는 조합임원의 지위를 다투는 소송은 당사자소송에 의하여야 한다.
   ④ 기부자가 기부채납한 부동산을 일정기간 무상 사용한 후에 한 사용허가기간 연장신청을 거부한 지방자치단체의 장의 행위는 항고소송의 대상이 된다.

8. 「공익사업을 위한 토지 등의 취득 및 보상에 관한 법률」에 대한 설명으로 옳지 않은 것은?
   ① 사업시행자의 이주대책 수립·실시의무를 정하고 있는 「공익사업을 위한 토지 등의 취득 및 보상에 관한 법률」 규정은 당사자의 합의 또는 사업시행자의 재량에 의하여 적용을 배제할 수 없는 강행법규이다.
   ② 이주대책의 실시 여부는 입법자의 입법정책적 재량의 영역에 속하므로 「공익사업을 위한 토지 등의 취득 및 보상에 관한 법률 시행령」이 이주대책의 대상자에서 세입자를 제외하고 있는 것이 세입자의 재산권을 침해하는 것이라 볼 수 없다.
   ③ 동일한 소유자에게 속하는 일단의 토지의 일부가 협의에 의하여 매수되거나 수용됨으로 인하여 잔여지를 종래의 목적에 사용하는 것이 현저히 곤란할 때에는 해당 토지소유자는 사업시행자에게 잔여지를 매수하여 줄 것을 청구할 수 있으며, 사업인정 이후에는 관할 토지수용위원회에 수용을 청구할 수 있고, 이 경우 수용의 청구는 매수에 관한 협의가 성립되지 아니한 경우에만 할 수 있으며 사업완료일까지 하여야 한다.
   ④ 사업시행자가 동일한 토지소유자에 속하는 일단의 토지 일부를 취득함으로써 잔여지의 가격이 감소하거나 그 밖의 손실이 있을 때에 잔여지를 종래의 목적으로 사용할 수 있는 경우라면 잔여지 손실보상의 대상이 되지 못한다.

9. 법치행정의 원리에 대한 설명으로 옳지 않은 것은?
   ① 텔레비전방송수신료는 대다수 국민의 재산권 보장의 측면이나 한국방송공사에게 보장된 방송자유의 측면에서 국민의 기본권실현에 관련된 영역에 속하고, 수신료금액의 결정은 납부의무자의 범위 등과 함께 수신료에 관한 본질적인 중요한 사항이므로 국회가 스스로 행하여야 하는 사항에 속한다.
   ② 법률유보의 원칙에서 요구되는 법적 근거는 작용법적 근거를 의미한다.
   ③ 국가공무원인 교원의 보수에 관한 구체적인 내용(보수 체계, 보수 내용, 지급 방법 등)은 반드시 법률의 형식으로만 정해야 하는 '기본적인 사항'에 해당하므로, 이를 행정부의 하위법령에 위임하는 것은 의회유보의 원칙에 위배되어 허용되지 아니한다.
   ④ 자격이나 신분 등을 취득 또는 부여할 수 없거나 인가, 허가, 지정, 승인, 영업등록, 신고 수리 등을 필요로 하는 영업 또는 사업 등을 할 수 없는 사유는 법률로 정하여야 한다.

10. 「행정소송법」상 처분에 대한 설명으로 옳은 것은?
    ① 지방자치단체의 장이 민간투자사업을 추진하는 과정에서 사업시행자를 지정하기 위한 전 단계에서 공모제안을 받아 일정한 심사를 거쳐 우선협상대상자를 선정하는 행위는 항고소송의 대상이 되는 행정처분에 해당하지 않는다.
    ② 「사회기반시설에 대한 민간투자법」상 민간투자사업의 사업시행자 지정은 공법상 계약을 체결한 것에 해당한다.
    ③ 후행처분이 선행처분의 내용 중 일부만을 소폭 변경하는 정도에 불과한 경우에는 선행처분은 소멸하는 것이 아니라 후행처분에 의하여 변경되지 아니한 범위 내에서는 그대로 존속한다.
    ④ 증액경정처분이 있는 경우, 당초처분은 증액경정처분에 흡수되어 소멸하고, 소멸한 당초처분의 절차적 하자는 존속하는 증액경정처분에 승계된다.

11. 정비사업에 대한 설명으로 옳지 않은 것은?
    ① 주택재개발정비사업조합이 수립한 사업시행계획에 하자가 있음에도 불구하고 관할 행정청이 해당 사업시행계획에 대한 인가처분을 하였다면, 그 인가처분에는 고유한 하자가 없더라도 사업시행계획의 무효를 주장하면서 곧바로 그에 대한 인가처분의 무효확인이나 취소를 구하여야 한다.
    ② 「도시 및 주거환경정비법」상 조합설립추진위원회 구성승인처분은 조합의 설립을 위한 주체인 추진위원회의 구성행위를 보충하여 그 효력을 부여하는 처분이다.
    ③ 「도시 및 주거환경정비법」상 조합설립추진위원회 구성승인처분을 다투는 소송 계속 중에 조합설립인가처분이 이루어졌다면 조합설립추진위원회 구성승인처분의 취소를 구할 법률상 이익은 없다.
    ④ 재건축정비사업조합이 「도시 및 주거환경정비법」에 기초하여 수립한 사업시행계획은 인가·고시를 통해 확정되면 이해관계인에 대한 구속적 행정계획으로서 독립된 행정처분에 해당한다.

12. 「개인정보 보호법」에 대한 설명으로 옳지 않은 것은?
① 개인정보처리자의 「개인정보 보호법」 위반행위로 손해를 입은 정보주체는 개인정보처리자에게 손해배상을 청구할 수 있고, 그 개인정보처리자는 고의 또는 과실이 없음을 입증하지 않으면 책임을 면할 수 없다.
② 정보주체가 개인정보처리자의 「개인정보 보호법」 위반행위로 입은 손해에 대해 그 배상을 청구하는 경우, 개인정보처리자는 「개인정보 보호법」을 위반한 행위를 하지 않았다는 사실을 입증하지 않으면 책임을 면할 수 없다.
③ 단체소송을 허가하거나 불허가하는 결정에 대하여는 즉시항고할 수 있다.
④ 개인정보처리자는 보유기간의 경과, 개인정보의 처리 목적 달성, 가명정보의 처리 기간 경과 등 그 개인정보가 불필요하게 되었을 때에는, 다른 법령에 따라 보존하여야 하는 경우를 제외하고는 지체 없이 그 개인정보를 파기하여야 한다.

13. 국가배상에 대한 설명으로 옳은 것은?
① 「국가배상법」상 '공무원'이라 함은 널리 공무를 위탁받아 실질적으로 공무에 종사하고 있는 일체의 자를 가리키는 것이나, 그 공무의 위탁이 일시적이고 한정적인 사항에 관한 활동을 위한 것은 포함되지 않는다.
② 헌법재판소 재판관의 위법한 직무집행의 결과 잘못된 각하결정을 함으로써 청구인으로 하여금 본안판단을 받을 기회를 상실하게 한 이상, 설령 본안판단을 하였더라도 어차피 청구가 기각되었을 것이라는 사정이 있다고 하더라도 국가배상책임이 인정된다.
③ 공무원의 직무집행이 법령이 정한 요건과 절차에 따라 이루어진 것이라면 특별한 사정이 없는 한 공무원의 행위는 법령에 적합한 것이나, 그 과정에서 개인의 권리가 침해된 경우에는 법령적합성이 곧바로 부정된다.
④ 경과실로 불법행위를 한 공무원이 피해자에게 손해를 배상하였다면 이는 타인의 채무를 변제한 경우에 해당하므로 피해자는 공무원에게 이를 반환할 의무가 있다.

14. 행정행위의 효력에 대한 설명으로 옳지 않은 것은?
① 연령미달의 결격자가 다른 사람 이름으로 교부받은 운전면허는 당연무효가 아니고 취소되지 않는 한 유효하므로 그 연령미달 결격자의 운전행위는 무면허운전에 해당하지 아니한다.
② 자동차 운전면허 취소처분을 받은 사람이 자동차를 운전한 경우, 이후 운전면허 취소처분의 원인이 된 교통사고 등에 대하여 무죄판결이 확정되었다 하더라도 그 취소처분이 취소되지 않은 이상 「도로교통법」에 규정된 무면허운전의 죄로 처벌할 수 있다.
③ 과세처분의 하자가 단지 취소할 수 있는 정도에 불과할 때에는 과세관청이 이를 스스로 취소하거나 항고쟁송절차에 의하여 취소되지 않는 한, 그로 인한 조세의 납부가 부당이득이 된다고 할 수 없다.
④ 불가쟁력이 발생한 행정행위로 손해를 입은 국민은 국가배상청구를 할 수 있다.

15. 행정심판에 대한 설명으로 옳지 않은 것은?
① 행정심판 재결의 내용이 행정심판위원회가 처분청의 처분을 취소하는 것일 때에는 그 재결의 형성력에 의하여 당해 처분은 별도의 행정처분을 기다릴 것 없이 당연히 취소되어 소멸된다.
② 위원회는 심판청구의 대상이 되는 처분보다 청구인에게 불리한 재결을 하지 못한다.
③ 청구인이 피청구인을 잘못 지정한 경우에는 위원회는 직권으로 또는 당사자의 신청에 의하여 결정으로써 피청구인을 경정할 수 있다.
④ 행정심판위원회는 당사자의 권리 및 권한의 범위에서 직권으로 심판청구의 신속하고 공정한 해결을 위하여 조정을 할 수 있지만, 그 조정이 공공복리에 적합하지 아니하거나 해당 처분의 성질에 반하는 경우에는 그러하지 아니하다.

16. 행정상 강제에 대한 설명으로 옳지 않은 것은?
① 국유 일반재산의 대부료 등의 징수에 관하여는 「국세징수법」상 체납처분에 관한 규정을 준용한 간이하고 경제적인 특별구제절차가 마련되어 있으므로, 특별한 사정이 없는 한 민사소송의 방법으로 대부료 등의 지급을 구하는 것은 허용되지 아니한다.
② 행정청은 개별사건에 있어서 위반내용, 위반자의 시정의지 등을 감안하여 대집행과 이행강제금을 선택적으로 활용할 수 있으며, 이처럼 그 합리적인 재량에 의해 선택하여 활용하는 이상 중첩적인 제재에 해당한다고 볼 수 없다.
③ 즉시강제는 다른 수단으로는 행정목적을 달성할 수 없는 경우에만 허용되며, 이 경우에도 최소한으로만 실시하여야 한다.
④ 당사자는 대집행 계고처분이 행정심판, 행정소송 및 그 밖의 쟁송을 통하여 다툴 수 없게 된 경우(법원의 확정판결이 있는 경우는 제외한다)라도 그 처분의 근거가 된 사실관계 또는 법률관계가 추후에 당사자에게 유리하게 바뀐 경우에는 「행정기본법」에 따라 해당 처분을 한 행정청에 처분을 취소·철회하거나 변경하여 줄 것을 신청할 수 있다.

17. 정보공개에 대한 설명으로 옳은 것은?
① 도시공원위원회의 회의관련자료 및 회의록은 시장 등의 결정의 대외적 공표행위가 있은 후에는 이를 의사결정과정이나 내부검토과정에 있는 사항이라고 할 수 없고 위위원회의 회의관련자료 및 회의록을 공개하더라도 업무의 공정한 수행에 지장을 초래할 염려가 없으므로 공개대상이 된다.
② 직무를 수행한 공무원의 성명과 직위는 공개될 경우 개인의 사생활의 비밀 또는 자유를 침해할 우려가 있다면 비공개대상정보에 해당한다.
③ 사법시험 제2차 시험의 답안지는 비공개정보에 해당한다.
④ 학교환경위생구역 내 금지행위 해제결정에 관한 학교환경위생정화위원회의 회의록에 기재된 발언내용에 대한 해당 발언자의 인적사항 부분에 관한 정보는 비공개대상에 해당하지 아니한다.

18. 사인의 공법행위에 대한 설명으로 옳은 것은?
① 「장사 등에 관한 법률」상 납골당설치 신고는 수리를 요하지 않는 자기완결적 신고에 해당하므로, 형식적 요건을 갖춘 신고서가 접수기관에 도달한 때 곧바로 효력이 발생한다.
② 장기요양기관의 폐업신고 자체가 효력이 없음에도 행정청이 이를 수리한 경우, 그 수리행위가 당연무효로 되는 것은 아니다.
③ 신청에 있어서 보완의 대상이 되는 흠은 보완이 가능한 경우이어야 함은 물론이고, 그 내용 또한 형식적·절차적인 요건이거나, 실질적인 요건에 관한 흠이 있는 경우라도 그것이 민원인의 단순한 착오나 일시적인 사정 등에 기한 경우 등이라야 한다.
④ 「민법」 제107조 제1항 단서의 비진의 의사표시의 무효에 관한 규정은 그 성질상 사인의 공법행위에 적용될 수 있다.

19. 행정행위의 하자에 대한 설명으로 옳지 않은 것은?
① 구 「학교보건법」상 학교환경위생정화구역에서의 금지행위 및 시설의 해제 여부에 관한 행정처분을 하면서 학교환경위생정화위원회의 심의를 누락한 흠은 행정처분을 위법하게 하는 취소사유가 된다.
② 적법한 건축물에 대한 철거명령은 그 하자가 중대하고 명백하여 당연무효이고, 그 후행행위인 건축물철거 대집행 계고처분 역시 당연무효이다.
③ 헌법재판소의 위헌결정의 효력은 위헌제청신청은 아니하였지만 당해 법률 또는 법률의 조항이 재판의 전제가 되어 법원에 계속 중인 사건에도 미친다.
④ 행정처분에 있어 여러 개의 처분사유 중 일부가 적법하지 않으면 다른 처분사유로써 그 처분의 정당성이 인정된다고 하더라도, 그 처분은 위법하게 된다.

20. 행정소송에 대한 설명으로 옳지 않은 것은?
① 「행정소송법」상 행정청이 일정한 처분을 하지 못하도록 그 부작위를 구하는 청구는 허용되지 않는 부적법한 소송이다.
② 처분청이 처분 당시 적시한 구체적 사실을 변경하지 아니하는 범위 내에서 단지 처분의 근거 법령만을 추가·변경하는 경우에 법원은 처분청이 처분 당시 적시한 구체적 사실에 대하여 처분 후 추가·변경한 법령을 적용하여 처분의 적법 여부를 판단할 수 있다.
③ 부당해고 구제신청에 관한 중앙노동위원회의 결정에 대하여 취소소송을 제기하는 경우, 법원은 중앙노동위원회의 결정 후에 생긴 사유를 들어 그 결정의 적법 여부를 판단할 수 있다.
④ 무효확인소송에서 '무효확인을 구할 법률상 이익'이 있는지를 판단할 때, 행정처분의 무효를 전제로 한 이행소송 등과 같은 직접적인 구제수단이 있는지를 먼저 따질 필요는 없다.

행정학개론

1. 정책결정모형에 대한 설명으로 가장 적절하지 않은 것은?
  ① 합리모형은 부분적 최적화가 아닌 전체적 최적화를 위해 체계적·포괄적 대안탐색과 분석을 실시하여 포괄적인 가치변화를 추구한다.
  ② 점증모형은 정책의 목표와 수단이 뚜렷하게 구분되지 않으므로 목표와 수단 사이의 관계 분석에 한계가 있다.
  ③ 사이버네틱스모형은 결과예측 후 합리적 대안을 선택하는 '인과적 학습'이 아니라, '도구적 학습'에 의존한다.
  ④ 혼합주사모형에서 점증적 결정이란 나무보다는 숲을 개괄적으로 파악하는 유형의 결정을 말한다.

2. 「지방자치법」상 지방자치단체의 관할구역 변경 등에 대한 설명으로 옳지 않은 것은?
  ① 지방자치단체의 명칭과 구역을 바꾸거나 지방자치단체를 폐지하거나 설치하거나 나누거나 합칠 때에는 법률로 정한다.
  ② 지방자치단체의 구역변경 중 관할구역 경계변경과 지방자치단체의 한자 명칭의 변경은 대통령령으로 정한다.
  ③ 관할구역 경계변경을 할 때 행정안전부장관은 '경계변경자율협의체'의 의견을 반영하여 경계변경에 관한 대통령령안을 입안한다.
  ④ 지방자치단체의 구역을 변경할 때(경계변경을 포함)에는 관계 지방의회의 의견을 들어야 한다. 다만, 주민투표를 한 경우에는 그러하지 아니하다.

3. 덴하트(Denhardt)의 신공공서비스론에 대한 설명으로 옳은 것은?
  ① 민간 및 비영리기구를 활용하여 정책목표를 달성할 기제와 유인체제를 창출하고자 한다.
  ② 예산지출 위주가 아닌 수입 확보 위주의 정부 운영 방식을 활성화하고자 한다.
  ③ 기대되는 조직구조는 조직 내 주요 통제권이 유보된 분권화된 조직이다.
  ④ 관료에게 폭넓은 재량권보다는 재량이 필요하지만 제약과 책임이 수반되어야 한다고 본다.

4. 변혁적 리더십에 대한 설명으로 옳지 않은 것은?
  ① 인본주의, 평화, 정의 등 포괄적이고 높은 수준의 도덕적 가치와 이상에 호소하여 부하들의 욕구수준을 상위수준으로 끌어올린다.
  ② 카리스마적 리더십을 기반으로 하며, 부하의 과업을 정확히 이해하고 행동지침을 명료하게 제시한다.
  ③ 부하들의 개인적 욕구에 세심한 관심을 보이고 후원적인 업무환경을 조성해 나간다.
  ④ 리더와 부하들의 강력한 감정의 결속을 통해 부하들이 강한 충성과 존경을 가지고 리더의 비전을 수행케 한다.

5. 우리나라 공무원의 내부임용에 대한 설명으로 옳지 않은 것은?
  ① 전직은 등급은 동일하나 직렬을 달리하는 직위로의 이동으로 원칙적으로 시험을 거쳐야 한다.
  ② 전보는 동일한 직급 내에서의 보직변경으로 전보의 오남용을 방지하기 위해 필수보직기간제도를 두고 있다.
  ③ 임용권자는 직제 또는 정원의 변경이나 예산의 감소 등으로 직위가 폐직되거나 하위의 직위로 변경되어 과원이 된 경우에 본인의 동의를 얻어 강임할 수 있다.
  ④ 겸임은 한 사람에게 둘 이상의 직위를 부여하는 것으로 겸임 기간은 2년 이내로 하고 특히 필요한 경우 2년의 범위에서 연장할 수 있다.

6. 정책의제설정에 대한 설명 중 옳지 않은 것을 모두 고르면?

> ㉠ 포자모형은 정책문제 자체의 성격보다는 정책문제가 제기되어 정의되는 환경이 정책의제설정에 중요하다고 보았다.
> ㉡ 크렌슨(Crenson)은 이익은 분산되고 비용은 집중되는 전체적인 문제의 경우 정부의제화가 용이하다고 보았다.
> ㉢ 관련 집단들에 의해 예민하게 쟁점화된 사회문제나 문제 자체가 매우 복잡하여 해결책을 선택하기 곤란한 사회문제는 정부의제화가 곤란하다.

  ① ㉠, ㉡, ㉢
  ② ㉠, ㉢
  ③ ㉡, ㉢
  ④ ㉢

7. 타당성조사와 예비타당성조사에 대한 설명으로 옳지 않은 것은?
  ① 타당성조사는 장기적으로 수행된다면, 예비타당성조사는 단기적으로 수행된다.
  ② 타당성조사는 모든 사업에 수행된다면, 예비타당성조사는 대형신규사업에 대해서만 수행된다.
  ③ 타당성조사는 기술적·경제적 타당성을 검토한다면, 예비타당성조사는 정책적·지역균형발전 타당성을 검토한다.
  ④ 타당성조사는 주무사업부가 시행한다면, 예비타당성조사는 기획예산처가 시행한다.

8. 다음 중 사회적 형평은 수직적 형평과 수평적 형평으로 구분된다. 다음 중 수직적 형평과 관련된 제도가 아닌 것은?
  ① 임용할당제
  ② 부가가치세
  ③ 응능주의
  ④ 누진세제

9. 다음 중 기계적 구조와 대비되는 유기적 구조의 특징이 아닌 것은?
   ① 넓고 모호한 직무범위를 갖는다.
   ② 분화된 채널을 특징으로 한다.
   ③ 성과측정이 용이한 과제에 적합하다.
   ④ 합법적 권위가 도전 받는다.

10. 공무원연금제도에 대한 설명으로 옳지 않은 것은?
    ① 우리나라는 인사혁신처가 관장하고, 집행은 공무원연금공단에서 한다.
    ② 영국은 우리나라와 달리 공로보상설에 입각해 있으며 비기여제로 운영되고 있다.
    ③ 미국은 우리나라와 동일하게 거치보수설에 입각해 있으며 기여제로 운영되고 있다.
    ④ 우리나라는 부과방식이 아닌 적립방식에 의해 운영되며, 부양의 원리에 입각해 있다.

11. 조합주의의 내용으로 옳지 않은 것은?
    ① 이익집단 간 경쟁과 균형
    ② 능동적 정부관
    ③ 독점적 정상이익집단
    ④ 제도적, 공식적 참여 중시

12. 예산과 법률을 비교한 다음 설명 중 옳지 않은 것은?
    ① 국회가 의결한 법률안과 예산안에 대하여 대통령은 거부권을 행사할 수 있다.
    ② 예산은 국가기관만 구속하지만, 법률은 국가기관과 국민을 모두 구속한다.
    ③ 예산은 공포 없이 효력을 발생하나 법률은 공포가 있어야 효력을 발생한다.
    ④ 예산은 제출기한에 제한이 있지만, 법률은 제출기한에 제한이 없다.

13. 공공선택론적 행정학 연구의 특징이 아닌 것은?
    ① 합리적 경제인으로서의 개인
    ② 방법론적 개체주의
    ③ 정치는 합리적 개인들 간의 자발적 교환작용
    ④ 제도적 장치의 경시

14. 다음 중 지방세의 분류가 잘못된 것은?
    ① 시·군세 - 자동차세, 담배소비세, 등록면허세
    ② 자치구세 - 등록면허세, 재산세
    ③ 도세 - 취득세, 지방소비세, 지역자원시설세
    ④ 특별시·광역시세 - 자동차세, 지방소득세, 레저세

15. 행정책임에 대한 다음 설명으로 옳지 않은 것은?
    ① 제도적 책임은 파이너(Finer)의 행정책임론과 관련되며, 자율적 책임은 대응성 개념에 입각한 행정책임이다.
    ② 행정인이 전문 직업인으로서 직업윤리와 전문적·기술적 기준에 따라서 직무를 수행해야 할 책임을 기능적 책임이라 한다.
    ③ 내부지향적이고 통제의 강도가 높은 책임성은 법적 책임성이며, 외부지향적이고 통제의 강도가 낮은 책임성은 정치적 책임성이다.
    ④ 정치행정이원론은 외재적 책임을 중시한다면, 정치행정일원론은 내재적 책임을 중시한다.

16. 다음 중 정책유형과 그 예가 잘못 연결된 것은?
    ① 재분배정책 - 자영업자에 대한 보조금 지급
    ② 분배정책 - 도로, 항만 등 SOC건설
    ③ 경쟁적 규제정책 - 항공노선 취항권 부여
    ④ 구성정책 - 정부기관 신설

17. 예산의 원칙과 그 예외에 관한 설명으로 가장 옳지 않은 것은?
    ① 예산총계주의는 모든 수입과 지출이 예산에 계상되어야 한다는 원칙이며, 수입대체경비와 예비비는 이 원칙의 예외이다.
    ② 단일성의 원칙은 국가 재정은 하나의 통합된 장부로 관리되어야 한다는 원칙이며, 특별회계와 추가경정예산은 이 원칙의 예외이다.
    ③ 한정성의 원칙은 목적 외 사용 금지, 회계연도 독립, 예산 초과 지출 금지를 포함하며, 이월과 예비비는 이 원칙의 예외이다.
    ④ 통일성의 원칙은 특정 수입과 특정 지출이 직접 연결되어서는 안 된다는 원칙이며, 목적세와 수입대체경비는 이 원칙의 예외이다.

18. 사회적 자본의 순기능이라 할 수 없는 것은?
    ① 거래비용 감소
    ② 가외적 장치의 필요성 감소
    ③ 사회적 제재력 발동
    ④ 타집단에 대한 개방성

19. 거래비용 이론에 대한 설명으로 옳지 않은 것은?

   ① 내부조직은 정보의 편재성으로 인한 문제를 줄이는 데 기여한다.

   ② 내부조직은 시장보다 기회주의적 행동을 적발할 수 있는 가능성이 더 높다.

   ③ 자산전속성(asset specificity)은 특정한 거래에 사용되는 자산의 이전가능성을 의미한다.

   ④ 다수자 교환 관계가 지배적인 상황에서는 기회주의적 행동에 의해 시장이 제 기능을 할 수 없을 가능성이 높다.

20. 계급제와 직위분류제에 대한 다음 설명 중 옳지 않은 것끼리 잘 묶인 것은?

> ㉠ 계급제는 공무원 개인 중심의 공직분류로 보수와 업무부담의 형평성 확보가 용이하다.
>
> ㉡ 직위분류제는 직무중심의 공직분류로 규모가 크고 복잡한 조직에 유용하다.
>
> ㉢ 계급제는 갈등 발생 소지가 낮고 행정상 조정과 협조가 원활하다.
>
> ㉣ 직위분류제는 특정직위와 담당 공무원이 운명을 같이 한다.

   ① ㉠, ㉢

   ② ㉠, ㉣

   ③ ㉡, ㉢

   ④ ㉢, ㉣

2026 공무원 시험대비【5월분】

주간 합격모의고사

합격을 만드는

5월

-제4회-

이 름: _____

제1과목 국어
제2과목 영어
제3과목 한국사
제4과목 행정법총론
제5과목 행정학개론

주간 모의고사 정오표

합격까지 박문각

국 어

1. <공공언어 바로 쓰기 원칙>에 따라 수정한 것으로 적절하지 않은 것은?

> < 공공언어 바로 쓰기 원칙 >
>
> ○ 다듬은 말 사용
>
> - 다듬기(국어 순화)의 의미: 지나치게 어렵거나 생소한 말을 '쉽고 바르고 고운 말'로 다듬는 것, 생소한 외래어나 외국어를 우리말로 다듬는 것.
> - 다듬기의 목적 및 효용: 국어의 쉽고 원활한 의사소통 기능 향상, 국어 문화와 민족 문화 발전, 경제적 손실 방지.

① "사업비를 조기에 집행한다."에서 '집행한다'를 '치른다'로 수정한다.

② "본 업무는 전결로 처리한다."에서 '전결'을 '결제'로 수정한다.

③ "담당자는 클라이언트와 협의한다."에서 '클라이언트'를 '의뢰인'으로 수정한다.

④ "해당 내용을 홈페이지에 업로드한다."에서 '업로드한다'를 '올린다'로 수정한다.

2. <개요>의 빈칸에 들어갈 내용으로 적절하지 않은 것은?

> <개 요>
>
> ○ 제목: 과로 사회의 직장인 번아웃 문제와 해소 방안
>
> Ⅰ. 직장인 번아웃의 실태
>   1. 만성적 직무 스트레스로 인한 신체적·정서적 고갈 현상
>   2. _____
>
> Ⅱ. 직장인 번아웃의 원인
>   1. 장시간 노동 관행 및 휴식 시간 부족
>   2. 성과 중심 조직 문화로 인한 심리적 압박 심화
>   3. 번아웃 예방을 위한 직장 내 심리 지원 체계 미흡
>
> Ⅲ. 직장인 번아웃 해소 방안
>   1. 노동 시간 단축 및 휴가 사용 활성화 제도 정비
>   2. 수평적·자율적 조직 문화 조성을 위한 기업 인식 개선
>   3. 직장 내 심리 상담 및 정신 건강 지원 프로그램 확대

① 번아웃으로 인한 직장인 이직률 증가 및 조직 생산성 저하

② 번아웃 예방을 위한 근무 환경 개선 캠페인 전국 확산 추진

③ 만성 피로 및 수면 장애 등 신체 건강 문제 확산

④ 우울·불안 등 정신 건강 악화로 인한 사회적 비용 증가

3. ㉠~㉣ 중 문맥상 어색한 곳을 수정한 것으로 가장 적절한 것은?

> 생태계에서 에너지는 먹이 사슬을 따라 한 방향으로만 흐르며, 각 영양 단계를 거칠수록 에너지의 양은 줄어든다. 생산자가 광합성을 통해 고정한 총에너지를 총생산량이라 하고, 여기서 생산자 자신의 호흡에 사용된 에너지를 제한 양을 순생산량이라 한다. 순생산량은 식물체의 생장, 번식, 그리고 ㉠ 상위 영양 단계로의 에너지 전달에 사용된다. 1차 소비자는 순생산량의 일부를 섭취하지만, 섭취한 에너지 중 동화량만이 실질적으로 이용 가능하고 나머지는 배설물로 손실된다.
>
> 각 영양 단계에서 다음 단계로 전달되는 에너지의 비율을 에너지 효율이라 하며, 일반적으로 10~20% 수준이다. 이는 각 단계에서 호흡을 통한 에너지 손실이 크기 때문이다. 따라서 먹이 사슬이 길어질수록 최종 소비자가 이용할 수 있는 에너지는 ㉡ 급격히 감소한다. 생태 피라미드는 이러한 에너지 흐름을 시각화한 것으로, 에너지 피라미드는 ㉢ 상위 단계로 갈수록 에너지 양이 증가하는 형태를 보인다. 반면 개체 수 피라미드나 생물량 피라미드는 경우에 따라 역피라미드 형태가 나타날 수 있지만, ㉣ 에너지 피라미드는 어떤 생태계에서도 역피라미드 형태가 나타나지 않는다.

① ㉠: 하위 영양 단계로의 에너지 환원에 사용된다.

② ㉡: 완만하게 유지한다.

③ ㉢: 상위 단계로 갈수록 에너지 양이 감소하는 형태

④ ㉣: 에너지 피라미드도 특정 생태계에서는 역피라미드 형태가 나타난다.

4. 다음 글의 ㉠과 ㉡에 대한 분석으로 적절한 것은?

> 주 4일 근무제는 기존의 주 5일 근무제에서 근무일을 하루 줄이는 제도로, 최근 일부 기업과 국가에서 시범 도입하며 그 효과에 대한 관심이 높아지고 있다. 우리나라에서도 일과 삶의 균형을 중시하는 문화가 확산되면서 주 4일제 도입 논의가 본격화되고 있으며, 이에 대한 찬반 의견이 나뉘고 있다. ㉠ 찬성 측은 근무일 단축이 노동자의 신체적·정신적 피로를 줄여 삶의 질을 향상시키고, 충분한 휴식을 통해 업무 집중도와 생산성이 오히려 높아질 수 있다고 주장한다. 또한 여가 시간 증가로 소비가 활성화되어 내수 경제에도 긍정적인 영향을 미칠 수 있다고 본다. ㉡ 반대 측은 주 4일제를 도입할 경우 같은 업무량을 더 짧은 시간에 처리해야 하므로 노동 강도가 높아지고, 업종과 직종에 따라 적용이 어려운 경우가 많다고 지적한다. 특히 서비스업이나 제조업 등 현장 중심 업종에서는 인력 공백이 발생할 수 있으며, 중소기업의 경우 추가 인건비 부담으로 경영 악화가 우려된다고 주장한다.

① ㉠은 주 4일제 도입 이후 노동자의 이직률이 감소했다는 근거를 반드시 제시해야 한다.

② ㉡은 주 4일제를 시범 도입한 기업에서 생산성이 하락했다는 근거를 제시해야 주장이 강화된다.

③ ㉠은 근무일 단축이 내수 경제 활성화로 이어진다는 주장을 뒷받침하기 위해 소비 증가 사례를 제시할 필요가 없다.

④ ㉡은 모든 업종에서 주 4일제 적용이 불가능하다는 근거를 제시해야 주장이 성립한다.

5. 다음 글을 이해한 내용으로 적절하지 않은 것은?

　동양 철학에서 '격물치지(格物致知)'는 성리학의 핵심 수양론 중 하나로, 사물의 이치를 끝까지 탐구함으로써 앎에 이른다는 뜻이다. 주희는 세계의 모든 사물에는 각각 고유한 이치인 '리(理)'가 내재되어 있으며, 인간은 이 리를 하나씩 탐구해 나감으로써 점차 보편적 진리에 접근할 수 있다고 보았다. 이 과정은 단번에 완성되는 것이 아니라 오랜 시간의 축적을 통해 어느 순간 전체를 꿰뚫는 깨달음에 이르는 '활연관통(豁然貫通)'으로 귀결된다고 설명하였다. 주희에게 격물치지는 도덕적 수양과 분리된 지식 탐구가 아니라, 올바른 인간이 되기 위한 실천적 과정이었다. 즉 사물의 이치를 아는 것과 도덕적으로 성장하는 것은 서로 긴밀하게 연결된 하나의 과정으로 이해된다. 이에 반해 왕양명은 주희의 격물치지 해석을 비판하며 '심즉리(心卽理)'를 주장하였다. 왕양명에 따르면 리는 외부 사물에 있는 것이 아니라 인간의 마음 안에 이미 갖추어져 있다. 따라서 진정한 앎은 외부 사물을 끝없이 탐구하는 데서 오는 것이 아니라, 마음을 바르게 하는 데서 비롯된다. 왕양명은 또한 '지행합일(知行合一)'을 강조하여, 참된 앎은 반드시 실천을 수반하며 실천 없는 앎은 진정한 앎이 아니라고 보았다. 이처럼 주희와 왕양명은 성리학이라는 동일한 사상적 토대 위에서 출발하였으나, 리의 소재와 앎의 방법에 대해 서로 다른 결론에 이르렀다.

① 주희는 사물의 이치를 탐구하는 과정이 도덕적 수양과 긴밀하게 연결된다고 보았다.

② 왕양명은 참된 앎이 외부 사물의 탐구가 아닌 마음을 바르게 하는 데서 비롯된다고 주장하였다.

③ 주희와 왕양명은 리의 소재와 앎의 방법에 대해 동일한 결론에 이르렀다.

④ 왕양명에 따르면 실천이 수반되지 않는 앎은 진정한 앎으로 볼 수 없다.

6. 다음 글에서 추론한 내용으로 적절하지 않은 것은?

　예술 작품을 해석하는 관점은 크게 작가 중심 해석과 텍스트 중심 해석으로 나뉜다. 작가 중심 해석은 작품의 의미가 작가의 의도 속에 담겨 있다고 보는 관점이다. 이 관점에서는 작가의 생애, 집필 당시의 사회적 맥락, 작가의 발언 등이 작품 해석의 핵심 근거로 활용된다. 또한 작가의 의도를 벗어난 해석은 원칙적으로 올바른 해석으로 인정받기 어렵다고 본다. 반면 텍스트 중심 해석은 작품이 일단 창작된 이후에는 작가의 의도와 무관하게 텍스트 자체가 독립적인 의미를 가진다고 주장한다. 이 관점에서 독자는 단순한 수용자가 아니라 의미를 능동적으로 구성하는 주체로 간주되며, 작품 내부의 구조, 언어, 상징 등이 해석의 핵심 자료가 된다. 텍스트 중심 해석은 동일한 작품이라도 독자의 배경과 경험에 따라 서로 다른 의미로 해석될 수 있음을 인정하며, 이 점에서 해석의 다원성을 강조한다. 두 관점은 서로 배타적으로 존재하기도 하지만, 실제 비평 현장에서는 작가의 창작 의도를 참고하면서 텍스트 내부의 구조적 분석을 병행하는 방식으로 두 관점을 절충하여 활용하는 경우도 적지 않다. 어느 관점을 취하든 해석의 타당성을 뒷받침하는 충분한 근거를 확보해야 한다는 점에서 두 관점은 공통된 요건을 공유하고 있다.

① 작가 중심 해석의 관점에서는 작가가 인터뷰에서 직접 밝힌 창작 의도가 작품 해석의 중요한 근거로 활용될 수 있다.

② 텍스트 중심 해석에 따르면, 동일한 작품이라도 독자에 따라 서로 다른 의미로 해석될 수 있다.

③ 텍스트 중심 해석에서는 작가의 생애나 집필 당시 맥락을 알지 못해도 작품을 충분히 해석할 수 있다고 본다.

④ 작가 중심 해석과 텍스트 중심 해석은 실제 비평 현장에서 반드시 상호 배타적으로 적용되어야 한다.

7. 다음 글의 중심 생각으로 가장 적절한 것은?

　언어는 단순히 생각을 전달하는 도구가 아니라, 우리가 세계를 인식하고 경험하는 방식 자체를 형성한다. 언어학자 벤저민 워프와 에드워드 사피어가 제안한 언어 상대성 이론에 따르면, 사람들이 사용하는 언어의 구조와 어휘 체계가 그들의 사고 방식과 세계 인식에 영향을 미친다. 예를 들어, 이누이트족의 언어에는 눈(雪)을 표현하는 단어가 수십 가지에 달하는데, 이는 눈과 밀접한 환경 속에서 살아온 이들이 눈의 다양한 상태와 질감을 섬세하게 구별해 왔음을 반영한다. 반면, 눈을 거의 접하지 못한 문화권의 언어에서는 이러한 세분화가 나타나지 않는다.

　이러한 현상은 색채 인식에서도 뚜렷하게 나타난다. 러시아어에는 밝은 파란색과 어두운 파란색을 가리키는 단어가 별도로 존재하는데, 러시아어 사용자들은 이 두 색을 구별하는 인지 과제에서 영어 사용자들보다 일관되게 빠른 반응을 보인다는 실험 결과가 있다. 반대로, 특정 언어에서 색채 어휘가 단순할 경우 해당 언어 사용자들은 유사한 색을 구별하는 데 더 많은 인지적 노력을 기울여야 한다. 이는 언어가 단순히 이미 완성된 인식을 표현하는 것이 아니라, 인식의 범주와 경계를 설정하는 데 능동적인 역할을 한다는 것을 시사한다.

　나아가 언어는 시간 개념의 인식에도 영향을 미친다. 과거, 현재, 미래를 문법적으로 엄격하게 구분하는 언어를 사용하는 사람들은 시간을 선형적 흐름으로 인식하는 경향이 강한 반면, 시제 구분이 덜 명확한 언어를 사용하는 문화권에서는 시간을 보다 순환적이거나 유동적인 것으로 경험하는 경향이 있다. 이처럼 언어는 인간의 인식과 사고를 반영하는 동시에, 그것을 능동적으로 구성하고 제약하는 틀로서 기능한다.

① 언어 상대성 이론은 언어가 사고를 완전히 결정한다는 강한 결정론적 입장으로, 현대 언어학의 주류 이론으로 자리 잡았다.

② 이누이트족의 눈 관련 어휘와 러시아어의 색채 어휘는 언어의 다양성이 문화적 풍요로움을 반영한다는 사실을 보여 준다.

③ 언어는 세계를 인식하는 수동적 도구에 그치지 않고, 인간의 사고와 인식의 범주를 능동적으로 형성하는 틀로 기능한다.

④ 언어 간 어휘 체계의 차이는 번역의 한계를 발생시키며, 이는 국제적 소통과 상호 이해를 근본적으로 가로막는 장벽이 된다.

8. 다음 글의 빈칸 (가)에 들어갈 내용으로 가장 적절한 것은?

조세 귀착이란 정부가 부과한 세금이 최종적으로 누구에게 실질적인 부담으로 귀속되는지를 분석하는 개념이다. 세금을 법적으로 납부하는 주체와 실질적으로 부담하는 주체가 반드시 일치하지 않는다는 점에서, 조세 귀착은 조세 정책의 효과를 평가하는 핵심 기준이 된다. 예컨대 정부가 생산자에게 물품세를 부과하더라도, 생산자가 세금의 일부를 가격에 전가하면 소비자도 실질적인 세 부담을 지게 된다. 조세 귀착의 정도는 수요와 공급의 가격탄력성에 의해 결정되는데, 수요가 비탄력적일수록 즉 가격이 올라도 소비자가 구매량을 크게 줄이지 않을수록 생산자는 세금을 소비자에게 더 많이 전가할 수 있다. 반대로 수요가 탄력적인 경우, 가격 인상 시 소비자가 구매를 크게 줄이기 때문에 생산자는 세금을 가격에 충분히 반영하지 못하고 스스로 상당 부분을 부담해야 한다. 공급 측면에서도 마찬가지 논리가 적용된다. 공급이 비탄력적일수록 　(가)　. 담배나 휘발유처럼 대체재가 거의 없는 재화에 높은 세금이 부과될 때 세 부담의 대부분이 소비자에게 돌아가는 것은 이러한 원리로 설명된다. 이처럼 조세 귀착은 세금의 법적 귀속과 실질적 귀속이 분리될 수 있음을 보여 준다. 따라서 조세 정책을 설계할 때는 누가 세금을 납부하느냐보다 누가 실질적으로 세 부담을 지게 되는지를 면밀히 따져야 하며, 이는 조세의 형평성과 효율성을 동시에 고려해야 하는 이유가 된다.

① 생산자는 비용 절감을 통해 세금 부담을 스스로 흡수하려는 유인이 강해지며, 결과적으로 소비자 가격은 안정적으로 유지된다

② 생산자는 생산량을 쉽게 줄이지 못하기 때문에 세금 부담을 소비자에게 전가하기 어려워지고, 결국 생산자가 더 많은 부담을 지게 된다

③ 소비자는 대체재를 찾아 구매를 전환하기 어려워지므로 세금이 부과되더라도 시장 가격은 변동 없이 유지된다

④ 생산자가 공급량을 대폭 줄임으로써 시장에서 세금 부담이 소비자와 생산자 사이에 균등하게 분배되는 결과가 나타난다

9. 다음 글의 전개 순서로 가장 자연스러운 것은?

(가) 물론 도시화가 반드시 공동체 해체를 의미하는 것은 아니다. 현대 도시에서도 자발적인 주민 모임, 지역 축제, 온라인 커뮤니티 등을 통해 새로운 형태의 공동체가 형성되고 있다. 다만 이러한 공동체는 전통적 공동체와 달리 선택적이고 느슨한 연대를 기반으로 한다는 점에서 차이가 있다.

(나) 도시화는 개인에게 익명성과 자유를 제공하는 동시에, 전통적인 공동체적 유대를 약화시키는 결과를 낳는다. 농촌 공동체에서는 구성원 간의 긴밀한 상호 의존이 삶의 기반이었으나, 도시에서는 이웃과의 관계가 점점 단절되고 개인화되는 경향이 심화되고 있다.

(다) 결국 중요한 것은 도시화의 흐름 속에서도 인간적 연대의 가치를 어떻게 지켜 나갈 것인가 하는 문제이다. 공동체의 형태는 시대에 따라 변할 수 있지만, 인간이 서로 연결되고자 하는 근본적인 욕구는 변하지 않는다. 따라서 새로운 공동체의 가능성을 탐색하는 것이 현대 사회의 중요한 과제라 할 수 있다.

(라) 이러한 공동체 해체의 문제는 단순히 인간관계의 차원을 넘어 사회적 안전망의 약화로 이어진다. 긴밀한 공동체에서는 구성원들이 서로의 어려움을 자연스럽게 돕는 비공식적 지지 체계가 작동하지만, 도시의 익명성 속에서는 이러한 체계가 무너지고 개인은 고립 속에서 위기에 노출되기 쉽다.

① (가)-(나)-(라)-(다)
② (나)-(가)-(라)-(다)
③ (나)-(라)-(가)-(다)
④ (라)-(나)-(가)-(다)

[10~11] 다음 글을 읽고 물음에 답하시오.

헤겔의 역사철학은 역사를 무질서한 사건들의 연속이 아니라, 절대정신이 자기 자신을 실현해 가는 목적론적 과정으로 파악한다. 역사 속 개별 민족과 국가는 이 절대정신의 자기 전개에서 특정 단계를 담당하는 매개자로 기능한다. 세계사는 자유의 확대 과정이며, 동양의 '한 사람의 자유'에서 그리스·로마의 '일부의 자유', 그리고 게르만 세계의 '모든 사람의 자유'로 발전해 간다고 헤겔은 주장하였다.

이 체계에서 역사의 진보는 대립과 모순의 지양을 통해 이루어진다. 어떤 역사적 단계도 그 자체로 완결된 것이 아니라, 내부에 모순을 품고 있으며 그 모순을 해소하는 과정에서 더 높은 단계로 이행한다. ㉠그는 이를 변증법적 운동으로 설명하였는데, 여기서 부정은 단순한 소멸이 아니라 더 높은 통일 속에 보존되고 고양되는 계기가 된다. 따라서 역사적 퇴보나 비극도 절대정신의 자기 실현이라는 더 큰 맥락에서는 필연적 과정으로 이해된다.

마르크스는 헤겔의 변증법을 수용하면서도, 그 구조를 '관념'에서 '물질'로 전도하였다. ㉡그에게 역사를 추동하는 것은 정신의 자기 전개가 아니라, 생산 양식과 생산 관계의 모순에서 발생하는 계급 투쟁이었다. 헤겔이 국가를 절대정신의 현실적 구현으로 신성시한 것과 달리, 마르크스는 국가를 지배 계급의 이익을 관철하는 도구로 파악하였다. 역사는 궁극적으로 계급 없는 사회를 향해 나아가지만, 그 동력은 관념이 아닌 물질적 생산 조건의 변화에 있다.

그러나 두 사상가 모두 역사에는 방향과 목적이 있다는 목적론적 전제를 공유한다는 점에서 비판을 받았다. ㉢그들의 체계 내에서 역사의 우연성이나 개별 주체의 자율성은 구조적으로 축소될 수밖에 없었다. 포퍼는 이와 같은 역사주의를 비판하며, 역사에는 내재적 법칙이 없으며 미래를 예측 가능한 방향으로 이해하는 것은 일종의 과학적 오류라고 주장하였다. ㉣그들은 역사를 하나의 총체적 서사로 구성함으로써, 개별적 사건과 주체를 구조의 종속 변수로 환원하는 위험을 내포하였다는 것이 포퍼의 핵심 비판이었다.

10. 윗글을 읽고 추론한 내용으로 가장 적절한 것은?

① 헤겔은 역사 속의 비극이나 퇴보를 절대정신의 자기 실현 과정에서 불필요한 일탈로 보았으며, 이를 변증법적으로 극복해야 할 대상으로 규정하였다.

② 마르크스는 헤겔의 변증법적 구조를 거부하고, 역사 발전의 원리를 전혀 다른 논리적 틀에서 새롭게 구성하였다.

③ 헤겔과 마르크스는 모두 역사에 방향성과 목적이 있다고 보았다는 점에서, 포퍼가 비판한 역사주의적 전제를 공유하고 있었다.

④ 포퍼는 역사에 내재적 법칙이 존재하며, 그 법칙을 통해 역사의 흐름을 과학적으로 예측할 수 있다고 주장하였다.

11. ㉠~㉣ 중 지시 대상이 같은 것끼리 묶인 것은?
① ㉠, ㉡
② ㉠, ㉣
③ ㉡, ㉢
④ ㉢, ㉣

[12~13] 다음 글을 읽고 물음에 답하시오.

「관동별곡」은 정철이 강원도 관찰사로 부임하면서 관동 지방의 절경을 유람하며 지은 기행 가사(紀行歌辭)로, 조선 가사 문학의 최고봉으로 ⊙ 일컬어진다. 이 작품은 화자가 한양을 출발하여 내금강, 외금강, 해금강, 동해안 등을 유람하며 자연의 장엄함에 압도되고 감격하는 과정을 방대한 분량으로 ⓛ 펼쳐 낸다. 단순한 기행문이 아닌 이 작품은, 자연의 아름다움을 묘사하는 동시에 임금에 대한 변함없는 충성심과 백성을 걱정하는 목민관(牧民官)으로서의 소명 의식을 함께 담고 있다.

작품의 전반부에서 화자는 금강산의 절경을 묘사하면서 신선 세계에 ⓒ 가닿고 싶다는 초월적 욕망을 표현한다. 그러나 작품의 후반부로 갈수록 화자의 시선은 점차 현실로 돌아와, 동해안의 광활한 경치를 바라보며 나라를 걱정하는 유교적 사대부의 면모를 ② 드러낸다. 이처럼 초월과 현실 사이의 진폭은 「관동별곡」이 단순한 유람시를 넘어서는 문학적 깊이를 지니는 근거가 된다.

특히 「관동별곡」의 문학적 성취는 언어 표현의 차원에서도 뚜렷이 확인된다. 정철은 한자어와 고유어를 자유자재로 혼합하면서도 결코 표현이 어색해지지 않도록 조율하였으며, 자연 경관의 시각적 이미지를 청각적·촉각적 이미지와 결합하여 공감각적인 효과를 만들어 냈다. 이러한 표현 전략은 작품 전체에 걸쳐 음악적 리듬감과 회화적 생동감을 동시에 부여하며, 독자로 하여금 화자의 유람 체험에 몰입하도록 이끈다.

12. 윗글을 이해한 내용으로 가장 적절한 것은?
① 「관동별곡」은 자연의 아름다움만을 묘사하는 순수한 기행 문학으로, 유교적 이념과는 무관하다.
② 작품의 전반부는 현실에 대한 걱정을, 후반부는 신선 세계에 대한 초월적 욕망을 주로 담고 있다.
③ 정철은 한자어와 고유어를 혼합하되 조화롭게 구사하여 음악적 리듬감과 회화적 생동감을 동시에 달성하였다.
④ 「관동별곡」은 기행 체험을 중심으로 하되 작가의 감정적 개입을 철저히 배제한 객관적 묘사에 집중하였다.

13. ⊙~②과 바꿔 쓸 수 있는 표현으로 적절하지 않은 것은?
① ⊙: 칭(稱)해진다
② ⓛ: 전개(展開)한다
③ ⓒ: 도달(到達)하고
④ ②: 노출(露出)한다

14. (가)~(다)를 전제로 할 때 빈칸에 들어갈 결론으로 가장 적절한 것은?

(가) 원자재 가격이 급등하고 환율 안정 대책이 마련되지 않았다면, 제조 원가가 상승한다.
(나) 제조 원가가 상승한다면, 소비자 가격이 인상된다.
(다) 소비자 가격이 인상되지 않았다.
따라서 [   ]

① 원자재 가격이 급등하지 않았다.
② 환율 안정 대책이 마련되었다.
③ 원자재 가격이 급등하지 않았거나, 환율 안정 대책이 마련되었다.
④ 원자재 가격이 급등하지 않았고, 환율 안정 대책이 마련되지 않았다.

15. ⊙을 이끌어 내기 위해 추가해야 할 전제로 가장 적절한 것은?

어느 도시에서 지하철 A선이 운행되지 않고 버스 B노선도 운행되지 않는다면, 트램 C선이 운행된다. 트램 C선이 운행되거나 버스 D노선이 운행된다면, 지하철 E선은 운행되지 않는다. 지하철 E선이 운행되지 않는다면, 경전철 F선도 운행되지 않는다. 그런데 경전철 F선은 운행된다. 따라서, ⊙ 버스 B노선은 운행된다.

① 지하철 A선은 운행된다.
② 지하철 A선은 운행되지 않는다.
③ 버스 D노선은 운행된다.
④ 버스 D노선은 운행되지 않는다.

16. 다음 대화의 빈칸에 들어갈 말로 적절한 것은?

갑: 운동을 꾸준히 하는 사람은 건강해. 건강한 사람은 삶의 질이 높지. 그러니까 삶의 질이 낮은 사람은 운동을 꾸준히 하지 않아. 결국 삶의 질을 높이고 싶다면 운동이 답이야.
을: 앞부분 논리는 맞아. 그런데 "삶의 질을 높이고 싶다면 운동이 답"이라는 결론은 네 전제만으로는 나오지 않아. 그 결론을 내리려면 "[   ]"가 참이어야 해.

① 삶의 질이 높은 사람은 모두 건강하다.
② 건강한 사람도 삶의 질이 낮을 수 있다.
③ 건강하지 않은 사람은 삶의 질이 낮다.
④ 삶의 질이 높은 사람은 모두 운동을 꾸준히 한다.

17. 다음 글을 읽고 추론한 내용으로 적절하지 <u>않은</u> 것은?

『한글 맞춤법』에서는 사이시옷 표기에 관한 규정을 두고 있다. 사이시옷은 두 개의 명사가 결합하여 합성어를 이룰 때 표기하는 것으로, 일정한 조건을 모두 만족해야 한다. 첫째, 합성어를 이루는 두 명사 중 적어도 하나가 순우리말이어야 한다. 따라서 한자어끼리 결합한 합성어는 원칙적으로 사이시옷을 표기하지 않는다. 둘째, 두 명사가 결합할 때 뒷말의 첫소리가 된소리로 나거나, 뒷말의 첫소리 'ㄴ, ㅁ' 앞에서 'ㄴ' 소리가 덧나거나, 뒷말의 첫소리 모음 앞에서 'ㄴㄴ' 소리가 덧나야 한다. 예를 들어 '냇가'는 순우리말끼리의 합성어이고 뒷말 '가'가 된소리 [까]로 발음되므로 사이시옷을 표기한다. 반면 '전세방(傳貰房)'은 한자어끼리의 결합이므로 사이시옷을 표기하지 않는다. 단, 한자어끼리 결합한 합성어 중에서도 '곳간(庫間), 셋방(貰房), 숫자(數字), 찻간(車間), 툇간(退間), 횟수(回數)'의 6개 단어는 예외적으로 사이시옷을 표기하도록 규정하고 있다. 이 예외 단어들은 역사적 사용 관행을 반영하여 별도로 인정된 것이므로, 목록을 정확히 익혀 두는 것이 중요하다.

① '냇가'는 순우리말끼리의 합성어이므로 사이시옷을 표기한다.

② '전세방(傳貰房)'은 한자어끼리의 합성어이므로 사이시옷을 표기하지 않는다.

③ '찻잔(-盞)'은 한자어끼리의 합성어이지만 예외 규정에 해당하여 사이시옷을 표기한다.

④ '툇마루'는 순우리말이 포함된 합성어이므로 사이시옷을 표기한다.

18. 다음 글의 ㉠에 해당하는 사례로 적절하지 <u>않은</u> 것은?

국어의 합성어는 구성 요소 간의 의미 관계에 따라 대등 합성어, 종속 합성어, 융합 합성어로 분류된다. 또한 합성어는 그 형성 방식이 국어의 일반적인 단어 배열 방식과 일치하는지 여부에 따라 통사적 합성어와 비통사적 합성어로도 구분된다. 이 중 ㉠ 비통사적 합성어는 국어의 정상적인 문장 구성 방식, 즉 통사적 구성과 다른 방식으로 어근이 결합한 합성어를 말한다. 예를 들어 용언의 어간이 그대로 다른 어근과 결합하거나, 부사가 체언과 직접 결합하는 경우가 이에 해당한다. 일반적인 국어 문법에서 용언의 어간은 단독으로 다른 말과 결합하지 않고 반드시 어미를 동반하므로, 어미 없이 어간이 결합한 합성어는 비통사적 합성어로 분류된다. 이러한 비통사적 합성어는 통사적 합성어와 외형상 구별이 어려운 경우가 있으므로, 각 구성 요소의 품사와 결합 방식을 면밀히 분석하는 것이 필요하다.

① 검붉다

② 날뛰다

③ 어린이

④ 굳세다

19. 다음 대화에 대한 평가로 적절한 것만을 모두 고르면?

갑: 동물원은 동물의 자유를 제한하는 공간이니까 폐지해야 해. 동물은 본래 서식지에서 살 권리가 있어.

을: 동물원이 동물 복지 측면에서 문제가 있다는 건 인정해. 하지만 동물원은 멸종 위기종을 보호하고 번식시키는 역할을 해. 서식지 파괴로 야생에서 생존이 어려운 종들에게 동물원은 오히려 생존을 보장해 주는 공간이야. 그러니까 동물원을 유지해야 해.

갑: 서식지 보전과 야생 복귀 프로그램에 투자하는 것이 동물원 유지보다 멸종 위기종 보호에 훨씬 더 효과적이야. 동물원은 근본적인 해결책이 아니야.

㉠ 동물원에서 태어나 자란 멸종 위기종 동물이 야생에 방사되었을 때 생존율이 매우 낮다는 연구 결과는 갑의 입장을 강화한다.

㉡ 서식지 보전 프로그램에 투자한 국가보다 동물원 번식 프로그램을 운영한 국가에서 멸종 위기종의 개체 수 회복률이 더 높게 나타났다는 통계는 갑과 을의 입장을 모두 약화한다.

㉢ 현재 야생에서 멸종된 종 중 일부가 동물원 번식 프로그램 덕분에 명맥을 유지하고 있다는 사실은 을의 입장을 강화한다.

① ㉠　　　② ㉠, ㉡　　　③ ㉠, ㉢　　　④ ㉡, ㉢

20. 다음 글의 논지를 약화하는 것으로 가장 적절한 것은?

선진국에서 이민자 유입이 증가함에 따라 사회적 신뢰와 공동체 결속력이 약화된다는 주장이 제기되고 있다. 사회학자 로버트 퍼트넘의 연구에 따르면, 인종적·문화적으로 다양한 지역일수록 주민들 사이의 사회적 신뢰 수준이 낮고, 공동체 활동 참여율도 저조하다. 이는 문화적 이질성이 높아질수록 공유된 가치와 규범이 약화되어 사회적 유대감이 희석되기 때문이다. 퍼트넘은 이 현상을 '움츠러들기' 효과라고 명명하며, 다양성이 높은 지역의 주민들이 공동체 참여 자체를 기피하는 경향이 강해진다고 주장한다. 이러한 논거를 바탕으로, 급격한 이민자 유입은 사회적 자본을 훼손하고 공동체의 통합력을 약화시킨다는 결론이 도출된다. 따라서 사회적 결속을 유지하기 위해서는 이민자 유입의 규모와 속도를 신중하게 조율할 필요가 있으며, 단기간의 급격한 인구 구성 변화는 사회 통합에 부정적인 영향을 미친다는 점을 정책 입안에 반영해야 한다.

① 후속 연구들에 따르면, 퍼트넘이 관찰한 사회적 신뢰 저하는 인종적 다양성 자체가 아니라 해당 지역의 경제적 빈곤과 불평등 수준에 의해 설명되는 것으로 밝혀졌다.

② 이민자들이 유입된 지역에서 초기에는 사회적 갈등이 증가하더라도, 2~3세대가 지나면 이민자 집단이 주류 사회에 성공적으로 동화되는 사례가 다수 보고되고 있다.

③ 문화적 다양성이 높은 도시일수록 혁신 지수와 경제 성장률이 높다는 연구 결과가 있으며, 이는 다양성이 경제적 측면에서 긍정적 효과를 낸다는 것을 시사한다.

④ 북유럽 국가들을 대상으로 한 실증적 데이터 분석 결과, 지역 내 이질적인 집단의 비중이 높아질수록 원주민들의 자발적 봉사 활동 참여 빈도가 유의미하게 감소하는 추세가 관찰되었다.

영 어

1. 밑줄 친 부분과 의미가 가장 가까운 것은?

Rice has been one of <u>integral</u> components for many people in Asia since the dissemination of farming skills.

① essential
② demanding
③ disposable
④ vulnerable

2. 밑줄 친 부분에 들어갈 말로 가장 적절한 것은?

Traditionally, ancient philosophers inclined in making king and God central to their everyday life, but the Protestant Reformation changed this _____ significantly.

① convention
② innovation
③ originality
④ precision

3. 밑줄 친 부분에 들어갈 말로 가장 적절한 것은?

I really regret spending an indolent and irregular winter vacation. I'll live in a diligent and _____ life.

① affordable
② industrious
③ appropriate
④ considerable

4. 밑줄 친 부분에 들어갈 말로 가장 적절한 것은?

Each has a mythological origin, some of _____ from Greek mythology.

① whom derive
② whom derives
③ which derive
④ which derives

5. 밑줄 친 부분에 들어갈 말로 가장 적절한 것은?

I was not able to evade my duty to finish _____ I have been doing abroad.

① that
② which
③ in what
④ in which

6. 대화의 흐름으로 보아 빈칸에 가장 적절한 것은?

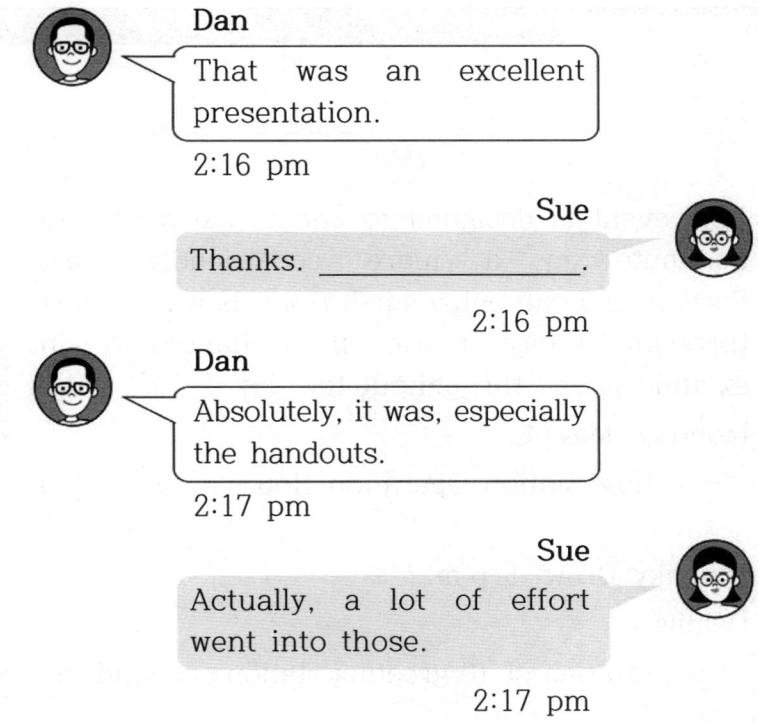

Dan
That was an excellent presentation.
2:16 pm

Sue
Thanks. _____.
2:16 pm

Dan
Absolutely, it was, especially the handouts.
2:17 pm

Sue
Actually, a lot of effort went into those.
2:17 pm

① I am afraid of it was too lengthy.
② You didn't like it, did you?
③ I think you are too picky.
④ I hope it was informative.

7. 대화의 흐름으로 보아 밑줄 친 부분에 들어갈 말로 가장 적절한 것은?

A: If we had a new car, we wouldn't spend so much money on repairs.
B: _____.
A: Maybe we should start looking for something affordable. What do you think?
B: Good idea. Should we check online first, or visit a dealership?
A: Let's start online to compare prices. We can narrow down our options before visiting any dealerships.
B: Sounds smart.

① We didn't spend much
② I don't think that's necessary
③ We should've bought a used car
④ That's exactly what I was thinking

[8~9] 다음 글을 읽고 물음에 답하시오.

(A)

This event is designed to encourage people to commute in a more eco-friendly way. Participants can enjoy small rewards while riding through the city. It also offers chances to win exciting prizes throughout the day.

Monday, May 4

- Greeting Station Operation Hours: 7 a.m. − 9 a.m.
- Lucky Draw: 5 p.m.

Details

- Pedal to one of 10 greeting stations around the city!
- Get coffee and snacks for free.
- Enter the lucky draw by writing your name, phone number, and address.
- Wait for the announcement of the luckly draw! (The results of the draw will be broadcast live on our event homepage.)
- Get your prizes delivered to your home!

Prizes

- Grand Prize: A Cosmos E-Bike (a $2,000 value)
- T-Shirts for 50 people
- Water Bottles for 100 people
- Pizza Coupons for 500 people

For free bike route maps and more information, please visit our event homepage at www.biketowork_2026.go.ca.

☐ Don't show again   Close ☒

8. (A)에 들어갈 윗글의 제목으로 가장 적절한 것은?
① A Guide to Maintaining Your Bicycle Properly
② A City Event for Eco-Friendly Commuting
③ Tips for Winning a Lucky Draw Easily
④ The History of Bicycle Transportation

9. 다음 안내문의 내용과 일치하는 것은?
① 환영 부스는 오전에 4시간 동안 운영된다.
② 행운권 추첨은 행사 홈페이지에서 라이브로 방송된다.
③ 1등은 3천 달러 상당의 상품을 받는다.
④ 자전거 도로 지도는 행사 홈페이지에서 구매해야 한다.

10. 다음 안내문의 내용과 일치하지 않는 것은?

A special online streaming event by Heavenly Band for their beloved fans is just around the corner! This exciting event will feature performances of the group's latest hits as well as their earliest, nostalgic songs, allowing fans to enjoy a full spectrum of their music journey from the comfort of their own homes. Don't miss this opportunity to experience your favorite songs and celebrate their musical legacy in an unforgettable way!

- **Date**: Saturday, October, 21
- **Time**: 7:00 p.m.− 9:00 p.m. (Korea Standard Time)
- **Ticket Price**
  $26 for fan club members
  $35 for non-fan club members
- **Details**
  - On one side of the screen, a real-time chatbox for fans will be visible.
  - Video quality will be automatically adjusted based on your Internet connection speed and stability.
- **Notice**
  - Check out the start times in your region.
    ex) Pacific Standard Time (US): 3 a.m. / Australia: 9 p.m.
  - Subtitles are available in four languages: Korean, English, Japanese, Chinese.

① Heavenly Band의 최신 곡과 초창기 곡을 들을 수 있다.
② 비회원은 $35에 티켓을 구매할 수 있다.
③ 화면 한쪽에 실시간 대화창이 마련될 것이다.
④ 사용자는 인터넷 연결 상태에 따라 비디오 화질을 조절해야 한다.

[11~12] 다음 글을 읽고 물음에 답하시오.

Dear Boss

I'm sure you are fully aware of my problem. Being on the road for weeks at a time causes many plights to me. I think the situation would be entirely different if I were single or even married with no children. But with two kids, traveling represents a real <u>agony</u> on me and especially on my wife Gretchen. After each trip it gets increasingly harder for me to tear myself away from my family to go back on the road. I really have no plans at the moment. I need to take some time to think about what I want to do. No matter how I do anything different, it will have to be work that will permit me to stay anchored in one place. Thank you for everything you have done for me. I really don't think that I would have received better treatment from a company or a manager.

Sincerely,
Your Ben

11. 윗글의 목적으로 가장 적절한 것은?
　① to apologize for having stayed in one place too long
　② to appreciate having been well treated by the company
　③ to inform of the decision to resign from the current position
　④ to protest having neglected one's family life due to frequent trips

12. 밑줄 친 "agony"의 의미와 가장 가까운 것은?
　① lack
　② pain
　③ creation
　④ pleasure

13. 다음 글의 목적으로 가장 적절한 것은? 이메일 형태로

Dear Valued Client,

The Silverlake Bank branch located at 1400 Cypress Lane will temporarily close from June 5 to June 15 due to scheduled renovations. During this time, in order to facilitate smooth banking operation, we would like to introduce to you guys our new branch at 205 Willow Avenue, which will offer extended services to accommodate additional visitors. Please drop by our substitute branch. Our team is working diligently to complete the renovations as quickly as possible to provide you with an improved banking experience. For additional support, contact us at 1-800-BANK-NOW or visit our website www.silverlakebank.com.

Your satisfaction is always our priority.
Kind regards,

☐ Don't show again   Close ✕

　① 지점 공사 계획을 알리려고
　② 새로운 금융 상품을 발표하려고
　③ 은행 지점의 일시적 폐쇄를 알리려고
　④ 은행의 대체 지점 방문을 안내하려고

14. 다음 글의 내용과 일치하지 않는 것은?

History of Glass Industry

Many Englishmen were eager to make their glass business in the New World. They moved to New Jersey where commodities were abundant. In particular, South Jersey had silica or fine white sand that was needed for making glass. In addition, there was plenty of supply of limestone, which was needed to produce the glass. However, initially the glass industry in the U.S. did not develop due to a lack of technology and poor economic conditions. Although several glasshouses were operated in the colonies, a German-born manufacturer named Caspar Wistar, in Salem County, New Jersey in 1739, set up the first successful glasshouse. Production began with distinctive table and glassware. By 1760, the company, known as Wistar Glass Works, was producing flasks, glass bottle, and spice jars. Wistar's company was important as the cradle of the American glass known today as South Jersey type. That glass is the work of individual glassblowers using refined glass to make objects of their own design. Wistar was also successful with applied glass and pattern molding.

　① The reason glass workers moved to the New Jersey was for getting raw materials.
　② South Jersey was always short of the supply of limestone which was used to produce the glass.
　③ A German-born producer founded the first successful glasshouse in the U.S.
　④ American glass known as South Jersey type derived from Wistar's company.

15. 다음 글의 제목으로 가장 적절한 것은?

In addition to the Moon soil, astronauts gathered two basic types of rocks from the surface of the Moon: basalt and breccia. Basalt is a cooled and hardened volcanic lava common to the Earth. Since basalt is formed under extremely high temperatures, the presence of this type of rock is an indication that the temperature of the Moon was once extremely hot. Breccia, the other kind of rock brought back by the astronauts, was formed during the impact of falling objects on the surface of the Moon. This second type of rock consists of small pieces of rock compressed together by the force of impact.

　① Astronauts' Discovery in the Moon
　② Astronauts' Challenge to the Moon
　③ Two Types of Rocks of the Moon
　④ Volcanic Movements on the Moon

16. 다음 주어진 문장에 이어질 글의 순서로 가장 적절한 것은?

One of the greatest cop-outs in life is to avoid making choices. Not choosing can save us from risk. One way that a person can avoid making choices is to let others be their guide for how to live.

(A) This has a protective function as it provides some safety for when a wolf comes. If you are in a flock of 100 sheep then the odds are you will not be eaten. If you leave the flock it is a certainty that you will be.

(B) They have no guiding principles of their own and thus follow the leader, who also generally has no idea where she is heading. Sheep are programmed genetically to operate as a flock.

(C) This is what 19th-century philosopher Nietzsche calls the mentality of the herd. A useful illustration can be gained by watching sheep. A friend of mine once noted that sheep only become really stupid when they are separated from the flock.

*cop-out 책임회피

① (B)-(A)-(C)
② (B)-(C)-(A)
③ (C)-(A)-(B)
④ (C)-(B)-(A)

17. 다음 주어진 문장이 들어가기에 가장 적절한 곳은?

But their success did not last long, because rebel forces were untrained and poorly armed.

Hidalgo was a dedicated scholar who had studied the writings of Thomas Jefferson and the leaders of the French Revolution. (①) These revolutionary writings helped convince him that Mexico should be free. (②) He also had great sympathy for the poor and downtrodden Mexicans, so he lived and worked among them and earned respect and loyalty. (③) In 1810 Hidalgo gathered tens of thousands of Mexicans into his rebel army, and then several times they defeated small forces of Spaniards. (④) In a great battle, Hidalgo was beaten and captured in January, 1811. He faced death bravely, placing his hand over his heart so that the firing squad could take better aim.

18. 다음 글의 흐름상 어색한 문장은?

Some of the things we insist on value in the abstract may not, in fact, characterize our actual everyday experiences. For instance, we say that "honesty" and "open communication" are the fundamental values of any strong relationship. ① But think of how many times you've lied to a prospective romantic partner in order to make the person feel better about himself or herself. ② Likewise, every parent knows that lying to their kids about everything from the arrival of Santa Claus to the horrible things that will happen if they don't eat their peas is a key component of bringing up a child. ③ This is because most parents put more value on discipline than on blind love, and thus honest conversations rather than well-intentioned lies are the better tool for establishing solid relationship between parents and their kids. ④ As one author put it, "If you want to have love in your life, you'd better be prepared to tell some lies and to believe some lies."

19. 밑줄 친 부분에 들어갈 말로 가장 적절한 것을 고르시오.

Very often our decisions about the future are weighed down by the _____. People stay in unsatisfying careers because of the time and money they invested in school, not because they enjoy the work or expect to in the future; we finish a bad book because we've already gotten so far, not because we're anxious to see how the characters live; we sit through a boring movie because we bought the ticket, not because it's a good film. The same motivations affect our decisions about money: We spend more money on car repairs because we've spent so much on the car; we keep spending money on tennis lessons because we've already spent so much. We hold on to bad investments because we can't get over how much we paid for them and can't bear to make that bad investment "final."

① actions of the past
② expectations of people
③ possibility of investment
④ boredom of everyday lives

20. 밑줄 친 부분에 들어갈 말로 가장 적절한 것을 고르시오.

Body type was of no use as a predictor of how the men would live in life. So was birth order or political affiliation. Even social class had a limited effect. But having a warm childhood was powerful. It's not that the men who flourished had perfect childhoods. Rather, as Vaillant puts it, "What is right is more important than what is wrong." In other words, the positive effect of one loving relative, mentor or friend can _____ the negative effects of the bad things that happen.

① surpass
② esteem
③ increase
④ reinforce

한 국 사

1. 밑줄 친 '백제 왕'에 대한 설명으로 옳은 것은?

> 양나라 고조가 조서를 보내 왕을 책봉하여 다음과 같이 말하였다. "백제 왕 여융은 해외에서 번병(藩屏)을 지키며 멀리 와서 조공을 바치니 그의 정성이 지극하여 짐은 이를 가상히 여긴다. … 사지절 도독 백제제군사 영동대장군으로 봉함이 가하다."

① 22담로를 설치하였다.
② 국호를 남부여로 바꾸었다.
③ 동진으로부터 불교를 수용하였다.
④ 남진 정책을 위해 평양으로 도읍을 옮겼다.

2. 유적들이 등장한 시대의 사회상에 대한 설명으로 가장 옳은 것은?

> ○ 서울 암사동 유적
> ○ 제주 고산리 유적
> ○ 양양 오산리 유적
> ○ 부산 동삼동 유적

① 빗살무늬 토기를 사용하였다.
② 고인돌과 돌무지 무덤을 만들었다.
③ 벼농사를 짓기 시작하였다.
④ 주먹도끼, 찍개 등을 사용하였다.

3. 다음 역사적 사실들을 순서대로 바르게 나열한 것은?

> ㉠ 궁예가 후고구려를 세웠다.
> ㉡ 발해가 거란에 의해 멸망하였다.
> ㉢ 신라의 경순왕이 왕건에게 항복하였다.
> ㉣ 왕건이 고려를 건국하고 송악으로 도읍을 옮겼다.

① ㉠-㉡-㉢-㉣
② ㉠-㉡-㉣-㉢
③ ㉠-㉢-㉡-㉣
④ ㉠-㉣-㉢-㉡

4. 밑줄 친 ㉠, ㉡에 대한 설명으로 옳지 않은 것은?

> 고려시대에는 불교 사상에 대한 이해가 깊어지면서 불교관련 저술을 모아 체계적으로 정리한 대장경이 만들어졌다. ㉠ 현종 때의 경판이 임진년 몽골의 침입으로 불타 버렸고, 이에 왕이 신하들과 더불어 다시 발원하여 도감을 세우고 16년 만에 ㉡ 새 경판을 완성하였다.

① ㉠ : 유네스코 문화 유산으로 지정되었다.
② ㉠ : 거란의 침입에 대비하여 제작되었다.
③ ㉡ : 해인사 장경판전에 보관되어 있다.
④ ㉡ : 강화도에 대장도감을 설치하여 조판하였다.

5. 발해 무왕 대에 있었던 일로 옳지 않은 것은?
① 전성기를 맞아 해동성국이라고 불리었다.
② 장문휴를 보내어 산둥 지방을 공격하였다.
③ 돌궐, 일본 등과 연결하면서 당, 신라를 견제하였다.
④ 동북방의 여러 세력을 복속하고 북만주 일대를 장악하였다.

6. 다음 중 고대의 문화에 대한 설명으로 옳지 않은 것은?
① 선덕여왕 때 첨성대를 세웠다.
② 고구려는 황룡사 9층 목탑을 세웠다.
③ 신라는 돌무지 덧널 무덤을 만들었다.
④ 정림사지에는 백제의 5층 석탑이 남아있다.

7. 다음 주장을 한 인물에 대한 설명으로 옳은 것은?

> 지방에서는 감사와 수령이, 서울에서는 홍문관과 육경, 대간이 등용할 만한 사람을 천거하여, 대궐에 모아 놓고 친히 대책으로 시험한다면 인물을 많이 얻을 수 있을 것입니다. 이는 이전에 우리나라에서 하지 않았던 일이요, 한나라 현량과의 뜻을 이은 것입니다.

① 조의제문을 지었다.
② 소격서 폐지를 주장하였다.
③ 관리의 신언패 착용을 강조하였다.
④ 갑자사화 때 제거되었다.

8. 다음 역사적 사실들을 순서대로 바르게 나열한 것은?

> ㉠ 중앙군은 2군 6위로 구성되었다.
> ㉡ 지방군으로 10정을 편성하였다.
> ㉢ 중앙군이 5위제로 확정되었다.
> ㉣ 금위영의 설치로 5군영 체제가 완성되었다.

① ㉠-㉡-㉢-㉣
② ㉠-㉡-㉣-㉢
③ ㉡-㉠-㉢-㉣
④ ㉡-㉠-㉣-㉢

9. 다음 주장이 제기된 이후의 역사적 사실로 옳지 않은 것은?

> 우리는 남방만이라도 임시 정부 혹은 위원회 같은 것을 조직하여 38도선 이북에서 소련이 철퇴하도록 세계 공론에 호소해야 할 것이다.

① 평양에서 남북 연석 회의가 열렸다.
② 조선 건국 준비 위원회가 조직되었다.
③ 좌·우 합작 위원회에서 좌·우 합작 7원칙을 발표하였다.
④ 친일파를 청산하기 위해 반민족 행위 처벌법을 제정하였다.

10. (가)~(라)에 들어갈 역사적 사실로 적절한 것은?

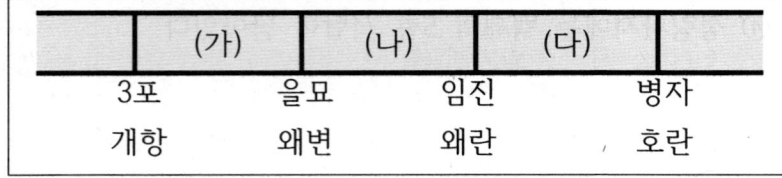

(가)	(나)	(다)	
3포 개항	을묘 왜변	임진 왜란	병자 호란

① (가) : 이종무가 대마도를 정벌하였다.
② (나) : 임시기구로 비변사가 설치되었다.
③ (다) : 명과 후금 사이에 중립외교가 실시되었다.
④ (다) : 어영청을 중심으로 북벌운동이 추진되었다.

11. 다음 밑줄 친 '그'의 저서를 고르면?

> 그는 유형원과 내외종 형제로 유형원의 개혁 사상을 한층 현실적으로 심화시켰다. 북인에서 전향한 남인 가정에서 태어났으나 형님이 당쟁으로 희생되는 것을 보고 벼슬을 단념, 일평생 학문에 전념하고 안정복, 권철신 등 많은 제자들을 길러냈다.

① 「우서」
② 「곽우록」
③ 「열하일기」
④ 「불씨잡변」

12. 조선의 대동법에 대한 설명으로 옳지 못한 것은?

① 토지 결수를 과세 기준으로 삼았다.
② 관리 기관으로 선혜청이 신설되었다.
③ 현물 납부가 완전히 사라지게 되었다.
④ 공인이라는 특허 상인이 등장하게 되었다.

13. 다음과 같은 명을 내린 왕에 대한 설명으로 옳은 것은?

> 삼강은 인도의 근본이니, 군신·부자·부부의 도리를 먼저 알아야 할 것이다. 이제 내가 유신에게 명하여 고금의 사적을 편집하고 아울러 그림을 붙여 만들어 이름을 '삼강행실'이라 하고, 인쇄하게 하여 서울과 외방에 널리 펴고자 한다.

① 공법을 실시하였다.
② 사간원을 독립시켰다.
③ 「국조오례의」를 편찬하였다.
④ 집현전과 경연이 폐지되었다.

14. 다음 역사적 사실들을 순서대로 바르게 나열한 것은?

> ㉠ 일본의 운요호가 초지진을 포격하였다.
> ㉡ 정부는 일본에 조사시찰단을 파견하였다.
> ㉢ 최익현의 상소에 따라 흥선 대원군이 하야하였다.
> ㉣ 미군은 초지진과 덕진진을 점령하고 광성보를 공격하였다.

① ㉢-㉠-㉣-㉡
② ㉢-㉣-㉣-㉡
③ ㉣-㉠-㉢-㉡
④ ㉣-㉢-㉠-㉡

15. (가) 시기에 일제가 추진한 정책의 내용으로 옳은 것은?

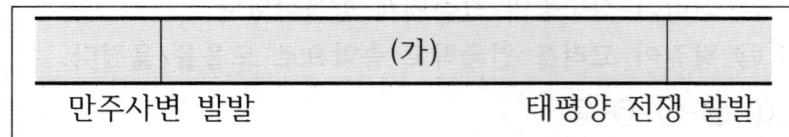

	(가)	
만주사변 발발		태평양 전쟁 발발

① 토지 조사령을 공포하였다.
② 화폐 정리 사업을 추진하였다.
③ 동아일보, 조선일보의 발행을 허용하였다.
④ 국민 징용령을 공포하여 강제 징용을 실시하였다.

16. 다음 역사적 사실들을 시대순으로 바르게 나열한 것은?

> ㉠ 제주도 4·3 사건
> ㉡ 좌우 합작 7원칙 발표
> ㉢ 반민족 행위 처벌법 제정
> ㉣ 조선 건국 준비 위원회 결성

① ㉣-㉠-㉡-㉢
② ㉣-㉡-㉠-㉢
③ ㉣-㉡-㉢-㉠
④ ㉣-㉢-㉠-㉡

17. 다음 활동을 전개한 단체에 대한 설명으로 옳은 것은?

> 이 단체는 민족 자본을 일으키기 위해 평양에 자기 회사를 세웠다. 또한 민중 계몽을 위해 태극 서관을 운영하여 출판물을 간행하였다. 그리고 장기적인 독립운동의 기반을 마련하여 독립 전쟁을 수행할 목적으로 국외에 독립 운동 기지 건설을 추진하였다.

① 화폐 정리 사업 실시를 반대하였다.
② 대성학교와 오산학교를 건립하였다.
③ 여러 차례 만민 공동회를 개최하였다.
④ 고종의 퇴위를 반대하다가 해산되었다.

18. 다음 밑줄 친 '정부'에서 추진된 정책으로 옳은 것은?

> 오늘 우리는 그렇게도 애타게 바라던 문민 민주주의의 시대를 열기 위하여 이 자리에 모였습니다. 오늘을 맞이하기 위하여 30년의 세월을 기다려야 했습니다. 오늘 탄생되는 정부는 민주주의에 대한 국민의 불타는 열망과 거룩한 희생으로 이루어 졌습니다.

① 최초로 남북 정상 회담이 이루어졌다.
② 금융실명제를 전격적으로 실시하였다.
③ 금리, 기름값, 달러 인하로 3저 호황을 누렸다.
④ 통행금지가 해제되는 등 유화 정책이 추진되었다.

19. 다음 밑줄 친 '이 지역'에 대한 설명으로 적절한 것은?

> 이 지역은 본래 고구려가 차지했을 때 국원성이라 불렸다. 이후 신라 진흥왕이 이 지역을 빼앗아 국원소경을 두었고, 이후 경덕왕 때 중원경으로 이름을 바꾸었다. 고려시대의 학자인 이숭인은 시에서 '저 월악을 보니 중원에 비껴 있는데, 한강의 물이 처음 발원했네.'라고 이 지역을 표현하였다.

① 황산벌 전투가 벌어진 지역이다.
② 미륵사지 석탑이 건립된 지역이다.
③ 조선왕조실록을 보관하는 4대 사고가 있었다.
④ 개경이 함락되자 공민왕이 이곳으로 피난하였다.

20. 다음 내용과 관련 깊은 단체의 활동으로 옳은 것은?

> 민중은 우리 혁명의 대본영이다. 폭력은 우리 혁명의 유일 무기이다. 우리는 민중 속에 가서 민중과 손잡고 끊임없는 폭력, 암살, 파괴, 폭동으로써 강도 일제의 통치를 타도하고, 우리 생활에 불합리한 일체 제도를 개조하여 인류가 인류를 압박하지 않으며, 사회가 사회를 수탈하지 않는 이상적 조선을 건설할 지니라.

① 민족 혁명당 창당을 주도하였다.
② 김구 선생이 상하이에서 조직하였다.
③ 이재명이 이완용을 습격해 중상을 입혔다.
④ 민족 유일당 운동의 일환으로 조직되었다.

행정법총론

1. 인허가의제에 대한 설명으로 옳지 않은 것은?
① 인허가의제의 효과는 관련 인허가의 해당 법률에 규정된 관련 인허가에 한정된다.
② 건축주가 건축물을 건축하기 위해서는 「건축법」상 건축허가와 「국토의 계획 및 이용에 관한 법률」상 개발행위(건축물의 건축) 허가를 각각 별도로 신청하여야 하는 것이 아니라, 「건축법」상 건축허가절차에서 관련 인허가의제 제도를 통해 두 허가의 발급 여부가 동시에 심사·결정되도록 하여야 한다.
③ 관련 인허가 행정청은 주된 인허가 행정청으로부터 관련 인허가에 관하여 협의를 요청받으면 그 요청을 받은 날부터 20일 이내에 의견을 제출하여야 하고, 그 기간 내에 협의 여부에 관하여 의견을 제출하지 아니하면 협의가 된 것으로 본다.
④ 주택건설사업계획 승인처분에 따라 의제된 인허가가 위법함을 다투고자 하는 이해관계인은, 주택건설사업계획 승인처분의 취소를 구할 것이 아니라 의제된 인허가의 취소를 구하여야 한다.

2. 행정행위의 부관에 대한 설명으로 옳지 않은 것은?
① 행정청이 임시이사를 선임하면서 임기를 '후임 정식이사가 선임될 때까지'로 기재한 경우, 후임 정식이사가 선임되었다는 사유만으로 임시이사의 임기가 자동적으로 만료되어 임시이사의 지위가 상실되는 효과가 발생한다.
② 법정부관에 대하여는 행정행위에 부관을 붙일 수 있는 한계에 관한 일반적인 원칙이 적용되지 않는다.
③ 지방국토관리청장이 일부 공유수면매립지를 국가 또는 지방자치단체에 귀속처분한 것은 법률효과의 일부를 배제하는 부관을 붙인 것이므로 이러한 행정행위의 부관은 독립하여 행정쟁송 대상이 될 수 없다.
④ 행정처분에 부담인 부관을 붙인 경우 부관의 무효화에 의하여 본체인 행정처분 자체의 효력에도 영향이 있게 될 수는 있지만, 이는 법률행위의 취소사유가 될 수 있음은 별론으로 하고 그 법률행위 자체를 당연히 무효화하는 것은 아니다.

3. 공법관계와 사법관계에 대한 설명으로 옳은 것은?
① 한국마사회의 기수에 대한 징계처분은 항고소송의 대상이 되는 행정처분에 해당한다.
② 납세의무자에 대한 국가의 부가가치세 환급세액 지급의무는 부당이득반환의무에 해당하므로, 그에 대한 지급청구는 민사소송의 절차에 따라야 한다.
③ 국립의료원 부설 주차장에 관한 위탁관리용역운영계약은 공법상 계약에 해당한다.
④ 종합유선방송위원회는 그 설치의 법적 근거, 법에 의하여 부여된 직무, 위원의 임명절차 등을 종합하여 볼 때 국가기관이고, 그 사무국 직원들의 근로관계는 사법상의 계약관계이므로, 사무국 직원들은 국가를 상대로 민사소송으로 그 계약에 따른 임금과 퇴직금의 지급을 청구할 수 있다.

4. 행정절차에 대한 설명으로 옳은 것은?
① 「국적법」에 따른 귀화는 성질상 행정절차를 거치기 곤란하거나 거칠 필요가 없다고 인정되는 사항이 아니므로, 처분의 이유제시를 규정한 「행정절차법」이 적용된다.
② 공정거래위원회의 시정조치 및 과징금납부명령에 「행정절차법」 소정의 의견청취절차 생략사유가 존재하면 공정거래위원회는 「행정절차법」을 적용하여 의견청취절차를 생략할 수 있다.
③ 처분기준의 설정·공표의 규정은 침익적 처분뿐만 아니라 수익적 처분의 경우에도 적용된다.
④ 처분 당시 당사자가 어떠한 근거와 이유로 처분이 이루어진 것인지를 충분히 알 수 있어서 그에 불복하여 행정구제절차로 나아가는 데에 별다른 지장이 없었던 것으로 인정되는 경우에도 처분서에 처분의 근거와 이유가 구체적으로 명시되어 있지 않았다면 그 처분은 위법하다.

5. 행정상 법률관계에 대한 설명으로 옳지 않은 것은?
① 조세환급금은 조세채무가 처음부터 존재하지 않거나 그 후 소멸하였음에도 불구하고 국가가 법률상 원인 없이 수령하거나 보유하고 있는 부당이득에 해당하고, 환급가산금은 그 부당이득에 대한 법정이자로서의 성질을 가진다.
② 취득세와 같은 신고납부방식의 조세의 경우에는 원칙적으로 납세의무자가 스스로 과세표준과 세액을 정하여 신고하는 행위에 의하여 납세의무가 구체적으로 확정되므로, 납세의무자의 신고행위에 하자가 있다면 그에 따라 납부된 세액 상당액은 법률상 원인 없는 것으로서 부당이득이 된다.
③ 「국유재산법」에 의한 변상금 부과·징수권은 민사상 부당이득반환청구권과 법적 성질을 달리하므로, 국가는 무단점유자를 상대로 변상금 부과·징수권의 행사와 별도로 국유재산의 소유자로서 민사상 부당이득반환청구의 소를 제기할 수 있다.
④ 회원국 정부의 반덤핑부과처분이 WTO 협정위반이라는 이유만으로 사인이 직접 국내 법원에 회원국 정부를 상대로 그 처분의 취소를 구하는 소를 제기하거나 위 협정위반을 처분의 독립된 취소사유로 주장할 수는 없다.

6. 행정행위의 내용에 대한 설명으로 옳지 않은 것은?
① 지적공부 소관청의 지목변경신청 반려행위는 국민의 권리관계에 영향을 미치는 것으로서 항고소송의 대상이 되는 행정처분에 해당한다.
② 국민건강보험공단이 행한 '직장가입자 자격상실 및 자격변동 안내' 통보는 가입자 자격의 변동 여부 및 시기를 확인하는 의미에서 한 사실상 통지행위에 불과할 뿐, 항고소송의 대상이 되는 행정처분에 해당하지 않는다.
③ 사업의 양도행위가 무효라고 주장하는 양도자는 민사쟁송으로 양도·양수행위의 무효를 구함이 없이 막바로 허가관청을 상대로 하여 행정소송으로 사업양도·양수에 따른 허가관청의 신고수리처분의 무효확인을 구할 법률상 이익은 없다.
④ 공유수면매립면허의 공동명의자 사이의 면허로 인한 권리의무양도약정은 면허관청의 인가를 받지 않은 이상 법률상 아무런 효력도 발생할 수 없다.

7. 행정소송의 집행정지에 대한 설명으로 옳은 것은?
① 항고소송을 제기한 원고가 본안소송에서 패소확정판결을 받은 경우에는 집행정지결정의 효력이 소급적으로 소멸한다.
② 효력기간이 정해져 있는 제재적 행정처분에 대한 취소소송에서 법원이 본안소송의 판결 선고 시까지 집행정지결정을 하면, 처분에서 정해 둔 효력기간은 판결 선고 시까지 진행하지 않다가 판결이 선고되면 그때 집행정지결정의 효력이 소멸함과 동시에 처분의 효력이 당연히 부활하여 처분에서 정한 효력기간이 다시 진행한다.
③ 집행정지결정은 법원의 직권에 의하여 이루어질 수는 없다.
④ 거부처분의 효력정지는 그 거부처분으로 인하여 신청인에게 생길 손해를 방지하는 데 필요하므로 신청인에게는 그 효력정지를 구할 이익이 있다.

8. 법률상 이익에 대한 설명으로 옳은 것은?
① 환경영향평가 대상지역 밖에 거주하는 주민에게는 헌법상의 환경권 또는 「환경정책기본법」에 근거하여 공유수면 매립면허처분과 농지개량사업 시행인가처분의 무효확인을 구할 원고적격이 있다.
② 국립대학교 불합격처분의 취소를 구하는 소송계속 중 당해연도의 입학시기가 지난 경우에는 불합격처분의 취소를 구할 법률상의 이익이 없다.
③ 집합건물 공용부분의 대수선과 관련한 행정청의 허가, 사용승인 등 일련의 처분에 관하여 처분의 직접 상대방 외에 해당 집합건물의 구분소유자에게는 취소를 구할 원고적격이 인정되지 않는다.
④ '의료기관의 처방약조제 기회를 공정하게 배분받을 기존 약국개설자의 이익'이 침해될 우려가 있다고 보기 위해서, 반드시 기존 약국개설자의 주된 매출이 해당 의료기관이 발행한 처방전에 기초하고 있었다거나 해당 의료기관이 발행한 처방전에 관한 기존 약국개설자의 매출 감소가 상당하여야만 하는 것은 아니다.

9. 행정의 실효성 확보수단에 대한 설명으로 옳지 않은 것은?
① 사망한 건축주에 대하여 「건축법」상 이행강제금이 부과된 경우 그 이행강제금 납부의무는 상속인에게 승계된다.
② 「독점규제 및 공정거래에 관한 법률」상의 시정명령은 과거의 위반행위는 물론 가까운 장래에 반복될 우려가 있는 위반행위에 대해서도 할 수 있다.
③ 「부동산 실권리자명의 등기에 관한 법률」상 실권리자명의 등기의무에 위반하여 부과된 과징금 채무는 대체적 급부가 가능한 의무이므로 과징금을 부과받은 자가 사망한 경우 그 상속인에게 포괄승계된다.
④ 관할 지방병무청장이 1차로 공개 대상자 결정을 하고, 그에 따라 병무청장이 같은 내용으로 최종적 공개결정을 하였다면, 공개 대상자는 병무청장의 최종적 공개결정만을 다투는 것으로 충분하고, 관할 지방병무청장의 공개 대상자 결정을 별도로 다툴 소의 이익은 없어진다.

10. 국가배상에 대한 설명으로 옳지 않은 것은?
① 「국가배상법」 제3조 제5항이 생명, 신체의 침해에 따른 위자료의 지급을 규정하고 있을 뿐이라 하더라도, 이는 생명, 신체 외의 다른 권리의 침해에 따른 위자료의 지급의무를 배제하는 것이라고 볼 수 없으므로, 장애인의 접근권이 침해된 경우에도 그로 인하여 장애인이 입게 되는 정신적 손해에 대한 국가의 위자료 지급의무가 배제되지 않는다.
② 인감증명사무를 처리하는 공무원은 인감증명이 타인과의 권리·의무에 관계되는 일에 사용되는 것을 예상하여 그 발급된 인감증명으로 인한 부정행위의 발생을 방지할 직무상의 의무가 있다.
③ 공무원에 대한 전보인사가 법령이 정한 기준과 원칙에 위배되거나 인사권을 다소 부적절하게 행사한 것으로 볼 여지가 있다 하더라도 그러한 사유만으로 그 전보인사가 당연히 불법행위를 구성한다고 볼 수는 없다.
④ 공무원의 부작위로 인한 국가배상책임을 인정할 것인지 여부가 문제되는 경우에 관련 공무원에 대하여 작위의무를 명하는 형식적 법률의 규정이 없는 경우에는 국가배상책임이 인정되지 않는다.

11. 정보공개에 대한 설명으로 옳은 것은?
① 공개청구의 대상이 되는 정보가 인터넷 등을 통하여 공개되어 인터넷검색 등을 통하여 쉽게 알 수 있는 경우에는 비공개결정이 정당화될 수 있다.
② 정보공개거부처분의 취소를 구하는 소송에서 공공기관이 청구정보를 증거 등으로 법원에 제출하여 법원을 통하여 그 사본을 청구인에게 교부 또는 송달되게 하여 결과적으로 청구인에게 정보를 공개하는 셈이 되었다면, 당해 정보의 비공개결정의 취소를 구할 소의 이익은 소멸된다.
③ 공개를 구하는 정보를 공공기관이 한때 보유·관리하였으나 후에 그 정보가 담긴 문서등이 폐기되어 존재하지 않게 된 것이라면 그 정보를 더 이상 보유·관리하고 있지 아니하다는 점에 대한 증명책임은 공공기관에게 있다.
④ 한국방송공사의 '수시집행 접대성 경비의 건별 집행서류 일체'는 경영·영업상 비밀에 해당하므로 비공개 대상 정보에 해당한다.

12. 「개인정보 보호법」에 대한 설명으로 옳지 않은 것은?
① 개인정보보호위원회는 「개인정보 보호법」을 위반하여 개인정보를 처리한 개인정보처리자에게 과징금을 부과할 수 있으며, 이때 과징금은 전체 매출액에서 위반행위와 관련이 없는 매출액을 제외한 매출액을 기준으로 산정한다.
② 개인정보처리자는 정보주체가 필요한 최소한의 정보 외의 개인정보 수집에 동의하지 아니한다는 이유로 정보주체에게 재화 또는 서비스의 제공을 거부하여서는 아니 된다.
③ 재판사무를 담당하는 수소법원이 그 재판권에 기하여 법에서 정해진 방식에 따라 행하는 공권적 통지행위로서 여러 소송서류 등을 송달하는 경우에는 '개인정보처리자'로서 개인정보를 제공한 것으로 볼 수 있다.
④ 개인정보 보호에 관한 사무를 독립적으로 수행하기 위하여 국무총리 소속으로 개인정보 보호위원회를 둔다.

13. 행정입법에 대한 설명으로 옳지 않은 것은?
① 법률조항의 위임에 따라 대통령령으로 규정한 내용이 헌법에 위반될 경우라도 그로 인하여 정당하고 적법하게 입법권을 위임한 수권법률조항까지도 위헌으로 되는 것은 아니다.
② 「여객자동차 운수사업법」 제11조 제4항의 위임에 따라 시외버스운송사업의 사업계획변경에 관한 절차, 인가기준 등을 구체적으로 규정한 구「여객자동차 운수사업법 시행규칙」 제31조 제2항 제1호 등은 행정청 내부의 사무처리준칙을 규정한 행정규칙에 불과하여 대외적 구속력이 없다.
③ 상위법령에서 세부사항 등을 시행규칙으로 정하도록 위임하였음에도 이를 고시 등 행정규칙으로 정하였다면 대외적 구속력을 가지는 법규명령으로서 효력이 인정될 수 없다.
④ 법률에서 위임받은 사항에 관하여 대강을 정하고 그 중의 특정사항을 범위를 정하여 하위법령에 다시 위임하는 경우에는 재위임이 허용되고, 이러한 법리는 조례가 「지방자치법」에 따라 주민의 권리제한 또는 의무부과에 관한 사항을 법률로부터 위임받은 후, 이를 다시 지방자치단체장이 정하는 '규칙'이나 '고시' 등에 재위임하는 경우에도 마찬가지이다.

14. 행정작용의 내용에 대한 설명으로 옳지 않은 것은?
① 행정청은 확약을 한 후에 확약의 내용을 이행할 수 없을 정도로 법령등이나 사정이 변경된 경우에는 확약에 기속되지 아니한다.
② 공정거래위원회가 부당한 공동행위를 한 사업자들 중 자진신고자에 대하여 구 독점규제 및 공정거래에 관한 법령에 따라 과징금 부과처분(선행처분)을 한 뒤, 다시 자진신고자에 대한 사건을 분리하여 자진신고를 이유로 과징금 감면처분(후행처분)을 한 경우, 후행처분의 취소를 구하는 소는 부적법하다.
③ 성희롱 행위를 이유로 한 국가인권위원회의 인사조치권고에 대하여 성희롱 행위자로 결정된 자는 항고소송을 통해 다툴 수 있다.
④ 행정청은 법률로 정하는 바에 따라 완전히 자동화된 시스템(인공지능 기술을 적용한 시스템을 포함한다)으로 처분을 할 수 있다. 다만, 처분에 재량이 있는 경우는 그러하지 아니하다.

15. 행정벌에 대한 설명으로 옳은 것은?
① 지방국세청장 또는 세무서장이 조세범칙행위에 대하여 고발을 한 후에 동일한 조세범칙행위에 대하여 통고처분을 한 경우, 조세범칙행위자가 이러한 통고처분을 이행하였더라도 「조세범 처벌절차법」에서 정한 일사부재리의 원칙이 적용될 수 없다.
② 지방자치단체 소속 공무원이 지방자치단체 고유의 자치사무를 수행하던 중 「도로법」에 위반하는 행위를 한 경우 지방자치단체는 「도로법」상 양벌규정에 따라 처벌대상이 되는 법인에 해당하지 아니한다.
③ 「질서위반행위규제법」상 법원의 과태료 재판이 확정된 후에는 법률이 변경되어 그 행위가 질서위반행위에 해당하지 아니하게 된 경우라 하더라도 과태료의 집행을 면제하지 못한다.
④ 행정청의 과태료 부과에 불복하는 이의제기가 있더라도 과태료 부과처분은 그 효력을 상실하지 않는다.

16. 행정법의 일반원칙에 대한 설명으로 옳지 않은 것은?
① 국민건강보험공단이 직장가입자와 사실상 혼인관계에 있는 사람 중 이성 동반자와 달리 동성 동반자인 자를 피부양자로 인정하지 않고 피부양자 자격을 박탈하는 처분을 한 것은 헌법상 평등원칙에 위반된다.
② 국립대학교 법학전문대학원에 입학원서를 제출한 OO교 신자 갑이 종교적 신념을 지키기 위해 면접 일정을 토요일 오후 마지막 순번으로 변경해 달라는 취지의 이의신청서를 제출했으나, 총장이 이를 거부하고 면접평가에 응시하지 않은 갑에게 불합격 통지를 한 것은 헌법상 평등원칙을 위반한 것으로 위법하므로, 그 불합격처분은 취소되어야 한다.
③ 과세관청이 납세의무자에게 부가가치세 면세사업자용 사업자등록증을 교부한 행위는 그가 영위하는 사업에 관하여 부가가치세를 과세하지 아니함을 시사하는 언동이나 공적인 견해를 표명한 것으로 볼 수 있다.
④ 행정청이 외국인인 상대방에게 공신력이 있는 주민등록번호와 이에 따른 주민등록증을 부여한 행위는 그 상대방에게 대한민국 국적을 취득하였다는 공적인 견해를 표명한 것이라고 보아야 한다.

17. 취소소송의 판결에 대한 설명으로 옳지 않은 것은?
① 처분등을 취소하는 확정판결은 제3자에 대하여도 효력이 있다.
② 취소판결에 의해 취소된 영업허가취소처분 이후의 영업행위는 무허가영업에 해당하지 않는다.
③ 과세처분의 취소소송에서 청구가 기각된 확정판결의 기판력은 그 과세처분의 무효확인을 구하는 소송에도 미친다.
④ 새로운 처분의 처분사유가 종전 처분의 처분사유와 기본적 사실관계에서 동일하지 않은 다른 사유에 해당하더라도, 처분사유가 종전 처분 당시 이미 존재하고 있었고 당사자가 이를 알고 있었다면 이를 내세워 새로이 처분을 하는 것은 확정판결의 기속력에 저촉된다.

18. 행정소송의 심리에 대한 설명으로 옳지 않은 것은?
① 법원은 소송의 결과에 따라 권리 또는 이익의 침해를 받을 제3자가 있는 경우에는 당사자 또는 제3자의 신청 또는 직권에 의하여 결정으로써 그 제3자를 소송에 참가시킬 수 있다.
② 처분청이 거부처분에 대한 항고소송에서 기존의 처분사유와 기본적 사실관계가 동일하지 않은 사유를 처분사유로 추가·변경한 것에 대하여 처분상대방이 추가·변경된 처분사유의 실체적 당부에 관하여 해당 소송 과정에서 심리·판단하는 것에 명시적으로 동의하는 경우에는, 법원으로서는 그 처분사유가 기존의 처분사유와 기본적 사실관계가 동일한지와 무관하게 예외적으로 이를 허용할 수 있다.
③ 취소소송에서 쟁송의 대상이 되는 행정처분의 존부는 소송요건으로서 법원의 직권조사사항이고 자백의 대상이 될 수 없다.
④ 민간투자사업 실시협약을 체결한 당사자가 공법상 당사자소송에 의하여 그 실시협약에 따른 재정지원금의 지급을 구하는 경우에, 수소법원은 주무관청이 재정지원금액을 산정한 절차 등에 위법이 있는지 여부를 심사할 수는 있지만 실시협약에 따른 적정한 재정지원금액이 얼마인지를 구체적으로 심리·판단할 수 없다.

19. 「공익사업을 위한 토지 등의 취득 및 보상에 관한 법률」에 대한 설명으로 옳은 것은?
    ① 사업시행자는 동일한 소유자에게 속하는 일단의 토지의 일부를 취득하거나 사용하는 경우 해당 공익사업의 시행으로 인하여 잔여지의 가격이 증가하거나 그 밖의 이익이 발생한 경우에도 그 이익을 그 취득 또는 사용으로 인한 손실과 상계할 수 없다.
    ② 보상액을 산정할 경우에 해당 공익사업으로 인하여 토지 등의 가격이 변동되었을 때에는 이를 고려하여야 한다.
    ③ 잔여지 수용청구를 받아들이지 않은 토지수용위원회의 재결에 대하여 토지소유자가 불복하여 제기하는 소송은 항고소송에 해당한다.
    ④ 토지수용위원회는 사업시행자, 토지소유자 또는 관계인이 신청한 범위에서 재결하여야 하고, 손실보상의 경우에는 증액재결을 할 수 없다.

20. 행정상 계약에 대한 설명으로 옳지 않은 것은?
    ① 채용계약상 특별한 약정이 없는 한, 지방계약직공무원에 대하여 「지방공무원법」, 「지방공무원 징계 및 소청 규정」에 정한 징계절차에 의하지 않고서는 보수를 삭감할 수 없다.
    ② 계약직공무원 채용계약해지의 의사표시를 함에 있어서는 「행정절차법」에 의하여 근거와 이유를 제시하여야 한다.
    ③ 행정청은 법령등을 위반하지 아니하는 범위에서 행정목적을 달성하기 위하여 필요한 경우에는 공법상 법률관계에 관한 계약을 체결할 수 있다. 이 경우 계약의 목적 및 내용을 명확하게 적은 계약서를 작성하여야 한다.
    ④ 지방자치단체를 당사자로 하는 계약에 관하여는 그 계약의 성질이 사법상 계약인지 공법상 계약인지와 상관없이 원칙적으로 「지방자치단체를 당사자로 하는 계약에 관한 법률」의 규율이 적용된다고 보아야 한다.

행정학개론

1. 정책문제의 정의에 대한 설명으로 옳지 않은 것은?
   ① 객관적인 문제상황을 주관적으로 정의하기 때문에 인공성·차별적 이해성·정치성을 띤다.
   ② 문제의 인지, 문제의 탐색, 문제의 정의, 문제의 구체화의 과정을 거친다.
   ③ 정책문제의 정의 시 정책목표, 인과관계, 관련요소, 역사적 맥락 등을 고려해야 한다.
   ④ 정책문제의 정의는 제3종 오류를 방지하기 위한 활동이다.

2. 특별회계에 대한 설명으로 옳지 않은 것은?
   ① 일반회계 외의 별도의 회계를 설치한다는 점에서 예산단일성의 원칙의 예외이다.
   ② 기업특별회계는 「정부기업예산법」에 근거하여 설치되며, 기타특별회계는 「국가재정법」 별표1에 규정된 법률에 의하지 아니하고는 이를 설치할 수 없다.
   ③ 세입은 사업소득, 부담금, 수수료, 전입금 등이며, 세출은 특정세출에 충당한다.
   ④ 입법부와 국민에 의한 예산통제를 강조한다면 특별회계의 수는 많을수록 바람직하다.

3. 현대 행정이론에 대한 설명으로 가장 옳지 않은 것은?
   ① 공공선택론(Public Choice Theory)은 시민들의 다양한 선호를 충족하기 위해 단일의 집권적 서비스 공급 체계보다는 중첩적이고 분권적인 다원조직 체계를 선호한다.
   ② 사회학적 신제도주의에 의하면 조직은 효율성 극대화보다는 정당성을 확보하기 위해 제도적 동형화(Isomorphism)를 보인다.
   ③ 탈신공공관리론(Post-NPM)은 신공공관리론의 한계를 극복하기 위하여 분권화와 자율성을 강화하고자 한다.
   ④ 무어(Moore)의 공공가치창출론은 공적가치의 형성, 정당성과 지지의 확보, 운영역량으로 구성된 전략적 삼각형 모형을 제시한다.

4. 동기부여이론에 대한 설명으로 옳은 것끼리 묶인 것은?
   > ㉠ 매슬로우(Maslow)는 욕구의 발로는 순차적이며, 하위욕구가 어느 정도 충족되어야만 다음 단계의 상위욕구로 진행된다고 보았다.
   > ㉡ 아지리스(Argyris)는 개인의 성격은 미성숙한 상태에서 성숙한 상태로 변하며, 조직도 이에 따라 관리방식이 변화된다고 보았다.
   > ㉢ 페리(Perry)는 민간부문 종사자와 달리 공공부문 종사자는 공익, 이타심, 사회에 기여하고자 하는 욕구에 의해 행동이 촉발된다고 보았다.
   > ㉣ 로크(Locke)는 행동의 원인에 초점을 두는 강화이론과 달리 행동의 결과가 동기부여를 가져올 수 있다고 보았다.

   ① ㉠, ㉡
   ② ㉠, ㉢
   ③ ㉡, ㉣
   ④ ㉢, ㉣

5. 공무원의 노동조합 설립 및 운영에 관한 설명으로 옳지 않은 것은?
   ① 노동조합 대표자는 임용권의 행사나 신규공무원의 채용 기준과 절차 등에 대하여는 단체협약을 체결할 수 없다.
   ② 일반직 공무원은 직급제한 없이 노조에 가입할 수 있으며 퇴직공무원도 노조에 가입할 수 있으나 별정직 공무원은 노조에 가입할 수 없다.
   ③ 특정직 공무원은 외무공무원의 일부와 교원을 제외한 교육공무원 및 소방공무원의 경우 노조에 가입할 수 있다.
   ④ 공무원은 임용권자의 동의를 받아 노동조합으로부터 급여를 지급받으면서 노동조합의 업무에만 종사할 수 있다.

6. 앨리슨(Allison)의 의사결정모형에 대한 설명으로 가장 옳은 것은?
   ① 모형 I(합리적 행위자 모형)은 정부를 잘 조직화된 유기체로 보며, 표준운영절차(SOP)에 따른 결정을 강조한다.
   ② 모형 II(조직과정 모형)는 하위 조직 간의 독립성이 낮고 상부의 통제가 완벽할 때 나타나는 모형이다.
   ③ 모형 III(관료정치 모형)은 정책 결정을 정치적 게임의 결과로 보며, 상호 의존적인 개별 행위자들의 전략적 상호 작용과 타협을 중시한다.
   ④ 모형 II(조직과정 모형)에서는 조직을 느슨한 하위조직의 연합체로 인식하고, 모형 III(관료정치 모형)에서는 조직을 개인 행위자들의 집합체로 인식한다.

7. 조세지출 및 조세지출예산제도에 대한 설명으로 옳지 않은 것은?
   ① 조세지출은 보조금 지급, 비과세 혜택, 우대세율 적용 등을 통한 정부의 간접적 재정지원을 말한다.
   ② 조세지출은 숨겨진 보조금(hidden subsidies)으로 예산지출에 비해 지속성과 경직성이 강하다.
   ③ 「국가재정법」은 행정부가 국회에 예산안을 제출할 때 조세지출예산서를 첨부하도록 규정하고 있다.
   ④ 조세지출예산서는 기획예산처장관이 작성하고, 국회의 의결을 받아 집행된다.

8. 피터스(Peters)가 제시하고 있는 전통적 관료제에 대한 대안적 정부 모형에 관한 다음 설명 중 가장 옳지 않은 것은?
   ① 시장모형(market government)은 민간부문이 공공부문보다 본질적으로 성과측면에서 우위에 있다고 전제한다.
   ② 참여모형(participative government)은 전통적 관료조직의 계층성을 비판하고 분권적 조직 또는 준자치적 조직을 강조한다.
   ③ 유연모형(flexible government)은 전통적 관료조직의 경직성이 불러오는 문제점을 지적하며, 임시조직 활용의 필요성을 주창한다.
   ④ 저통제 모형(deregulated government)은 공직사회 내부 통제 완화를 통해 공직자의 잠재력과 창의성이 고양되면 관료제는 역동적으로 기능할 것으로 가정한다.

9. 지방자치단체장의 권한에 대한 설명으로 옳지 않은 것은?
   ① 지방자치단체장은 지방의회의 의결이 월권 또는 법령에 위반되거나 공익을 현저히 해한다고 인정되는 경우에 지방의회에 재의를 요구할 수 있다.
   ② 지방자치단체장은 주민의 생명과 재산보호를 위하여 긴급하게 필요한 사항으로 지방의회를 소집할 시간적 여유가 없을 때에 한하여 선결처분 할 수 있다.
   ③ 단체장은 지방의회에서 재의결된 사항이 법령에 위반된다고 판단되면 재의결된 날로부터 20일 내에 대법원에 제소할 수 있다.
   ④ 단체장은 지방의회에 조례안·예산안을 제출하며, 기타 지방의회의 의결사항에 관하여 의안을 제안하는 발의권을 가진다.

10. 우리나라의 규제개혁에 대한 설명으로 옳은 것끼리 묶인 것은?

    ⊙ 규제영향분석제도는 관료에게 규제편익에 대한 관심과 책임감을 갖도록 유도하여 사회적 자원의 효율적 배분에 기여한다.
    ⓛ 규제비용관리제는 새로운 규제 도입 시 그에 상응하는 비용을 가진 기존 규제를 폐지하여 규제비용의 총량을 관리하는 제도이다.
    ⓒ 규제합리화위원회는 대통령 소속 기관으로 국무총리와 대통령이 위촉한 자를 위원장(위원장 2명)으로 하며, 위원장을 포함한 20명 이상 25명 이하의 위원으로 구성된다.
    ⓔ 포괄적 네거티브 규제방식은 신산업분야에서 우선 허용 후 사후규제를 원칙으로 하여, 관료의 규제 신설에 대한 입증책임을 강화한다.

    ① ⊙, ⓛ
    ② ⊙, ⓒ
    ③ ⓛ, ⓔ
    ④ ⓒ, ⓔ

11. 정책집행의 접근방법에 대한 설명으로 옳지 않은 것은?
    ① 하향적 접근은 정책과 집행의 완전한 인과관계를 성공적 집행의 조건으로 본다.
    ② 상향적 접근은 정책결정자에게 바람직한 정책집행을 위한 규범적 처방을 제시한다.
    ③ 하향적 접근은 집행과정에서 나타나는 다양한 요인들을 연역적으로 도출하고자 한다.
    ④ 상향적 접근은 행위자 중심의 연구로 정책집행을 반대하는 입장이나 전략 파악이 용이하다.

12. 전통적 예산의 원칙에 대한 다음 설명 중 옳지 않은 것은?
    ① 통일성의 원칙이란 특정세입으로 특정세출에 충당해서는 안 된다는 원칙이다.
    ② 단일성의 원칙이란 모든 수입은 하나로 합쳐져 지출되어야 한다는 원칙이다.
    ③ 예산총계주의란 정부의 세입과 세출은 모두 예산에 계상되어야 한다는 원칙이다.
    ④ 명확성의 원칙은 국민이 쉽게 이해할 수 있도록 예산서의 과목과 구조가 단순해야 한다는 원칙이다.

13. 민자유치사업에 대한 다음 설명 중 옳지 않은 것은?
① BTO는 민간이 공공시설을 건설하여 소유권을 정부에 이전한 후 민간이 사업을 운영하는 방식이다.
② BTL은 민간이 건설한 공공시설의 소유권을 정부에게 이전한 후 정부가 사업을 운영하며, 정부가 민간에 임대료를 지불하는 방식이다.
③ BOO는 민간이 공공시설을 건설하여 민간이 소유권을 유지한 상태에서 민간이 사업을 운영하는 방식이다.
④ BTL은 BTO와 달리 최소운영수입보장제도 및 적자보전계약이 전제되어야 한다.

14. 다음 중 애드호크라시(Adhocracy)의 특징으로 거리가 먼 것은?
① 높은 수준의 수평적 분화와 낮은 수준의 수직적 분화를 추구한다.
② 의사결정의 속도를 빠르게 하고 유연성을 확보하기 위해서 분권화를 강조한다.
③ 집단적 문제해결을 지향하기 때문에 팀워크가 중시되며, 권한과 책임의 한계가 명확하다.
④ 복잡성이 낮은 탈관료제 조직으로 환경의 변화에 신속하게 대응할 수 있다.

15. 역량평가에 대한 설명으로 옳지 않은 것은?
① 역량평가는 실제업무와 유사한 모의상황을 설정하여 현실적 직무 상황에 근거한 행동을 관찰하는 평가이다.
② 역량평가는 공정하고 타당성 있는 평가를 위하여 다수 평가자에 의한 평가가 이루어진다.
③ 역량평가는 일종의 사후적 검증장치로 대상자의 업무에 대한 성과를 평가한다.
④ 역량평가는 성과에 대한 외부변수를 통제함으로써 개인의 역량에 대한 객관적인 평가가 가능하다.

16. 현행 「정부업무평가기본법」에 대한 설명으로 옳지 않은 것끼리 묶인 것은?

> ㉠ 중앙행정기관의 장은 정부업무평가기본계획을 수립하고 최소한 3년마다 타당성을 검토하여 수정·보완하여야 한다.
> ㉡ 특정평가란 국정통합관리를 위하여 2이상의 중앙행정기관 관련 시책, 주요 현안 시책, 혁신관리 및 대통령령이 정하는 대상 부분에 대하여 국무총리가 실시하는 평가를 말한다.
> ㉢ 국무총리는 중앙행정기관의 자체평가결과를 확인·점검 후 평가의 객관성·신뢰성에 문제가 있어 다시 평가할 필요가 있다고 판단되는 때에는 정부업무평가위원회의 심의·의결을 거쳐 재평가를 실시할 수 있다.
> ㉣ 국무총리는 지방자치단체에 대한 합동평가를 효율적으로 추진하기 위하여 국무총리 소속하에 지방자치단체합동평가위원회를 설치·운영할 수 있다.
> ㉤ 중앙행정기관의 장은 자체평가위원회를 구성·운영하여야 하며 이 경우 평가의 공정성과 객관성을 확보하기 위하여 자체평가위원의 1/2 이상을 민간위원으로 하여야 한다.

① ㉠, ㉡, ㉣
② ㉢, ㉣, ㉤
③ ㉠, ㉢, ㉤
④ ㉠, ㉣, ㉤

17. 라이트(Wright)의 정부 간 관계모형에 대한 설명으로 옳지 않은 것은?
① 분리권위형에서는 지방정부가 중앙정부와 정치적 타협과 협상을 벌인다.
② 포괄권위형에서는 중앙정부와 지방정부 사이에 엄격한 명령·복종관계가 존재한다.
③ 중첩권위형에서는 각 수준의 정부가 때로는 경쟁하고 때로는 협력하는 관계를 맺는다.
④ 라이트(Wright)의 모형은 정부 간 역동적인 관계를 포착하는데 한계가 있다.

18. 시장실패와 정부실패를 해결하기 위한 정부의 대응 방식에 대한 설명으로 옳지 않은 것은?
① 권력의 편재로 인한 분배의 불형평으로 발생하는 정부실패는 정부 보조 삭감 또는 규제 완화의 방식으로 해결하는 것이 적합하다.
② 공공재의 존재에 의해서 발생하는 시장실패는 공적 공급의 방식으로 해결하는 것이 적합하다.
③ 자연독점에 의해서 발생하는 시장실패는 공적공급이나 정부규제 방식으로 해결하는 것이 적합하다.
④ 파생적 외부효과로 인한 정부실패는 정부 보조 삭감 또는 규제 완화의 방식으로 해결하는 것이 적합하다.

19. 관료제의 병리에 대한 설명으로 옳지 않은 것은?
① 관료제는 계층성으로 인하여 관료들이 무능력한 수준까지 승진하는 피터(Peter)의 원리가 발생한다.
② 관료제는 상사의 계서제적 권한과 부하의 전문적 권력이 충돌하는 국지주의가 발생한다.
③ 셀즈닉(Selznick)은 관료제의 분업으로 인한 할거주의가 조직하위체제의 분열을 초래한다고 비판하였다.
④ 골드너(Gouldner)는 관료제의 부하를 통제하기 위한 규칙중심의 관리가 관료들의 무사안일을 초래한다고 비판하였다.

20. 전략적 인적자원관리(S-HRM)에 대한 설명으로 옳은 것은?
① 장기적 관점에서 현재 및 미래의 환경변화와 이를 기반으로 하는 역량분석에 집중한다.
② 직무만족 및 조직시민행동에 중점을 두고 개인의 심리적 측면에 분석의 초점을 둔다.
③ 조직의 목표달성을 보조하기 위한 통제 메커니즘 구축에 초점을 둔다.
④ 개별 인적자원관리 기능의 부분 최적화를 추구한다.

합격을 만드는

5월

주간 합격모의고사

-제5회-

이 름: _____

제1과목 국어
제2과목 영어
제3과목 한국사
제4과목 행정법총론
제5과목 행정학개론

주간 모의고사 정오표

합격까지 박문각

국 어

1. <공공언어 바로 쓰기 원칙>에 따라 수정한 것으로 적절하지 않은 것은?

> **< 공공언어 바로 쓰기 원칙 >**
>
> ○ 다듬은 말 사용
> - 다듬기(국어 순화)의 의미: 지나치게 어렵거나 생소한 말을 '쉽고 바르고 고운 말'로 다듬는 것, 생소한 외래어나 외국어를 우리말로 다듬는 것.
> - 다듬기의 목적 및 효용: 국어의 쉽고 원활한 의사소통 기능 향상, 국어 문화와 민족 문화 발전, 경제적 손실 방지.

① "회의 결과를 공람하시오."에서 '공람하시오'를 '함께 보시오'로 수정한다.

② "본 사업의 아웃소싱 업체를 선정한다."에서 '아웃소싱'을 '외부 위탁'으로 수정한다.

③ "행사 준비를 위해 인프라를 점검한다."에서 '인프라'를 '참가자'로 수정한다.

④ "신규 직원 온보딩 절차를 마련한다."에서 '온보딩'을 '적응 교육'으로 수정한다.

2. <개요>의 빈칸에 들어갈 내용으로 적절하지 않은 것은?

> **<개 요>**
>
> ○ 제목: 기후 위기 시대 탄소 중립 실현의 장애 요인과 추진 방안
>
> Ⅰ. 탄소 중립의 개념과 실태
>   1. 개념: 온실가스 배출량과 흡수량을 균형 있게 유지하는 상태
>   2. 실태: 국내 온실가스 감축 목표 달성 지연 및 기업·가계 부문 탄소 배출 지속
>
> Ⅱ. 탄소 중립 실현의 장애 요인
>   [   ]
>
> Ⅲ. 탄소 중립 실현 추진 방안
>   1. 재생에너지 전환 비용 지원 및 녹색 산업 육성 투자 확대
>   2. 탄소 배출 기업에 대한 규제 강화 및 탄소세 도입 추진
>   3. 탄소 중립 생활 실천을 위한 시민 교육 및 인식 제고 캠페인 운영

① 재생에너지 전환에 따른 경제적 비용 부담 및 산업계 저항

② 탄소 중립 우수 기업 대상 공공 조달 우선권 부여 제도 신설

③ 탄소 배출 규제 체계의 미흡함 및 탄소세 제도 부재

④ 탄소 중립에 대한 시민 인식 부족 및 생활 실천 문화 미형성

3. ㉠~㉣ 중 문맥상 어색한 곳을 수정한 것으로 가장 적절한 것은?

> 지구의 대기권은 고도에 따른 기온 변화를 기준으로 여러 층으로 구분된다. 가장 아래에 위치한 대류권은 지표면에서 약 11km까지이며, 고도가 높아질수록 기온이 낮아진다. 이는 지표면이 태양 복사 에너지를 흡수하여 대기를 가열하기 때문이다. 대류권에서는 ㉠ 기온의 연직 불안정으로 대류가 활발하게 일어나 기상 현상이 집중된다. 대류권 위에 위치한 성층권은 약 11~50km 구간으로, 고도가 높아질수록 기온이 ㉡ 낮아진다. 이는 성층권에 분포한 오존층이 자외선을 흡수하여 주변 대기를 가열하기 때문이다. 기온이 고도에 따라 상승하는 성층권에서는 대류가 억제되어 대기가 안정적이며, 기상 현상이 거의 나타나지 않는다. 성층권 위의 중간권에서는 다시 고도가 높아질수록 기온이 낮아지므로 대류가 발생하지만, ㉢ 수증기가 거의 없어 기상 현상은 나타나지 않는다. 가장 바깥쪽의 열권은 고도가 높아질수록 기온이 상승하며, 태양풍과 상호작용하여 ㉣ 오로라가 나타나는 층이다.

① ㉠: 기온의 연직 안정으로 대류가 억제되어 기상 현상이 집중된다

② ㉡: 높아진다

③ ㉢: 수증기가 풍부하여 강수 현상이 활발하게 나타난다

④ ㉣: 오존층이 형성되어 자외선을 차단하는 층

4. 다음 글의 ㉠과 ㉡에 대한 분석으로 적절하지 않은 것은?

> 동물실험은 신약 개발, 의료 기기 검증, 독성 물질 연구 등 다양한 분야에서 오랫동안 활용되어 왔다. 그러나 동물의 권리와 윤리적 문제에 대한 사회적 인식이 높아지면서 동물실험의 허용 여부를 둘러싼 논쟁이 지속되고 있다. 이에 대해 찬성 측과 반대 측은 서로 다른 근거를 들어 주장을 펼치고 있다. ㉠ 찬성 측은 동물실험이 신약 및 의료 기술 개발 과정에서 인체에 적용하기 전 안전성을 검증하는 필수적인 단계라고 주장한다. 현재까지 동물실험을 완전히 대체할 수 있는 기술이 개발되지 않은 상황에서, 동물실험을 전면 금지할 경우 의학 발전이 심각하게 저해되고 궁극적으로 인간의 생명과 건강에 해가 될 수 있다고 본다. ㉡ 반대 측은 동물도 고통을 느끼는 존재로서 실험 과정에서 가해지는 고통과 죽음은 윤리적으로 정당화될 수 없다고 주장한다. 또한 동물과 인간은 생리적 구조가 달라 동물실험 결과가 인간에게 그대로 적용되지 않는 경우가 많으며, 세포 배양, 컴퓨터 시뮬레이션 등 대체 실험 방법의 발전으로 동물실험의 필요성이 점차 줄어들고 있다고 본다.

① ㉠은 현재 동물실험을 대체할 수 있는 기술이 아직 충분히 개발되지 않았다는 근거를 제시해야 한다.

② ㉡은 동물실험 결과가 인간에게 적용되지 않은 구체적인 사례를 근거로 제시해야 주장이 강화된다.

③ ㉠은 동물실험 없이도 신약의 안전성을 동등하게 검증할 수 있는 대체 수단이 존재한다는 근거를 제시해야 한다.

④ ㉡은 대체 실험 방법이 동물실험과 동등한 수준의 결과를 도출할 수 있다는 근거를 제시해야 주장이 강화된다.

5. 다음 글을 이해한 내용으로 적절하지 <u>않은</u> 것은?

역사학에서 '구술사'는 문헌 기록에 남지 않은 개인과 집단의 경험을 당사자의 증언을 통해 복원하는 방법론이다. 기존의 역사 서술이 공식 문서, 통계, 지배 계층의 기록에 의존해 온 반면, 구술사는 여성, 노동자, 소수 집단처럼 역사 기록에서 소외되었던 이들의 목소리를 적극적으로 발굴한다. 이를 통해 구술사는 공식 역사가 포착하지 못한 일상의 경험, 감정, 기억을 역사의 자료로 편입시킴으로써 역사 서술의 다양성과 입체성을 높인다. 구술사 연구자들은 증언자와의 심층 인터뷰를 통해 자료를 수집하며, 이 과정에서 연구자와 증언자 사이의 관계와 상호작용 자체도 중요한 연구 요소로 다루어진다. 그러나 구술사는 방법론적 한계도 갖는다. 인간의 기억은 완전하지 않으며, 시간이 지남에 따라 왜곡되거나 미화될 수 있다. 또한 증언자는 자신의 경험을 현재의 관점과 가치관에 따라 재해석하여 말하는 경향이 있어, 구술 자료는 과거 사건의 객관적 기록이라기보다 기억과 현재적 의미 부여가 뒤섞인 복합적 산물로 보아야 한다. 따라서 구술사 연구자들은 구술 자료를 다른 문헌 자료 및 맥락과 교차 검토하여 해석하는 비판적 태도를 취한다. 구술사는 공식 역사를 대체하는 것이 아니라, 그것을 보완하고 풍부하게 만드는 역할을 한다.

① 구술사는 공식 문서 중심의 역사 서술에서 소외된 집단의 경험을 복원하는 데 기여한다.
② 구술 자료는 과거 사건의 완전한 객관적 기록으로 활용될 수 있다.
③ 구술사 연구자들은 구술 자료를 다른 자료와 교차 검토하여 비판적으로 해석한다.
④ 구술사는 공식 역사를 대체하는 것이 아니라 보완하는 역할을 한다.

6. 다음 글에서 추론한 내용으로 적절하지 <u>않은</u> 것은?

도덕 판단의 기준을 두고 의무론적 윤리설과 결과론적 윤리설이 대립한다. 의무론적 윤리설은 행위의 옳고 그름이 그 행위의 결과가 아니라 행위 자체의 성질이나 의무에 의해 결정된다고 본다. 이 입장에서는 설령 나쁜 결과를 낳더라도 의무에 따른 행위는 도덕적으로 옳다고 평가하며, 좋은 결과를 낳더라도 의무에 반하는 행위는 도덕적으로 그릇된 것으로 본다. 반면 결과론적 윤리설은 행위의 도덕적 가치가 그 행위가 산출하는 결과에 달려 있다고 주장하며, 최대 다수의 최대 행복을 가져오는 행위를 도덕적으로 옳은 행위로 간주한다. 거짓말을 예로 들면 두 입장의 차이가 선명하게 드러난다. 의무론적 윤리설에서는 타인을 보호하기 위한 거짓말이라 하더라도, 거짓말이라는 행위 자체가 의무에 반하기 때문에 도덕적으로 그릇된 것으로 평가한다. 결과론적 윤리설에서는 그 거짓말이 더 많은 사람의 행복에 기여한다면 도덕적으로 허용될 수 있다고 본다. 두 입장은 각각 행위의 형식과 결과라는 서로 다른 기준에서 도덕성을 판단한다는 점에서 근본적으로 구별된다. 따라서 동일한 행위라도 어느 입장을 취하느냐에 따라 그에 대한 도덕적 평가가 전혀 달라질 수 있으므로, 두 입장의 판단 기준을 명확히 구분하여 이해하는 것이 중요하다.

① 의무론적 윤리설에 따르면, 좋은 결과를 목적으로 하더라도 의무에 반하는 수단을 사용하는 행위는 도덕적으로 그릇된 것이다.
② 결과론적 윤리설에 따르면, 소수를 희생시키더라도 더 많은 사람의 행복을 증진하는 행위는 도덕적으로 정당화될 수 있다.
③ 의무론적 윤리설은 행위가 사회 전체에 산출하는 결과를 도덕 판단의 핵심 기준으로 삼는다.
④ 결과론적 윤리설에서는 거짓말이라도 더 많은 사람의 행복에 기여한다면 도덕적으로 허용될 수 있다.

7. 다음 글의 중심 생각으로 가장 적절한 것은?

조선 시대 도자기는 단순한 생활용품을 넘어 당대의 미의식과 철학적 세계관을 담은 예술적 산물이다. 고려 시대의 청자가 귀족 문화의 화려함과 섬세함을 대변했다면, 조선의 백자는 성리학적 이념을 바탕으로 한 절제와 순백의 미학을 구현했다. 조선의 지배층은 '무문(無文)', 즉 장식 없는 순수한 흰 바탕 자체에서 아름다움을 찾았으며, 이는 사치와 과잉을 경계하고 검소함을 덕목으로 삼는 성리학적 가치관과 깊이 맞닿아 있었다.
그러나 조선 도자기의 미학은 무조건적인 단순함이 아니라 절제 속의 풍요로움을 지향했다. 청화백자에 나타나는 산수화나 사군자 문양은 여백을 최대한 살리면서도 간결한 필치로 깊은 정취를 자아내는데, 이는 동양 회화의 여백 미학과 일맥상통한다. 또한 달항아리로 불리는 백자 대호는 완벽한 원형을 목표로 하지 않고, 제작 과정에서 자연스럽게 생겨난 비대칭과 불완전함을 그대로 받아들인다. 이 불완전한 완전함 속에서 조선의 도공들은 인위적 통제를 넘어선 자연의 섭리를 발견했다.
이처럼 조선 도자기에 나타나는 미의식은 단순히 기술적 수준이나 형태적 특징으로만 평가될 수 없다. 백자의 순백함, 청화의 여백, 달항아리의 비대칭은 모두 성리학적 사유와 자연관, 그리고 삶의 태도가 물질적 형태로 응결된 결과이다. 조선 도자기를 감상한다는 것은 단순히 오래된 그릇을 보는 것이 아니라, 그 안에 담긴 시대의 철학과 인간관을 읽어 내는 행위라 할 수 있다.

① 조선 백자는 고려 청자에 비해 기술적으로 퇴보한 것처럼 보이지만, 의도적인 단순화를 통해 독자적인 예술 세계를 구축하였다.
② 조선 도자기의 미적 특징은 성리학적 세계관과 자연관이 물질적 형태로 구현된 것으로, 단순한 생활용품을 넘어선 철학적 산물이다.
③ 달항아리의 비대칭적 형태는 당시 도공들의 기술적 한계를 반영하는 것으로, 후대에 이르러 미적 가치로 재평가된 사례이다.
④ 조선 시대의 도자기 문화는 지배층의 성리학적 이념이 민간의 예술적 창의성을 억압한 결과로 형성된 제한적 미학이다.

8. 다음 글의 빈칸에 들어갈 결론으로 가장 적절한 것은?

　경제 정책에서 시간 불일치 문제란, 정책 당국이 사전에 발표한 최적의 정책이 시간이 흐른 뒤 실제 집행 단계에서는 더 이상 최적이 아니게 되어 이를 번복하려는 유인이 발생하는 현상을 가리킨다. 키들랜드와 프레스콧이 1977년 제시한 이 개념은 이후 거시경제 정책, 특히 중앙은행의 통화 정책을 이해하는 데 핵심적인 분석 틀이 되었다. 대표적인 사례는 인플레이션과 실업의 관계에서 나타난다. 중앙은행이 물가 안정을 최우선으로 하겠다고 선언하면, 민간 경제 주체들은 이를 믿고 낮은 인플레이션을 예상하며 임금과 계약을 체결한다. 그런데 일단 민간이 낮은 인플레이션 기대를 형성하고 나면, 중앙은행 입장에서는 예상치 못한 인플레이션을 유발하여 단기적으로 실업률을 낮추고 경기를 부양하려는 유인이 생긴다. 그러나 민간은 이러한 중앙은행의 유인 구조를 미리 예상하기 때문에, 처음부터 낮은 인플레이션 공약을 신뢰하지 않게 된다. 결국 중앙은행은 공약을 지키더라도 민간의 인플레이션 기대를 낮추지 못하는 딜레마에 빠진다. 이 문제를 해결하기 위해 고안된 제도적 장치 중 하나가 중앙은행의 독립성 보장이다. 정부의 단기적 정치 논리로부터 중앙은행을 분리함으로써, 통화 정책의 신뢰성을 제도적으로 확보하려는 것이다. 물가 안정 목표제나 준칙에 기반한 통화 정책 역시 재량적 판단의 여지를 줄여 시간 불일치 문제를 완화하기 위한 수단으로 기능한다. 이와 같이 시간 불일치 문제는 _____

① 중앙은행이 단기적 경기 부양보다 장기적 물가 안정을 일관되게 추구할 때 자연스럽게 해소되는 현상으로, 정책 당국의 의지가 가장 중요한 해결책이다.

② 민간 경제 주체의 비합리적 기대가 정책 신뢰를 훼손하는 데서 비롯되므로, 경제 주체의 기대 형성 방식을 교정하는 것이 근본적인 해법이다.

③ 정책 당국의 재량적 판단 자체에 내재된 유인 구조의 문제이므로, 신뢰성을 제도적으로 담보하는 장치를 통해 완화될 수 있다.

④ 인플레이션과 실업의 상충 관계에서 비롯된 것이므로, 두 변수를 동시에 안정시키는 새로운 통화 정책 모형의 개발로 근본적으로 해결될 수 있다.

[9~10] 다음 글을 읽고 물음에 답하시오.

　동아시아 회화론에서 '기운생동(氣韻生動)'은 남제(南齊)의 화가 사혁이 제시한 육법(六法) 중 첫 번째 원칙으로, 이후 동아시아 미학의 핵심 개념으로 자리 잡았다. '기운(氣韻)'이란 생명적 에너지인 기(氣)가 운율적으로 울려 퍼지는 상태를 뜻하며, '생동(生動)'은 그것이 화면 안에서 살아 움직이듯 표현되어야 함을 가리킨다. 이 원칙은 단순한 형사(形似), 즉 외형의 닮음을 넘어서 사물 내면에 흐르는 생명력을 포착해야 한다는 요구를 담고 있다.

　북송의 소식(蘇軾)은 이 논의를 더욱 심화시켜, 형사에 집착하는 그림은 어린아이 수준에 불과하다고 비판하였다. 그에게 훌륭한 그림이란 사물의 외형을 정확히 재현하는 것이 아니라, 화가의 내적 정신이 화면에 투영되는 '사의(寫意)'의 경지에 도달하는 것이었다. 그는 대나무를 그릴 때 눈앞의 대나무를 보면서 그릴 것이 아니라, 이미 마음속에 완성된 대나무, 즉 흉중성죽(胸中成竹)의 상태에서 붓을 놀려야 한다고 주장하였다. 이 관점에서 그림의 완성도는 외적 대상의 충실한 재현이 아닌, 화가의 정신적 경지에 달려 있다.

　원나라의 조맹부는 서화동원론(書畫同源論)을 전개하며 회화와 서예가 같은 원리에서 출발한다고 주장하였다. ㉠ 그는 서예의 필법이 회화의 근본이 되어야 한다고 보았으며, 이를 통해 회화가 단순한 사실 묘사에서 벗어나 문인의 인격과 수양을 담는 그릇이 되어야 한다는 문인화(文人畫) 이념을 정립하였다. 이 전통에서 그림을 잘 그린다는 것은 기술적 숙련도의 문제가 아니라, 화가의 학문적·인격적 깊이의 문제였다.

　㉡ 그들이 공유하는 핵심은, 회화의 가치가 외적 재현의 정확성이 아닌 내적 정신의 표출에 있다는 인식이다. 이 동아시아 회화론의 전통은 서구의 사실주의적 재현 미학과 뚜렷이 대비된다. 서구에서 원근법과 명암법이 시각적 현실을 충실히 모방하는 방향으로 발전하였다면, ㉢ 그들은 대상을 객관적으로 재현하는 것을 예술의 최고 가치로 삼았다. 반면 동아시아에서는 역설적으로 형사를 벗어날수록 더 높은 예술적 경지에 이른다는 인식이 지배적이었다. ㉣ 그들의 미학은 예술이 자연을 모방하는 것이 아니라, 자연 속에 흐르는 보이지 않는 원리를 구현하는 것이라는 독자적 예술 철학으로 이어졌다.

9. 윗글을 읽고 추론한 내용으로 가장 적절한 것은?
① 사혁의 기운생동 원칙은 사물의 외형을 정밀하게 묘사하는 형사(形似)를 회화의 제1 원칙으로 삼고 있다.
② 소식의 회화론에서 화가가 대나무를 그릴 때 가장 중요한 것은 눈앞의 대나무를 얼마나 정확히 관찰하느냐이다.
③ 조맹부는 서예의 필법이 회화의 근간이 되어야 한다고 보았으며, 이는 회화를 화가의 인격과 수양을 표현하는 매체로 이해하는 문인화 이념과 연결된다.
④ 동아시아 회화론은 서구의 사실주의 미학과 마찬가지로, 시각적 현실을 충실히 재현하는 것을 회화의 궁극적 목표로 삼는다.

10. ㉠~㉣ 중 지시 대상이 같은 것끼리 묶인 것은?
① ㉠, ㉡
② ㉠, ㉢
③ ㉡, ㉢
④ ㉡, ㉣

11. 다음 글의 전개 순서로 가장 자연스러운 것은?

> (가) 한편, 수면 부족이 장기화될 경우 단순한 피로를 넘어 심각한 건강 문제로 이어질 수 있다. 만성적인 수면 부족은 면역 기능을 저하시키고, 심혈관 질환 및 대사 장애의 위험을 높이는 것으로 보고되고 있다. 또한 정서 조절 능력이 약화되어 불안 및 우울 증상이 악화될 가능성도 크다.
>
> (나) 수면은 단순한 휴식이 아니라 뇌와 신체가 하루 동안 축적된 피로를 회복하고 정보를 정리하는 능동적인 과정이다. 특히 수면 중에는 기억 공고화, 노폐물 제거, 호르몬 분비 등 생존에 필수적인 생리적 기능이 집중적으로 이루어진다.
>
> (다) 그럼에도 불구하고 현대인들은 다양한 이유로 충분한 수면을 취하지 못하고 있다. 과도한 업무와 학업, 스마트폰 사용, 불규칙한 생활 패턴 등이 수면 시간을 갉아먹는 주요 원인으로 꼽힌다. 그 결과 전 세계적으로 수면 부족 인구가 급격히 증가하는 추세이다.
>
> (라) 따라서 수면의 질을 개선하기 위한 사회적 인식 전환이 시급하다. 수면을 게으름이나 비효율의 상징으로 보는 시각에서 벗어나, 이를 생산성과 건강의 토대로 인식하는 문화적 변화가 필요하다. 규칙적인 수면 습관 형성을 위한 개인적 노력과 함께, 사회 구조적 차원의 지원도 함께 이루어져야 한다.

① (나)-(가)-(다)-(라)   ② (나)-(다)-(가)-(라)
③ (나)-(다)-(라)-(가)   ④ (다)-(나)-(가)-(라)

[12~13] 다음 글을 읽고 물음에 답하시오.

> 이양하의 수필 「나무」는 나무의 존재 방식을 통해 인간의 삶의 태도를 ⊙ 돌아보게 하는 성찰적 글쓰기의 전범(典範)으로 꼽힌다. 필자는 나무가 어떠한 외적 조건에도 흔들리지 않고 자기 자리를 지키는 것에서 깊은 인상을 받는다. 나무는 폭풍이 몰아쳐도 가지를 떨어뜨리고 버티며, 가뭄이 들어도 뿌리를 더 깊이 ⓛ 뻗어 생존을 도모한다. 이 묵묵한 견뎌 냄을 필자는 단순한 식물적 생존 전략이 아닌, 존재가 자신의 본질에 충실한 방식으로 ⓒ 받아들인다.
>
> 이 수필이 주목받는 까닭은 자연에 대한 관찰이 내면의 성찰로 이어지는 그 전환의 자연스러움에 있다. 필자는 나무를 바라보면서 인간이 얼마나 쉽게 외부의 시선과 환경에 ⓔ 휘둘리는가를 반성하며, 나무처럼 침묵 속에서 자기 자신을 지켜 내는 삶의 방식이야말로 진정한 의미에서의 자유임을 역설한다. 이러한 통찰은 지식인 특유의 관념적 논변이 아니라, 구체적인 자연물에서 우러나온 생생한 체험에서 비롯된 것이라는 점에서 더욱 설득력 있게 다가온다.
>
> 또한 이양하의 수필은 문장의 품격이라는 측면에서도 독보적인 위치를 차지한다. 그는 감정을 직접 표출하는 대신, 사물에 대한 정밀한 관찰과 절제된 언어로 독자를 설득한다. 감탄이나 과장 없이 담담하게 이어지는 문장들은 오히려 깊은 울림을 남기는데, 이는 주제를 부각하기 위해 의도적으로 선택된 문체 전략이라 할 수 있다. 이처럼 「나무」는 소재, 주제, 형식이 삼위일체를 이루는 완성도 높은 수필로서 한국 현대 수필 문학의 성취를 보여 준다.

12. 윗글을 이해한 내용으로 가장 적절한 것은?
① 이양하는 나무의 생존 방식을 단순한 식물적 본능으로 보고, 인간의 삶과의 유사성을 부정한다.

② 이양하가 수필에서 역설하는 자유는 외부의 시선과 환경으로부터 벗어나 자기 자신을 지키는 데서 온다.
③ 이양하 수필의 설득력은 자연 관찰보다 논리적 관념 체계에 근거를 둔 지식인적 논변에서 비롯된다.
④ 이양하는 감정을 적극적으로 표출하고 과장된 표현을 활용함으로써 독자에게 강한 인상을 남기는 방식을 취한다.

13. ⊙~ⓔ과 바꿔 쓸 수 있는 표현으로 적절하지 않은 것은?
① ⊙: 성찰(省察)하게
② ⓛ: 신장(伸張)하여
③ ⓒ: 수용(受容)한다
④ ⓔ: 좌지우지(左之右之)되는가

14. (가)~(다)를 전제로 할 때 빈칸에 들어갈 결론으로 가장 적절한 것은?

> (가) 공사 기간이 지연되고 추가 인력이 투입되지 않았다면, 준공 일정이 차질을 빚는다.
> (나) 준공 일정이 차질을 빚는다면, 입주 예정자들의 계약 해지 요청이 증가한다.
> (다) 입주 예정자들의 계약 해지 요청이 증가하지 않았다.
> 따라서 [ ]

① 공사 기간이 지연되지 않았다.
② 추가 인력이 투입되었다.
③ 공사 기간이 지연되지 않았거나, 추가 인력이 투입되었다.
④ 공사 기간이 지연되지 않았고, 추가 인력이 투입되지 않았다.

15. 다음 글의 ⊙을 이끌어 내기 위해 추가해야 할 전제로 가장 적절한 것은?

> 갑 국가가 핵협정에도 서명하지 않고 기후협약에도 서명하지 않는다면, 무역협정에 서명한다. 무역협정에 서명한 국가는 관세동맹에도 가입한다. 관세동맹에 가입한 국가가 안보조약에 가입하지 않는다면, 외교협력 협정에 서명하지 않는다. 갑 국가는 외교협력 협정에 서명한다. 단, 갑 국가는 안보조약에 가입하지 않는다. 따라서, ⊙ 갑 국가는 기후협약에 서명한다.

① 갑 국가는 핵협정에 서명한다.
② 갑 국가는 핵협정에 서명하지 않는다.
③ 갑 국가는 관세동맹에 가입한다.
④ 갑 국가는 관세동맹에 가입하지 않는다.

16. 다음 대화의 빈칸에 들어갈 말로 적절한 것은?

> 갑: 법을 어긴 사람은 처벌받아야 해. 그런데 이번에 처벌받은 사람들을 보면 법을 어기지 않은 사람도 포함돼 있어. 그러니까 처벌 기준이 잘못된 거야.
> 을: "처벌 기준이 잘못됐다."는 결론을 네 전제로부터 이끌어 내려면 "[ ]"가 참이어야 해.

① 처벌받은 사람은 모두 법을 어겼다.
② 법을 어긴 사람은 모두 처벌받아야 한다.
③ 처벌받지 않은 사람은 법을 어기지 않았다.
④ 법을 어긴 사람 중 일부는 처벌받지 않았다.

17. 다음 글을 읽고 추론한 내용으로 가장 적절한 것은?

> 『한글 맞춤법』에서는 준말과 관련한 규정을 두고 있다. 준말이란 본말의 일부 음절이나 음소가 줄어든 형태를 말하며, 본말과 준말이 모두 표준어로 인정되는 경우도 있다. 모음 'ㅏ, ㅓ'로 끝나는 어간에 '-아/-어'로 시작하는 어미가 이어질 때 같은 모음끼리 하나로 줄어들 수 있다. 어간의 모음이 'ㅗ, ㅜ'인 경우 '-아/-어'와 결합하면 'ㅘ, ㅝ'로 줄어든다. 'ㅣ' 모음으로 끝나는 어간 뒤에 '-어'가 오는 경우에는 두 모음이 합쳐져 'ㅕ'로 줄어드는 것이 일반적이다. 예를 들어 '가지어'는 어간 '가지-'의 'ㅣ'와 어미 '-어'가 결합하여 'ㅕ'로 줄어든 '가져'가 된다. 마찬가지로 '누이어'는 어간 '누이-'의 'ㅣ'와 '-어'가 결합하여 '누여'로 줄어들 수 있다. 그러나 어간 끝음절이 받침 있는 음절인 경우에는 이러한 축약이 일어나지 않는 것이 원칙이다. 한편 '쓰이어'처럼 어간이 'ㅡ'로 끝나고 피동 접미사 '-이-'가 결합된 형태는 '쓰이어 → 씌어'로 줄어드는 것이 허용된다. 또한 '하여'는 '해'로 줄어드는 것이 허용되는 대표적인 준말이다.

① '가지어'는 '갖아'로 줄어들 수 있다.
② '디디어'는 '딛어'로 줄어들 수 있다.
③ '쓰이어'는 '씌여'로 줄어들 수 있다.
④ '누이어'는 '뉘어'로 줄어들 수 있다.

18. 다음 글의 ㉠에 해당하는 사례로 적절한 것은?

> 국어의 안은문장은 명사절, 관형사절, 부사절, 서술절, 인용절을 안은 문장으로 나뉜다. 이 중 관형사절을 안은 문장은 문장 내에 관형사형 어미 '-(으)ㄴ, -는, -(으)ㄹ, -던'이 결합한 절이 포함되어 체언을 수식하는 구조이다. 관형사절은 수식하는 체언이 관형사절 내부에서 어떤 문장 성분에 해당하는지에 따라 관계 관형사절과 동격 관형사절로 나뉜다. 관계 관형사절은 수식을 받는 체언이 관형사절 내부의 논항 역할을 하여 그것이 생략된 구조이고, ㉠ 동격 관형사절은 수식을 받는 체언이 관형사절 전체의 내용과 동격을 이루는 구조이다. 예컨대 '그가 쓴 책'에서는 '책'이 관형사절 내부에서 목적어로 기능하므로 관계 관형사절이고, '그가 합격했다는 소식'에서는 '소식'이 관형사절의 내용 전체와 동격을 이루므로 동격 관형사절이다. 이처럼 관형사절을 안은 문장은 수식 구조를 정밀하게 분석해야 정확히 파악할 수 있다.

① 그가 범인이라는 증거를 드디어 발견했다.
② 길을 가는 행인이 나에게 길을 물었다.
③ 우리가 살던 고향은 이곳에서 멀다.
④ 내가 어제 산 책은 정말 재미있다.

19. 다음 대화에 대한 평가로 적절한 것만을 모두 고르면?

> 갑: 범죄 예방을 위해 공공장소에 CCTV를 대폭 확대해야 해. 실제로 CCTV 설치 이후 범죄율이 감소한 사례들이 있잖아.
>
> 을: CCTV 확대는 개인의 사생활을 침해할 수 있어. 감시 사회로 이어질 위험이 있고, 범죄 억제 효과도 일시적이거나 범죄를 다른 지역으로 이동시키는 데 그칠 수 있어.
>
> 갑: 공공장소에서의 사생활 기대는 제한적일 수밖에 없어. 안전에 대한 권리가 더 중요하고, CCTV로 인한 심리적 억제 효과는 장기적으로도 유효하다고 봐.

> ㉠ CCTV 설치 구역에서 범죄가 줄었지만 인근 비설치 구역에서 범죄가 증가했다는 연구 결과는 갑과 을의 입장을 모두 약화한다.
>
> ㉡ 공공장소에서 촬영된 CCTV 영상이 당초 목적 외의 용도로 유출된 사례가 다수 보고되었다는 사실은 을의 입장을 강화한다.
>
> ㉢ CCTV 설치 밀도가 높은 도시일수록 장기적으로 강력 범죄 발생률이 낮게 유지된다는 국제 비교 연구 결과는 을의 입장을 약화한다.

① ㉠, ㉡   ② ㉠, ㉢   ③ ㉡, ㉢   ④ ㉠, ㉡, ㉢

20. 다음 글의 논지를 약화하는 것으로 가장 적절한 것은?

> 근대 이후 형성된 자유민주주의 체제에서 언론의 자유는 민주주의의 근간을 이루는 핵심 가치로 간주되어 왔다. 언론은 권력을 감시하고 시민에게 정보를 제공함으로써 민주적 의사 결정의 질을 높이는 '사회의 파수꾼' 역할을 수행한다고 여겨졌다. 그러나 오늘날 소셜 미디어 플랫폼의 급속한 확산은 이러한 전통적 언론 생태계를 근본적으로 변화시키고 있다. 누구나 콘텐츠를 생산하고 유통할 수 있는 환경이 조성되면서, 검증되지 않은 허위 정보와 극단적 주장이 여과 없이 확산되는 현상이 심화되고 있다. 소셜 미디어 플랫폼의 알고리즘은 이용자의 기존 신념과 성향에 부합하는 콘텐츠를 우선적으로 노출함으로써 '필터 버블'을 형성하고, 이는 사회 구성원들 사이의 인식 격차를 심화시킨다. 동일한 사안에 대해 전혀 다른 '사실'을 접하게 된 시민들은 공론장에서의 합리적 토론 대신 감정적 대립과 진영 논리에 함몰되기 쉽다. 이처럼 소셜 미디어가 공론장을 파편화하고 민주적 숙의를 저해하는 구조적 문제를 야기한다는 점에서, 플랫폼 사업자에 대한 공적 규제를 강화하여 허위 정보의 유통을 제한하고 알고리즘의 투명성을 의무화하는 방향의 입법이 필요하다.

① 소셜 미디어 이용자를 대상으로 한 대규모 종단 연구에 따르면, 필터 버블 효과는 실제로는 미미한 수준에 그치며 대부분의 이용자는 자신의 신념과 상충하는 다양한 정보에도 지속적으로 노출되는 것으로 나타났다.
② 플랫폼 사업자에 대한 공적 규제는 허위 정보뿐 아니라 정치적으로 불편한 진실이나 소수 의견까지 검열할 위험이 있으며, 이는 오히려 민주주의의 근간인 표현의 자유를 침해할 수 있다.
③ 허위 정보의 확산은 소셜 미디어 이전에도 전통적 언론 매체를 통해 광범위하게 이루어진 바 있으며, 소셜 미디어가 등장하기 이전의 공론장이 이상적인 민주적 숙의의 장이었다고 보기 어렵다.
④ 소셜 미디어를 통한 정보 소비가 활발한 지역일수록 선거철마다 정당 간 지지층의 분열과 갈등 양상이 더 극단적으로 나타난다는 실증적 분석 결과가 보고되었다.

영 어

1. 밑줄 친 부분과 의미가 가장 가까운 것은?

A number of health experts <u>emphasize</u> that regular physical activity and proper diet can improve your life.

① discard

② reflect

③ resent

④ stress

2. 밑줄 친 부분에 들어갈 말로 가장 적절한 것을 고르시오.

She has been _____ as the new manager of the department due to her excellent performance and competence.

① created

② intended

③ appointed

④ disregarded

3. 밑줄 친 부분에 들어갈 말로 가장 적절한 것을 고르시오.

The company recently announced a comprehensive plan to _____ environmental issues. As part of this project, they aim to reduce carbon emissions by 50% within the next decade.

① urge

② address

③ increase

④ maintain

4. 밑줄 친 부분에 들어갈 말로 가장 적절한 것을 고르시오.

War is _____ to be accounted for a single warlike instinct hiding within the individual psyche.

① too collective an activity

② too a collective activity

③ so collective an activity

④ so a collective activity

5. 밑줄 친 부분에 들어갈 말로 가장 적절한 것을 고르시오.

Yesterday event that you were included in must _____ for everyone who noticed it or heard about it.

① have been surprising

② have been surprised

③ be surprising

④ be surprised

6. 밑줄 친 부분 중, 어법상 틀린 것은?

Organ donation has become a legal, medical and ethical issue over ① <u>which</u> opinion is divided. Organ donation can be either living or deceased. Living donation means that the donor through a voluntary decision on behalf of someone in need ② <u>offer</u> a part of their body, such as a kidney or liver, to help another person. Deceased donation, ③ <u>called</u> 'a gift of life', means using the organs of a person who has passed away to save others. In fact, there is ④ <u>such</u> a good deal of the controversy about organ donation that this issue is not universally accepted in many countries.

7. 대화의 흐름으로 보아 빈칸에 가장 적절한 것은?

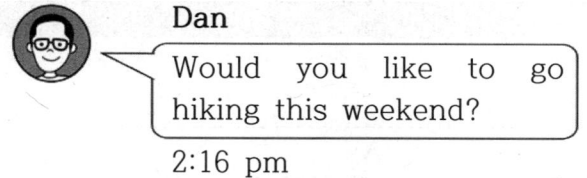

Dan
Would you like to go hiking this weekend?
2:16 pm

Sue
Why don't we go to the mall instead?
2:16 pm

Dan
But I have some new hiking gear I want to try out.
2:17 pm

Sue
Yes, but there's a sale at the department store.
2:17 pm

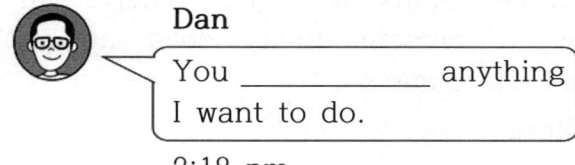

Dan
You _____ anything I want to do.
2:18 pm

Sue
It's not you. It's the outdoors. I hate it. I prefer air-conditioned stores instead.
2:18 pm

① brush up on

② pay attention to

③ are always negative at

④ all the way fall back on

8. 다음 대화의 빈칸에 들어갈 말로 가장 적절한 것은?

> A: I'm sorry to bother you, but I need some directions.
> B: Sure! Where are you trying to go?
> A: Excuse me, but could you tell me the way to Seoul Station?
> B: _____ You can't miss it.
> A: Thank you so much! That's really helpful.
> B: No problem! Have a great day!

① Yes, it's two blocks straight ahead.

② Sorry, I'm not familiar with this area.

③ I think there's a map over there that might help.

④ Are you looking for a specific exit or just the main entrance?

[9~10] 다음 글을 읽고 물음에 답하시오.

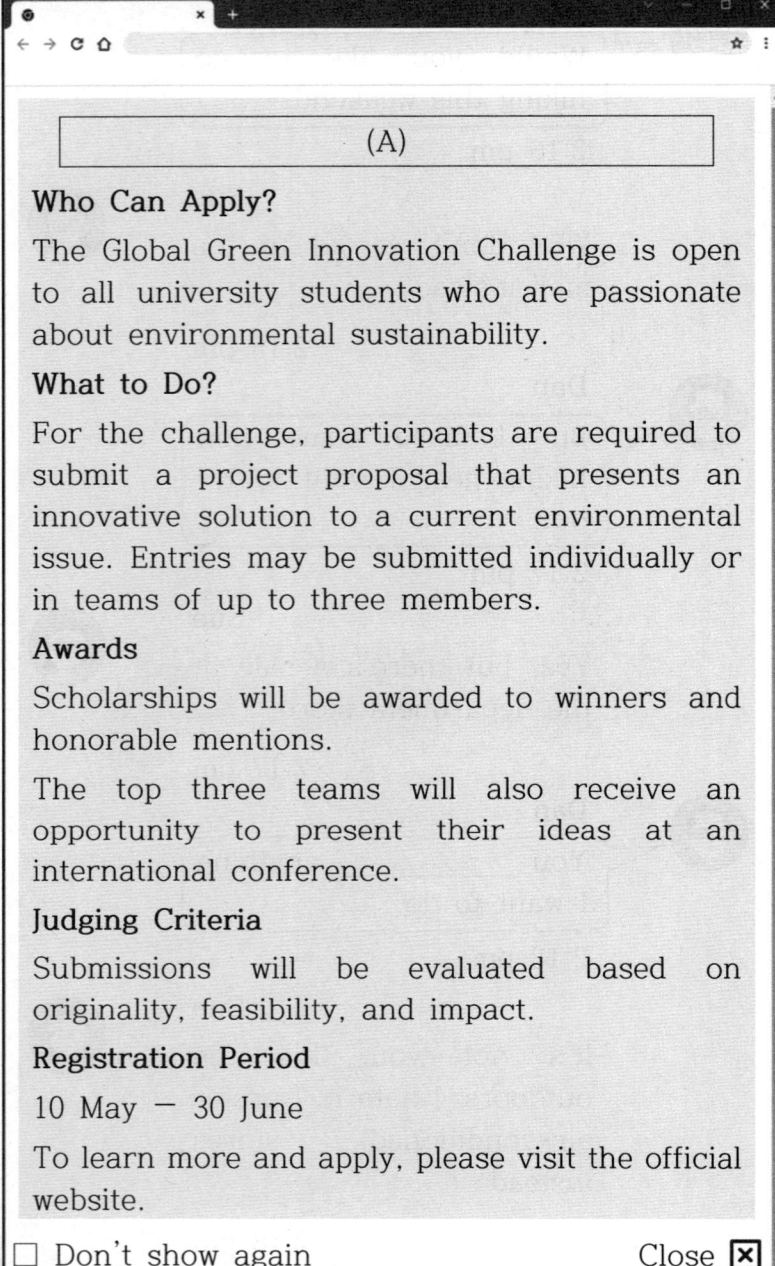

(A)

Who Can Apply?

The Global Green Innovation Challenge is open to all university students who are passionate about environmental sustainability.

What to Do?

For the challenge, participants are required to submit a project proposal that presents an innovative solution to a current environmental issue. Entries may be submitted individually or in teams of up to three members.

Awards

Scholarships will be awarded to winners and honorable mentions.

The top three teams will also receive an opportunity to present their ideas at an international conference.

Judging Criteria

Submissions will be evaluated based on originality, feasibility, and impact.

Registration Period

10 May — 30 June

To learn more and apply, please visit the official website.

☐ Don't show again   Close ☒

9. (A)에 들어갈 윗글의 제목으로 가장 적절한 것은?

① Apply for Scholarships in Environmental Science Programs

② Develop Creative Solutions through the Challenge Event

③ Attend an International Conference on Sustainability

④ Learn Basic Concepts of Environmental Protectio

10. 윗글의 안내문의 내용과 일치하는 것은?

① 팀으로 참가하려면 반드시 세 명이 필요하다.

② 모든 참가자는 국제회의에서 발표할 기회를 얻는다.

③ 참가자는 환경 문제 해결을 위한 프로젝트 제안서를 제출해야 한다.

④ 등록은 5월 10일부터 한 달 동안 진행된다.

[11 ~ 12] 다음 글을 읽고 물음에 답하시오.

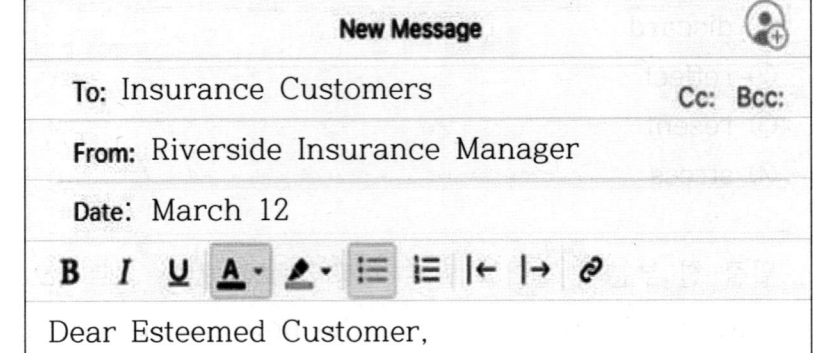

To: Insurance Customers   Cc: Bcc:

From: Riverside Insurance Manager

Date: March 12

Dear Esteemed Customer,

We are reaching to inform you of an important update regarding the operations of our Riverside Insurance Office located at 85 Elm Street. As part of our ongoing efforts to improve customer service, this location will <u>for the time being</u> close from August 1 to August 14 for extensive renovations. During this time, we are committed to ensuring that your insurance needs are met without interruption. To provide seamless assistance, we ask you to visit our alternate office located at 310 Pine Avenue, which will remain open with extended hours, including weekends. This substitute branch will offer all the services you require, including claims processing, insurance renewals, and consultations with our insurance advisors. Additionally, we are pleased to introduce a new online appointment system, allowing you to schedule meetings with our advisors at your convenience. Please visit our website at www.riversideinsurance.com to access this service or call our dedicated hotline at 1-800-INSURE-U for further assistance.

Thank you for your patience and understanding as we work to upgrade our facilities to better serve you. We look forward to welcoming you back to an improved office environment after the renovations are complete.

Warm regards,

Send

11. 윗글의 목적으로 가장 적절한 것은?

① 보험 청구 절차를 상세히 안내하려고

② 대체 지점 및 서비스 제공을 안내하려고

③ 새로운 고객 혜택 프로그램을 소개하려고

④ 온라인 예약 시스템 사용 방법을 알리려고

12. 밑줄 친 "for the time being"의 의미와 가장 가까운 것은?
① perpetually
② permanently
③ temporarily
④ temperately

13. 다음 안내문의 내용과 일치하는 것을 고르시오.

Join the Mountain Explorer Hiking Tour and experience breathtaking views from the highest peaks! This guided tour takes you through scenic trails, where you'll discover hidden waterfalls and diverse wildlife. A professional guide will share interesting facts about the area's history and ecosystem. The hike is of moderate difficulty, so some prior hiking experience is recommended.

· The tour fee is $40 per person.
· The tour lasts approximately four hours.
· Hiking poles and snacks are provided.
· Participants should wear sturdy shoes and bring water.
· The tour operates in all weather conditions except severe storms.
· Reservations must be made at least three days in advance.

① 전문 가이드가 동행한다.
② 참가자는 편안한 신발을 신어야 한다.
③ 투어는 날씨와 상관없이 운영된다.
④ 투어 당일에도 예약할 수 있다.

14. Milos Forman에 관한 다음 글의 내용과 일치하지 않는 것은?

Biographical Research

Even though he won many Academy Awards, Milos Forman was not a U.S. born filmmaker. Forman grew up in a small town near Prague. Orphaned when his parents died during World War II, he was raised by his relatives. In the 1950s, Forman studied film at the film school of the University of Prague. Throughout the late 1950s and early 1960s, Forman acted as either writer or assistant director on several films. Later, he emigrated to the U.S. and continued to make films. In 1975, he directed *One Flew over the Cuckoo's Nest*, which became only the second film in history to win Oscars in all the five major categories. Afterward, the movie *Amadeus*, a celebration of the genius of Mozart, which he also directed, swept eight Oscars including one for best director. With Jan Novak Forman wrote his autobiography, *Turnaround: A Memoir*, which was published in 1994.

① Forman was born and raised in the U.S. before moving to Prague.
② *One Flew over the Cuckoo's Nest* won Oscars in all five major categories.
③ *Amadeus*, a film directed by Forman, won eight Academy Awards, including Best Director.
④ Forman co-wrote his autobiography *Turnaround: A Memoir* with Jan Novak.

15. 다음 글의 주제로 가장 적절한 것을 고르시오.

At one moment the word 'diplomacy' is employed as a synonym for 'foreign policy', as when we say 'British diplomacy in the Near East has been lacking in vigour'. At another moment it signifies 'negotiation', as when we say 'the problem is one which might well be solved by diplomacy'. More specifically, the word denotes the processes and mechanism by which such negotiation is carried out. A fourth meaning is that of a branch of the Foreign Service, as when one says 'my nephew is working for diplomacy'.

① What is diplomacy
② Diplomatic methods
③ Diplomacy as a negotiation
④ Various interpretations of diplomacy

16. 다음 글의 흐름상 어색한 문장은?

According to the World Health Organization, a quarter of modern medicines are made from plants first used in traditional medicine. ① Remedies developed from wild plants are used in the treatment of malaria, diabetes, cardiac illness, HIV/AIDS, cancer, pain, and respiratory ailments. ② The Pacific yew, which was once burned by western logging operations, was recently found to contain in its bark a substance called paclitaxol, which can help shrink cancerous tumors. ③ The removal of trees during logging has in some instances resulted in the scarcity or outright extinction of many important plant and animal species. ④ Some plants long recognized as having medicinal value have only recently been analyzed in a modern laboratory. Willow bark, for instance, was used for centuries to relieve pain, but only in modern times was it discovered to contain salicylic acid, the active ingredient in aspirin.

17. 다음 주어진 문장에 이어질 글의 순서로 가장 적절한 것은?

For long stretches of history, the life cycles of goods and services exceeded those of the human beings who produced and consumed them.

(A) Such stability of production must have given artisans and laborers a reassuring sense that their work would outlive them. Since the Industrial Revolution, however, the product life cycles have been sharply shortened, and the trend has shaken workers' confidence in the long-term integrity of their careers.

(B) In Japan, the kimono went unchanged for four hundred years. In China, people in the eighteenth century were still wearing exactly what their ancestors had worn in the sixteenth. Between 1300 and 1660, plough design did not change across northern Europe.

(C) As a result, sudden and decisive replacements of old products and services with new ones have occurred in almost every part of the economy. Canals were becoming less popular by the invention of the railway, horses by the development of the car, and typewriters by the mass production of personal computers.

*plough: 쟁기

① (A)-(C)-(B)
② (B)-(A)-(C)
③ (C)-(A)-(B)
④ (C)-(B)-(A)

18. 글의 흐름으로 보아, 주어진 문장이 들어가기에 가장 적절한 곳은?

The opposite, however, was seen in East Asia, where people rarely overestimated their abilities.

Have you ever met someone who thinks they are good at everything? They may be suffering from the Dunning-Kruger effect. The Dunning-Kruger effect is an interesting psychological problem some people have. A person with this problem thinks that they are really good at something even though they aren't. (①) For example, if someone plays basketball better than 15% of people, then with this effect, they might think they are better than 60% of people. (②) In short, they can't see their mistakes, and they can't correctly compare themselves to others. (③) Researchers found that this problem was most common in America. (④) In fact, most Asians tended to think that they were worse than their actual skill level.

19. 다음 글의 빈칸에 들어갈 말로 가장 적절한 것은?

If an eagle is placed in an eight foot square cage without a ceiling, it will be trapped. This is because an eagle only flies after running about ten feet first. Without space to run, it will not know how to fly out of its cage. Likewise, if a bumblebee is dropped into a glass, it will never be able to get out. Instead of realizing that there is an exit above it, it will keep trying to find a way out through the sides of the glass. It will persist in its futile attempts at escape until it dies. If you think about it, some people are just like eagles and bees. They expend all of their energy uselessly struggling with their problems, never realizing that _____

① their minds should be changed first
② they are not as smart as they think
③ the answer is right there above them
④ it is impossible to identify the core of their problems

20. 다음 빈칸에 들어갈 말로 가장 적절한 것은?

People exercise their bodies daily, yet they neglect to exercise their feelings and emotions. Young men are taught to hide and deny emotions. Women are reluctant to seek help in coping with their depression, anxiety, or distressed relationship. The same fitness fanatic who exercises daily, eats right and has two physicals a year will neglect the mind until a crisis is reached. Emotional problems don't just happen, but are cumulative and they can be avoided at times with the same daily fitness and annual physical approach we use when caring for our bodies. Just like it's better to maintain a healthy heart than recover from a heart attack, _____.

① it is better to hide emotions than make them known
② people need to be aware of the development of disease
③ exercising regularly is more important than seeing a physician
④ dealing with emotional issues is easier before the crisis of a chaos happens

한 국 사

1. 다음 밑줄 친 '이 나라'에 대한 설명으로 옳은 것은?

> 이 나라는 쑹화강 상류의 넓은 평야 지대에서 성장하여, 농경과 목축이 발달하였다. 서쪽으로는 북방 유목 민족인 선비족과, 남쪽으로는 고구려와 대립하였다.

① 12월에 제천 행사가 열렸다.
② 민며느리제라는 혼인 풍습이 있었다.
③ 정치적 지배자로 신지, 읍차 등이 있었다.
④ 건국 시조인 주몽을 조상신으로 섬겨 제사를 지냈다.

2. 밑줄 친 '그 나라'에 대한 설명으로 옳은 것은?

> 그 나라는 사방 2천 리에 이른다. 주와 현 및 객사에 역참이 없고 곳곳에 촌락이 있는데 모두 말갈 부락이다. 그 백성은 말갈이 많고 토인이 적다. 모두 토인으로 촌장을 삼았는데, 큰 촌은 도독이라 하고, 그 다음 촌은 자사라고 하며, 그 아래는 백성들이 모두 수령이라 한다.
>
> ― 「유취국사」 ―

① 사헌부를 두어 관리를 감찰하였다.
② 전탑인 영광탑이 대표적 문화재이다.
③ 후연을 격파하고 숙신을 정복하였다.
④ 왜에 불교를 비롯한 선진 문화를 전해주었다.

3. 다음 선언문이 발표된 사건은?

> 이번 참사는 우리 학생 운동 사상 최대의 비극이요, 이 나라의 정치적 위기를 극복하기 위한 중대 사태이다. … 우리 전국 대학교수들은 이 비상시국에 대처하여 양심의 호소로써 우리의 소신을 선언한다.

① 1960년 4·19 혁명
② 1979년 부·마항쟁
③ 1987년 6월 민주화 운동
④ 1980년 5·18 광주 민주화 운동

4. 다음 역사적 사실들을 순서대로 바르게 나열한 것은?

> ㉠ 신라는 북한산비를 건립하였다.
> ㉡ 백제는 웅진으로 수도를 옮겼다.
> ㉢ 신라와 당나라가 군사 동맹을 체결하였다.
> ㉣ 고구려는 살수에서 수의 군대를 물리쳤다.

① ㉠-㉡-㉢-㉣
② ㉡-㉠-㉢-㉣
③ ㉡-㉠-㉣-㉢
④ ㉡-㉢-㉣-㉠

5. 고려시대의 경제 상황에 대한 설명으로 옳은 것은?
① 선대제가 성행하였다.
② 동시전을 두어 상행위를 감독하였다.
③ 이앙법의 전개로 광작이 확산되었다.
④ 사원과 소(所)에서 수공업 물품이 제작되었다.

6. 제시된 자료와 관련 있는 국왕에 대한 설명으로 옳은 것은?

> 우리 동방은 옛날부터 중국의 풍속을 흠모해 문물과 예악이 다 그 제도를 따랐으나 지역이 다르고 인성(人性)도 각기 다르니 구태여 꼭 같게 할 필요는 없다. 거란은 짐승과 같은 나라로 우리와는 풍속이 같지 않고 언어 또한 다르니 복식이나 제도를 본받지 말도록 하라.

① 향리 제도를 마련하였다.
② 과거 제도를 도입하였다.
③ 사심관 제도를 실시하였다.
④ 전시과 제도를 실시하였다.

7. 다음 왕릉에 대한 설명으로 가장 옳은 것은?

> 이 왕릉은 송산리 고분군의 배수로 공사 중에 우연히 발견되었다. 이 왕릉은 피장자가 누구인지를 알려주는 묘지석이 발견되어 연대를 확실히 알 수 있는 무덤이다

① 충남 부여에 있다.
② 중국 남조의 영향을 받았다.
③ 내부에 사신도 벽화가 그려져 있다.
④ 천장은 모줄임 구조를 지니고 있다.

8. 다음 내용과 관련된 승려에 대한 설명으로 옳은 것은?

> 스스로 소성거사라 칭하며 방방곡곡을 돌아다니면서 노래와 춤을 통해 부처의 가르침을 직접 전하였다. 이에 따라 가난하고 무지몽매한 사람들까지도 부처의 이름을 알게 되었고, 나무아미타불을 외우게 되었으니 그의 교화가 자못 크다.

① 화랑이 지켜야 할 세속오계를 만들었다.
② 무애가를 지어 불교 대중화에 기여하였다.
③ 당에서 유학하고 돌아와 부석사를 건립하였다.
④ 천태종을 통해 교·선 통합을 이루고자 하였다.

9. 다음 역사적 사실들 중 가장 늦게 일어난 사건은?
① 1차 미·소 공동 위원회가 개최되었다.
② 남·북 지도자 회의가 개최되었다.
③ 모스크바 3국 외상 회의가 열렸다.
④ 한반도에서 미군과 소련군의 군정이 시작되었다.

10. 다음 중 조선 시대의 통치 체제에 대한 설명으로 옳지 않은 것은?
① 춘추관은 역사 자료를 편찬하는 기관이다.
② 의정부는 중국에는 없는 조선의 독자적인 관청이다.
③ 홍문관은 관리의 부정과 비행을 감찰하는 기관이다.
④ 승정원은 국왕의 비서 기관으로, 국왕의 명령을 신하들에게 전달하였다.

11. 다음 (가) 정책이 시행된 시기에 있었던 일제의 식민 통치 모습으로 옳은 것은?

> 더 많은 쌀을 일본으로 가져가기 위해 추진된 (가) 정책으로 말미암아 소작농들은 수리 조합비나 비료 대금을 비롯한 각종 비용 부담이 늘어나 자·소작농 가운데 토지를 잃고 소작농이나 화전민으로 전락하는 농민들이 많아졌다.

① 징병과 징용을 실시하였다.
② 국가 총동원법이 시행되었다.
③ 조선어 학회를 강제로 해산시켰다.
④ 회사령이 폐지되어 일본 자본의 침투가 증가했다.

12. 밑줄 친 '(가) 왕'에 대한 설명으로 옳은 것은?

> 종묘의 정문 가까운 곳에는 (가) 왕과 왕비를 모신 신당이 따로 모셔져 있다. 그는 생전에 권신 세력을 숙청하여 왕권을 강화하였으며, 부당하게 빼앗긴 토지와 노비를 본래의 소유주에게 돌려주거나 양민으로 해방시켰다. 또한 성균관을 개편하고 과거 제도를 정비하여 새로운 인재를 등용하였다.

① 신문고를 설치하였다.
② 쓰시마 섬을 정벌하였다.
③ 정동행성 이문소를 폐지하였다.
④ 섬학전이라는 장학 재단을 설치하였다.

13. 우리나라 헌법 개정의 주요 내용을 나열한 것이다. 순서대로 바르게 나열된 것은?

> ㉠ 발췌 개헌, 대통령 직선제
> ㉡ 내각 책임제, 양원제 국회
> ㉢ 국회 해산권, 긴급 조치권
> ㉣ 7년 단임제, 대통령 간선제

① ㉠-㉡-㉢-㉣
② ㉠-㉡-㉣-㉢
③ ㉡-㉠-㉢-㉣
④ ㉡-㉠-㉣-㉢

14. 다음 글을 쓴 인물에 대한 설명으로 옳은 것은?

> 하늘이 백성을 낼 때에 네 종류의 백성을 만들었다. 이 네 가지 중에서 가장 귀한 사람은 선비인데 이를 양반이라고 하여 모든 점에서 이로운 것이 많다. 양반은 농사를 짓거나 장사를 하지 않아도 살 수가 있다. … 갖은 형벌을 가하여도 감히 원망할 수 없는 것이니라.

① 토지 개혁론으로 한전론을 주장하였다.
② 생산과 소비의 관계를 우물물에 비유하였다.
③ 백과사전류의 저서인 「지봉유설」을 저술하였다.
④ 서얼 출신으로, 규장각 검서관으로 활약하였다.

15. 다음 자료에서 설명하고 있는 농서의 이름은?

> 조선 전기에 정초 등이 왕명을 받아 편찬하였다. 중국의 농서와 농법을 참고했으며, 우리나라 농부들의 실제 경험담을 바탕으로 우리 실정에 맞는 독자적인 농법을 정리한 책이다. 우리의 전통적인 농업 기술을 정리한 최초의 농서로서 그 의의가 있다.

① 농상집요
② 농사직설
③ 농가집성
④ 해동농서

16. 다음 상소문이 발표된 시기를 <보기>에서 고르면?

> 저들의 물화는 모두가 사치하고 기이한 노리개이고 손으로 만든 것이어서 그 양이 무궁한 데 반하여, 우리의 물화는 모두가 백성들의 생명이 달린 것이고 땅에서 나는 것으로 한정이 있는 것입니다. … 저들이 왜인이라고 하나 실은 양적(洋賊)입니다.

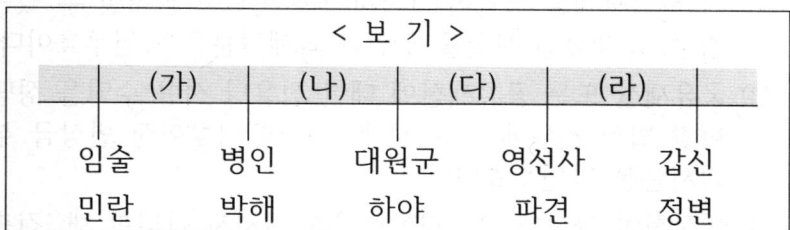

① (가)
② (나)
③ (다)
④ (라)

17. 다음 신문 기사가 보도된 지역에 대한 설명으로 옳은 것은?

> 지진과 동시에 시내 각지의 가스관이 파열하여 가스가 분출하고 있다. 이에 조선인들은 단체를 만들어 불을 지르고 다닌다. 그 때문에 시내 120여 지역에서 불이 났으며, 조선인들이 폭탄을 던져 더욱 혼란을 조장하고 있다. 또 각지의 우물에 독약을 넣고, 이재민들의 자녀에게 독약이 든 빵을 준다고 하니 기가 막힐 노릇이다.

① 신흥 강습소가 설립되었다.
② 대한인 국민회가 조직되었다.
③ 2·8 독립선언서가 발표되었다.
④ 소련이 한인들을 중앙아시아로 강제 이주하였다.

18. 다음 자료를 발표한 왕에 대한 설명으로 옳지 않은 것은?

> 아! 지금 「수성절목(守城節目)」은 나라의 중대한 문제인데 절목을 완성하고서도 아직까지 반포하지 않았으니 도성의 사서(士庶)들이 어떤 부(部)가 어느 영(營)에 속하였는지 어찌 알겠으며, 또 어떤 방(坊)이 어느 구역에 속한다는 것을 어찌 알 수 있겠는가?

① 청계천을 준설하였다.
② 「대전통편」을 반포하였다.
③ 노비종모법을 제정하였다.
④ 이조전랑의 권한을 약화시켰다.

19. 다음 시기에 전개된 사실로 가장 적절하지 않은 것은?

> 도적들이 나라 서남쪽에서 봉기하였다. 그들은 바지를 붉게 물들여 스스로 남들과 다르게 하였기 때문에 사람들은 적고적(赤袴賊)이라고 불렀다. 그들은 주와 현을 도륙하고 서울의 서부 모량리까지 와서 사람들을 위협하고 노략질하고 돌아갔다.

① 선종과 풍수지리 사상이 유행하였다.
② 지방에서 호족 세력들이 등장하였다.
③ 대다수의 농민들은 백정(白丁)이라고 불렸다.
④ 귀족들은 금입택과 사절유택에서 호화로운 생활을 하였다.

20. 다음 글을 쓴 인물에 대한 설명으로 옳은 것은?

> 이른바 3대 문제는 무엇인가. 첫째는 유교계의 정신이 오로지 제왕측에 있고, 인민 사회에 보급할 정신이 부족함이오, … 셋째는 우리 대한의 유가에서 쉽고 정확한 법문을 구하지 아니하고 질질 끌고 되어 가는 대로 내버려 두는 공부만을 숭상함이다.

① 한국통사를 저술하였다.
② 「조선사연구초」를 저술하였다.
③ 민족정신을 조선심으로 파악하였다.
④ 동아일보에 '5천 년간 조선의 얼'을 연재하였다.

행정법총론

1. 행정상 손실보상에 대한 설명으로 옳지 않은 것은?

① 공익사업의 시행자가 토지소유자와 관계인에게 보상액을 지급하지 않고 승낙도 받지 않은 채 공사에 착수함으로써 토지소유자와 관계인이 손해를 입은 경우, 토지소유자와 관계인에 대하여 불법행위가 성립할 수 있고, 사업시행자는 그로 인한 손해를 배상할 책임을 진다.

② 국립공원구역지정 후 토지를 종래의 목적으로도 사용할 수 없거나 토지를 사적으로 사용할 수 있는 방법이 없이 공원구역 내 일부 토지소유자에 대하여 가혹한 부담을 부과하면서 아무런 보상규정을 두지 않은 경우에는 비례의 원칙에 위반되어 당해 토지소유자의 재산권을 과도하게 침해하는 것이라고 할 수 있다.

③ 사업인정은 공익사업의 시행자에게 일정한 절차를 거칠 것을 조건으로 일정한 내용의 수용권을 설정하여 주는 형성행위이며, 사업시행자에게 해당 공익사업을 수행할 의사와 능력이 있어야 한다는 것도 사업인정의 한 요건이 된다.

④ 일반 공중의 이용에 제공되는 공공용물을 허가나 특허 없이 일반사용하고 있던 자가 당해 공공용물에 관한 적법한 개발행위로 인하여 종전에 비하여 그 일반사용이 제한을 받게 되었다면 그로 인한 불이익은 특별한 사정이 없는 한 손실보상의 대상이 된다.

2. 행정상 사실행위에 대한 설명으로 옳지 않은 것은?

① 공무원연금관리공단이 「공무원연금법령」의 개정사실과 퇴직연금 수급자가 퇴직연금 중 일부금액의 지급정지대상자가 되었다는 사실을 통보한 경우, 위 통보는 항고소송의 대상이 되는 행정처분에 해당한다.

② 「국가배상법」이 정한 배상청구의 요건인 '공무원의 직무'에는 권력적 작용만이 아니라 행정지도와 같은 비권력적 작용도 포함된다.

③ 교도소장이 특정 수형자를 '접견내용 녹음·녹화 및 접견 시 교도관 참여대상자'로 지정한 행위는 수형자의 구체적 권리의무에 직접적 변동을 가져오는 행위로서 항고소송의 대상이 되는 행정처분에 해당한다.

④ 당연퇴직의 인사발령은 법률상 당연히 발생하는 퇴직사유를 공적으로 확인하여 알려주는 이른바 관념의 통지에 불과하고 공무원의 신분을 상실시키는 새로운 형성적 행위가 아니므로 행정소송의 대상이 되는 독립한 행정처분이라고 할 수 없다.

3. 행정행위의 하자에 대한 설명으로 옳은 것은?

① 어떤 행정처분이 실효의 법리를 위반하여 위법한 것이라면 이는 행정처분의 당연무효사유에 해당한다.

② 과세대상이 되지 아니하는 어떤 법률관계나 사실관계에 대하여 이를 과세대상이 되는 것으로 오인할 만한 객관적인 사정이 있는 경우에 그것이 과세대상이 되는지의 여부가 사실관계를 정확히 조사하여야 비로소 밝혀질 수 있는 경우, 과세요건 사실을 오인한 과세처분은 당연무효이다.

③ 국유재산 또는 공유재산에 대한 점유나 사용·수익을 정당화할 법적 지위에 있는 자에 대하여 이루어진 변상금 부과처분은 당연무효이다.

④ 행정청이 사전에 교통영향평가를 거치지 아니한 채 '건축허가 전까지 교통영향평가 심의필증을 교부받을 것'을 부관으로 붙여서 한 '실시계획변경 승인 및 공사시행변경인가 처분'은 그 하자가 중대하고 객관적으로 명백하여 당연무효이다.

4. 행정의 실효성 확보수단에 대한 설명으로 옳은 것은?

① 병무청장이 「병역법」에 따라 병역의무 기피자의 인적사항 등을 공개하기로 하는 행정결정을 공개 대상자에게 미리 통보하지 않은 것이 적절한지는 소송요건 단계에서 고려할 요소이다.

② 「행정조사기본법」상 자발적인 협조에 따라 실시하는 행정조사에 대하여 조사 대상자가 조사에 응할 것인지에 대한 응답을 하지 아니 하는 경우에는 법령 등에 특별한 규정이 없는 한 그 조사에 동의한 것으로 본다.

③ 「행정기본법」이 아닌 다른 법률에서 「행정기본법」에서 정한 제재처분의 제척기간보다 짧거나 긴 기간을 규정하고 있으면 그 법률에서 정하는 바에 따른다.

④ 세무조사결정은 부과처분에 필요한 정보를 수집하는 조사를 하기로 하는 과세관청의 내부적 준비행위에 불과하고 납세의무자의 권리·의무에 직접적인 법률상 변동을 발생시키지 않으므로 항고소송의 대상이 되지 않는다.

5. 당사자소송에 대한 설명으로 옳지 않은 것은?

① 「행정소송법」은 공법상 당사자소송을 민사소송으로 변경할 수 있는지에 관하여 명문의 규정을 두고 있지는 않으나, 공법상 당사자소송도 청구의 기초가 바뀌지 아니하는 한도 안에서 민사소송으로 소 변경이 가능하다.

② 공법상 당사자소송에서는 이행소송이라는 직접적인 권리구제방법이 있다면 확인소송은 허용되지 않는다.

③ 지방소방공무원이 자신이 소속된 지방자치단체를 상대로 제기한 초과근무수당의 지급을 구하는 청구에 관한 소송은 당사자소송의 절차에 따라야 한다.

④ 국가를 상대로 하는 당사자소송의 경우에는 가집행선고를 할 수 없다.

6. 정보공개에 대한 설명으로 옳지 않은 것은?
   ① 지방자치단체의 업무추진비 세부항목별 집행내역 및 그에 관한 증빙서류에 포함된 개인에 관한 정보는 「공공기관의 정보공개에 관한 법률」 소정의 '공개하는 것이 공익을 위하여 필요하다고 인정되는 정보'에 해당하여 공개대상이 된다.
   ② 문제은행 출제방식을 채택하고 있는 치과의사 국가시험의 문제지와 정답지는 비공개정보에 해당한다.
   ③ 재소자가 교도관의 가혹행위를 이유로 형사고소 및 민사소송을 제기하면서 그 증명자료 확보를 위해 '징벌위원회 회의록' 등의 정보공개를 요청한 경우, 징벌위원회 회의록 중 비공개 심사·의결 부분은 비공개사유에 해당한다.
   ④ 공개청구된 정보가 수사의견서인 경우 수사의 방법 및 절차 등이 공개되더라도 수사기관의 직무수행을 현저히 곤란하게 하지 않는 때에는 비공개대상정보에 해당하지 않는다.

7. 행정입법에 대한 설명으로 옳지 않은 것은?
   ① 법령의 규정이 특정 행정기관에게 법령 내용의 구체적 사항을 정할 수 있는 권한을 부여하면서 권한행사의 절차나 방법을 특정하지 아니한 경우, 수임 행정기관은 행정규칙으로 법령 내용이 될 사항을 정할 수 없다.
   ② 부령의 형식으로 정해진 제재적 행정처분의 기준은 그 규정의 성질과 내용이 행정청 내부의 사무처리준칙을 정한 것에 불과하므로 대외적으로 국민이나 법원을 구속하는 것은 아니다.
   ③ 재산권 등과 같은 기본권을 제한하는 작용을 하는 법률이 입법위임을 할 때에는 대통령령 등 법규명령에 위임함이 바람직하다.
   ④ 행정규칙의 내용이 상위법령이나 법의 일반원칙에 반하는 것이라면 행정내부적 효력도 인정될 수 없다.

8. 「행정소송법」상 처분에 대한 설명으로 옳은 것은?
   ① 부가가치세 증액경정처분의 취소를 구하는 항고소송에서 납세의무자는 과세관청의 증액경정사유만 다툴 수 있을 뿐이지 당초 신고에 관한 과다신고사유는 함께 주장하여 다툴 수 없다.
   ② 거부처분이 있은 후 당사자가 다시 신청을 한 경우에는 그 내용이 새로운 신청을 하는 취지라면 관할 행정청이 이를 다시 거절하는 것은 새로운 거부처분이라고 보아야 한다.
   ③ 거부처분의 처분성을 인정하기 위한 전제요건이 되는 신청권의 존부는 구체적 사건에서 신청인이 누구인지를 고려하여 관계 법규의 해석에 의하여 그러한 신청권을 인정하고 있는가를 살펴 구체적으로 결정한다.
   ④ 어떠한 처분이 상대방에게 권리의 설정 또는 의무의 부담을 명하거나 기타 법적인 효과를 발생하게 하는 등으로 그 상대방의 권리의무에 직접 영향을 미치는 행위라도 그 처분의 근거가 행정규칙에 규정되어 있다면, 이 경우에 그 처분은 항고소송의 대상이 되는 행정처분에 해당하지 않는다.

9. 신고에 대한 설명으로 옳은 것은?
   ① 「노동조합 및 노동관계조정법」에 따른 노동조합의 설립신고는 근로자의 자주적이고 민주적인 단결권 행사를 보장하는 것에 취지가 있으므로 수리를 요하지 않는 신고에 해당한다.
   ② 허가대상 건축물의 양수인이 구 「건축법 시행규칙」에 규정되어 있는 형식적 요건을 갖추어 시장·군수 등 행정관청에 적법하게 건축주의 명의변경을 신고한 때에는 행정관청은 그 신고를 수리하여야지 실체적인 이유를 내세워 신고의 수리를 거부할 수는 없다.
   ③ 「건축법」상의 착공신고의 경우에는 신고 그 자체로서 법적 절차가 완료되어 행정청의 처분이 개입될 여지가 없으므로, 행정청의 착공신고 반려행위는 항고소송의 대상인 처분에 해당하지 않는다.
   ④ 식품접객업 영업신고에 대해서는 「식품위생법」이 「건축법」에 우선 적용되므로, 영업신고가 「식품위생법」상의 신고 요건을 갖춘 경우라면 그 영업신고를 한 해당 건축물이 「건축법」상 무허가건축물이라도 적법한 신고에 해당된다.

10. 행정심판에 대한 설명으로 옳지 않은 것은?
    ① 당사자의 신청을 받아들이지 않은 거부처분이 재결에서 취소된 경우에 행정청은 종전 거부처분 또는 재결 후에 발생한 새로운 사유를 내세워 다시 거부처분을 할 수 있다.
    ② 행정심판위원회가 처분을 취소하는 재결을 할 경우, 처분청은 그 인용재결의 취소를 구하는 행정소송을 제기할 수 없다.
    ③ 행정심판의 재결에 대해서는 재결 자체에 고유한 위법이 있음을 이유로 하는 경우에 한하여 다시 행정심판을 청구할 수 있다.
    ④ 「행정심판법」상 임시처분은 집행정지로 목적을 달성할 수 없는 경우 관할 행정심판위원회가 직권으로 또는 당사자의 신청에 의하여 결정할 수 있다.

11. 행정상 강제에 대한 설명으로 옳은 것은?
    ① 「국세징수법」상 공매통지에 하자가 있는 경우, 다른 특별한 사정이 없는 한 체납자는 공매통지 자체를 항고소송의 대상으로 삼아 그 취소 등을 구할 수 있다.
    ② 「건축법」상 시정명령을 받은 의무자가 이행강제금이 부과되기 전에 그 의무를 이행하였더라도 그 시정명령에서 정한 기간을 지나서 이행한 경우라면 행정청은 이행강제금을 부과할 수 있다.
    ③ 관계법령에 위반하여 장례식장 영업을 하고 있는 자에게 부과된 장례식장 사용중지의무는 공법상 의무로서 행정대집행의 대상이 된다.
    ④ 행정청이 구 「토지구획정리사업법」상 토지구획정리사업의 환지예정지를 지정하고, 그 사업에 편입되는 건축물로서 지장물 소유자에게 지장물의 자진이전을 요구한 후 이에 응하지 않자 지장물의 이전에 대한 대집행을 계고하고 다시 대집행영장을 통지한 경우, 위 계고처분 등은 「행정대집행법」 제2조에 따라 명령된 지장물 이전의무가 없음에도 그러한 의무의 불이행을 사유로 행하여진 것이므로 위법하다.

12. 행정절차에 대한 설명으로 옳은 것은?
① 「국가공무원법」상 직위해제처분은 공무원의 인사상 불이익을 주는 처분이므로 「행정절차법」상 사전통지 및 의견청취절차를 거쳐야 한다.
② 법인이 아닌 사단 또는 재단은 행정절차에서 당사자등이 될 수 있고, 그 임원 또는 직원을 대리인으로 선임할 수 있다.
③ 행정청은 당사자의 신청 내용을 모두 그대로 인정하는 처분을 하는 경우에도 처분 후 당사자가 요청하는 경우에는 그 근거와 이유를 제시하여야 한다.
④ 처분의 처리기간에 관한 규정은 강행규정이므로 행정청이 처리기간이 지나 처분을 하였다면 이는 처분을 취소할 절차상 하자로 볼 수 있다.

13. 행정행위의 요건과 효력에 대한 설명으로 옳지 않은 것은?
① 행정처분의 효력발생요건으로서의 도달이란 처분 상대방이 처분서의 내용을 현실적으로 알았을 필요까지는 없고 처분상대방이 알 수 있는 상태에 놓임으로써 충분하다.
② 상대방 있는 행정처분이 상대방에게 고지되지 아니한 경우에도 상대방이 다른 경로를 통해 행정처분의 내용을 알게 되었다면 행정처분의 효력이 발생한다고 볼 수 있다.
③ 송달이 불가능한 경우에는 송달받을 자가 알기 쉽도록 관보, 공보, 게시판, 일간신문 중 하나 이상에 공고하고 인터넷에도 공고하여야 한다.
④ 처분은 무효가 아닌 한 권한이 있는 기관이 취소 또는 철회하거나 기간의 경과 등으로 소멸되기 전까지는 유효한 것으로 통용된다.

14. 행정상 법률관계에 대한 설명으로 옳은 것은?
① 당사자가 전자문서로 처분을 신청하는 경우에는 행정청의 컴퓨터 등에 입력된 때에 신청한 것으로 보며, 이 경우 행정청은 당사자의 동의가 없더라도 전자문서로 처분을 할 수 있다.
② 구 「석탄산업법 시행령」상 재해위로금 청구권은 사적자치의 원칙에 따라 당사자의 합의에 의하여 이를 미리 포기할 수 있다.
③ 개성공단 전면중단 조치는 북한의 핵무기 개발로 인한 위기에 대처하기 위한 조치로서 국가안보와 관련된 대통령의 의사 결정을 포함하고 그러한 의사 결정은 고도의 정치적 결단을 요하는 문제이므로 사법심사의 대상에서 제외된다.
④ 대법원의 판례가 법률해석의 일반적인 기준을 제시한 경우에 유사한 사건을 재판하는 하급심법원의 법관은 판례의 견해를 존중하여 재판하여야 하는 것이므로, 판례는 사안이 서로 다른 사건을 재판하는 하급심법원을 직접 기속하는 효력이 있다.

15. 행정행위의 취소와 철회에 대한 설명으로 옳지 않은 것은?
① 보건복지부장관이 어린이집에 대한 평가인증이 이루어진 이후에 새로이 발생한 사유를 들어 「영유아보육법」 제30조 제5항에 따라 평가인증을 철회하는 처분을 하면서도, 그 평가인증의 효력을 과거로 소급하여 상실시키기 위해서는, 특별한 사정이 없는 한 「영유아보육법」 제30조 제5항과는 별도의 법적 근거가 필요하다.
② 수익적 행정처분에 대한 취소권 등의 행사는 기득권의 침해를 정당화할 만한 중대한 공익상의 필요 또는 제3자의 이익보호의 필요가 있는 때에 한하여 허용될 수 있다는 법리는 처분청이 수익적 행정처분을 직권으로 취소·철회하는 경우에 적용되는 법리일 뿐 쟁송취소의 경우에는 적용되지 않는다.
③ 점용료 부과처분에 취소사유에 해당하는 흠이 있는 경우 도로관리청으로서는 당초 처분 자체를 취소하고 흠을 보완하여 새로운 부과처분을 하거나, 흠 있는 부분에 해당하는 점용료를 감액하는 처분을 할 수 있다.
④ 처분에 대하여 행정심판이나 행정소송이 제기되어 쟁송이 진행되고 있는 도중에는 행정청은 스스로 대상 처분을 취소할 수 없다.

16. 취소소송의 소송요건에 대한 설명으로 옳지 않은 것은?
① 국가가 국토이용계획과 관련한 지방자치단체의 장의 기관위임사무의 처리에 관하여 지방자치단체의 장을 상대로 취소소송을 제기하는 것은 허용되지 않는다.
② 인허가 등의 수익적 행정처분을 신청한 수인이 서로 경쟁관계에 있어서 일방에 대한 허가 등의 처분이 타방에 대한 불허가 등으로 귀결될 수밖에 없는 때, 허가 등의 처분을 받지 못한 자는 비록 경원자에 대하여 이루어진 허가 등 처분의 상대방이 아니라 하더라도 당해 처분의 취소를 구할 당사자적격이 있다.
③ 특정인에 대한 행정처분을 주소불명 등의 이유로 송달할 수 없어 관보·공보·게시판·일간신문 등에 공고한 경우에는, 공고가 효력을 발생하는 날에 상대방이 그 행정처분이 있음을 알았다고 보아야 한다.
④ 중앙노동위원회의 처분에 대한 항고소송의 피고는 중앙노동위원회 위원장이 된다.

17. 국가배상에 대한 설명으로 옳지 않은 것은?
① 국가배상책임을 묻기 위해서는 가해 공무원을 특정하여야 한다.
② 「국가배상법」 제2조제1항 단서가 적용되는 경우에도 전사하거나 순직한 군인·군무원·경찰공무원 또는 예비군대원의 유족은 자신의 정신적 고통에 대한 위자료를 청구할 수 있다.
③ 「국가배상법」에 따른 손해배상의 소송은 배상심의회에 배상신청을 하지 아니하고도 제기할 수 있다.
④ 재판작용에 대한 국가배상의 경우, 재판에 대하여 불복절차 내지 시정절차 자체가 없는 경우에는 부당한 재판으로 인하여 불이익 내지 손해를 입은 사람은 국가배상책임의 요건이 충족된다면 국가배상을 청구할 수 있다.

18. 행정작용의 내용에 대한 설명으로 옳지 않은 것은?
　① 행정주체가 구체적인 행정계획을 입안·결정할 때 가지는 형성의 자유의 한계에 관한 법리는 주민의 입안 제안 또는 변경신청을 받아들여 도시관리계획결정을 하거나 도시계획시설을 변경할 것인지를 결정할 때에도 동일하게 적용된다.
　② 확약은 문서로 하여야 한다.
　③ 음주운전으로 인한 운전면허취소처분의 재량권 일탈·남용 여부를 판단할 때, 운전면허의 취소로 입게 될 당사자의 불이익보다 음주운전으로 인한 교통사고를 방지하여야 하는 일반예방적 측면이 더 강조되어야 한다.
　④ 도로점용허가 대상 도로가 아닌 다른 도로의 관리청이 그의 필요에 따라 도로점용허가 대상 도로에 관한 공사를 시행하는 경우에는 당초 도로점용허가를 한 처분청과 처분상대방 사이의 공사비용 부담 주체 결정에 관한 부관인 조건을 원용할 수 있다.

19. 행정벌에 대한 설명으로 옳은 것은?
　① 「행형법」에 의한 징벌을 받은 뒤에 형사처벌을 하는 것은 일사부재리의 원칙에 반하는 것으로서 허용되지 아니한다.
　② 지방공무원의 신분을 가지지 아니하는 사람이 구 「지방공무원법」 제58조 제1항에서 규정하고 있는 집단행위의 금지를 위반하여 같은 법 제83조에 따라 처벌되는 지방공무원의 범행에 가공하였다면, 「형법」 제33조 본문에 의해 공범으로 처벌할 수 있다.
　③ 법원이 하는 과태료재판에는 원칙적으로 행정소송에서와 같은 신뢰보호의 원칙이 적용된다.
　④ 신분에 의하여 성립하는 질서위반행위에 신분이 없는 자가 가담한 때에는 신분이 없는 자에 대하여는 질서위반행위가 성립하지 않는다.

20. 「행정기본법」상 이의신청에 대한 설명으로 옳지 않은 것은?
　① 행정청은 이의신청을 받으면 부득이한 사유가 아니라면 그 신청을 받은 날부터 14일 이내에 그 이의신청에 대한 결과를 신청인에게 통지하여야 한다. 다만, 부득이한 사유로 14일 이내에 통지할 수 없는 경우에는 그 기간을 만료일 다음 날부터 기산하여 10일의 범위에서 한 차례 연장할 수 있으며, 연장 사유를 신청인에게 통지하여야 한다.
　② 이의신청에 대한 결과를 통지받은 후 행정심판 또는 행정소송을 제기하려는 자는 그 결과를 통지받은 날부터 90일 이내에 행정심판 또는 행정소송을 제기할 수 있다.
　③ 행정청의 처분에 의해 법률상 이익이 침해된 제3자는 처분이 있음을 알게 된 날부터 30일 이내에 해당 행정청에 이의신청을 할 수 있다.
　④ 공무원 인사 관계 법령에 따른 징계 등 처분에 관한 사항에 관하여는 「행정기본법」상 이의신청 규정이 적용되지 아니한다.

행정학개론

1. 우리나라 공직분류체계와 이에 따른 예시로 옳게 연결된 것은?
   ① 일반직 공무원 - 전문경력관, 기술업무를 담당하는 공무원 등
   ② 특정직 공무원 - 헌법재판소 재판관, 법관 등
   ③ 정무직 공무원 - 고위공직자범죄수사처장, 국가인권위원회 상임위원 등
   ④ 별정직 공무원 - 정책보좌관, 대통령 비서실장 등

2. 이재명 정부의 정부조직개편에 대한 설명으로 옳은 것은?
   ① 부총리는 3명으로 하며, 재정경제부장관, 교육부장관, 과학기술정보통신부장관이 각각 겸임한다.
   ② 방송미디어통신위원회는 중앙행정기관으로서의 지위를 지닌 위원회로 국무총리 소속 위원회이다.
   ③ 특허청이 국무총리 소속의 '지식재산처'로 격상됨에 따라 우리나라는 현재 중앙책임운영기관의 지위를 가진 조직이 없다.
   ④ 기획재정부를 기획예산처와 재정경제부로 분리하였으며, 기획예산처의 장은 차관으로, 재정경제부의 장은 부총리로 임명한다.

3. 다음 중 정부실패를 설명하는 이론으로 가장 적합한 것은?
   ① 공공선택이론
   ② 신행정학
   ③ 뉴거버넌스
   ④ 공공가치관리론

4. 결산에 대한 설명으로 옳지 않은 것은?
   ① 결산이란 한 회계연도에서 국가의 수입과 지출의 실적을 확정적 계수로서 표시하여 검증받는 행위이다.
   ② 결산은 지출의 적법성을 확인하는 과정으로 정부의 위법·부당한 지출행위를 무효 또는 취소로 하는 효과는 없다.
   ③ 세입, 세출의 결산상 생긴 세계잉여금의 사용 또는 출연은 국회의 사전동의를 얻어야 한다.
   ④ 세계잉여금 중 사용하거나 출연한 금액을 공제한 잔액은 다음 연도의 세입에 이입하여야 한다.

5. 사바티어(Sabatier)의 정책옹호연합모형(ACF)에서 제시하는 '신념체계(Belief System)'와 '정책 변동'에 관한 설명으로 가장 옳지 않은 것은?
   ① '정책 중재자(Policy Broker)'는 옹호연합 간의 극심한 갈등을 완화하고 합의를 이끌어내는 역할을 수행하나, 항상 중립적인 것은 아니다.
   ② '부차적 양상(Secondary Aspects)'은 구체적인 행정 절차나 가이드라인에 관한 신념으로, 정책 학습을 통해 가장 활발하게 변화가 일어나는 영역이다.
   ③ '규범적 핵심 신념(Deep Core Beliefs)'은 개인의 철학적 가치관이나 종교적 신념에 해당하며, 이는 정책 하위시스템 전체에 걸쳐 광범위하게 적용되는 매우 견고한 신념이다.
   ④ 정책 학습(Policy Learning)은 주로 신념체계의 '정책 핵심'을 변화시킴으로써 단기적인 정책 변동을 이끄는 핵심 동인이다.

6. 옴부즈만(Ombudsman) 제도에 대한 설명으로 가장 잘못된 것은?
   ① 옴부즈만 제도는 융통성과 비공식성이 높은 제도이다.
   ② 옴부즈만 제도는 법적이라기보다 사회적·정치적 성격이 강한 제도이다.
   ③ 옴부즈만에게는 국민의 불평제기 이전에도 적극적으로 조사를 할 수 있는 권한이 부여된다.
   ④ 옴부즈만 제도는 행정작용을 직접 취소하거나 변경할 수 있어 문제의 근본적 원인에 대해서도 대책을 강구할 수 있다.

7. 우리나라의 지방공무원 인사제도에 관한 설명으로 옳지 않은 것은?
   ① 자치구가 아닌 구의 구청장은 일반직 지방공무원으로 보하되, 시장이 임명한다.
   ② 지방의회의원은 당해 지방자치단체 인사위원회 위원이 될 수 없다.
   ③ 지방의회에 두는 사무직원의 정수는 조례로 정한다.
   ④ 지방의회의 사무직원은 지방자치단체의 장이 임명한다.

8. 주인 - 대리인이론에 대한 설명으로 옳지 않은 것은?
   ① 대리인이 위임업무처리에 관하여 주인보다 우월한 능력을 가지고 있다고 전제한다.
   ② 비대칭적 정보 상황으로 인하여 대리인의 기회주의적 행태가 유발된다고 본다.
   ③ 행위자들이 이기적인 존재임을 가정하며 대리인을 움직이는 유인의 역할을 중시한다.
   ④ 대리손실을 최소화하기 위해서 관료들의 권한강화 및 분권화를 중시한다.

9. 영기준예산제도의 단점으로 옳은 것만을 모두 고른 것은?

> ㄱ. 시간과 노력의 과중한 소모
> ㄴ. 경직성 경비로 인한 한계
> ㄷ. 의사결정단위의 경직화
> ㄹ. 비경제적 요인의 간과

① ㄱ, ㄴ, ㄷ
② ㄱ, ㄴ, ㄹ
③ ㄱ, ㄷ, ㄹ
④ ㄴ, ㄷ, ㄹ

10. 분배정책의 특징에 대한 설명으로 옳지 않은 것은?
① 집행을 둘러싼 논쟁에 있어 이데올로기의 정도가 낮다.
② 작은정부에 대한 요구와 압력의 정도가 낮다.
③ 주요 관련자들의 동일성과 그들 간의 관계의 안정성 정도가 낮다.
④ 집행에 대한 논란 및 갈등의 정도가 낮다.

11. 공무원의 징계에 대한 설명으로 옳지 않은 것끼리 묶인 것은?

> ㉠ 감봉이란 1개월 이상 3개월 이하의 기간 동안 보수 1/3을 감하고 12개월 간 승진 및 승급이 제한된다.
> ㉡ 정직이란 1개월 이상 3개월 이하의 기간 동안 직무에 종사하지 못하며, 그 기간 중 보수의 2/3를 감한다.
> ㉢ 강임이란 1계급 아래로 직급을 내리고 3개월 간 직무에 종사하지 못하며, 그 기간 중 보수의 전액을 감한다.
> ㉣ 해임이란 공무원을 강제로 퇴직시키는 처분으로 3년 이내에 다시 공무원이 될 수 없다.

① ㉠, ㉡
② ㉠, ㉢
③ ㉡, ㉢
④ ㉢, ㉣

12. 린덴(Linden)의 이음매 없는 조직에 대한 설명으로 잘못된 것은?
① 분할적·분산적 방법으로 명확한 역할 구분이 중시된다.
② 공급자 중심의 전통적 조직을 근본적으로 재설계한다.
③ 조직의 경계는 유동적이고 투과적이며 경우에 따라서는 보이지 않는다.
④ 행정업무과정재설계(PAPR)와 직접적으로 관련된 조직구조로 속도의 경제를 지향한다.

13. 행정이념 중 하나인 가외성에 대한 설명으로 옳지 않은 것은?
① 란다우(Landau)는 가외성을 조직의 신뢰성을 높이고 오류 발생 가능성을 줄이는 장치로 파악하였다.
② 가외성 중 중첩성(Overlapping)은 주된 조직단위의 기능이 마비되었을 때 보조적 단위기관이 이를 대신 수행토록 하는 것을 말한다.
③ 불확실성이 높은 현대 행정 환경에서 체제의 적응성과 창의성을 높이는 기능을 수행한다.
④ 조직의 능률성을 저해하고 부서 간의 갈등 및 책임회피의 문제를 야기할 수 있다.

14. 예산의 이용, 예비비, 계속비는 공통적으로 어떤 예산원칙에 대한 예외인가?
① 포괄성의 원칙
② 단일성의 원칙
③ 한정성의 원칙
④ 통일성의 원칙

15. 평가성 사정(evaluability assessment)과 메타평가(meta evaluation)에 대한 설명이다. 옳지 않은 것은?
① 평가성 사정은 평가기획단계에서 이루어지는 착수직전분석으로 정보수요를 사정하고 실행가능한 평가설계를 선택하도록 돕는다.
② 평가성 사정은 평가의 소망성과 가능성을 검토하는 것으로 평가결과의 이용자 확인이 중요하다.
③ 메타평가는 기존의 평가에서 발견된 사실을 다양한 관점에서 재분석하는 평가이므로 평가에 대한 평가, 평가감사, 2차 평가라 불린다.
④ 메타평가는 정책엘리트 중심의 평가로 주로 평가에 사용된 방법의 적정성, 사용된 자료의 오류 여부, 도출된 결과에 대한 타당성 여부 등을 검토한다.

16. 다음 중 1883년 미국에서 제정된 펜들턴(Pendleton)법의 내용에 속하는 것으로만 묶인 것은?

> ㉠ 공무원의 중립성
> ㉡ 성과급제(Merit Pay System)
> ㉢ 공무원의 교육·훈련 의무
> ㉣ 연방중앙인사위원회 설치
> ㉤ 공개경쟁시험 실시

① ㉠, ㉡, ㉢
② ㉠, ㉡, ㉣
③ ㉠, ㉡, ㉤
④ ㉠, ㉣, ㉤

17. 파슨스(Parsons)는 조직이 수행하는 기능에 따라 조직을 분류하였다. 다음 중 파슨스(Parsons)이 제시한 조직의 유형과 그 예가 잘못 연결된 것은?
① 경제적 조직 - 회사
② 정치적 조직 - 행정기관
③ 통합조직 - 종교단체
④ 형상유지 조직 - 학교

18. 공공선택론적 접근방법에 대한 설명으로 가장 옳지 않은 것은?
① 개인의 효용 총합이 곧 사회 전체의 효용 총합과 같다고 보는 방법론적 개체주의를 지향한다.
② 인간은 합리적이며 이기적인 존재로서, 모든 대안에 대해 등급을 매길 수 있는 능력이 있다고 전제한다.
③ 권력의 분산과 관할권의 중첩을 허용하는 다중심적 체제(polycentric system)를 통해 시민의 편익을 극대화한다.
④ 역사적으로 누적·형성된 개인의 기득권을 타파하기 위한 진보주의적 접근이라는 평가를 받는다.

19. 정부 간 관계(IGR) 모형에 대한 학자별 설명 중 가장 옳지 않은 것은?
① 앤더슨(Anderson)은 정부 간 관계를 중앙-지방 간의 관계뿐만 아니라, 지방정부 간 상호작용까지 포함하는 포괄적 개념으로 정의하였다.
② 라이트(Wright)의 분리권위형에 의하면 연방정부와 지방정부는 상호 독립적이며, 자율적인 운영을 바탕으로 경쟁적 관계를 형성한다.
③ 로즈(Rhodes)의 상호의존모형에 의하면 중앙정부는 법적·재정적 자원을, 지방정부는 정보·조직적 자원을 더 많이 보유하고 있어 이를 교환하는 과정에서 상호의존이 발생한다고 보았다.
④ 엘코크(Elcock)의 지배인 모형에 의하면 지방정부는 중앙정부로부터 완전히 독립된 권한을 행사하며, 중앙의 통제권이 미치지 않는 독자적 실체이다.

20. 「정부업무평가기본법」에 의한 정부업무평가제도에 대한 설명으로 옳은 것은 몇 개인가?

> ㉠ 정부업무평가위원회는 국무총리 소속으로 위원장 2인을 포함한 15인 이내의 위원으로 구성하며, 재정경제부장관, 행정안전부장관, 국무조정실장은 당연직 위원이 된다.
> ㉡ 중앙행정기관의 장은 자체평가위원회를 구성·운영하여야 하며 이 경우 평가의 공정성과 객관성을 확보하기 위하여 자체평가위원의 1/2 이상을 민간위원으로 하여야 한다.
> ㉢ 국무총리는 지방자치단체에 대한 합동평가를 효율적으로 추진하기 위하여 국무총리 소속하에 지방자치단체합동평가위원회를 설치·운영할 수 있다.
> ㉣ 공공기관에 대한 평가는 공공기관의 특수성·전문성을 고려하여 공공기관의 장 소속하에 자체평가위원회를 구성·평가하여야 한다.

① 0개
② 1개
③ 2개
④ 3개

2026 공무원 시험대비【5월분】

합격을 만드는

주간 합격모의고사

5월

-제1회-
[정답 및 해설]

이 름: _____

제1과목 국어
제2과목 영어
제3과목 한국사
제4과목 행정법총론
제5과목 행정학개론

주간 모의고사 정오표

합격까지 박문각

국　어

출제교수: 강세진 교수님

1. ③　【해설】작문
국어 순화는 본래 단어가 가진 의미를 정확하게 전달할 수 있는 쉬운 말로 바꾸는 과정이다. '니즈'를 '수익'으로 바꾸는 것은 단어의 의미 자체를 왜곡하는 것이므로 공공언어 바로 쓰기 원칙에 어긋난다. '니즈'는 문맥에 따라 '요구'나 '수요' 정도로 다듬는 것이 적절하다.
① '반납(返納)'은 빌렸던 것을 되돌려주는 행위이다. 사업 계획서는 기관에 내는 것이므로 문맥상 '제출(提出)'로 고치는 것이 단어의 정확한 쓰임에 부합한다.
② '익일(翌日)'은 일상생활에서 자주 쓰이지 않는 어려운 한자어이므로, 대중적으로 훨씬 이해하기 쉬운 '내일' 또는 '다음 날'로 바꾸는 것이 적절하다.
④ '드레스코드(Dress code)'는 생소한 외래어로, 이를 직관적으로 이해할 수 있는 '복장 규정' 또는 '옷차림 수칙'으로 다듬는 것은 국어의 원활한 소통을 위해 바람직하다.

2. ④　【해설】작문
개요의 Ⅱ단락은 소음 공해 문제가 왜 심각해졌는지에 대한 '원인'을 다루는 칸이다. ④의 '심리 상담 프로그램 운영 부재'는 소음 피해를 입은 시민들에 대한 사후 지원 대책이 미비함을 나타낼 뿐, 소음 공해 자체를 심화시키는 직접적인 원인으로 보기는 어렵다. 따라서 흐름상 적절하지 않다.
① 차량 증가와 교통 소음은 Ⅲ-1의 교통량 분산 및 저소음 포장재 대책을 이끌어내는 직접적인 원인이므로 적절하다.
② 상업 시설 및 공사장의 관리 미흡은 Ⅲ-2의 시간대별 규제 강화 대책과 논리적으로 연결되므로 적절하다.
③ 완충 공간의 부족은 Ⅲ-3의 녹지대 조성 및 방음 시설 설치 대책의 근거가 되는 원인이므로 적절하다.

3. ④　【해설】작문
지문의 첫 문장에서 보존 경계를 '지각의 생성이나 소멸 없이 판이 평행하게 스쳐 지나가기만 하는 경계'라고 정의하였다. 그러나 ⓔ에서는 보존 경계에서 '지각의 생성과 소멸이 활발하게 일어난다'고 설명하고 있다. 이는 글의 도입부에서 제시한 전제와 모순되는 진술이다. 따라서 이를 '지각의 생성과 소멸 없이 수평 이동만 일어나고'로 수정하는 것이 논리적으로 가장 적절하다.

4. ②　【해설】작문
㉠은 사형이 범죄자의 악행에 상응하는 '법적 정의'를 실현하는 수단임을 강조한다. 하지만 이는 법적·윤리적 측면에서의 '상응성'을 말하는 것이지, 피해자 유족의 심리적 회복이라는 결과가 '오직 사형 만으로' 충분히 이루어진다는 심리학적 단정을 전제로 하지 않는다. 따라서 ㉠이 이러한 극단적인 근거까지 제시할 필요는 없으므로 분석으로 적절하지 않다.
① ㉠이 '범죄 예방 및 억제'를 주장하려면, 형벌의 강도가 잠재적 범죄자의 행동 선택에 유의미한 변수로 작용한다는 인과 관계가 입증되어야 한다.
③ ㉡이 '국가 간 비교 연구'를 근거로 삼으려면, 비교 대상인 국가들의 사회적, 문화적, 치안적 환경이 유사하여 통계적 수치가 비교 가능하다는 점이 전제되어야 한다.
④ ㉡이 '사법 절차의 오류'를 강력한 폐지 근거로 내세우려면, 그것이 이론상의 가능성을 넘어 실제로 일어날 수 있는 실존적 위협임을 보여주는 사례가 뒷받침되어야 한다.

5. ③　【해설】독서
지문 하단부의 '인과 이론'에 따르면, 어떤 믿음이 지식이 되기 위해서는 그 믿음이 사실과 적절한 인과적 연결을 맺고 있어야 한다고 명시되어 있다. 즉, 참인 명제가 믿음을 인과적으로 야기하지 않은 경우에는 지식으로 인정받기 어렵다. 따라서 인과적 야기가 없어도 지식으로 인정된다는 ③은 지문의 내용과 반대이므로 적절하지 않다.

6. ④　【해설】독서
본문에 따르면 눈동자 색깔은 환경과 무관하게 오직 유전자에 의해서만 결정되는 유전 형질이다. 따라서 환경의 영향을 받아 어느 하나로 단정할 수 없다는 진술은 본문의 내용과 일치하지 않는다.
① 본문에서 혈액형은 부모로부터 전달되는 유전자에 의해 결정되는 대표적인 유전 형질로 제시되어 있다.
② 피아노 실력은 본문의 '악기 연주 기술'에 해당하며, 이는 반복 학습과 경험을 통해 획득되는 후천적 형질이다.
③ 키는 유전자와 환경(영양 상태 등)이 함께 작용하는 형질이다. 따라서 유전자가 같더라도 환경이 다르면 결과값이 달라질 수 있다는 추론은 적절하다.

7. ③　【해설】독서
본문은 양자 역학의 핵심 원리인 불확정성 원리와 파동-입자 이중성을 설명하고, 이를 통해 관측자와 대상이 분리될 수 없다는 새로운 인식론적 관점을 제시하고 있다. 특히 마지막 문단에서 양자 역학이 미시 세계에 대한 기술을 넘어 실재와 인식에 관한 근본적인 질문을 던지며 철학적 영역까지 확장되고 있음을 강조하고 있으므로, ③이 가장 적절하다.

8. ③　【해설】독서
본문은 데카르트의 코기토 명제로 대변되는 근대적 주체 개념이 현대 철학에 이르러 어떻게 해체되었는지를 설명하고 있다. 프로이트의 무의식, 푸코의 권력 담론, 데리다의 언어 해체는 모두 이성적이고 자율적인 근대적 주체의 위상을 흔드는 작업이다. 따라서 빈칸에는 이러한 흐름을 종합하여 이성 중심의 근대적 구도를 해체하고 주체 개념의 근본적인 전환을 맞이했다는 ③이 들어가는 것이 가장 적절하다.
① 현대 철학자들은 코기토 명제를 계승하는 것이 아니라 그 토대를 흔들고 해체하였으므로, '계승'이나 '재정립'이라는 표현은 부적절하다.
② 본문은 주체의 독립성과 자율성이라는 전제 자체가 프로이트 등에 의해 부정당하는 과정을 다루고 있으므로, 이를 여전히 전제로 삼는다는 설명은 본문과 배치된다.
④ 제시된 철학자들은 주체의 자율성을 '복원'하는 것이 아니라, 주체가 외부 요인에 의해 '구성'되거나 '해체'됨을 강조하였으므로 적절하지 않다.

9. ②　【해설】독서
본문은 공감의 정의에서 시작하여 유형 분류와 문제점 분석을 거쳐 최종적인 대안을 제시하는 논리적 구조를 취하고 있다.
(나): 공감이 인간관계와 사회 유지에 필수적이라는 일반적인 사실을 제시하며 글을 시작한다.
(가): '그러나'라는 역접 접속어를 사용하여 공감을 '정서적 공감'과 '인지적 공감'으로 세분화하며 논의를 구체화한다.
(라): (가)에서 언급한 두 가지 공감 능력이 각각 치우쳤을 때 나타나는 부작용을 구체적으로 설명한다.
(다): '따라서'라는 인과 접속어를 통해 정서와 이성이 조화를 이루어야 한다는 결론을 내리며 글을 마무리한다.
정리하자면, '(나)-(가)-(라)-(다)'로 이어진 ②가 정답이다.

10. ②　【해설】독서
1문단에 따르면 성리학자들은 사물이 '예(禮)'의 체계에 부합하는가'를 중시했고, 실학자들은 이러한 관점이 '현실의 민생 문제를 외면하게 만든다'고 보았다. 따라서 실학자들이 성리학적 관점을 비판한 근거는 그것이 실용성보다 도덕적 명분을 우선시하여 현실적인 민생 해결에 걸림돌이 된다고 판단했기 때문이다.
① 2문단에서 박지원은 물질적 풍요가 도덕 실천의 전제라고 보았으므로, 본질적으로 상충한다고 본 것이 아니다.
③ 2문단에서 박제가는 소비를 미덕으로 재해석하고 물자의 순환을 강조했으므로, 금욕적 절약을 강조했다는 설명은 적절하지 않다.
④ 3문단에서 정약용은 기술 도입이나 유통보다 토지 제도와 관료 체계를 바로잡는 것을 선결 과제로 보았으므로, 기술 도입을 우선시했다는 설명은 지문과 반대된다.

11. ①　【해설】독서
㉠은 도덕적 질서와 예의 체계를 중시한 성리학자들을 지칭하는 반면, 나머지는 이용후생의 이념을 통해 근대적 실용주의를 지향했던 실학자들을 지칭한다. 따라서 지시 대상이 다른 하나는 ①이다.

12. ③　【해설】독서
3문단에서 「삼대」의 '돈(유산)'이 갖는 기능을 설명하며, 이것이 단순한 갈등을 넘어 가치관의 충돌과 세대 간의 단절을 상징한다고 명시하고 있다.
① 1문단에 따르면 조상훈은 유교적 가치관이 아닌 기독교와 신문물을 지향하는 인물이다.
② 염상섭은 어느 한편을 이상화하거나 단죄하지 않고 각 삶의 한계와 모순을 드러냈다고 서술되어 있다.
④ 2문단에서 작가는 전지적 시점을 취하면서도 감정적 개입을 최소화하는 서술 방식을 사용한다고 설명한다.

13. ④ 【해설】 어휘
'머뭇거리다'는 망설임(주저)의 의미가 강하고, '당황하다'는 놀라거나 다급하여 어찌할 바를 모름을 뜻하므로 문맥적 대체 표현으로는 보기 어렵다.
① 정교하고 치밀하다는 의미로 적절하다.
② 상대방에게 굴하지 않고 맞선다는 의미로 적절하다.
③ 어떤 것에 몸이나 마음을 의지한다는 의미로 적절하다.

14. ③ 【해설】 신유형

> (가) (예산 증가∧~신제품 출시) → 판매량 증가
> 　≡ ~판매량 증가 → (~예산 증가∨신제품 출시)
> (나) 판매량 증가 → 이익 개선
> 　≡ ~이익 개선 → ~판매량 증가
> (다) ~이익 개선
> ---
> [결론] ~이익 개선 → ~판매량 증가 → (~예산 증가∨신제품 출시)

⇒ (다)에 따라 영업 이익이 개선되지 않았으므로, (나)의 대우에 의해 기존 제품의 판매량은 늘어나지 않았다. 이를 다시 (가)의 대우에 대입하면 '마케팅 예산 증가와 신제품 미출시'라는 조건이 부정되어야 한다. 드모르간의 법칙에 의해 '마케팅 예산이 증가하지 않았거나(~예산 증가), 신제품이 출시되었다(신제품 출시)'는 결론이 도출된다. 따라서 정답은 ③이다.
① 마케팅 예산이 증가하지 않았을 가능성이 있지만, 신제품이 출시되어 판매량이 늘지 않았을 수도 있으므로 '반드시' 그렇다고 단정할 수 없다.
② 신제품이 출시되었을 가능성이 있지만, 예산이 늘지 않아 판매량이 늘지 않았을 수도 있으므로 이 역시 확정적 결론은 아니다.
④ '~하거나'가 아닌 '~하고'로 연결되었으므로, 논리적으로 과잉 추론에 해당하여 적절하지 않다.

15. ② 【해설】 신유형

> (1) (~수학∧~영어) → ~국어
> 　≡ 국어 → (수학∨영어)
> (2) (~국어∨~과학) → ~사회
> 　≡ 사회 → (국어∧과학)
> (3) 민준: 사회
> (4) (?), ~수학
> ---
> [결론] 민준: 영어

⇒ 주어진 사실에 따라 민준이는 '사회'를 공부하고 있다. 이를 (2)의 대우(사회 → 국어∧과학)에 대입하면 민준이는 '국어'와 '과학'을 모두 공부하고 있음을 알 수 있다. 다시 (1)의 대우(국어 → 수학∨영어)에 따라 민준이는 반드시 '수학 또는 영어' 중 하나 이상을 공부해야 한다. 이때 최종 결론 ㉠인 '영어를 공부한다'가 성립하기 위해서는 선언지 제거법에 의해 나머지 선택지인 ②가 추가 전제로 필요하다.
① 민준이가 수학을 공부한다는 사실이 추가되면 (1)의 결과인 '수학 또는 영어'는 만족하지만, 반드시 영어를 공부한다는 결론을 이끌어낼 수는 없다(영어를 안 해도 수학을 하니까).
③ 민준이가 과학을 공부하지 않는다는 사실은 (2)의 전제 조건(~국어∨~과학)을 만족시켜 '사회를 공부하지 않는다'는 결론으로 이어지므로, 주어진 사실(3)과 모순된다.
④ 민준이가 국어를 공부하지 않는다는 사실 역시 (2)의 전제 조건을 만족시켜 '사회를 공부하지 않는다'는 결론을 내게 되므로, 주어진 사실(3)과 충돌된다.

16. ① 【해설】 신유형

> [갑의 전제] 창의적인 사람 → 예술가
> [갑의 결론] ~창의적인 사람 → ~예술가
> 　　　　≡ 예술가 → 창의적인 사람
> ---
> [을의 대화] 예술가 → 창의적인 사람

⇒ 본래 명제가 참일 때, 대우는 언제나 참이다. 하지만 역과 이는 본래 명제의 참거짓 여부와 상관없이 알 수 없다. 따라서 갑의 결론(이)이 참이 되려면, 역이 참이라는 추가 조건이 붙어야만 논리가 완성된다.
② ~창의적인 사람 → 예술가: 결론을 부정하는 사례(반례)가 존재할 수 있음을 의미하므로 전제가 될 수 없다.
③ 창의적인 사람 → ~예술가: 갑의 첫 번째 전제와 배치되는 모순된 주장이다.
④ 예술가∧창의적인 사람: '어떤'은 일부의 존재만을 증명할 뿐, 전칭(모든) 결론을 이끌어내기에는 논리적 힘이 부족하다.

17. ④ 【해설】 국어문법
지문에 따르면 'ㄹ'이 'ㄴ'으로 바뀌는 것은 첫째 원칙(교체)에 해당하며, 'ㄹ'이 없어지는 탈락은 'ㅣ'나 반모음 'ㅣ' 앞에서만 일어난다. '래일'이 '내일'이 된 것은 'ㄹ'이 'ㄴ'으로 소리가 바뀐 것이지 탈락한 것이 아니며, 모음 'ㅐ' 역시 첫째 원칙의 범주에 속한다. 따라서 이를 탈락의 결과로 보는 ④번은 적절하지 않다.
① '낙원'은 본음 '락'의 'ㄹ'이 첫째 원칙에 따라 'ㄴ'으로 교체된 것이므로 적절하다.
② '여자'는 본음 '녀'의 'ㄴ'이 반모음 'ㅣ'(ㅕ=ㅣ+ㅓ) 앞에서 탈락한 것이므로 적절하다.
③ '연령'의 '령'은 단어의 첫머리가 아니며, 'ㄴ' 받침 뒤에 결합하여 두음 법칙 적용 대상이 아니므로 본음대로 적는 것이 적절하다.

18. ② 【해설】 국어문법
'신라'는 앞 음절의 받침 'ㄴ'이 뒤 음절의 초성 'ㄹ'의 영향을 받아 'ㄹ'로 변하여 발음되는 유음화 현상이 나타난다. 이는 음운의 개수는 유지되면서 성질만 바뀌는 전형적인 교체에 해당하므로 ㉠의 사례로 가장 적절하다.
① '밟다[밥따]'는 겹받침 중 'ㄹ'이 사라지는 자음군 단순화(탈락)가 먼저 일어난 사례이므로 적절하지 않다.(이후 일어나는 [따]는 교체인 된소리되기이다.)
③ '넓히다[널피다]'는 받침 'ㅂ'과 뒤의 'ㅎ'이 만나 'ㅍ'이라는 하나의 음운으로 합쳐지는 자음 축약이므로 적절하지 않다.
④ '이기어 → [이겨]'는 모음 'ㅣ'와 'ㅓ'가 결합하여 'ㅕ'가 되는 준말의 사례이다. 선택지 설명처럼 '탈락'도 아닐뿐더러 ㉠인 '교체'에도 해당하지 않는다.

19. ④ 【해설】 독서
㉠(○): 과장된 게시물 접촉이 삶의 만족도를 낮춘다는 결과는, 과장 표현이 심리적 폐해를 낳는다는 을의 전제를 실증적으로 뒷받침한다. 따라서 을의 입장을 강화한다.
㉡(○): 박탈감보다 '단순한 흥미'를 느낀다는 결과는, 을이 주장한 '과장 표현 → 박탈감 유발'이라는 핵심 인과관계를 부정하는 증거가 된다. 따라서 을의 입장을 약화한다.
㉢(○): 표현의 자유를 앞세워 규제를 하지 않는 환경에서 우울감이 높게 나타난다는 통계는, 표현의 자유를 근거로 과장 표현의 문제를 간과하려는 병의 논거를 반박하는 사례가 된다. 따라서 병의 입장을 약화한다.

20. ① 【해설】 독서
직접 민주주의가 전문성이 필요한 사안에서 비전문가적 판단으로 인해 사회에 해로운 결과를 초래할 수 있음을 지적한다. 이는 직접 민주주의가 대의제보다 '이상적인 실현 방식'이라는 전제를 공격하여 전환의 타당성을 약화시킨다.
② 대의제 내의 보완책을 언급하는 것은 직접 민주주의의 우월성을 직접 반박하는 것이 아니므로 약화의 힘이 미미하다.
③ 직접 민주주의의 효율성과 참여율 문제를 해결할 수 있다는 근거를 제시하여 지문의 논지를 강화한다.
④ 과거 아테네의 한계는 현대의 디지털 직접 민주주의 논의와는 시대적·기술적 상황이 다르므로 논지를 직접적으로 약화하기 어렵다.

영 어

출제교수: 김세현 교수님

1. ② 【해설】
attract는 '매혹하다, 매료시키다'의 뜻으로 이와 가장 가까운 유의어는 ② fascinate이다.
【해석】
그녀는 관객들을 매료시킨 것 같았고 그것이 그녀의 연기를 큰 성공으로 이끌었다.
【어휘】
appear to ⓥ ⓥ인 것 같다 enchant 매혹하다, 황홀하게 하다 audience 청중 huge 거대한, 큰 success 성공 protest 항의하다, 반대하다 fascinate 마음을 사로잡다, 매혹하다 accompany 동행하다, 동반하다 accommodate ①숙박하다 ②수용하다

2. ③ 【해설】
문맥상 새로 나온 소프트웨어가 구식 시스템을 대체한다는 내용의 글이므로 빈칸에 들어가기에 가장 적절한 것은 ③ take the place of이다.
【해석】
새로 나온 소프트웨어는 더 빠른 처리 과정과 향상된 기능을 제공하며 구식 시스템을 대체하도록 설계되었다.
【어휘】
brand new 새로 나온, 완전히 새로운 outdated 구식의, 시대에 뒤떨어진 offer 제공하다 processing 처리과정 improved 향상된 function 기능 put up with ~을 참다, 견디다 be absorbed in ~에 열중(몰두)하다 take the place of ~을 대신하다 take A for granted A를 당연시 여기다

3. ④ 【해설】
award는 4형식 동사이고 뒤에 목적어가 하나(this trophy)만 있으므로 수동의 형태가 필요하고 또한 과거표시 부사 then이 있으므로 동명사의 완료시제(having+p.p)가 필요하다. 따라서 빈칸에 들어가기에 가장 적절한 것은 ④ having been awarded이다.
【해석】
아버지께서 내가 그 당시 이 우승컵을 탄 것에 자랑스러워하신다.
【어휘】
be proud of ~을 자랑스러워하다 award ~에게 상을 주다 trophy 트로피, 우승컵

4. ① 【해설】
오후에 시내에 친구들을 만나러 간다는 아빠에게 딸이 자신이 오후에 시내로 쇼핑하러 가고 싶다고 말하면서 같이 가도 되는지를 물었으므로, 이에 대한 아빠의 응답으로 가장 적절한 것은 ① '내가 너를 거기까지 태워 줄게'이다.
【해석】
딸: 아빠, 오늘 오후에 시내에 가신다고 하셨죠, 그렇죠?
아빠: 응. 오후 2시에 내 친구들을 만나기로 했어. 왜 물어보는 거니?
딸: 그럼 제가 아빠와 같이 가도 돼요? 오늘 오후에 시내로 쇼핑하러 가고 싶어서요.
아빠: 좋아. 내가 너를 거기까지 태워 줄게.
② 좋아. 오늘은 종일 집에 있자.
③ 미안하지만, 나는 2시 전에는 너를 만날 수 없어.
④ 네가 시내에서 나를 기다리고 있는지 몰랐어.
【어휘】
downtown 시내 give you a ride 태워주다 all day 하루 종일

5. ③ 【해설】
대화의 흐름상 '기념일을 완전히 잊어버렸고 사과하는 대신'이라고 했으므로 빈칸에 들어가기에 가장 적절한 것은 ③ '마치 별일 아니라는 듯이 행동 했어'이다.
【해석】

A: 야, 왜 그렇게 화난 것처럼 보여? 완전히 폭발하기 직전인 것 같아 보여.
B: 아, 나 방금 남자친구랑 엄청 크게 싸웠어. 정말 작은 일이 었는데, 점점 더 커져버렸어.
A: 어머나, 안됐다. 무슨 일이 있었는데?
B: 내가 지난주에 상기시켜줬는데도 우리 기념일을 완전히 잊어버렸어. 그러고 나서 사과는커녕, 마치 별일 아니라는 듯이 행동 했어.
① 미안해하는 것 같았고 내게 꽃을 사줬어
② 자신의 결혼에 대해 변명했어
④ 나를 놀리지 않았어
【어휘】
be about to ⓥ 막 ⓥ하려하다 hit the roof 몹시 화를 내다, 폭발하다 huge 거대한 completely 완전히 anniversary 기념일 even though 비록 ~일지라도 remind 상기시키다 far from ~ing ~하기는커녕, 결코 ~하지 않는 apologize 사과하다 excuse 변명 big deal 중요한 일, 대단한 일 make fun of ~ ~를 놀리다, 조롱하다

6. ② 【해설】
주어진 지문은 새 학기를 맞아 다양한 동아리에서 새로운 구성원을 모집하면서 학생들의 동아리 참여를 권유하고 있으므로 이 글의 목적으로 가장 적절한 것은 ② '신규 동아리 구성원 모집을 알리기 위해서'이다.
① 동아리 활동에 대한 학생 만족도를 조사하려고
③ 방과 후 과외활동을 소개하려고
④ 새로운 동아리 제안서를 제출하도록 장려하기 위해
【해석】
수신: 소중한 학생 여러분
발신: Daniel Harris, 학교 동아리 담당자
날짜: 5월 9일
학생 여러분께,
저는 학교 동아리 담당자인 Daniel Harris이며, 우리 학교 동아리에 대해 여러분께 말씀드리고자 글을 씁니다. 새로운 학기가 시작됨에 따라, 우리는 다양한 학교 동아리에 새 구성원들을 맞이하게 되어 기쁩니다. 힙합, 케이팝 댄스, 코딩 등 다양한 동아리가 있으며, 각 동아리는 참여할 열정적인 학생들을 찾고 있습니다. 동아리에 가입하는 것은 자신의 관심사를 탐색하고, 새로운 친구들을 만나며, 새로운 기술을 개발하는 좋은 방법입니다. 따라서 여러분의 관심 있는 동아리에 가입할 것을 권장합니다. 이번 주 말까지 학교 웹사이트를 방문하거나 제 사무실로 와서 신청해 주세요. 여러분의 적극적인 참여를 기대합니다.
진심을 다해서
Daniel Harris
【어휘】
school club 동아리 director 관리자 semester 학기 various 다양한 available 이용 가능한 include 포함하다 look for 찾다, 구하다 enthusiastic 열정적인 explore 탐구하다 encourage 권하다, 격려하다 therefore 그러므로, 그래서 register 등록하다 look forward to ~ing ~하기를 간절히 바라다 participation 참여 recruitment 구인 extracurricular 과외의 submit 제출하다 proposal 제안서

7. ① 【해설】
① 주어진 지문 첫 번째 단락에서 체험 학습을 지원하고 3D 프린터와 같은 특수한 장비가 갖추어진 메이커 스페이스를 마련했다고 했으므로 '방문객들이 전문 장비를 이용해 자신들의 프로젝트를 직접 만들 수 있다'는 ①은 본문의 내용과 일치한다.
② 주어진 지문 두 번째 단락에서 아카이브는 보통 방문객들에게 장비 사용 전에 간단한 사전 교육 시간(orientation session)을 마치도록 요구한다고 했으므로 '사람들은 어떠한 교육도 받지 않고 즉시 메이커 스페이스 장비를 사용할 수 있다'는 ②는 본문의 내용과 일치하지 않는다.
③ 주어진 지문 세 번째 단락 첫 문장에서 아카이브는 자원봉사자, 지역 예술가, 또는 기술 전문가들이 진행하는 정기적인 워크숍을 운영한다고 했으므로 '워크숍은 자원봉사자, 지역 예

술가, 또는 기술 전문가들을 평가하기 위해 주로 운영된다'는 ③은 본문의 내용과 일치하지 않는다.
④ 주어진 지문 마지막 문장에서 참가자들에게 다양한 도구와 창작 방법을 소개한다고 했으므로 '비슷한 장비 사용 방법을 설명한다'는 ④는 본문의 내용과 일치하지 않는다.
【해석】
도시 아카이브 메이커 스페이스 프로그램
공공 아카이브의 새로운 방향
최근 많은 도시 아카이브들이 체험 학습을 지원하기 위해 공공 공간을 새롭게 재구성하기 시작했습니다. 단순히 독서 공간에만 집중하는 대신, 일부 아카이브들은 이제 3D 프린터, 레이저 커터, 디지털 설계 소프트웨어와 같은 장비가 갖추어진 메이커 스페이스를 마련하고 있습니다. 이러한 공간은 방문객들이 창의적인 프로젝트와 실용적인 기술을 실험해 볼 수 있게 합니다.
예약 및 장비 사용
많은 장비들이 훈련과 세심한 취급을 필요로 하기 때문에, 아카이브는 보통 방문객들에게 장비 사용 전에 간단한 사전 교육(orientation session)을 마치도록 요구합니다. 교육을 마친 후에는 참가자들이 메이커 스페이스에서 제공되는 장비를 이용하여 프로젝트를 수행할 시간대를 예약할 수 있습니다.
워크숍과 지역 사회 참여
아카이브는 또한 자원봉사자, 지역 예술가, 또는 기술 전문가가 진행하는 정기적인 워크숍을 운영합니다. 이러한 수업은 참가자들에게 다양한 도구와 창작 방법을 소개하고, 동시에 비슷한 관심사를 공유하는 지역 구성원들 사이의 협력을 장려합니다.
① 공공 아카이브는 지금 방문객들이 전문 장비를 이용해 자신들의 프로젝트를 직접 만들 수 있는 공간을 제공한다.
② 사람들은 어떠한 교육도 받지 않고 즉시 메이커 스페이스 장비를 사용할 수 있다.
③ 워크숍은 자원봉사자, 지역 예술가, 또는 기술 전문가들을 평가하기 위해 주로 운영된다.
④ 워크숍은 공통된 관심을 가진 지역 사회 구성원들에게 비슷한 장비 사용 방법을 설명한다.
【어휘】
recently 최근에 public space 공공 공간 hands-on 직접 해보는, 실습(체험)중심의 instead of ~대신에 equip 장비를 갖추다 tool 도구 experiment with ~을 실험하다 practical 실용적인, 실제적인 handling 다루기, 취급 complete 완료하다, 마치다 session 수업, 시간, 회기 participant 참가자 reserve 예약하다 specific 특정한, 구체적인 time slot (정해진)시간대 perform 수행하다, 실행하다 equipment 장비, 설비 provide 제공하다 organize 조직하다, 운영하다 regular 정기적인 volunteer 자원봉사자 introduce 소개하다, 도입하다 collaboration 협력 interest 관심 directly 직접 specialized 전문적인, 특수한 evaluate 평가하다

8. ① 【해설】
주어진 안내문은 Adel Dolphin Park에서 카약 투어를 즐기면서 야생동물 관찰, 맹그로브 숲 탐험, 그리고 돌고래 관찰을 알리는 내용이므로 이 글의 제목으로 가장 적절한 것은 ① '아델 돌핀 파크에서 카약 모험을 즐기세요'이다.
② 전문가와 함께 돌고래 관찰 투어에 참여하세요
③ 가이드 투어로 지역 야생동물에 대해 배워보세요
④ 카약을 타고 고대 맹그로브 숲을 탐험하세요

9. ④ 【해설】
안내문 마지막에 'Reserve now and pay at any time up to 2 days before your tour(지금 예약하시고 투어 2일 전까지 아무 때나 비용을 내주세요)'라고 했으므로, 주어진 안내문의 내용과 일치하지 않는 것은 ④이다.
【해석】
Adel 돌고래 공원에서 카약 투어를 하고 야생 동물을 발견하며 멋진 전원을 즐기세요. 아주 오래된 맹그로브 숲 사이로 노를 저어 가면서 돌고래들이 지나가는 것을 볼 수 있을 것입니다. 또한 동식물학자 가이드가 토종 동물들과 그것들의 서식지에 대한 모든 것을 알려 드릴 것입니다. 투어 속도는 느리며, 카약 경험은 필요 없습니다.

• 투어 비용은 1인당 50달러입니다.
• 투어는 약 3시간 동안 진행됩니다.
• 구명조끼를 포함한 모든 카약 장비가 포함되어 있습니다.
• 여러분의 귀중품을 젖지 않게 보관할 수 있는 방수 봉투가 제공됩니다.
• 투어 시작 시간 15분 전에 도착해야 합니다.
• 지금 예약하시고 투어 2일 전까지 언제든지 비용을 내주세요.
【어휘】
spot 발견하다, 찾아내다 paddle 노를 젓다 ancient 고대의 mangrove 맹그로브(강가나 늪지에서 뿌리가 지면 밖으로 나오게 자라는 열대 나무) pass by 지나가다, 지나치다 naturalist 동식물학자 habitat 서식지 last 지속되다 waterproof 방수의 valuables 귀중품 prior to ~이전에 reserve 예약하다 up to ~까지 explore 탐험하다

10. ③ 【해설】
③ 강조 조동사 do의 사용을 묻고 있다. 대등접속사 but다음 동사 시제가 과거이므로 과거동사 finished를 강조하는 강조 조동사 did의 사용은 어법상 적절하다.
① 'lest(that)S+(should)+동사원형'구문을 묻고 있다. 따라서 과거동사 fell은 원형동사 fall로 고쳐 써야 한다.
② 가정법 과거완료시제를 묻고 있다. 주절에 시제가 would have arrived이므로 If절에는 had+p.p가 있어야 한다. 따라서 left는 had left로 고쳐 써야 한다.
④ 명사 security를 수식하는 것은 형용사여야 하므로 부사 fully를 형용사 full로 고쳐 써야 한다.
【해석】
① 그는 하이킹 도중 그녀가 넘어지지 않도록 그녀의 팔을 잡아 당겼다.
② 우리가 더 일찍 떠났더라면, 가능한 한 빨리 제시간에 도착했을 텐데.
③ 나는 마감 전에 보고서를 정말로 다 끝냈지만, 너에게 이메일로 보내는 것을 깜빡했다.
④ 그에게 충분한 안전을 제공해야 하는데 우리의 실패는 그 커뮤니티를 놀라게 했다.
【어휘】
lest ~ (should) ~하지 않도록 fall down 넘어지다 deadline 마감(일) failure 실패 provide A with B A에게 B를 제공하다 security 안전 surprise 놀라게 하다

11. ④ 【해설】
주어진 지문은 악천후로 인한 휴교일 동안 진행할 온라인 학습 전환을 위해 제안된 계획을 읽어 보고 그에 대한 피드백을 보내 달라고 요청하고 있으므로, 글의 목적으로 가장 적절한 것은 ④이다.

12. ② 【해설】
문맥상 inclement는 '(날씨가)혹독한, 험한'의 뜻으로 이와 가장 가까운 유의어는 ② 'harsh'이다.
【해석】
친애하는 학부모님께 겨울철로 접어들면서, 본교는 (가장 일반적으로는 폭설 휴업일로 알려진) 악천후로 인해 생길 수 있는 휴교일에 대비하고 있습니다. 이 준비의 일환으로, 저희는 이러한 기간 중 온라인 학습으로 전환하기 위해 제안된 계획에 대한 피드백을 구하고 있습니다. 휴교일 중 온라인 학습으로 전환하는 것은 학생들의 연속적인 학습을 지원할 것이고 휴교가 학사 일정에 미치는 영향을 최소화할 것입니다. 부디 이 이메일에 첨부된 저희의 제안된 계획을 읽어 보시고 여러분의 피드백을 보내 주시기 바랍니다. 문의 사항이 있으시면 학교 행정실의 065-522-4432로 언제든지 연락 주십시오.
감사의 마음을 전하며,
교감 Todd Dugan 드림
【어휘】
head into ~로 향하다 prepare for ~에 대해 대비하다 potential 잠재력이 있는, 가능성이 있는 school closure days 학교 휴교일 *closure 종료, 폐쇄 due to ~때문에 inclement (날씨가)혹독한, 험한 commonly 일반적으로

look for 찾다, 구하다　shift 전환하다, 변경하다　virtual learning (컴퓨터와 인터넷을 활용하는) 온라인 학습　continuous 연속적인, 지속적인　proposed 제안된　attach 첨부하다　administrative 행정의　gratitude 감사　vice principal 교감　mild 온화한, 순한　harsh 가혹한, 거친　serene 고요한, 평온한　temperate 온화한

13. ④ 【해설】
④ 관계대명사 what 다음 문장구조가 완전하므로 관계대명사 what은 접속사 that으로 고쳐 써야 한다.
① 빈도부사 hardly의 위치(조동사나 be동사 뒤 / 일반동사 앞)를 묻고 있다. 따라서 조동사 can 다음 빈도부사 hardly의 사용은 어법상 옳다.
② 전치사 without 다음 동명사 encountering은 뒤에 의미상 목적어 views가 있으므로 그 사용이 어법상 적절하다.
③ 부분주어(majority) of 다음 명사가 복수명사(the writers)이므로 복수동사 are의 사용은 어법상 옳다.
【해석】
나는 우리 대학들에 관한 누군가의 견해를 마주치지 않고서는 요즘 잡지를 집어 드는 일은 거의 없다. (=나는 요즘 잡지를 집어 들 때마다 우리 대학들에 관한 누군가의 견해에 늘 마주치게 된다.) 대다수의 작가들은 비판적이다. 즉, 그들은 대학이 일을 잘 못 하고 있다고 생각하며 대학교육의 가치를 의문시한다.
【어휘】
encounter 우연히 만나다(마주치다)　critical ①비판적인 ②중요한　do a good job 일을 잘하다　question ①질문 ②의문을 제기하다

14. ④ 【해설】
주어진 지문은 한 운동선수를 예로 들어 모든 사람에게 끊임없는 비판의 필요성을 강조하는 내용의 글이므로 이 글의 요지로 가장 적절한 것은 ④ '자신의 이익을 위해 모든 사람은 비판이 필요하다.'이다.
【해석】
John Elway는 역대 가장 훌륭한 쿼터백 중의 한 명이지만, 그에게는 개인 쿼터백 코치가 있다. John은 일 년에 수십만 달러의 비용이 드는 코치가 왜 필요한가? 그의 코치가 John이 하루 종일 연습하는 것을 지켜보고 그가 얼마나 잘 하는지 말해 주면서 하릴없이 서 있다고 생각하면 그건 잘못된 생각이다. John의 코치는 John을 비판함으로써 돈을 번다. 그가 "John, 경기를 이렇게 하세요. 당신이 잘못한 게 이거예요. 경기를 완벽하게 하기 위해서는 이렇게 해야 해요. 다시 해 보세요."라고 말할 때 시스템이 어떻게 작동하는지 거의 알 수 있다. 최고의 사람들이 비판에 대한 끊임없는 필요성을 인식한다면 당신도 그래야 한다. 스포츠 세계에서 비판의 사용이 하나의 전형적인 예가 될 수 있지만, 당신이 어느 분야에서 일하든지 예외가 될 수는 없다.
① 모든 운동선수들은 매일 훈련을 해야 한다.
② 칭찬이 어떤 비판보다 더 강력하다.
③ 완벽함이 당신이 세울 수 있는 가장 낮은 기준이다.
【어휘】
of all time 역대, 지금껏　private 사적인　all day long 하루 종일　earn 벌다　criticize 비판하다　perfect 완벽하게 하다　recognize 인식하다, 인정하다　perpetual 끊임없이 계속되는　criticism 비판　typical 전형적인　field 분야　exception 예외　standard 기준　for one's own good ~의 이익을 위해

15. ④ 【해설】
주어진 지문은 우리가 시각적으로 느끼는 색깔은 빛이 만들어 내는 것이 아니라 빛의 파장이 눈에 들어올 때 일어나는 신경 화학적 현상에 의해 색을 인식한다는 내용의 글이므로 이 글의 제목으로 가장 적절한 것은 ④ '색깔에 대한 인식'이다.
【해석】
빛은 색깔이 없어서 그 결과 색깔은 우리의 두뇌 속에서 발생하는 것이어야 함을 Newton은 처음으로 지적했다. 그는 "빛의 파장 그 자체는 색깔이 없다."라고 기록했다. 그가 살던 시대 이후로 우리는 빛의 파장이 다양한 진동의 주파수로 특징지

어진다고 알아왔다. 그 파장은 관찰자의 눈에 들어올 때 연쇄적인 신경 화학적 현상을 유발시키며, 그 현상의 최종 산물은 우리가 색깔이라 부르는 내적 정신적 이미지이다. 여기에서 근본적 요점은 우리가 색깔로 인식하는 것은 색깔로 구성되어 있지 않다는 것이다. 사과는 빨갛게 보일지 모르지만 그것을 이루는 원자 자체는 전혀 빨간 색이 아닌 것이다.
① 진동 주파수
② 색깔의 차이점
③ 사과 원자
【어휘】
point out 가리키다, 지적하다　consequently 결과적으로　wave 파장　characterize 특징짓다　frequency 주파수　vibration 진동　observer 관찰자　set off 유발하다　a chain of 연쇄적인　internal 내부의　perceive 인지하다, 지각하다　be made up of~ ~로 구성되다　atom 원자　perception 인지, 자각

16. ③ 【해설】
주어진 지문은 아이들의 몸짓 언어 습득에 관한 내용의 글이므로 '어휘 습득'과 관련된 내용을 언급하는 ③은 글의 전체흐름과 무관하다.
【해석】
부모들은 종종 자신들이 아기에게 인사하며 손 흔들기, 껴안기, 가리키기 등의 동작들을 가르친다는 것을 인식하지 못한다. 아이들이나 유아들은 이러한 동작들을 대부분의 어른들이 생각하는 것보다 훨씬 빠르고 효과적으로 습득한다. 그들은 말하기 훨씬 전부터 신호를 통해 자신이 필요한 것을 신체적으로 표시하는 법을 배운다. (비록 아기들이 많은 몸짓 언어들을 사용하는 데 익숙하다 하더라도 그들은 한 살이 되기 전에 20개나 되는 단어를 습득할 수 있다.) 또한 신호를 이용해서 아이들은 누군가가 자신들의 필요를 보살피게 할 수 있기 때문에 울거나 짜증내는 일이 줄어든다.
【어휘】
wave 흔들기　hug 껴안다　point 가리키다　and so forth 기타 등등　infant 유아　get(be) used to -ing -하는 데 익숙하다　effectively 효과적으로　express 표현하다　physically 신체적으로　utilize 이용하다　reduce 줄다, 줄어들다　frustration ①불만, 짜증 ②좌절(감)　care for 돌보다

17. ③ 【해설】
믿음은 지식이 존재하기 위해 필요한 것이지만, 그것이 필요한 모든 것은 아니라는 제시문 뒤에 한 사람의 생각을 현실 세계와 일치하게 해주는 다른 어떤 것이 필요하다는 (C)의 내용이 이어져야 하고 (A)의 a bridge 다음 (B)의 the bridge가 이어져야 하므로 주어진 글 다음 이어질 글의 순서로 가장 적절한 것은 ③ (C)-(A)-(B)이다.
【해석】
모든 믿음이 지식인 것은 아니다. 믿음은 지식이 존재하기 위해 필요한 것이지만, 그것이 필요한 모든 것은 아니다.
(C) 한 사람의 생각을 현실 세계와 일치하게 해주는 다른 어떤 것이 필요하다. 생각이 현실 세계와 일치하지 않을 때, 그때는 그것은 지식으로 여겨질 수 없다. (A) 예를 들어, 먼저 다리를 안전하게 건너지 않고서는 그 다리가 건너기에 안전하다는 것을 알 수 없다. 다리가 건너기에 안전하다고 믿고 있더라도 그것은 건너기 시작하자 그것이 무너지면 그러면 그것이 안전하다는 것을 '알고 있었다'고 말할 수 없다. (B) 다리가 건너가기에 안전하다고 믿을 수 있고 그런 다음 그것을 안전하게 건넌 후에야 그것이 안전하다는 것을 '안다'고 선언할 수 있다. 지식을 습득하는 과정에서 사람들은 자신들이 가진 진정한 믿음의 양을 증가시키려고(그리고 그 과정에서 잘못된 믿음의 양은 최소화하려고)애쓴다.
【어휘】
belief 믿음　knowledge 지식　necessary 필요한　cross 건너다　safely 안전하게　*safe 안전한　collapse 무너지다　declare 선언하다　process ①과정, 절차 ②가공하다　acquire 얻다, 획득하다　attempt 시도하다　minimize 최소화하다　amount 양　false 잘못된, 그릇된　match up with ~에 필적하다　consider 여기다, 간주하다

18. ④ 【해설】
④의 these many different diets는 제시문의 fat, protein, carbohydrates, fiber, and sugars를 가리키므로 주어진 문장이 들어가기에 가장 적절한 곳은 ④이다.
【해석】
인간의 기본적인 유전적 특질을 더 잘 이해하면 어떤 음식이 인간의 몸에 가장 좋은 것인가를 설명하는 데 도움이 될 수도 있다. 지나치게 단순화된 이야기 때문에, 많은 사람들은 모든 인간에게 '자연스러운' 먹기 방식이 한 가지 있었다고 믿게 되었다. 결과적으로 많은 사람들은 우리가 건강하고 활동적이 되고 그 상태를 유지하고 싶을 때 먹어야 하는 한 가지 '자연스러운' 건강식이 있다고 믿는다. 사실 이러한 믿음은 전혀 사실이 아닐 수도 있다. 현대 인류가 아프리카에서 이주해 나왔을 때, 그들은 통밀 빵, 기름기가 적은 소고기, 또는 잎채소로 가득한 정원도 없던 몇몇 곳을 포함하여 지구 방방곡곡으로 빠르게 퍼져 나갔다! 다행히도, 인간은 거의 어느 것이나 먹을 수 있고, 온 세계 사람들의 각 집단은 지방, 단백질, 탄수화물, 섬유질, 그리고 당분을 나름대로 혼합한 다양한 음식을 갖고 있다. 아름다운 피부를 가진 사람들이 각각의 이런 많은 다양한 음식에 의해 길러져왔다.
【어휘】
various 다양한 diet 음식 fat 지방 protein 단백질 carbohydrate 탄수화물 fiber 섬유, 섬유질 genetics 유전학, 유전적 특질 due to ~ 때문에 overly 지나치게 simplified 단순화된 come to ⓥ ⓥ하게끔 되다 belief 믿음 migrate 이주하다 expand 확대(확장, 팽창)되다, 확대(확장, 팽창)시키다 all corners 구석구석, 방방곡곡 leafy greens 잎채소 *leafy 잎이 많은, 녹음이 우거진 raise 기르다, 양육하다

19. ② 【해설】
주어진 지문은 신뢰는 직접 대면해야 생기는 것이지 인터넷상에서 만들어지는 것이 아니라는 내용의 글이므로 빈칸에 들어가기에 가장 적절한 것은 ② '가상의'이다.
【해석】
소셜 미디어가 아무리 훌륭하다 해도 그것은 실제 인간적인 접촉만큼 강한 신뢰의 유대를 만드는 것에 효과적이지 못하다는 사실에 대해 내가 말한다면 논란을 유발하는 것 같다. 소셜 미디어를 열성적으로 지지하는 사람들은 나에게 그들이 온라인에서 사귀어 온 모든 친한 친구들에 대해 말할 것이다. 그러나 만약 소셜 미디어가 핵심이라면, 왜 삼만 명이 넘는 블로거들과 팟캐스터들이 BlogWorld라고 불리는 큰 회의에 참석하기 위해 해마다 라스베이거스로 몰려가는가? 그들은 왜 온라인에서 만나지 않는가? 우리 같은 사회적 동물에게는 어떤 것도 얼굴을 마주하는 모임을 대신할 수 없기 때문이다. 우리는 우리와 같은 사람들 주변에 실제로 함께 있는 것을 좋아한다. 그것은 우리로 하여금 우리가 소속되어 있는 것처럼 느끼게 한다. 그것은 또한 화상 회의가 출장을 결코 대체할 수 없는 이유이기도 하다. 신뢰는 화면을 통하여 형성되지 않고, 탁자를 사이에 두고 형성된다. 인간을 결속시키는 것에는 악수가 필요하고… 어떤 기술도 아직 그것을 대체할 수 없다. 가상의 신뢰 같은 것은 없다.
① 사교적인
③ 일방의
④ 조건부의
【어휘】
stir ①유발하다, 불러일으키다 ②휘젓다 controversy 논란 no matter how 비록 ~일지라도(= however) bond 유대, 결속 end-all-be-all ①처음이자 마지막 ②핵심, 요체 descend on ~로 몰려들다 conference 회의 belong 소속되다 bind 결속시키다, 묶다 replace 대체하다 virtual ①사실상의, 거의 ~와 다름없는 ②가상의 conditional 조건부의

20. ① 【해설】
주어진 지문은 무엇인가를 하려고 할 때 상대방을 배제하지 말고 그것에 대해 상대에게 알리는 것이 그 일을 수행하는 데 도움이 된다는 내용의 글이므로 빈칸에 들어가기에 가장 적절한

것은 ① '만약 그것을 만드는 데 그들이 역할을 하지 않는다면'이다.
【해석】
협상 중에 가장 흔한 실수 중 하나는 '여러분'이 문제에 대한 해결책을 찾아냈다고 발표하는 것이다. 도시 계획 입안자들은 주변 지역의 거주민들을 참여시키지 않은 채 새로운 쓰레기 처리장에 대한 그들의 계획을 공표한다. 이에 대응하여 한 시민 단체가 그 프로젝트와 싸우기 위해 즉시 조직적으로 단결한다. 경영진은 직원들과 상의하지 않은 채 간결한 작업 계획을 발표한다. 노동자들은 암암리에 그 계획을 고의로 방해한다. 국가 예산 책임자와 대통령의 수석 보좌관은 여섯 명의 의회 지도자들과 함께 밀실로 들어가서 합의된 일단의 예산 삭감안을 가지고 나온다. 참여하지 않은 의원들은 그 합의를 비난하며 그 다음의 투표에서 그것을 거부한다. 그러므로 또한 여러분의 협상 상대들도 그들이 여러분의 제안을 형성하는 데 역할이 없다면 그것을 거부할 가능성이 있다.
② 그들이 그 계획에 대해 능동적인 역할을 할 때
③ 그들이 과도하게 그것을 간섭할 때
④ 만약 관리인들이 능률적인 작업 계획을 알린다면
【어휘】
negotiate 협상하다 unveil ①공표[발표]하다 ②드러내다, 덮개를 벗기다 scheme 계획, 책략 waste-disposal site 쓰레기 처리장 involve 포함시키다 resident 거주민 surrounding 주위의, 주변의 neighborhood 지역, 이웃, 인근 in response 이에 대응하여 immediately 즉시 organize 조직적으로 단결하다 streamlined ①유선형의 ②간결한, 능률적인 ③최신식의, 현대적인 sabotage (고의로) 방해(하다), 사보타주 organize budget 예산 chief of staff 수석 보좌관 closet 밀실에 들어앉히다 congressional 의회의, 국회의 emerge 나오다 agreed-upon 합의된 denounce 비난하다 reject 거절하다, 거부하다 subsequent 그 다음의, 뒤이어 나오는 counterpart 상대방, 대응하는 사람(물건) shape 형상하다, 만들다 play a role 역할을 하다 excessively 과도하게 interfere with ~을 방해하다

한 국 사

출제교수: 노범석 교수님

1. ④ 【해설】동예
제시된 자료는 동예의 제천행사에 대한 설명이다.
④ 동예의 풍습인 책화에 대한 설명이다.
① 고구려에 대한 설명이다.
② 부여에 대한 설명이다.
③ 부여와 고구려는 제가 회의에서 국가의 중대사를 논의하였다.

2. ③ 【해설】평양
제시된 자료는 평양 지역에서 전개된 역사적 사실들을 나열한 것이다.
③ 고구려 장수왕 때인 427년 평양으로 도읍을 옮기고 적극적으로 남진 정책을 추진하였다.
① 쌍성총관부 철령 이북 지역인 화주(영흥)에 설치되었다.
② 대구, ④ 전라도 순천에 대한 설명이다.

3. ② 【해설】대가야
제시된 자료는 우륵은 대가야의 음악가로서, 신라 진흥왕 때 신라로 투항하였다.
② 대가야에 대한 설명이다.
①, ④ 금관가야에 대한 설명이다.
③ 발해 선왕 때의 지방 제도 정비에 대한 설명이다.

4. ① 【해설】공민왕
제시된 자료에서 설명하고 있는 '그'는 공민왕이다.
① 충선왕은 아들인 충숙왕을 즉위시킨 뒤 원나라로 돌아가 연경에 만권당을 설립하였다.
② 공민왕에 대한 설명이다.
③ 공민왕은 반원 자주 정책을 펼치면서 정동행성의 이문소를 폐지하였다.
④ 공민왕 때 무력을 통해 쌍성총관부를 회복하였다.

5. ④ 【해설】5세기 고구려의 발전 과정
(가)는 4세기 미천왕 때의 일이고, (나)는 5세기 장수왕 때의 일이다. ㉡, ㉢, ㉣ 모두 5세기 광개토대왕에 대한 설명이다.
㉠ 7세기 고구려는 당나라의 침략에 대비하여 천리장성을 쌓았다.

6. ③ 【해설】발해 문왕
제시된 자료는 발해 문왕(737~793) 때의 정치 상황을 서술한 것이다.
③ 신라 효소왕(692~702) 때의 일이다.
①, ②, ④ 발해 문왕에 대한 설명이다.

7. ④ 【해설】지눌
제시된 자료는 지눌의 활동에 대한 설명으로 ④ 지눌은 교선 통합을 위해 선종을 중심으로 교종을 포용하고 교·선 통합을 완성하였다.
① 의천은 이론과 실천을 같이 강조하는 교관겸수를 주장하였다.
② 혜초, ③ 혜심에 대한 설명이다.

8. ② 【해설】선덕여왕
제시된 자료는 우리나라 최초의 여왕인 선덕 여왕에 대해 서술한 내용이다.
② 선덕여왕은 호국 중심 사찰인 황룡사에 황룡사 9층 목탑을 건립하여 국가와 왕실의 권위를 높이려 하였다.
① 신라 진덕여왕 때 김춘추의 활약으로 나·당 동맹이 체결되었다.
③ 신라 지증왕 때의 일이다.
④ 신라 법흥왕 때의 일이다.

9. ③ 【해설】신문왕
제시된 자료의 밑줄 친 '왕'은 통일 신라의 신문왕이다.
③ 신문왕은 김흠돌의 반란을 진압하였다.
① 경덕왕, ② 원성왕, ④ 성덕왕에 대한 설명이다.

10. ③ 【해설】고려 대외관계
㉣ 고려 성종 때 서희는 소손녕과의 담판에서 거란과 교류하겠다고 약속하고, 대신 압록강 동쪽의 강동 6주를 획득하였다.
㉠ 고려 현종 때 거란 2차 침입 이후 개경이 함락되자 현종은 나주로 피난하였다.
㉡ 고려 숙종 때 윤관의 건의에 따라 여진족 정벌을 위해 별무반을 조직하였다.
㉢ 고려 예종 때 윤관이 별무반을 이끌고 여진 정벌을 단행하여 동북 9성을 축조하였다.

11. ④ 【해설】고려 인종
제시된 자료는 고려 인종 때 금나라가 고려에 군신 관계를 요구하자, 이자겸과 척준경이 금을 섬기는데 찬성하는 것과 관련된 내용이다.
④ 인종 때 김부식 등이 왕명을 받아 '삼국사기'를 편찬하였다.
① 최우에 대한 설명이다.
② 최우 집권기(고종) 때의 일이다.
③ 고려 문종 때 최충은 9재 학당을 세워 유학 교육에 힘썼다.

12. ① 【해설】임진왜란
㉠ 1592년 4월의 일이다.
㉣ 1592년 7월 전라도 좌수사 이순신이 학인진법을 이용하여 적선 100여 척을 격파하였다.(한산도 대첩)
㉢ 1593년 2월 행주산성에서 고립되었던 권율이 왜군과의 격전에서 크게 승리하였다.(행주대첩)
㉡ 정유재란 때인 1597년 7월 칠천량 해전에 대한 설명이다.

13. ③ 【해설】독립 의군부
제시된 자료는 1912년에 조직된 독립 의군부에 대한 설명이다.
③ 대한 광복회는 총사령으로 박상진을 두었으며, 공화주의를 표방하였다.
① 독립 의군부는 복벽주의를 표방하였다.
② 독립 의군부는 1912년 임병찬이 고종의 비밀 지령을 받아 의병들을 규합하여 결성한 단체이다.
④ 독립 의군부는 일본 정부의 내각 총리대신과 조선 총독에게 국권 반환 요구서를 보내려고 계획하던 중에 조직이 드러나 실패하고 말았다.

14. ① 【해설】을사늑약
1905년 11월에 체결된 을사늑약의 내용이다.
① 을사늑약의 체결로 대한 제국의 외교권이 박탈되어 일본의 중재 없이 국제적 조약을 체결할 수 없게 되었다.
② 1907년 한일 신협약(정미7조약)에 대한 설명이다.
③ 1910년 체결된 한·일 병합 조약에 관한 설명이다.
④ 1904년에 체결된 1차 한·일 협약에 대한 설명이다.

15. ④ 【해설】3·1 운동
제시된 자료는 3·1 운동 때 발표된 3·1독립 선언서의 내용이다.
④ 3·1 운동을 계기로 독립운동을 이끌어 갈 통일된 지도부에 대한 필요성이 대두되어 대한민국 임시정부가 수립되었다.
① 1929년 광주 학생 항일 운동 당시 신간회는 현지에 진상 조사단을 파견하고 진상 보고를 위한 민중 대회를 개최하려고 하였다.
②, ③ 1926년 6·10만세 운동에 대한 설명이다.

16. ① 【해설】1910년대 국외 독립운동(연해주)
밑줄 친 '이곳'은 연해주를 일컫는다.
① 권업회는 1911년 연해주 지역에서 창립된 독립 운동 단체다.
② 신흥강습소(신흥 무관 학교)는 1911년 남만주 삼원보 지역에 설립되었다.
③ 서전서숙은 북간도 용정에 설립한 최초의 국외 학교이다.
④ 동제사는 1912년 중국 상하이에서 조직된 독립 운동 단체다.

17. ① 【해설】한국 독립군
1930년대 만주에서 지청천이 이끈 한국 독립군은 쌍성보, 대전자령, 사도하자, 동경성에서 일본군을 크게 격파하였다.
① 한국 독립군은 한국 독립당의 산하 부대이다.

② 1930대 만주에서 활동한 조선 혁명군에 대한 설명이다.
③ 한국 광복군은 1942년 김원봉의 조선 의용대 병력 일부를 흡수하여 군사력을 더욱 강화하였다.
④ 1938년에 조직된 조선 의용대에 대한 설명이다.

18. ② 【해설】 대동법
    제시된 자료는 대동법에 대한 설명이다.
    ② 균역법과 관련된 내용으로 균역법의 실시에 따라 감소된 재정을 보충하기 위해 지주에게 결작이라고 하여 토지 1결당 미곡 2두를 추가로 부담시켰다.
    ①, ④ 대동법에 관련된 내용이다.
    ③ 대동법의 실시에 따라 대동법을 관할하는 관청으로 선혜청이 신설되었다.

19. ③ 【해설】 건국 준비 위원회
    제시된 자료는 건국 준비 위원회의 강령이다.
    ③ 건국 준비 위원회(건준위)는 전국에 치안대와 145개의 지부를 설치하고 각 지역의 치안과 행정을 담당하였다.
    ① 좌우 합작 위원회에 대한 설명이다.
    ② 좌익 세력 등에 대한 설명이다.
    ④ 제헌 국회에 대한 설명이다.

20. ② 【해설】 6월 민주화 항쟁
    제시된 자료는 6·10대회 선언문으로 1987년에 일어난 6월 민주 항쟁과 관련된 자료이다.
    ② 6월 민주 항쟁은 5년 단임의 대통령 직선제로의 개헌을 이끌어냈다.
    ① 1960년 4·19혁명의 결과 이승만이 하야하였다.
    ③ 1964년 6·3항쟁 당시 학생과 시민들을 중심으로 '굴욕적인 한·일 회담 반대'를 외치는 시위가 발생하였다.
    ④ 6·10 만세 운동에 대한 설명이다.

행 정 법

출제교수: 강성빈 교수님

1. ③ 【해설】행정쟁송법

'의료기관의 처방약조제 기회를 공정하게 배분받을 기존 약국개설자의 이익'은 약국개설등록처분의 근거법규 및 관련 법규에 의하여 보호되는 개별적·직접적·구체적 이익이라고 할 수 있다. 그러므로 다른 약사에 대한 약국개설등록처분으로 인하여 조제 기회를 전부 또는 일부라도 상실하게 된 기존 약국개설자는 특별한 사정이 없는 한 해당 처분의 취소를 구할 법률상 이익이 있다. 대법원 2025. 9. 11. 선고 2024두34276 판결

① 한의사 면허는 경찰금지를 해제하는 명령적 행위(강학상 허가)에 해당하고, 한약조제시험을 통하여 약사에게 한약조제권을 인정함으로써 한의사들의 영업상 이익이 감소되었다고 하더라도 이러한 이익은 사실상의 이익에 불과하고 약사법이나 의료법 등의 법률에 의하여 보호되는 이익이라고는 볼 수 없다. 대법원 1998. 3. 10. 선고 97누4289 판결

② 의원으로서의 인근생활시설로 용도변경된 건물과 가까운 곳에서 치과의원을 경영하는 자는 그 용도변경처분의 취소를 구할 원고적격을 가지지 않는다고 한 사례. 대법원 1990. 5. 22. 선고 90누813 판결

④ 담배 일반소매인으로 지정되어 영업을 하고 있는 기존업자의 신규 구내소매인에 대한 이익이 법률상 보호되는 이익으로서 기존 업자가 신규 구내소매인 지정처분의 취소를 구할 원고적격이 있다고 할 수 없다. 대법원 2008. 4. 10. 선고 2008두402 판결

2. ① 【해설】행정작용법

근로복지공단이 사업종류 변경결정을 하면서 실질적으로 행정절차법에서 정한 처분절차를 준수하지 않아 사업주에게 방어권행사 및 불복의 기회가 보장되지 않은 경우에는 이를 항고소송의 대상인 처분으로 인정하는 것은 사업주에게 조기의 권리구제기회를 보장하기 위한 것일 뿐이므로, 이 경우에는 사업주가 사업종류 변경결정에 대해 제소기간 내에 취소소송을 제기하지 않았다고 하더라도 후행처분인 각각의 산재보험료 부과처분에 대한 쟁송절차에서 비로소 선행처분인 사업종류 변경결정의 위법성을 다투는 것이 허용되어야 한다. 대법원 2020. 4. 9. 선고 2019두61137 판결

② 표준지공시지가결정이 위법한 경우에는 그 자체를 행정소송의 대상이 되는 행정처분으로 보아 그 위법 여부를 다툴 수 있음은 물론, 수용보상금의 증액을 구하는 소송에서도 선행처분으로서 그 수용대상 토지 가격 산정의 기초가 된 비교표준지공시지가결정의 위법을 독립한 사유로 주장할 수 있다(주: 서로 독립하여 별개의 법률효과를 목적으로 하지만, 하자의 승계를 부인하면 상대방에게 수인한도를 넘는 가혹함을 가져오며 그 결과가 예측 가능한 것이 아님을 이유로 하자의 승계를 인정한 사례). 대법원 2008. 8. 21. 선고 2007두13845 판결

③ 선행처분인 업무정지처분은 일정 기간 중개업무를 하지 못하도록 하는 처분인 반면, 후행처분인 이 사건 처분은 위와 같은 업무정지처분에 따른 업무정지기간 중에 중개업무를 하였다는 별개의 처분사유를 근거로 중개사무소의 개설등록을 취소하는 처분이다. 비록 이 사건 처분이 업무정지처분을 전제로 하지만, 양 처분은 그 내용과 효과를 달리하는 독립된 행정처분으로서, 서로 결합하여 1개의 법률효과를 완성하는 때에 해당한다고 볼 수 없다. 대법원 2019. 1. 31. 선고 2017두40372 판결

④ 도시·군계획시설결정과 실시계획인가는 도시·군계획시설사업을 위하여 이루어지는 단계적 행정절차에서 별도의 요건과 절차에 따라 별개의 법률효과를 발생시키는 독립적인 행정처분이다. 그러므로 선행처분인 도시·군계획시설결정에 하자가 있더라도 그것이 당연무효가 아닌 한 원칙적으로 후행처분인 실시계획인가에 승계되지 않는다. 대법원 2017. 7. 18. 선고 2016두49938 판결

3. ④ 【해설】행정작용법

헌법이 인정하고 있는 위임입법의 형식은 예시적인 것으로 보아야 할 것이고, 그것은 법률이 행정규칙에 위임하더라도 그

행정규칙은 위임된 사항만을 규율할 수 있으므로, 국회입법의 원칙과 상치되지도 않는다. 헌법재판소 2006. 12. 28. 선고 2005헌바59 결정

① 법률의 시행령은 모법인 법률에 의하여 위임받은 사항이나 법률이 규정한 범위 내에서 법률을 현실적으로 집행하는 데 필요한 세부적인 사항만을 규정할 수 있을 뿐, 법률에 의한 위임이 없는 한 법률이 규정한 개인의 권리·의무에 관한 내용을 변경·보충하거나 법률에 규정되지 아니한 새로운 내용을 규정할 수는 없다. 대법원 2020. 9. 3. 선고 2016두32992 전원합의체 판결

② 시행령의 내용이 모법의 입법 취지와 관련 조항 전체를 유기적·체계적으로 살펴보아 모법의 해석상 가능한 것을 명시한 것에 지나지 아니하거나 모법 조항의 취지에 근거하여 이를 구체화하기 위한 것인 때에는 모법의 규율 범위를 벗어난 것으로 볼 수 없으므로, 모법에 이에 관하여 직접 위임하는 규정을 두지 않았다고 하더라도 이를 무효라고 볼 수 없다. 대법원 2016. 12. 1. 선고 2014두8650 판결

③ 헌법 제38조, 제59조에서 채택하고 있는 조세법률주의의 원칙은 과세요건과 징수절차 등 조세권행사의 요건과 절차는 국민의 대표기관인 국회가 제정한 법률로써 규정하여야 한다는 것이나, 과세요건과 징수절차에 관한 사항을 명령·규칙 등 하위법령에 위임하여 규정하게 할 수 없는 것은 아니다. 대법원 1994. 9. 30.자 94부18 결정

4. ② 【해설】행정쟁송법

집행정지결정을 한 후에라도 본안소송이 취하되어 소송이 계속하지 아니한 것으로 되면 집행정지결정은 당연히 그 효력이 소멸되는 것이고 별도의 취소조치를 필요로 하는 것이 아니다. 대법원 1975. 11. 11. 선고 75누97 결정

① 과징금을 납부하기 위하여 무리하게 외부자금을 신규차입하게 되면 주거래은행과의 재무구조개선약정을 지키지 못하게 되어 사업자가 중대한 경영상의 위기를 맞게 될 것으로 보이는 경우, 그 과징금납부명령의 처분으로 인한 손해는 효력정지 내지 집행정지의 적극적 요건인 '회복하기 어려운 손해'에 해당한다. 대법원 2001. 10. 10.자 2001무29 결정

③ 본안소송에서의 처분의 취소가능성이 없음에도 불구하고 처분의 효력정지나 집행정지를 인정한다는 것은 제도의 취지에 반하므로 집행정지사건 자체에 의하여도 신청인의 본안청구가 이유 없음이 명백할 때에는 행정처분의 효력정지나 집행정지를 명할 수 없다. 대법원 1992. 8. 7.자 92두30 결정

④ 행정소송법 제23조

> **행정소송법 제23조(집행정지)**
> ② (생략) 다만, 처분의 효력정지는 처분등의 집행 또는 절차의 속행을 정지함으로써 목적을 달성할 수 있는 경우에는 허용되지 아니한다.

5. ④ 【해설】실효성 확보수단

건물의 점유자가 철거의무자일 때에는 건물철거의무에 퇴거의무도 포함되어 있는 것이어서 별도로 퇴거를 명하는 집행권원이 필요하지 않다(주: 점유자들에 대한 퇴거를 명하는 것을 구하는 소송은 소의 이익이 없음). 대법원 2017. 4. 28. 선고 2016다213916 판결

① 대집행계고처분 취소소송의 변론종결 전에 대집행영장에 의한 통지절차를 거쳐 사실행위로서 대집행의 실행이 완료된 경우에는 행위가 위법한 것이라는 이유로 손해배상이나 원상회복 등을 청구하는 것은 별론으로 하고 처분의 취소를 구할 법률상 이익은 없다. 대법원 1993. 6. 8. 선고 93누6164 판결

② 계고처분의 후속절차인 대집행에 위법이 있다고 하더라도, 그와 같은 후속절차에 위법성이 있다는 점을 들어 선행절차인 계고처분이 부적법하다는 사유로 삼을 수는 없다. 대법원 1997. 2. 14. 선고 96누15428 판결

③ 대집행계고처분을 하기 위하여는 법령에 의하여 직접 명령되거나 법령에 근거한 행정청의 명령에 의한 의무자의 대체적 작위의무 위반행위가 있어야 한다. 대법원 1996. 6. 28. 선고 96누4374 판결

6. ① 【해설】행정법통론
신뢰보호의 원칙의 요건이 되는 행정청의 선행조치에는 명시적·적극적 조치뿐만 아니라 묵시적·소극적 조치도 모두 포함된다.
② 공적 견해표명이 있다고 인정하기 위해서는 적어도 담당자의 조직상 지위와 임무, 당해 언동을 하게 된 구체적인 경위 등에 비추어 그 언동의 내용을 신뢰할 수 있는 경우이어야 한다. 대법원 2021. 12. 30. 선고 2021두45671 판결
③ 시의 도시계획과장과 도시계획국장이 도시계획사업의 준공과 동시에 사업부지에 편입한 토지에 대한 완충녹지 지정을 해제함과 아울러 당초의 토지소유자들에게 환매하겠다는 약속을 했음에도, 이를 믿고 토지를 협의매매한 토지소유자의 완충녹지지정해제신청을 거부한 것은, 행정상 신뢰보호의 원칙을 위반하거나 재량권을 일탈·남용한 위법한 처분이다. 대법원 2008. 10. 9. 선고 2008두6127 판결
④ 종교법인이 도시계획구역 내 생산녹지로 답인 토지에 대하여 종교회관 건립을 이용목적으로 하는 토지거래계약의 허가를 받으면서 담당공무원이 관련 법규상 허용된다 하여 이를 신뢰하고 건축준비를 하였으나 그 후 당해 지방자치단체장이 다른 사유를 들어 토지형질변경허가신청을 불허가한 것은 신뢰보호원칙에 반한다. 대법원 1997. 9. 12. 선고 96누18380 판결

7. ① 【해설】행정작용법
행정기본법 제37조

행정기본법 제37조(처분의 재심사)
③ 제1항에 따른 신청은 당사자가 제1항 각 호의 사유를 안 날부터 60일 이내에 하여야 한다. 다만, 처분이 있은 날부터 5년이 지나면 신청할 수 없다.

② 행정기본법 제37조 및 제2조

행정기본법 제37조(처분의 재심사)
① 당사자는 (이하 생략)

행정기본법 제2조(정의)
이 법에서 사용하는 용어의 뜻은 다음과 같다.
 3. "당사자"란 처분의 상대방을 말한다.

③ 행정기본법 제37조

행정기본법 제37조(처분의 재심사)
① 당사자는 처분(제재처분 및 행정상 강제는 제외한다. 이하 이 조에서 같다)이 행정심판, 행정소송 및 그 밖의 쟁송을 통하여 다툴 수 없게 된 경우(법원의 확정판결이 있는 경우는 제외한다)라도 다음 각 호의 어느 하나에 해당하는 경우에는 해당 처분을 한 행정청에 처분을 취소·철회하거나 변경하여 줄 것을 신청할 수 있다.

④ 행정기본법 제37조

행정기본법 제37조(처분의 재심사)
⑥ 행정청의 제18조에 따른 취소(직권취소)와 제19조에 따른 철회(직권철회)는 처분의 재심사에 의하여 영향을 받지 아니한다.

8. ③ 【해설】행정정보
정보공개법 제29조

정보공개법 제29조(기간의 계산)
② 제1항에도 불구하고 다음 각 호의 기간은 "일" 단위로 계산하고 첫날을 산입하되, 공휴일과 토요일은 산입하지 아니한다.
 1. 제11조제1항 및 제2항에 따른 정보공개 여부 결정기간

① (견책의 징계처분을 받은 갑이 사단장에게 징계위원회에 참여한 징계위원의 성명과 직위에 대한 정보공개청구를 하였으나 위 정보가 비공개사유에 해당한다는 이유로 공개를 거부한 사안에서) 비록 징계처분 취소사건에서 갑의 청구를 기각하는 판결이 확정되었더라도 이러한 사정만으로 위 처분의 취소를 구할 이익이 없어지지 않고, 사단장이 갑의 정보공개청구를 거부한 이상 갑으로서는 여전히 정보공개거부처분의 취소를 구할 법률상 이익이 있으므로, 이와 달리 본 원심판결에 법리오해의 잘못이 있다고 한 사례. 대법원 2022. 5. 26. 선고 2022

두33439 판결
② 독립유공자서훈 공적심사위원회의 심의·의결 과정 및 그 내용을 기재한 회의록은 비공개대상에 해당한다. 대법원 2014. 7. 24. 선고 2013두20301 판결
④ 알 권리에서 파생되는 정부의 공개의무는 특별한 사정이 없는 한 국민의 적극적인 정보수집행위, 특히 특정의 정보에 대한 공개청구가 있는 경우에야 비로소 존재한다. 헌법재판소 2004. 12. 16. 선고 2002헌마579 전원재판부

9. ② 【해설】실효성 확보수단
행정조사기본법 제5조

행정조사기본법 제5조(행정조사의 근거)
행정기관은 법령등에서 행정조사를 규정하고 있는 경우에 한하여 행정조사를 실시할 수 있다. 다만, 조사대상자의 자발적인 협조를 얻어 실시하는 행정조사의 경우에는 그러하지 아니하다.

① 마약류 불법거래 방지에 관한 특례법에 따른 조치의 일환으로 특정한 수출입물품을 개봉하여 검사하고 그 내용물의 점유를 취득한 행위는 위에서 본 수출입물품에 대한 적정한 통관 등을 목적으로 조사를 하는 경우와는 달리, 범죄수사인 압수 또는 수색에 해당하여 사전 또는 사후에 영장을 받아야 한다. 대법원 2017. 7. 18. 선고 2014도8719 판결
③ 음주운전 여부에 대한 조사 과정에서 운전자 본인의 동의를 받지 아니하고 또한 법원의 영장도 없이 채혈조사를 한 결과를 근거로 한 운전면허 정지·취소 처분은 도로교통법 제44조 제3항을 위반한 것으로서 특별한 사정이 없는 한 위법한 처분으로 볼 수밖에 없다. 대법원 2016. 12. 27. 선고 2014두46850 판결
④ 납세자 등이 대답하거나 수인할 의무가 없고 납세자의 영업의 자유 등을 침해하거나 세무조사권이 남용될 염려가 없는 조사행위까지 재조사가 금지되는 '세무조사'에 해당한다고 볼 것은 아니다. 대법원 2017. 3. 16. 선고 2014두8360 판결

10. ③ 【해설】행정쟁송법
재결청이 직접 처분을 하기 위하여는 처분의 이행을 명하는 재결이 있었음에도 당해 행정청이 아무런 처분을 하지 아니하였어야 하므로, 당해 행정청이 어떠한 처분을 하였다면 그 처분이 재결의 내용에 따르지 아니하였다고 하더라도 재결청이 직접 처분을 할 수는 없다(주: 재량의 불행사를 이유로 거부처분에 대한 일정처분명령재결이 있었고, 그 후 행정청이 이익형량을 하여 다시 거부처분을 한 사례). 대법원 2002. 7. 23. 선고 2000두9151 판결
① 재결에 판결에서와 같은 기판력이 인정되는 것은 아니어서 재결이 확정된 경우에도 처분의 기초가 된 사실관계나 법률적 판단이 확정되고 당사자들이나 법원이 이에 기속되어 모순되는 주장이나 판단을 할 수 없게 되는 것은 아니다. 대법원 2015. 11. 27. 선고 2013다6759 판결
② 기속력은 인용재결에만 발생한다. 따라서 행정심판위원회의 기각재결이 확정된 후에도 그 재결에는 기속력이 발생하지 않으므로 처분청은 당해 처분을 직권으로 취소할 수 있다.
④ 행정심판법 제43조

행정심판법 제43조(재결의 구분)
③ 위원회는 취소심판의 청구가 이유가 있다고 인정하면 처분을 취소 또는 다른 처분으로 변경하거나 처분을 다른 처분으로 변경할 것을 피청구인에게 명한다(주: 취소명령재결은 포함되지 않음).

11. ② 【해설】행정작용법
행정처분이 취소되면 그 소급효에 의하여 처음부터 그 처분이 없었던 것과 같은 효과를 발생하게 되는바, 행정청이 의료법인의 이사에 대한 이사취임승인취소처분(제1처분)을 직권으로 취소(제2처분)한 경우에는 그로 인하여 이사가 소급하여 이사로서의 지위를 회복하게 되고, 그 결과 위 제1처분과 제2처분 사이에 법원에 의하여 선임결정된 임시이사들의 지위는 법원의 해임결정이 없더라도 당연히 소멸된다. 대법원 1997. 1. 21. 선고 96누3401 판결
① 행정기본법 제19조

행정기본법 제19조(적법한 처분의 철회)
② 행정청은 제1항에 따라 처분을 철회하려는 경우에는 철회로 인하여 당사자가 입게 될 불이익을 철회로 달성되는 공익과 비교·형량하여야 한다.

③ 과세관청이 부과처분을 취소하면 그 부과처분으로 인한 법률효과는 일단 소멸하는 것이므로, 그 후 다시 동일한 과세대상에 대하여 부과처분을 하여도 이미 소멸한 법률효과가 다시 회복되는 것은 아니고 새로운 부과처분에 근거한 법률효과가 생길 뿐이며, 그 새로운 부과처분의 내용이 실질에 있어서는 당초의 부과처분의 감액경정처분에 불과한 것이었다 하여 달리 해석할 것이 아니다. 대법원 1996. 9. 24. 선고 96다204 판결
④ 수익적 처분이 상대방의 허위 기타 부정한 방법으로 인하여 행하여졌다면 상대방은 그 처분이 그와 같은 사유로 인하여 취소될 것임을 예상할 수 없었다고 할 수 없으므로, 이러한 경우에까지 상대방의 신뢰를 보호하여야 하는 것은 아니라고 할 것이다. 대법원 1995. 1. 20. 선고 94누6529 판결

12. ②【해설】행정구제법
해양수산부 산하 어업관리단의 불법어로행위 특별합동단속 중 갑 등이 승선하고 있던 선박이 단속정의 추적을 피해 도주하는 과정에서 암초와 충돌하였고, 인근에서 갑이 익사한 상태로 발견되었는데, 갑의 유족들이 단속정에 승선하고 있던 감독공무원들의 구조의무 위반 등을 주장하며 국가를 상대로 손해배상을 구한 사안에서, 감독공무원들에게 직무집행상 과실이 있다고 단정하기 어렵고, 이들의 행위와 갑의 사망 사이에 상당인과관계가 있다고 볼 수도 없다고 한 사례. 대법원 2021. 6. 10. 선고 2017다286874 판결
① 하천의 관리청이 관계 규정에 따라 설정한 계획홍수위를 변경시켜야 할 사정이 생기는 등 특별한 사정이 없는 한, 이미 존재하는 하천의 제방이 계획홍수위를 넘고 있다면 그 하천은 용도에 따라 통상 갖추어야 할 안전성을 갖추고 있다고 보아야 하고, 그와 같은 하천이 그 후 새로운 하천시설을 설치할 때 기준으로 삼기 위하여 제정한 '하천시설기준'이 정한 여유고를 확보하지 못하고 있다는 사정만으로 바로 안전성이 결여된 하자가 있다고 볼 수는 없다. 대법원 2003. 10. 23. 선고 2001다48057 판결
③ 한국토지공사는 이러한 법령의 위탁에 의하여 대집행을 수권 받은 자로서 공무인 대집행을 실시함에 따르는 권리·의무 및 책임이 귀속되는 행정주체의 지위에 있다고 볼 것이지 지방자치단체 등의 기관으로서 국가배상법 제2조 소정의 공무원에 해당한다고 볼 것은 아니다(주: 따라서 국가나 지방자치단체는 배상책임을 지지 않고, 공공단체가 행정주체의 지위에서 배상책임을 지게 됨). 대법원 2010. 1. 28. 선고 2007다82950 판결
④ 안전성의 구비 여부는 당해 영조물의 용도, 그 설치장소의 현황 및 이용 상황 등 제반 사정을 종합적으로 고려하여 설치·관리자가 그 영조물의 위험성에 비례하여 사회통념상 일반적으로 요구되는 정도의 방호조치의무를 다하였는지 여부를 그 기준으로 삼아 판단하여야 하고, 다른 생활필수시설과의 관계나 그것을 설치하고 관리하는 주체의 재정적, 인적, 물적 제약 등을 고려하여 그것을 이용하는 자의 상식적이고 질서 있는 이용 방법을 기대한 상대적인 안전성을 갖추는 것으로 족하다. 대법원 2008. 9. 25. 선고 2007다88903 판결

13. ④【해설】행정법통론
전입신고를 받은 시장·군수 또는 구청장의 심사 대상은 전입신고자가 30일 이상 생활의 근거로 거주할 목적으로 거주지를 옮기는지 여부만으로 제한된다고 보아야 한다. 따라서 전입신고자가 거주의 목적 이외에 다른 이해관계에 관한 의도를 가지고 있는지 여부, 무허가 건축물의 관리, 전입신고를 수리함으로써 당해 지방자치단체에 미치는 영향 등과 같은 사유는 주민등록법이 아닌 다른 법률에 의하여 규율되어야 하고, 주민등록전입신고의 수리 여부를 심사하는 단계에서는 고려 대상이 될 수 없다. 대법원 2009. 6. 18. 선고 2008두10997 전원합의체 판결
① 노동조합이 헌법 제33조 제1항 및 그 헌법적 요청에 바탕을 둔 노동조합법 제2조 제4호가 규정한 실질적 요건을 갖추지 못하였다면, 설령 그 설립신고가 행정관청에 의하여 형식상 수리되었더라도 실질적 요건이 흠결된 하자가 해소되거나 치유되

는 등의 특별한 사정이 없는 한 이러한 노동조합은 노동조합법상 그 설립이 무효로서 노동3권을 향유할 수 있는 주체인 노동조합으로서의 지위를 가지지 않는다고 보아야 한다. 대법원 2025. 7. 3. 선고 2023다251718 판결
② 대도시의 장 등 관할 행정청은 악취배출시설 설치·운영신고의 수리 여부를 심사할 권한이 있다고 보는 것이 타당하다. (중략) 이는 악취배출시설 설치·운영신고를 받은 관할 행정청에 신고의 수리 여부를 심사할 권한이 있음을 전제로 한 것이다. (중략) 원심은 악취방지법상의 악취배출시설 설치·운영신고가 수리를 요하지 않는 자기완결적 신고에 해당한다고 판단하였다. 이러한 원심판단에는 수리를 요하는 신고에 관한 법리를 오해하여 판결에 영향을 미친 잘못이 있다. 대법원 2022. 9. 7. 선고 2020두40327 판결
③ 부가가치세법상의 사업자등록은 과세관청으로 하여금 부가가치세의 납세의무자를 파악하고 그 과세자료를 확보케 하려는 데 입법취지가 있는 것으로서, 이는 단순한 사업사실의 신고로서 사업자가 소관 세무서장에서 소정의 사업자등록신청서를 제출함으로써 성립되는 것이고, 사업자등록증의 교부는 이와 같은 등록사실을 증명하는 증서의 교부행위에 불과한 것이다. 대법원 2000. 12. 22. 선고 99두6903 판결

14. ①【해설】행정쟁송법
각 군 참모총장이 수당지급대상자 결정절차에 대하여 수당지급대상자를 추천하거나 신청자 중 일부를 추천하지 아니하는 행위는 행정기관 상호간의 내부적인 의사결정과정의 하나일 뿐 그 자체만으로는 직접적으로 국민의 권리·의무가 설정, 변경, 박탈되거나 그 범위가 확정되는 등 기존의 권리상태에 어떤 변동을 가져오는 것이 아니므로 이를 항고소송의 대상이 되는 처분이라고 할 수는 없다. 대법원 2009. 12. 10. 선고 2009두14231 판결
② 운전면허 행정처분처리대장상 벌점의 배점은 (중략) 그 배점 자체만으로는 아직 국민에 대하여 구체적으로 어떤 권리를 제한하거나 의무를 명하는 등 법률적 규제를 하는 효과를 발생하는 요건을 갖춘 것이 아니어서 그 무효확인 또는 취소를 구하는 소송의 대상이 되는 행정처분이라고 할 수 없다. 대법원 1994. 8. 12. 선고 94누2190 판결
③ 코로나바이러스감염증-19의 예방을 위하여 음식점 및 PC방 운영자 등에게 영업시간을 제한하거나 이용자 간 거리를 둘 의무를 부여하는 서울특별시고시들은 항고소송의 대상인 행정처분에 해당한다. 헌법재판소 2023. 5. 25. 선고 2021헌마21 전원재판부 결정
④ 공정거래위원회의 입찰참가자격제한 요청 결정은 항고소송의 대상이 되는 처분에 해당한다고 보아야 한다. 대법원 2023. 2. 2. 선고 2020두48260 판결

15. ④【해설】행정작용법
공익법인의 기본재산에 대한 감독관청의 처분허가는 그 성질상 특정 상대에 대한 처분행위의 허가가 아니고 처분의 상대가 누구이든 이에 대한 처분행위를 보충하여 유효하게 하는 행위라 할 것이므로 (중략) 위 처분허가에 부관을 붙인 경우 그 처분허가의 법률적 성질이 형성적 행정행위로서의 인가에 해당한다고 하여 조건으로서의 부관의 부과가 허용되지 아니한다고 볼 수는 없다. 대법원 2005. 9. 28. 선고 2004다50044 판결
① 신의료기술의 안전성·유효성 평가나 신의료기술의 시술로 국민보건에 중대한 위해가 발생하거나 발생할 우려가 있는지에 관한 판단은 고도의 의료·보건상의 전문성을 요하므로, (중략) 특별한 사정이 없는 한 존중되어야 한다. 대법원 2016. 1. 28. 선고 2013두21120 판결
② 국토이용관리법상 토지거래허가가 규제지역 내의 모든 국민에게 전반적으로 토지거래의 자유를 금지하고 일정한 요건을 갖춘 경우에만 금지를 해제하여 계약체결의 자유를 회복시켜 주는 성질의 것이라고 보는 것은 위 법의 입법취지를 넘어선 지나친 해석이라고 할 것이고, 규제지역 내에서도 토지거래의 자유가 인정되나 다만 위 허가를 허가 전의 유동적 무효 상태에 있는 법률행위의 효력을 완성시켜 주는 인가적 성질을 띤 것이라고 보는 것이 타당하다. 대법원 1991. 12. 24. 선고 90다12243 판결
③ 구 수도권대기환경특별법 제14조 제1항에서 정한 대기오염

물질 총량관리사업장 설치의 허가 또는 변경허가는 특정인에게 인구가 밀집되고 대기오염이 심각하다고 인정되는 수도권 대기관리권역에서 총량관리대상 오염물질을 일정량을 초과하여 배출할 수 있는 특정한 권리를 설정하여 주는 행위로서 그 처분의 여부 및 내용의 결정은 행정청의 재량에 속한다. 대법원 2013. 5. 9. 선고 2012두22799 판결

16. ③ 【해설】 행정쟁송법
도시 및 주거환경정비법상 주택재개발사업조합의 조합설립인가처분이 법원의 재판에 의하여 취소된 경우 그 조합설립인가처분은 소급하여 효력을 상실하고, 이에 따라 당해 주택재개발사업조합 역시 조합설립인가처분 당시로 소급하여 도시정비법상 주택재개발사업을 시행할 수 있는 행정주체인 공법인으로서의 지위를 상실하므로, 당해 주택재개발사업조합이 조합설립인가처분 취소 전에 도시정비법상 적법한 행정주체 또는 사업시행자로서 한 결의 등 처분은 달리 특별한 사정이 없는 한 소급하여 효력을 상실한다. 대법원 2012. 3. 29. 선고 2008다95885 판결
① 주민 등의 도시관리계획 입안 제안을 거부한 처분을 이익형량에 하자가 있어 위법하다고 판단하여 취소하는 판결이 확정되었더라도 행정청에게 그 입안 제안을 그대로 수용하는 내용의 도시관리계획을 수립할 의무가 있다고는 볼 수 없고, 행정청이 다시 새로운 이익형량을 하여 적극적으로 도시관리계획을 수립하였다면 취소판결의 기속력에 따른 재처분의무를 이행한 것이라고 보아야 한다. 대법원 2020. 6. 25. 선고 2019두56135 판결
② 행정처분을 취소하는 확정판결이 제3자에 대하여도 효력이 있다고 하더라도 일반적으로 판결의 효력은 주문에 포함한 것에 한하여 미치는 것이니 그 취소판결 자체의 효력으로써 그 행정처분을 기초로 하여 새로 형성된 제3자의 권리까지 당연히 그 행정처분 전의 상태로 환원되는 것이라고는 할 수 없고, 단지 취소판결의 존재와 취소판결에 의하여 형성되는 법률관계를 소송당사자가 아니었던 제3자라 할지라도 이를 용인하지 않으면 아니된다는 것을 의미하는 것에 불과하다 할 것이다. 대법원 1986. 8. 19. 선고 83다카2022 판결
④ 과세처분 취소소송의 피고는 처분청이므로 행정청을 피고로 하는 취소소송에 있어서의 기판력은 당해 처분이 귀속하는 국가 또는 공공단체에 미친다. 대법원 1998. 7. 24. 선고 98다10854 판결

17. ① 【해설】 실효성 확보수단
질서위반행위규제법 제25조

> **질서위반행위규제법 제25조(관할 법원)**
> 과태료 사건은 다른 법령에 특별한 규정이 있는 경우를 제외하고는 당사자의 주소지의 지방법원 또는 그 지원의 관할로 한다.

② 항만순찰 등 업무는 부산광역시장이 국가로부터 위임받은 기관위임사무에 해당한다고 봄이 상당하고, 이러한 경우에 지방자치단체인 피고인을 양벌규정에 의한 처벌대상이 되는 법인에 해당하는 것으로 보아 처벌할 수는 없으므로 피고인에게는 이 사건 자동차관리법 위반죄가 성립할 수 없다. 대법원 2009. 6. 11. 선고 2008도6530 판결
③ 행정법상의 질서벌인 과태료의 부과처분과 형사처벌은 그 성질이나 목적을 달리하는 별개의 것이므로 행정법상의 질서벌인 과태료를 납부한 후에 형사처벌을 한다고 하여 이를 일사부재리의 원칙에 반하는 것이라고 할 수는 없고, 따라서 임시운행허가기간을 벗어나 무등록차량을 운행한 자에 대한 과태료의 제재와 형사처벌은 일사부재리의 원칙에 반하지 않는다. 대법원 1996. 4. 12. 선고 96도158 판결
④ 양벌규정에 의한 영업주의 처벌은 금지위반행위자인 종업원의 처벌에 종속하는 것이 아니라 독립하여 그 자신의 종업원에 대한 선임감독상의 과실로 인하여 처벌되는 것이므로 종업원의 범죄성립이나 처벌이 영업주 처벌의 전제조건이 될 필요는 없다. 대법원 2006. 2. 24. 선고 2005도7673 판결

18. ② 【해설】 행정절차법
건축법상의 공사중지명령에 대한 사전통지를 하고 의견제출의

기회를 준다면 많은 액수의 손실보상금을 기대하여 공사를 강행할 우려가 있다는 사정은 사전통지 및 의견제출절차의 예외사유에 해당하지 아니한다. 대법원 2004. 5. 28. 선고 2004두1254 판결
① 군인사법상 보직해임처분은 당해 행정작용의 성질상 행정절차를 거치기 곤란하거나 불필요하다고 인정되는 사항 또는 행정절차에 준하는 절차를 거친 사항에 해당하므로, 처분의 근거와 이유 제시 등에 관한 구 행정절차법의 규정이 별도로 적용되지 아니한다고 봄이 상당하다. 대법원 2014. 10. 15. 선고 2012두5756 판결
③ 신청에 따른 처분이 이루어지지 아니한 경우에는 아직 당사자에게 권익이 부과되지 아니하였으므로 특별한 사정이 없는 한 신청에 대한 거부처분이라고 하더라도 직접 당사자의 권익을 제한하는 것은 아니어서 신청에 대한 거부처분을 여기에서 말하는 '당사자의 권익을 제한하는 처분'에 해당한다고 할 수 없는 것이어서 처분의 사전통지대상이 된다고 할 수 없다. 대법원 2003. 11. 28. 선고 2003두674 판결
④ 행정청이 행정처분을 하면서 논리적으로 당연히 수반되어야 하는 의사표시를 명시적으로 하지 않았다고 하더라도, 그것이 행정청의 추단적 의사에도 부합하고 상대방도 이를 알 수 있는 경우에는 행정처분에 위와 같은 의사표시가 묵시적으로 포함되어 있다고 볼 수 있다. 대법원 2020. 10. 29 선고 2017다269152 판결

19. ③ 【해설】 행정구제법
잔여지 수용청구의 의사표시는 관할 토지수용위원회에 하여야 하는 것으로서, 관할 토지수용위원회가 사업시행자에게 잔여지 수용청구의 의사표시를 수령할 권한을 부여하였다고 인정할 만한 사정이 없는 한, 사업시행자에게 한 잔여지 매수청구의 의사표시를 관할 토지수용위원회에 한 잔여지 수용청구의 의사표시로 볼 수는 없다. 대법원 2010. 8. 19. 선고 2008두822 판결
① 토지보상법 제84조

> **토지보상법 제84조(이의신청에 대한 재결)**
> ① 중앙토지수용위원회는 제83조에 따른 이의신청을 받은 경우 제34조에 따른 재결이 위법하거나 부당하다고 인정할 때에는 그 재결의 전부 또는 일부를 취소하거나 보상액을 변경할 수 있다.

② 토지소유자가 사업시행자로부터 토지보상법에 따른 잔여지 또는 잔여 건축물 가격감소 등으로 인한 손실보상을 받기 위해서는 토지보상법에 규정된 재결절차를 거친 다음 그 재결에 대하여 불복할 때 비로소 토지보상법 제83조 내지 제85조에 따라 권리구제를 받을 수 있을 뿐이며, 특별한 사정이 없는 한 이러한 재결절차를 거치지 않은 채 곧바로 사업시행자를 상대로 손실보상을 청구하는 것은 허용되지 않는다. 대법원 2014. 9. 25. 선고 2012두24092 판결
④ 공익사업을 위한 토지 등의 취득 및 보상에 관한 법률상 적법하게 시행된 공익사업으로 인하여 이주하게 된 주거용 건축물 세입자의 주거이전비 보상청구권은 공법상의 권리이고, 따라서 그 보상을 둘러싼 쟁송은 민사소송이 아니라 공법상의 법률관계를 대상으로 하는 행정소송에 의하여야 한다. 대법원 2008. 5. 29. 선고 2007다8129 판결

20. ④ 【해설】 행정작용법
국유림의 경영 및 관리에 관한 법률에 따른 임산물매각계약은 사법상 계약이다. 대법원 2020. 5. 14. 선고 2018다298409 판결
① 중소기업 정보화지원사업에 따른 지원금 출연을 위하여 중소기업청장이 체결하는 협약은 공법상 대등한 당사자 사이의 의사표시의 합치로 성립하는 공법상 계약에 해당하므로 (중략) 협약의 해지 및 그에 따른 환수통보는 공법상 계약에 따라 행정청이 대등한 당사자의 지위에서 하는 의사표시로 보아야 하고, 이를 행정청이 우월한 지위에서 행하는 공권력의 행사로서 행정처분에 해당한다고 볼 수는 없다. 대법원 2015. 8. 27. 선고 2015두41449 판결
② 공공용지 특례법에 따른 토지 등의 협의취득은 공공기관이 사경제주체로서 행하는 사법상 매매 내지 사법상 계약의 실질을 가진다. 대법원 2010. 11. 11. 선고 2010두14367 판결

③ (조달청이 사법상 계약의 성격을 갖는 물품구매계약 추가특수조건 규정에 따라 갑 회사에 대하여 6개월의 나라장터 종합쇼핑몰 거래정지 조치를 한 사안) 이 사건 거래정지 조치는 비록 추가특수조건이라는 사법상 계약에 근거한 것이기는 하지만 행정청인 조달청이 행하는 구체적 사실에 관한 법집행으로서의 공권력의 행사로서 그 상대방인 원고의 권리·의무에 직접 영향을 미치므로 항고소송의 대상에 해당한다고 봄이 타당하다. 대법원 2018. 11. 29. 선고 2015두52395 판결

행 정 학

출제교수: 이명훈 교수님

1. ③ 【해설】인사행정론
직업공무원제는 공직을 젊은 인재에게 개방하고 평생토록 근무케 하는 제도로 폐쇄적 충원, 강한 신분보장, 정치적 중립, 일반행정가주의를 전제로 한다. 임기제 공무원제(①)는 직업공무원제의 폐쇄적 충원의 한계를, 직위분류구조의 활용(②)은 직업공무원제의 일반행정가주의의 한계를, 민간근무휴직제(④)는 직업공무원제의 평생 근무의 한계를 보완하기 위한 제도이다.

2. ② 【해설】행정학총론
「공공데이터의 제공 및 이용 활성화에 관한 법률」에 의하면 공공기관은 다른 법률에 특별한 규정이 있는 경우 등을 제외하고는 공공데이터의 영리적 이용인 경우에도 이를 금지 또는 제한하여서는 아니 된다(「공공데이터의 제공 및 이용 활성화에 관한 법률」 제3조 제4항).
① 「데이터기반행정 활성화에 관한 법률」에 의하면 행정안전부장관은 데이터기반행정을 체계적으로 추진하기 위하여 데이터기반행정 활성화를 위한 기본계획을 3년마다 수립하여야 한다.
③ 「개인정보 보호법」상 가명정보란 개인정보의 일부를 삭제하거나 일부 또는 전부를 대체하는 등의 방법으로 추가 정보가 없이는 특정 개인을 알아볼 수 없도록 처리된 정보를 말한다.
④ 「개인정보 보호법」에 의하면 개인정보처리자는 통계작성, 과학적 연구, 공익적 기록보존 등을 위하여 정보주체의 동의없이 가명정보를 처리할 수 있다.

3. ③ 【해설】조직론
애자일 조직(Agile Organization)은 급변하는 외부 환경과 고객의 요구에 신속하고 유연하게 대응하기 위한 민첩한 조직을 말한다. 애자일 조직은 사전에 설정된 장기 계획보다 단기적인 실행 주기를 설정하고 고객의 피드백을 즉시 반영하는 적응적 계획을 중시한다는 점에서, 과업에 따라 소규모의 프로젝트 팀을 수시로 구성하고 해체한다는 점에서 장기적이고 지속적인 정책 추진이 곤란하여 정책의 신뢰성과 안정성이 저해될 수 있다.
<<핵심체크>> 관료제 조직과 애자일(agile) 조직의 비교

	관료제 조직	애자일(agile) 조직
구조	• 기계적, 영구적 계층제 중심 • 구조의 안정성과 경직성	• 유기적, 한시적 팀 중심 • 과업 완료시 해체 및 재조직화(이합집산)
구성원	분업화된 기능별 전문가	다기능적 전문가
의사결정	계층적 보고와 승인절차로 결정지연(집권화)	팀 내 자율적 결정으로 신속한 의사결정(분권화)
초점	투입 및 절차 준수 중시	산출과 결과 등 성과 및 고객가치 중시
계획	사전 설정된 장기 계획 중시	변화를 수용하는 적응적 계획 중시
환류	지연된 환류(장기집행 후 사후평가)	즉각적이고 반복적인 환류(고객피드백 즉시 반영)
문화	위험회피적 문화(실패에 대한 엄격한 책임 추궁 및 징계)	고위험 감수 문화(실패를 학습의 기회로 인식하고 실패를 용인)
리더십	명령·통제 지향 리더십	섬기는 리더십
환경	폐쇄적이며 내부 업무 중시	개방적 협력 중시(외부 전문가와 네트워크)

4. ④ 【해설】재무행정론
기금은 특정한 목적을 위하여 특정한 자금을 신축적으로 운영할 필요가 있을 때 세입세출예산(정부예산) 외(off budget)로 운영되는 자금이다.

5. ② 【해설】정책론
킹던(Kingdon)의 정책의 창 모형(Multiple Streams Framework)에 의하면 문제의 흐름, 정치의 흐름, 정책의 흐름은 상호 독립적으로 발전하다가 우연한 계기로 결합이 되면 정책의 창이 열린다. 특히, 정책의 창은 주로 '문제의 흐름'이나 '정치의 흐름'의 변화로 인해 열리며, 창이 열려 있는 기간은 매우 짧고 일시적이다. 즉, 정책의 창은 문제가 해결되었거나, 반대로 해결에 실패했거나, 사건이 잊혔을 때, 혹은 정치적 변화가 사라졌을 때 금방 닫힌다.

6. ② 【해설】지방행정론
기관통합형은 자치단체의 의결기능과 집행기능 모두를 지방의회라는 단일기관에 귀속시키는 형태이다. 위원회형은 기관통합형 중의 하나로 주민에 의해 선출된 위원들이 정책을 결정하고, 선출된 위원 중 1인이 시장으로 지명되며 다른 위원들 역시 그 시의 행정부서를 나누어 맡아 행정을 수행하는 형태이다. 위원회형은 지방의회의 각 위원이 특정 행정부서의 장을 분담하므로 자기 부서의 이익만을 챙기는 부처 할거주의가 발생할 가능성이 매우 높아 부서 간 조정이 곤란하다.

7. ② 【해설】인사행정론
직무급이란 보수기준을 공무원이 수행하고 있는 직무의 중요성과 난이도에 두는 제도이다. 직무급은 직무의 상대적 가치(직무의 중요도와 난이도)를 결정하기 위한 직무평가가 선행되어야 하며, '동일직무 동일보수'의 원칙이 적용되어 보수의 공정성이 높다. 반면, 성과급은 개인별 직무실적이나 성과가 보수에 반영되는 제도로 변동급의 성격을 지닌다.

8. ④ 【해설】행정학총론
정부실패의 유형으로는 사적목표의 설정, 파생적 외부효과, 권력의 편재, X-비효율성, 비용과 수익의 절연 등이 있다. 비용과 수익의 절연이란 시장의 '수익자부담주의'와 달리 정부는 편익 집단과 비용 집단이 서로 단절되어 있어 공급자인 정부는 원가개념 없이 과잉생산하고, 소비자인 국민은 비용개념없이 과잉소비함으로써 정부실패를 야기하는 현상을 말한다. 비용과 수익의 절연은 특별한 해결방안이 없다.

9. ④ 【해설】정책론
무의사결정은 지배 엘리트(기득권 세력)들의 특권이나 이익, 가치관이나 신념에 대한 잠재적 또는 현재적 도전을 좌절시키기 위해 엘리트의 가치나 이익에 반하는 사회문제는 정책의제로 채택되지 못하도록 의도적으로 방해·억압하는 결정을 말한다. 무의사결정은 엘리트들에게 유리한 편익과 특권의 불공정한 배분을 영속화하기 위한 것으로 가치(편익과 특권)의 재분배를 추구하는 사람들에게는 불리하게 작용한다.

10. ④ 【해설】행정환류론
「공직자윤리법」에 의하면 재산공개대상자 등이 보유하고 있는 주식의 직무관련성을 심사·결정하기 위해 인사혁신처에 주식백지신탁 심사위원회를 둔다.

11. ④ 【해설】재무행정론
전통적 예산원칙은 행정부에 대한 국회의 통제를 강조하는 예산원칙이다. 공개성의 원칙(①), 사전의결의 원칙(②), 시기한정성의 원칙(③)은 모두 전통적 예산원칙에 해당한다. 반면 사업계획과 예산편성이 연계되어야 한다는 행정부 계획의 원칙(④)은 행정부의 재량과 융통성을 강조하는 현대적 예산원칙에 해당한다.

12. ② 【해설】정책론
정책문제 구조화의 기법에는 계층분석, 경계분석, 유추분석, 가정분석, 분류분석, 복수관점분석 등이 있다. 분류분석은 문제상황의 구성요소를 파악하기 위한 기법으로 개념의 명확화를 목적으로 한다. 반면 경계분석은 온전한 문제를 형성하기 위해 메타문제(meta- problem)가 완전한 것인가를 추정하는 방법으로 문제의 범위와 위치를 파악하기 위한 것이다.
<<핵심체크>> 정책문제 구조화 기법

경계 분석	개념	• 문제의 위치와 범위 파악 : 온전한 문제를 형성하기 위해 메타문제가 완전한 것인가를 추정하는 방법
	과정	① 포화표본추출 ⇨ ② 문제표현의 도출 ⇨ ③ 경계추정(도수분포도 작성)
계층 분석	개념	• 인과관계 파악 : 문제상황의 발생에 영향을 줄 수 있는 가깝고 먼 다양한 원인을 파악하는 방법
	과정	① 가능성 있는 원인 ⇨ ② 개연성 있는 원인 ⇨ ③ 행동가능한 원인
유추 분석	개념	현재의 새로운 문제상황과 유사한 과거의 문제 상황을 파악하여 현재의 문제 상황을 정의하는 방법
	유형	① 개인적 유추, ② 직접적 유추, ③ 상징적 유추, ④ 환상적 유추
가정 분석	개념	• 상충적인 전제들의 창조적 통합 : 문제상황의 인식을 둘러싼 여러 대립적인 가정들을 창조적으로 통합하기 위한 방법(가장 포괄적인 방법)
	과정	① 정책이해 관련 집단의 확인 ⇨ ② 가정의 노출 ⇨ ③ 가정들의 비교·평가 ⇨ ④ 가정들의 타협과 종합 ⇨ ⑤ 가정의 통합
분류 분석	개념	• 문제의 구성요소 식별 : 귀납적 추론과정을 통해 추상적인 개념들을 구성요소별로 나누어 개념을 명확히 하는 방법
	규칙	① 실제적 적실성, ② 포괄성, ③ 상호배타성, ④ 일관성, ⑤ 계층적 독특성
복수 관점 분석		① 기술적 관점, ② 조직적 관점, ③ 개인적 관점, ④ 주관적·질적 방법(브레인스토밍, 델파이기법, 정책델파이 기법 등), ⑤ 조사연구방법의 활용

13. ③ 【해설】 조직론
갈등관리전략에는 갈등해소전략과 갈등조장전략이 있다. 조직 내 수평적 분화의 촉진(①), 인사이동 또는 직위 간 관계의 재설정(②), 개방형임용제 등 새로운 구성원의 투입(④)은 갈등조장전략에 해당하며, 표준운영절차의 확립(③)은 갈등해소전략에 해당한다.

14. ④ 【해설】 행정학총론
무어(Moore)는 전략적 삼각형 모형과 공공가치회계제도를 통해 개별 공공관리자의 전략적 리더십과 실천적 지침에 초점을 둔다면, 보즈만(Bozeman)은 공공가치의 핵심(마디)가치와 이웃가치를 매칭한 '공공가치 지도그리기(mapping)'를 통해 공공가치를 체계화하고 공공가치 실패를 진단하는 도구로 활용함으로써 사회 전체적 차원에서의 공공성 평가와 이론적 기준 마련에 초점을 둔다.

15. ③ 【해설】 지방행정론
티부(Tiebout) 가설은 다수의 지방정부로 구성된 분권화체제에서 완전경쟁시장의 가정하에 주민들이 자신의 선호에 맞는 재정프로그램을 제공하는 지방정부를 선택하여 자유롭게 이동하는 '발로 하는 투표(vote by foot)'가 이루어진다면, 주민을 유치하기 위한 지방정부 간 경쟁으로 지방정부의 경영이 보다 건전화·효율화된다고 보는 이론이다. 티부(Tiebout) 가설은 지방정부의 재원이 재산세(그 지역 내에서 주택을 보유하고 있는 사람들이 내는 세금)로 충당된다고 가정한다.

16. ④ 【해설】 정책론
정책수단의 직접성이란 행정활동을 정부가 직접 하는지, 아니면 민간이 공동으로 하는지에 대한 기준이다. 정부소비는 직접성이 높은 정책수단에 해당한다.
<<핵심체크>> 정책수단 - 직접성에 따른 분류

직접성의 의의	행정활동을 정부가 직접 하는지, 제3자 또는 민·관이 공동으로 하는지에 대한 기준
간접수단	사회적 규제, 대출보증, 보험, 계약, 보조금, 조세지출, 바우처, 손해책임법, 사용료·과징금
직접수단	경제적 규제, 직접대출, 공기업, 정부소비, 정보제공

17. ③ 【해설】 재무행정론
성과주의 예산제도(PBS)는 정부의 사업 및 활동을 중심으로 예산을 분류·편성하는 제도이다. 성과주의 예산은 사업 중심의 예산이지만 이미 결정된 사업에 대한 사업비용의 합리적 책정에 치중하므로 사업의 우선순위 파악이 곤란하다.

18. ④ 【해설】 조직론
우드워드(J. Woodward)의 기술유형론에 따르면 단위생산·소량생산 → 대량생산 → 연속생산으로 갈수로 기술의 복잡성이 높고, 기술의 복잡성이 높아질수록 관리 및 지원 인력의 필요성이 증대되어 관리직 비율(전체 인원 대비 관리자 수)은 점차 증가하는 경향을 보인다.
<<핵심체크>> 우드워드(J. Woodward)의 기술유형론

분류 기준		• 기술적 복잡성 : 생산과정이 통제되고 그 결과가 예측가능한 정도(기계가 인간을 대신해주는 기술일수록 복잡한 기술)
유형	소량 생산	고객의 개별 주문에 따라 소수의 상품을 생산하는 체제(선박, 비행기 등)
	대량 생산	표준화된 제품을 대량으로 생산하며, 부품의 표준화 정도는 높지만 최종생산물은 고객에 따라 조금씩 달라지는 체제(자동차조립생산)
	연속 생산	일정 과정을 거치면서 성질이 다른 제품을 연속적으로 생산하는 체제(정밀화학공장)
조직 구조		• 소량체제 ⇨ 대량체제 ⇨ 연속체제로 갈수록 기술적 복잡성이 증대하며, 기술적 복잡성이 증대할수록 기술이 하위직 노동자들을 대체하여 전체 구성원 중에서 관리자가 차지하는 비율이 증가(행정농도 증가) • 대량생산체제는 관료제와 같은 기계적 구조가 효과적이지만, 소량생산체제와 연속생산체제는 유기적 구조가 효과적

19. ① 【해설】 인사행정론
특정 평정자가 다른 평정자들에 비해 언제나 후하거나 박한 점수를 주는 일관된 오류를 규칙적 오류라 한다. 한편, 정형화·유형화의 오류는 선입견에 의한 오류인 상동적 오차를 의미한다.

20. ④ 【해설】 행정학총론
사회적 자본은 사회구성원 간의 협력적 행위를 촉진시켜 사회적 효율성을 증진할 수 있는 상호신뢰, 호혜성의 규범, 시민참여 네트워크와 같은 사회조직의 속성을 말한다. 사회적 자본은 지역사회나 집단의 요구에 따라 행동해야 하는 동조성에 대한 요구를 창출한다는 점에서 개인의 사적 자유는 제약을 받는다.

2026 공무원 시험대비【5월분】

합격을 만드는

주간 합격모의고사

5월

-제2회-
[정답 및 해설]

이 름: _____

제1과목 국어
제2과목 영어
제3과목 한국사
제4과목 행정법총론
제5과목 행정학개론

주간 모의고사 정오표

합격까지 박문각

국　어

출제교수: 강세진 교수님

1. ①　【해설】작문
국어 순화의 대원칙은 원래의 의미를 훼손하지 않는 것이다. '금후'는 '이제부터' 혹은 '앞으로'라는 의미를 담고 있으므로, 이를 '현재'로 수정하는 것은 단어의 시제적 의미를 잘못 파악한 것이다. 따라서 공공언어 바로 쓰기 원칙에 따라 수정한 것으로 적절하지 않다.
② '조속(早速)히'는 '일찌감치 서둘러서'라는 뜻의 한자어로, 일상적인 용어인 '빨리'나 '서둘러'로 순화하는 것이 적절하다.
③ '구비(具備)하여'는 '있어야 할 것을 다 갖추다'는 뜻으로, 쉬운 동사인 '갖추어'로 다듬는 것이 바람직하다.
④ '컨트롤타워'는 상황을 총괄하는 핵심 기구를 뜻하므로, 직관적인 '중앙 본부'나 '지휘 본부' 등으로 순화하여 소통의 효율을 높일 수 있다.

2. ②　【해설】작문
개요의 Ⅲ단락은 Ⅱ단락에서 분석된 원인들을 해결하기 위한 구체적이고 실현 가능한 '대책'을 다루어야 한다. ②의 '지방 이주 강제 유도 정책'은 Ⅱ단락에서 언급된 원인들(가격, 공급, 금융)을 직접적으로 해결하는 방안이 아닐뿐더러, 글의 전체적인 논조와도 어긋나는 극단적인 대책이므로 Ⅲ의 빈칸에 들어가기에 부적절하다.

3. ③　【해설】작문
1형 당뇨병은 면역 체계가 이자의 β세포를 공격하여 파괴함으로써 발생하는 질환이다. 인슐린을 생성하는 β세포가 파괴되면 인슐린이 정상적으로 생성되지 못하므로, '과잉 분비'라는 원문의 표현은 문맥상 어색하다. 따라서 ③과 같이 '분비되지 않는 것'으로 수정하는 것이 가장 적절하다.
① ㉠: 인슐린은 혈액 속의 포도당을 세포로 흡수시키거나 간에서 글리코겐으로 합성하도록 돕는다. 이는 혈당을 낮추는 과정이므로 '촉진하여'라는 원문은 적절하다. 이를 '억제하여'로 고치는 것은 옳지 않다.
② ㉡: 인슐린과 글루카곤은 서로 반대되는 작용을 통해 항상성을 유지하므로 '길항 호르몬'이라는 표현이 적절하다. '협력 호르몬'으로 수정하는 것은 옳지 않다.
④ ㉣: 2형 당뇨병은 인슐린이 분비되어도 세포가 이에 둔감하게 반응하는 '인슐린 저항성'이 원인이다. 따라서 '인슐린 과민성'으로 수정하자는 ④는 적절하지 않다.

4. ①　【해설】작문
㉠은 인간의 주관적 편견을 배제하여 다수의 지원자를 효율적으로 평가할 수 있다는 '절차적 이점'을 내세우고 있다. 따라서 실제 채용된 인원의 직무 성과가 반드시 더 높아야만 ㉠의 '공정성'과 '효율성' 논리가 성립하는 것은 아니다. 평가 도구가 공정하고 효율적이어도 결과적인 성과는 다른 변수에 의해 결정될 수 있기 때문이다.
② ㉡은 AI 면접에 '잠재적 위험'이 있음을 지적하는 것이지, 인간 면접관보다 '항상' 더 편향되어야 한다고 주장할 필요는 없다. 인간보다 덜 편향되더라도 '데이터 자체의 편향성'이 존재할 수 있다는 점만으로도 논거가 성립한다.
③ '평가 기준을 알 수 없다'는 점은 ㉡이 제기한 비판점이다. 따라서 ㉠이 평가 기준이 투명하게 공개되어 있다는 근거를 제시해야 한다는 분석은 주객이 전도된 설명이다.
④ ㉡은 AI 데이터 편향이 실제 평가에 부정적 영향을 미칠 수 있음을 경고하고 있다. 따라서 논거를 강화하려면 '실제 영향을 미친 사례'를 제시해야 하며, '사례가 없다는 근거'를 제시하는 것은 자신의 주장을 스스로 부정하는 꼴이 된다.

5. ③　【해설】독서
시스템 2가 충분히 개입할 경우 프레이밍의 영향을 어느 정도 줄일 수는 있으나, 인간의 판단은 주로 시스템 1에 의존하기 때문에 프레이밍 효과를 '완전히 제거하기는 어렵다'고 설명하고 있다. 따라서 시스템 2를 통해 이를 완전히 제거할 수 있다는 ③은 지문의 내용과 일치하지 않는다.
① 지문 앞부분에서 동일한 정보라도 '생존율'과 '사망률' 등 어떤 관점으로 제시되느냐에 따라 선택이 달라질 수 있음을 실험 사례로 보여주었으므로 적절하다.

② 지문 중반부에서 프레이밍 효과는 단순한 착각이 아니라 인간의 '인지 구조에 내재된 특성'에서 비롯된다고 명시하였으므로 적절하다.
④ 지문 후반부에서 프레이밍 효과는 주로 직관적인 '시스템 1'이 우세하게 작동할 때 나타난다고 설명하였으므로 적절하다.

6. ④　【해설】독서
본문에 따르면 사적 재화는 경합성과 배제성을 모두 갖춘 재화로, 시장에서 거래되는 대부분의 상품이 이에 해당한다. 마트에서 판매되는 생수는 한 사람의 소비가 다른 사람의 소비량을 줄이는 경합성과 대가를 지불해야만 소비할 수 있는 배제성을 모두 지니므로 사적 재화로 보아야 한다. 따라서 경합성이 없으므로 사적 재화가 아니라는 ④의 진술은 적절하지 않다.

7. ③　【해설】독서
본문은 과거의 금본위제부터 현대의 법정 화폐, 그리고 최근의 암호화폐에 이르기까지 화폐의 가치를 유지하는 핵심 동력이 '사회적 신뢰'에 있음을 강조하고 있다. 화폐의 형태나 보증 주체는 시대에 따라 변해왔지만, 결국 공동체 구성원들이 그 가치를 믿고 받아들인다는 '집단적 신뢰'가 화폐 기능을 가능하게 하는 본질임을 설명하고 있으므로 ③이 이 글의 중심 생각으로 가장 적절하다.

8. ②　【해설】독서
본문은 인상주의가 전통적인 회화의 가치인 '정확한 재현'을 거부하고 빛과 색채의 주관적 인상을 강조함으로써 미술사에 커다란 변화를 가져왔음을 설명하고 있다. 빈칸 (가) 뒤에는 인상주의를 계승한 세잔, 고흐, 고갱 등이 각각 입체주의와 표현주의 등의 선구자가 되었다는 내용이 이어지므로, 인상주의가 기존의 틀을 깨고 이후 현대 미술의 다양한 실험적 사조들이 등장할 수 있는 토대를 마련했다는 내용인 ②가 들어가는 것이 가장 적절하다.

9. ③　【해설】독서
본문은 플라세보 효과의 정의와 생물학적 기제를 설명한 뒤, 최신 연구 사례를 거쳐 윤리적 쟁점과 제언으로 마무리하는 논리적 구조를 취하고 있다.
(나): 플라세보 효과의 정의를 내리고, 이것이 단순한 심리적 현상을 넘어 생물학적 기제와 연관되어 있다는 최근 연구 경향을 소개하며 글을 시작한다.
(가): '이처럼'이라는 지시어를 사용하여 (나)에서 언급한 생물학적 메커니즘을 구체적인 뇌 신경 반응 사례로 입증한다.
(라): '더 나아가'라는 첨가 접속어를 사용하여 플라세보 효과가 기대감을 넘어서는 더 복잡한 기제와 연결되어 있음을 심화 설명한다.
(다): '그러나'라는 역접 접속어를 사용하여 과학적 효능 논의에서 윤리적 문제로 화제를 전환하며, 신중한 활용을 강조하는 결론을 내린다.
정리하자면, '(나)-(가)-(라)-(다)'로 이어진 ③이 정답이다.

10. ②　【해설】독서
2문단에 따르면 인간은 자연의 위력 앞에서 감성 능력이 일시적으로 좌절되지만, 그 순간 이성은 감성이 파악하지 못하는 것을 사유할 수 있음을 자각한다. 숭고는 단순한 공포가 아니라, 감성의 한계를 넘어서는 이성의 존엄함을 확인하는 계기가 된다. 따라서 ②가 정답이다.
① 1문단에 따르면 관찰자가 안전한 거리를 확보하고 있을 때 숭고가 성립하므로, 위협 대상에 가까이 있을수록 강렬해진다는 설명은 틀렸다.
③ 3문단에 따르면 포스트모던 예술은 표현 불가능성을 전시하는 것이지, 이를 언어화하는 데 성공했다는 것이 아니다. 오히려 재현 체계의 한계를 드러내는 것이다.
④ 4문단에서 리오타르는 주체를 재현의 한계를 체감하는 수동적 주체로 설정하였다. 숭고의 원천을 이성의 능력에서 찾는 것은 칸트의 고유한 입장이다.

11. ④　【해설】독서
㉢과 ㉣은 모두 4문단 첫머리에 언급된 '세 이론가'를 공통적으로 지칭하고 있다. 따라서 지시 대상이 같은 것끼리 묶인 것은 ④번이다.

12. ③ 【해설】 독서
3문단에서 김만중의 집필 배경(유배지, 어머니를 위한 위로)을 언급하며, 주제가 불교적 허무주의를 넘어 위안과 연대의 정서를 포함한다고 서술했다. 따라서 작품의 주제는 핵심인 불교적 공(空) 사상에만 국한되지 않고, 유교적 효도나 인간적 위안 등 복합적인 의미를 지님을 알 수 있다.
① 1문단에서 성진은 팔선녀를 만난 후 욕망이 싹트고 꿈속에서 이를 누리는 인물로 묘사되므로, 처음부터 초탈했다는 설명은 틀렸다.
② 2문단에서 꿈속의 현실은 충분히 실감 나게 묘사되어 독자가 그 풍요로움에 이끌리도록 설계되었다고 명시했다.
④ 2문단 마지막 문장에서 독자가 욕망과 해탈의 문제를 관념이 아닌 체험의 차원에서 성찰하도록 유도한다고 했으므로 적절하지 않다.

13. ① 【해설】 어휘
'출중하게'는 '무리(衆) 가운데서 빼어나다'는 뜻으로, 주로 인물의 외모나 실력, 품성 등 '사람'의 속성을 묘사할 때 사용한다. 본문처럼 '긴장을 출중하게 형상화했다'는 표현은 문맥상 적절하지 않다.
② 잘못을 깨닫거나 도리를 알게 된다는 의미로 적절하다.
③ 실제인 것처럼 생생하게 느껴진다는 의미로 통한다.
④ 마음이 쏠리거나 사로잡히는 상태를 의미한다.

14. ③ 【해설】 신유형

(가) (~수면∧~스트레스 해소) → 면역력 저하
≡ ~면역력 저하 → (수면∨스트레스 해소)
(나) 면역력 저하 → 감기 확률 상승
≡ ~감기 확률 상승 → ~면역력 저하
(다) ~감기 확률 상승

[결론] ~감기 확률 상승 → ~면역력 저하 → (수면∨스트레스 해소)

⇒ (다)에 따라 감기에 걸릴 가능성이 높아지지 않았으므로, (나)의 대우에 의해 면역력은 저하되지 않았다. 이를 다시 (가)의 대우에 대입하면 '수면 시간이 부족하고 스트레스가 해소되지 않았다'는 조건 자체가 부정되어야 한다. 드모르간의 법칙에 의해 '수면 시간이 충분했거나(수면), 스트레스가 해소되었다(스트레스)'는 결론이 도출된다. 따라서 정답은 ③이다.

15. ② 【해설】 신유형

(1) (~피아노∧~바이올린) → 플루트
≡ ~플루트 → (피아노∨바이올린)
(2) (플루트∨드럼) → ~기타
≡ 기타 → (~플루트∧~드럼)
(3) 지수: 기타
(4) (?), ~피아노

[결론] 지수: 바이올린

⇒ 주어진 사실에 따라 지수는 '기타'를 배우고 있다. 이를 (2)의 대우(기타 → (~플루트∧~드럼))에 대입하면 지수는 '플루트'와 '드럼'을 모두 배우지 않음을 알 수 있다. 다시 (1)의 대우(~플루트 → (피아노∨바이올린)에 따라 지수는 반드시 '피아노 또는 바이올린' 중 하나 이상을 배워야 한다. 이때 최종 결론 ㉠인 '바이올린을 배운다'가 성립하기 위해서는 선언지 제거법에 의해 나머지 선택지인 ②가 추가 전제로 필요하다.
① 지수가 피아노를 배운다는 사실이 추가되면 (1)의 결과인 '피아노 또는 바이올린' 조건은 만족하지만, 반드시 바이올린을 배워야 할 논리적 필연성은 사라진다(피아노만 배워도 조건이 충족되기 때문).
③ 지수가 드럼을 배운다는 사실은 (2)의 전제 조건(플루트∨드럼)을 만족시켜 '기타를 배우지 않는다'는 결론으로 이어지므로, 주어진 사실(3)과 모순된다.
④ 지수가 드럼을 배우지 않는다는 사실은 (2)의 대우를 통해 이미 알 수 있는 정보이므로, ㉠을 이끌어내기 위해 '새롭게 추가'해야 할 전제로는 적절하지 않다.

16. ③ 【해설】 신유형

[갑의 전제] 거짓말 → ~신뢰
[갑의 결론] ~능력 → ~신뢰

[을의 대화] ~능력 → 거짓말

⇒ 갑의 추론이 논리적 타당성을 갖추려면 결론의 전건인 '능력 없음'과 전제의 전건인 '거짓말'을 연결하는 매개 전제가 필요하다. [~능력 → 거짓말]과 [거짓말 → ~신뢰]가 결합하면 삼단논법에 의해 [~능력 → ~신뢰]라는 결론이 도출된다.
① ~신뢰 → 거짓말: 갑이 대화 중에 "신뢰할 수 없는 사람이 반드시 거짓말을 하는 건 아니다"라고 이미 부정한 내용이므로 전제가 될 수 없다.
② ~거짓말 → 신뢰: 전제의 '이' 명제에 불과하며, 결론 도출과는 관련이 없다.
④ 신뢰 → 능력: 결론의 대우 명제로, 결론과 논리적으로 동일한 문장이므로 추론을 가능하게 하는 '새로운 전제'로서 적절하지 않다.

17. ③ 【해설】 국어문법
'밭을'의 경우, 뒤에 오는 '을'이 모음으로 시작하는 조사이므로 받침 'ㅌ'이 다음 음절 초성으로 그대로 옮겨가 [바틀]로 발음해야 한다. 선택지처럼 [바츨]로 발음하는 것은 구개음화 조건을 오해한 것으로(구개음화는 'ㅣ' 모음 앞에서만 발생), 지문의 연음 규정에 어긋나므로 적절하지 않다.
① '닭'은 겹받침 원칙에 따라 뒤의 자음인 [ㄱ]으로, '읽고'는 뒤에 'ㄱ'이 오므로 예외 규정을 적용해 앞의 자음인 [ㄹ]로 발음하여 [일꼬]가 되므로 적절하다.
② '삶'은 'ㄹㅁ' 원칙에 따라 뒤의 [ㅁ]을, '몫'은 'ㄱㅅ' 원칙에 따라 앞의 [ㄱ]을 발음하므로 적절하다.
④ '잊다(ㅈ)', '있다(ㅆ)', '잇다(ㅅ)'는 모두 받침 규정에 따라 대표음 [ㄷ]으로 바뀌어 발음되므로 [읻따]로 동일하다.

18. ② 【해설】 국어문법
지문에 따르면 부사는 형태가 변하지 않는 불변어이다. 선택지 ②의 '빠르게'는 문장에서 부사어의 기능을 수행하지만, 형용사 '빠르다'에 부사형 어미 '-게'가 결합하여 형태가 변한 가변어(용언의 활용형)이다. 따라서 '빠르게'의 품사는 부사가 아니라 형용사이며, ㉠의 사례로 적절하지 않다.
① '과연'은 문장 전체를 수식하며 형태가 변하지 않는 문장 부사이다.
③ '여간'은 주로 부정 표현과 호응하며 용언을 수식하며 형태가 변하지 않는 성분 부사이다.
④ '일찍'은 시간의 의미를 나타내며 용언을 수식하고 형태가 변하지 않는 성분 부사이다.

19. ③ 【해설】 독서
㉡ (○): 을의 전제는 '인공지능에게는 인간의 감정과 경험이 없다'는 것이다. 하지만 인공지능이 학습한 데이터 자체가 인간의 감정에서 비롯된 것이라면, 을이 주장하는 가치의 원천이 인공지능에게도 간접적으로 존재하게 된다. 이는 을의 전제를 공격하므로 입장을 약화하는 것이 맞다.
㉢ (○): 갑은 창작자가 누구인지는 작품 자체의 가치와 무관하다고 주장한다. 그러나 창작자의 정체에 따라 평가 점수가 크게 달라졌다는 실험 결과는, 사람들이 가치를 부여할 때 '창작자가 누구인가'를 매우 중요한 요소로 고려함을 보여준다. 이는 갑의 주장과 배치되므로 갑의 입장을 약화한다.
②, ④ ㉠ (✕): 을은 인공지능의 작품이 인간의 작품보다 본질적으로 가치가 낮다고 주장한다. 만약 인공지능임을 알고도 동일한 감동을 느꼈다면, '창작자의 감정 유무'가 가치 결정의 절대적 요소가 아님을 시사하므로 을의 입장을 약화한다.

20. ① 【해설】 독서
본문은 AI가 인간의 '감정적 편향'에서 자유롭다는 점을 도입의 근거로 삼았다. 하지만 ①은 AI 역시 '학습 데이터에 의한 구조적 편향'을 가질 수 있으며, 이로 인해 정확도가 떨어진다는 사실을 제시함으로써 본문의 가장 강력한 근거를 약화한다.
② 본문이 기대 효과로 제시한 '의료 격차 해소'가 고비용이라는 현실적 장벽 때문에 실현되기 어려움을 지적한다. 결론의 실효성을 깎아내리므로 약화의 성격을 띠지만, ①번에 비해 논리적 타격 범위가 지엽적이다.
③ 'AI가 인간의 고유 영역인 정서적 교감까지 대체할 수 있다'는 진술은 AI 도입의 당위성을 더욱 높여주는 강화 선지이다.
④ 진단 오류의 원인이 병원 시스템에 있다는 사실은 AI 도입 여부와는 직접적인 인과관계가 낮다. AI가 의사보다 개별적으로 더 정확하다는 본문의 사실 자체를 부정하지는 않으므로 무관하거나 아주 미약한 약화에 그친다.

영　어

출제교수: 김세현 교수님

1. ①

【해설】
나무 수요의 증가로 벌목이 이루어진다는 내용의 글이므로 빈칸에 들어가기에 가장 적절한 것은 ① destruction이다.

【해석】
벌목을 하는 중요한 이유들은 있겠지만 이로 인해 지구상에 존재하는 생명체들에게 가해지는 위험한 결과들 또한 존재한다. 현재 파괴의 주된 원인은 목재에 대한 늘어나는 전 세계적 수요이다.

【어휘】
cut down tree 벌목하다　consequence 결과　major 주된, 주요한　demand ①수요 ②요구하다　destruction 파괴　compliment 칭찬　construction 건설　accomplishment 성취, 업적

2. ③

【해설】
간접흡연으로 인한 공중 보건에 대한 우려가 커지므로 공공장소 근처에서의 흡연을 금지하는 법안이 만장일치로 통과되었다는 내용의 글이므로 빈칸에 들어가기에 가장 적절한 것은 ③ prohibit이다.

【해석】
사람들이 혼잡한 도시 공간에서 간접흡연에 더 많이 노출되면서 공중 보건에 대한 우려가 커지고 있다. 따라서 한국에서 버스 정류장이나 지하철역과 같은 공공장소 근처에서 흡연을 금지하는 법안이 만장일치로 통과되었다.

【어휘】
public health 공중 보건　concern 우려, 걱정　expose 노출시키다, 드러내다　secondhand 간접의　crowded 혼잡한, 붐비는　urban 도시의　bill 법안　unanimously 만장일치로　*anonymously 익명으로　claim 주장하다　vanish 사라지다　prohibit 금지하다, 막다, 못하게 하다　transcend 초월하다, 뛰어넘다

3. ④

【해설】
명사절을 유도하는 접속사 If(~인지 아닌지)는 주어자리에 위치할 수 없고 또한 관계대명사 that은 ,(콤마)와 함께 사용할 수 없으므로 빈칸에 들어갈 말로 가장 적절한 것은 ④ Whether the soap opera, which이다.

【해석】
정말 극적이고 재미있는 그 연속극이 계속 이어질지 아닐지는 아직 명확하지 않다.

【어휘】
soap opera 연속극　dramatic 드라마틱한　entertaining 재미있는　be going to V V할 예정이다　clear 명확한

4. ④

【해설】
빈칸 다음 문장구조가 완전(주어와 목적어가 있다)하므로 빈칸에는 전치사+관계대명사 which가 필요하다. 따라서 빈칸에 들어가기에 가장 적절한 것은 ④ among which이다. 참고로 전치사와 관계대명사 that은 사용할 수 없으므로 ③은 정답이 될 수 없다.

【해석】
그 왕은 많은 부를 물려받았는데 그 중에서 그의 아버지의 소유였던 독특한 성을 가장 좋아했다.

【어휘】
inherit 물려받다, 상속받다　cafe for 좋아하다　peculiar 특별한, 독특한　belong to ~의 소유이다

5. ②

【해설】
② 부사 generally가 과거분사 accepted를 수식하는 것은 부사여야 하므로 형용사 general은 부사 generally로 고쳐 써야 한다.
① 문맥상 concepts를 대신하는 부정대명사 ones의 사용은 어법상 적절하다.

③ 문맥상 your readers를 대신하는 복수대명사 them의 사용은 어법상 옳다.
④ 동사 escape 다음 목적어 역할을 하는 동명사 confusing의 사용은 어법상 적절하다.

【해석】
에세이를 구성하는 마지막 방법은 상대적으로 단순한 개념들에서 좀 더 복잡한 개념들로 진행하는 것이다. 일반적으로 받아들여지는 증거들을 가지고 시작함으로써, 당신은 독자들과 관계를 세우고 그들에게 당신의 에세이가 공유된 경험에 근거한다고 확실하게 할 수 있다. 이와는 대조적으로, 만약 당신이 어려운 재료들을 소개한다면 당신은 청중을 어리둥절하게 하는 것을 피할 수 없다.

【어휘】
organize ①구성하다 ②조직하다 ③정리(정돈)하다　proceed 진행하다, 나아가다　relatively 상대적으로　complex 복잡한　generally 일반적으로　evidence 증거　rapport 관계　assure 분명히(확실하게)하다　firmly ①견고(단단)하게 ②단호하게　be grounded in ~에 근거하다

6. ①

【해설】
여자가 다음 주에 있을 테니스 코치 송별 파티를 위해 견과류를 올린 호두 케이크를 주문했다고 하자 남자는 코치가 모든 종류의 견과류에 알레르기가 있다고 말했으므로, 이에 대한 여자의 응답으로 가장 적절한 것은 ① '괜찮아. 주문을 변경할 수 있는지 확인해 볼게.'이다.

【해석】
Peter: Jane, 다음 주에 있을 우리 테니스 코치 송별 파티를 위해 케이크를 주문했니?
Jane: 응, 피스타치오 견과류를 올린 호두 케이크를 주문했어. 다음 주 수요일 오후에 제과점에서 가져올 거야.
Peter: 오, 안돼. 코치님이 모든 종류의 견과류에 알레르기가 있다고 너에게 말했어야 했는데.
Jane: 괜찮아. 주문을 변경할 수 있는지 확인해 볼게.
② 그것을 믿을 수가 없어! 우리가 드디어 테니스 시합에서 이겼어.
③ 고맙지만 괜찮아. 견과류가 들어간 케이크는 정말 좋아하지 않아.
④ 괜찮아. 나는 알레르기 반응을 일으키는 음식은 먹지 않을 거야.

【어휘】
farewell party 송별 파티　walnut 호두　allergic 알레르기가 있는　match 경기, 시합　reaction 반응

7. ①

【해설】
B가 그들이 닮았다고 했고 A가 이에 대해 동의를 하고 있으므로 빈칸에 들어가기에 가장 적절한 것은 ① '그들은 분명히 같은 부류야'이다.

【해석】
A: 그 사장이 물러나고 아들이 그 직책을 맡은 것에 대해 어떻게 생각해?
B: 큰 차이가 없다고 생각해. 그들은 너무 비슷해.
A: 맞아. 그들은 긍정적 부정적 특성을 모두 가지고 있어.
B: 전적으로 동의해. 그들은 분명히 같은 부류야.
② 내가 생각하기에 너는 생각이 너무 많은 것 같아.
③ 너는 운동이든 뭐든 해야 해.
④ 그들은 종종 말다툼을 하지만 항상 화해해.

【어휘】
step down 물러나다, 사임하다　take over the position 직책을 맡다　characteristics 특성, 특징　You can say that again 전적으로 동의해　cut from the same cloth 같은 부류인　work out 운동하다　quarrel 논쟁하다, 말다툼 하다　make up 화해하다

8. ①

【해설】
주어진 안내문은 Quantum on the Clock Competition Contest를 홍보하며, 고등학생의 양자물리 탐구와 창의적인 참여를 장려하는 내용이므로 이 글의 제목으로 가장 적절한 것

은 ① 'Quantum on the Clock 대회를 통해 양자물리를 탐구
하세요'이다.
② <Physics World> 구독 대회의 등록이 시작되었습니다
③ 양자물리 관련 영상을 만들어 상을 받아가세요
④ 역사 속 유명 물리학자들에 대해 배우세요

9. ③ 【해설】
창의성, 명료성, 정확성을 기준으로 심사된다고 했으므로, 안
내문의 내용과 일치 하는 것은 ③이다.
【해석】
누가 지원할 수 있나?
Quantum on the Clock 대회는 양자 물리학에 관심이 있는
모든 고등학생에게 열려 있습니다.
무엇을 해야 하나?
대회를 위해 참가자들은 양자 물리학이나 양자 기술의 어떤 측
면에 대해서든 최대 3분 길이의 영상을 만들어야 합니다. 참가
자는 개인 또는 최대 4명의 인원으로 구성된 팀으로 참여할 수
있습니다.
수상
상금은 우승자와 입상자에게 수여될 것입니다. 1위를 한 개인
과 팀 수상자들은 <물리학의 세계> 1년 구독권도 받게 될 것입
니다.
심사 기준
출품작은 창의성, 명료성, 그리고 정확성을 기준으로 심사됩니다.
등록 기간
5월 1일~6월 30일
자세한 내용을 찾아보고 등록하려면, 대회 웹사이트를 방문하
세요.
【어휘】
quantum 양자(量子) physics 물리학 competition 경쟁
participant 참가자 aspect 측면 up to ~까지 runner-up
(1위 외의) 입상자 entry 출품작 ingenuity 창의성, 기발함
clarity 명료성 accuracy 정확성 first-place 1등 annual
1년의 subscription 구독(권) registration 등록 *register
등록하다 explore 탐구하다, 탐험하다 renowned 유명한
physicist 물리학자

10. ③ 【해설】
③ Adventure 마지막 문장에서 두 시간 반 동안 원하는 만큼
여러 번 각 코스를 빠르게 움직여 통과할 수 있다고 하였으므
로 본문의 내용과 일치한다.
① Admission에서 17세는 42달러이고 18세는 49달러이므로,
'17세와 18세 참가자가 지불하는 입장료는 같다'는 본문의 내
용과 일치하지 않는다.
② Adventure 2번째 문장에서 지면에서 최대 55 피트 높이라
고 했으므로 '지면으로부터 55 피트가 넘는다'는 본문의 내용
과 일치하지 않는다.
④ Treetop Course Rules에서 한 사람만 사다리에 탈 수 있
다고 했으므로 '사다리는 동시에 두 사람까지 이용할 수 있다'
는 본문의 내용과 일치하지 않는다.
① 17세와 18세 참가자가 지불하는 입장료는 같다.
② 타잔 그네의 높이는 바닥으로부터 55피트가 넘는다.
③ 두 시간 반 동안 원하는 횟수만큼 이용할 수 있다.
④ 사다리는 동시에 최대 두 사람까지 이용할 수 있다.

11. ② 【해설】
문맥상 equipped는 '(장비가)갖추어지면'의 뜻으로 이와 가장
가까운 유의어는 ② 'provided'이다.
【해석】
나무 꼭대기 모험
입장
나이: 12~17세 42달러(2시간 30분)
나이: 18세 이상 49달러(2시간 30분)
모험
이런 나무 꼭대기에서는 살금살금 걷지 마세요! 날아오르고,
쌩 소리를 내며 날고, 오르고, 기고, 휙 움직여 그런 종류의 코
스로는 Georgia에서 가장 특이하고 짜릿한 생태모험 코스를

통과하세요. <나무 꼭대기 모험> 에서는 숲의 지면에서 최대
55피트 높이의 집라인(활강줄)과 타잔그네가 인기 있는 시설입
니다! <나무 꼭대기 모험>은 가이드 없는 활동입니다. 일단 장
비를 갖추면 저희가 장비를 작동하는 방법을 가르쳐 드리는데,
여러분은 두 시간 반 동안 원하는 만큼 여러 번 각 코스를 빠르
게 움직여 통과하시게 됩니다.
요건
· 평상복을 입으셔야 합니다.
· 발가락이 덮인 신발을 착용하셔야 합니다.
· 긴 머리는 반드시 끌어올리셔야 합니다.
· 목걸이나 링이 큰 귀걸이나 헐렁하게 착용한 장신구는 허용
되지 않습니다.
· 주머니에서 모든 것, 특히 휴대전화를 꺼내셔야 합니다.
나무꼭대기 코스 규칙
· 한 번에 한 사람만 사다리나 횡단로에 있을 수 있습니다.
· 한 번에 한 사람만 집라인을 내려갈 수 있습니다.
【어휘】
admission 입장 tiptoe 살금살금(발끝으로) 걷다 soar (하늘
높이) 날아오르다, 미끄러지듯 날다 zip 쌩 소리 내며 날다(지
나가다) swing ①빠르게 움직이다 ②그네 height 높이 up
to ~까지 eco-adventure 생태모험 feature 인기거리로(특
종으로) 하다 zip line 집라인(협곡 등을 가로질러 이동하기
위한 케이블), 활강줄 equip 장비를 갖추게 하다 operate 작
동하다 casual clothing 평상복 closed-toe 발가락이 덮인
pull up ~을 끌어 올리다, 끌어당기다 hoop earring 링이 큰
귀걸이 loose 느슨한 jewelry 장신구, 보석류 ladder 사다
리 descend 하강하다, 내려가다

12. ② 【해설】
Cleveland 시장 선거에 출마했다가 패배했지만, 다음 선거에
서 다시 경선에 참여하여 승리했으므로, ②는 글의 내용과 일
치하지 않는다.
【해석】
인물연구
1927년 오하이오 주 클리블랜드에서 태어난 Carl Stokes는
생애의 이른 시기에 힘든 시간을 보냈다. 그가 어린아이였을
때, 그의 아버지가 돌아가셨다. 그는 자라면서 가족을 돕기 위
해 여러 잡다한 일들을 했다. Stokes는 Cleveland-Marshall
법과대학을 졸업하고 변호사 시험에 합격했다. 그는 1962년에
법률 회사를 설립했다. 몇 년 후 그는 Cleveland 시장 선거에
출마했다가 패배했지만, 다음 선거에서 다시 경선에 참여하여
승리하였다. 그는 그 도시 최초의 아프리카계 미국인 시장이
되었다. 정계은퇴 후 그는 뉴욕으로 이사하여 TV 뉴스 앵커가
되었다. 생애 후반에 그는 세이셸 공화국에 미국 대사로 임명
되었다. 그의 놀라운 삶은 마침내 1996년에 그의 출생 도시에
서 끝났다.
【어휘】
grow up 성장하다, 자라다 odd job 잡다한 일, 잡역 bar
exam 변호사 시험, 사법시험 found 세우다, 설립하다 law
firm 법률 회사, 법률 사무소 run for ~에 출마하다
election 선거 mayor 시장 retire 은퇴하다 news anchor
뉴스 앵커[진행자] appoint 임명하다 ambassador 대사
amazing 놀라운 come to an end in ~에서 끝나다

13. ② 【해설】
주어진 지문은 등반에 필요한 장비를 대여해 주는 서비스에 관
한 내용의 글이므로 이 글의 목적으로 가장 적절한 것은 ② '암
벽 등반을 위한 장비 대여에 대해 알리려고'이다.
【해석】
수신: 신규 회원
발신: 암벽 등반 클럽 담당자
날짜: 5월 16일
신규 회원 여러분께
암벽 등반 클럽에 오신 것을 환영하며 이 보람 있는 스포츠를
최대한 활용하시기 바랍니다. 초보자로서 첫 등반을 기대하며
긴장할 수도 있습니다. 많은 분이 부츠, 로프, 헬멧, 장갑 등 어
떤 등반 도구를 사야 하는지 물어보셨습니다. 이런 것들에 대해

신경 쓰실 필요 없습니다. 저희는 등반에 필요한 모든 도구를 빌려드리는 특별 서비스를 제공합니다. 대여 서비스는 저희 회원께서 언제나 이용하실 수 있습니다. 토요일에 그냥 오셔서, 대여 서비스를 요청하시고, 즐거운 등반 준비를 하십시오. 이번 토요일 오전 9시에 모두를 만나 뵙기를 고대합니다.
진심을 다해서
John B. Snyder 드림
① 암벽 등반의 긍정적인 효과를 설명하려고
③ 일시적으로 통제되는 등반 구간을 공지하려고
④ 암벽 등반 비용의 납부 방법을 통보하려고
【어휘】
get the most out of ~을 최대한 활용하다 rewarding 보람 있는 nervous 긴장하는, 초조한 in anticipation of ~을 기대하여 instrument 도구 bother 방해하다 concern (막연히) 것, 일 rent 빌려주다 available 이용할 수 있는 look forward to ~ing ~하기를 학수고대하다 equipment 장비 temporarily 일시적으로

14. ④【해설】
④ 본문 네 번째 문장에서 어수선한 방에 있는 사람들이 훨씬 더 단순한 정리원칙을 생각해 냈다고 했으므로 내용과 일치하지 않는다.
① 본문 첫 번째 문장에서 실험대상을 세 개의 그룹으로 나누었다고 언급했으므로 내용과 일치한다.
② 본문 두 번째 문장에서 진술내용이 모두 단순함 그리고 복잡함과 관련이 있으므로 내용상 일치한다.
③ 본문 세 번째 문장에서 실험대상자들에게 33개의 물건들을 그룹별로 분류하라고 요청했으므로 내용과 일치한다.
【해석】
한 실험에서, 49명의 대학생들이 어수선한 칸막이 공간과 깨끗한 칸막이 공간, 또는 그 중간 정도의 칸막이 공간에 앉도록 요청을 받았다. 책상에 앉은 후에, 그 지원자들은 일련의 진술이 자신에게 얼마나 잘 들어맞는지에 대해 1에서 9까지의 등급을 매기도록 요청 받았다. 그런데 그 진술은 "복잡한 상황으로 들어가는 것은 나를 화나게 한다.", "나는 할 수 있는 한 삶을 단순하게 만들고 싶다.", "나는 일을 단순한 상태로 유지하고 싶다," 그리고 "복잡한 일은 나를 성가시게 만든다."였다. 다음으로, 그 지원자들은 33개의 제품을 그룹으로 분류해야 하는 테스트를 받았는데, 그들은 스스로 정리 원칙을 생각해 내야 했다. 결과가 나왔을 때, 지저분한 책상에 앉아 있던 사람들이 훨씬 더 단순한 정리 원칙을 생각해 냈다는 것이 분명했다. 그들은 또한 "나는 할 수 있는 한 삶을 단순하게 만들고 싶다."와 같은 질문에 높은 점수를 준 사람들이기도 했다.
① 49명의 학생에게 행해진 실험은 세 개의 그룹으로 분류되었다.
② 참가자들에게 주어진 진술은 복잡함과 단순함과 관계가 있었다.
③ 그 실험에서 피험자들에게 33개의 물건을 그룹별로 분류할 것을 요청했다.
④ 깨끗하지 않은 칸막이에 앉았던 지원자들은 단순함의 욕구가 감소되었다.
【어휘】
clutter 어지르다 cubicle (칸막이로 구분한)좁은 공간 scale 등급 statement 진술, 성명성 simplify 단순화하다 bother 괴롭히다, 귀찮게 하다 messy 지저분한, 엉망인 come up with 생각해내다 principle 원리, 원칙 messiness 어수선함 reasonable 이치에 맞는, 합리적인

15. ②【해설】
주어진 지문은 우주비행사가 직면한 가장 큰 문제가 눈에 보이지 않는 방사성 물질이며, 이는 암과 여러 질병을 증가시킬 수 있다는 내용의 글이므로 이 글의 주제로 가장 적절한 것은 ② '우주 비행사들의 방사능의 위험'이다.
【해석】
달이나 화성에 보내진 우주 비행사들이 직면하는 많은 신체적인 위험들 가운데 가장 큰 위험은 보이지 않는 것, 즉 방사선이다. 이것은 태양계 너머에서부터 나오는 거의 빛의 속도로 도달하는 핵입자들이다. 그 입자들은 DNA의 가닥들을 잘라(깎

아)내며, 암과 다른 질병의 위험을 증가 시킨다. 2001년에 나사의 연구 자료는 최소한 이전에 39명의 우주 비행사들이 우주로 비행을 하고나서 백내장으로 고통을 받았다는 사실을 알아내었고 그들 중 36명은 아폴로 우주선 착륙 때와 같이 높은 방사능 임무를 참여 했었다는 사실이 있다.
① 여러 형태의 우주 임무
③ 우주비행사들의 다양한 의학적인 고통
④ 우주선의 핵입자들의 영향
【어휘】
physical 신체적인 astronaut 우주비행사 visible 눈에 보이는 radiation 방사선 particle 입자 slice 잘라내다, 깎아내다 strand 실, 가닥, 줄 boost 증가시키다, 북돋우다 ailment 질병 former 이전의 cataract 백내장 take part in ~에 참가하다 landing 착륙

16. ②【해설】
주어진 지문은 Newton의 중력 이론과 Einstein의 중력 이론이 서로 다르다는 내용의 글이므로 두 이론이 서로 아주 비슷한 버전으로 구성된다는 ②는 전체 글의 흐름과 무관하다.
【해석】
물리학에서, 과학자들은 우주에 관해 우리가 관찰하는 자료를 설명하고 예측하기 위해서 모형이나 이론을 만든다. 뉴턴의 중력 이론이 한 가지 예이고, 아인슈타인의 중력 이론이 또 다른 예이다. 예를 들어, 뉴턴은 질량이 힘을 가함으로써 서로에게 영향을 미친다고 생각했다. 반면에, 아인슈타인의 이론에서는 공간과 시간의 구부러짐을 통해 그 결과가 일어나며, 힘으로서의 중력의 개념이 없다. (그 이론들은 비록 다른 과학적 분야에 영향을 주지만, 현실에 대한 아주 비슷한 버전으로 구성된다.) 둘 중 어느 이론도 사과가 떨어지는 것을 아주 정확하게 설명하는데 사용될 수 있을 것이지만, 뉴턴의 이론이 사용하기가 훨씬 더 쉬울 것이다. 반면에, 운전하는 동안 장소를 찾는 것을 도와주는 인공위성에 기반을 둔 전(全) 지구 위치 파악 시스템(GPS)을 위해 필요한 계산을 위해서는, 뉴턴의 이론이 잘못된 정답을 줄지도 모른다. 그래서 아인슈타인의 이론이 사용되어야 한다.
【어휘】
physics 물리학 describe 묘사하다 predict 예상하다, 예측하다 observe ①관찰하다 ②지키다, 준수하다 gravity 중력 mass ①질량 ②대중 exert (힘, 권한 등을)행사하다, 가하다 bend (몸을)굽히다, 구부리다 *bending 구부림, 구부러짐 field 분야 consist of ~ ~로 구성되다 employ ①고용하다 ②사용하다 accuracy 정확함 *accurate 정확한(= precise) calculation 계산 satellite 인공위성 navigate 길을 찾다, 항해하다

17. ②【해설】
(B)에 They는 주어진 문장의 People을 대신하고 (B)와 (A) 모두 잠을 많이 못자는 사람의 문제점을 제시하고 있고 (C)에 Likewise를 기준으로 잠을 너무 적게 자는 사람들도 문제가 있다는 내용이 이어져야 하므로 이 글의 순서로 가장 적절한 것은 ② (B)-(A)-(C)이다.
【해석】
잠을 충분히 자지 못한 사람들은 잠을 충분히 자는 사람들보다 활기가 부족하고, 풀이 죽어 있거나 화를 잘 내고, 일상의 일을 기억하는 데 어려움을 느끼고, 쉽게 병이 난다. (B) 그들은 더 빨리 노화되고 직장이나 학교에서 집중하는 데 곤란을 겪는 것으로 보인다. 어떤 과학자들은 잠의 부족이 고혈압, 심장 질환, 심지어는 비만과 같은 건강 질환을 일으키는 데 어느 정도 원인을 제공한다고 확신한다. (A) 잠의 부족은 사고를 일으키기도 한다. 매년 20여만 건 이상의 자동차 사고가 운전자가 운전 중에 잠이 들기 때문에 발생한다. 1989년의 엑손 발데즈호 석유 누출 사건은 적어도 부분적으로는 피곤한 유조차 조작자의 행동에 원인이 있었다. (C) 마찬가지로, 잠을 너무 많이 자는 것은 너무 안자는 것만큼 해롭다. 최근의 연구는 하룻밤에 7시간에서 8시간 수면을 취하는 성인이 그보다 더 많이 자거나 덜 자는 사람들보다 더 오래 살고 심장 질환에 걸릴 가능성도 더 적다는 사실을 보여준다.

【어휘】
depressed 우울한   irritable 화내는, 짜증내는   have trouble ~ing ~하는 데 어려움을 겪다   at the wheel 운전 중에   spill ①쏟다 ②유출   partially 부분적으로   obesity 비만

18. ③ 【해설】
③에 they는 문맥상 주어진 문장의 people(퇴직 후 빨리 부자가 되고 싶어 하는 사람들)을 대신하므로 주어진 문장이 들어가기에 가장 적절한 곳은 ③이다.
【해석】
가장 성공한 퇴직자는 퇴직을 20년이나 30년 혹은 더 길게 계속될 수 있는 긴 노력으로 여기는 사람들이다. 그들은 다음의 '활황주'를 투자해서 은퇴 후 수년간 그들이 준비한 모든 것을 버리지는 않는다. 그들은 자신들의 재정에 매우 조심하며, 자신들의 돈이 남은 인생 동안 지속되도록 확실히 해야 한다는 것을 알고 있다. 그들은 조심스러워하고 수년이나 떨어져 있는 결승선에 계속 집중한다. <u>하지만, 퇴직해서 고군분투하면서 '빨리 부자가 되자'는 사고방식을 여전히 가지고 있는 사람들도 있다.</u> 더는 월급이 들어오는 편안함이 없는데도, 그들은 여전히 자신들이 얻는 모든 '뜨거운' 정보를 쫓으면서 퇴직 노후 자금을 여전히 위험에 빠뜨린다. 즉, 다시 말해서 그들은 자신들에게 재정적 안정과 마음의 평화를 가져다주는 지름길을 찾고 있는 것이다.
【어휘】
mentality 정신, 사고(방식)   retiree 퇴직자   *retire 은퇴(퇴직)하다   *retirement 은퇴, 퇴직   look upon A as B A를 B로 여기다, 간주하다   endeavor 노력   throw A away A를 버리다   preparation 준비   invest 투자하다   hot stock 활황주(活況柱)   finance 재정   last 지속되다   conservative 보수적인   paycheck 월급, 봉급   nest egg 저축금, 비상금   chase 추적하다, 뒤쫓다   strive to ⓥ ⓥ하려고 애쓰다, 노력하다   short cut 지름길   stability 안정, 안정성

19. ④ 【해설】
주어진 지문은 아이들을 처벌하는 기준이 부모마다 각각 다르다는 내용의 글이므로 빈칸에 들어가기에 가장 적절한 것은 ④ '불일치'이다.
【해석】
모든 부모들은 아이들이 무엇이 옳고 배워야 하는 거에 동의한다. 이 교훈은 가르치기 위해 부모들은 가끔 아이들을 처벌한다. 그러나 어떻게 아이들을 처벌하는 가에 대해서는 문화마다 가정마다 다르다. 어떤 부모들은 아이들을 처벌하기 가장 좋은 방법이 때리는 것이라고 말하기도 하고 다른 부모들은 때리지 말아야 한다고 생각하기도 한다. 대부분의 부모들은 그들이 그들의 부모에게 처벌받았던 똑같은 방식으로 아이들에게 벌주기도 한다. 결국 아이들을 처벌하기 위한 가장 좋은 방법은 많은 <u>불일치</u>가 있다.
① 획일성
② 조화
③ 만족
④ 불일치
【어휘】
lesson 교훈   punish 처벌하다   spank 찰싹 때리다   concord 일치, 조화   aggravation 악화   disparity 불일치, 차이

20. ③ 【해설】
야구를 주제로 한 이해력 테스트에서 독해력이 뛰어난 학생들보다 야구에 대한 배경지식을 가진 학생들이 더 높은 점수를 받았다는 연구를 소개하며, 배경지식이 성공을 결정하는 미지의 요인이었다고 말하는 내용이므로, 빈칸에 들어갈 말로 가장 적절한 것은 ③ '독자가 페이지에 가져오는 것(독자의 배경지식)'이다.
【해석】
<u>독자가 페이지에 가져오는 것(독자의 배경지식)</u>의 중요성은 Hirsch가 The Knowledge Deficit에서 논의한 연구에서 강조된다. 이 연구는 야구에 관한 글을 읽도록 요청받은 두 집단의 학생으로 구성되었다. 첫 번째 집단은 야구에 대해 거의 알지 못하는 독해력이 뛰어난 학생들로 구성되었다. 두 번째 집단은 야구에 대해 잘 알고 있지만 독해에 어려움을 겪는 학생들로 구성되었다. 글을 읽은 후 각 집단의 학생들은 이해력 테스트를 받았다. 어느 집단의 점수가 더 높았을까? 독해에 어려움을 겪는 독자들이었다. 주제에 대한 지식이 부족한 상태로 그 페이지에 이른 학생들에게는 우수한 읽기 능력만으로는 충분하지 않았다. 두 번째 집단의 독자들은 독해력이 뛰어나지는 않았지만, 그들의 배경지식으로 인해 훨씬 더 뛰어난 능력을 가진 독자들보다 더 높은 점수를 받을 수 있었다. 배경지식, 혹은 우수 독자의 경우 배경지식의 부족이, (성공을 결정하는) 미지의 요인이었다.
① 학생이 문제를 해결하는 방법
② 학생들이 새로운 주제를 배우는 곳
④ 독자들이 복잡한 텍스트에 접근하는 방법
【어휘】
bring 가지고 오다   highlight 강조하다   discuss 논의하다, 토의하다   consist of ~로 구성되다   passage 글, 지문   be made up of ~로 구성되다   strong 강한, (독해를)잘하는   be composed of ~로 구성되다   struggling 고군분투하는, (독해에)어려움을 겪는   comprehension 이해력   score 점수를 얻다(획득하다)   prior 사전의, 이전의   *prior knowledge 사전(배경)지식   enable A toV A가 V하게 하다   outscore ~보다 더 높은 점수를 받다   in the case of ~의 경우에   lack 부족, 결핍

한 국 사
출제교수: 노범석 교수님

1. ② 【해설】옥저
제시된 자료는 옥저의 장례 풍습에 대한 내용이다.
② 옥저와 동예에는 각 읍락마다 읍군, 삼로라 불리는 군장이 있었다.
① 고조선, ③ 고구려, ④ 부여에 대한 설명이다.

2. ① 【해설】삼국통일과정
(다) 660년 나·당 연합군의 공격으로 사비성이 함락되었다.
(라) 백강 전투에 대한 설명으로, 663년의 일이다.
(가) 안동 도호부가 설치된 것은 고구려 멸망 이후인 668년의 일이다.
(나) 매소성 전투에 대한 설명으로, 675년의 일이다.

3. ② 【해설】금관가야
제시된 자료는 금관가야의 건국 시조와 경제적 번영에 대해 서술하고 있다.
② 금관가야는 법흥왕 때 멸망하였다. 진흥왕 때 멸망한 나라는 대가야이다.
① 금관가야는 낙랑과 왜의 규슈 지방을 연결하는 중계무역이 발달하였다.
③, ④ 가야에 대한 설명이다.

4. ④ 【해설】최우
④ 최충헌에 대한 설명이다.
①, ②, ③ 최우에 대한 설명이다.

5. ④ 【해설】사림
ⓒ, ② 사림은 왕도 정치를 지향하고 패도 정치를 비판하였으며, 중소 지주적 배경을 바탕으로 향촌 자치를 중시하였다.
㉠, ⓒ 훈구 세력에 대한 설명이다.

6. ② 【해설】지증왕
제시된 자료는 지증왕 때의 우산국 정벌에 대한 내용이다.
② 지증왕은 왕호를 기존의 마립간에서 중국식인 왕으로 고쳤다.
① 법흥왕의 업적이다.
③ 내물마립간의 업적이다.
④ 진흥왕 때의 일이다.

7. ③ 【해설】영조
제시된 자료에서 설명하고 있는 왕은 영조이다.
③ 영조는 수도 방위 체제를 강화하기 위해 훈련도감, 금위영, 어영청이 도성을 나누어 방어하는 체제를 갖추었는데, 이를 수성윤음으로 반포하였다.
① 정조, ② 숙종, ④ 1880년대 고종 때의 일이다.

8. ③ 【해설】정도전
제시된 자료는 정도전이 저술한 '불씨잡변'의 내용이다.

9. ② 【해설】서얼
제시된 자료에서 (가)는 서얼이다.
② 서얼은 문과에 응시하는 것이 금지되었고, 간혹 무반직에 등용되기도 하였다.
① 신라의 6두품에 대한 설명이다.
③ 노비에 대한 설명이다.
④ 조선 후기의 부농층은 수령을 중심으로 한 관권과 결탁하고 향회를 장악하여 향촌 사회에서 영향력을 강화하고자 하였다.

10. ① 【해설】1920년대의 정치 상황
(가) 시기는 1920년대이다.
① 일제는 1923년 주류와 직물류를 제외한 조선에 들어오는 일본 상품들에 대한 관세를 철폐하였다. 이에 따라 일본산 상품들의 한국 시장 독점이 더욱 가속화되고, 조선의 기업들은 더욱 타격을 입었다.

② 1910년대의 일이다.
③ 국가총동원법은 1938년에 제정되었다.
④ 농촌 진흥 운동은 1932년부터 1940년까지 전개되었다.

11. ④ 【해설】일제 강점기의 역사학자
ⓒ 안재홍, 정인보 등은 1930년대에 조선학 운동을 주도하였다.
② 정인보는 광개토 왕릉비를 재해석하여 일본 학자의 고대사 왜곡을 바로잡는 데 기여하였다.
㉠ 「조선상고사」는 신채호의 저서이다.
ⓒ 정인보에 대한 설명이다.

12. ① 【해설】모스크바 3상 회의
제시된 자료는 모스크바 3국 외상 회의(1945)의 결정문이다.
① 미국에 대한 설명이다. 소련은 조선인으로 구성되는 임시 정부 수립안을 주요 내용으로 한 수정안을 제시하였다.
② 모스크바 3국 외상 회의에서는 미·소 양군 사령부의 대표자들로 구성된 공동 위원회의 설치를 결정하였다. 이에 따라 2차례에 걸쳐 미·소 공동 위원회가 개최되었다.
③ 카이로 선언(1943)에서는 한국의 미래에 대하여 언급하고 독립을 보장하는 국제적 합의를 하였다. 모스크바 3상 회의는 카이로 선언을 실행에 옮기기 위한 것이었다.
④ 모스크바 3상 회의는 미국, 영국, 소련의 외무 관련 장관들(외상)의 회담이다.

13. ② 【해설】물산장려운동
제시된 자료는 조선물산장려회에서 발표한 것으로, 물산장려운동에 대한 내용이다.
② 물산 장려 운동은 평양에서 조만식을 중심으로 시작되어 전국으로 확산되었다.
① 물산장려운동은 1920년대에 전개된 민족운동이다.
③ 사회주의 계열에서는 물산 장려 운동이 부르주아의 이익만 추구하는 것이라고 비난하였다.
④ 국채보상운동에 대한 설명이다.

14. ④ 【해설】대한제국
④ 대한제국의 개혁에 대한 설명이다.
① 중국 연호의 사용을 폐지한 것은 1차 갑오개혁 때의 일이다.
② 소학교령이 공포된 것은 을미개혁 때의 일이다.
③ 양전사업은 전국 331개 군 중 125개 군에서만 실시되었다.

15. ② 【해설】국권 피탈 과정
ⓒ 1904년 8월에 체결된 1차 한·일 협약(한·일 협정서)의 내용이다.
ⓒ 1905년 11월에 맺은 을사조약에 대한 내용이다.
㉠ 1907년에 체결된 한·일 신협약(정미7조약)의 내용이다.

16. ② 【해설】현대의 정치 상황
(가)는 1954년 11월에 통과된 사사오입 개헌안과 관련된 내용이고, (나)는 1960년 4.19혁명 당시 대학 교수들이 발표한 시국 선언문의 내용이다.
② 이승만 정부는 1959년에 정부 비판 기사를 게재한 경향신문을 폐간시켰다.
① 부산정치파동은 1952년의 일이다.
③ 반공법과 데모 규제법이 제정된 것은 장면 내각 때의 일이다.
④ 3대 국회의원 선거는 사사오입 개헌안이 통과되기 이전인 1954년 5월에 실시되었다.

17. ① 【해설】갑신정변
제시된 자료는 '한국통사'에 기록된 내용으로, 밑줄 친 '이 사건'은 1884년의 갑신정변을 일컫는다.
① 임오군란의 결과 체결된 제물포조약에 대한 설명이다.
②, ③, ④ 갑신정변에 대한 설명이다.

18. ④ 【해설】조선 후기의 경제
④ 고구마는 18세기 영조 때, 감자는 19세기에 조선에 전래되어 구황 작물로 활용되었다.
① 고대 경제에 대한 설명이다.

② 고려 시대의 경제에 대한 설명이다.
③ 고려 시대 이후의 경제 상황에 대한 설명이다.

19. ④ 【해설】고려 숙종
제시된 자료는 고려 숙종 때의 화폐 발행과 관련된 내용이다.
④ 숙종의 업적이다.
① 충렬왕 때의 일이다.
② 인종 때의 일이다.
③ 태조의 업적이다.

20. ④ 【해설】유네스코 '세계기록유산'
유네스코에 등재된 우리나라의 세계 기록 유산은 「승정원일기」
(2001), 「일성록」(2011), 새마을 운동 기록물(2013), 한국의 유
교책판(2015) 등이 있다.

행정법

출제교수: 강성빈 교수님

1. ④ 【해설】 행정작용법
사도개설허가에서 정해진 공사기간 내에 사도로 준공검사를 받지 못한 경우, 이 공사기간을 사도개설허가 자체의 존속기간(유효기간)으로 볼 수 없다는 이유로 사도개설허가가 당연히 실효되는 것은 아니라고 한 사례. 대법원 2004. 11. 25. 선고 2004두7023 판결
① 일반적으로 보조금 교부결정에 관해서는 행정청에게 광범위한 재량이 부여되어 있고, 행정청은 보조금 교부결정을 할 때 법령과 예산에서 정하는 보조금의 교부 목적을 달성 하는 데에 필요한 조건을 붙일 수 있다. 대법원 2021. 2. 4. 선고 2020두48772 판결
② 행정처분에 붙은 부담인 부관이 제소기간의 도과로 확정되어 이미 불가쟁력이 생겼다면 그 하자가 중대하고 명백하여 당연 무효로 보아야 할 경우 외에는 누구나 그 효력을 부인할 수 없을 것이지만, 부담의 이행으로서 하게 된 사법상 매매 등의 법률행위는 부담을 붙인 행정처분과는 어디까지나 별개의 법률행위이므로 그 부담의 불가쟁력의 문제와는 별도로 법률행위가 사회질서 위반이나 강행규정에 위반되는지 여부 등을 따져보아 그 법률행위의 유효 여부를 판단하여야 한다(주: 민사소송을 통해 부담의 이행행위로 행한 사법상 법률행위의 효력을 별도로 판단할 수 있다는 의미). 대법원 2009. 6. 25. 선고 2006다18174 판결
③ 행정행위의 부관은 부담인 경우를 제외하고는 독립하여 행정소송의 대상이 될 수 없는바, 기부채납받은 행정재산에 대한 사용·수익허가에서 공유재산의 관리청이 정한 사용·수익허가의 기간은 그 허가의 효력을 제한하기 위한 행정행위의 부관으로서 이러한 사용·수익허가의 기간에 대해서는 독립하여 행정소송을 제기할 수 없으며, 결국 이 사건 청구는 부적법하여 각하를 면할 수 없다. 대법원 2001. 6. 15. 선고 99두509 판결

2. ④ 【해설】 행정작용법
구 도시계획법 제78조 제1항에 정한 처분이나 조치명령을 받은 자가 이에 위반한 경우 이로 인하여 같은 법 제92조에 정한 처벌을 하기 위하여는 그 처분이나 조치명령이 적법한 것이라야 하고, 그 처분이 당연무효가 아니라 하더라도 그것이 위법한 처분으로 인정되는 한 같은 법 제92조 위반죄가 성립될 수 없다. 대법원 1992. 8. 18. 선고 90도1709 판결
① 과세대상과 납세의무자 확정이 잘못되어 당연무효한 과세에 대하여는 체납이 문제될 여지가 없으므로 체납범이 성립하지 아니한다. 대법원 1971. 5. 31. 선고 71도742 판결
② 민사소송에 있어서 어느 행정처분의 당연무효 여부가 선결문제로 되는 때에는 이를 판단하여 당연무효임을 전제로 판결할 수 있고 반드시 행정소송 등의 절차에 의하여 그 취소나 무효확인을 받아야 하는 것은 아니다. 대법원 2010. 4. 8. 선고 2009다90092 판결
③ 물품세 과세대상이 아닌 것을 세무공무원이 직무상 과실로 과세대상으로 오인하여 과세처분을 행함으로 인하여 손해가 발생된 경우에는, 동 과세처분이 취소되지 아니하였다 하더라도, 국가는 이로 인한 손해를 배상할 책임이 있다. 대법원 1979. 4. 10. 선고 79다262 판결

3. ① 【해설】 실효성 확보수단
장기미등기자가 이행강제금 부과 전에 등기신청의무를 이행하였다면 이행강제금의 부과로써 이행을 확보하고자 하는 목적은 이미 실현된 것이므로 부동산실명법에 규정된 기간이 지나서 등기신청의무를 이행한 경우라 하더라도 이행강제금을 부과할 수 없다. 대법원 2016. 6. 23. 선고 2015두36454 판결
② 공정거래법상 기업결합 제한위반행위자에 대한 이행강제금이 부과되기 전에 시정조치를 이행하거나 부작위 의무를 명하는 시정조치 불이행을 중단한 경우 과거의 시정조치 불이행기간에 대하여 이행강제금을 부과할 수 있다. 대법원 2019. 12. 12 선고 2018두63563 판결
③ 행정기본법 제31조

행정기본법 제31조(이행강제금의 부과)
⑥ 행정청은 이행강제금을 부과받은 자가 납부기한까지 이행강제금을 내지 아니하면 국세강제징수의 예 또는 「지방행정제재·부과금의 징수 등에 관한 법률」에 따라 징수한다.

④ 시정명령을 받은 의무자가 그 시정명령의 취지에 부합하는 의무를 이행하기 위한 정당한 방법으로 행정청에 신청 또는 신고를 하였으나 행정청이 위법하게 이를 거부 또는 반려함으로써 결국 그 처분이 취소되기에 이르렀다면, 특별한 사정이 없는 한 그 시정명령의 불이행을 이유로 이행강제금을 부과할 수는 없다. 대법원 2018. 1. 25. 선고 2015두35116 판결

4. ③ 【해설】 행정쟁송법
변경처분에 의하여 유리하게 변경된 내용의 행정제재가 위법하다 하여 그 취소를 구하는 경우 그 취소소송의 대상은 변경된 내용의 당초 처분이지 변경처분은 아니고, 제소기간의 준수 여부도 변경처분이 아닌 변경된 내용의 당초 처분을 기준으로 판단하여야 한다. 대법원 2007. 4. 27. 선고 2004두9302 판결
① 처분 당시에는 취소소송의 제기가 법제상 허용되지 않아 소송을 제기할 수 없다가 위헌결정으로 인하여 비로소 취소소송을 제기할 수 있게 된 경우, 객관적으로는 '위헌결정이 있은 날', 주관적으로는 '위헌결정이 있음을 안 날' 비로소 취소소송을 제기할 수 있게 되어 이때를 제소기간의 기산점으로 삼아야 한다. 대법원 2008. 2. 1. 선고 2007두20997 판결
② 행정처분시나 그 이후 행정청으로부터 행정심판 제기기간에 관하여 법정 심판청구기간보다 긴 기간으로 잘못 통지받은 경우에 보호할 신뢰 이익은 그 통지받은 기간 내에 행정심판을 제기한 경우에 한하는 것이지 행정소송을 제기한 경우에까지 확대된다고 할 수 없다. 대법원 2001. 5. 8. 선고 2000두6916 판결
④ 행정처분의 무효확인을 구하는 소에는 특단의 사정이 없는 한 그 취소를 구하는 취지도 포함되어 있다고 보아야 하는 점 등에 비추어 볼 때, 동일한 행정처분에 대하여 무효확인의 소를 제기하였다가 그 후 그 처분의 취소를 구하는 소를 추가적으로 병합한 경우, 주된 청구인 무효확인의 소가 적법한 제소기간 내에 제기되었다면 추가로 병합된 취소청구의 소도 적법하게 제기된 것으로 봄이 상당하다. 대법원 2005. 12. 23. 선고 2005두3554 판결

5. ② 【해설】 행정법통론
행정기본법 제14조

행정기본법 제14조(법 적용의 기준)
③ 법령등을 위반한 행위의 성립과 이에 대한 제재처분은 법령등에 특별한 규정이 있는 경우를 제외하고는 법령등을 위반한 행위 당시의 법령등에 따른다. 다만, 법령등을 위반한 행위 후 법령등의 변경에 의하여 그 행위가 법령등을 위반한 행위에 해당하지 아니하거나 제재처분 기준이 가벼워진 경우로서 해당 법령등에 특별한 규정이 없는 경우에는 변경된 법령등을 적용한다.

① 법령을 소급적용하더라도 일반 국민의 이해에 직접 관계가 없는 경우, 오히려 그 이익을 증진하는 경우, 불이익이나 고통을 제거하는 경우 등의 특별한 사정이 있는 경우에 한하여 예외적으로 법령의 소급적용이 허용된다. 대법원 2005. 5. 13. 선고 2004다8630 판결
③ 행정기본법 제7조

행정기본법 제7조(법령등 시행일의 기간 계산)
법령등(훈령·예규·고시·지침 등을 포함한다. 이하 이 조에서 같다)의 시행일을 정하거나 계산할 때에는 다음 각 호의 기준에 따른다.
  3. 법령등을 공포한 날부터 일정 기간이 경과한 날부터 시행하는 경우 그 기간의 말일이 토요일 또는 공휴일인 때에는 그 말일로 기간이 만료한다.

④ 허가 등의 행정처분은 원칙적으로 처분시의 법령과 허가기준에 의하여 처리되어야 하고 허가신청 당시의 기준에 따라야 하는 것은 아니며, 비록 허가신청 후 허가기준이 변경되었다

하더라도 그 허가관청이 허가신청을 수리하고도 정당한 이유 없이 그 처리를 늦추어 그 사이에 허가기준이 변경된 것이 아닌 이상 변경된 허가기준에 따라서 처분을 하여야 한다. 대법원 2006. 8. 25. 선고 2004두2974 판결

6. ① 【해설】 행정구제법
공무원이 고의 또는 과실로 그에게 부과된 직무상 의무를 위반하였을 경우라고 하더라도 국가는 그러한 직무상의 의무 위반과 피해자가 입은 손해 사이에 상당인과관계가 인정되는 범위 내에서만 배상책임을 지는 것이고, 이 경우 상당인과관계가 인정되기 위하여는 공무원에게 부과된 직무상 의무의 내용이 단순히 공공 일반의 이익을 위한 것이거나 행정기관 내부의 질서를 규율하기 위한 것이 아니고 전적으로 또는 부수적으로 사회구성원 개인의 안전과 이익을 보호하기 위하여 설정된 것이어야 한다. 대법원 2010. 9. 9. 선고 2008다77795 판결
② 다른 법령에 따라 지급받은 급여와의 조정에 관한 조항을 두고 있지 아니한 보훈보상대상자 지원에 관한 법률과 달리, 군인연금법 제41조 제1항은 "다른 법령에 따라 국가나 지방자치단체의 부담으로 이 법에 따른 급여와 같은 종류의 급여를 받은 사람에게는 그 급여금에 상당하는 금액에 대하여는 이 법에 따른 급여를 지급하지 아니한다."라고 명시적으로 규정하고 있다. 나아가 군인연금법이 정하고 있는 급여 중 사망보상금은 일실손해의 보전을 위한 것으로 불법행위로 인한 소극적 손해배상과 같은 종류의 급여라고 봄이 타당하다. 따라서 피고에게 군인연금법에 따라 원고가 받은 손해배상금 상당 금액에 대하여는 사망보상금을 지급할 의무가 존재하지 아니한다. 대법원 2018. 7. 20. 선고 2018두36691 판결
③ 법관의 재판에 법령의 규정을 따르지 아니한 잘못이 있다 하더라도 이로써 바로 그 재판상 직무행위가 국가배상법 제2조 제1항에서 말하는 위법한 행위로 되어 국가의 손해배상책임이 발생하는 것은 아니고, 그 국가배상책임이 인정되려면 당해 법관이 위법 또는 부당한 목적을 가지고 재판을 하였다거나 법이 법관의 직무수행상 준수할 것을 요구하고 있는 기준을 현저하게 위반하는 등 법관이 그에게 부여된 권한의 취지에 명백히 어긋나게 이를 행사하였다고 인정할 만한 특별한 사정이 있어야 한다. 대법원 2003. 7. 11. 선고 99다24218 판결
④ 인사업무담당 공무원이 다른 공무원의 공무원증 등을 위조한 행위에 대하여 실질적으로는 직무행위에 속하지 아니한다 할지라도 외관상으로 국가배상법 제2조 제1항의 직무집행관련성을 인정한 원심의 판단을 수긍한 사례. 대법원 2005. 1. 14. 선고 2004다26805 판결

7. ① 【해설】 행정작용법
행정관청 내부의 사무처리규정에 불과한 전결규정에 위반하여 원래의 전결권자 아닌 보조기관 등이 처분권자인 행정관청의 이름으로 행정처분을 하였다고 하더라도 그 처분이 권한 없는 자에 의하여 행하여진 무효의 처분이라고는 할 수 없다. 대법원 1998. 2. 27. 선고 97누1105 판결
② 일반적으로 법률의 위임에 의하여 효력을 갖는 법규명령의 경우, 구법에 위임의 근거가 없어 무효였더라도 사후에 법개정으로 위임의 근거가 부여되면 그 때부터는 유효한 법규명령이 되나, 반대로 구법의 위임에 의한 유효한 법규명령이 법개정으로 위임의 근거가 없어지게 되면 그 때부터 무효인 법규명령이 된다. 대법원 1995. 6. 30. 선고 93추83 판결
③ 국토의 계획 및 이용에 관한 법률 시행령 제56조 제1항 [별표 1의2] '개발행위허가기준'은 국토계획법 제58조 제3항의 위임에 따라 제정된 대외적으로 구속력 있는 법규명령에 해당한다. 그러나 국토교통부장관이 국토교통부 훈령으로 정한 '개발행위허가운영지침'은 (중략) 개발행위허가기준의 해석·적용에 관한 세부 기준을 정하여 둔 행정규칙에 불과하여 대외적 구속력이 없다. 대법원 2023. 2. 2. 선고 2020두43722 판결
④ 어떠한 고시가 일반적·추상적 성격을 가질 때에는 법규명령 또는 행정규칙에 해당할 것이지만, 다른 집행행위의 매개 없이 그 자체로서 직접 국민의 구체적인 권리의무나 법률관계를 규율하는 성격을 가질 때에는 행정처분에 해당한다. 대법원 2006. 9. 22. 선고 2005두2506 판결

8. ④ 【해설】 행정쟁송법
구 공익사업을 위한 토지 등의 취득 및 보상에 관한 법률 제91조에 규정된 환매권의 존부에 관한 확인을 구하는 소송 및 같은 조 제4항에 따라 환매금액의 증감을 구하는 소송은 민사소송에 해당한다. 대법원 2013. 2. 28. 선고 2010두22368 판결
① 사업주가 당연가입자가 되는 고용보험 및 산재보험에서 보험료 납부의무 부존재확인의 소는 공법상의 법률관계 자체를 다투는 소송으로서 공법상 당사자소송이다. 대법원 2016. 10. 13. 선고 2016다221658 판결
② 신탁업자가 사업시행자인 재개발사업 또는 재건축사업에서 신탁업자와 토지등소유자 사이에 '위탁자'의 지위에 관한 분쟁이 발생하는 경우, 토지등소유자는 사업시행자인 신탁업자를 상대로 마찬가지로 공법상 당사자소송에 의하여 앞서 본 '조합원' 개념에 대응되는 '위탁자' 지위의 확인을 구하는 소를 제기할 수 있다고 보아야 한다. 대법원 2025. 2. 20. 선고 2024두52427 판결
③ (지방자치단체가 보조금 지급결정을 하면서 일정 기한 내에 보조금을 반환하도록 하는 교부조건을 부가한 사안에서) 보조사업자의 지방자치단체에 대한 보조금 반환의무는 행정처분인 위 보조금 지급결정에 부가된 부관상 의무이고, 이러한 부관상 의무는 보조사업자가 지방자치단체에 부담하는 공법상 의무이므로, 보조사업자에 대한 지방자치단체의 보조금반환청구는 공법상 권리관계의 일방 당사자를 상대로 하여 공법상 의무이행을 구하는 청구로서 당사자소송의 대상이 된다. 대법원 2011. 6. 9. 선고 2011다2951 판결

9. ④ 【해설】 실효성 확보수단
질서위반행위규제법 제24조의2

> **질서위반행위규제법 제24조의2(상속재산 등에 대한 집행)**
> ① 과태료는 당사자가 과태료 부과처분에 대하여 이의를 제기하지 아니한 채 제20조 제1항에 따른 기한이 종료한 후 사망한 경우에는 그 상속재산에 대하여 집행할 수 있다.

① 질서위반행위규제법 제4조

> **질서위반행위규제법 제4조(법 적용의 장소적 범위)**
> ② 이 법은 대한민국 영역 밖에서 질서위반행위를 한 대한민국의 국민에게 적용한다.

② 질서위반행위규제법 제5조

> **질서위반행위규제법 제5조(다른 법률과의 관계)**
> 과태료의 부과·징수, 재판 및 집행 등의 절차에 관한 다른 법률의 규정 중 이 법의 규정에 저촉되는 것은 이 법으로 정하는 바에 따른다.

③ 질서위반행위규제법 제7조

> **질서위반행위규제법 제7조(고의 또는 과실)**
> 고의 또는 과실이 없는 질서위반행위는 과태료를 부과하지 아니한다.

10. ③ 【해설】 행정쟁송법
확정판결의 존부는 당사자의 주장이 없더라도 법원이 이를 직권으로 조사하여 판단하지 않으면 안되고, 더 나아가 당사자가 확정판결의 존재를 사실심변론종결시까지 주장하지 아니하였더라도 상고심에서 새로이 이를 주장, 입증할 수 있는 것이다. 대법원 1989. 10. 10. 선고 89누1308 판결
① 행정소송법 제10조

> **행정소송법 제10조(관련청구소송의 이송 및 병합)**
> ① 취소소송과 다음 각호의 1에 해당하는 소송(이하 '관련청구소송'이라 한다)이 각각 다른 법원에 계속되고 있는 경우에 관련청구소송이 계속된 법원이 상당하다고 인정하는 때에는 당사자의 신청 또는 직권에 의하여 이를 취소소송이 계속된 법원으로 이송할 수 있다.
> 1. 당해 처분등과 관련되는 손해배상·부당이득반환·원상회복 등 청구소송
> 2. 당해 처분등과 관련되는 취소소송
> ② 취소소송에 병합할 수 있는 당해 처분과 관련되는 부당이득반환소송에는 당해 처분의 취소를 선결문제로 하는 부당이득

반환청구가 포함되고, 이러한 부당이득반환청구가 인용되기 위해서는 그 소송절차에서 판결에 의해 당해 처분이 취소되면 충분하고 그 처분의 취소가 확정되어야 하는 것은 아니라고 보아야 한다. 대법원 2009. 4. 9. 선고 2008두23153 판결
④ 상고심에서 비로소 주장하는 처분의 위법성에 관한 사유는 적법한 상고이유가 될 수 없다. 대법원 1995. 11. 21. 선고 94누15684 판결

11. ② 【해설】 행정작용법
행정기본법 제24조

> **행정기본법 제24조(인허가의제의 기준)**
> ⑤ 제3항에 따라 협의를 요청받은 관련 인허가 행정청은 해당 법령을 위반하여 협의에 응해서는 아니 된다. 다만, 관련 인허가에 필요한 심의, 의견 청취 등 절차에 관하여는 법률에 인허가의제 시에도 해당 절차를 거친다는 명시적인 규정이 있는 경우에만 이를 거친다.

① 인허가의제 제도는 관련 인허가 행정청의 권한을 제한하거나 박탈하는 효과를 가진다는 점에서 법률 또는 법률의 위임에 따른 법규명령의 근거가 있어야 한다. 대법원 2022. 9. 7. 선고 2020두40327 판결
③ 도시계획시설인 주차장에 대한 건축허가신청을 받은 행정청으로서는 건축법상 허가 요건뿐 아니라 국토의 계획 및 이용에 관한 법령이 정한 도시계획시설사업에 관한 실시계획인가 요건도 충족하는 경우에 한하여 이를 허가해야 한다. 대법원 2015. 7. 9. 선고 2015두39590 판결
④ 관련 인허가 의제 제도는 사업시행자의 이익을 위하여 만들어진 것이므로, 사업시행자가 반드시 관련 인허가 의제 처리를 신청할 의무가 있는 것은 아니다. 대법원 2020. 7. 23. 선고 2019두31839 판결

12. ② 【해설】 행정정보
보안관찰법 소정의 보안관찰 관련 통계자료는 공공기관의 정보공개에 관한 법률 제7조 제1항 제2호 소정의 공개될 경우 국가안전보장·국방·통일·외교관계 등 국가의 중대한 이익을 해할 우려가 있는 정보, 또는 제3호 소정의 공개될 경우 국민의 생명·신체 및 재산의 보호 기타 공공의 안전과 이익을 현저히 해할 우려가 있다고 인정되는 정보에 해당한다. 대법원 2004. 3. 18. 선고 2001두8254 판결
① 정보공개법 제5조

> **정보공개법 제5조(정보공개 청구권자)**
> ① 모든 국민은 정보의 공개를 청구할 권리를 가진다.

③ 공공기관이 보유·관리하고 있는 개인정보의 공개에 관하여는 구 정보공개법 제9조제1항제6호가 「개인정보 보호법」에 우선하여 적용된다. 대법원 2021. 11. 11. 선고 2015두53770 판결
④ 공공기관의 정보공개에 관한 법률은 정보공개 청구권자가 공개를 청구하는 정보와 어떤 관련성을 가질 것을 요구하거나 정보공개청구의 목적에 특별한 제한을 두고 있지 아니하므로 정보공개 청구권자의 권리구제 가능성 등은 정보의 공개 여부 결정에 아무런 영향을 미치지 못한다. 대법원 2017. 9. 7. 선고 2017두44558 판결

13. ① 【해설】 행정법통론
조례안이 지방의회의 감사 또는 조사를 위하여 출석요구를 받은 증인이 5급 이상 공무원인지 여부, 기관(법인)의 대표나 임원인지 여부 등 증인의 사회적 신분에 따라 미리부터 과태료의 액수에 차등을 두고 있는 경우, (중략) 부당한 차별대우라고 할 것이어서 헌법에 규정된 평등의 원칙에 위배되어 무효이다. 대법원 1997. 2. 25. 선고 96추213 판결
② 비례의 원칙은 법치국가 원리에서 당연히 파생되는 헌법상의 기본원리로서, 모든 국가작용에 적용된다. 행정목적을 달성하기 위한 수단은 목적달성에 유효·적절하고, 가능한 한 최소침해를 가져오는 것이어야 하며, 아울러 그 수단의 도입에 따른 침해가 의도하는 공익을 능가하여서는 안 된다. 대법원 2019. 7. 11. 선고 2017두38874 판결
③ 폐기물처리업 사업계획에 대하여 적정통보를 한 것만으로 그 사업부지 토지에 대한 국토이용계획변경신청을 승인하여

주겠다는 취지의 공적인 견해표명을 한 것으로 볼 수 없다고 한 사례. 대법원 2005. 4. 28. 선고 2004두8828 판결
④ 헌법상 평등원칙은 본질적으로 같은 것을 자의적으로 다르게 취급함을 금지하는 것으로서, 일체의 차별적 대우를 부정하는 절대적 평등을 뜻하는 것이 아니라 입법을 하고 법을 적용할 때에 합리적인 근거가 없는 차별을 하여서는 아니 된다는 상대적 평등을 뜻하므로, 합리적 근거가 있는 차별 또는 불평등은 평등의 원칙에 반하지 아니한다. 대법원 2018. 10. 25. 선고 2018두44302 판결

14. ③ 【해설】 행정작용법
귀화신청인이 구 국적법 제5조 각 호에서 정한 귀화요건을 갖추지 못한 경우 법무부장관은 귀화 허부에 관한 재량권을 행사할 여지없이 귀화불허처분을 하여야 한다. 대법원 2018. 12. 13. 선고 2016두31616 판결
① 가축분뇨법에 따른 처리방법 변경허가는 허가권자의 재량행위에 해당한다. 대법원 2021. 6. 30 선고 2021두35681 판결
② 구 주택건설촉진법 제33조에 의한 주택건설사업계획의 승인은 상대방에게 권리나 이익을 부여하는 효과를 수반하는 이른바 수익적 행정처분으로서 법령에 행정처분의 요건에 관하여 일의적으로 규정되어 있지 아니한 이상 행정청의 재량행위에 속한다. 대법원 2007. 5. 10. 선고 2005두13315 판결
④ 경찰공무원에 대한 징계위원회의 심의과정에 감경사유에 해당하는 공적 사항이 제시되지 아니한 경우에는 그 징계양정이 결과적으로 적정한지와 상관없이 이는 관계 법령이 정한 징계절차를 지키지 않은 것으로서 위법하다. 대법원 2012. 10. 11. 선고 2012두13245 판결

15. ② 【해설】 행정쟁송법
징계혐의자에 대한 감봉 1월의 징계처분을 견책으로 변경한 소청결정 중 그를 견책에 처한 조치는 재량권의 남용 또는 일탈로서 위법하다는 사유는 소청결정 자체에 고유한 위법을 주장하는 것으로 볼 수 없어 소청결정의 취소사유가 될 수 없다. 대법원 1993. 8. 24. 선고 93누5673 판결
① 재결취소소송의 경우 재결 자체에 고유한 위법이 있는지 여부를 심리할 것이고, 재결 자체에 고유한 위법이 없는 경우에는 원처분의 당부와는 상관없이 당해 재결취소소송은 이를 기각하여야 한다. 대법원 1994. 1. 25. 선고 93누16901 판결
③ 공정거래위원회의 '표준약관 사용권장행위'는 그 통지를 받은 해당 사업자 등에게 표준약관과 다른 약관을 사용할 경우 표준약관과 다르게 정한 주요내용을 고객이 알기 쉽게 표시하여야 할 의무를 부과하고, 그 불이행에 대해서는 과태료에 처하도록 되어 있으므로, 이는 사업자 등의 권리·의무에 직접 영향을 미치는 행정처분으로서 항고소송의 대상이 된다. 대법원 2010. 10. 14. 선고 2008두23184 판결
④ 과학기술기본법령상 사업 협약의 해지 통보는 단순히 대등 당사자의 지위에서 형성된 공법상계약을 계약당사자의 지위에서 종료시키는 의사표시에 불과한 것이 아니라 행정청이 우월적 지위에서 연구개발비의 회수 및 관련자에 대한 국가연구개발사업 참여제한 등의 법률상 효과를 발생시키는 행정처분에 해당한다(재단법인 한국연구재단이 두뇌한국(BK21) 사업협약 해지통보를 한 것을 처분으로 본 사례). 대법원 2014. 12. 11. 선고 2012두28704 판결

16. ④ 【해설】 행정구제법
감염병예방법에 근거한 집합제한 조치로 인하여 청구인들의 일반음식점 영업이 제한되어 영업이익이 감소되었다 하더라도, 청구인들이 소유하는 영업 시설·장비 등에 대한 구체적인 사용·수익 및 처분권을 제한받는 것은 아니므로, 보상규정의 부재가 청구인들의 재산권을 제한한다고 볼 수 없다. 헌법재판소 2023. 6. 29. 선고 2020헌마1669 전원재판부 결정
① 구 감염병예방법 제71조에 의한 예방접종 피해에 대한 국가의 보상책임은 무과실책임이지만, 질병, 장애 또는 사망이 예방접종으로 인하여 발생하였다는 점이 인정되어야 한다. 대법원 2014. 5. 16. 선고 2014두274 판결
② 자신의 토지를 장래에 건축이나 개발목적으로 사용할 수 있으리라는 기대가능성이나 신뢰 및 이에 따른 지가상승의 기회는 원칙적으로 재산권의 보호범위에 속하지 않는다. 헌법재판

소 1998. 12. 24. 선고 89헌마214 결정
③ 공유수면 매립면허의 고시가 있다고 하여 반드시 그 사업이 시행되고 그로 인하여 손실이 발생한다고 할 수 없으므로, 매립면허 고시 이후 매립공사가 실행되어 관행어업권자에게 실질적이고 현실적인 피해가 발생한 경우에만 공유수면매립법에서 정하는 손실보상청구권이 발생하였다고 할 것이다. 대법원 2010. 12. 9. 선고 2007두6571 판결

17. ① 【해설】 실효성 확보수단
아무런 권원 없이 국유재산에 설치한 시설물에 대하여 행정청이 행정대집행을 실시하지 않는 경우, 그 국유재산에 대한 사용청구권을 가지고 있는 자는 국가를 대위하여 민사소송으로 그 시설물의 철거를 구할 수 있다. 대법원 2009. 6. 11. 선고 2009다1122 판결
② 행정기본법 제30조

> **행정기본법 제30조(행정상 강제)**
> ③ 형사, 행형 및 보안처분 관계 법령에 따라 행하는 사항이나 외국인의 출입국·난민인정·귀화·국적회복에 관한 사항에 관하여는 이 절을 적용하지 아니한다.

③ 상당한 의무이행기간을 부여하지 아니한 대집행계고처분이 있었다면, 설사 피고가 대집행영장으로써 대집행의 시기를 늦추었더라도 위 대집행계고처분은 상당한 이행기한을 정하여 한 것이 아니어서 대집행의 적법절차에 위배한 것으로 위법한 처분이라고 할 것이다. 대법원 1990. 9. 14. 선고 90누2048 판결
④ 체납자 등에 대한 공매통지는 국가의 강제력에 의하여 진행되는 공매절차에서 체납자 등의 권리 내지 재산상 이익을 보호하기 위하여 법률로 규정한 절차적 요건에 해당하지만, 그 통지를 하지 아니한 채 공매처분을 하였다 하여도 그 공매처분이 당연무효로 되는 것은 아니다. 대법원 2012. 7. 26. 선고 2010다50625 판결

18. ③ 【해설】 행정절차법
국가에 대해 행정처분을 할 때에도 사전 통지, 의견청취, 이유제시와 관련한 행정절차법이 그대로 적용된다고 보아야 한다. 대법원 2023. 9. 21. 선고 2023두39724 판결
① 진급예정자 명단에 포함된 자의 진급선발을 취소하는 처분은 행정절차법의 적용이 제외되는 경우에 해당한다고 할 수 없으며, (중략) 의견제출의 기회를 부여하지 아니한 채 진급선발을 취소하는 처분을 한 것은 절차상 하자가 있어 위법하다. 대법원 2007. 9. 21. 선고 2006두20631 판결
② 불이익처분의 직접 상대방인 당사자 또는 행정청이 참여하게 한 이해관계인이 아닌 제3자에 대하여는 사전통지 및 의견제출에 관한 행정절차법 제21조, 제22조가 적용되지 않는다. 대법원 2009. 4. 23. 선고 2008두686 판결
④ 행정청이 당사자와 사이에 도시계획사업의 시행과 관련한 협약을 체결하면서 관계 법령 및 행정절차법에 규정된 청문의 실시 등 의견청취절차를 배제하는 조항을 두었다고 하더라도, (중략) 이러한 협약이 체결되었다고 하여 청문의 실시에 관한 규정의 적용이 배제된다거나 청문을 실시하지 않아도 되는 예외적인 경우에 해당한다고 할 수 없다. 대법원 2004. 7. 8. 선고 2002두8350 판결

19. ③ 【해설】 행정작용법
징계처분이 중대하고 명백한 흠 때문에 당연무효의 것이라면 징계처분을 받은 자가 이를 용인하였다 하여 그 흠이 치료되는 것은 아니다. 대법원 1989. 12. 12. 선고 88누8869 판결
① 위헌인 법률에 근거한 행정처분이 당연무효인지의 여부는 위헌결정의 소급효와는 별개의 문제로서, 위헌결정의 소급효가 인정된다고 하여 위헌인 법률에 근거한 행정처분이 당연무효가 된다고는 할 수 없고 오히려 이미 취소소송의 제기기간을 경과하여 확정력이 발생한 행정처분에는 위헌결정의 소급효가 미치지 않는다. 대법원 1994. 10. 28. 선고 92누9463 판결
② 조세 부과의 근거가 되었던 법률규정이 위헌으로 선언된 경우, 비록 그에 기한 과세처분이 위헌결정 전에 이루어졌고, 과세처분에 대한 제소기간이 이미 경과하여 조세채권이 확정되었으며, 조세채권의 집행을 위한 체납처분의 근거규정 자체에 대하여는 따로 위헌결정이 내려진 바 없다고 하더라도, 위와

같은 위헌결정 이후에 조세채권의 집행을 위한 새로운 체납처분에 착수하거나 이를 속행하는 것은 더 이상 허용되지 않고, 나아가 이러한 위헌결정의 효력에 위배하여 이루어진 체납처분은 그 사유만으로 하자가 중대하고 객관적으로 명백하여 당연무효이다. 대법원 2012. 2. 16. 선고 2010두10907 판결
④ 행정청이 청문서 도달기간을 다소 어겼다 하더라도 영업자가 이에 대하여 이의하지 아니한 채 스스로 청문일에 출석하여 그 의견을 진술하고 변명하는 등 방어의 기회를 충분히 가졌다면 청문서 도달기간을 준수하지 아니한 하자는 치유되었다고 봄이 상당하다. 대법원 1992. 10. 23. 선고 92누2844 판결

20. ② 【해설】 행정쟁송법
확정판결의 당사자인 처분 행정청은 종전 처분 후에 발생한 새로운 사유를 내세워 다시 처분을 할 수 있고, 새로운 처분의 처분사유가 종전 처분의 처분사유와 기본적 사실관계에서 동일하지 않은 다른 사유에 해당하는 이상, 처분사유가 종전 처분 당시 이미 존재하고 있었고 당사자가 이를 알고 있었더라도 이를 내세워 새로이 처분을 하는 것은 확정판결의 기속력에 저촉되지 않는다. 대법원 2016. 3. 24. 선고 2015두48235 판결
① 사정판결은 당사자의 명백한 주장이 없는 경우에도 기록에 나타난 여러 사정을 기초로 직권으로 할 수 있다. 대법원 2006. 9. 22. 선고 2005두2506 판결
③ '기판력'이란 기판력 있는 전소 판결의 소송물과 동일한 후소를 허용하지 않음과 동시에, 후소의 소송물이 전소의 소송물과 동일하지는 않더라도 전소의 소송물에 관한 판단이 후소의 선결문제가 되거나 모순관계에 있을 때에는 후소에서 전소 판결의 판단과 다른 주장을 하는 것을 허용하지 않는 작용을 한다. 대법원 2016. 3. 24. 선고 2015두48235 판결
④ 과세처분을 취소하는 판결이 확정되면 그 과세처분은 처분시에 소급하여 소멸하므로 그 뒤에 과세관청에서 그 과세처분을 경정하는 경정처분을 하였다면 이는 존재하지 않는 과세처분을 경정한 것으로서 그 하자가 중대하고 명백한 당연무효의 처분이다. 대법원 1989. 5. 9. 선고 88다카16096 판결

행 정 학

출제교수: 이명훈 교수님

1. ④ 【해설】재무행정론
세계잉여금이란 매 회계연도 세입세출의 결산 상 생긴 잉여금으로, 결산시 세입액에서 세출액을 차감한 잔액을 말한다. 세계잉여금은 지방교부세 및 지방교육재정교부금의 정산, 공적자금 상환, 채무상환, 추가경정예산편성 순으로 사용가능하다.

2. ② 【해설】정책론
정책대안의 미래예측기법은 투사, 예측, 추측기법으로 구분된다. 회귀분석(①), 선형계획(③), 투입 - 산출분석(④)은 예측기법에 해당하며, 델파이기법(②)은 추측기법에 해당한다.
<<핵심체크>> 정책대안의 미래예측기법

접근방법	근거	기법	산출
투사 (외삽법)에 의한 예측	역사적 경향 투사를 통한 귀납적 예측 - 추세적 연장	시계열분석(경향분석), 선형경향 추정(최소자승경향추정, 지수가중(평활)법, 흑선(검은줄)기법], 이동평균법, 비선형경향추정(자료전환법), 불연속추정(격변예측기법) 등	투사
이론 (모형)에 의한 예측	이론적 가정에 의한 모형을 통한 연역적 예측 - 인과모형의 설정	회귀분석(인과분석, 선형분석, 투입·산출분석) 경로분석, 상관분석, 모의분석, 체제분석, 분산분석, 이론지도 작성(구조모형), 구조방정식, 구간(간격)추정, 계량적 시나리오 등	예견
주관적 (직관적·판단적) 예측	주관적 판단에 의존한 질적 예측 - 전문가의 의견조사	전통적 델파이, 정책델파이, 브레인스토밍, 교차(상호)영향분석(교차영향행렬), 변증법적 토론, 명목집단기법, Q-방법론, 실현가능성분석, 역사적 유추, 패널토의, 비계량적 시나리오, 근거이론 등	추정

3. ③ 【해설】조직론
톰슨(Thompson)의 기술유형론은 상호의존성을 기준으로 기술을 연계적 기술, 중개적 기술, 집약적 기술로 구분하였다. 집약적 기술은 다양한 기술이 개별적인 고객의 성격과 상태에 따라 다르게 배합되는 기술을 의미하며, 교호적 상호의존성을 지닌다. 집약적 기술을 사용하는 조직은 갈등이 높고 조정난이도가 높은 특징을 지닌다.
<<핵심체크>> 톰슨(Thompson)의 기술유형론

기술유형	연속적 기술	중개적 기술	집약적 기술
의의	표준화된 상품을 반복적으로 대량생산할 때 사용되는 기술(길게 연결된 기술)	고객들을 연결하는 기술	다양한 기술이 개별적인 고객의 성격과 상태에 따라 다르게 배합되는 기술
상호 의존성	중간	낮음	높음
	순차적 상호의존성	집합적 상호의존성	교호적 상호의존성
갈등	중간	낮음	높음
조정 난이도	중간	가장 용이	가장 곤란
조정 방법	계획 (일정표)	표준화 (루틴화)	상호조정 (쌍방향적 의사전달)
생산 비용	중간	낮음	높음

복잡성	중간	낮음	높음
공식성	중간	높음	낮음
예	대량생산 조립라인 등	은행, 직업소개소 등	종합병원, 연구실험실 등

4. ① 【해설】행정학총론
신공공관리론은 국가가 직접 공공서비스를 제공하는 노젓기 역할(정책집행)에서 벗어나 공공서비스의 제공권한을 시장에게 위임하고 국가는 국가가 나아가야 할 방향을 설정해 주는 방향잡기(정책결정) 역할을 수행할 것을 주장한다. 따라서 신공공관리론은 정책기능과 집행기능의 분리하고 집행기능을 담당하는 독립적인 책임행정체제 확립을 강조한다.

5. ④ 【해설】지방행정론
특별지방자치단체는 2개 이상의 자치단체가 공동으로 특정한 목적을 위하여 광역적으로 사무를 처리할 필요가 있을 때 법인으로 설치된 자치단체를 말한다. 특별지방자치단체의 장은 규약으로 정하는 바에 따라 특별지방자치단체의 의회에서 선출한다. 구성 자치단체의 장은 특별지방자치단체의 장을 겸할 수 있다.
<<핵심체크>> 특별지방자치단체

의의		2개 이상의 자치단체가 공동으로 특정한 목적을 위하여 광역적으로 사무를 처리할 필요가 있을 때 법인으로 설치된 자치단체
설치	설립 절차	특별자치단체를 구성하는 자치단체는 상호 협의에 따른 규약을 정하여 구성 자치단체의 지방의회 의결을 거쳐 행안부장관의 승인을 받아야 함
	설치 권고	행안부장관은 공익상 필요하다고 인정할 때에는 관계 자치단체에 대해 특별자치단체의 설치, 해산 또는 규약 변경을 권고할 수 있음
	지방 의회	구성 자치단체의 의회의원으로 구성(구성 자치단체 의원이 겸함)
	집행 기관	의회에서 선출하며, 구성 자치단체의 장이 특별자치단체장을 겸할 수 있음
	경비	구성 자치단체가 분담하며, 구성 자치단체는 경비에 대하여 특별회계를 설치하여 운영해야 함
	해산	구성 자치단체는 해당 지방의회의 의결을 거쳐 행안부장관의 승인을 받아 특별자치단체를 해산해야 함

6. ④ 【해설】인사행정론
ㄹ은 옳고, ㄱ, ㄴ, ㄷ은 옳지 않다. 강임이란 직제 또는 정원의 변경이나 예산의 감소 등으로 직위가 폐지되었거나 하위의 직위로 변경되어 과원이 된 경우 또는 본인이 동의한 경우에 하위 직급으로 임명하는 것을 말한다. 강임이 아닌 강등은 1계급 아래로 직급을 내리고, 공무원 신분은 보유하나 3개월간 직무에 종사하지 못하며 그 기간 중 보수의 전액을 감하는 것이다(ㄱ). 전직시험에서 3회 이상 불합격한 자로서 직무능력이 부족한 자는 직권면직의 대상이다(ㄴ). 징계의결요구의 소멸시효는 징계 등 사유가 발생한 날로부터 성매매·성폭력·성희롱·아동/청소년대상 성범죄의 경우에는 10년, 금품수수·공금횡령 및 유용의 경우에는 5년, 그 밖의 사유에 해당하는 경우에는 3년이다(ㄷ).
ㄹ. 징계에 대한 불복시 소청심사위원회에 소청제기가 가능하다. 그러나 근무성적평정 결과나 승진 탈락 등은 소청 대상이 아니다.

7. ② 【해설】행정환류론
규제등록제란 중앙행정기관의 장이 소관 규제의 명칭·내용·근거·처리기간 등을 대통령 소속의 규제합리화위원회에 등록하여야 하는 제도이다. ①과 관련하여 규제 샌드박스란 신제품, 신서비스를 출시할 때 일정 기간 기존 규제를 면제해주는 제도이다.

8. ③ 【해설】행정학총론
블랙스버그 선언(Blacksburg Manifesto)은 신공공관리론이나 탈관료제 이론 등 반관료제적·반직업공무원제적인 정치·사회적 환경에 반발하면서 행정의 정당성과 행정의 정체성을 주장하고 나선 행정재정립운동을 말한다. 블랙스버그 선언은 행정의 규범적 역할과 행정의 정체성 확립을 강조하는 신행정론의 정신을 계승하고 있다. 다만 형평성이나 대응성보다는 행정의 정당성을 중시한다는 점과 정치행정이원론적 시각이라는 점에서 차이가 있다.

9. ④ 【해설】조직론
비정의성이란 관료는 증오, 감정, 열정의 관계를 떠나 상대방의 지위와 상황 등에 구애받지 않고 법규에 의한 공평무사한 행정을 수행하는 것을 말한다. 비정의성은 관료제의 병리 현상이 아니라 관료제의 특징 중의 하나이다.

10. ③ 【해설】재무행정론
우리나라의 「국가재정법」에 의하면 국가채무관리계획은 기획예산처장관이 수립하며, 국가보증채무관리계획은 재정경제부장관이 작성한다.

11. ③ 【해설】정책론
사바티어(Sabatier)의 정책옹호연합모형(ACF)에 의하면 신념체계를 규범적 핵심 신념 - 정책 핵심 신념 - 부차적 측면으로 구분된다. 부차적 측면은 정책학습을 통해 변화가 가능하나, '정책 핵심 신념(Policy Core Beliefs)'은 변화가 어려우나 외부적 충격에 변화가 가능하지만 '규범적 핵심 신념(Deep Core Beliefs)'은 거의 변화가 불가능하다.
<<핵심체크>> 사바티어(Sabatier)의 정책옹호연합모형(ACF)에서 신념체계

신념체계	성격	적용	변화가능성
규범적 핵심 신념	근본적 가치	모든 정책영역	거의 불변
정책 핵심 신념	특정정책에 대한 기본방향	특정정책하위시스템	매우 낮음(외부충격시 가능)
부차적 측면	특정정책에 대한 세부규칙, 예산 등	특정정책의 세부집행	높음(정책학습을 통해 가능)

12. ④ 【해설】행정학총론
'작은 정부'를 지향하는 보수주의적 철학은 교환적 정의(사회에의 공헌도에 따른 보상 중시)를, '큰 정부'를 지향하는 진보주의 철학은 배분적 정의(사회에의 공헌도와 무관한 공평한 보상 중시)를 지향하였다.

13. ② 【해설】인사행정론
직무평가방법에는 서열법, 분류법, 점수법, 요소비교법이 있다. 설문은 점수법에 대한 설명이다. 점수법은 평가요소별 점수를 부여한 직무평가기준표에 근거하여 직위를 평가요소별로 평가하여 각 직위의 등급을 결정하는 방법이다.

14. ② 【해설】조직론
동기부여이론은 내용이론과 과정이론으로 구분된다. 애덤스(Adams)의 형평성이론(ㄱ), 브룸(Vroom)의 기대이론(ㄴ), 로크(Locke)의 목표설정이론(ㄹ)은 과정이론에 속하며, 매클리랜드(McClel- land)의 성취동기이론(ㄷ)은 내용이론에 속한다.

15. ④ 【해설】재무행정론
계속비는 완성에 수년이 필요한 공사나 제조 및 연구개발사업의 경우 그 경비의 총액과 연부액을 정하여 미리 국회의 의결을 얻은 범위 안에서 수년도에 걸쳐서 지출할 수 있는 자금을 말한다. 계속비는 경비총액과 연부액(年賦額)에 대하여 미리 국회의 의결을 얻었다고 하더라도 매년의 연부액에 대해서는 다시 국회의 의결을 얻어야 지출할 수 있다.

16. ② 【해설】정책론
①은 실험조작과 측정의 상호작용을, ②는 회귀인공요소를, ③은 다수적 처리에 의한 간섭을, ④는 호오손 효과(실험조작의 반응효과)를 의미한다. 실험조작과 측정의 상호작용(①), 다수적 처리에 의한 간섭(③), 호오손 효과(④)는 외적 타당성 저해요인이나, 회귀인공요소(②)는 내적 타당성 저해요인이다.

17. ② 【해설】지방행정론
주민자치는 영미법계에서 발달한 지방자치로 주민참여에 초점이 있어 민주주의의 원리에 입각해 있다면, 단체자치는 대륙법계에서 발달한 지방자치로 중앙정부로부터 지방정부에 사무를 위임하는 것에 초점이 있어 지방분권의 원리에 입각해 있다.

18. ① 【해설】행정학총론
공익과정설은 사익을 초월한 별도의 공익이란 존재할 수 없으며, 공익을 '사익의 총합이거나 사익 간의 타협 또는 집단 간 상호작용의 산물'로 보는 입장이다. 반면, 공익실체설은 공익을 '사익을 초월하여 선험적.객관적으로 존재하는 규범적.도덕적 실체'로 인식하는 입장이다. 사회 구성원의 개별적 이익을 모두 합한 전체이익의 극대화를 강조하는 이론은 공리주의자들의 공익관인 총효용극대화가설로 공익과 사익을 별개로 인식하는 공익실체설에 속한다.

19. ③ 【해설】정책론
넛지(Nudge)이론은 정부가 강제적인 방법으로 정책대상집단을 일정한 방향으로 유도하는 정책설계를 말한다. 넛지이론은 정책대상집단의 인지적 오류를 보완하여 자율적 행동변화를 유도하는 것으로 급진적 사회변화를 가져오기 보다는 소규모 변화가 지속적으로 축적되고 누적되면 혁신적 변화가 달성될 수 있다는 급진적 점증주의 관점에 기초하고 있다.

20. ③ 【해설】인사행정론
대표관료제는 사회를 구성하는 모든 주요 집단(인종·종교·성별·직업·신분·계층·지역 등)으로부터 한 나라의 인구 전체 안에서 차지하는 비율에 따라 관료를 충원하여 정부관료제가 그 사회의 모든 계층과 집단에 공평하게 대응하도록 하는 제도이다. 대표관료제는 관료들의 재사회화현상(채용 전과 채용 후에 이해관계나 신념이 변화되는 현상)으로 출신집단의 이익이 반영되기 곤란하다는 비판을 받는다.

합격을 만드는

주간 합격모의고사

5월

-제3회-
[정답 및 해설]

이 름: _____

제1과목 국어
제2과목 영어
제3과목 한국사
제4과목 행정법총론
제5과목 행정학개론

주간 모의고사 정오표

국 어

출제교수: 강세진 교수님

1. ② 【해설】작문
'긴밀히'는 관계가 매우 가깝고 빈틈이 없음을 뜻하는 부사로, 주로 소통이나 협력을 수식한다. 이를 물리적 밀도를 나타내는 '빽빽하게'로 수정하는 것은 문맥에 전혀 어울리지 않는 잘못된 순화이다. 또한, 문장 내 외래어인 '커뮤니케이션'을 '소통'이나 '연락' 등으로 고치지 않은 점도 부적절하다.
① '명기(明記)'는 '분명하게 기록함'이라는 뜻으로, 공문서 등에서는 이를 알기 쉽게 '밝히다'나 '분명히 적다'로 다듬어 사용한다.
③ '로드맵'은 프로젝트의 앞날을 보여주는 지도로, 직관적인 '실행 계획'이나 '단계별 이행안'으로 순화하는 것이 적절하다.
④ '미션'은 조직이 부여받은 근본적인 목적을 뜻하므로, '임무'나 '사명'으로 바꾸는 것은 공공언어 바로 쓰기 취지에 부합한다.

2. ① 【해설】작문
개요의 Ⅲ단락은 플라스틱 폐기물 문제의 근본적인 '저감'을 위한 방안을 다루어야 한다. ①의 '해외 수출 확대'는 발생한 폐기물을 단순히 타국으로 보내 국내 처리 부담을 줄이는 미봉책일 뿐, 플라스틱 발생량 자체를 줄이거나 환경 오염을 해결하는 본질적인 '저감 방안'으로 보기 어렵다. 따라서 흐름상 적절하지 않다.
② 일회용품의 과도한 생산과 소비 문화라는 원인(Ⅱ-1)을 해결하기 위한 근본적인 대책이므로 적절하다.
③ 재활용 처리 기술과 인프라가 부족하다는 원인(Ⅱ-2)에 대응하여 시설을 확충하고 기술을 높이는 방안이므로 적절하다.
④ 규제와 경제적 유인이 미흡하다는 원인(Ⅱ-3)을 해결하기 위해 제도적 장치를 마련하는 것이므로 적절하다.

3. ③ 【해설】작문
빛이 물(굴절률이 큰 물질)에서 공기(굴절률이 작은 물질)로 나갈 때는 진행 속도가 빨라진다. ⓒ의 원문은 '느려져'라고 하여 속도 변화의 방향을 반대로 설명하고 있으므로, '빨라져' 수정하는 것이 가장 적절하다.
① 빛은 공기보다 밀도가 높은 물속에서 더 느리게 진행한다.
② 볼록 렌즈는 빛을 굴절시켜 한곳으로 모으는 성질이 있다. ⓒ의 원문은 적절하다.
④ 문맥상 렌즈의 '모양'에 따른 기능 차이를 설명하고 있으므로, 용도에 따라 선택해야 할 것은 렌즈의 '크기'보다는 볼록/오목과 같은 '종류'가 적절하다.

4. ② 【해설】작문
ⓒ은 정원 확대의 효과에 의문을 제기하는 입장이다. 만약 다른 나라에서 정원 확대로 의사들이 필수 의료 분야에 고르게 분산되었다면, 이는 오히려 ㉠의 주장을 강화하는 강력한 근거가 된다. 따라서 ⓒ이 이러한 근거를 제시해야 한다는 설명은 논리적으로 적절하지 않다.

5. ② 【해설】독서
지문에서 기억의 재구성 이론은 인간의 기억이 과거 사건의 정확한 녹화본이 아님을 분명히 밝히고 있다. 기억은 저장 당시부터 개인의 신념과 감정에 의해 선택적으로 부호화되며, 회상 시에도 현재의 맥락에 의해 수정되는 '구성'의 산물이다. 따라서 기억이 정확한 녹화본으로 저장된다는 ②번의 진술은 적절하지 않다.

6. ③ 【해설】독서
본문에 따르면 조건 명제 '만약 P이면 Q이다'는 전건 P가 거짓일 경우 후건 Q의 진릿값과 상관없이 전체 명제를 참으로 간주한다. ③에서 전건인 '내일 비가 온다'가 거짓(비가 오지 않음)이 되었으므로, 후건인 '소풍 취소'의 여부와 상관없이 해당 명제는 참이 된다. 따라서 이를 거짓이라고 진술한 ③은 적절하지 않다.
① '비가 오고(P) 바람도 분다(Q)'는 연언 명제(P∧Q)이다. 연언 명제는 두 단순 명제가 모두 참일 때만 참이 되므로, 바람이 불지 않는다면(Q가 거짓) 명제 전체는 거짓이 된다.
② '비가 오거나(P) 바람이 분다(Q)'는 선언 명제(P∨Q)이다.

선언 명제는 두 명제 중 하나 이상이 참이면 참이 되므로, 둘 다 참인 경우 당연히 명제 전체는 참이 된다.
④ 조건 명제(P → Q)에서 전건인 '합격'이 실현되지 않았다면(P가 거짓), 후건인 '파티'의 실행 여부와 관계없이 논리적으로 해당 명제는 항상 참으로 간주한다.

7. ③ 【해설】독서
본문은 바로크 음악의 특징인 극적인 감정 표현, 대위법적 구조, 그리고 다양한 음악 장르의 확립이 이후 서양 음악사에 미친 지속적인 영향을 설명하고 있다. 특히 마지막 문단에서 바로크 음악이 서양 음악의 구조적·표현적 토대를 마련했으며 그 유산이 현대 음악 문화에 깊이 녹아 있음을 강조하고 있으므로 ③이 이 글의 중심 생각으로 가장 적절하다.
① 바로크 음악이 고전주의 음악과 양식적 차이가 있는 것은 맞으나, 본문은 차이점보다는 바로크 음악의 특징이 이후 시대로 이어지는 '영향력'과 '토대'로서의 역할에 집중하고 있으므로 부적절하다.
② 바흐가 푸가 형식을 완성했다는 언급은 있으나, 이후 작곡가들이 그 수준을 넘어서지 못했다는 비교나 단정적인 평가는 본문에 나타나지 않는다.
④ 본문에 따르면 협주곡 등의 장르적 원리는 모차르트와 베토벤을 거쳐 현대에 이르기까지 그 본질적 형태를 '유지'하고 있다고 서술했으므로, 형식적 원리를 상실했다는 진술은 본문과 배치된다.

8. ③ 【해설】독서
본문은 항생제 내성이 자연 선택이라는 생물학적 원리와 수평적 유전자 전달이라는 미생물 생태계의 특성, 그리고 인간의 무분별한 항생제 남용이라는 사회적 요인이 복합적으로 결합하여 발생함을 설명하고 있다. 따라서 빈칸에는 이러한 다각적인 원인들을 종합하여 생태적 차원의 이해와 사회적 차원의 실천이 병행되는 통합적 접근이 요구된다는 결론인 ③이 들어가는 것이 가장 적절하다.

9. ③ 【해설】독서
본문은 확증 편향의 정의에서 시작하여 개인적·집단적 차원의 문제점을 분석하고, 이를 극복하기 위한 대안을 제시하는 논리적 흐름을 취하고 있다.
(나): 확증 편향의 정의와 인지적 오류로서의 보편성을 언급하며 화제를 도입한다.
(라): 확증 편향이 지닌 스스로를 강화하는 성질과 그로 인한 악순환의 문제점을 심도 있게 분석한다.
(가): '이 같은 확증 편향'이라는 표현을 통해 개인적 판단의 문제를 넘어 집단적 의사 결정에 미치는 악영향(집단 사고)으로 논의를 확장한다.
(다): '따라서'라는 인과 접속어를 사용하여 확증 편향을 극복하기 위한 구체적인 태도와 대안을 제시하며 글을 마무리한다.
정리하자면, '(나)-(라)-(가)-(다)'로 이어진 ③이 정답이다.

10. ③ 【해설】독서
2문단에 따르면 강한 형태의 언어 결정론(사피어-워프 가설)은 화자가 해당 언어가 허용하는 방식으로만 세계를 인식할 수 있다고 본다. 이는 인식의 범위가 언어 구조에 의해 제한됨을 의미하므로 ③이 정답이다.

11. ④ 【해설】독서
㉠, ㉡, ㉢은 모두 언어 체계 속에서 사고하고 행동하는 구체적인 '인간(사용자)' 집단을 지칭하는 반면, ㉣은 이러한 현상을 분석하고 각자의 논리를 펼친 '학자(이론가)'들을 지칭한다. 따라서 의미 범주가 나머지와 다른 하나는 ④이다.

12. ③ 【해설】독서
3문단에서 김소월 시의 율격(3·3·4조 등)이 한국 전통 민요 리듬과 맞닿아 있으며, 이것이 슬픔을 미적 쾌감으로 승화시킨다고 명시하고 있다.
① 1문단에서 화자는 슬픔을 직접 표출하지 않고 억제한다고 설명한다.
② 2문단에서 꽃을 뿌리는 행위는 화자의 내면적 분열과 의지를 드러내는 상징적 행위라고 설명한다.
④ 3문단에서 서양 형식을 수용하기보다 전통적 민요 리듬(음수율)을 기반으로 한다고 서술했다.

13. ② 【해설】어휘
'매개'는 화자의 마음과 자연물 사이를 이어주는 수단/과정을 뜻한다. 뒤에 '핵심 상징'이라는 단어가 이미 있으므로, '상징하는 상징'이라는 표현은 어색할 뿐만 아니라 한자어의 기능적 쓰임도 다르다.
① 감정이나 욕망을 눌러서 다스린다는 의미로 문맥상 호응한다.
③ 남의 잘못으로 돌리거나 미워하지 않는다는 뜻으로 적절하다.
④ 경계가 서로 닿아 있거나 연관되어 있다는 의미로 적절하다.

14. ③ 【해설】신유형

> (가) (지원자 감소∧~홍보 강화) → 경쟁률 하락
> 　　 ≡ ~경쟁률 하락 → (~지원자 감소∨홍보 강화)
> (나) 경쟁률 하락 → 재정 지원 축소
> 　　 ≡ ~재정 지원 축소 → ~경쟁률 하락
> (다) ~재정 지원 축소
> ---
> [결론] ~재정 지원 축소 → ~경쟁률 하락 → (~지원자 감소∨
> 　　　 홍보 강화)

⇒ (다)에 따라 대학의 재정 지원이 축소되지 않았으므로, (나)의 대우에 의해 입학 경쟁률은 하락하지 않았다. 이를 다시 (가)의 대우에 대입하면 '지원자 수가 감소하고 홍보 활동이 강화되지 않았다'는 조건 자체가 부정되어야 한다. 드모르간의 법칙에 의해 '지원자 수가 감소하지 않았거나(~지원자 감소), 홍보 활동이 강화되었다(홍보 강화)'는 결론이 도출된다. 따라서 정답은 ③이다.
① 지원자 수가 감소하지 않았을 가능성이 크지만, 지원자는 감소했더라도 홍보 활동이 강화되어 경쟁률 하락을 막았을 수도 있으므로 '반드시' 그렇다고 단정할 수 없다.
② 홍보 활동이 강화되었을 가능성이 크지만, 홍보 활동은 그대로였어도 지원자 수가 줄지 않아 경쟁률이 유지되었을 수도 있으므로 확정적 결론은 아니다.
④ '~하거나'가 아닌 '~하고'로 연결되었다. 두 조건이 모두 충족되어야만 재정 지원이 유지되는 것은 아니므로(둘 중 하나만 충족되어도 됨), 논리적으로 과잉 추론에 해당하여 적절하지 않다.

15. ② 【해설】신유형

> (1) (~기획∧~디자인) → 개발
> 　　 ≡ ~개발 → (기획∨디자인)
> (2) 개발 → 테스트
> 　　 ≡ ~테스트 → ~개발
> (3) (테스트∨마케팅) → ~운영
> 　　 ≡ 운영 → (~테스트∧~마케팅)
> (3) 그 팀: 운영
> (4) (?), ~기획
> --
> [결론] 그 팀: 디자인

⇒ 주어진 사실에 따라 해당 팀은 '운영'을 담당하고 있다. 이를 (3)의 대우에 대입하면 해당 팀은 '테스트'와 '마케팅'을 모두 담당하지 않음을 알 수 있다. 테스트를 담당하지 않으므로 (2)의 대우(~테스트 → ~개발)에 의해 '개발' 또한 담당하지 않으며, 이를 (1)의 대우에 대입하면 최종적으로 '기획 또는 디자인' 중 하나를 담당해야 한다는 결론에 도달한다. 이때 결론 ㉠인 '디자인을 담당한다'가 참이 되려면 선언지 제거법에 의해 ㉡(기획을 담당하지 않는다)이 추가 전제로 반드시 필요하다.
① 기획을 담당한다는 전제가 추가되면 '기획 또는 디자인' 조건은 만족하지만, 반드시 디자인을 담당해야 할 논리적 필연성은 없다(기획만 담당해도 조건이 충족되기 때문).
③ 마케팅을 담당한다는 사실은 (3)의 전제 조건에 의해 '운영을 담당하지 않는다'는 결론을 도출하므로, 주어진 사실(4)과 모순된다.
④ 마케팅을 담당하지 않는다는 사실은 (3)의 대우를 통해 이미 알 수 있는 확정된 정보이므로, ㉠을 이끌어내기 위한 '추가' 전제로는 적절하지 않다.

16. ① 【해설】신유형

> [갑의 전제] 철학자 → 논리 → ~감정
> [갑의 결론] 감정 → ~철학자
> ---
> [을의 대화] ~철학자 → 감정
> [을의 결론] ~감정 → 철학자

⇒ 갑의 기존 결론과 을이 제시한 새로운 결론은 서로 '역' 혹

은 '이'의 관계에 있다. 논리학에서 본래 명제가 참이라고 해서 그 역이나 이가 반드시 참인 것은 아니다. 따라서 을의 결론이 참이 되려면, 그 대우인 "감정에 휘둘리지 않는 사람은 철학자이다"가 참이라는 추가 전제가 필요하다.
② 철학자 → 감정: 갑의 첫 번째 전제로부터 도출된 명제와 모순된 진술이다.
③ ~논리 → 감정: 논리적 사고와 감정의 관계를 보충할 뿐, '철학자가 아닌 사람'이라는 주어와 '감정에 휘둘림'이라는 결론을 직접적으로 연결하지 못한다.
④ ~철학자 → ~논리: 갑의 전제의 '이' 명제로, 이것만으로는 해당 인물이 감정에 휘둘리는지 여부를 판단할 수 없다.

17. ③ 【해설】국어문법
'부엌'을 [부억]으로 발음하면서도 '부엌'으로 적는 것은 소리나는 대로 적지 않고 형태소의 본래 모양을 밝혀 적는 것이다. 따라서 이는 '소리대로 적는 원칙'이 아니라 '어법에 맞도록 하는 원칙'이 적용된 사례이므로 ③번은 적절하지 않다.
① '꽃이'를 [꼬치]라는 소리 대신 형태소 '꽃'을 살려 적었으므로 어법에 맞도록 하는 원칙이 맞다.
② '어깨'는 지문 설명대로 형태 분석이 어려워 발음 형태 그대로 표기하는 '소리대로 적는 원칙'의 사례이다.
④ '먹어'를 [머거]로 발음해도 어간 '먹-'의 형태를 고정하여 적었으므로 어법에 맞도록 하는 원칙에 해당한다.

18. ② 【해설】국어문법
'파랗다'에 모음 어미 '-아'가 결합하면 어간 끝의 'ㅎ'이 탈락하여 '파라-'가 되고, 어미 '-아'는 '-애'로 바뀌어 최종적으로 '파래'가 된다. 이는 어간과 어미가 모두 변화하는 ㉠의 대표적인 사례인 'ㅎ 불규칙'에 해당하므로 정답은 ②이다.
① '고와'는 어간 '곱-'의 'ㅂ'이 '오'로 바뀌는 어간 불규칙(ㅂ 불규칙)에 해당한다.(어미 '-아'는 그대로 유지되어 '오'와 결합해 '와'가 됨)
③ '흘러'는 어간 '흐르-'의 '르'가 'ㄹㄹ'로 바뀌는 어간 불규칙(르 불규칙)에 해당한다.(어미 '-어'는 형태 변화 없음)
④ '나아'는 어간 '낫-'의 'ㅅ'이 탈락하는 어간 불규칙(ㅅ 불규칙)에 해당한다.(어미 '-아'는 형태 변화 없음)

19. ④ 【해설】독서
ⓒ (○): 갑은 사용 시간 제한 정책이 학업 성취도를 향상시킨다는 사례를 근거로 들었다. 그러나 정책 시행 후 우회적인 방법으로 사용량이 늘었다는 결과는 정책의 실효성이 없음을 뜻하므로 갑의 입장을 약화한다.
ⓒ (○): 을은 규제보다 교육적 목적의 활용과 안내가 더 효과적이라고 주장한다. 스마트폰의 교육적 활용이 자기 주도 학습능력을 향상시켰다는 사례는 을이 내세운 대안의 유효성을 증명하므로 을의 입장을 강화한다.
②, ③ ㉠ (×): 스스로 조절하는 청소년의 성취도가 높다는 연구 결과는 을의 '교육을 통한 사용 방식 안내'와 결이 같다. 하지만 법적 강제력을 통해 문제를 해결하려는 갑의 입장에서는, 청소년이 스스로 조절할 수 있다는 가능성 자체가 규제의 명분을 약화할 수도 있으므로 '모두 강화'는 틀린 진술이다.

20. ① 【해설】독서
지문이 주장하는 수요 독점 모델의 결과(고용 유지 또는 증가)와 배치되는 실증적 데이터를 제시하여 논지를 직접적으로 약화한다.
② 정책적 대안을 제시하는 것일 뿐, 최저임금 인상이 고용에 미치는 영향에 대한 지문의 논리 자체를 부정하지는 않는다.
③ 정책 집행의 방법론에 관한 견해로, 최저임금 인상이 고용을 감소시키지 않는다는 본문의 인과 관계를 약화하기엔 부족하다.
④ 최저임금 인상이 자동화 대체를 가속화한다는 반대론자들의 근거를 약화하므로, 결과적으로 지문의 옹호 논지를 강화하는 효과를 낳는다.

영　어
출제교수: 김세현 교수님

1. ③ 【해설】
absurd는 '터무니없는, 우스꽝스러운'의 뜻으로 이와 가장 가까운 유의어는 ③ ridiculous이다.
【해석】
사람들을 오직 그들의 외모만으로 판단하고 그에 따라 다루는 것은 매우 터무니없다.
【어휘】
pretty 꽤, 매우, 아주　judge 판단하다; 판사　look(s) 외모, 겉모습　treat 다루다, 취급하다; 치료하다　accordingly 그에 따라, 따라서　obscure ①애매모호한 ②잘 알려지지 않은　adequate 적당한, 적절한　ridiculous 터무니없는, 우스꽝스러운　appropriate 적당한, 적절한

2. ② 【해설】
부모로부터 뇌물을 받은 혐의로 체포되었다는 내용의 글이므로 빈칸에 들어가기에 가장 적절한 것은 ② arrest이다.
【해석】
부모로부터 뇌물을 받은 혐의로 도쿄에 있는 두 명의 고등학교 교장이 체포되었다고 그 조사는 결론을 내렸다.
【어휘】
investigation 조사　conclude 결론을 내리다　principal 교장　on charges of ~의 혐의로, ~의 죄로　bribe 뇌물　release 내보내다, 풀어주다, 석방하다　arrest 체포(검거)하다　polarize 양극화하다　acknowledge ①인정하다 ②감사를 표하다

3. ① 【해설】
단순히 타인의 의도나 방법을 이해하지 않은 채 그대로 따라 하면, 자신의 창의성을 제한하게 된다는 내용의 글이므로 빈칸에 들어가기에 가장 적절한 것은 ① mimicking이다.
【해석】
다른 사람들이 하는 것을 모방하지 마라! 단순히 다른 사람들의 의도나 방법을 이해하지 않은 채 그대로 따라 하면, 자신의 창의성을 제한하게 된다.
【어휘】
intension 의도　creativity 창의성　mimic 모방하다, 따라하다　foretell 예언하다, 예상하다　unfold 펼치다, 드러내다　ignore 무시하다

4. ④ 【해설】
Admit 다음 명사절이 있으므로 능동의 형태가 필요하고 빈칸 다음 불완전한 문장이 있으므로 관계대명사 what이 있어야 한다. 따라서 빈칸에 들어가기에 가장 적절한 것은 ④ 'Admitting what'이다.
【해석】
당신이 말한 것은 인정하지만 나는 그것을 믿을 수 없다.
【어휘】
admit 인정하다

5. ③ 【해설】
혼합가정법구문(종속절에 had+S+p.p / 주절에 would+동사원형+now)을 묻고 있다. 따라서 빈칸에 들어가기에 가장 적절한 것은 ③ 'would enjoy'이다.
【해석】
누나가 연주회에 왔었다면 그녀는 지금 그 연주회를 즐기고 있을 텐데.
【어휘】
recital 연주회

6. ② 【해설】
② 병렬구조를 묻고 있다. 접속사 and를 기준으로 명사 personality와 achievement와 병렬을 이루어야 하므로 형용사 intelligent를 명사 intelligence로 고쳐 써야 한다.

① that 앞에 추상명사 wisdom이 있고 뒤에 문장구조가 완전하므로 동격의 접속사 that의 사용은 어법상 옳다.
③ 자릿값에 의해 준동사 자리이고 뒤에 목적어(명사절)가 있으므로 능동의 형태(insisting)는 어법상 적절하다.
④ 부분주어 half of 다음 명사(researches)가 복수이므로 복수동사 have의 사용은 어법상 옳다.
【해석】
출생 순서가 성격, 지능, 업적(성취)에 강하게 영향을 미친다는 것은 오랫동안 민간 지식의 일부분이었다. 하지만, 첫째 아이가 다른 아이들과 근본적으로 다르다고 주장하는 연구의 절반은 신빙성이 없어졌다.
【어휘】
folk wisdom 민간 지식[지혜]　personality 성격, 개성　intelligence 지능　achievement 성취, 업적　firstborn 맏이, 첫째　radically ①근본적으로, 원래는 ②급진적으로　discredit ①신빙성을 없애다 ②존경심을 떨어뜨리다

7. ① 【해설】
아들이 어제 방문했던 미술 전시가 대단히 흥미로웠다고 말하자 엄마도 이에 동의하며, 어떤 전시가 가장 흥미로웠냐고 물었고, 아들은 피카소의 작품들이 가장 인상 깊었다고 했으므로, 이에 대한 여자의 응답으로 ① '나는 그가 작품에 얼마나 많은 세부 사항을 넣었는지도 인상 깊었어.'가 가장 적절하다.
【해석】
아들: 엄마, 우리가 어제 방문한 예술 박물관은 너무 매혹적인 전시를 보여줬어요.
엄마: 동의해. 어떤 전시가 가장 흥미로웠니?
아들: 피카소 작품이 특히 흥미로웠어요. 그가 형식을 파괴한 방식은 너무 독특했어요.
엄마: 나는 그가 작품에 얼마나 많은 세부 사항을 넣었는지도 인상 깊었어.
② 그들은 박물관 본관의 보수를 계획 중이야.
③ 오, 나는 이번 학기에 고대 미술 수업을 들을 예정이야.
④ 걱정하지 마. 전시는 취소되지 않을 거야.
【어휘】
fascinating 매혹적인, 매력적인　exhibit 전시(회)　particularly 특히　impressive 인상적인, 인상 깊은　unique 독특한, 유일무이한　renovation 보수　ancient 고대의　semester 학기　exhibition 전시회, 전람회　call off 취소하다

8. ③ 【해설】
소포를 붙이고 난 다음 우표 10장을 사고 싶다고 했으므로 대화의 흐름상 빈칸에 들어가기에 가장 적절한 것은 ③ '더 필요한 것이 있으신가요'이다.
【해석】
A: 좋은 아침입니다. 오늘 무엇을 도와드릴까요?
B: 안녕하세요. 이 소포를 캐나다 토론토로 보내고 싶습니다.
A: 네. 저울 위에 올려 주세요. 1.2킬로그램입니다. 일반 우편으로 보내시겠어요, 아니면 등기 우편으로 보내시겠어요?
B: 등기 우편으로 하겠습니다. 비용이 얼마인가요?
A: 세금 포함 전 27달러입니다. 더 필요한 것이 있으신가요?
B: 네. 우표 10장을 사고 싶습니다.
A: 알겠습니다. 총 금액은 52달러입니다.
B: 여기 제 신용카드입니다.
① 신분증을 보여주시겠어요?
② 보험을 추가하시겠어요?
④ 소포가 몇 개 있으신가요?
【어휘】
package 소포　scale 저울　registered mail 등기 우편　stamp 우표

9. ④ 【해설】
회사 내 2025 회계 연도 예산에 잉여금이 있으니 부서 내에서 구매하고자 하는 품목을 논의 후 결정 사항을 부서 관리자에게 이메일로 전달할 것을 안내하고 있으므로, 글의 목적으로 가장 적절한 것은 ④이다.

10. ②【해설】
문맥상 surplus는 '잉여(금), 초과'의 뜻으로 이와 가장 가까운 유의어는 ② 'excess'이다.
【해석】
소중한 팀원 여러분께
지난해 회사 내에 신중하게 할당된 지출로 인해 2025 회계 연도 예산에 남는 돈이 있음을 알려 드리게 되어 기쁩니다. 우리는 이 자금을 부서 간에 균등하게 나눌 것이고, 여러분은 그것을 팀에 필요한 물품에 사용할 수 있습니다. 부서 내에서 잉여 자금으로 구매하고자 하는 품목에 대해 만나서 논의하는 시간을 갖고, 오늘부터 일주일 이내에 여러분의 결정 사항을 부서 관리자에게 이메일로 전달하여, 우리가 제안 사항을 검토하고 주문을 완료할 수 있도록 해 주십시오. 여러분이 매일 하는 모든 일에 감사드립니다. 이는 전 직원의 사려 깊은 행동이 없었다면 불가능했을 것입니다.
따뜻한 안부를 전하며,
Ross Tucker 드림
【어휘】
valued 소중한 allocate 할당하다 within ~안에 budget 예산 split 나누다 fund 자금, 기금 department 부서 needed 필요한 supply 물품, 공급 purchase 구매하다 surplus 잉여(금), 초과 decision 결정, 결심 no later than ~이내에 suggestion 제안 사항 order 주문 daily 매일의 thoughtful 사려 깊은 entire 전체의 warm 따뜻한 regards 안부 excess 초과, 과잉 shortage 부족, 결핍

11. ①【해설】
주어진 안내문은 해가 지며 부드러운 노을빛이 별빛으로 바뀌는 놀라운 황혼 속에서 Skyline Preserve의 아름다운 산책로를 탐험하라는 내용의 글이므로 이 안내문의 제목으로 가장 적절한 것은 ① 'Skyline Preserve에서 가족 하이킹 모험'이다.
② 황혼 산책로: 당신의 추억을 지우세요
③ 별 아래에서 가족 유대를 탐험하세요
④ 즐거움의 저녁을 함께 만드세요

12. ③【해설】
안내문 'Guidelines'에서 'Children must be accompanied by legal guardians.(어린이는 법적 보호자를 동반해야 합니다.)'라고 했으므로 ③은 내용과 일치한다.
【해석】
해가 지며 부드러운 노을빛이 별빛으로 바뀌는 매우 아름다운 황혼 속에서 Skyline Preserve의 아름다운 산책로를 탐험하세요. 사랑하는 사람들과 나란히 걸으며 바스락거리는 나뭇잎 소리와 귀뚜라미 우는 소리를 들으며 자연의 고요한 아름다움을 만끽하세요. 이야기와 웃음을 나누고 함께하는 순간들을 통해 오래도록 기억될 추억을 만드세요. 이 모든 것은 평화로운 환경 속에서 이루어집니다. 가족과 함께 자연과 교감하며 대자연에 대한 감사의 마음을 되살리고, 잊을 수 없는 모험을 통해 가족 간의 유대를 강화하세요.
날짜: 5월 16일, 토요일
시간: 오후 6시~ 9시
장소: Skyline 보호 구역
비용
• 성인: 20달러
• 19세 미만 어린이: 10달러
지침
• 어린이는 법적 보호자를 동반해야 합니다.
• 손전등과 물 한 병을 가져오세요.
• 항상 안내원의 지시를 따라 주세요.
등록
• www.familyhiking.com에 방문하여 4월 26일까지 등록하세요.
• 4월 12일까지 등록하시는 모든 분께 구급상자가 무료로 제공됩니다.
【어휘】
explore 탐험하다 trail 산책로, 길 Preserve 자연 보호구역 breathtaking (경치·광경 등이) 숨이 멎을 듯한, 매우 아름다

운 twilight 황혼, 땅거미 hue 색조, 빛깔 sunset 일몰 serene 고요한, 평온한 rustling 바스락거리는 chirping (벌레의) 울음소리 cricket 귀뚜라미 lasting 지속되는, 오래가는 togetherness 함께하는 상태, 연대감 immerse 몰입하다, 빠지다 rekindle 되살리다, 다시 불러일으키다 appreciation ①감사 ②감탄 great outdoors 대자연 strengthen 강화하다 bond 유대(=bonding) guideline 지침 be accompanied by ~을 동반하다 legal guardian 법적 보호자 instruction 지시 register 등록하다 first aid kit 구급상자

13. ③【해설】
③ 주어진 지문 SAFETY GUIDELINES에서 헬멧 착용은 모든 이용자에게 권장 사항일 뿐 법적 의무는 아니며, 16세 미만 이용자에게만 보호 장비 착용이 필수라고 설명하고 있으므로, 모든 이용자가 법적으로 헬멧을 착용해야 한다는 ③은 본문의 내용과 일치하지 않는다.
① 주어진 지문 SERVICE PURPOSE에서 대여한 자전거는 서비스 구역 내 다른 대여소에 반납할 수 있다고 했으므로, ①은 본문의 내용과 일치한다.
② 주어진 지문 USAGE POLICY에서 최초 30분은 무료이며 그 이후부터 요금이 부과된다고 했으므로, ②는 본문의 내용과 일치한다.
④ 주어진 지문 ACCOUNT MANAGEMENT에서 반복적인 규정 위반 시 계정이 제한될 수 있다고 했으므로, ④는 본문의 내용과 일치한다.
【해석】
지역 사회 자전거 공유 서비스 안내
서비스 목적
도심 지역의 교통 혼잡을 줄이기 위해, 시는 공공 자전거 공유 서비스를 확대하였다. 이 제도는 등록된 이용자가 지정된 대여소에서 자전거를 빌려 서비스 구역 내의 다른 대여소에 반납할 수 있도록 한다. 이러한 확대 조치는 단거리 이동을 장려하고 개인 차량에 대한 의존을 줄이기 위한 것이다.
이용 규정
각 이용 건당 처음 30분은 무료이다. 그 이후에는 총 이용 시간에 따라 요금이 부과된다. 출퇴근 혼잡 시간대에는 수요가 많은 지역에서 자전거 부족을 막고 공정한 이용 가능성을 보장하기 위해 접근이 일시적으로 제한될 수 있다.
안전 지침
헬멧 착용은 모든 이용자에게 강력히 권장되지만 법적 의무는 아니다. 다만 16세 미만의 이용자는 서비스를 이용하는 동안 승인된 보호 장비를 반드시 착용해야 한다. 또한 이용자는 항상 지역 교통 규정을 준수해야 한다.
계정 관리
자전거를 제대로 반납하지 않거나 안전 규정을 위반하는 등 반복적인 오용이 발생할 경우 이용자 계정은 제한될 수 있다. 시는 모든 이용자에게 신뢰할 수 있는 서비스를 제공하기 위해 사전 통보 없이도 제한 조치를 적용할 권리를 보유한다.
① 등록된 이용자는 자전거를 다른 대여소에 반납할 수 있다.
② 자전거를 30분미만으로 이용할 경우에만 무료이다.
③ 모든 이용자는 서비스를 이용할 때 법적으로 헬멧을 착용해야 한다.
④ 규정을 반복해서 위반하면 계정이 제한될 수 있다.
【어휘】
bike-sharing 자전거 공유의 notice 안내문 purpose 목적 reduce 줄이다 traffic congestion 교통 혼잡 downtown 도심의 expand 확대하다 public 공공의 registered 등록된 designated 지정된 station 대여소 promote 촉진하다 dependence 의존 private vehicle 개인 차량 usage 이용 policy 정책 peak commuting hour 출퇴근 혼잡 시간대 temporarily 일시적으로 restrict 제한하다 shortage 부족 ensure 보장하다 fair 공정한 availability 이용 가능성 approved 승인된 protective gear 보호 장비 traffic regulation 교통 규정 account 계정 misuse 오용 violation 위반 suspend 제한하다 prior notice 사전 통보 maintain 유지하다 reliable 신뢰할 수 있는 registered 등록된 legally 법적으로 restrict 제한하다 account 계정

14. ③【해설】
③ 단락의 네 번째 문장에서 수요와 공급의 법칙은 소비자가 가장 원하는 재화와 서비스를 생산해야 한다고 했으므로 '공급자가 원하는'은 본문의 내용과 일치하지 않는다.
① 단락의 첫 번째 문장에서 고전적인 자유시장 경제학에서 경제 활동은 소비자의 수요를 충족시키는 것을 목표로 한다고 했으므로 내용과 일치한다.
② 단락의 세 번째 문장에서 소비자 수요의 전반적인 충족 수준이 높아질수록 전체적인 인간의 행복도 증가한다고 했으므로 내용과 일치한다.
④ 단락의 마지막 문장에서 개인들이 원하는 것을 스스로 결정하는 것이 자유롭고 경쟁적인 시장의 목표라고 했으므로 내용과 일치한다.
【해석】
고전적인 자유시장 경제학에서 경제 활동은 소비자의 수요를 충족시키는 것을 목표로 한다. 사람들은 자신이 원하는 것을 얻을 때 행복해지며, 인간의 복지나 행복이 증가한다. 따라서 소비자 수요의 전반적인 충족 수준이 높아질수록 전체적인 인간의 행복도 증가한다. 수요와 공급의 법칙은 경제가 소비자가 가장 원하는 재화와 서비스를 생산해야 하며, 건전한 경제는 실제로 그렇게 한다는 것을 말해 준다. 희소성과 경쟁 때문에 모든 사람이 자신이 원하는 모든 것을 얻을 수는 없기 때문에, 자유시장 경제의 목표는 욕구를 최적으로 충족시켜 행복을 극대화하는 것이다. 옹호자들에 따르면, 자유시장은 개인들이 자신이 무엇을 가장 원하는지 스스로 결정하고 자유롭고 경쟁적인 시장에서 이러한 재화를 협상을 통해 얻도록 허용함으로써 이 목표를 가장 효율적으로 달성한다.
① 고전적인 자유시장 경제학에서 경제 활동의 목표는 소비자 수요를 충족시키는 것이다.
② 소비자 수요의 충족 수준은 인간의 행복 정도와 관련이 있다.
③ 건전한 경제는 공급자가 가장 원하는 재화와 서비스를 생산한다.
④ 자유시장의 목표는 자유롭고 경쟁적인 시장에서 가장 효율적으로 달성될 수 있다.
【어휘】
classic 고전적인 free-market 자유시장 economics 경제학 consumer 소비자 demand 수요 welfare 복지 well-being 행복, 복지 desire 갈망하다, 원하다 overall 전반적인 therefore 따라서 satisfaction 만족 law 법칙 supply and demand 수요와 공급 goods 재화, 상품 scarcity 희소성 competition 경쟁 prevent 막다, 못하게 하다 goal 목표 optimally 최적으로 satisfy 충족시키다 maximize 극대화하다 accomplish 달성하다, 성취하다 efficiently 효율적으로 defender 옹호자 bargain 협상하다 competitive 경쟁적인 aim 목표(로 하다) link 연결하다, 잇다 marketplace 시장

15. ①【해설】
주어진 지문은 지능의 차이는 선천적 그리고 후천적 일 수 있다는 내용의 글이므로 이 글의 제목으로 가장 적절한 것은 ① '선천 대 후천'이다.
【해석】
무엇이 지능에 차이를 줄까? 이것은 모든 심리학에서 가장 오래되고 지속적인 질문 중 하나이다. 그 질문은 타당할 수 있지만 또한 이치에 맞지 않을 수 있다. 사실, 지능은 집안 내력일 수 있고 부분적으로는 타고난 선천적 요소일 수 있다는 몇몇 증거가 있다. 또한 어떤 사람의 환경이 지능이나 인지적 기능에 영향을 줄 수 있다는 자료도 있다.
② 지능의 기능
③ 가족의 타고난 요소
④ 유전자로부터 인지기능까지
【어휘】
enduring 오래가는, 지속되는 reasonable 이성적인, 합리적인 evidence 증거 tend to ⓥ ⓥ하는 경향이 있다 run in ~의 내력이다 in part 부분적으로 due to ~때문에 innate 타고난 inherited 타고난, 선천적인 factor 요소 cognitive 인지의, 인지적인 functioning 기능 nature ①자연 ②본성 ③본질 nurture 기르다, 양육하다

16. ③【해설】
이 글은 자본을 충분히 가지고 사업을 해야 한다는 내용의 글이므로 ③ '충분한 자본을 가지고 사업을 시작하는 것이 필수적이다'이다.
【해석】
충분하지 않은 재정을 가진 회사는 바닥에 구멍이 난 노 젓는 배와 같다. 즉, 충분한 시간이 주어지면, 그것은 가라앉기 마련이다. 어떤 중소기업 운영자들은 너무 오랫동안 꿈을 꾸고 절약해 왔기 때문에 그들의 인내심은 바닥을 드러내고 무슨 일이 일어나도 창업을 한다. 적은 돈으로 회사를 시작하기 보다는 충분한 돈이 마련될 때까지 기다리든지 아니면 계획했던 것보다 더 작은 규모로 창업을 하는 것이 최선이다. 회계사나 경제 연합이 창업주가 건강하게 사업을 시작할 만큼 충분한 돈이 있는지 결정하기 위해서 도움을 줄 것이다.
① 처음에는 작게 사업을 시작하는 것이 중요하다.
② 단호한 마음으로 사업을 수행하는 것이 필요하다.
④ 충분한 돈을 가지고 사업을 하는 것이 항상 중요한 것은 아니다.
【어휘】
insufficient 불충분한, 충분하지 않은 fiancing 재정, 재원 rowboat 노 젓는 배 bottom 바닥, 밑바닥 be bound to ⓥ 반드시 ⓥ하다 sink 가라앉다 reach 이르다, 다다르다, 도착하다 capital ①자본 ②수도 ③대문자 accountant 회계사 trade association 무역연합회 determined 단호한 plenty of 많은

17. ④【해설】
유사의 공간 개념을 이용해야 한다. 주어진 지문은 부정적인 관계를 원상태로 돌리는 방법에 대한 두 가지 개념을 설명하고 있다. 그 하나는 펌프를 작동시키는 것이고 또 하나는 경쟁자와의 상호 의존 관계이다. 따라서 주어진 문장이 들어가기에 가장 적절한 곳은 ④이다.
【해석】
부정적인 관계를 원상태로 돌리는 것은 '공정한 거래'를 요구하기보다 가치 있는 어떤 것을 포기하는 것으로 시작된다. 만일 당신이 주고 나서 곧바로 보답으로 어떤 것을 요구한다면 당신은 관계를 형성하지 못한다. 당신은 거래를 행하는 것이다. 올바르게 행해지면 상호 의존 관계는 펌프를 (작동하도록) 준비시키는 것과 같다. 옛날에 펌프는 조금의 물을 만들어내는 데에도 많은 노력을 필요로 했다. 당신은 물이 흐를 수 있기 전에 관 속의 빈 공간을 제거하기 위해 반복해서 레버를 움직여야만 했다. 그렇지만 당신이 처음에 관 속으로 약간의 물을 부어주면, 그 빈 공간은 금세 제거되고 힘을 덜 들이고도 물이 흐를 수 있게 해준다. <u>경쟁자와의 상호 의존 관계도 매우 같은 방식으로 작동한다.</u> 당신이 무엇을 주어야 하는지를 신중히 생각해 보고, 이상적으로는 상호 의존할 상대편으로부터 거의 어떤 노력도 요구 하지 않는 무언가를 선택하라.
【어휘】
vacant 비어있는, 텅 빈 eliminate 제거하다 flow 흐르다 undo ①원상태로 돌리다 ②(묶인 것을)풀다 tie 유대, 관계 fair 공정한 ask for 요구(요청)하다 tradeoff 거래, 교환 *trade-off 균형 in return 보답으로 found 세우다, 설립하다 carry out 수행(실행)하다 transaction 거래 correctly 올바르게 reciprocity 호혜, 서로 특별한 혜택을 주고받는 일 *reciprocal 상호간의 *reciprocate 상호 의존하다 repeatedly 반복적으로, 반복해서 vacuum 진공(상태), 빈 공간 rival 경쟁자, 라이벌 reflect on ①반성하다, 되돌아보다 ②곰곰이 생각하다 ideally 이상적으로 party 상대방, 상대편

18. ③【해설】
시간순서의 시작점 One morning이 있으므로 (C)가 먼저 시작되어야 하고, (A)에 she는 (C)에 lady를 대신하므로 (C) 다음 (A)가 와야 한다. 따라서 정답은 ③이 된다.
【해석】
수영을 열렬히 즐기는 전직 대통령 John Quincy Adams는 하루의 업무를 시작하기 전에 Potomac 강에서 나체로 수영하곤 했다. 여성 신문기자 Anne Royall은 수 주 동안 대통령과 인

터뷰하기 위해 애써 왔지만, 항상 거절당했다. (C) 어느 날 아침 그녀는 그를 강둑까지 뒤쫓았고, 그가 입수한 후에 그녀는 그의 옷 가까이에 서 있었다. Adams가 수영하고 돌아왔을 때, 그는 매우 결의에 찬 한 여성이 자신을 기다리는 것을 알게 되었다. (A) 그녀는 자신을 소개하고 용건을 말했다. "나가서 옷을 입게 해 주면, 저는 당신과 인터뷰할 것을 맹세합니다."라고 대통령은 애원했다. Anne Royall은 단호했고, 자신이 그에게 물어보기를 원하는 질문에 대해 대통령의 의견을 얻기 전까지 움직이지 않고 있었다. (B) 그가 나가려고 시도할 때면, 그녀는 다음 강굽이에 있는 몇몇 낚시꾼들의 귀에 닿을 만큼 충분히 크게 소리치곤 했다. 그녀는 Adams가 얌전히 물속에 있는 동안 인터뷰를 했다.

【어휘】
former 이전의 enthusiastic 열정적인 bathe 수영하다, 씻다 naked 벌거벗은 turn away 거절하다, 외면하다 errand ①용건 ②심부름 plead 애원하다 swear 맹세하다 adamant 단호한 decently 얌전히, 점잖게 submerge (물속에)잠기게 하다, (물속에)넣다 track 추적하다, 뒤쫓다 riverbank 강둑 station 서 있다, 배치하다 determined 결의에 찬, 단호한 await 기다리다

19. ② 【해설】
주어진 지문은 우리가 안경을 통해 세상을 보면서도 안경이 너무 흔해서 안경의 가치를 생각해보지 않는 것과 마찬가지로, 언어가 가지고 있는 능력이 놀라운 데도 우리 주위에 늘 있는 것이기 때문에 우리는 언어를 당연한 것으로 여긴다는 내용의 글이므로 빈칸에 들어가기에 가장 적절한 것은 ② '보편화되어 있다'이다.

【해석】
언어를 통해 의사소통하는 것은 인류 최고의 업적이다. 인간 언어를 통하여 우리는 우리의 행성(지구)을 완전히 바꿔 놓았고 명왕성으로 우주선을 발사했다. 잘 선택된 단어들을 통해서 세 살짜리 아이는 "코끼리가 그려져 있는 파란 컵이 아니라, 기린이 그려져 있는 컵"을 원한다고 외칠 수 있다. 언어는 우리가 관념을 수용하고, 우리의 감정을 나누고, 우리의 세상에 대해 언급하고, 서로의 마음을 이해하는 것을 가능하게 해 준다. 언어가 아주 보편화되어있다는 바로 그 이유 때문에, 우리는 우리가 당연한 것으로 여기는 놀라운 능력을 깨닫지 못한다. 언어의 복잡성의 진가를 인정하려 노력하는 것은 여러분이 안경을 통해 보면서 안경 디자인의 진가를 인정하려고 노력하는 것과 다소 비슷하다. 안경을 쓰고 있을 때, 여러분은 세상에 대한 완전히 새로운 관점을 얻게 되지만, 안경은 너무 흔해서 그 진가를 인정받지 못한다.

【어휘】
crowning 최고의, 더없는 human species 인류 transform 완전히 바꿔 놓다 launch 발사하다 spacecraft 우주선 Pluto 명왕성 exclaim 외치다, 주장하다 embrace 수용하다 comment 언급하다 remarkable 놀라운, 주목할 만한 capability 능력 take ~ for granted ~을 당연한 것으로 여기다 appreciate 진가를 인정하다 eyeglasses 안경 universal 보편적인 particular 특별한 complicated 복잡한

20. ④ 【해설】
주어진 지문은 태양은 일정한 열과 빛을 방출하는 안정적인 별이기 때문에 지구의 생명을 지킬 수 있다는 내용의 글이므로 생명체는 이런 상당한 변화에서 존재할 수 있다는 ④는 전체 글의 흐름과 무관하다.

【해석】
지구는 생명체로 가득한 행성이다. 이것이 가능한 이유 중의 하나는 우리의 태양이 지구에게 생명체를 유지해 줄 수 있는 그런 별이기 때문이다. 항상 태양은 계속해서 열과 빛을 일정하게 발하고 있다. 그리고 태양의 에너지(열과 빛)의 출력이 그다지 변하지 않는다. 하지만 일부 별들은 안정되어 있지 않다. 이 별들은 점점 커지고 뜨거워지며 그러다 더 작아지고 더 추워진다. 이 별들이 내뿜는 열과 빛은 상당히 다르다. 만일 우리의 태양이 그와 같이 행동한다면 지구는 반복적으로 끓고 얼어버릴 것이다. 생명체는 이런 상당한 변화에서 존재할 수 있다. 그럼에도 불구하고 우리는 일정한 양의 에너지가 우리의 태양에서 뿜어져 나오기 때문에 이곳에 있는 것이다.

【어휘】
planet 행성, 지구 all the time 항상 send out 내보내다 steady 꾸준한, 일정한 supply 공급 stable 안정된 output 산출, 생산, 출력 behave 행동하다 boil 끓다, 끓이다 freeze 얼다, 얼리다 repeatedly 반복적으로 exist 존재하다 even so 그럼에도 불구하고 an amount of 많은 pour forth 쏟아내다

한 국 사

출제교수: 노범석 교수님

1. ④ 【해설】비변사
제시된 자료의 '이 기구'는 비변사이다.
④ 비변사는 전·현직 정승, 5조 판서와 참판(공조 제외), 각 군영 대장, 대제학, 4유수(강화, 개성, 광주, 수원)의 유수관, 그 밖의 당상관 이상 문무 고관 등 주요 관직자가 참여하는 합좌 기관이다.
① 비변사는 고종 때 흥선 대원군에 의해 사실상 폐지되어 정무기능은 의정부에, 군무 기능은 삼군부에 귀속되었다.
② 비변사의 기능이 강화됨에 따라 의정부와 6조 중심의 행정 체계가 유명무실해졌다.
③ 비변사는 삼포왜란을 계기로 처음 만들어진 임시 회의 기구이다. 이후 을묘왜변을 거치면서 상설기구가 되었다.

2. ② 【해설】정약
제시된 사료는 조선 후기 실학자인 정약용의 「여유당전서」에 기록되어 있는 '여전론'에 대한 내용이다.
② 정약용은 목민심서를 저술하였다.
① 박지원, ③ 안정복, ④ 이익에 대한 설명이다.

3. ① 【해설】최충헌
제시된 사료는 최충헌이 명종에게 올린 봉사 10조이다.
① 귀법사, 흥왕사 등의 교종계 승려들의 반란 사건 이후, 최충헌은 선종계 승려인 지눌의 신앙 결사 운동을 후원하였다.
②, ③ 최우에 대한 설명이다.
④ 충렬왕 때인 1274년, 1281년에 몽골은 고려의 군대와 물자를 동원하여 일본 원정에 나섰지만 실패하였다.

4. ③ 【해설】신라 하대의 정치
③ 장보고가 청해진을 설치한 것은 신라 하대인 9세기 전반의 일이다.
① 722년 성덕왕 때의 일이다.
② 6세기 초, 지증왕은 경주에 동시를 설치하고, 이를 감독하는 관청인 동시전을 설치하였다.
④ 687년(신문왕 7)에 문무관료전을 차등 있게 지급하고, 689년(신문왕 9)에 중앙과 지방 관리의 녹읍을 폐지하였다.

5. ① 【해설】구석기 시대의 유적지
제시된 자료는 구석기 시대의 도구 사용에 대한 내용이다.
① 공주 석장리는 대표적인 구석기 시대의 유적지이다.
② 신석기 시대의 유적지이다.
③, ④ 청동기 시대의 대표적인 유적지들이다.

6. ④ 【해설】고려의 정치 제도
제시된 자료의 (가)는 고려 시대의 인물이다. '감문위'는 고려의 6위 중 한 부대로 궁성 수비를 담당하였다.
④ 중서문하성은 고려 시대의 정치 기구이다.
① 신라, ② 발해, ③ 조선 시대에 대한 설명이다.

7. ③ 【해설】고려시대 역사적 사실
③ 고려 고종 때인 1232년 몽골의 2차 침입 때의 일이다.
① 광종은 958년에 후주 출신 쌍기의 건의로 과거제를 실시하였다.
② 1076년(문종 30)에 제정된 경정 전시과에 대한 내용이다.
④ 성종 재위 기간인 거란의 1차 침입 때 서희의 담판으로 고려는 강동 6주를 획득(993)하였다.

8. ④ 【해설】백제의 발전
(가)는 개로왕 때인 475년 장수왕의 공격으로 한성이 함락된 것에 대한 내용이고, (나)는 성왕 때인 551년 한강 유역 탈환과 관련된 내용이다.
④ 7세기 의자왕은 642년에 신라의 군사 요충지인 대야성을 점령하였다.
① 개로왕의 뒤를 이어 즉위한 문주왕은 475년 웅진으로 천도하였다.
② 6세기 전반, 무령왕(501~523)의 업적이다.
③ 동성왕 때인 493년의 일이다.

9. ④ 【해설】근대의 역사적 사건들
고종 즉위는 1863년, 조미 수호 통상 조약 체결은 1882년, 청일 전쟁 발발은 1894년 6월 23일, 제1차 한일협약 체결은 1904년, 기유각서 체결은 1909년이다.
④ 1908년에 허위 등 의병 지도자들이 서울 진공 작전을 시도하였다.
① 갑신정변은 1884년에 일어난 사건이다.
② 고종은 아관파천 후 1년 만인 1897년 2월에 경운궁으로 환궁하였다. 이후, 1897년 8월에 연호를 '광무'로 하고, 10월에 환구단을 세워 황제로 즉위하여 '대한제국'을 선포하였다.
③ 전주를 점령한 동학 농민군은 1894년 5월에 정부와 전주화약을 맺었다.

10. ③ 【해설】균역법
제시된 자료는 영조 때 시행된 균역법과 관련된 내용이다.
③ 균역법의 실시로 감소된 재정 보충에 대한 내용이다. 지주에게 결작이라고 하여 토지 1결당 미곡 2두를 추가로 부담시켰다.
①, ② 대동법에 대한 설명이다.
④ 인조 때 실시된 영정법과 관련된 내용이다.

11. ① 【해설】현대의 정치사
1946년 7월에 좌우합작위원회가 구성되었으며, 그해 10월에 좌우합작 7원칙이 발표되었다. 1948년 9월에 국회는 '반민족 행위 처벌법'을 제정하였다.
① 단독 정부 수립을 막기 위해 김구와 김규식이 북한을 방문한 것은 1948년 4월의 일이다.
② 모스크바 3국 외상 회의는 1945년 12월에 개최되었다.
③ 이승만의 정읍발언에 대한 내용으로 1946년 6월의 일이다.
④ 1950년 1월 10일에 미국의 국무장관, 애치슨은 미국의 태평양 방위선을 알래스카-일본-오키나와-필리핀 선으로 한다고 발표하였다.

12. ② 【해설】1910년대 역사적 사건
㉠ 일제는 한국인 기업의 설립과 발전을 막기 위해 1910년에 회사령을 실시하였다.
㉣ 대한 광복군 정부는 1914년에 러시아의 블라디보스토크에서 수립되었다.
㉡ 1925년의 일이다.
㉢ 동양 척식 주식회사는 1908년에 설립되었다.

13. ③ 【해설】조선의 역사적 사건들
㉣ 태조 때 억불정책으로 도첩제를 실시하였다.
㉠ 세종은 1419년에 이종무를 보내 대마도 정벌을 단행하였다.
㉡ 원각사지 10층 석탑은 세조 때에 대리석으로 만들어졌다.
㉢ 성종은 홍문관을 설치하여 학문 연구와 더불어 정책을 토론하고 심의하였다.

14. ③ 【해설】세종
제시된 자료는 세종 때 실시된 의정부 서사제에 대한 내용이다.
③ 세종 때 이종무를 파견하여 쓰시마 섬(대마도)를 정벌하였다.
① 한양으로 천도한 국왕은 태조, 태종이다.
② 성종의 업적이다.
④ 세조에 대한 설명이다.

15. ② 【해설】1894년의 정치 상황
㉢ 1894년 4월의 일이다.
㉣ 일본군이 경복궁을 점령한 것은 1894년 6월 21일의 일이다.
㉠ 군국기무처는 1894년 6월 25일에 설치되어 1차 갑오개혁의 각종 정책들을 추진하였다.
㉡ 1894년 11월의 일이다.

16. ① 【해설】조선 전기의 경제
제시된 사료는 1470년(성종 1년)에 실시한 관수관급제와 관련된 내용으로, 조선 전기의 경제 상황을 고르는 문제이다.
① 조선 후기인 정조 때의 통공 정책에 대한 설명이다.
② 조선 전기에는 목화 생산이 늘어나면서 의생활이 개선되었다.
③ 조선 전기에는 시비법이 발달하여 밑거름과 덧거름을 주게
되면서 경작지를 묵히지 않고 계속해서 농사지을 수 있었다.
④ 조선 전기 밭농사에서는 조, 보리, 콩의 2년 3작이 널리 행
해졌다.

17. ② 【해설】 강화도 조약
제시된 자료는 강화도 조약(1876, 조·일 수호 조규)이다. 강화
도 조약은 1875년 운요호 사건이 발단이 되어 이듬해 체결된
조약으로 해안 측량권, 영사재판권(치외법권)등을 규정한 불평
등 조약이자 근대적 조약이다.
② 강화도 조약은 1875년 일본이 일으킨 운요호 사건을 계기
로 체결되었다.
① 마산과 군산은 대한 제국기 고종 황제의 칙령에 따라 개항
한 항구이다.
③ 임오군란 이후 체결된 제물포 조약에 관한 내용이다.
④ 최혜국 대우는 1883년 조일 통상 장정에서 관세 조항이 삽
입되면서 추가되었다.

18. ① 【해설】 광종
제시된 자료는 고려 4대 국왕인 광종과 관련된 내용이다.
① 광종은 빈민 구제를 목적으로 제위보를 설치하였다.
② 태조의 업적이다.
③ 성종 때 2성 6부제를 중심으로 중앙 관제를 수립하였다.
④ 광학보는 불교를 배우는 사람들을 위한 장학 재단으로, 3대
국왕인 정종 때 설치되었다.

19. ④ 【해설】 이승만
제시된 자료는 1946년 6월 이승만의 정읍 발언이다.
④ 신채호 등에 대한 설명이다. 이승만은 국민 대표 회의에 참
여하지 않았다.
①, ③ 이승만의 활동에 대한 설명이다.
② 이승만은 독립협회의 간부로 활동했으며, 1차 만민 공동회
때 연사로 참여하였다.

20. ① 【해설】 서구 문물
㉠ 1883년의 일이다.
㉡ 1886년의 일이다.
㉢ 1897년 독립문이 건립되었다.
㉣ 경인선이 완공된 것은 1899년이다.

행 정 법

출제교수: 강성빈 교수님

1. ③ 【해설】행정작용법

흠 있는 부분에 해당하는 점용료를 감액하는 처분은 당초 처분 자체를 일부 취소하는 변경처분에 해당하고, 이러한 변경처분은 변경처분 자체가 신뢰보호 원칙에 반한다는 등의 특별한 사정이 없는 한 점용료 부과처분에 대한 취소소송이 제기된 이후에도 허용될 수 있다. 대법원 2019. 1. 17. 선고 2016두56721 판결

① 행정기본법 제19조

> **행정기본법 제19조(적법한 처분의 철회)**
> ① 행정청은 적법한 처분이 다음 각 호의 어느 하나에 해당하는 경우에는 그 처분의 전부 또는 일부를 장래를 향하여 철회할 수 있다.
> 3. 중대한 공익을 위하여 필요한 경우

② 원래 행정처분을 한 처분청은 그 처분에 하자가 있는 경우에는 원칙적으로 별도의 법적 근거가 없더라도 스스로 이를 직권으로 취소할 수 있지만, 그와 같이 직권취소를 할 수 있다는 사정만으로 이해관계인에게 처분청에 대하여 그 취소를 요구할 신청권이 부여된 것으로 볼 수는 없다. 대법원 2006. 6. 30. 선고 2004두701 판결

④ 과세관청은 부과의 취소를 다시 취소함으로써 원부과처분을 소생시킬 수는 없고 납세의무자에게 종전의 과세대상에 대한 납부의무를 지우려면 다시 법률에서 정한 부과절차에 좇아 동일한 내용의 새로운 처분을 하는 수밖에 없다. 대법원 1995. 3. 10. 선고 94누7027 판결

2. ② 【해설】행정절차법

해당 사유는 '처분의 사전통지'의 생략사유가 되는 것이지, '처분의 이유제시'의 생략사유가 되는 것이 아니다.
행정절차법 제21조

> **행정절차법 제21조(처분의 사전통지)**
> ④ 다음 각 호의 어느 하나에 해당하는 경우에는 제1항에 따른 통지를 하지 아니할 수 있다.
> 2. 법령등에서 요구된 자격이 없거나 없어지게 되면 반드시 일정한 처분을 하여야 하는 경우에 그 자격이 없거나 없어지게 된 사실이 법원의 재판 등에 의하여 객관적으로 증명된 경우

① 행정청이 문서로 처분을 한 경우 원칙적으로 처분서의 문언에 따라 어떤 처분을 하였는지 확정하여야 한다. 그러나 처분서의 문언만으로는 행정청이 어떤 처분을 하였는지 불분명한 경우에는 처분 경위와 목적, 처분 이후 상대방의 태도 등 여러 사정을 고려하여 처분서의 문언과 달리 처분의 내용을 해석할 수 있다. 대법원 2020. 10. 29 선고 2017다269152 판결

③ 행정절차법 제21조

> **행정절차법 제21조(처분의 사전 통지)**
> ② 행정청은 청문을 하려면 청문이 시작되는 날부터 10일 전까지 제1항 각 호의 사항을 당사자등에게 통지하여야 한다.

④ 육군3사관학교의 사관생도에 대한 징계절차에서 징계심의 대상자가 대리인으로 선임한 변호사가 징계위원회 심의에 출석하여 진술하려고 하였음에도, 징계권자나 그 소속 직원이 변호사가 징계위원회의 심의에 출석하는 것을 막았다면 징계위원회 심의·의결의 절차적 정당성이 상실되어 그 징계의결에 따른 징계처분은 위법하여 원칙적으로 취소되어야 한다. 대법원 2018. 3. 13. 선고 2016두33339 판결

3. ② 【해설】행정작용법

도시계획법은 '고시'를 도시계획구역, 도시계획결정 등의 효력 발생요건으로 규정하였다고 풀이되므로, 건설부장관 또는 그의 권한의 일부를 위임받은 서울특별시장, 도지사 등 지방장관이 기안, 결재 등의 과정을 거쳐 정당하게 도시계획결정 등의 처분을 하였다고 하더라도 이를 관보에 게재하여 고시하지 아니한 이상 대외적으로는 아무런 효력도 발생하지 아니한다 할 것이다. 대법원 1985. 12. 10. 선고 85누186 판결

① '4대강 살리기 마스터플랜' 등은 행정기관 내부에서 사업의 기본방향을 제시하는 계획일 뿐 국민의 권리·의무에 직접 영향을 미치는 것이 아니어서, 행정처분에 해당하지 않는다. 대법원 2011. 4. 21.자 2010무111 판결

③ 문화재보호구역 내에 있는 토지소유자 등으로서는 위 보호구역의 지정해제를 요구할 수 있는 법규상 또는 조리상의 신청권이 있다. 대법원 2004. 4. 27. 선고 2003두8821 판결

④ 장기미집행 도시계획시설결정의 실효제도는 도시계획시설부지로 하여금 도시계획시설결정으로 인한 사회적 제약으로부터 벗어나게 하는 것으로서 결과적으로 개인의 재산권이 보다 보호되는 측면이 있는 것은 사실이나, 이와 같은 보호는 입법자가 새로운 제도를 마련함에 따라 얻게 되는 법률에 기한 권리일 뿐 헌법상 재산권으로부터 당연히 도출되는 권리는 아니다. 헌법재판소 2005. 9. 29. 선고 2002헌바84 등 전원재판부

4. ④ 【해설】행정쟁송법

행정처분을 행할 적법한 권한 있는 상급행정청으로부터 내부위임을 받은 데 불과한 하급행정청이 권한 없이 행정처분을 한 경우에도 실제로 그 처분을 행한 하급행정청을 피고로 하여야 할 것이지 그 처분을 행할 적법한 권한 있는 상급행정청을 피고로 할 것은 아니다. 대법원 1994. 8. 12. 선고 94누2763 판결

① '행정청'이라 함은 국가 또는 공공단체의 기관으로서 국가나 공공단체의 의견을 결정하여 외부에 표시할 수 있는 권한, 즉 처분권한을 가진 기관을 말하고, 대외적으로 의사를 표시할 수 있는 기관이 아닌 내부기관은 실질적인 의사가 그 기관에 의하여 결정되더라도 피고적격을 갖지 못한다. 대법원 2014. 5. 16. 선고 2014두274 판결

② 행정소송법 제13조

> **행정소송법 제13조(피고적격)**
> ① 취소소송은 다른 법률에 특별한 규정이 없는 한 그 처분 등을 행한 행정청을 피고로 한다. 다만, 처분등이 있은 뒤에 그 처분등에 관계되는 권한이 다른 행정청에 승계된 때에는 이를 승계한 행정청을 피고로 한다.

③ 에스에이치공사가 택지개발사업 시행자인 서울특별시장으로부터 이주대책 수립권한을 포함한 택지개발사업에 따른 권한을 위임 또는 위탁받은 경우, 이주대책 대상자들이 에스에이치공사 명의로 이루어진 이주대책에 관한 처분에 대한 취소소송을 제기함에 있어 정당한 피고는 에스에이치공사가 된다고 한 사례. 대법원 2007. 8. 23. 선고 2005두3776 판결

5. ① 【해설】실효성 확보수단

질서위반행위규제법 제33조

> **질서위반행위규제법 제33조(직권에 의한 사실탐지와 증거조사)**
> ① 법원은 직권으로 사실의 탐지와 필요하다고 인정하는 증거의 조사를 하여야 한다.

② 질서위반행위규제법 제7조

> **질서위반행위규제법 제7조(고의 또는 과실)**
> 고의 또는 과실이 없는 질서위반행위는 과태료를 부과하지 아니한다.

③ 통고처분은 상대방의 임의의 승복을 그 발효요건으로 하기 때문에 그 자체만으로는 통고이행을 강제하거나 상대방에게 아무런 권리의무를 형성하지 않으므로 행정심판이나 행정소송의 대상으로서의 처분성을 부여할 수 없고, 통고처분에 대하여 이의가 있으면 통고내용을 이행하지 않음으로써 고발되어 형사재판절차에서 (이하 생략). 헌법재판소 1998. 5. 28. 선고 96헌바4 전원재판부

④ 통고처분을 할 것인지의 여부는 관세청장 또는 세관장의 재량에 맡겨져 있고, 따라서 관세청장 또는 세관장이 관세범에 대하여 통고처분을 하지 아니한 채 고발하였다는 것만으로는 그 고발 및 이에 기한 공소의 제기가 부적법하게 되는 것은 아니다. 대법원 2007. 5. 11. 선고 2006도1993 판결

6. ① 【해설】실효성 확보수단

효력기간이 정해져 있는 제재적 행정처분의 효력이 발생한 이후에도 행정청은 특별한 사정이 없는 한 상대방에 대한 별도의

처분으로써 효력기간의 시기와 종기를 다시 정할 수 있다. 이는 당초의 제재적 행정처분이 유효함을 전제로 그 구체적인 집행시기만을 변경하는 후속 변경처분이다. 대법원 2022. 2. 11. 선고 2021두40720 판결
② 행정기본법 제23조

행정기본법 제23조(제재처분의 제척기간)
① 행정청은 법령등의 위반행위가 종료된 날부터 5년이 지나면 해당 위반행위에 대하여 제재처분(인허가의 정지·취소·철회, 등록 말소, 영업소 폐쇄와 정지를 갈음하는 과징금 부과를 말한다. 이하 이 조에서 같다)을 할 수 없다.

③ 행정법규 위반에 대한 제재조치는 행정목적의 달성을 위하여 행정법규 위반이라는 객관적 사실에 착안하여 가하는 제재이므로, 반드시 현실적인 행위자가 아니라도 법령상 책임자로 규정된 자에게 부과되고, 특별한 사정이 없는 한 위반자에게 고의나 과실이 없더라도 부과할 수 있다. 대법원 2017. 5. 11. 선고 2014두8773 판결
④ 행정기본법 제2조

행정기본법 제2조(정의)
이 법에서 사용하는 용어의 뜻은 다음과 같다.
5. "제재처분"이란 법령등에 따른 의무를 위반하거나 이행하지 아니하였음을 이유로 당사자에게 의무를 부과하거나 권익을 제한하는 처분을 말한다. 다만, 제30조제1항 각 호에 따른 행정상 강제는 제외한다.

7. ① 【해설】 행정쟁송법
수도법에 의하여 지방자치단체인 수도사업자가 수도물의 공급을 받는 자에 대하여 하는 수도료의 부과·징수와 이에 따른 수도료의 납부관계는 공법상의 권리의무관계라 할 것이므로 이에 관한 소송은 행정소송절차에 의하여야 한다. 대법원 1977. 2. 23. 선고 76다2517 판결
② 법무사에 대하여 지방법무사회로부터 채용승인을 얻어 사무원을 채용할 의무는 법무사법에 의하여 강제되는 공법적 의무이다. 대법원 2020. 4. 9. 선고 2015다34444 판결
③ 재개발조합과 조합장 또는 조합임원 사이의 선임·해임 등을 둘러싼 법률관계는 사법상의 법률관계로서 그 조합장 또는 조합임원의 지위를 다투는 소송은 민사소송에 의하여야 할 것이다. 대법원 2009. 9. 24.자 2009마168,169 결정
④ 기부채납받은 공유재산을 무상으로 기부자에게 사용을 허용하는 행위는 사경제주체로서 상대방과 대등한 입장에서 하는 사법상 행위이지 행정청이 공권력의 주체로서 행하는 공법상 행위라고 할 수 없으므로, 기부자가 기부채납한 부동산을 일정기간 무상사용한 후에 한 사용허가기간 연장신청을 거부한 행정청의 행위도 단순한 사법상의 행위일 뿐 행정처분 기타 공법상 법률관계에 있어서의 행위는 아니다. 대법원 1994. 1. 25. 선고 93누7365 판결

8. ④ 【해설】 행정구제법
사업시행자가 동일한 토지소유자에 속하는 일단의 토지 일부를 취득함으로 인하여 잔여지의 가격이 감소하거나 그 밖의 손실이 있을 때 등에는 잔여지를 종래의 목적으로 사용하는 것이 가능한 경우라도 잔여지 손실보상의 대상이 되며, 잔여지를 종래의 목적에 사용하는 것이 불가능하거나 현저히 곤란한 경우이어야만 잔여지 손실보상청구를 할 수 있는 것이 아니다. 대법원 2018. 7. 20. 선고 2015두4044 판결
① 사업시행자의 이주대책 수립·실시의무를 정하고 있는 구 공익사업법 제78조 제1항은 물론 이주대책의 내용에 관하여 규정하고 있는 같은 조 제4항 본문 역시 당사자의 합의 또는 사업시행자의 재량에 의하여 적용을 배제할 수 없는 강행법규이다. 대법원 2011. 6. 23. 선고 2007다63089 판결
② 이주대책의 실시 여부는 입법자의 입법정책적 재량의 영역에 속하므로 공익사업을 위한 토지 등의 취득 및 보상에 관한 법률 시행령 제40조 제3항 제3호가 이주대책의 대상자에서 세입자를 제외하고 있는 것이 세입자의 재산권을 침해하는 것이라 볼 수 없다. 헌법재판소 2006. 2. 23. 선고 2004헌마19 결정
③ 토지보상법 제74조

토지보상법 제74조(잔여지 등의 매수 및 수용 청구)
① 동일한 소유자에게 속하는 일단의 토지의 일부가 협의에 의하여 매수되거나 수용됨으로 인하여 잔여지를 종래의 목적에 사용하는 것이 현저히 곤란할 때에는 해당 토지소유자는 사업시행자에게 잔여지를 매수하여 줄 것을 청구할 수 있으며, 사업인정 이후에는 관할 토지수용위원회에 수용을 청구할 수 있다. 이 경우 수용의 청구는 매수에 관한 협의가 성립되지 아니한 경우에만 할 수 있으며, 사업 완료일까지 하여야 한다.

9. ③ 【해설】 행정작용법
국가공무원인 교원의 보수에 관한 구체적인 내용(보수 체계, 보수 내용, 지급 방법 등)까지 반드시 법률의 형식으로만 정해야 하는 '기본적인 사항'이라고 보기는 어렵고, 이를 행정부의 하위법령에 위임하는 것은 불가피하다. 대법원 2023. 10. 26. 선고 2020두50966 판결
① 텔레비전방송수신료는 대다수 국민의 재산권 보장의 측면이나 한국방송공사에게 보장된 방송자유의 측면에서 국민의 기본권실현에 관련된 영역에 속하고, 수신료금액의 결정은 납부의무자의 범위 등과 함께 수신료에 관한 본질적인 중요한 사항이므로 국회가 스스로 행하여야 하는 사항에 속하는 것임에도 불구하고 한국방송공사법 제36조 제1항에서 국회의 결정이나 관여를 배제한 채 한국방송공사로 하여금 수신료금액을 결정해서 문화관광부장관의 승인을 얻도록 한 것은 법률유보원칙에 위반된다. 헌법재판소 1999. 5. 27. 선고 98헌바70 결정
② 조직법적 근거는 모든 행정권 행사에 있어서 당연히 요구되는 것이므로, 법률유보의 원칙에서 요구되는 법적 근거는 조직법적 근거가 아니라 작용법적 근거를 말한다.
④ 행정기본법 제16조

행정기본법 제16조(결격사유)
① 자격이나 신분 등을 취득 또는 부여할 수 없거나 인가, 허가, 지정, 승인, 영업등록, 신고 수리 등을 필요로 하는 영업 또는 사업 등을 할 수 없는 사유는 법률로 정한다.

10. ③ 【해설】 행정쟁송법
선행처분의 주요 부분을 실질적으로 변경하는 내용으로 후행처분을 한 경우에 선행처분은 특별한 사정이 없는 한 효력을 상실하지만, 후행처분이 선행처분의 내용 중 일부만을 소폭 변경하는 정도에 불과한 경우에는 선행처분은 소멸하는 것이 아니라 후행처분에 의하여 변경되지 아니한 범위 내에서는 그대로 존속한다. 대법원 2020. 4. 9. 선고 2019두49953 판결
① 지방자치단체의 장이 민간투자사업을 추진하는 과정에서 사업시행자를 지정하기 위한 전 단계에서 공모제안을 받아 일정한 심사를 거쳐 우선협상대상자를 선정하는 행위와 이미 선정된 우선협상대상자를 그 지위에서 배제하는 행위는 모두 항고소송의 대상이 되는 행정처분으로 보아야 한다. 대법원 2020. 4. 29. 선고 2017두31064 판결
② 사회기반시설에 대한 민간투자법 상 민간투자사업의 사업시행자지정처분은 행정처분이다. 대법원 2009. 4. 23. 선고 2007두13159 판결
④ 증액경정처분이 있는 경우 당초처분은 증액경정처분에 흡수되어 소멸하고, 소멸한 당초처분의 절차적 하자는 존속하는 증액경정처분에 승계되지 아니한다. 대법원 2010. 6. 24. 선고 2007두16493 판결

11. ① 【해설】 행정작용법
기본행위인 사업시행계획에는 하자가 없는데 보충행위인 인가처분에 고유한 하자가 있다면 그 인가처분의 무효확인이나 취소를 구하여야 할 것이지만, 인가처분에는 고유한 하자가 없는데 사업시행계획에 하자가 있다면 사업시행계획의 무효확인이나 취소를 구하여야 할 것이지 사업시행계획의 무효를 주장하면서 곧바로 그에 대한 인가처분의 무효확인이나 취소를 구하여서는 아니 된다. 대법원 2021. 2. 10. 선고 2020두48031 판결
② 조합설립추진위원회 구성승인은 조합의 설립을 위한 주체인 추진위원회의 구성행위를 보충하여 효력을 부여하는 처분이다. 대법원 2014. 2. 27. 선고 2011두2248 판결

③ 도시 및 주거환경정비법상 조합설립추진위원회 구성승인처분을 다투는 소송 계속 중 조합설립인가처분이 이루어진 경우 조합설립추진위원회 구성승인처분에 대하여 취소 또는 무효확인을 구할 법률상 이익이 없다. 대법원 2013. 1. 31. 선고 2011두11112 판결
④ 재건축정비사업조합이 이러한 행정주체의 지위에서 위 법에 기초하여 수립한 사업시행계획은 인가·고시를 통해 확정되면 이해관계인에 대한 구속적 행정계획으로서 독립된 행정처분에 해당한다. 대법원 2009. 11. 2.자 2009마596 결정

12. ② 【해설】 행정정보
개인정보 보호법 제39조 제1항은 정보주체가 개인정보처리자의 개인정보 보호법 위반행위로 입은 손해의 배상을 청구하는 경우에 개인정보처리자의 고의나 과실을 증명하는 것이 곤란한 점을 감안하여 그 증명책임을 개인정보처리자에게 전환하는 것일 뿐이고, 개인정보처리자가 개인정보 보호법을 위반한 행위를 하였다는 사실 자체는 정보주체가 주장·증명하여야 한다. 대법원 2024. 5. 17. 선고 2018다262103 판결
① 개인정보 보호법 제39조

> **개인정보 보호법 제39조(손해배상책임)**
> ① 정보주체는 개인정보처리자가 이 법을 위반한 행위로 손해를 입으면 개인정보처리자에게 손해배상을 청구할 수 있다. 이 경우 그 개인정보처리자는 고의 또는 과실이 없음을 입증하지 아니하면 책임을 면할 수 없다.

③ 개인정보 보호법 제55조

> **개인정보 보호법 제55조(소송허가요건 등)**
> ② 단체소송을 허가하거나 불허가하는 결정에 대하여는 즉시항고할 수 있다.

④ 개인정보 보호법 제21조

> **개인정보 보호법 제21조(개인정보의 파기)**
> ① 개인정보처리자는 보유기간의 경과, 개인정보의 처리 목적 달성, 가명정보의 처리 기간 경과 등 그 개인정보가 불필요하게 되었을 때에는 지체 없이 그 개인정보를 파기하여야 한다. 다만, 다른 법령에 따라 보존하여야 하는 경우에는 그러하지 아니하다.

13. ② 【해설】 행정구제법
헌법재판소 재판관의 위법한 직무집행의 결과 잘못된 각하결정을 함으로써 청구인으로 하여금 본안판단을 받을 기회를 상실하게 한 이상, 설령 본안판단을 하였더라도 어차피 청구가 기각되었을 것이라는 사정이 있다고 하더라도 (중략) 그 침해로 인한 정신상 고통에 대하여는 위자료를 지급할 의무가 있다. 대법원 2003. 7. 11. 선고 99다24218 판결
① 국가배상법 제2조 소정의 '공무원'이라 함은 국가공무원법이나 지방공무원법에 의하여 공무원으로서의 신분을 가진 자에 국한하지 않고, 널리 공무를 위탁받아 실질적으로 공무에 종사하고 있는 일체의 자를 가리키는 것으로서, 공무의 위탁이 일시적이고 한정적인 사항에 관한 활동을 위한 것이어도 달리 볼 것은 아니다. 대법원 2001. 1. 5. 선고 98다39060 판결
③ 공무원의 직무집행이 법령이 정한 요건과 절차에 따라 이루어진 것이라면 특별한 사정이 없는 한 이는 법령에 적합한 것이고 그 과정에서 개인의 권리가 침해되는 일이 생긴다고 하여 그 법령적합성이 곧바로 부정되는 것은 아니다. 대법원 2000. 11. 10. 선고 2000다26807 판결
④ 경과실이 있는 공무원이 피해자에 대하여 손해배상책임을 부담하지 아니함에도 피해자에게 손해를 배상하였다면 그것은 채무자 아닌 사람이 타인의 채무를 변제한 경우에 해당하고, 이는 민법 제469조의 '제3자의 변제' 또는 민법 제744조의 '도의관념에 적합한 비채변제'에 해당하여 피해자는 공무원에 대하여 이를 반환할 의무가 없다. 대법원 2014. 8. 20. 선고 2012다54478 판결

14. ② 【해설】 행정작용법
자동차 운전면허 취소처분을 받은 사람이 자동차를 운전하였으나 운전면허 취소처분의 원인이 된 교통사고 또는 법규 위반

에 대하여 범죄사실의 증명이 없는 때에 해당한다는 이유로 무죄판결이 확정된 경우에는 그 취소처분이 취소되지 않았더라도 도로교통법에 규정된 무면허운전의 죄로 처벌할 수는 없다고 보아야 한다. 대법원 2021. 9. 16. 선고 2019도11826 판결
① 연령미달의 결격자인 피고인이 소외인의 이름으로 운전면허시험에 응시, 합격하여 교부받은 운전면허는 당연무효가 아니고 도로교통법 제65조 제3호의 사유에 해당함에 불과하여 취소되지 않는 한 유효하므로 피고인의 운전행위는 무면허운전에 해당하지 아니한다. 대법원 1982. 6. 8. 선고 80도2646 판결
③ 조세의 과오납이 부당이득이 되기 위하여는 납세 또는 조세의 징수가 실체법적으로나 절차법적으로 전혀 법률상의 근거가 없거나 과세처분의 하자가 중대하고 명백하여 당연무효이어야 하고, 과세처분의 하자가 단지 취소할 수 있는 정도에 불과할 때에는 과세관청이 이를 스스로 취소하거나 항고소송절차에 의하여 취소되지 않는 한 그로 인한 조세의 납부가 부당이득이 된다고 할 수 없다. 대법원 1994. 11. 11. 선고 94다28000 판결
④ 처분에 불가쟁력이 발생하였다 하더라도 이는 당해 처분에 대하여 오직 취소소송을 제기할 수 없게 되었다는 의미를 갖는 것에 그칠 뿐, 그 처분의 적법성이 확정되었다거나 또는 취소소송 외의 다른 소송을 제기할 수 없게 되는 것은 아니다. 따라서 불가쟁력이 발생한 행정행위일지라도 그로 인해 손해를 입은 국민은 당해 행정행위의 위법을 주장하며 민사소송으로 국가배상청구소송을 할 수 있다.

15. ④ 【해설】 행정쟁송법
행정심판법 제43조의2

> **행정심판법 제43조의2(조정)**
> ① 위원회는 당사자의 권리 및 권한의 범위에서 당사자의 동의를 받아 심판청구의 신속하고 공정한 해결을 위하여 조정을 할 수 있다. 다만, 그 조정이 공공복리에 적합하지 아니하거나 해당 처분의 성질에 반하는 경우에는 그러하지 아니하다.

① 행정심판 재결의 내용이 처분청에게 처분의 취소를 명하는 것이 아니라 재결청이 스스로 처분을 취소하는 것일 때에는 그 재결의 형성력에 의하여 당해 처분은 별도의 행정처분을 기다릴 것 없이 당연히 취소되어 소멸되는 것이다. 대법원 1998. 4. 24. 선고 97누17131 판결
② 행정심판법 제47조

> **행정심판법 제47조(재결의 범위)**
> ② 위원회는 심판청구의 대상이 되는 처분보다 청구인에게 불리한 재결을 하지 못한다.

③ 행정심판법 제17조

> **행정심판법 제17조(피청구인의 적격 및 경정)**
> ② 청구인이 피청구인을 잘못 지정한 경우에는 위원회는 직권으로 또는 당사자의 신청에 의하여 결정으로써 피청구인을 경정할 수 있다.

16. ④ 【해설】 실효성 확보수단
행정상 강제는 행정기본법상 처분의 재심사 대상에서 제외되므로, 행정상 강제 중 하나인 대집행 계고처분 또한 재심사의 대상이 되지 않는다.
행정기본법 제37조

> **행정기본법 제37조(처분의 재심사)**
> ① 당사자는 처분(제재처분 및 행정상 강제는 제외한다. 이하 이 조에서 같다)이 행정심판, 행정소송 및 그 밖의 쟁송을 통하여 다툴 수 없게 된 경우(법원의 확정판결이 있는 경우는 제외한다)라도 다음 각 호의 어느 하나에 해당하는 경우에는 해당 처분을 한 행정청에 처분을 취소·철회하거나 변경하여 줄 것을 신청할 수 있다.

① 국유 일반재산의 대부료 등의 징수에 관하여는 국세징수법상 체납처분에 관한 규정을 준용한 간이하고 경제적인 특별구제절차가 마련되어 있으므로, 특별한 사정이 없는 한 민사소송의 방법으로 대부료 등의 지급을 구하는 것은 허용되지 아니한

다. 대법원 2014. 9. 4. 선고 2014다203588 판결
② 이행강제금은 대체적 작위의무의 위반에 대하여도 부과될 수 있다. 또한 행정청은 개별사건에 있어서 위반내용, 위반자의 시정의지 등을 감안하여 대집행과 이행강제금을 선택적으로 활용할 수 있으며, 이처럼 그 합리적인 재량에 의해 선택하여 활용하는 이상 중첩적인 제재에 해당한다고 볼 수 없다. 헌법재판소 2004. 2. 26. 선고 2001헌바80 결정
③ 행정기본법 제33조

> **행정기본법 제33조(즉시강제)**
> ① 즉시강제는 다른 수단으로는 행정목적을 달성할 수 없는 경우에만 허용되며, 이 경우에도 최소한으로만 실시하여야 한다.

17. ① 【해설】 행정정보
도시공원위원회의 심의 후 그 심의사항들에 대한 시장 등의 결정의 대외적 공표행위가 있기 전까지는 위 위원회의 회의관련자료 및 회의록은 비공개대상정보에 해당한다고 할 것이고, 다만 (중략) 시장 등의 결정의 대외적 공표행위가 있은 후에는 위 위원회의 회의관련자료 및 회의록은 공개대상이 된다. 대법원 2000. 5. 30. 선고 99추85 판결
② 정보공개법 제9조

> **정보공개법 제9조(비공개 대상 정보)**
> ① (생략)
>   6. 해당 정보에 포함되어 있는 성명·주민등록번호 등 「개인정보 보호법」 제2조 제1호에 따른 개인정보로서 공개될 경우 사생활의 비밀 또는 자유를 침해할 우려가 있다고 인정되는 정보. 다만, 다음 각 목에 열거한 사항은 제외한다.
>   라. 직무를 수행한 공무원의 성명·직위

③ 사법시험 제2차 시험의 답안지 열람은 시험문항에 대한 채점위원별 채점 결과의 열람과 달리 사법시험업무의 수행에 현저한 지장을 초래한다고 볼 수 없다. 대법원 2003. 3. 14. 선고 2000두6114 판결
④ 학교환경위생구역 내 금지행위(숙박시설) 해제결정에 관한 학교환경위생정화위원회의 회의록에 기재된 발언내용에 대한 해당 발언자의 인적사항 부분에 관한 정보는 공공기관의 정보공개에 관한 법률 제9조 제1항 제5호 소정의 비공개대상에 해당한다. 대법원 2003. 8. 22. 선고 2002두12946 판결

18. ③ 【해설】 행정법통론
보완의 대상이 되는 흠은 보완이 가능한 경우이어야 함은 물론이고, 그 내용 또한 형식적·절차적인 요건이거나, 실질적인 요건에 관한 흠이 있는 경우라도 그것이 민원인의 단순한 착오나 일시적인 사정 등에 기한 경우 등이라야 한다.
① 납골당설치 신고는 이른바 '수리를 요하는 신고'라 할 것이므로, 납골당설치 신고가 구 장사법 관련 규정의 모든 요건에 맞는 신고라 하더라도 신고인은 곧바로 납골당을 설치할 수는 없고, 이에 대한 행정청의 수리처분이 있어야만 신고한 대로 납골당을 설치할 수 있다. 대법원 2011. 9. 8. 선고 2009두6766 판결
② 행정청이 그 신고를 수리하였다고 하더라도, 신고서 위조 등의 사유가 있어 신고행위 자체가 효력이 없다면, 그 수리행위는 유효한 대상이 없는 것으로서, 수리행위 자체에 중대·명백한 하자가 있는지를 따질 것도 없이 당연히 무효이다. 대법원 2018. 6. 12. 선고 2018두33593 판결
④ 사직원 제출자의 내심의 의사가 사직할 뜻이 아니었다 하더라도 그 의사가 외부에 객관적으로 표시된 이상 그 의사는 표시된 대로 효력을 발하는 것이며, 민법 제107조 제1항 단서의 비진의 의사표시의 무효에 관한 규정은 그 성질상 사인의 공법행위에 적용되지 아니하므로 원고의 사직원을 받아들여 의원면직처분한 것을 당연무효라고 할 수 없다. 대법원 2001. 8. 24. 선고 99두9971 판결

19. ④ 【해설】 행정작용법
행정처분에 있어 수개의 처분사유 중 일부가 적법하지 않다고 하더라도 다른 처분사유로써 그 처분의 정당성이 인정되는 경우에는 그 처분을 위법하다고 할 수 없다. 대법원 2013. 10. 24. 선고 2013두963 판결
① 행정청이 구 학교보건법 소정의 학교환경위생정화구역 내에서 금지행위 및 시설의 해제 여부에 관한 행정처분을 하면서 절차상 학교환경위생정화위원회의 심의를 누락한 흠이 있다면 그와 같은 흠을 가리켜 위 행정처분의 효력에 아무런 영향을 주지 않는다거나 경미한 정도에 불과하다고 볼 수는 없으므로, 특별한 사정이 없는 한 이는 행정처분을 위법하게 하는 취소사유가 된다. 대법원 2007. 3. 15. 선고 2006두15806 판결
② 적법한 건축물에 대한 철거명령은 그 하자가 중대하고 명백하여 당연무효라고 할 것이고, 그 후행행위인 건축물철거 대집행계고처분 역시 당연무효라고 할 것이다. 대법원 1999. 4. 27. 선고 97누6780 판결
③ 헌법재판소의 위헌결정의 효력은 위헌제청을 한 당해 사건, 위헌결정이 있기 전에 이와 동종의 위헌 여부에 관하여 헌법재판소에 위헌여부심판제청을 하였거나 법원에 위헌여부심판제청신청을 한 경우의 당해 사건(동종사건)과 따로 위헌제청신청은 아니하였지만 당해 법률 또는 법률의 조항이 재판의 전제가 되어 법원에 계속 중인 사건(병행사건)뿐만 아니라 위헌결정 이후에 위와 같은 이유로 제소된 일반사건에도 미친다. 대법원 1993. 1. 15. 선고 91누5747 판결

20. ③ 【해설】 행정쟁송법
부당해고 구제신청에 관한 중앙노동위원회의 명령 또는 결정의 취소를 구하는 소송에서 그 명령 또는 결정이 적법한지는 그 명령 또는 결정이 이루어진 시점을 기준으로 판단하여야 하고, 그 명령 또는 결정 후에 생긴 사유를 들어 적법 여부를 판단할 수는 없으나, 그 명령 또는 결정의 기초가 된 사실이 동일하다면 노동위원회에서 주장하지 아니한 사유도 행정소송에서 주장할 수 있다. 대법원 2021. 7. 29. 선고 2016두64876 판결
① 행정소송법상 행정청이 일정한 처분을 하지 못하도록 그 부작위를 구하는 청구는 허용되지 않는 부적법한 소송이다. 대법원 2006. 5. 25. 선고 2003두11988 판결
② 처분청이 처분 당시 적시한 구체적 사실을 변경하지 아니하는 범위 내에서 단지 처분의 근거 법령만을 추가·변경하는 것은 새로운 처분사유의 추가라고 볼 수 없으므로 이와 같은 경우에는 처분청이 처분 당시 적시한 구체적 사실에 대하여 처분 후 추가·변경한 법령을 적용하여 처분의 적법 여부를 판단하여도 무방하다. 대법원 2011. 5. 26. 선고 2010두28106 판결
④ 행정처분의 근거 법률에 의하여 보호되는 직접적이고 구체적인 이익이 있는 경우에는 행정소송법 제35조에 규정된 '무효확인을 구할 법률상 이익'이 있다고 보아야 하고, 이와 별도로 무효확인소송의 보충성이 요구되는 것은 아니므로 행정처분의 무효를 전제로 한 이행소송 등과 같은 직접적인 구제수단이 있는지 여부를 따질 필요가 없다고 해석함이 상당하다. 대법원 2008. 3. 20. 선고 2007두6342 전원합의체 판결

행 정 학

출제교수: 이명훈 교수님

1. ④ 【해설】정책론
혼합주사모형은 근본적 결정과 세부적 결정으로 구분하여 근본적 결정은 합리적 결정을, 세부적 결정은 점증적 결정을 적용해야 한다고 보았다. 혼합주사모형에서 점증적 결정이란 숲(많은 대안)보다는 나무(몇몇 대안)를 포괄적으로 파악하는 유형의 결정을 말한다.

2. ④ 【해설】지방행정론
「지방자치법」에 의하면 자치단체를 폐지하거나 설치하거나 나누거나 합칠 때, 구역을 변경할 때(경계변경 제외), 명칭을 변경할 때(한자명칭 변경 포함)에는 관계 지방의회의 의견을 들어야 한다. 다만, 주민투표를 한 경우에는 그러하지 아니하다(「지방자치법」 제5조). 따라서 관할구역 경계변경은 지방의회의 의견을 묻거나 주민투표를 거칠 필요가 없다.

3. ④ 【해설】행정학총론
덴하트(Denhardt)의 신공공서비스론은 행정에서 중요한 것은 '행정업무 수행에서의 효율성'이 아니라 '시민들에게 보다 나은 삶을 보장'하는 것이라고 보고, 행정이 소유주인 시민을 위해 봉사하도록 시민중심의 공직제도를 구축하고자 하는 행정개혁운동이다. 신공공서비스론은 관료에게 폭넓은 재량권을 부여하는 신공공관리론을 비판하고 관료에게 재량이 필요하지만 제약과 책임이 수반되어야 한다고 본다.
① 신공공관리론은 민간 및 비영리기구를 활용하여 정책목표를 달성할 기제와 유인체제를 창출하고자 한다. 반면, 신공공서비스론은 상호합의된 필요를 충족시키기 위한 공공기관·비영리 및 민간기관들의 네트워크를 통해 정책목표를 달성하고자 한다.
② 신공공관리론의 기업가적 정부는 예산지출 위주가 아닌 수입 확보 위주의 정부 운영 방식을 활성화하고자 한다.
③ 신공공관리론에서 기대되는 조직구조는 조직 내 주요 통제권이 유보된 분권화된 조직이다. 반면, 신공공서비스론은 조직 내외적으로 리더십을 공유하는 협력적 구조를 선호한다.

4. ② 【해설】조직론
변혁적 리더십은 구성원들의 정서, 윤리규범, 가치체계, 의식수준 등을 변화시켜 개인, 집단, 조직을 바람직한 방향으로 변혁시키는 변화를 주도하고 관리하는 리더십이다. 변혁적 리더십에서 리더는 부하들에게 미래에 대한 비전과 사명감을 제시하고 이것을 효과적으로 전달하는 카리스마를 기반으로 한다. 다만, 부하의 과업을 정확히 이해하고 행동지침을 명료하게 제시하는 리더십은 변혁적 리더십이 아니라 거래적 리더십이다.

5. ③ 【해설】인사행정론
임용권자는 직제 또는 정원의 변경이나 예산의 감소 등으로 직위가 폐직되거나 하위의 직위로 변경되어 과원이 된 경우 또는 본인이 동의한 경우에는 소속 공무원을 강임할 수 있다(「국가공무원법」 제73조의 4 제1항).

6. ③ 【해설】정책론
㉠은 옳고 ㉡, ㉢은 옳지 않다. 포자모형은 곰팡이의 포자가 적당한 환경이 조성되어야 비로소 균사체로 성장할 수 있듯이, 사회문제도 유리한 사회적 환경이 조성되어야 정책의제화된다고 보는 이론이다. 이 이론은 정책의제화에 유리한 환경을 조성하는 수단으로 정치적 사건과 극적 사건 등의 점화장치(triggering device)와 이슈창도자의 적극적인 역할을 강조한다(㉠).
㉡ 크렌슨(Crenson)의 '대기오염의 비정치화이론'은 이익은 분산되고 비용은 집중되는 전체적인 문제의 경우 비용부담자들의 강력한 저항으로 정부의제화가 곤란하다고 보았다.
㉢ 관련 집단들에 의해 예민하게 쟁점화된 사회문제는 정부의 제화가 용이하나, 문제 자체가 매우 복잡하여 해결책을 선택하기 곤란한 사회문제는 정부의제화가 곤란하다.

7. ③ 【해설】재무행정론
예비타당성조사는 일정액 이상의 대규모사업에 대해 중앙예산당국이 예산편성 전에 대상사업의 경제성과 정책성을 분석하는 제도이다. 타당성조사가 주로 기술적 실현가능성을 검토한다면, 예비타당성조사는 경제적·정책적·지역균형발전 타당성 등을 검토한다.

<<핵심체크>> 타당성조사와 예비타당성조사

구분	타당성 조사	예비타당성 조사
대상	모든 사업	대통령령이 정하는 대규모사업
주체	각 중앙행정기관(사업부처)	중앙예산기관(기획예산처)
목적	기술적인 검토와 예비설계	신규 사업의 추진 여부 결정
분석	기술적 실현가능성 분석	경제성 분석, 정책성 분석, 지역균형발전 분석
범위	해당 사업	국가재정 전반적 관점
특징	사후적·세부적(예산 편성 후, 기본 설계 전)	사전적·개략적(예산 편성 및 사업 확정 전)
조사기간	장기	단기

8. ② 【해설】행정학총론
사회적 형평성에서 수직적 형평이란 '다른 것과 다르게'와 관련된 것으로 부당한 불평등의 시정에 대한 것이다. 수직적 형평과 관련된 제도로는 조세부담주의(응능주의), 누진세제(소득세), 대표관료제(임용할당제) 등이 있다.

<<핵심체크>> 수평적 형평과 수직적 형평

수평적 형평	동일한 것은 동일하게(정당한 불평등의 확보 : 비례세제[부가가치세], 공개경쟁채용[실적주의], 수익자부담[응익주의], 동일노동 동일임금[직무급] 등)
수직적 형평	다른 것은 다르게(부당한 불평등의 시정 : 누진세제[소득세], 대표관료제[임용할당제], 조세부담[응능주의])

9. ③ 【해설】조직론
유기적 구조란 복잡성, 공식성, 집권성이 낮은 조직구조를 말한다. 유기적 구조는 모호한 조직목표와 과제를 지닌 조직구조로 성과측정이 어려운 과제에 적합하다.

<<핵심체크>> 기계적 구조와 유기적 구조

구분	기계적 구조	유기적 구조
기본변수	복잡, 공식, 집권	단순, 융통, 분권
장점	예측가능성	적응성
조직 특성	• 좁고 명확한 직무범위 • 표준운영절차(많은 규칙과 규정) • 분명한 책임 관계 • 계층제 • 낮은 팀워크 • 공식적·몰인간적 대면 관계 • 좁은 통솔범위	• 넓고 모호한 직무범위 • 적은 규칙과 절차 • 모호한 책임 관계 • 분화된 채널(채널의 분화) • 높은 팀워크 • 비공식적·인간적 대면 관계 • 넓은 통솔범위
상황 조건	• 명확한 조직목표와 과제 • 분업적 과제 • 단순한 과제 • 성과측정 가능 • 금전적 동기부여 • 권위의 정당성 확보(합법적 권위)	• 모호한 조직목표와 과제 • 분업이 어려운 과제 • 복합적 과제 • 성과측정 어려움 • 복합적 동기부여 • 도전받는 권위(지식에 의한 권위)
조직	관료제, 기능구조	탈관료제, 학습조직, 네트워크 조직

10. ④ 【해설】 인사행정론
우리나라의 공무원연금제도는 적립방식이 아닌 부과방식에 의해 운영되며, 재정수지의 부족액을 정부의 재정으로 보전하는 부양의 원리에 입각해 있다.

11. ① 【해설】 정책론
조합주의는 다양한 이익집단을 기능적으로 대표성을 지닌 대규모의 조직체(조합)로 묶고 지배기구로 편입시켜 국가와 함께 상호협력을 통한 의사결정을 하는 체제이다. 조합주의는 이익집단 간 경쟁과 균형보다는 상호협력을 위한 합의를 중시한다.

<<핵심체크>> 조합주의

의의	다양한 이익집단을 기능적으로 대표성을 지닌 대규모의 조직체(조합)로 묶고 지배기구로 편입시켜 국가와 함께 상호협력을 통한 의사결정을 하는 체제
배경	미국의 다원주의적 이익집단체제의 무질서와 혼란에 대한 반발로 유럽에서 발달

특징		
	이익집단(조합)	• 전문화된 단일의 독점적 정상이익집단 : 기능적으로 분화된 특정집단이익의 독점적 대표로 기능하기 때문에 단일의, 강제적·비경쟁적·위계적으로 조직화되며, 특정영역에서 전문화되고, 전국적이고, 독점적인 정상이익집단의 형태를 지님
	참여	• 제도적·공식적 참여 : 고용주 연합이나 노동조합 등의 조직체들은 지배기구로 편입되어 국가와 함께 정책과정 주도(노사정위원회)
	국가	• 능동적 존재 : 정부는 자체이익을 가지면서 조합의 활동을 규정하고 포섭·억압하는 능동적·자율적·독립적 실체로 중립적이지 않으며, 특정 이익집단을 차별하는 등 민간부문에 대해 강력한 주도권을 행사하는 존재
	의사결정	• 상호협력을 통한 합의 : 조합은 구성원의 이익뿐만 아니라 사회적 책임과 정부의 의도를 중시하고, 그 대가로 해당 범위 내에서 이익대표권을 독점하며, 정부와 이익집단 간의 상호협력을 통한 합의가 형성됨

12. ① 【해설】 재무행정론
국회가 의결한 법률안에 대하여 대통령은 거부권을 행사할 수 있으나, 예산안에 대해서는 대통령이 거부권을 행사할 수 없다.

13. ④ 【해설】 행정학총론
공공선택론은 비시장적 의사결정에 대한 경제학적 연구를 총칭한다. 공공선택론은 합리적 경제인의 행동을 유인하기 위한 제도적 장치(유인설계장치)의 마련을 중시한다. 제도적 장치는 각각의 행위자들에게 제약된 조건으로 작용하며, 각각의 행위자들은 제도적 장치의 제약조건하에 최적의 행위를 선택하는 과정에서 행동이 유인된다고 가정한다.

14. ① 【해설】 지방행정론
자동차세와 담배소비세는 시·군세이지만 등록면허세는 도세이다.

<<핵심체크>> 지방세의 분류

구분	특별시·광역시/자치구		도/시·군	
	특별시·광역시세	자치구세	도세	시·군세
보통세	주민세, 취득세, 담배소비세, 레저세, 지방소비세, 지방소득세, 자동차세	등록면허세, 재산세	취득세, 등록면허세, 지방소비세, 레저세	주민세, 재산세, 자동차세, 담배소비세, 지방소득세
목적세	지역자원시설세, 지방교육세		지역자원시설세, 지방교육세	

15. ③ 【해설】 행정환류론
듀닉과 롬젝(Dubnick & Romzek)에 의하면 외부지향적이고 통제의 강도가 높은 책임성은 법적 책임성이며, 외부지향적이고 통제의 강도가 낮은 책임성은 정치적 책임성이다.

<<핵심체크>> 듀닉과 롬젝(Dubnick & Romzek)의 행정책임

구분		통제의 소재(기관통제의 원천)	
		외부	내부
통제의 강도	낮음	정치적 책임성	전문가적 책임성
	높음	법적 책임성	계층적(위계적) 책임성

16. ① 【해설】 정책론
재분배정책은 재산·소득·권력 등을 상대적으로 많이 가진 계층(집단)으로부터 적게 가진 계층(집단)으로 이전시키는 정책을 의미한다. 반면, 분배정책은 정부가 공공재(조세)를 통해 특정 개인·조직·지역사회에 권리나 이익 또는 재화나 서비스 등의 가치를 배분해 주는 정책을 의미한다. 자영업자에 대한 보조금 지급은 재분배정책이 아닌 분배정책의 예이다.

17. ① 【해설】 재무행정론
예산총계주의는 모든 수입과 지출이 예산에 계상되어야 한다는 원칙이며, 수입대체경비는 예산총계주의의 예외이나, 예비비는 사전의결의 원칙과 한정성의 원칙의 예외이지 예산총계주의의 예외가 아니다.

18. ④ 【해설】 행정학총론
사회적 자본은 사회구성원 간의 협력적 행위를 촉진시켜 사회적 효율성을 증진할 수 있는 상호신뢰, 호혜성의 규범, 시민참여 네트워크와 같은 사회조직의 속성을 말한다. 사회적 자본은 타집단에 대한 대외적 폐쇄성과 배타성으로 집단 간의 갈등과 균열을 야기할 수 있다.

19. ④ 【해설】 조직론
거래비용이론은 조직을 분석 단위로 하고, 이들 간에 재화와 서비스를 교환하는 과정에서 발생하는 거래비용을 최소화하기 위한 효율적인 메커니즘을 찾는 이론이다. 거래비용이론에 의하면 다수자 교환 관계가 지배적인 상황에서는 계약자 변경을 통해 계약자의 기회주의적 행동을 제어함으로써 시장이 제 기능을 수행할 가능성이 높다. 반면, 거래비용이론에 의하면 소수자 교환 관계에서는 계약자의 기회주의적 행동을 제어하기 곤란하여 시장이 제 기능을 수행하기 곤란하다.

20. ① 【해설】 인사행정론
ⓒ, ⓔ은 옳고, ⓐ, ⓓ은 옳지 않다. 계급제는 공무원 개인의 능력이나 자격을 기준으로 하는 공직분류제도이다. 계급제는 계급 간 폭이 넓고 업무분담이 명확하지 않아 보수와 업무부담의 형평성 확보가 곤란하다(ⓐ). 계급제는 권한과 책임이 명확하지 않아 갈등발생 소지가 높으나 일반행정가 양성을 통해 공무원의 시야와 이해력을 넓혀 행정상 조정과 협조를 원활하게 할 수 있다(ⓒ).

2026 공무원 시험대비 【5월분】

합격을 만드는

주간
합격모의고사

5월

-제4회-
[정답 및 해설]

이 름: _____

제1과목 국어
제2과목 영어
제3과목 한국사
제4과목 행정법총론
제5과목 행정학개론

주간 모의고사 정오표

합격까지 박문각

국 어

출제교수: 강세진 교수님

1. ② 【해설】 작문
‘전결(專決)’은 기관장으로부터 결재권을 위임받은 사람이 대신 결정하는 구체적인 행정 권한을 뜻한다. 이를 단순히 ‘결제’로 바꾸면 맥락상 ‘거래 관계를 맺는 일’이란 의미가 된다.
① ‘집행(執行)’은 주로 예산이나 법률을 실행할 때 쓰는 딱딱한 한자어로, 이를 문맥에 따라 ‘시행한다’ 혹은 ‘치른다’로 다듬는 것은 적절하다.
③ ‘클라이언트(Client)’는 비즈니스나 행정 서비스의 ‘의뢰인’ 또는 ‘고객’으로 다듬어 쓰는 것이 언어 순화의 취지에 부합한다.
④ ‘업로드(Upload)’는 외래어이므로 직관적으로 이해하기 쉬운 우리말 ‘올린다’로 고쳐 쓰는 것이 바람직하다.

2. ② 【해설】 작문
개요의 I 단락은 논의하고자 하는 대상의 현재 상태나 나타나고 있는 현상을 기술하는 곳이다. ②의 ‘근무 환경 개선 캠페인 전국 확산 추진’은 번아웃 문제를 해결하기 위한 구체적인 실천 방안이므로, Ⅲ단락에서 다루는 ‘제도 정비’나 ‘프로그램 확대’와 같은 위계에 배치되는 것이 논리적이다. 따라서 이를 실태 단락인 I-2에 넣는 것은 범주에 어긋나므로 적절하지 않다.
① 이직률 증가와 생산성 저하는 번아웃으로 인해 나타나는 부정적 실태이므로 I-2에 적합하다.
③ 만성 피로나 수면 장애는 번아웃의 구체적인 신체적 현상(실태)이므로 I-2에 적합하다.
④ 정신 건강 악화로 인한 사회적 비용 증가는 번아웃의 심각성을 보여주는 결과(실태)이므로 I-2에 적합하다.

3. ③ 【해설】 작문
에너지 효율은 10~20% 수준으로, 각 영양 단계를 거칠 때마다 상당량의 에너지가 호흡을 통해 열로 방출된다. 따라서 상위 영양 단계로 갈수록 이용 가능한 에너지의 총량은 줄어들 수밖에 없으므로, ‘에너지 양이 증가한다’는 원문의 서술은 적절하지 않다. 이를 ③과 같이 ‘상위 단계로 갈수록 에너지 양이 감소하는 형태’로 수정하는 것이 가장 올바르다.
① ㉠: 순생산량은 생산자(식물)가 광합성으로 만든 에너지 중 스스로 쓰고 남은 것으로, 포식자에게 먹히며 상위 단계로 이동한다. 따라서 원문의 ‘상위 영양 단계로의 에너지 전달’은 적절하다.
② ㉡: 하위 단계의 에너지가 상위 단계로 모두 전달되지 못하고 계속 손실되므로, 먹이 사슬 끝으로 갈수록 에너지는 급격히 줄어든다. 원문의 ‘급격히 감소한다’는 적절한 표현이다.
④ ㉣: 에너지 피라미드는 에너지의 한 방향 흐름과 단계별 손실 때문에 항상 똑바로 선 피라미드 형태를 유지한다. 따라서 ‘역피라미드 형태가 나타나지 않는다’는 원문의 서술은 과학적으로 옳다.

4. ② 【해설】 작문
②은 주 4일제가 노동 강도를 높이고 경영을 악화시킬 것이라고 우려한다. 이때 실제 시범 도입 결과 생산성이 하락했다는 사실이 밝혀진다면, 이는 ㉡의 우려가 현실적임을 입증하는 것이므로 반대 측의 주장을 더욱 견고하게 만든다.

5. ③ 【해설】 독서
지문의 마지막 문장에 따르면, 주희와 왕양명은 성리학이라는 동일한 토대에서 출발했으나 ‘리의 소재’와 ‘앎의 방법’에 대해서는 서로 다른 결론에 이르렀다고 명시되어 있다. 따라서 두 사람이 동일한 결론에 이르렀다는 ③번의 진술은 지문의 내용과 정반대이므로 적절하지 않다.

6. ④ 【해설】 독서
본문에 따르면 실제 비평 현장에서는 작가의 창작 의도를 참고하면서 동시에 텍스트 내부의 구조적 분석을 병행하는 ‘절충적 방식’이 적지 않게 활용된다고 명시되어 있다. 따라서 작가 중심 해석과 텍스트 중심 해석이 반드시 상호 배타적으로만 적용되어야 한다는 ④는 본문의 내용과 일치하지 않는다.

7. ③ 【해설】 독서
본문은 언어 상대성 이론을 바탕으로 언어가 인간의 사고와 인식 방식에 미치는 능동적인 영향을 설명하고 있다. 이누이트족

의 눈 관련 어휘, 러시아어의 색채 구별 실험, 그리고 시제 구분에 따른 시간 인식의 차이 등 구체적인 사례를 통해 언어가 단순히 생각을 전달하는 수동적 도구가 아니라, 인간의 인식 범주와 경계를 설정하고 사고를 구성하는 능동적인 틀임을 강조하고 있으므로 ③이 이 글의 중심 생각으로 가장 적절하다.

8. ② 【해설】 독서
본문은 조세 귀착이 수요와 공급의 가격탄력성에 의해 결정된다는 원리를 설명하고 있다. 탄력성이 낮을수록(비탄력적일수록) 가격 변화에 대응하여 수량을 조절하기 어려우므로 세금 부담을 상대방에게 떠넘기기 어렵다. 따라서 공급이 비탄력적이라는 것은 생산자가 생산량을 쉽게 줄일 수 없음을 의미하며, 이 경우 생산자는 세금 부담을 소비자에게 전가하지 못하고 스스로 더 많이 부담하게 된다. 그러므로 빈칸 (가)에는 ②가 들어가는 것이 가장 자연스럽다.

9. ③ 【해설】 독서
본문은 도시화에 따른 공동체 해체 현상과 그로 인한 문제점을 분석한 뒤, 새로운 공동체의 가능성을 제시하며 결론을 맺는 논리적 흐름을 취하고 있다.
(나): 도시화가 전통적인 공동체 유대를 약화하고 개인화를 심화시킨다는 현상을 제시하며 글을 시작한다.
(라): ‘이러한 공동체 해체의 문제’라는 지시어를 통해 (나)에서 언급한 현상을 구체적인 사회적 문제(사회적 안전망 약화)로 연결하여 심화 설명한다.
(가): ‘물론 ~ 아니다’라는 양보의 형식을 사용하여 앞선 문제 제기를 보완하며, 현대 도시에서 나타나는 새로운 형태의 공동체를 소개한다.
(다): ‘결국’과 ‘따라서’라는 접속어를 사용하여 공동체의 변화 속에서도 인간적 연대의 가치를 지켜나가야 한다는 최종 결론을 도출한다.
정리하자면, ‘(나)-(라)-(가)-(다)’로 이어진 ③이 정답이다.

10. ③ 【해설】 독서
4문단 첫머리에서 헤겔과 마르크스 두 사상가 모두 역사에는 방향과 목적이 있다는 목적론적 전제를 공유하고 있음을 명시하고 있다. 포퍼는 이러한 전제를 역사주의라고 비판했으므로, 두 사상가가 포퍼의 비판 대상이 된 공통 분모를 가지고 있다는 ③번은 적절한 추론이다.
① 2문단에 따르면 헤겔은 역사적 비극이나 퇴보를 절대정신 실현의 필연적 과정으로 보았지, 불필요한 일탈로 보지 않았다.
② 3문단에서 마르크스는 헤겔의 변증법적 구조를 ‘수용’하면서 그 내용을 관념에서 물질로 바꾼 것이지, 구조 자체를 거부한 것은 아니다.
④ 4문단에 따르면 포퍼는 역사에 내재적 법칙이 없으며, 미래를 예측하려는 시도가 오류라고 주장하였다.

11. ④ 【해설】 독서
㉠은 헤겔을, ㉡은 마르크스를 가리키는 개별 지시어인 반면, ㉢과 ㉣은 포퍼의 비판 대상이 된 두 사상가 전체를 묶어서 가리키는 표현이다. 따라서 지시 대상이 같은 것끼리 묶인 것은 ④이다.

12. ③ 【해설】 독서
3문단에서 정철이 한자어와 고유어를 조화롭게 혼합하여 음악적 리듬감과 회화적 생동감을 동시에 부여했다고 명시하고 있다.
① 1문단에 따르면 자연 묘사뿐만 아니라 충성심과 소명 의식을 함께 담고 있다.
② 2문단에 의하면 전반부는 초월적 욕망(신선 세계)을, 후반부는 현실적 면모를 주로 담고 있으므로 앞뒤 설명이 바뀌었다.
④ 1문단에서 화자가 압도되고 감격하는 과정을 담고 있다고 했으므로, 감정적 개입을 철저히 배제했다는 설명은 적절하지 않다.

13. ④ 【해설】 어휘
‘노출’은 주로 감추어져야 할 것이 드러나거나 위험에 노출되는 상황에 쓰이므로, 긍정적이거나 중립적인 성품·면모를 나타낼 때는 ‘표출(表出)하다’가 더 자연스럽다.
① 일컬어진다 ≒ 칭(稱)해진다: 어떤 이름으로 불리거나 평가받는다는 의미로 적절하다.
② 펼쳐 낸다 ≒ 전개(展開)한다: 이야기나 내용을 차례로 풀

어 나간다는 의미로 적절하다.
③ 가닿고 늑 도달(到達)하고: 어떤 지점이나 상태에 이른다는 의미로 적절하다.

14. ③ 【해설】신유형

> (가) (원자재 급등∧~환율 대책) → 제조 원가 상승
> 　 ≡ ~제조 원가 상승 → (~원자재 급등∨환율 대책)
> (나) 제조 원가 상승 → 소비자 가격 인상
> 　 ≡ ~소비자 가격 인상 → ~제조 원가 상승
> (다) ~소비자 가격 인상
> ---
> [결론] ~소비자 가격 인상 → ~제조 원가 상승 → (~원자재 급등∨환율 대책)

⇒ (다)에 따라 소비자 가격이 인상되지 않았으므로, (나)의 대우에 의해 제조 원가는 상승하지 않았다. 이를 다시 (가)의 대우에 대입하면 '원자재 가격이 급등하고 환율 안정 대책이 마련되지 않았다'는 조건 자체가 부정되어야 한다. 드모르간의 법칙에 의해 '원자재 가격이 급등하지 않았거나(~원자재 급등), 환율 안정 대책이 마련되었다(환율 대책)'는 결론이 도출된다. 따라서 정답은 ③이다.
① 원자재 가격이 급등하지 않았을 가능성이 있지만, 환율 대책이 마련되어 원가 상승을 막았을 수도 있으므로 '반드시' 그렇다고 단정할 수 없다.
② 환율 안정 대책이 마련되었을 가능성이 있지만, 원자재 가격 자체가 급등하지 않아 원가가 유지되었을 수도 있으므로 확정적 결론은 아니다.
④ '~하거나'가 아닌 '~하고'로 연결되었다. 두 조건이 모두 충족되어야만 가격 인상이 억제되는 것은 아니므로(둘 중 하나만 충족되어도 됨), 논리적으로 과잉 추론에 해당하여 적절하지 않다.

15. ② 【해설】신유형

> (1) (~A∧~B) → C
> 　 ≡ ~C → (A∨B)
> (2) (C∨D) → ~E
> 　 ≡ E → (~C∧~D)
> (3) ~E → ~F
> 　 ≡ F → E
> (4) 사실: F (경전철 F 운행)
> (5) (?), ~A (지하철 A 미운행)
> ---
> [결론] 버스 B노선 운행

⇒ (4)에 따라 경전철 F가 운행되므로, (3)의 대우에 의해 지하철 E가 운행된다. 지하철 E가 운행되면 (2)의 대우에 의해 트램 C와 버스 D는 모두 운행되지 않는다. 트램 C가 운행되지 않으므로 (1)의 대우에 따라 '지하철 A 또는 버스 B' 중 하나는 반드시 운행되어야 한다. 이때 결론 ⊙인 '버스 B가 운행된다'가 참이 되려면 선언지 제거법에 의해 ② (지하철 A선은 운행되지 않는다)가 추가 전제로 필요하다.
① 지하철 A가 운행된다는 전제가 추가되면 'A 또는 B' 조건은 만족하지만, 버스 B가 반드시 운행되어야 할 논리적 근거는 사라진다.
③ 버스 D가 운행된다는 사실은 (2)의 전제 조건(C∨D)을 만족시켜 '지하철 E가 운행되지 않는다'는 결론을 내게 되므로, 주어진 사실(4)과 모순된다.
④ 버스 D가 운행되지 않는다는 사실은 추론 과정(단계 E→(~C∧~D))에서 이미 알 수 있는 확정된 정보이므로, ⊙을 이끌어내기 위한 '추가' 전제로는 적절하지 않다.

16. ④ 【해설】신유형

> [갑의 전제] 운동 → 건강 → 삶의 질 높음
> 　 ≡ ~삶의 질 높음 → ~운동
> [갑의 결론] 삶의 질 높음 → 운동
> ---
> [을의 대화] ~운동 → ~삶의 질 높음
> 　 ≡ 삶의 질 높음 → 운동

⇒ 갑이 제시한 전제들은 '운동을 하면 삶의 질이 높아진다'는 사실만을 보장한다. 그러나 '삶의 질을 높이고 싶다면 운동이 답이다'라는 결론은 명제의 역인 '삶의 질이 높은 사람은 모두 운동을 한 결과이다.'라는 의미를 내포한다. 논리학에서 본래 명제가 참이라고 해서 그 역이 반드시 참인 것은 아니므로, 이 결론이 타당해지려면 역에 해당하는 '삶의 질이 높은 사람은

모두 운동을 꾸준히 한다'는 추가 전제가 필요하다.
① 삶의 질 높음 → 건강: 전제의 역에 해당하며, 이것만으로는 '운동'과의 직접적인 결론을 도출하기 부족하다.
② 건강∧~삶의 질 높음: 갑의 전제를 부정하는 사례(반례)가 존재할 수 있음을 의미하므로, 오히려 갑의 논리 기반을 약화시킨다.
③ ~건강 → ~삶의 질 높음: 전제의 역으로 '삶의 질 높음 → 건강'과 같은 의미이나, 역시 최종 결론인 '운동'으로의 연결 고리가 빠져 있다.

17. ③ 【해설】국어문법
'찻잔'의 '차'는 순우리말로 취급하므로, '찻잔'은 한자어끼리의 합성어가 아니라 '순우리말과 한자어'가 결합한 합성어에 해당한다. 따라서 이는 한자어 예외 규정(6개 단어)에 의해 사이시옷을 적는 것이 아니라, 사이시옷의 일반적인 표기 원칙에 따라 적는 것이다. 그러므로 '찻잔'을 한자어끼리의 합성어이자 예외 규정 사례로 설명한 ③번은 적절하지 않다.
① '냇가'는 순우리말(내)과 순우리말(가)의 합성어이며 [내까]로 소리가 변하므로 사이시옷을 적는 것이 맞다.
② '전세방(傳貰房)'은 한자어와 한자어의 결합이며, 지문이 제시한 6개의 예외 목록에 포함되지 않으므로 사이시옷을 적지 않는 것이 맞다.
④ '툇마루'는 한자어 '퇴(退)'와 순우리말 '마루'의 결합으로, 적어도 하나가 순우리말이므로 사이시옷 표기 대상이다.

18. ③ 【해설】국어문법
지문에 따르면 비통사적 합성어는 용언의 어간이 어미 없이 직접 다른 어근과 결합하는 경우 등을 말한다. 선택지 ③의 '어린이'는 형용사 어간 '어리-'에 관형사형 어미 '-(으)ㄴ'이 결합하여 뒤의 체언 '이'를 수식하는 형태이므로, 국어의 정상적인 문장 구성 방식을 따르는 통사적 합성어에 해당한다. 따라서 ⊙의 사례로 적절하지 않다.
① '검붉다'는 어간 '검-'과 '붉-' 사이에 연결 어미(-고)가 생략된 채 결합한 비통사적 합성어이다.
② '날뛰다'는 어간 '날-'과 '뛰-' 사이에 연결 어미(-아/-어)가 생략된 채 결합한 비통사적 합성어이다.
④ '굳세다'는 어간 '굳-'과 '세-' 사이에 연결 어미(-고)가 생략된 채 결합한 비통사적 합성어이다.

19. ③ 【해설】독서
⊙ (○): 동물원 출신 동물의 야생 생존율이 낮다는 것은, 동물원이 동물을 다시 자연으로 돌려보내는 '근본적 해결책'이 되지 못한다는 것을 의미한다. 이는 동물원이 동물의 권리를 온전히 회복시키지 못한다는 갑의 회의적 입장을 뒷받침(강화)한다.
ⓒ (○): 야생에서 멸종된 종이 동물원 덕분에 유지되고 있다는 사실은, 동물원이 서식지 파괴로부터 종의 멸종을 막는 마지막 보루 역할을 한다는 을의 논거를 실증적으로 강화한다.
②, ④ ⓒ (✕): 동물원 번식 프로그램이 서식지 보전보다 개체 수 회복률이 높다는 결과는, 서식지 투자가 더 효과적이라는 갑의 주장을 직접적으로 약화한다. 반면, 이는 동물원의 보호 기능을 강조하는 을의 입장에는 강화 요인이 되므로 '모두 약화'라는 평가는 적절하지 않다.

20. ① 【해설】독서
지문의 핵심 논거인 퍼트넘의 연구 결과를 반박한다. 사회적 신뢰 저하의 실질적 원인이 인종적 다양성이 아닌 '경제적 빈곤'임을 밝힘으로써 지문의 논리적 기초를 무너뜨린다.
② 초기 사회적 갈등이나 결속력 약화 현상 자체를 부정하는 것은 아니므로, 단기적 유입 속도 조절이 필요하다는 지문의 결론을 직접적으로 약화하지 못한다.
③ 지문은 '사회적 자본'의 문제를 다루고 있으나, 이 선지는 '경제적 자본'의 효용성을 다루고 있어 논의의 쟁점이 다르다.
④ 다양성이 높아질수록 공동체 참여가 저조해진다는 지문의 '움츠러들기 효과'를 뒷받침하는 사례이므로, 논지를 약화하는 것이 아니라 오히려 강화한다.

영　어

출제교수: 김세현 교수님

1. ① 【해설】
integral은 '필수적인'의 뜻으로 이와 가장 가까운 유의어는 ① essential이다.
【해석】
농사 기술의 확산 이후에 아시아의 많은 사람들에게 쌀은 필수적인 요소 중 하나이다.
【어휘】
integral ①필수적인 ②완전한 ③내장된　component (구성)요소, 부품　dissemination 보급, 확산　essential 필수적인　demanding 힘든, 고된　disposable 1회용의, 1회용 용품　vulnerable 취약한, 공격받기 쉬운

2. ① 【해설】
반대·대조의 signal but을 이용해서 빈칸을 추론할 수 있다. but 앞에 전통철학자의 내용이 있고 but 다음에 종교 개혁의 언급이 있으므로 빈칸에 들어가기에 가장 적절한 것은 ① convention이다.
【해석】
전통적으로, 고대 철학자들은 왕과 신을 일상의 중심에 놓는 방식을 고집했지만 종교 개혁은 이러한 전통을 상당히 바꿔놓았다.
【어휘】
traditional 전통적인　philosopher 철학자　Protestant Reformation 종교개혁　significantly 상당히, 크게, 현저히　convention ①전통, 관습 ②회의, 협약　originality 독창성　innovation 혁신　precision 정밀성, 정확성

3. ② 【해설】
겨울방학을 불규칙하게 보낸 것에 대한 후회와 부지런한 삶을 살겠다는 표현이 뒤에 이어져야 하므로 빈칸에 들어갈 말로 가장 적절한 것은 ② industrious이다.
【해석】
나는 정말로 게으르고 불규칙한 겨울 방학을 보낸 것을 후회한다. 나는 부지런하고 근면한 삶을 살 것이다.
【어휘】
regret+ⓥ-ing -했던 것을 후회하다　irregular 불규칙적인　indolent 게으른, 태만한　diligent 부지런한, 근면한　industrious 부지런한, 근면한　affordable (가격이)적당한, 알맞은　appropriate 적당한, 적절한　considerable 상당한, 꽤 많은

4. ④ 【해설】
선행사가 사물명사 origin이므로 관계대명사 which가 필요하고 또한 부분주어 some of 다음 which는 앞에 있는 단수명사 origin을 대신하므로 단수동사 derives가 빈칸에 있어야 한다. 따라서 빈칸에 들어갈 말로 가장 적절한 것은 ④ 'which derives'이다.
【해석】
각각은 신화적 기원을 가지고 있는데 그 중 몇 가지는 그리스 신화로부터 나온 것이다.
【어휘】
mythological 신화의, 신화적인　origin 기원, 근원　Greek 그리스　derive form ~로부터 유래하다, 기원하다　mythology 신화

5. ③ 【해설】
빈칸 다음 문장구조가 불완전(doing의 목적어가 없다)하고 또한 빈칸 앞에 선행사가 없으므로 빈칸에 들어가기에 가장 적절한 것은 ③ 'in what'이다.
① 앞에 선행사가 없으므로 that은 접속사로 사용되어야 하고 접속사 다음 문장구조는 완전해야 하므로 정답이 될 수 없다.
② 관계대명사 which 앞에 선행사가 없으므로 정답이 될 수 없다.

④ 관계대명사 in which 앞에 선행사가 없으므로 정답이 될 수 없다.
【해석】
나는 해외에서 해 오던 것을 끝내야 할 의무로부터 벗어날 수 없었다.
【어휘】
evade 피하다　duty 의무　abroad 해외에서, 해외로

6. ④ 【해설】
Dan의 칭찬에 대한 감사를 표하고 그 다음 Dan의 '특히 유인물'이라는 말이 이어지므로 빈칸에 들어가기에 가장 적절한 말은 ④ '그것이 유익했길 바라'이다.
【해석】
Dan: 발표 훌륭했어.
Sue: 고마워. 그것이 유익했길 바라.
Dan: 정말, 유익했어. 특히 프린트물이
Sue: 실제로, 프린트물에 많은 노력이 들어갔어.
① 그것이 너무 길까봐 유감이야.
② 그것이 좋지 않았지?
③ 나는 네가 너무 까다롭다고 생각해.
【어휘】
presentation 발표　handout 유인물　effort 노력, 수고　lengthy 긴, 장황한　picky 까다로운　informative 유익한, 정보를 제공하는

7. ④ 【해설】
수리비에 많은 돈을 썼다는 아쉬움과 적당한 가격의 차를 찾아보자는 A의 말에 B가 동의하고 있으므로 대화의 흐름상 빈칸에 들어가기에 가장 적절한 말은 ④ '그게 딱 내가 생각하던 거야'이다.
【해석】
A: 만약 새 차가 있다면, 수리비에 그렇게 많은 돈을 쓰지 않을 텐데.
B: 그게 딱 내가 생각하던 거야.
A: 어쩌면 적당한 가격의 차를 찾아봐야 할지도 몰라. 어떻게 생각해?
B: 좋은 생각이야. 먼저 온라인에서 확인할까, 아니면 대리점에 가볼까?
A: 우선 가격을 비교하기 위해 온라인부터 시작하자. 대리점에 가기 전에 선택지를 좁힐 수 있을 거야.
B: 똑똑한 생각이야.
① 많은 돈을 쓰지 않았어
② 그건 필요 없을 것 같아
③ 우리는 중고차를 샀어야 했는데
【어휘】
repair 수리　look for 찾다, 구하다　affordable 가격이 적당한, 알맞은　dealership 자동차 판매소, 대리점　compare 비교하다　narrow down 좁히다

8. ② 【해설】
주어진 글은 친환경적인 출퇴근을 장려하는 자전거 이벤트와 관련된 안내문으로 이 글의 제목으로 가장 적절한 것은 ② '친환경적인 출퇴근을 위한 도시 행사'이다.
① 자전거를 올바르게 관리하는 방법에 대한 안내
③ 추첨에서 쉽게 당첨되는 방법에 대한 팁
④ 자전거 교통의 역사

9. ② 【해설】
행운권 추첨은 행사 홈페이지에서 라이브로 방송될 것이라는 언급이 있으므로, 안내문의 내용과 일치하는 것은 ②이다.
【해석】
이 행사는 사람들이 더 친환경적인 방식으로 출퇴근하도록 장려하기 위해 기획되었습니다. 참가자들은 도시를 자전거로 이동하시면서 소소한 보상을 즐기실 수 있습니다. 또한 하루 동안 다양한 경품을 받을 기회도 제공됩니다.
5월 4일 월요일
- 환영 부스 운영 시간: 오전 7시~오전 9시

- 행운권 추첨: 오후 5시
세부 내용
- 도시 곳곳 열 군데의 환영 부스로 자전거를 타고 오세요!
- 커피와 간식을 무료로 받으세요.
- 여러분의 이름, 전화번호, 주소를 써서 행운권 추첨에 참여하세요.
- 행운권 추첨 발표를 기다리세요!
(추첨 결과는 우리 행사 홈페이지에서 라이브로 방송될 것입니다.)
- 집으로 상품이 배달되게 하세요!
상품
- 일등상: Cosmos 전기 자전거 1대 (2천 달러 상당)
- 50명에게 티셔츠
- 100명에게 물통
- 500명에게 피자 쿠폰
무료 자전거 도로 지도와 더 많은 정보를 위해서 우리 행사 홈페이지인 www.biketowork_2023.go.ca를 방문하세요.
【어휘】
commute 통학(통근)하다 eco-friendly 친환경적인 reward 보상 greeting station 환영 부스 operation 운영 draw 추첨 *lucky draw: 행운권 추첨 pedal 페달을 밟다 for free 무료로, 공짜로 announcement 발표 broadcast 방송하다 route 도로, 길 maintain 유지하다

10. ④ 【해설】
인터넷 연결 속도 및 안정성에 따라 비디오 화질이 자동으로 조정될 것이라고 했으므로, 안내문의 내용과 일치하지 않는 것은 ④이다.
【해석】
Heavenly Band가 사랑하는 팬들을 위해 준비한 특별한 온라인 스트리밍 행사가 곧 다가옵니다! 이번 흥미로운 행사는 그룹의 최신 히트곡뿐만 아니라 초기의 향수를 불러일으키는 곡들까지 공연으로 선보이며, 팬들이 집에서 편안하게 그들의 음악 여정 전체를 즐길 수 있도록 합니다. 좋아하는 곡들을 경험하고 그들의 음악적 유산을 잊을 수 없는 방식으로 기념할 이 기회를 놓치지 마세요!
· **일시**: 10월 21일 토요일
· **시간**: 오후 7시~오후 9시(한국 표준시)
· **티켓 가격**
  팬클럽 회원 26달러
  팬클럽 비회원 35달러
· **세부 정보**
- 화면 한쪽에는 팬들을 위한 실시간 대화창이 보일 것입니다.
- 인터넷 연결 속도 및 안정성에 따라 비디오 화질이 자동으로 조정될 것입니다.
· **공지**
- 해당 지역의 시작 시각을 확인하세요. 예) 태평양 표준시(미국): 오전 3시 / 호주: 오후 9시
- 자막은 한국어, 영어, 일본어, 중국어 4개 언어로 이용할 수 있습니다.
【어휘】
beloved 사랑하는 be around the corner 곧 다가오다, 임박해 있다 feature 선보이다 nostalgic 향수를 불러일으키는 journey 여정 opportunity 기회 legacy 유산 Standard Time 표준시 chatbox 대화창 visible 보이는 automatically 자동으로 adjust 조정하다 stability 안정성 region 지역 subtitle 자막

11. ③ 【해설】
이 글은 가족을 떠나 일을 해야 하는 남자가 회사를 관두겠다는 내용의 글이므로 글의 목적은 ③ '현재 직장에서 사직하기로 한 결정을 알리려'이다.
① 한 장소에 너무 오래 머문 것에 대해 사과하려고
② 회사로부터 좋은 대우를 받은 것에 대해 감사하려고
③ 현재 직장에서 사직하기로 한 결정을 알리려고
④ 잦은 출장으로 인해 가정생활을 소홀히 한 것에 대해 항의하려고

12. ② 【해설】
문맥상 agony는 '고통'의 뜻으로 이와 가장 가까운 유의어는 ② 'pain'이다.
【해석】
당신이 내 문제를 분명히 알고 있을 거라고 확신합니다. 한 번에 몇 주씩 길 위에 있다는 것이(여행을 해야 하는 것이) 내게는 많은 어려움을 초래합니다. 만약 내가 독신이거나 비록 결혼은 했어도 자식이 없다면 상황은 전적으로 달라졌을 것이라고 생각합니다. 하지만 두 명의 자식이 있기 때문에 여행은 내게 진정한 고통이 되고 있고, 특히 나의 아내 Gretchen에게는 (더더욱 그러하답니다). 여행을 할 때마다 내 가족과 또 다시 헤어져야 한다는 것이 내게는 점점 더 어려움으로 다가오고 있습니다. (물론) 지금은 진정으로 아무 계획도 없습니다. (지금은) 내가 하고 싶은 것에 대해 생각할 시간이 필요할 뿐입니다. 내가 어떤 다른 일을 한다 하더라도 그 일은 내가 한 군데 정착할 수 있는 그런 일이 될 겁니다. 당신이 내게 해 주신 모든 것에 감사드립니다. 나는 진정으로 어떤 다른 회사나 매니저로부터 (당신이 해 주었던 것보다) 더 좋은 대접을 받을 수 있을 것이라고는 생각하지 않습니다.
【어휘】
be aware of~ ~을 알다(알아차리다), 인식하다 plight 어려움(= trouble), 역경(= hardship, setback) entire ①전반(전체)적인(= whole) ②완전한(= whole) represent ①나타내다(보여주다) ②대표하다 ③상징하다(= stand for) agony 고통, 고난 increasingly ①점점 더, 갈수록 더 ②끊임없이 away ①(멀리)떨어져서 ②한 장소에서 다른 곳으로 tear ①눈물 ②찢다(tear-tore-torn) anchor ①닻 ②고정시키다 ③정박하다 ④(뉴스)앵커 treatment ①치료 ②대접 ③취급 appoint ①(시간, 장소를)정하다 ②임명(지명)하다 resign 사임하다, 그만두다

13. ④ 【해설】
주어진 지문은 은행 지점의 일시적 폐쇄로 새로운 지점에 고객들이 올 것을 요청하는 내용의 글이므로 이 글의 목적으로 가장 적절한 것은 ④이다.
【해석】
존경하는 고객님, Cypress Lane 1400번지에 위치한 Silverlake 은행이 6월 5일부터 6월 15일까지 예정된 보수공사로 임시 운영 중단됩니다. 이 기간 동안 원활한 은행 업무를 돕기 위해 우리는 여러분에게 Willow Avenue 205번지에 있는 우리의 새로운 지점을 소개합니다. 해당 지점은 추가 방문객을 수용하기 위해 확장 서비스를 제공합니다. 이 대체 지점을 방문해 주세요. 저희 팀은 고객님께 더 나은 은행 이용 경험을 제공해 드리기 위해 공사를 최대한 신속히 완료하고자 열심히 노력하고 있습니다. 추가 지원은 1-800-BANK-NOW으로 연락하시거나 www.silverlakebank.com을 방문하세요. 항상 고객님의 만족을 최우선으로 생각합니다. 진심을 담아 드립니다.
【어휘】
valued 소중한 client 고객 located 위치한 temporarily 일시적으로 due to ~ 때문에, ~로 인해 scheduled 예정된 renovations 보수공사 time 기간 smooth 원활한 operation 운영, 업무 (you) guys 여러분 branch 지점 offer 제공하다 extended 확장된 drop by 방문하다 substitute 대체의, 대체하는 diligently 부지런히 quickly 신속히 provide 제공하다 improved 개선된 additional 추가의 priority 우선순위, 최우선 사항

14. ② 【해설】
② 본문 4번째 문장에서 South Jersey는 풍부한(plenty of) limestone이 있다고 했으므로 부족(scant)하다는 표현은 내용과 일치하지 않는다.
① 본문 2번째 문장에서 영국인들이 원자재(commodity)가 풍부한 New Jersey로 이동했다 했으므로 내용과 일치한다.
③ 본문 6번째 문장에서 독일 태생 제조업자가 최초로 성공적인 유리 공장을 세웠다고 했으므로 내용과 일치한다.
④ 본문 8번째 문장에서 Wistar's company가 South Jersey 유형의 요람으로 중요하다고 했으므로 내용과 일치한다.

【해석】
많은 영국인들은 신세계에서 그들의 유리산업을 하고 싶어 했다. 그들은 원자재가 많은 New Jersey로 이동했다. 특히 South Jersey는 유리를 만드는 데 쓰이는 실리카나 고운 백사인 규토가 있었다. 게다가 유리제작에 필요한 석회암이 풍부하게 공급되었다. 하지만 미국에서의 초창기 유리산업은 기술 부족과 낮은 경제 여건으로 인해 발전하지 못했다. 몇 개의 유리 공장이 식민지에서 운영되긴 했지만 독일에서 태어난 제조업자 Caspar Wistar는 1973년 New Jersey Salem County에 최초로 성공적인 유리공장을 세웠다. 특색 있는 테이블과 유리제품이 만들어지기 시작했다. 1760년경에 Wistar Glass Works로 알려진 이 회사는 플라스크, 유리병 그리고 양념 단지를 제조하게 되었다. Wistar의 회사는 오늘날 South Jersey 타입으로 알려진 미국 유리산업의 요람으로서 중요하다. 그 유리제품은 고유한 디자인으로 만들기 위해 정제된 유리를 이용하는 개별 유리세공인들의 작품이다. 그들의 창의력은 Wistar를 정제 유리 디자인으로 성공하게 만들었다. Wistar는 뿐만 아니라 응용 유리와 패턴 주조에서도 성공적이었다.
① 유리공들이 New Jersey로 이주한 이유는 원자재를 얻기 위함이었다.
② South Jersey는 유리 제작에 사용되는 석회암의 공급이 늘 부족했다.
③ 독일태생 제조업자는 미국에 처음으로 성공적인 유리 공장을 세웠다.
④ South Jersey 유형으로 알려져 있는 미국 유리는 Wistar회사에서 유래했다.
【어휘】
be eager to ⓥ ⓥ하기를 간절히 바라다 commodity ① 상품 ② 원자재(＝raw material) abundant 풍부한 ample 충분한, 풍부한 process 가공하다 limestone 석회석 colony 식민지 manufacturer 제조업자 distinctive 특색 있는, 다른 glassware 유리 제품 spice 양념 refined 정제된 molding 주형 cradle 요람 glassblower 유리공

15. ③ 【해설】
주어진 지문은 달에서 우주비행사들이 발견한 두 개의 돌에 관한 내용의 글이므로 이 글의 제목으로 가장 적절한 것은 ③ '달의 두 가지 종류의 돌'이다.
【해석】
달의 토양에 더해서, 우주비행사들은 달의 표면으로부터 basalt, breccia라는 두 가지 돌을 모았다. 현무암은 식고 단단해진 화산의 용암으로 지구에 흔한 것이다. 현무암이 극도로 높은 온도에서 형성된 이후, 이런 유형의 돌의 존재는 달의 온도가 한때는 극도로 뜨거웠다는 표시가 된다. 우주 비행사들에 의해 가져와진 다른 종류의 돌인 각력암은 달의 표면에 떨어지는 물체가 충돌하면서 형성되었다. 두 번째 유형의 돌은 충돌의 힘에 의해 함께 압축된 돌의 작은 조각들로 이루어져 있다.
① 우주비행사의 달에서의 발견
② 우주비행사의 달로의 도전
④ 달에서의 화산의 움직임
【어휘】
in addition to ~이외에도 soil 토양 astronaut 우주비행사 basalt 현무암 breccia 각력암 harden 단단하게 하다 volcanic 화산의 lava 용암 extremely 극도로 indication 암시, 나타냄 impact 충돌(하다) compress 압축하다 extremely 극도로 roasting ①구운 ②(살이 타는 듯이)더운 meteor 유성

16. ④ 【해설】
(C)에 This는 제시문의 'let others be their guide'를 대신하고 문맥상 (B)에 They는 (C)에 sheep을 대신하므로 주어진 글의 순서로 가장 적절한 것은 ④ (C)-(B)-(A)이다.
【해석】
인생에서 가장 큰 책임 회피 행위 중 하나는 선택하는 것을 피하는 것이다. 선택하지 않는 것은 우리를 위험 상황에서 구해줄 수 있다. 어떤 사람이 선택하는 것을 피할 수 있는 한 가지 방법은 다른 사람들로 하여금 어떻게 살아야 하는지에 대해 자신의 길잡이가 되게 하는 것이다. (C) 이것이 19세기 철학자 니체가 무리의 심리라고 부르는 것이다. 양을 지켜봄으로써 유용한 실례를 얻을 수 있다. 전에 내 친구 한 명이 양은 무리로부터 분리될 때 정말로 어리석게 될 뿐이라고 언급한 적이 있다. (B) 양은 자기 자신만의 지침이 전혀 없어서 앞장 선 양을 따라가는데, 그 양도 대개 자신이 어디로 가고 있는지를 전혀 알지 못한다. 양은 유전적으로 무리를 지어 움직이도록 되어 있다. (A) 이는 늑대가 나타날 때에 대비하여 어느 정도 안전을 제공하기 때문에 보호 기능을 갖는다. 여러분이 100마리의 양 떼 속에 있다면 잡아먹히지 않을 가능성이 있다. 그 무리를 떠난다면 여러분은 잡아먹힐 것이 확실하다.
【어휘】
function 기능 safety 안전 flock 무리 the odds are (that) ~ ~할 가능성이 있다 certainty 확실성 principle 원리 generally 일반적으로 head (특정 방향으로) 가다[향하다] program ~ to do ~을 …하게 하다, ~을 …하도록 길들이다 genetically 유전적으로 operate 움직이다 philosopher 철학자 mentality 심리, 사고방식 herd 무리, 떼 illustration 실례, 사례 state 언급하다 stupid 멍청한, 어리석은 separate 분리하다, 떼어내다

17. ④ 【해설】
시간순서전개방식을 이용해야 한다. ③에 히달고가 수만 명의 멕시코 국민들을 저항군으로 모았고 ④에서 패전과 체포되었다는 내용이 이어지므로 주어진 문장이 들어가기에 가장 적절한 곳은 ④이다.
【해석】
히달고는 토마스 제퍼슨과 프랑스 혁명을 이끌었던 지도자들을 연구했던 헌신적인 학자였다. 이 혁명적인 글들은 그로 하여금 멕시코의 자유는 당연하다는 것을 알게 만들었다. 그는 또한 가난하고 짓밟힌 멕시코 국민들에게 큰 연민을 가졌고 그래서 그들 가운데 일하면서 그들의 존경과 충성을 얻어냈다. 1810년에 히달고는 수만 명의 멕시코 국민들을 저항군으로 모았고, 그리고 나서 여러 번 히달고의 군대는 스페인의 소규모 부대를 무찔렀다. 하지만 저항군들은 훈련되지 않았고 부실하게 무장한 상태였기 때문에, 그들의 성공은 오래 지속되지 않았다. 큰 전투에서 히달고는 패전하고 1811년 1월에 체포되었다. 그는 자신의 손을 심장위에 놓으면서 그렇게 해서 사격분대가 더 좋은 목표물을 가질 수 있도록 죽음을 용감히 받아들였다.
【어휘】
last 지속되다 rebel 반역하다, 저항하다 *rebel force(army) 저항군 arm ①무장하다 ②무기 dedicate 헌신하다 scholar 학자 revolution 혁명 convince 확신시키다, 납득시키다 sympathy 동정, 연민 earn 얻다 loyalty 충성 defeat 패배시키다, 물리치다 Spaniard 스페인 사람 capture 사로잡다, 포획하다 face 직면하다 bravely 용감함 firing squad 사격분대 *squad (경찰)반(계), (군대의)분대 aim 목표

18. ③ 【해설】
주어진 지문은 정직이 우리의 기본 가치이지만 때론 선의의 거짓말도 필요하다는 내용의 글이므로 '선의의 거짓말보다는 정직한 대화가 필요하다는 ③은 전체 글의 흐름에서 벗어난다.
【해석】
우리가 관념적으로 가치 있다고 주장하는 것 중 어떤 것은 사실상 우리 일상 경험의 특성을 나타내지 않을 수 있다. 예를 들어, 우리는 '정직'과 '열린 의사소통'이 어떤 굳건한 관계에서도 기본적인 가치라고 말한다. 하지만 여러분이 잠재적 연인에게 그 사람이 자신에 대해 기분이 더 좋을 수 있도록 얼마나 여러 번 거짓말했는지에 대해 생각해 보라. 마찬가지로, 모든 부모는 산타클로스가 오는 것에서부터 만약에 아이들이 완두콩을 먹지 않는다면 발생할 수 있는 끔찍한 것들까지의 모든 것에 대해 아이들에게 거짓말하는 것이 아이 양육에 있어서 중요한 요소라는 것을 알고 있다. (이것은 대부분의 부모가 맹목적 사랑보다 훈육에 더 가치를 두기 때문이고, 그러므로 선의의 거짓말보다는 정직한 대화가 부모와 자녀 사이의 견고한 관

계 형성에 더 나은 도구이다.) 한 작가가 말했듯이 '만약 여러분의 삶에서 사랑을 원한다면, 여러분은 어느 정도의 거짓말을 하는 것과 어느 정도의 거짓말을 믿을 준비를 하는 편이 나을 것이다.'

【어휘】
insist on ~을 주장하다　abstract 추상적인　characterize 특징짓다　actual 실질적인　fundamental 기본적인　prospective 장래의, 장차 ~가 될　pea 완두콩　component (구성)요소　bring up 기르다, 양육하다　discipline 훈육, 규율　blind 맹목적인　solid ①고체의 ②견고한　as A put it A가 말했듯이　prepare 준비하다

19. ①【해설】
주어진 지문은 앞으로 할 일에 대한 결정이 과거에 이미 한 일들의 영향을 받는다는 내용의 글이므로 빈칸에 들어가기에 가장 적절한 것은 ① '과거의 행위'이다.
【해석】
매우 자주 미래에 대한 우리의 결정은 과거의 행위에 의해 짓눌린다. 사람들은 자신들이 그 일을 즐기거나 미래에 즐기게 될 거라고 기대해서가 아니라 학교에 투자한 시간과 돈 때문에 불만족스런 직업에 남아 있고, 우리는 등장인물에 어떻게 살아가는지를 보고 싶어서가 아니라 이미 지금까지 이만큼이나 읽어왔기 때문에 형편없는 책을 다 읽으며, 좋은 영화여서가 아니라 표를 샀기 때문에 지루한 영화를 끝까지 앉아서 본다. 똑같은 동기가 돈에 대한 우리의 결정에도 영향을 끼친다. 우리는 차에 매우 많은 돈을 썼기 때문에 차 수리에 더 많은 돈을 쓰고, 이미 매우 많은 돈을 썼기 때문에 테니스 레슨에 계속해서 돈을 쓴다. 우리는 그것(잘못된 투자)들에 얼마나 많은 돈을 썼는지를 극복하지 못하고 그 잘못된 투자가 '마지막'이 되게 하는 것을 견디지 못하기 때문에 잘못된 투자에 매달린다.
② 사람들의 기대
③ 투자 가능성
④ 일상생활의 지루함
【어휘】
factor 요소, 요인　bear on ~와 관계가 있다　adjustment 적응　intrinsic 내재된, 고유한　manipulate 조종하다, 다루다　humble 겸손한　nonjudgmental 개인적 판단을 피하는　premature 미숙한　conclusion 결론　close off ~을 차단하다　profound 심오한, 깊은　variable 변수　enhance 향상시키다, 높이다　adjust 조정하다

20. ①【해설】
In other words(즉, 다시 말해서)를 기준으로 앞 뒤의 내용이 동일한 내용이 이어져야 하므로 빈칸에 들어가기에 가장 적절한 것은 ① '능가하다'이다.
【해석】
체형은 사람들이 어떻게 살아가느냐의 지표로서 아무런 쓸모가 없었다. 출생 순서나 정치적 제휴도 그러했다. 심지어 사회 계급도 제한적으로 영향을 미쳤을 뿐이었다. 그러나 따뜻한 어린 시절을 보낸 것이 영향이 컸다. 그것은 잘 자란 그 사람들이 완벽한 어린 시절을 보냈기 때문은 아니었다. 오히려 Vaillant가 말하듯이 "올바른 것이 잘못된 것보다 더욱 중요하다." 즉, 다시 말해서, 사랑하는 한 명의 친척, 멘토 또는 친구를 사랑하는 것의 긍정적인 효과는 일어나는 나쁜 것의 부정적인 영향을 능가하는 것이다.
【어휘】
of no use 쓸모없는(= useless)　predictor 지표　birth order 출생 순서　affiliation 제휴, 연합　class 계급　warm 따뜻한　childhood 어린 시절　flourish 번창하다, 성공하다　rather 오히려　put it 말하다, 언급하다　In other words 즉, 다시 말해서　relative 친척　surpass 능가하다, 뛰어넘다　esteem 존중하다, 존경하다　reinforce 강화시키다

한 국 사

출제교수: 노범석 교수님

1. ① 【해설】무령왕
제시된 자료의 밑줄 친 '백제 왕'은 무령왕을 일컫는다.
① 무령왕은 22담로를 설치하고 왕족들을 파견하였다.
② 백제 성왕, ③ 침류왕 때의 일이다.
④ 고구려 장수왕에 대한 설명이다.

2. ① 【해설】신석기 시대
제시된 자료의 유적들은 신석기 시대의 대표적인 유적지이다
① 신석기 시대에 대한 설명이다.
②, ③ 청동기 시대에 대한 설명이다.
④ 구석기 시대에 대한 설명이다.

3. ③ 【해설】후삼국 시대
㉠ 궁예가 송악에 도읍을 정하고 후고구려를 세운 것은 901년의 일이다.
㉣ 918년 신하들의 추대 형식을 빌려 왕위에 오른 왕건은 국호를 고려라 하고, 송악으로 도읍을 옮겼다.
㉡ 발해가 거란에 의해 멸망 당한 것은 926년의 일이다.
㉢ 935년 신라의 경순왕은 왕건에게 스스로 항복하였다.

4. ① 【해설】대장경
제시된 자료의 ㉠은 현종 때에 간행된 초조대장경이고, ㉡은 재조 대장경(팔만대장경)이다.
① 초조대장경이 아니라 재조대장경(팔만대장경)에 대한 설명이다. 초조대장경은 몽골의 침입 때 불타 버렸다.
② 초조대장경은 거란의 침입에 대비하여 제작되었다.
③ 해인사 장경판전은 팔만대장경을 보관한 곳으로, 이는 조선 전기에 만들어진 것이다.
④ 재조대장경은 강화도 대장도감에서 조판되었다.

5. ① 【해설】발해 무왕
① 무왕이 아니라 선왕에 대한 설명이다. 발해 선왕은 영토를 확장하고 학문을 진흥시키는 등 발해의 전성기를 이루어 당나라로부터 '해동성국'이라는 칭호를 얻었다.
② 발해 무왕은 장문휴를 필두로 하는 수군을 보내 중국 산둥지방의 등주를 공격하였다.
③ 무왕은 돌궐, 일본과 우호관계를 맺으면서 당나라와 신라를 견제하였다.
④ 무왕은 영토 확장에 힘을 기울여 동북방의 여러 세력을 복속하고 북만주 일대를 장악하였다.

6. ② 【해설】고대의 문화
② 황룡사 9층 목탑은 신라 선덕여왕 때 건립되었다.
① 선덕여왕은 첨성대를 세워 천체를 관측하였다.
③ 신라는 돌무지 덧널무덤을 만들었다.
④ 정림사지에는 미륵사지 석탑을 계승한 정림사지 5층 석탑이 있다.

7. ② 【해설】조광조
제시된 자료는 중종 때 조광조를 비롯한 사림의 주장으로, 현량과를 실시하자는 내용이다.
② 조광조는 성리학을 중시하여 불교, 도교와 관련된 행사를 폐지(승과와 소격서 폐지)할 것을 주장하였다. 또한 언론 활동을 활성화하고 경연을 강화하였다.
① 김종직에 대한 설명이다.
③ 연산군 때의 일이다.
④ 조광조는 기묘사화 때 제거되었다.

8. ③ 【해설】전근대 시기의 군사 제도
㉡ 통일신라 시대에는 지방군으로 10정을 두었다.
㉠ 고려 시대의 중앙군에 대한 설명이다.
㉢ 조선 전기인 세조 때의 일이다.
㉣ 숙종 때 금위영이 설치됨에 따라 5군영 체제가 완성되었다.

9. ② 【해설】정부 수립 과정
제시된 자료는 1946년 6월 이승만의 정읍 발언이다.
② 1945년 8월 여운형 등을 중심으로 조선 건국 준비 위원회가 조직되었다.
① 1948년 4월의 일이다.
③ 1946년 10월의 일이다.
④ 반민족 행위 처벌법이 제정·공포된 것은 1948년 9월의 일이다.

10. ③ 【해설】조선의 대외 관계
3포 개항은 세종 때인 1426년, 을묘왜변은 명종 때인 1555년, 임진왜란은 선조 때인 1592년, 병자호란은 인조 때인 1636년의 일이다.
③ 광해군 때 명과 후금 사이에 실리적 중립외교가 실시되었다.
① 이종무의 쓰시마섬 정벌은 (가) 이전인 1419년의 일이다.
② 임시기구로 비변사가 설치된 건 중종 때의 일로 (가) 시기에 해당한다.
④ 효종 때의 일이다.

11. ② 【해설】이익
제시된 자료는 조선 후기의 학자인 이익에 대한 설명이다.
② '곽우록'과 '성호사설'은 이익의 저서이다.
① 유수원, ③ 박지원, ④ 정도전에 대한 설명이다.

12. ③ 【해설】대동법
③ 대동법의 시행으로 상공은 없어졌지만, 진상이나 별공은 그대로 남아 현물 징수가 완전히 폐지되지는 않았다.
①, ②, ④ 대동법에 대한 설명이다.

13. ① 【해설】세종
제시된 자료는 세종 대에 편찬된 「삼강행실도」의 서문이다.
① 세종은 공법(연분9등법과 전분6등법)을 실시하여 전세를 낮추고 공평하게 부과하였다.
② 태종, ③ 성종, ④ 세조에 대한 설명이다.

14. ④ 【해설】근대의 정치 상황
㉣ 1871년 신미양요 때의 일이다.
㉢ 1873년 최익현이 흥선대원군을 탄핵하는 상소를 올린 것을 계기로 흥선대원군이 하야하고, 고종이 친정을 시작하였다.
㉠ 1875년 운요호 사건에 대한 설명이다. 이 사건을 계기로 1876년 강화도 조약이 체결되었다.
㉡ 1881년의 일이다.

15. ④ 【해설】민족 말살 정책
만주사변은 1931년에 일어났으며, 태평양 전쟁은 1941년에 발발하였다.
④ 일제는 중일전쟁 이후 1938년 국가 총동원법 제정하였고 이듬해인 1939년에는 국민 징용령을 공포하여 한국인을 전쟁을 위한 노동자로 끌고 갔다.
① 일제는 무단 통치 시기인 1912년에 토지 조사령을 공포하여 토지 조사 사업을 추진하였다.
② 1905년의 일이다.
③ 1920년 일제는 문화 통치의 일환으로 동아일보와 조선일보 등 우리말 신문의 창간을 허용하였다.

16. ② 【해설】광복 이후의 정치적 상황
㉣ 조선 건국 준비 위원회 결성된 것은 1945년 8월의 일이다.
㉡ 좌우 합작 7원칙 발표 된 것은 1946년 10월의 일이다.
㉠ 제주도 4·3 사건은 1948년 4월에 발생하였다.
㉢ 반민족 행위 처벌법 제정은 1948년 9월의 일이다.

17. ② 【해설】신민회
제시된 자료와 관련된 단체는 신민회다.
② 신민회는 실력 양성 운동의 일환으로 평양에 대성학교와 정주에 오산학교를 건립하였다.
① 화폐 정리 사업은 신민회 결성 이전인 1905년에 실시되었다.
③ 독립협회, ④ 대한자강회에 대한 설명이다.

18. ② 【해설】김영삼 정부
　　제시된 자료는 14대 대통령인 김영삼 대통령의 취임사로, 밑줄 친 '정부'는 김영삼 정부를 일컫는다.
　　② 김영삼 정부는 금융거래의 투명성을 위해 금융실명제를 실시하였다.
　　① 전두환 정부 때의 일이다.
　　③ 1980년대 중반의 경제 상황으로, 김영삼이 대통령이 되기 이전의 일이다.
　　④ 전두환 정부 때의 일이다.

19. ③ 【해설】지역사(충주)
　　밑줄 친 이 지역은 충주이다.
　　③ 조선 시대 사고가 보관되었던 곳은 한성의 춘추관, 충주, 성주, 전주이다.
　　① 논산, ② 익산, ④ 안동에 대한 설명이다.

20. ① 【해설】의열단
　　제시된 자료는 신채호의 '조선혁명선언'으로, 의열단의 행동 강령으로 채택되었다.
　　① 1935년 의열단을 중심으로 중국 관내의 여러 단체들이 민족 독립운동의 단일 정당을 목표로 민족 혁명당을 결성하였다.
　　② 한인애국단에 대한 설명이다.
　　③ 이재명은 의열단원이 아니다.
　　④ 신간회에 대한 설명이다.

행 정 법
출제교수: 강성빈 교수님

1. ① 【해설】 행정작용법
행정기본법 제25조

> **행정기본법 제25조(인허가의제의 효과)**
> ② 인허가의제의 효과는 주된 인허가의 해당 법률에 규정된 관련 인허가에 한정된다.

② 건축주가 건축물을 건축하기 위해서는 건축법상 건축허가와 국토계획법상 개발행위(건축물의 건축) 허가를 각각 별도로 신청하여야 하는 것이 아니라, 건축법상 건축허가절차에서 관련 인허가 의제 제도를 통해 두 허가의 발급 여부가 동시에 심사·결정되도록 하여야 한다. 대법원 2020. 7. 23. 선고 2019두31839 판결
③ 행정기본법 제24조

> **행정기본법 제24조(인허가의제의 기준)**
> ④ 관련 인허가 행정청은 제3항에 따른 협의를 요청받으면 그 요청을 받은 날부터 20일 이내에 의견을 제출하여야 한다. 이 경우 전단에서 정한 기간 내에 협의 여부에 관하여 의견을 제출하지 아니하면 협의가 된 것으로 본다.

④ 주택건설사업계획 승인처분에 따라 의제된 인허가가 위법함을 다투고자 하는 이해관계인은, 주택건설사업계획 승인처분의 취소를 구할 것이 아니라 의제된 인허가의 취소를 구하여야 하며, 의제된 인허가는 주택건설사업계획 승인처분과 별도로 항고소송의 대상이 되는 처분에 해당한다. 대법원 2018. 11. 29. 선고 2016두38792 판결

2. ① 【해설】 행정작용법
임시이사를 선임하면서 임기를 '후임 정식이사가 선임될 때까지'로 기재한 것은 근거 법률의 해석상 당연히 도출되는 사항을 주의적·확인적으로 기재한 이른바 '법정부관'일 뿐, 행정청의 의사에 따라 붙이는 본래 의미의 행정처분 부관이라고 볼 수 없다. 후임 정식이사가 선임되었다는 사유만으로 임시이사의 임기가 자동적으로 만료되어 임시이사의 지위가 상실되는 효과가 발생하지 않고, 관할 행정청이 후임 정식이사가 선임되었음을 이유로 임시이사를 해임하는 행정처분을 해야만 비로소 임시이사의 지위가 상실되는 효과가 발생한다. 대법원 2020. 10. 29. 선고 2017다269152 판결
② 법정부관에 대하여는 행정행위에 부관을 붙일 수 있는 한계에 관한 일반적인 원칙이 적용되지는 않지만, 위 고시가 헌법상 보장된 기본권을 침해하는 것으로서 헌법에 위반될 때에는 그 효력이 없는 것으로 볼 수밖에 없다. 대법원 1995. 11. 14. 선고 92도496 판결
③ 지방국토관리청장이 일부 공유수면매립지에 대하여 한 국가 또는 직할시 귀속처분은 매립준공인가를 함에 있어서 매립의 면허를 받은 자의 매립지에 대한 소유권취득을 규정한 공유수면매립법 제14조의 효과 일부를 배제하는 부관(주: 법률효과의 일부배제)을 붙인 것이고, 이러한 행정행위의 부관은 위 법리와 같이 독립하여 행정소송 대상이 될 수 없다. 대법원 1993. 10. 8. 선고 93누2032 판결
④ 행정처분에 부담인 부관을 붙인 경우 부관의 무효화에 의하여 본체인 행정처분 자체의 효력에도 영향이 있게 될 수는 있지만, 그 처분을 받은 사람이 부담의 이행으로 사법상 매매 등의 법률행위를 한 경우에는 그 부관은 특별한 사정이 없는 한 법률행위를 하게 된 동기 내지 연유로 작용하였을 뿐이므로 이는 법률행위의 취소사유가 될 수 있음은 별론으로 하고 그 법률행위 자체를 당연히 무효화하는 것은 아니다. 대법원 2009. 6. 25. 선고 2006다18174 판결

3. ④ 【해설】 행정쟁송법
종합유선방송위원회는 그 설치의 법적 근거, 법에 의하여 부여된 직무, 위원의 임명절차 등을 종합하여 볼 때 국가기관이고, 그 사무국 직원들의 근로관계는 사법상의 계약관계이므로, 사무국 직원들은 국가를 상대로 민사소송으로 그 계약에 따른 임금과 퇴직금의 지급을 청구할 수 있다. 대법원 2001. 12. 24.

선고 2001다54038 판결
① 한국마사회가 조교사 또는 기수의 면허를 부여하거나 취소하는 것은 국가 기타 행정기관으로부터 위탁받은 행정권한의 행사가 아니라 일반 사법상의 법률관계에서 이루어지는 단체 내부에서의 징계 내지 제재처분이다. 대법원 2008. 1. 31. 선고 2005두8269 판결
② 납세의무자에 대한 국가의 부가가치세 환급세액 지급의무에 대응하는 국가에 대한 납세의무자의 부가가치세 환급세액 지급청구는 민사소송이 아니라 행정소송법상 당사자소송의 절차에 따라야 한다. 대법원 2013. 3. 21. 선고 2011다95564 전원합의체 판결
③ 국립의료원 부설 주차장에 관한 위탁관리용역운영계약의 실질은 행정재산에 대한 사용·수익허가(주: 강학상 특허)이므로, 위 계약에 따른 가산금 지급채무의 부존재를 주장하여 구제를 받으려면, 적절한 행정쟁송절차를 통하여 권리관계를 다투어야 할 것이지, 이 사건과 같이 피고에 대하여 민사소송으로 위 지급의무의 부존재확인을 구할 수는 없는 것이다. 대법원 2006. 3. 9. 선고 2004다31074 판결

4. ③ 【해설】 행정절차법
행정절차법 제20조가 정하고 있는 처분기준의 설정·공표 의무는 '공통의 처분절차'로서 침익적 처분과 수익적 처분 모두에 대해서 적용된다.
① 구 국적법 제5조 각호와 같이 귀화는 요건이 항목별로 구분되어 구체적으로 규정되어 있다. 그리고 성질상 행정절차를 거치기 곤란하거나 거칠 필요가 없다고 인정되어 처분의 이유제시 등을 규정한 행정절차법이 적용되지 않는다. 대법원 2018. 12. 13. 선고 2016두31616 판결
② 공정거래위원회의 시정조치 및 과징금납부명령에 행정절차법 소정의 의견청취절차 생략사유가 존재한다고 하더라도, 공정거래위원회는 행정절차법을 적용하여 의견청취절차를 생략할 수는 없다. 대법원 2001. 5. 8. 선고 2000두10212 판결
④ 처분 당시 당사자가 어떠한 근거와 이유로 처분이 이루어진 것인지를 충분히 알 수 있어서 그에 불복하여 행정구제절차로 나아가는 데에 별다른 지장이 없었던 것으로 인정되는 경우에는 처분서에 처분의 근거와 이유가 구체적으로 명시되어 있지 않았다고 하더라도 그로 말미암아 그 처분이 위법한 것으로 된다고 할 수는 없다. 대법원 2013. 11. 14. 선고 2011두18571 판결

5. ② 【해설】 행정법통론
신고납부방식의 조세는 원칙적으로 납세의무자가 스스로 과세표준과 세액을 정하여 신고하는 행위에 의하여 납세의무가 구체적으로 확정되고, 그 납부행위는 신고에 의하여 확정된 구체적 납세의무의 이행으로 하는 것이며, 국가나 지방자치단체는 그와 같이 확정된 조세채권에 기하여 납부된 세액을 보유한다. 납세의무자의 신고행위가 중대하고 명백한 하자로 인하여 당연무효로 되지 아니하는 한 그것이 바로 부당이득에 해당한다고 할 수 없다. 대법원 2018. 11. 9. 선고 2015다221026 판결
① 조세환급금은 조세채무가 처음부터 존재하지 않거나 그 후 소멸하였음에도 불구하고 국가가 법률상 원인 없이 수령하거나 보유하고 있는 부당이득에 해당하고, 환급가산금은 그 부당이득에 대한 법정이자로서의 성질을 가진다. 대법원 2009. 9. 10. 선고 2009다11808 판결
③ 구 국유재산법에 의한 변상금 부과·징수권은 민사상 부당이득반환청구권과 법적 성질을 달리하므로, 국가는 무단점유자를 상대로 변상금 부과·징수권의 행사와 별도로 국유재산의 소유자로서 민사상 부당이득반환청구의 소를 제기할 수 있다. 대법원 2014. 7. 16. 선고 2011다76402 전원합의체 판결
④ WTO 협정은 (중략) 사인에 대하여는 위 협정의 직접 효력이 미치지 아니한다고 보아야 할 것이므로, 위 협정에 따른 회원국 정부의 반덤핑부과처분이 WTO 협정위반이라는 이유만으로 사인이 직접 국내 법원에 회원국 정부를 상대로 그 처분의 취소를 구하는 소를 제기하거나 위 협정위반을 처분의 독립된 취소사유로 주장할 수는 없다. 대법원 2009. 1. 30. 선고 2008두17936 판결

6. ③ 【해설】 행정작용법
사업양도·양수에 따른 허가관청의 지위승계신고의 수리는 적법한 사업의 양도·양수가 있었음을 전제로 하는 것이므로 그 수리대상인 사업양도·양수가 존재하지 아니하거나 무효인 때에는 수리를 하였다 하더라도 그 수리는 유효한 대상이 없는 것으로서 당연히 무효라 할 것이고, 사업의 양도행위가 무효라고 주장하는 양도자는 민사쟁송으로 양도·양수행위의 무효를 구함이 없이 막바로 허가관청을 상대로 하여 행정소송으로 위 신고수리처분의 무효확인을 구할 법률상 이익이 있다. 대법원 2005. 12. 23. 선고 2005두3554 판결
① 지적공부 소관청의 지목변경신청 반려행위는 국민의 권리관계에 영향을 미치는 것으로서 항고소송의 대상이 되는 행정처분에 해당한다. 대법원 2004. 4. 22. 선고 2003두9015 판결
② 국민건강보험 직장가입자 또는 지역가입자 자격 변동은 법령이 정하는 사유가 생기면 별도 처분 등의 개입 없이 사유가 발생한 날부터 변동의 효력이 당연히 발생하므로, 국민건강보험공단이 갑 등에 대하여 가입자 자격이 변동되었다는 취지의 '직장가입자 자격상실 및 자격변동 안내' 통보를 하였거나, 그로 인하여 사업장이 국민건강보험법상의 적용대상사업장에서 제외되었다는 취지의 '사업장 직권탈퇴에 따른 가입자 자격상실 안내' 통보를 하였더라도, 이는 갑 등의 가입자 자격의 변동 여부 및 시기를 확인하는 의미에서 한 사실상 통지행위에 불과할 뿐, (중략) 위 각 통보의 처분성이 인정되지 않는다. 대법원 2019. 2. 14. 선고 2016두41729 판결
④ 공유수면매립의 면허로 인한 권리의무의 양도·양수에 있어서의 면허관청의 인가는 효력요건으로서, 위 각 규정은 강행규정이라고 할 것인바, 위 면허의 공동명의자 사이의 면허로 인한 권리의무양도약정은 면허관청의 인가를 받지 않은 이상 법률상 아무런 효력도 발생할 수 없다. 대법원 1991. 6. 25. 선고 90누5184 판결

7. ② 【해설】 행정쟁송법
효력기간이 정해져 있는 제재적 행정처분에 대한 취소소송에서 법원이 본안소송의 판결 선고 시까지 집행정지결정을 하면, 처분에서 정해 둔 효력기간(집행정지결정 당시 이미 일부 집행되었다면 그 나머지 기간)은 판결 선고 시까지 진행하지 않다가 판결이 선고되면 그때 집행정지결정의 효력이 소멸함과 동시에 처분의 효력이 당연히 부활하여 처분에서 정한 효력기간이 다시 진행한다. 대법원 2022. 2. 11. 선고 2021두40720 판결
① 집행정지결정의 효력은 결정 주문에서 정한 기간까지 존속하다가 그 기간이 만료되면 장래에 향하여 소멸한다. (중략) 항고소송을 제기한 원고가 본안소송에서 패소확정판결을 받았더라도 집행정지결정의 효력이 소급하여 소멸하지 않는다. 대법원 2020. 9. 3 선고 2020두34070 판결
③ 행정소송법 제23조

> **행정소송법 제23조(집행정지)**
> ② 취소소송이 제기된 경우에 처분등이나 그 집행 또는 절차의 속행으로 인하여 생길 회복하기 어려운 손해를 예방하기 위하여 긴급한 필요가 있다고 인정할 때에는 본안이 계속되고 있는 법원은 당사자의 신청 또는 직권에 의하여 처분등의 효력이나 그 집행 또는 절차의 속행의 전부 또는 일부의 정지를 결정할 수 있다.

④ 행정청에 대한 거부처분의 효력을 정지하더라도 거부처분이 없었던 것과 같은 상태, 즉 거부처분이 있기 전의 신청시의 상태로 되돌아가는 데에 불과하고 행정청에게 신청에 따른 처분을 하여야 할 의무가 생기는 것이 아니므로, 거부처분의 효력정지는 그 거부처분으로 인하여 신청인에게 생길 손해를 방지하는 데 아무런 보탬이 되지 아니하여 그 효력정지를 구할 이익이 없다. 대법원 1995. 6. 21.자 95두26 판결

8. ④ 【해설】 행정쟁송법
'의료기관의 처방약조제 기회를 공정하게 배분받을 기존 약국개설자의 이익'은 약국개설등록처분의 근거법규 및 관련 법규에 의하여 보호되는 개별적·직접적·구체적 이익이라고 할 수 있다. 그러므로 다른 약사에 대한 약국개설등록처분으로 인하여 조제 기회를 전부 또는 일부라도 상실하게 된 기존 약국개설자는 특별한 사정이 없는 한 해당 처분의 취소를 구할 법률상 이익이 있다. 이때 반드시 기존 약국개설자의 주된 매출이 해당 의료기관이 발행한 처방전에 기초하고 있었다거나 해당 의료기관이 발행한 처방전에 관한 기존 약국개설자의 매출 감소가 상당하여야만, 그와 같은 이익이 침해될 우려가 있다고 볼 것은 아니다. 대법원 2025. 9. 11. 선고 2024두34276 판결
① 환경영향평가 대상지역 밖에 거주하는 주민에게 헌법상의 환경권 또는 환경정책기본법에 근거하여 공유수면매립면허처분과 농지개량사업 시행인가처분의 무효확인을 구할 원고적격이 없다. 대법원 2006. 3. 16. 선고 2006두330 판결
② 원고들이 불합격처분의 취소를 구하는 이 사건 소송계속 중 당해연도의 입학시기가 지났더라도 당해년도의 합격자로 인정되면 다음연도의 입학시기에 입학할 수도 있다고 할 것이고, (중략) 원고들로서는 피고의 불합격처분의 적법 여부를 다툴만한 법률상의 이익이 있다. 대법원 1990. 8. 28. 선고 89누8255 판결
③ 집합건물 공용부분의 대수선과 관련한 행정청의 허가, 사용승인 등 일련의 처분에 관하여는 처분의 직접 상대방 외에 해당 집합건물의 구분소유자에게도 취소를 구할 원고적격이 인정된다. 대법원 2024. 3. 12. 선고 2021두58998 판결

9. ① 【해설】 실효성 확보수단
건축법상 이행강제금 납부의무는 상속인 기타의 사람에게 승계될 수 없는 일신전속적인 성질의 것이므로 이미 사망한 사람에게 이행강제금을 부과하는 내용의 처분이나 결정은 당연무효이고, 이행강제금을 부과받은 사람의 이의에 의하여 비송사건절차법에 의한 재판절차가 개시된 후에 그 이의한 사람이 사망한 때에는 사건 자체가 목적을 잃고 절차가 종료한다. 대법원 2006. 12. 8.자 2006마470 판결
② 시정명령의 내용은 과거의 위반행위에 대한 중지는 물론 가까운 장래에 반복될 우려가 있는 동일한 유형의 행위의 반복금지까지 명할 수는 있는 것으로 해석함이 상당하다. 대법원 2003. 2. 20. 선고 2001두5347 전원합의체 판결
③ 부동산 실권리자명의 등기에 관한 법률 제5조에 의하여 부과된 과징금 채무는 대체적 급부가 가능한 의무이므로 위 과징금을 부과받은 자가 사망한 경우 그 상속인에게 포괄승계된다. 대법원 1999. 5. 14. 선고 99두35 판결
④ 관할 지방병무청장이 1차로 공개 대상자 결정을 하고, 그에 따라 병무청장이 같은 내용으로 최종적 공개결정을 하였다면, 공개 대상자는 병무청장의 최종적 공개결정만을 다투는 것으로 충분하고, 관할 지방병무청장의 공개 대상자 결정을 별도로 다툴 소의 이익은 없어진다. 대법원 2019. 6. 27. 선고 2018두49130 판결

10. ④ 【해설】 행정구제법
국민의 생명, 신체, 재산 등에 대하여 절박하고 중대한 위험상태가 발생하였거나 발생할 우려가 있어서 국민의 생명, 신체, 재산 등을 보호하는 것을 본래적 사명으로 하는 국가가 초법규적, 일차적으로 그 위험 배제에 나서지 아니하면 국민의 생명, 신체, 재산 등을 보호할 수 없는 경우에는 형식적 의미의 법령에 근거가 없더라도 국가나 관련 공무원에 대하여 그러한 위험을 배제할 작위의무를 인정할 수 있다. 대법원 1998. 10. 13. 선고 98다18520 판결
① 국가배상법 제3조 제5항이 생명, 신체의 침해에 따른 위자료의 지급을 규정하고 있을 뿐이라 하더라도, 이는 생명, 신체 외의 다른 권리의 침해에 따른 위자료의 지급의무를 배제하는 것이라고 볼 수 없다. 장애인의 접근권이 침해된 경우에도 그로 인하여 장애인이 입게 되는 정신적 손해에 대한 국가의 위자료 지급의무가 배제되지 않는다. 대법원 2024. 12. 19. 선고 2022다289051 전원합의체 판결
② 인감증명사무를 처리하는 공무원으로서는 그것이 타인과의 권리의무에 관계되는 일에 사용되어 지는 것을 예상하여 그 발급된 인감으로 인한 부정행위의 발생을 방지할 직무상의 의무가 있다. 대법원 2004. 3. 26. 선고 2003다54490 판결
③ 공무원에 대한 전보인사가 법령이 정한 기준과 원칙에 위배되거나 인사권을 다소 부적절하게 행사한 것으로 볼 여지가 있다 하더라도 그러한 사유만으로 그 전보인사가 당연히 불법행위를 구성한다고 볼 수는 없다. 대법원 2009. 5. 28. 선고 2006다16215 판결

11. ③ 【해설】 행정정보

공개청구자는 그가 공개를 구하는 정보를 공공기관이 보유·관리하고 있을 상당한 개연성이 있다는 점에 대하여 입증할 책임이 있으나, 공개를 구하는 정보를 공공기관이 한때 보유·관리하였으나 후에 그 정보가 담긴 문서들이 폐기되어 존재하지 않게 된 것이라면 그 정보를 더 이상 보유·관리하고 있지 않다는 점에 대한 증명책임은 공공기관에 있다. 대법원 2013. 1. 24. 선고 2010두18918 판결

① 공개청구의 대상이 되는 정보가 이미 다른 사람에게 공개하여 널리 알려져 있다거나 인터넷이나 관보 등을 통하여 공개하여 인터넷검색이나 도서관에서의 열람 등을 통하여 쉽게 알 수 있다는 사정만으로는 소의 이익이 없다거나 비공개결정이 정당화될 수는 없다. 대법원 2008. 11. 27. 선고 2005두15694 판결

② 청구인이 정보공개거부처분의 취소를 구하는 소송에서 공공기관이 청구정보를 증거 등으로 법원에 제출하여 법원을 통하여 그 사본을 청구인에게 교부 또는 송달되게 하여 결과적으로 청구인에게 정보를 공개하는 셈이 되었다고 하더라도, 이러한 우회적인 방법은 정보공개법이 예정하고 있지 아니한 방법으로서 정보공개법에 의한 공개라고 볼 수는 없으므로, 당해 정보의 비공개결정의 취소를 구할 소의 이익은 소멸되지 않는다. 대법원 2016. 12. 15. 선고 2012두11409 판결

④ 한국방송공사의 '수시집행 접대성 경비의 건별 집행서류 일체'는 피고의 경영·영업상 비밀에 관한 사항에 해당한다고 볼 여지가 있으나, 한편 이 사건 정보가 공개될 경우 피고의 정당한 이익을 현저히 해할 우려가 있다고 인정하기는 어렵다고 보이므로, 공공기관의 정보공개에 관한 법률 제9조 제1항 제7호의 비공개대상정보에 해당하지 않는다고 한 사례. 대법원 2008. 10. 23. 선고 2007두1798 판결

12. ③ 【해설】 행정정보

개개의 사건에 대하여 재판사무를 담당하는 법원(수소법원)은 '개인정보처리자'에서 제외된다고 보는 것이 타당하다. 재판사무를 담당하는 법원(수소법원)이 그 재판권에 기하여 법에서 정해진 방식에 따라 행하는 공권적 통지행위로서 여러 소송서류 등을 송달하는 경우에는 '개인정보처리자'로서 개인정보를 제공한 것으로 볼 수 없다. 대법원 2024. 12. 12. 선고 2021도12868 판결

① 개인정보 보호법 제64조의2

> **개인정보 보호법 제64조의2(과징금의 부과)**
> ② 보호위원회는 제1항에 따른 과징금을 부과하려는 경우 전체 매출액에서 위반행위와 관련이 없는 매출액을 제외한 매출액을 기준으로 과징금을 산정한다.

② 개인정보 보호법 제16조

> **개인정보 보호법 제16조(개인정보의 수집 제한)**
> ③ 개인정보처리자는 정보주체가 필요한 최소한의 정보 외의 개인정보 수집에 동의하지 아니한다는 이유로 정보주체에게 재화 또는 서비스의 제공을 거부하여서는 아니 된다.

④ 개인정보 보호법 제7조

> **개인정보 보호법 제7조(개인정보 보호위원회)**
> ① 개인정보 보호에 관한 사무를 독립적으로 수행하기 위하여 국무총리 소속으로 개인정보 보호위원회를 둔다.

13. ② 【해설】 행정작용법

구 여객자동차 운수사업법 시행규칙 제31조 제2항 제1호, 제2호, 제6호는 구 여객자동차 운수사업법 제11조 제4항의 위임에 따라 시외버스운송사업의 사업계획변경에 관한 절차, 인가기준 등을 구체적으로 규정한 것으로서, 대외적인 구속력이 있는 법규명령이라고 할 것이고, 그것을 행정청 내부의 사무처리준칙을 규정한 행정규칙에 불과하다고 할 수는 없다. 대법원 2006. 6. 27. 선고 2003두4355 판결

① 법률조항의 위임에 따라 대통령령으로 규정한 내용이 헌법에 위반될 경우라도 그 대통령령의 규정이 위헌으로 되는 것은 별론으로 하고, 그로 인하여 정당하고 적법하게 입법권을 위임한 수권법률조항까지도 위헌으로 되는 것은 아니라고 할 것이

다. 헌법재판소 2019. 2. 28. 선고 2017헌바245 전원재판부 결정

③ 상위법령에서 세부사항 등을 시행규칙으로 정하도록 위임하였음에도 이를 고시 등 행정규칙으로 정하였다면 그 역시 대외적 구속력을 가지는 법규명령으로서 효력이 인정될 수 없다. 대법원 2012. 7. 5. 선고 2010다72076 판결

④ 법률에서 위임받은 사항을 전혀 규정하지 않고 재위임하는 것은 복위임금지 원칙에 반할 뿐 아니라 위임명령의 제정 형식에 관한 수권법의 내용을 변경하는 것이 되므로 허용되지 않으나, 위임받은 사항에 관하여 대강을 정하고 그 중의 특정사항을 범위를 정하여 하위법령에 다시 위임하는 경우에는 재위임이 허용된다. 이러한 법리는 조례가 지방자치법 제22조 단서에 따라 주민의 권리제한 또는 의무부과에 관한 사항을 법률로부터 위임받은 후, 이를 다시 지방자치단체장이 정하는 '규칙'이나 '고시' 등에 재위임하는 경우에도 마찬가지이다. 대법원 2015. 1. 15. 선고 2013두14238 판결

14. ② 【해설】 행정작용법

공정거래위원회가 부당한 공동행위를 행한 사업자로서 구 독점규제 및 공정거래에 관한 법률제22조의2에서 정한 자진신고자나 조사협조자에 대하여 과징금 부과처분(선행처분)을 한 뒤, 동법 시행령 제35조 제3항에 따라 다시 자진신고자 등에 대한 사건을 분리하여 자진신고 등을 이유로 한 과징금 감면처분(후행처분)을 하였다면, 후행처분은 자진신고 감면까지 포함하여 처분 상대방이 실제로 납부하여야 할 최종적인 과징금액을 결정하는 종국적 처분이고, 선행처분은 이러한 종국적 처분을 예정하고 있는 일종의 잠정적 처분으로서 후행처분이 있을 경우 선행처분은 후행처분에 흡수되어 소멸한다. 따라서 위와 같은 경우에 선행처분의 취소를 구하는 소는 이미 효력을 잃은 처분의 취소를 구하는 것으로 부적법하다. 대법원 2015. 2. 12. 선고 2013두987 판결

① 행정절차법 제40조의2(확약)

> **행정절차법 제40조의2(확약)**
> ④ 행정청은 다음 각 호의 어느 하나에 해당하는 경우에는 확약에 기속되지 아니한다.
> 1. 확약을 한 후에 확약의 내용을 이행할 수 없을 정도로 법령등이나 사정이 변경된 경우

③ 국가인권위원회의 성희롱결정과 이에 따른 시정조치의 권고는 성희롱 행위자로 결정된 자의 인격권에 영향을 미침과 동시에 공공기관의 장 또는 사용자에게 일정한 법률상의 의무를 부담시키는 것이므로 국가인권위원회의 성희롱결정 및 시정조치권고는 행정소송의 대상이 되는 행정처분에 해당한다고 보지 않을 수 없다. 대법원 2005. 7. 8. 선고 2005두487 판결

④ 행정기본법 제20조

> **행정기본법 제20조(자동적 처분)**
> 행정청은 법률로 정하는 바에 따라 완전히 자동화된 시스템(인공지능 기술을 적용한 시스템을 포함한다)으로 처분을 할 수 있다. 다만, 처분에 재량이 있는 경우는 그러하지 아니하다.

15. ① 【해설】 실효성 확보수단

지방국세청장 또는 세무서장이 조세범칙행위에 대하여 고발을 한 후에 동일한 조세범칙행위에 대하여 통고처분을 하였더라도, 이는 법적 권한 소멸 후에 이루어진 것으로서 특별한 사정이 없는 한 효력이 없고, 조세범칙행위자가 이러한 통고처분을 이행하였더라도 조세범 처벌절차법에서 정한 일사부재리의 원칙이 적용될 수 없다. 대법원 2016. 9. 28. 선고 2014도10748 판결

② 지방자치단체가 그 고유의 자치사무를 처리하는 경우에는 지방자치단체는 국가기관의 일부가 아니라 국가기관과는 별도의 독립한 공법인이므로, 지방자치단체 소속 공무원이 지방자치단체 고유의 자치사무를 수행하던 중 도로법의 규정에 의한 위반행위를 한 경우에는 지방자치단체는 도로법의 양벌규정에 따라 처벌대상이 되는 법인에 해당한다. 대법원 2005. 11. 10. 선고 2004도2657 판결

③ 질서위반행위규제법 제3조

질서위반행위규제법 제3조(법 적용의 시간적 범위)
③ 행정청의 과태료 처분이나 법원의 과태료 재판이 확정된 후 법률이 변경되어 그 행위가 질서위반행위에 해당하지 아니하게 된 때에는 변경된 법률에 특별한 규정이 없는 한 과태료의 징수 또는 집행을 면제한다.

④ 질서위반행위규제법 제20조

질서위반행위규제법 제20조(이의제기)
② 제1항에 따른 이의제기가 있는 경우에는 행정청의 과태료 부과처분은 그 효력을 상실한다.

16. ③ 【해설】행정법통론
과세관청이 납세의무자에게 면세사업자등록증을 교부하고 수년간 면세사업자로서 한 부가가치세 예정신고 및 확정신고를 받은 행위만으로는 과세관청이 납세의무자에게 그가 영위하는 사업에 관하여 부가가치세를 과세하지 아니함을 시사하는 언동이나 공적인 견해를 표명한 것이라 할 수 없다. 대법원 2002. 9. 4. 선고 2001두9370 판결
① 갑이 동성인 을과 교제하다가 서로를 동반자로 삼아 함께 생활하기로 합의하고 동거하던 중 결혼식을 올린 뒤 국민건강보험공단에 건강보험 직장가입자인 을의 사실혼 배우자로 피부양자 자격취득 신고를 하여 피부양자 자격을 취득한 것으로 등록되었는데, 이 사실이 언론에 보도되자 국민건강보험공단이 갑을 피부양자로 등록한 것이 '착오 처리'였다며 갑의 피부양자 자격을 소급하여 상실시키고 지역가입자로 갑의 자격을 변경한 후 그동안의 지역가입자로서의 건강보험료 등을 납입할 것을 고지한 사안에서, 위 처분이 행정절차법 제21조 제1항(주: 처분의 사전통지 등)과 헌법상 평등원칙을 위반하여 위법하다고 한 사례. 대법원 2024. 7. 18. 선고 2023두36800 전원합의체 판결
② 국립대학교 법학전문대학원에 입학원서를 제출한 갑이 종교적 신념을 지키기 위해 면접 일정을 토요일 오후 마지막 순번으로 변경해 달라는 취지의 이의신청서를 제출했으나, 총장이 이를 거부하고 면접평가에 응시하지 않은 갑에게 불합격 통지를 한 사안에서, 갑의 면접일시 변경을 거부함으로써 갑이 종교적 신념을 이유로 받게 된 중대한 불이익을 방치한 총장의 행위는 헌법상 평등원칙을 위반한 것으로 위법하고, 위법하게 지정된 면접일정에 응시하지 않았음을 이유로 한 불합격처분은 취소되어야 한다고 한 사례. 대법원 2024. 4. 4. 선고 2022두56661 판결
④ 행정청이 원고들에게 공신력이 있는 주민등록번호와 이에 따른 주민등록증을 부여한 행위는 원고들에게 대한민국 국적을 취득하였다는 공적인 견해를 표명한 것이라고 보아야 한다. 대법원 2024. 3. 12. 선고 2022두60011 판결

17. ④ 【해설】행정쟁송법
확정판결의 당사자인 처분 행정청은 종전 처분 후에 발생한 새로운 사유를 내세워 다시 처분을 할 수 있고, 새로운 처분의 처분사유가 종전 처분의 처분사유와 기본적 사실관계에서 동일하지 않은 다른 사유에 해당하는 이상, 처분사유가 종전 처분 당시 이미 존재하고 있었고 당사자가 이를 알고 있었더라도 이를 내세워 새로이 처분을 하는 것은 확정판결의 기속력에 저촉되지 않는다. 대법원 2016. 3. 24. 선고 2015두48235 판결
① 행정소송법 제29조

행정소송법 제29조(취소판결등의 효력)
① 처분등을 취소하는 확정판결은 제3자에 대하여도 효력이 있다.

② 영업의 금지를 명한 영업허가취소처분 자체가 나중에 행정쟁송절차에 의하여 취소되었다면 그 영업허가취소처분은 그 처분시에 소급하여 효력을 잃게 되며, 그 영업허가취소처분에 복종할 의무가 원래부터 없었음이 확정되었다고 봄이 타당하고, 영업허가취소처분이 장래에 향하여서만 효력을 잃게 된다고 볼 것은 아니므로 그 영업허가취소처분 이후의 영업행위를 무허가영업이라고 볼 수는 없다. 대법원 1993. 6. 25. 선고 93도277 판결
③ 과세처분취소 청구를 기각하는 판결이 확정되면 그 처분이

적법하다는 점에 관하여 기판력이 생기고 그 후 원고가 다시 이를 무효라 하여 그 무효확인을 소구할 수는 없는 것이어서, 과세처분의 취소소송에서 청구가 기각된 확정판결의 기판력은 그 과세처분의 무효확인을 구하는 소송에도 미친다. 대법원 1996. 6. 25. 선고 95누1880 판결

18. ④ 【해설】행정쟁송법
민간투자사업 실시협약을 체결한 당사자가 공법상 당사자소송에 의하여 그 실시협약에 따른 재정지원금의 지급을 구하는 경우에, 수소법원은 단순히 주무관청이 재정지원금액을 산정한 절차 등에 위법이 있는지 여부를 심사하는 데 그쳐서는 아니되고, 실시협약에 따른 적정한 재정지원금액이 얼마인지를 구체적으로 심리·판단하여야 한다. 대법원 2019. 1. 31. 선고 2017두46455 판결
① 행정소송법 제16조

행정소송법 제16조(제3자의 소송참가)
① 법원은 소송의 결과에 따라 권리 또는 이익의 침해를 받을 제3자가 있는 경우에는 당사자 또는 제3자의 신청 또는 직권에 의하여 결정으로써 그 제3자를 소송에 참가시킬 수 있다.

② 처분청이 거부처분에 대한 항고소송에서 기존의 처분사유와 기본적 사실관계가 동일하지 않은 사유를 처분사유로 추가·변경한 것에 대하여 처분상대방이 추가·변경된 처분사유의 실체적 당부에 관하여 해당 소송 과정에서 심리·판단하는 것에 명시적으로 동의하는 경우에는, 법원으로서는 그 처분사유가 기존의 처분사유와 기본적 사실관계가 동일한지와 무관하게 예외적으로 이를 허용할 수 있다. 대법원 2024. 11. 28. 선고 2023두61349 판결
③ 행정소송에서 쟁송의 대상이 되는 행정처분의 존부는 소송요건으로서 직권조사사항이고, 자백의 대상이 될 수 없는 것이므로, 설사 그 존재를 당사자들이 다투지 아니한다 하더라도 그 존부에 관하여 의심이 있는 경우에는 이를 직권으로 밝혀 보아야 할 것이다. 대법원 2004. 12. 24. 선고 2003두15195 판결

19. ① 【해설】행정구제법
토지보상법 제66조

토지보상법 제66조(사업시행 이익과의 상계금지)
사업시행자는 동일한 소유자에게 속하는 일단의 토지의 일부를 취득하거나 사용하는 경우 해당 공익사업의 시행으로 인하여 잔여지의 가격이 증가하거나 그 밖의 이익이 발생한 경우에도 그 이익을 그 취득 또는 사용으로 인한 손실과 상계할 수 없다.

② 토지보상법 제67조

토지보상법 제67조(보상액의 가격시점 등)
② 보상액을 산정할 경우에 해당 공익사업으로 인하여 토지 등의 가격이 변동되었을 때에는 이를 고려하지 아니한다.

③ 잔여지 수용청구권은 손실보상의 일환으로 토지소유자에게 부여되는 권리로서 그 요건을 구비한 때에는 잔여지를 수용하는 토지수용위원회의 재결이 없더라도 그 청구에 의하여 수용의 효과가 발생하는 형성권적 성질을 가지므로, 잔여지 수용청구를 받아들이지 않은 토지수용위원회의 재결에 대하여 토지소유자가 불복하여 제기하는 소송은 위 법 제85조 제2항에 규정되어 있는 '보상금의 증감에 관한 소송'에 해당하여 사업시행자를 피고로 하여야 한다. 대법원 2010. 8. 19. 선고 2008두822 판결
④ 토지보상법 제50조

토지보상법 제50조(재결사항)
② 토지수용위원회는 사업시행자, 토지소유자 또는 관계인이 신청한 범위에서 재결하여야 한다. 다만, 제1항 제2호의 손실보상의 경우에는 증액재결을 할 수 있다.

20. ② 【해설】행정작용법
계약직공무원 채용계약해지의 의사표시는 일반공무원에 대한 징계처분과는 달라서 항고소송의 대상이 되는 처분 등의 성격

을 가진 것으로 인정되지 아니하고, 일정한 사유가 있을 때에
국가 또는 지방자치단체가 채용계약 관계의 한쪽 당사자로서
대등한 지위에서 행하는 의사표시로 취급되는 것으로 이해되
므로, 이를 징계해고 등에서와 같이 그 징계사유에 한하여 효
력 유무를 판단하여야 하거나, 행정처분과 같이 행정절차법에
의하여 근거와 이유를 제시하여야 하는 것은 아니다. 대법원
2002. 11. 26. 선고 2002두5948 판결
① 지방계약직공무원에 대해서도 채용계약상 특별한 약정이
없는 한, 지방공무원법 및 지방공무원징계및소청규정에 정한
징계절차에 의하지 아니하고는 보수를 삭감할 수 없다고 봄이
상당하다(주: 계약직공무원에 대한 징계처분은 '처분'인 것으
로 본 사례). 대법원 2008. 6. 12. 선고 2006두16328 판결
③ 행정기본법 제27조

> **행정기본법 제27조(공법상 계약의 체결)**
> ① 행정청은 법령등을 위반하지 아니하는 범위에서 행정목
>   적을 달성하기 위하여 필요한 경우에는 공법상 법률관계
>   에 관한 계약(이하 '공법상 계약'이라 한다)을 체결할 수
>   있다. 이 경우 계약의 목적 및 내용을 명확하게 적은 계약
>   서를 작성하여야 한다.

④ 다른 법률에 특별한 규정이 있는 경우이거나 또는 지방계약
법의 개별 규정의 규율내용이 매매, 도급 등과 같은 특정한 유
형·내용의 계약을 규율대상으로 하고 있는 경우가 아닌 한, 지
방자치단체를 당사자로 하는 계약에 관하여는 그 계약의 성질
이 공법상 계약인지 사법상 계약인지와 상관없이 원칙적으로
지방계약법의 규율이 적용된다고 보아야 한다. 대법원 2020.
12. 10. 선고 2019다234617 판결

행 정 학

출제교수: 이명훈 교수님

1. ③ 【해설】정책론
정책문제의 정의 시 관련 행위자들의 가치파악, 인과관계 파악, 관련요소의 파악, 역사적 맥락 등을 고려해야 한다. 정책목표는 정책문제의 정의 이후에 설정되므로 정책문제의 정의단계에서 정책목표는 고려요소가 아니다.

2. ④ 【해설】재무행정론
특별회계는 특정한 세입에 의해 특정한 세출을 충당하도록 편성한 예산을 말한다. 특별회계는 재정운영주체의 자율성을 증대함으로써 재정운영의 효율성을 증대할 수 있다는 장점이 있는 반면, 예산통제가 곤란하다는 단점을 지닌다. 따라서 예산통제를 강조한다면 특별회계의 수는 적을수록 바람직하다.

3. ③ 【해설】행정학총론
신공공관리론의 한계를 보완하고 정치·행정체제의 통제와 조정을 개선하기 위해 통치역량을 강화하고 재집권화·재규제·구조 통합 등을 주창하는 일련의 개혁의 흐름을 의미한다. 탈신공공관리론(Post-NPM)은 신공공관리론의 한계를 극복하기 위하여 재집권화를 통한 집권화와 분권화의 조화 및 자율성과 책임성의 증대를 중시한다.

4. ② 【해설】조직론
㉠, ㉢은 옳고, ㉡, ㉣은 옳지 않다. 매슬로우(Maslow)의 욕구단계이론은 만족진행모형으로 욕구의 발로는 하위욕구에서 상위욕구로 순차적으로 발현되며, 하위욕구가 어느 정도 충족되면 다음 단계의 상위욕구로 진행된다고 보았다(㉠). 페리(Perry)의 공직동기이론은 민간부문 종사자와 달리 공무원은 공익, 이타심, 사회에 기여하고자 하는 욕구 등에 의해 행동이 촉발된다고 보았다(㉢)
㉡ 아지리스(Argyris)는 개인의 성격은 미성숙한 상태에서 성숙한 상태로 변하나, 조직은 인간을 미성숙상태로 가정하여 관리하므로 인간적 발전을 저해한다고 보았다.
㉣ 로크(Locke)는 행동의 결과에 초점을 두는 강화이론과 달리 행동의 원인이 동기부여를 가져올 수 있다고 보았다.

5. ② 【해설】인사행정론
「공무원의 노동조합 설립 및 운영 등에 관한 법률」에 의하면 일반직 공무원, 특정직 공무원(외무, 소방, 교육 공무원), 별정직 공무원은 직급제한 없이 노조에 가입할 수 있으며 퇴직공무원도 노조에 가입할 수 있다.

6. ④ 【해설】정책론
앨리슨(Allison)의 의사결정모형에 의하면 모형 I(합리적 행위자 모형)은 개인차원의 의사결정모형인 합리모형을 집단차원의 의사결정에 적용한 것으로 조직을 잘 조직화된 유기체로 인식한다. 반면, 모형 II(조직과정 모형)는 회사모형의 논리를 이용하여 구성된 모형으로 조직을 느슨한 하위조직의 연합체로 인식한다면, 모형 III(관료정치 모형)은 개인차원의 의사결정모형인 점증모형을 집단차원의 의사결정에 적용한 것으로 조직을 독립적인 개인 행위자들의 집합체로 인식한다
① 모형 I(합리적 행위자 모형)은 정부를 잘 조직화된 유기체로 보나, 합리적 의사결정을 강조한다. 표준운영절차(SOP)에 따른 결정을 강조하는 모형은 모형 II(조직과정 모형)이다.
② 모형 II(조직과정 모형)는 조직을 느슨하게 연결된 하위조직들의 연합체로 인식하기 때문에 하위 조직 간의 독립성이 높고 상부의 통제가 제약될 때 나타나는 모형이다.
③ 모형 III(관료정치 모형)은 정책 결정을 정치적 게임의 결과로 보며, 상호 독립적인 개별 행위자들의 전략적 상호작용과 타협을 중시한다.

7. ④ 【해설】재무행정론
조세지출예산서는 정부가 국회에 제출하는 예산안의 첨부 서류로서, 기획예산처장관이 아닌 재정경제부장관이 작성한다. 또한 조세지출예산서는 국회의원들이 예산안을 심의할 때 참고자료의 성격을 지니므로 국회의 의결대상이 아니다.

8. ② 【해설】행정학총론
참여모형(participative government)은 전통적 관료조직의 계층성을 비판하고 수평적 조직을 강조한다. 분권적 조직 또는 준자치적 조직을 강조한 모형은 관료제의 독점성을 비판하는 시장모형(market government)이다.

9. ② 【해설】지방행정론
자치단체의 장은 지방의회가 지방의회의원이 구속되는 등의 사유로 의결정족수에 미달될 때와 지방의회의 의결사항 중 주민의 생명과 재산 보호를 위하여 긴급하게 필요한 사항으로서 지방의회를 소집할 시간적 여유가 없거나 지방의회에서 의결이 지체되어 의결되지 아니할 때에는 선결처분을 할 수 있다.

10. ③ 【해설】행정환류론
㉡, ㉣은 옳고, ㉠, ㉢은 옳지 않다. 규제비용관리제(규제비용총량제)는 규제를 신설할 경우 신설되는 규제의 비용을 기준으로 기존 규제를 폐지하여 규제비용 총량이 더 이상 늘지 않도록 관리하면서 규제 절대량을 감축하는 제도이다[신설규제 도입 시 동일비용 규제감축, 비용 간 등가교환 방식 : cost-in, cost-out](㉡). 포괄적 네거티브 규제방식은 우선허용, 사후규제의 방식을 말한다. 즉, 신산업분야에서 포괄적으로 우선 허용 후 사후규제를 원칙으로 하여, 관료들이 규제를 신설할 경우 입증책임으로 지도록 하고 있다(㉣).
㉠ 규제영향분석제도는 규제를 새롭게 도입하거나 기존의 규제를 강화하고자 할 때 규제의 사회적 편익과 비용을 점검하고 측정하는 체계적인 의사결정 도구를 말한다. 규제영향분석제도는 관료에게 규제 편익만이 아닌 규제 비용에 대한 관심과 책임감을 갖도록 유도하여 사회적 자원의 효율적 배분에 기여한다.
㉢ 규제합리화위원회는 대통령 소속 기관으로 위원장 1명과 5명 이내의 부위원장을 포함한 35명 이상 50명 이하의 위원으로 구성된다. 규제합리화위원회의 위원장은 대통령이 되고, 부위원장은 국무총리와 학식과 경험이 풍부한 사람 중에서 대통령이 위촉하는 사람이 된다.

11. ② 【해설】정책론
하향적 접근방법은 결정자의 관점에서 집행현상을 설명하는 정책 중심적 접근방법이다. 이 접근방법은 정책집행을 결정자에 의해 부여된 정책목표를 달성하기 위한 수단적 행위로 파악하고, 정책이 최초 결정되는 시점에서부터 출발하여 집행현장으로 관찰대상을 이동시키며 연구한다. 하향적 접근은 집행과정에 대한 기술이나 인과론적 설명보다는 바람직한 정책집행을 위한 규범적 처방을 정책결정자에게 제시하는 데 목적을 두고 있다.

12. ② 【해설】재무행정론
단일성의 원칙이란 예산은 하나의 장부에 전부 기록되어야 한다는 원칙이다. 모든 수입은 하나로 합쳐져 지출되어야 한다는 원칙은 통일성의 원칙이다.

13. ④ 【해설】행정학총론
BTO(Build-Transfer-Operate)는 민간투자기관이 민간자본으로 공공시설을 건설(Build) 하고, 시설의 완공과 동시에 소유권을 정부에 이전(Transfer)하는 대신, 민간투자기관이 일정 기간 시설을 운영(Operate)하여 투자비를 회수하는 방식을 말하며, BTL(Build-Transfer-Lease)은 민간투자기관이 민간자본으로 공공시설을 건설(Build)하고, 완공 시 소유권을 정부에게 이전(Transfer)하는 대신, 정부는 민간투자기관에게 임대료를 지급(Lease)하는 방식을 말한다. BTO는 BTL과 달리 최소운영수입보장제도 및 적자보전계약이 전제되어야 한다.

14. ③ 【해설】조직론
애드호크라시는 비교적 이질적인 전문지식을 지닌 전문요원들이 프로젝트를 중심으로 집단을 구성하여 문제를 해결하는 임시체제(특별임시위원회)를 말한다. 애드호크라시는 집단적 문제해결을 지향하며, 상황에 따른 업무분장이 이루어지기 때문에 권한과 책임의 한계가 불명확하다.

15. ③ 【해설】인사행정론
역량평가는 일종의 사전적 검증장치로 대상자의 과거 성과를 평가하는 것이 아니라 미래행동에 대한 잠재력을 측정하는 평가이다.

16. ④ 【해설】정책론
ⓒ, ⓔ은 옳고, ㉠, ㉣, ㉻은 옳지 않다. 국무총리는 정부업무평가기본계획을 수립하고 최소한 3년마다 타당성을 검토하여 수정·보완하여야 한다(㉠). 행정안전부장관은 지방자치단체에 대한 합동평가를 효율적으로 추진하기 위하여 행정안전부장관 소속하에 지방자치단체합동평가위원회를 설치·운영 할 수 있다(ⓔ). 중앙행정기관의 장은 자체평가위원회를 구성·운영하여야 하며 이 경우 평가의 공정성과 객관성을 확보하기 위하여 자체평가위원의 2/3 이상을 민간위원으로 하여야 한다(㉻).

17. ① 【해설】지방행정론
라이트(Wright)는 정부 간 관계모형을 포괄권위형, 분리권위형, 중첩권위형으로 구분하였다. 라이트의 분리권위형은 중앙정부와 지방정부가 명확하게 분리되어 상호 독립적이고 자율적으로 운영되면서 상호 간의 경쟁이 이루어지는 관계이다.

18. ① 【해설】행정학총론
권력의 편재로 인한 분배의 불형평으로 발생하는 정부실패는 민영화 또는 규제 완화의 방식으로 해결하는 것이 적합하다. 정부 보조 삭감은 해결방안이 아니다.

19. ② 【해설】조직론
상사의 계서제적 권한과 부하의 전문적 권력이 충돌하는 현상을 권력구조의 이원화라 한다. 반면, 국지주의(할거주의)는 분업구조 등으로 인해 조직원들이 소속된 부서의 이익만을 고려하고 타 부서와 협력하지 않는 편협한 태도를 말한다. 권력구조의 이원화와 국지주의는 모두 관료제의 병리 현상이다.

20. ① 【해설】인사행정론
전략적 인적자원관리는 조직의 목표 및 성과달성을 위하여 개인의 역량을 개발(인적자원 육성)하여 개인이 조직과 일치성을 가지고 조직의 전략을 수행할 수 있도록 하는 인적자원관리방식을 의미한다. 전략은 환경분석과 역량분석에 입각한 장기적 계획을 의미하며, 전략적 인적자원관리는 장기적 관점에서 현재 및 미래의 환경변화와 이를 기반으로 하는 역량분석에 집중한다.
② 과거의 인사관리는 직무만족 및 조직시민행동에 중점을 두고 개인의 심리적 측면에 분석의 초점을 두었다면, 전략적 인적자원관리는 조직의 전략 및 성과와 인적자원관리활동과의 연계에 초점을 두고 있다.
③ 과거의 인사관리는 조직의 목표달성을 보조하기 위한 통제 메커니즘 구축에 초점을 두었다면, 전략적 인적자원관리는 조직원에게 권한과 자율성을 부여하여 조직원들에게 주체적 역할을 담당하도록 한다.
④ 과거의 인사관리는 개별 인적자원관리 기능의 부분 최적화를 추구한다면 전략적 인적자원관리는 인적자원관리 기능 간의 연계 및 수직적·수평적 통합을 통한 전체 최적화를 추구한다.

합격을 만드는 주간 합격모의고사

5월

– 제5회 –
[정답 및 해설]

이 름: _____

제1과목 국어
제2과목 영어
제3과목 한국사
제4과목 행정법총론
제5과목 행정학개론

주간 모의고사 정오표

국 어
출제교수: 강세진 교수님

1. ③ 【해설】작문
'인프라'는 유무형의 '기반 시설'을 뜻하는 용어이므로, 이를 인적 대상인 '참가자'로 수정하는 것은 공공언어 바로 쓰기 원칙 중 '의미 보존'에 어긋난다. '인프라'는 문맥에 따라 '기반 시설'이나 '사회 간접 자본' 등으로 다듬는 것이 적절하다.
① '공람(共覽)'은 '여럿이 함께 봄'이라는 뜻으로, 행정 현장에서 이해하기 쉽도록 '함께 보시오'나 '돌려 보시오'로 다듬어 쓰는 것이 권장된다.
② '아웃소싱'은 기업이나 기관의 업무를 외부 전문 업체에 맡기는 것이므로, 직관적인 우리말 '외부 위탁'으로 다듬는 것이 소통에 유리하다.
④ '온보딩'은 배에 타는 것에 비유하여 신규 직원이 조직에 안착하게 돕는 과정이다. 이를 '적응 교육'이나 '사회화 교육'으로 순화하는 것은 언어 순화의 목적에 부합한다.

2. ② 【해설】작문
개요의 Ⅱ단락은 탄소 중립 실현을 가로막고 있는 '부족한 점'이나 '장애물'을 기술하는 곳이다. ②의 '공공 조달 우선권 부여 제도 신설'은 기업들의 탄소 중립 참여를 유도하기 위한 구체적인 인센티브 방안이므로, Ⅲ단락에서 다루는 '추진 방안'의 범주에 속해야 한다. 따라서 이를 '장애 요인'인 Ⅱ의 빈칸에 넣는 것은 적절하지 않다.
① 재생에너지 전환의 높은 비용과 저항은 탄소 중립 실현을 어렵게 하는 경제적 장애 요인이므로 Ⅱ에 적합하다.
③ 규제 체계의 미흡과 제도적 공백은 탄소 중립을 가로막는 제도적 장애 요인이므로 Ⅱ에 적합하다.
④ 시민들의 인식 부족과 실천 문화 부재는 탄소 중립 실현의 사회·문화적 장애 요인이므로 Ⅱ에 적합하다.

3. ② 【해설】작문
성층권은 내부에 분포한 오존층이 태양의 자외선을 직접 흡수하여 대기를 가열하는 층이다. 따라서 고도가 높아질수록 기온이 '높아진다'라고 표현해야 문맥상 적절하다. 이어지는 문장에서도 '기온이 고도에 따라 상승하는 성층권'이라고 언급하고 있으므로, ⓒ을 ②와 같이 수정하는 것이 가장 올바르다.
① ㉠: 대류권은 아래쪽이 가열되고 위쪽이 차가워 기온이 역전되지 않은 '연직 불안정' 상태이다. 이로 인해 대류가 활발하게 일어나므로 원문의 서술은 적절하다.
③ ㉢: 중간권은 기온 분포상 대류가 일어날 수 있으나, 공기가 희박하고 수증기가 거의 없어 기상 현상이 나타나지 않는 층이다. 이를 '수증기가 풍부하다'고 수정하는 것은 적절하지 않다.
④ ㉣: 열권에서 태양풍과 상호작용하여 나타나는 현상은 오로라가 맞다. 오존층은 성층권에 위치하므로 ㉣을 ④와 같이 수정하는 것은 개념적 오류이다.

4. ③ 【해설】작문
㉠의 핵심 논거는 동물실험을 대체할 수 있는 기술이 아직 없다는 것이다. 따라서 동등한 검증력을 가진 대체 수단이 존재한다는 근거를 제시하는 것은 ㉠의 주장을 강화하는 것이 아니라 오히려 약화시키거나 무너뜨리는 행위이다. 이러한 근거를 제시해야 할 주체는 오히려 ㉡에 가깝다.

5. ② 【해설】독서
지문 중반부에 따르면, 인간의 기억은 완전하지 않아 시간이 흐름에 따라 왜곡되거나 미화될 수 있으며, 증언자가 현재의 관점과 가치관에 따라 경험을 재해석하여 말하는 경향이 있다고 설명한다. 따라서 구술 자료는 과거 사건의 '객관적 기록'이라기보다 기억과 현재의 의미가 뒤섞인 '복합적 산물'로 보아야 한다. 그러므로 구술 자료를 완전한 객관적 기록으로 활용할 수 있다는 ②가 정답이다.

6. ③ 【해설】독서
본문에 따르면 의무론적 윤리설은 행위의 옳고 그름이 결과가 아니라 행위 자체의 성질이나 의무에 의해 결정된다고 본다. 반면 행위가 산출하는 사회적 결과나 행복의 증진을 도덕 판단의 핵심 기준으로 삼는 것은 결과론적 윤리설의 입장이다. 따라서 의무론적 윤리설이 결과를 기준으로 삼는다는 ③이 정답이다.

7. ② 【해설】독서
본문에 따르면 조선의 도자기는 단순한 그릇을 넘어 성리학적 이념인 절제와 검소함, 그리고 자연의 섭리를 수용하는 철학적 세계관이 물질적으로 구현된 예술적 산물이다. 마지막 문단에서 조선 도자기를 감상하는 것이 그 안에 담긴 시대의 철학과 인간관을 읽어 내는 행위라고 강조하고 있으므로, ②가 이 글의 중심 생각으로 가장 적절하다.

8. ③ 【해설】독서
본문은 정책 당국이 세운 최적의 정책이 시간이 지난 후 유인 구조의 변화로 인해 번복되는 '시간 불일치 문제'를 다루고 있다. 중앙은행이 재량에 따라 정책을 바꿀 수 있는 구조에서는 민간이 정책 공약을 신뢰하지 않게 되어 정책 효과가 반감된다. 따라서 글의 마지막 부분에서 중앙은행의 독립성이나 준칙 기반 정책 등 제도적 장치를 통해 정책의 신뢰성을 확보해야 함을 강조하고 있으므로, ③이 빈칸에 들어갈 결론으로 가장 적절하다.
① 본문에서 시간 불일치는 단순한 '의지'의 문제가 아니라 정책 당국이 처한 '유인 구조'의 문제라고 설명하고 있다. 따라서 정책 당국의 의지만으로 해결될 수 있다는 진술은 적절하지 않다.
② 본문은 민간이 중앙은행의 유인 구조를 '미리 예상'하기 때문에 신뢰하지 않는다고 했으므로, 이는 합리적 판단의 결과이지 비합리적 기대에 의한 것이라고 보기 어렵다.
④ 인플레이션과 실업의 상충 관계가 사례로 제시되긴 하였으나, 이 글의 핵심은 새로운 정책 모형 개발이 아니라 정책의 '신뢰성'을 확보할 수 있는 제도적 설계에 있다.

9. ③ 【해설】독서
3문단에서 조맹부는 '서화동원론'을 통해 서예의 필법이 회화의 근본이 되어야 한다고 주장하였다. 이는 회화가 사실 묘사를 넘어 문인의 인격과 수양을 담는 그릇이 되어야 한다는 '문인화 이념'과 직결된다. 따라서 ③이 정답이다.

10. ④ 【해설】
㉡과 ㉣은 모두 동아시아 회화론의 핵심 가치를 공유하는 집단을 지칭하므로 지시 대상이 같다. 반면 ㉠은 개인을, ㉢은 서구의 주체를 지칭한다.

11. ② 【해설】독서
본문은 수면의 본질적 기능을 정의한 뒤, 현대 사회의 수면 부족 실태와 그로 인한 건강상의 위협을 분석하고 최종적인 사회적 대안을 제시하는 구조를 취하고 있다.
(나): 수면을 회복과 정보 정리의 능동적 과정으로 정의하며, 생존에 필수적인 생리적 기능을 소개하는 도입부이다.
(다): '그럼에도 불구하고'라는 역접 접속어를 사용하여 수면의 중요성에도 불구하고 수면 부족이 심화되는 현대 사회의 실태를 제시한다.
(가): '한편'이라는 접속어를 통해 (다)에서 제기된 수면 부족이 장기화될 때 나타나는 신체적·정신적 질환들을 구체적으로 열거하며 위기감을 고조시킨다.
(라): '따라서'라는 인과 접속어를 사용하여 수면의 질 개선을 위한 사회적 인식 전환과 구조적 지원을 촉구하며 글을 마무리한다.
정리하자면, '(나)-(다)-(가)-(라)'로 이어진 ②가 정답이다.

12. ② 【해설】독서
필자는 나무가 외부 시선에 휘둘리지 않고 묵묵히 제 자리를 지키는 태도를 찬양하며, 이를 인간이 지향해야 할 진정한 '자유'로 규정하고 있다.
① 필자는 나무의 생존 방식을 단순한 본능이 아닌, 본질에 충실한 방식으로 긍정하며 인간 삶의 모델로 삼고 있다.
③ 지문에 따르면 필자의 통찰은 관념적 논변이 아니라 구체적인 자연물에서 우러나온 생생한 체험에서 비롯되었다고 명시되어 있다.
④ 필자는 감정을 직접 표출하지 않고 절제된 언어와 담담한 문장을 사용한다고 설명하고 있다.

13. ② 【해설】어휘
'신장'은 주로 권리나 세력 등 추상적 대상의 확대에 쓰인다. 뿌리와 같은 물리적 확장은 '뻗다'는 표현이 가장 잘 어울린다.
① 자기의 마음이나 지난 일을 되돌아본다는 의미로 적절하다.
③ 어떠한 사실이나 의견을 거부감 없이 받아들인다는 의미로

적절하다.
④ 외부의 힘이나 시선에 의해 이리저리 지배되거나 영향을 받는다는 의미로 적절하다.

14. ③ 【해설】 신유형

> (가) (공사 지연∧~인력 투입) → 준공 차질
> ≡ ~준공 차질 → (~공사 지연∨인력 투입)
> (나) 준공 차질 → 계약 해지 증가
> ≡ ~계약 해지 증가 → ~준공 차질
> (다) ~계약 해지 증가
> ---
> [결론] ~계약 해지 증가 → ~준공 차질 → (~공사 지연∨인력 투입)

⇒ (다)에 따라 입주 예정자들의 계약 해지 요청이 증가하지 않았으므로, (나)의 대우에 의해 준공 일정은 차질을 빚지 않았다. 이를 다시 (가)의 대우에 대입하면 '공사 기간이 지연되고 추가 인력이 투입되지 않았다'는 조건 자체가 부정되어야 한다. 드모르간의 법칙에 의해 '공사 기간이 지연되지 않았거나(~공사 지연), 추가 인력이 투입되었다(인력 투입)'는 결론이 도출된다. 따라서 정답은 ③이다.
① 공사 기간이 지연되지 않았을 가능성이 크지만, 인력이 투입되어 지연을 막았을 수도 있으므로 '반드시' 그렇다고 단정할 수 없다.
② 추가 인력이 투입되었을 가능성이 있지만, 공사 기간 자체가 지연되지 않아 준공이 원활했을 수도 있으므로 확정적 결론은 아니다.
④ '~하거나'가 아닌 '~하고'로 연결되었다. 두 조건이 모두 충족되어야만 일정이 유지되는 것은 아니므로(둘 중 하나만 충족되어도 됨), 논리적으로 과잉 추론에 해당하여 적절하지 않다.

15. ② 【해설】 신유형

> (1) (~핵∧~기후) → 무역
> ≡ ~무역 → (핵∨기후)
> (2) 무역 → 관세
> ≡ ~관세 → ~무역
> (3) (관세∧~안보) → ~외교
> ≡ ~외교 → (~관세∨안보)
> (4) 갑 국가: 외교, ~안보
> (5) (?), ~핵
> ---
> [결론] 기후

⇒ 주어진 (4)에 따라 갑 국가는 '외교협력 협정'에 서명하고 '안보조약'에는 가입하지 않았다. 이를 (3)의 대우에 대입하면, 선언지 제거법에 의해 갑 국가는 '관세동맹'에 가입하지 않았음(~관세)을 알 수 있다. 다시 (2)의 대우에 의해 갑 국가는 '무역협정'에도 서명하지 않았으며, 이를 (1)의 대우에 대입하면 최종적으로 '핵협정 또는 기후협약' 중 하나에는 서명해야 한다는 결론에 도달한다. 이때 결론 ㉠인 '기후협약에 서명한다'가 참이 되려면 ㉡(핵협정에 서명하지 않는다)이 추가 전제로 반드시 필요하다.
① 갑 국가가 핵협정에 서명한다는 전제가 추가되면 '핵 또는 기후' 조건은 이미 만족되지만, 기후협약에 반드시 서명해야 할 논리적 필연성은 사라진다.
③ 갑 국가가 관세동맹에 가입한다는 사실은 (3)의 전제 조건을 만족시켜 '외교협력 협정에 서명하지 않는다'는 결론을 내게 되므로, 주어진 사실(4)과 모순된다.
④ 갑 국가가 관세동맹에 가입하지 않는다는 사실은 추론 과정(단계 외교 → ~관세)에서 이미 도출되는 정보이므로, 결론 ㉠을 이끌어내기 위해 '새롭게 추가'해야 할 전제로는 부적절하다.

16. ① 【해설】 신유형

> [갑의 전제 1] 법을 어긴 사람 → 처벌
> [갑의 전제 2] 처벌∧~법을 어긴 사람
> [갑의 결론] 처벌 기준이 잘못됨(현재의 처벌 시스템이 타당하지 않음)
> ---
> [을의 대화] 처벌 → 법을 어긴 사람

⇒ 갑은 '법을 어기지 않은 사람이 처벌받은 사례'를 근거로 현재의 기준이 잘못되었다고 비판한다. 그러나 갑의 첫 번째 전제는 법을 어긴 사람에 대한 처리 규정일 뿐, 법을 어기지 않은 사람에 대한 규정은 포함하지 않는다. 따라서 갑의 비판이 논리적으로 성립하려면 '처벌받은 사람은 반드시 법을 어긴 사람이어야 한다'는 전제가 추가되어야 한다. 이 전제가 참일 때, 법을 어기지 않고 처벌받은 사례는 논리적 모순이 되어 '잘못된 기준'이라는 결론이 도출된다.
② 법을 어긴 사람 → 처벌: 갑이 대화의 첫머리에서 이미 제시한 전제이므로, 새로운 결론을 이끌어내기 위한 '추가 전제'로 적절하지 않다.
③ ~처벌 → ~법을 어긴 사람: 갑의 첫 번째 전제의 대우 명제이다. 이는 이미 주어진 전제와 동일한 의미를 지니므로, 무고한 사람의 처벌을 비판할 새로운 논리적 근거가 되지 못한다.
④ 법을 어긴 사람∧~처벌: 이는 법을 어긴 사람을 놓친 '집행의 누락'에 대한 문제 제기로, 갑이 지적한 '무고한 사람의 처벌'이라는 쟁점과는 방향이 다른 별개의 오류이다.

17. ④ 【해설】 국어문법
지문에서는 'ㅣ' 모음으로 끝난 어간 뒤에 '-어'가 오는 경우 두 모음이 합쳐져 'ㅕ'로 줄어드는 것이 일반적이라고 설명하고 있다. 다만 '쓰이어'가 '씌어'로 줄어드는 사례를 참고할 때, 어간 '누이-' 역시 끝음절이 'ㅣ' 모음으로 끝나므로 여기에 어미 '-어'가 결합하여 '뉘어'가 되는 것도 가능하다고 추측할 수 있다.
① 지문에서 '가지어'는 '가져'가 된다고 명시하였으므로 '갖아'는 적절하지 않다.
② '디디어'는 어간 '디디-'의 끝음절 'ㅣ'와 어미 '-어'가 결합하는 사례이므로, 지문의 규칙에 따라 '디뎌'로 줄어들어야 한다.
③ 지문 마지막 부분에서 '쓰이어'는 '씌어'로 줄어드는 것이 허용된다고 하였으므로, '씌여'는 적절하지 않다.('씌여'는 '씌어'에 불필요한 반모음이 첨가된 잘못된 표기이다.)

18. ① 【해설】 국어문법
①번의 관형사절 '그가 범인이라는'은 '주어(그가) + 보어(범인) + 서술어(이다)'를 모두 갖춘 완전한 문장 형태를 띠고 있으며, 수식받는 체언인 '증거'의 구체적인 내용을 설명하고 있다. '증거'가 절 내부에서 주어나 목적어 같은 논항 역할을 수행할 수 없으므로, 이는 전형적인 동격 관형사절이다.
② (행인이) 길을 가는 → 관형사절 내부에서 주어 역할을 하던 체언이 생략된 관계 관형사절이다.
③ 우리가 (고향에서) 살던 → 관형사절 내부에서 부사어 역할을 하던 체언이 생략된 관계 관형사절이다.
④ 내가 어제 (책을) 산 → 관형사절 내부에서 목적어 역할을 하던 체언이 생략된 관계 관형사절이다.

19. ③ 【해설】 독서
㉡ (○): CCTV 영상의 목적 외 유출 사례는 을이 내세운 '사생활 침해'와 '감시 사회의 위험성'에 대한 실증적 근거가 된다. 이는 을이 주장하는 규제 및 반대 논리를 뒷받침하므로 을의 입장을 강화한다.
㉢ (○): CCTV 설치 밀도가 높은 곳에서 장기적으로 범죄율이 낮게 유지된다는 결과는 을이 주장하는 '일시적 효과'를 부정한다. 이는 갑의 '장기적 억제 효과'를 지지하는 데이터이므로 상대측인 을의 입장을 약화하는 것이 맞다.
㉠, ㉡, ㉣ ㉠ (×): CCTV 설치 구역에서 범죄가 줄었으나 인근 지역에서 늘었다는 결과는 을이 주장한 '범죄 이동 효과'를 뒷받침한다. 따라서 이는 을의 입장을 강화하고, 범죄 예방 실효성을 주장하는 갑의 입장을 약화하므로 '모두 약화'라는 평가는 틀렸다.

20. ① 【해설】 독서
지문의 핵심 전제인 '알고리즘에 의한 필터 버블 형성 및 인식 격차 심화'가 실제로는 미미하다는 연구 결과를 제시한다. 이는 논증의 기초가 되는 현상 자체를 무력화하여 논지를 가장 크게 약화한다.
② 이는 제안된 해결책이 가져올 부작용을 지적하는 것일 뿐, 소셜 미디어가 공론장을 저해한다는 지문의 상황 진단 자체를 약화하지는 못한다.
③ 과거의 공론장 역시 완벽하지 않았음을 언급하는 것은 소셜 미디어가 현재 야기하는 구조적 문제에 대한 비판적 논지를 약화하는 근거가 되기 어렵다.
④ 소셜 미디어 활용이 사회적 분열과 갈등을 심화시킨다는 지문의 논거를 뒷받침하므로, 논지를 약화하는 것이 아니라 오히려 강화한다.

영 어
출제교수: 김세현 교수님

1. ④
【해설】
emphasize는 '강조하다'의 뜻으로 이와 가장 가까운 유의어는 ④ stress이다.
【해석】
많은 건강 전문가들이 정기적인 신체 활동과 적절한 식단이 당신의 건강을 개선할 수 있다고 강조한다.
【어휘】
a number of 많은 expert 전문가 emphasize 강조하다 regular 정기적인, 주기적인 physical 신체적인 proper 적절한 diet ①식단 ②음식, 식사 improve 개선하다 discard ~을 폐기하다, 버리다 reflect 반영(반사)하다 resent 분개하다 stress 강조하다

2. ③
【해설】
뛰어난 업무성과와 능력 덕분에 부서의 새로운 관리자로 임명되었다는 내용의 글이므로 빈칸에 들어가기에 가장 적절한 것은 ③ appointed이다.
【해석】
그녀는 뛰어난 업무성과와 능력 덕분에 부서의 새로운 관리자로 임명되었다.
【어휘】
department 부서 due to ~덕분에, ~ 때문에 performance ①공연 ②수행, 실행 ③(업무)성과 intend 의도하다 appoint 임명하다 disregard 무시하다

3. ②
【해설】
빈칸 다음 이 계획의 일환으로 향후 10년 내 탄소 배출량을 50% 줄이는 것을 목표로 하고 있다고 했으므로 환경문제를 해결해야한다는 내용이 빈칸에 있어야 하므로 밑줄 친 부분에 들어가기에 가장 적절한 것은 ② address이다.
【해석】
회사는 최근 환경 문제를 해결하기 위한 종합 계획을 발표했다. 이 계획의 일환으로 향후 10년 내 탄소 배출량을 50% 줄이는 것을 목표로 하고 있다.
【어휘】
announce 발표하다, 알리다 comprehensive 포괄적인, 종합적인 issue 문제 aim to ~을 목표로 하다 reduce 줄이다, 감소시키다 carbon emissions 탄소 배출량 within ~안에 decade 10년 urge 촉구하다 address (문제 등을) 다루다, 해결하다 increase 증가시키다 maintain 유지하다

4. ①
【해설】
too + 형용사 + a(n) + 명사 + to ⓥ 구문을 묻고 있다. 따라서 밑줄 친 부분에 들어갈 말로 가장 적절한 것은 ① 'too collective an activity'이다.
【해석】
전쟁은 너무 집단적인 행위이기 때문에 단지 개개인의 마음속에 숨어 있는 호전적 본능 때문에 전쟁이 있는 것이라고 설명될 수는 없다.
【어휘】
collective 집단의, 집단적인 account for 설명하다 warlike 호전적인, 전쟁을 좋아하는 instinct 본능 hide 숨다, 숨기다 psyche 마음, 정신

5. ①
【해설】
surprise는 감정표현 동사이고 주체가 사물(accident)이므로 빈칸에는 현재분사가 있어야 한다. 또한 주어진 시제가 과거이므로 과거사실에 대한 추측(조동사+have+p.p)이 필요하다. 따라서 빈칸에 들어가기에 가장 적절한 것은 ①이다.
【해석】
당신이 포함되었던 어제의 사건은 그것을 보거나 들은 모든 사람들에게 놀라웠음에 틀림없다.
【어휘】
event 사건 include 포함하다 notice ①알아차리다 ②보다

6. ②
【해설】
② 주어가 단수명사(donor)이므로 복수동사 offer는 단수동사 offers로 고쳐 써야 한다.
① 앞에 사물명사 the issue가 있고 전치사 over which다음 문장구조가 완전하므로 관계대명사 which의 사용은 어법상 적절하다.
③ 자릿값에 의해 준동사자리이고 뒤에 목적어가 없으므로 수동의 형태 called는 어법상 옳다. 참고로 'a gift of life'는 called의 목적격보어로 사용되었다.
④ such ~ that구문을 묻고 있다. such 다음 명사구(a good deal of controversy)가 있으므로 such의 사용은 어법상 적절하다.
【해석】
장기 기증은 의견이 분분한 법적, 의학적, 윤리적 문제로 여겨지고 있다. 장기 기증은 생체 기증과 사후 기증으로 나눌 수 있다. 생체 기증은 기증자가 도움을 필요로 하는 사람을 대신하여 자발적인 결정을 통해 신장이나 간과 같은 신체 일부를 제공하여 다른 사람을 돕는 것을 의미한다. 사후 기증은 '생명의 선물'이라고 불리며, 이미 사망한 사람의 장기를 이용하여 다른 사람의 생명을 구하는 것을 뜻한다. 사실, 장기 기증에 대해서는 상당히 큰 논란이 있어, 이 문제가 많은 나라에서 보편적으로 받아들여지지 않고 있다.
【어휘】
organ 장기 donation 기증 legal 법적인, 합법적인 medical 의학적인 ethical 윤리적인 issue 문제 opinion 의견 divide 나누다, 쪼개다 living 생체 deceased 사후의 donor 기증자 voluntary 자발적인 decision 결정 on behalf ~을 대신하여 kidney 신장 liver 간 pass away 죽다 controversy 논란 universally 보편적으로 accepted 받아들여지는

7. ③
【해설】
Dan의 제안에 Sue가 계속해서 반대하고 있으므로 밑줄 친 부분에 들어갈 말로 가장 적절한 것은 ③ '늘 부정적이야'이다.
【해석】
Dan: 이번 주말 등산 갈래?
Sue: 대신 몰에 가는 게 어때?
Dan: 하지만 난 새로 산 등산용 장비들을 한 번 시도해보고 싶거든.
Sue: 그래? 하지만 백화점에서 세일하고 있어.
Dan: 넌 늘 내가 하기 원하는 것에 늘 부정적이야.
Sue: 네가 아니라. 야외 활동이야. 나는 그게 싫어. 나는 대신에 에어컨이 있는 가게가 더 좋아.
① 복습해
② 주의를 기울여
④ 늘 의존해
【어휘】
go hiking 등산 가다, 하이킹 가다 gear 장비 try out 시도하다 outdoors ①야외로 ②야외활동 air-conditioned 냉방이 되어있는, 에어컨이 있는 brush up on ~을 복습하다 pay attention 주의를 기울이다 negative 부정적인 all the way 항상, 늘 fall back on ~에 의존하다

8. ①
【해설】
A의 길을 묻는 내용과 빈칸 다음 '쉽게 찾을 수 있다'는 내용이 있으므로 빈칸에 들어갈 말로 가장 적절한 것은 ① '네, 두 블록 직진하시면 됩니다'이다.
【해석】
A: 번거롭게 해서 죄송한데, 길을 좀 여쭤봐도 될까요?
B: 물론이죠! 어디로 가시려나요?
A: 실례하지만, 서울역 가는 길을 알려주실 수 있나요?
B: 네, 두 블록 직진하시면 됩니다. 쉽게 찾으실 거예요.
A: 정말 감사합니다! 큰 도움이 됐어요.
B: 별말씀을요! 좋은 하루 보내세요!
② 죄송하지만, 전 이 지역은 잘 몰라요.
③ 제 생각으로는 저쪽에 있는 지도가 도움이 될 것 같아요.
④ 특정 출구를 찾으시는 건가요, 아니면 그냥 정문인가요?

【어휘】
bother 번거롭게 하다, 귀찮게 하다 direction 길 안내, 방향 straight ahead 곧장 앞으로 can't miss it 쉽게 찾을 수 있다 familiar 익숙한, 친숙한 look for 찾다, 구하다 specific 특정한 exit 출구 main entrance 정문

9. ② 【해설】
주어진 안내문은 Global Green Innovation Challenge Event를 소개하며, 환경 문제 해결을 위한 창의적인 아이디어 개발과 참여를 장려하는 내용의 글이므로 이 글의 제목으로 가장 적절한 것은 ② 'Challenge Event를 통해 창의적인 해결책을 개발 하세요'이다.
① 환경과학 프로그램 장학금 신청 하세요
③ 지속 가능성 관련 국제회의에 참석 하세요
④ 환경 보호의 기본 개념을 학습 하세요

10. ③ 【해설】
참가자는 환경 문제에 대한 혁신적인 해결책을 제시하는 프로젝트 제안서를 제출해야 한다고 했으므로, 안내문의 내용과 일치하는 것은 ③이다.
【해석】
누가 지원할 수 있나?
Global Green Innovation Challenge는 환경 지속 가능성에 관심이 있는 모든 대학생에게 열려 있습니다.
무엇을 해야 하나?
참가자들은 현재의 환경 문제를 해결하기 위한 혁신적인 해결책을 제시하는 프로젝트 제안서를 제출해야 합니다. 출품작은 개인으로 제출하거나 최대 3명으로 구성된 팀으로 제출될 수 있습니다.
수상
장학금은 우승자와 장려상 수상자에게 수여됩니다. 상위 3개 팀은 국제회의에서 아이디어를 발표할 기회도 얻게 됩니다.
심사 기준
출품작은 독창성, 실현 가능성, 그리고 영향력을 기준으로 평가됩니다.
등록 기간
5월 10일~6월 30일
자세한 내용을 확인하고 지원하려면 공식 웹사이트를 방문하세요.
【어휘】
apply 지원하다 innovation 혁신 open 열려있는 passionate 열정적인 sustainability 지속 가능성 participant 참가자 require 요구하다 submit 제출하다 proposal 제안서 solution 해결책 current 현재의 environmental 환경의 issue 문제 entry 출품작 individually 개인으로 up to ~까지 scholarship 장학금 award 수상하다, 상을 주다 honorable mention 장려상, 장려상 수상자 opportunity 기회 present 주다, 제공하다 evaluate 평가하다 originality 독창성 feasibility 실현(실행) 가능성 impact 영향력 apply 지원하다

11. ② 【해설】
주어진 지문은 보수공사로 인해 대체지점 이용과 그 서비스 제공에 관한 내용의 글이므로 이 글의 목적으로 가장 적절한 것은 ②이다.

12. ③ 【해설】
문맥상 for the time being은 '잠깐 동안, 일시적으로'의 뜻으로 이와 가장 가까운 유의어는 ③ 'temporarily'이다.
【해석】
우리는 85 Elm Street에 위치한 Riverside Insurance 지점의 운영에 관하여 중요한 업데이트를 알리기 위해 연락드립니다. 고객 서비스 개선을 위한 지속적인 노력의 일환으로, 해당 지점은 8월 1일부터 8월 14일까지 대대적인 보수공사를 위해 <u>일시적으로</u> 폐쇄될 예정입니다. 이 기간 동안에도 고객님의 보험 관련 요구가 중단 없이 충족될 수 있도록 최선을 다하겠습니다. 고객님께 원활한 지원을 제공하기 위해, 주말을 포함한 연장된

영업시간을 운영하는 310 Pine Avenue에 위치한 대체 지점을 방문하실 것을 권합니다. 이 대체 지점에서는 청구 처리, 보험 갱신, 우리의 보험 상담사와의 상담 등 필요한 모든 서비스를 제공할 예정입니다. 또한, 저희는 고객님이 더 편리하게 상담 일정을 예약할 수 있도록 새로운 온라인 예약 시스템을 도입했습니다. 이 서비스를 이용하시려면 www.riversideinsurance.com 을 방문하시거나, 전용 핫라인 1-800-INSURE-U로 문의하시기 바랍니다.
시설을 업그레이드하여 더 나은 서비스를 제공하기 위해 노력하는 동안, 고객님의 인내와 이해에 감사드립니다. 공사가 완료된 후, 개선된 사무 환경에서 고객님을 다시 뵙기를 기대합니다.
따뜻한 마음을 전하며,
【어휘】
reach ①~에 이르다, 다다르다 ②연락하다 inform A of B A에게 B를 알리다 regarding ~에 관한, ~에 대해서, ~와 관련된 operation 운영 as part of ~의 일환으로 ongoing 지속적인 temporarily 일시적으로 extensive 광범위한, 대대적인 renovation 개조, 보수, 수리 commit ①전념하다, 몰두하다 ②헌신하다 ③약속하다, 다짐하다 ensure 보장하다 meet 충족하다, 만족시키다 interruption 방해, 간섭 seamless 이음새 없는, 원활한 alternate 대체의, 대안의 locate 위치시키다 extend 연장하다, 늘이다 *extended hours 연장된 영업시간 substitute 대체의, 대신하는 branch 지점 claims processing 보험 청구 처리 insurance 보험 renewal 갱신 consultation 상담 advisor 상담사, 자문 additionally 게다가, 더욱이, 또한 dedicated ①전용의, 전담의 ②헌신적인 hotline ①직통 전화 ②상담 전화 further 더 많은, 그 이상의, 더 나은 patience 인내 facility (편의)시설 serve 제공하다, 봉사하다 look forward to ~하기를 간절히 바라다, 학수고대하다 improved 개선된 perpetually 끊임없이, 계속해서, 영구적으로 permanently 영원히 temporarily 일시적으로 temperately 온화하게

13. ① 【해설】
본문 3번째 문장에서 전문 가이드가 이 지역의 역사와 생태계에 대한 흥미로운 사실을 알려준다고 했으므로 주어진 안내문의 내용과 일치하는 것은 ①이다.
【해석】
마운틴 익스플로러 하이킹 투어에 참여하여 가장 높은 봉우리에서 숨 막히는 경치를 경험해 보세요! 이 가이드 투어는 아름다운 경치가 펼쳐진 산책로를 따라 진행되며, 숨겨진 폭포와 다양한 야생동물을 발견할 수 있습니다. 전문 가이드가 이 지역의 역사와 생태계에 대한 흥미로운 사실을 알려 줍니다. 하이킹 난이도는 중간 정도이므로, 약간의 하이킹 경험이 있는 것이 좋습니다.
• 투어 요금은 1인당 40달러입니다.
• 투어는 약 4시간 동안 진행됩니다.
• 하이킹 스틱과 간식이 제공됩니다.
• 참가자는 튼튼한 신발을 신고 물을 가져와야 합니다.
• 심한 폭풍우를 제외한 모든 날씨에서 운영됩니다.
• 예약은 최소 3일 전에 완료해야 합니다.
【어휘】
explorer 탐험가 breathtaking 숨이 멎을 듯한, 장관의 peak 봉우리, 정상 scenic 경치가 아름다운 trail 산책로 waterfall 폭포 diverse 다양한 wildlife 야생동물 professional guide 전문 가이드 ecosystem 생태계 moderate difficulty 중간 난이도 prior 이전의, 사전의 experience 경험(하다) sturdy 튼튼한, 강건한 severe 심한, 심각한 storm 폭풍우 reservation 예약 at least 적어도

14. ① 【해설】
① 본문 첫 번째 문장에서 미국에서 태어나지 않았다고 했으므로 본문의 내용과 일치하지 않는다.
② 본문 7번째 문장에서 역사상 두 번째로 다섯 개의 주요 오스카상을 받은 작품이 되었다고 했으므로 본문의 내용과 일치한다.

③ 본문 8번째 문장에서 자신이 감독한 Amadeus(아마데우스)가 최고 감독상을 포함하여 여덟 개의 오스카상을 휩쓸었다고 했으므로 본문의 내용과 일치한다.
④ 본문 마지막 문장에서 Jan Novak과 함께 자신의 자서전인 <Turnaround: A Memoir>를 집필했다고 했으므로 본문의 내용과 일치한다.
【해석】
인물연구
Milos Forman은 많은 아카데미상을 수상했지만, 미국에서 태어난 영화 제작자는 아니었다. Forman은 Prague 근교의 작은 마을에서 성장했다. 제2차 세계대전 중 그의 부모가 죽었을 때 고아가 된 Forman은 자신의 친척들에 의해 자랐다. 1950년대에 Forman은 Prague 대학교의 영화 학교에서 영화를 공부했다. 1950년대 후기와 1960년대 초기에 걸쳐 Forman은 몇 편의 영화에서 작가나 조감독으로 활동했다. 이후에 그는 미국으로 이주해서 영화를 계속 만들었다. 1975년에 그는 <One Flew over the Cuckoo's Nest(뻐꾸기 둥지 위로 날아간 새)>를 감독했는데, 그것은 다섯 개의 모든 주요 부문에서 오스카상을 수상한, 역사상 유일하게 두 번째 영화가 되었다. 그 후에 역시 그가 감독한, 모차르트의 천재성을 기념하는 영화 <Amadeus(아마데우스)>는 최고 감독상을 포함하여 여덟 개의 오스카상을 휩쓸었다. Forman은 Jan Novak과 함께 자신의 자서전인 <Turnaround: A Memoir>를 집필했는데, 그것은 1994년에 출판되었다.
① 포르만은 미국에서 태어나 자란 후 프라하로 이주했다.
② <One Flew over the Cuckoo's Nest)>는 다섯 개의 주요 부문에서 오스카상을 수상했다.
③ 포르만이 감독한 <아마데우스>는 감독상을 포함해 8개의 아카데미상을 수상했다.
④ 포르만은 <Turnaround: A Memoir>를 얀 노박과 공동 집필했다.
【어휘】
filmmaker 영화 제작자　orphan 고아로 만들다; 고아　relative 친척　raise 기르다, 양육하다　throughout ~에 걸쳐서　assistant director 조감독　emigrate (타국으로) 이주하다; 이민가다　direct 감독하다, 지휘하다; 직접적인　genius 천재(성)　autobiography 자서전　publish 출판하다

15. ④ 【해설】
주어진 지문은 외교라는 단어가 어떤 의미를 지니는지 4가지 관점에 대해 설명하는 내용의 글이므로 이 글의 주제로 가장 적절한 것은 ④ '외교의 다양한 해석들'이다.
【해석】
우리는 '가까운 동부에 있는 영국 외교는 활력을 잃어가고 있다'고 말할 때처럼 한 순간에 'diplomacy'라는 말은 '외교 정책'에 대한 동의어로 사용된다. 다른 순간에 그것은 우리가 '그 문제는 협상에 의해 해결될 것이다'라고 말할 때처럼 '협상'을 의미한다. 보다 구체적으로 말하면, 그 단어는 절차와 조직을 의미하며, 그것에 의해 그런 협상이 수행된다. 네 번째 의미는 우리가 '내 조카는 외교를 맡고 있다'고 말할 때처럼 외무 업무의 분야이다.
① 외교란 무엇인가
② 외교 수단
③ 협상으로서 외교
【어휘】
diplomacy 외교(술)　employ 고용하다　vigour 활기, 활력　signify 의미하다, 나타내다　negotiation 협상　specifically 분명히, 특별히, 구체적으로 말하면　denote 나타내다, 의미하다　machinery ①기계(류) ②조직, 기구　branch ①가지 ②분점 ③부서, 분야　foreign service ①해외 근무 ②외무 직원　nephew 남자 조카　interpretation 해석, 설명, 이해

16. ③ 【해설】
주어진 지문은 과거에 의약용으로 이용되었던 식물들이 현대에도 여전히 다양한 질병 치료약을 만드는데 사용되고 있다는 내용의 글이므로 '벌목으로 인한 폐해'를 언급하는 ③은 글의 전체흐름과 무관하다.

【해석】
세계 보건 기구에 따르면, 현대 의약의 4분의 1이 전통의약에서 처음으로 사용되었던 식물로 만들어진다. 야생 식물로부터 개발된 치료약은 말라리아, 당뇨병, 심장 질환, 후천성 면역결핍증/에이즈, 암, 통증, 호흡기 질환의 치료에 사용된다. 한때 서구의 벌목 작업에 의해 태워졌던 태평양 주목나무는 최근에 그것의 나무껍질에 패클리테솔이라고 불리는 물질을 포함하고 있다는 것이 밝혀졌는데, 그것은 암 종양을 줄이는 데 도움이 될 수 있다. (벌목하면서 나무를 없애는 것은 어떤 경우에는 많은 중요한 식물과 동물종의 희귀해짐 또는 완전한 멸종을 초래해 왔다.) 오랫동안 약용의 가치가 있다고 인정되어 온 어떤 식물들은 최근에 들어서야 현대적인 실험실에서 분석되었다. 예를 들어, 버드나무 껍질은 고통을 경감시키기 위해서 수 세기 동안 사용되었지만 현대에 들어서야 그것이 아스피린의 유효 성분인 살리실산을 포함하고 있다는 것이 밝혀졌다.
【어휘】
remedy ①치료(약) ②치료하다　treatment ①치료, ②취급, 대우　diabetes 당뇨병　respiratory 호흡의, 호흡 기관의　ailment 질병　logging 벌목　contain 포함하다, 담고 있다　bark 나무껍질　shrink 줄어들게 하다, 오그라들다　cancerous 암의, 암에 걸린　tumor 종양　removal 제거　scarcity 부족, 결핍　outright ①완전한 ②명백한　extinction 멸종　analyze 분석하다　willow 버드나무　relieve ①경감하다 ②안도하게 하다　salicylic acid 살리실산　ingredient 성분, 원료

17. ② 【해설】
주어진 문장에 대한 예시로서, 일본과 중국과 유럽의 제품이 장기간 변하지 않고 사용되었다는 내용의 (B)가 이어지고, 그러한 상황이 산업혁명 이후부터 바뀌었다는 내용의 (A)가 이어진 후, 그 결과 낡은 것이 새로운 것에 의해 급속히 대체되어 기존의 것이 쓸모없어지게 (C)가 이어지는 것이 흐름상 가장 적절하다.
【해석】
역사의 오랜 기간 동안 물자와 용역의 수명은 그것을 생산하고 소비하는 인간의 수명보다 길었다. (B) 일본의 기모노는 400년 동안 변하지 않았다. 18세기 중국 사람들은 16세기의 조상들이 입던 옷을 그대로 입고 다녔다. 1300년에서 1660년 사이에 북유럽에서 쟁기의 설계는 전혀 바뀌지 않았다. (A) 그러한 안정된 상황 때문에 장인과 일꾼들은 자신이 죽은 뒤에도 자신이 하던 일은 계속될 것이라고 안심했을 것이다. 그러나 제품 수명은 산업혁명 이후부터 급속하게 짧아졌고, 그러한 경향은 장인과 일꾼들이 그들의 일에 대해 가지고 있었던 장기적 완전성에 대한 확신을 뒤흔들었다. (C) 그 결과 새로운 제품과 용역에 의해 낡은 것이 급속하고 과감하게 대체되는 것은 경제의 거의 모든 영역에서 나타났다. 철도가 발명된 뒤 운하는 덜 인기 있게 되었고, 자동차가 개발된 뒤 말이 밀려났고, 개인용 컴퓨터의 대량 생산으로 인해 타자기가 밀려났다.
【어휘】
for long stretches 오랜 기간 동안　exceed 뛰어넘다, 초과하다　human being 인간　consume 소비하다　stability 안정성　artisan 장인, 기술자　laborer 노동자, 일꾼　reassuring 안심시키는　outlive ~보다 오래 살다　Industrial Revolution 산업 혁명　sharply 급격하게, 날카롭게　shorten 짧게 하다　trend 추세, 경향　shake 흔들다　confidence 확신　in the long-term 장기간의　integrity 완전성, 고결함　exactly 정확하게　ancestor 선조　wear-wore-worn 입다　across ~에 걸쳐서, ~ 전역에　decisive 결단력 있는, 과감한　replacement 대체　canal 운하　railway 철도　mass 대량의

18. ④ 【해설】
글의 흐름을 보면 however가 있는 주어진 문장 전후로 앞부분에서는 자신의 능력을 과대평가하는 북미인들의 경향이 언급되고, 뒷부분에서는 자신의 능력을 과소평가하는 아시아인들에 대한 내용이 진술되고 있다. 따라서 주어진 문장은 ④에 들어가는 것이 글의 흐름상 가장 자연스럽다.

【해석】

모든 것을 잘한다고 생각하는 사람을 만나본 적이 있는가? 그 사람들은 Dunning-Kruger 효과로부터 고통을 받을지도 모른다. Dunning-Kruger 효과는 몇몇 사람들이 갖고 있는 흥미로운 심리 문제이다. 이 문제를 갖고 있는 사람은 그렇지 않더라도, 무언가를 정말 잘한다고 생각한다. 가령, 누군가가 15%의 사람들보다 농구를 잘하면, 이 효과를 갖고 있는 사람들은 60%의 사람들보다 잘한다고 생각할 수 있다. 즉, 그들은 자신들의 실수를 볼 수 없고, 자신을 다른 사람과 올바르게 비교할 수 없다. 연구자들에 따르면 이 문제는 미국에서 가장 흔하다고 한다. 하지만, 동아시아에서는 정반대 현상이 나타났는데, 거기선 사람들이 좀처럼 자신의 능력을 과대평가하지 않았다. 사실, 대부분의 아시아인들은 실제 능력 수준보다 더 못하다고 생각하는 경향이 있었다.

【어휘】

opposite 반대의 rarely 거의 ~하지 않는 overestimate 과대평가하다 be good at ~을 잘하다 suffer from ~로부터 고통 받다 in short 즉 correctly 올바르게 actual 실제의, 실질적인 level 수준

---

19. ③ 【해설】

주어진 지문은 독수리와 호박벌의 예를 통해 문제해결이 바로 위에 있는데 이를 알아차리지 못해 탈출을 하지 못한다는 내용의 글이므로 빈칸에 들어가기에 가장 적절한 것은 ③ '해답은 그들 바로 위에 있다'이다.

【해석】

만약 독수리가 천장이 없는 8제곱 피트의 우리 안에 놓이면, 그것은 갇힐 것이다. 독수리는 먼저 10피트 가량을 달린 후에만 날기 때문이다. 달릴 공간이 없으면, 그것은 우리 밖으로 날아가는 방법을 모를 것이다. 마찬가지로, 만약 호박벌이 컵 안에 떨어지면, 그것은 결코 밖으로 나갈 수 없을 것이다. 출구가 위쪽에 있다는 것을 알아차리지 못하고 그것은 컵의 측면을 통과하여 나갈 방법을 알아내려고 계속 노력할 것이다. 그것은 죽을 때까지 이 헛된 탈출 시도를 지속할 것이다. 생각해 보면, 어떤 사람들은 바로 독수리와 호박벌과 같다. 그들은 답이 바로 그들 위에 있다는 것을 결코 알아채지 못한 채, 쓸데없이 문제와 씨름하는 데 모든 에너지를 소비한다.
① 그들의 마음이 먼저 바뀌어야 한다.
② 그들은 생각만큼 영리하지 않다.
④ 문제의 핵심을 확인하는 것은 불가능하다.

【어휘】

place 두다, 놓다 square 평방의, 제곱의 cage 우리 ceiling 천장 trap 함정에 빠뜨리다, 좁은 장소에 가두다 bumblebee 호박벌 persist 고집하다, 지속하다 futile 헛된 expend 소비하다 struggle 고군분투하다, 애쓰다 identify 확인하다 core 핵심

---

20. ④ 【해설】

빈칸을 기준으로 전후관계 논리를 이용해야한다. 빈칸 앞에 유사의 시그널 like가 있으므로 '심장 마비에서 회복하는 것보다 건강한 심장을 유지하는 것이 더 나은 것'과 내용은 같지만 소재가 다른 것이 빈칸에 들어가야 한다. 따라서 빈칸에 들어가기에 가장 적절한 것은 ④ '혼돈의 위기가 발생하기 전에 감정적 문제들을 다루는 것이 더 쉽다'이다.

【해석】

사람들은 매일 그들의 몸을 단련하지만 그들은 그들의 느낌과 정서를 단련시키는 것은 소홀히 한다. 젊은 남성들은 감정을 숨기고 인정하지 말라고 배운다. 여성들은 그들의 우울함, 불안감, 또는 고통스러워진 관계에 대처하는데 있어서 도움을 구하는 것을 주저한다. 매일 운동하고 올바르게 먹고 일 년에 두 번 건강진단을 받는 바로 그 신체 단련에 광적인 사람이 위기가 다다르기 전까지는 마음을 소홀히 할 것이다. 감정적 문제들은 단지 우연히 발생하는 것이 아니라, 누적되는 것이고, 우리의 몸을 돌볼 때 사용하는 매일의 단련과 연중의 건강진단 접근법과 함께 동일하게 때로는 피할 수 있는 것이다. 심장 마비에서 회복하는 것보다 건강한 심장을 유지하는 것이 더 나은 것처럼, 혼돈의 위기가 발생하기 전에 감정적 문제들을 다루는 것이 더 쉽다.

---

① 감정을 알리는 것 보다 감정을 숨기는 것이 더 낫다
② 사람들은 질병의 발병에 대해 알게 될 필요가 있다
③ 규칙적으로 운동하기는 내과 의사를 찾아가는 것 보다 더 중요하다

【어휘】

neglect 소홀히 하다 be reluctant to ~하기를 꺼려하다 cope with 대처하다 distressed 고통스러워하는, 괴로워하는 fitness 건강 fanatic 광신자, 열광자 crisis 위기 cumulative 누적되는 maintain 유지하다, 주장하다 recover 회복하다 chaos 혼돈, 무질서 physician 내과의사

한 국 사
출제교수: 노범석 교수님

1. ① 【해설】부여
제시된 자료는 부여의 위치와 관련된 내용이다.
① 부여에는 영고라는 제천 행사가 있었는데, 매년 12월에 열렸다.
② 옥저, ③ 삼한에 대한 설명이다.
④ 고구려에 대한 설명이다.

2. ② 【해설】발해
밑줄 친 '그 나라'는 발해다.
② 벽돌로 쌓은 전탑인 영광탑은 발해의 대표적 문화재이다.
① 조선에 대한 설명이다.
③ 고구려에 대한 설명이다.
④ 백제와 고구려에 대한 설명이다.

3. ① 【해설】4·19 혁명
제시된 자료는 4·19 혁명 당시 대학 교수들이 발표한 시국 선언문이다.

4. ③ 【해설】삼국의 발전 과정
ⓒ 5세기 백제 문주왕 때인 475년의 일이다.
㉠ 6세기 진흥왕 때의 일이다.
㉣ 7세기 고구려 영양왕 때인 612년의 일이다.
ⓒ 7세기 진덕여왕 때인 648년의 일이다.

5. ④ 【해설】고려의 경제 상황
④ 고려 전기에는 소(所), 관청 수공업 등이 발달하였고 후기에는 사원, 민간 수공업이 발달했다.
①, ③ 조선 후기의 경제 상황에 대한 설명이다.
② 신라에 대한 설명이다.

6. ③ 【해설】고려 태조
제시된 자료는 고려 태조의 「훈요 10조」의 내용이다.
③ 고려 태조 때 사심관제도를 실시하여 지방 세력을 견제하였다.
① 고려 성종, ② 광종, ④ 고려 경종에 대한 설명이다.

7. ② 【해설】고대의 고분
② 무령왕릉은 벽돌무덤의 형태를 띠고 있는데 이는 중국 남조 양식의 영향을 받은 것이다.
① 무령왕릉이 발견된 송산리 고분군은 부여가 아니라 공주에 있다.
③ 무령왕릉에는 벽화가 없다.
④ 고구려 굴식 돌방 무덤에 대한 설명이다.

8. ② 【해설】원효
제시된 자료는 원효의 대중 교화와 관련된 내용이다.
② 원효는 스스로 승복을 벗고 '소성거사'라 칭하며 광대 옷차림으로 '무애가'를 지어 부르면서 대중들을 교화하였다.
① 원광, ③ 의상에 대한 설명이다.
④ 고려 승려인 의천에 대한 설명이다.

9. ② 【해설】대한민국 정부 수립
② 1948년 4월 남·북 지도자 회의가 개최되었다.
① 1946년에 1차 미·소 공동 위원회가 개최되었다.
③ 1945년 12월에 모스크바 3국 외상 회의가 열렸다.
④ 1945년 9월부터 한반도에서 미군과 소련군의 군정이 시작되었다.

10. ③ 【해설】조선 시대의 통치 체제
③ 정치의 득실을 논하고, 관리의 잘못을 규찰하는 일을 담당한 조선 시대의 관청은 사헌부다.
① 춘추관에 대한 설명이다.
② 의정부는 중국에는 없었던 조선의 독자적인 관청으로, 백관을 통솔하고 서정을 바르게 하였다.

④ 승정원은 국왕 비서 기관으로, 국가 기밀과 왕명 출납 업무를 담당하였다.

11. ④ 【해설】1920년대 일제의 통치와 경제 수탈
(가)는 1920년 ~ 1934년까지 전개된 산미 증식 계획이다.
④ 1910년에 제정된 회사령(허가제)은 1920년에 철폐(신고제로 전환)되어 일본 독점 자본의 한국 진출이 더욱 유리해졌다
① 1939년 국민 징용령을 실시하였고, 1944년 징병제를 도입하였다.
② 국가 총동원법은 1938년에 제정되었다.
③ 일제는 조선어 학회 사건(1942)으로 조선어 학회는 일제에 의해 강제로 해산당하였다.

12. ③ 【해설】공민왕
밑줄 친 '(가) 왕'은 고려 공민왕이다. 종묘 정문 근처에는 조선 태조의 명으로 공민왕과 노국대장공주를 모신 신당이 세워졌다.
③ 공민왕은 고려의 내정을 간섭하던 정동행성 이문소와 신진 사대부의 등용을 억제하고 있던 정방을 폐지하였다.
① 조선 태종에 대한 설명이다.
② 쓰시마 섬을 정벌한 건 고려 창왕과 조선 세종 때이다.
④ 충렬왕에 대한 설명이다.

13. ① 【해설】역대 개헌 과정
㉠ 1952년 1차 개헌, ⓒ 1960년 3차 개헌, ⓒ 1972년 7차 개헌, ㉣ 1980년 8차 개헌에 대한 설명이다.

14. ① 【해설】박지원
제시된 사료는 조선 후기의 실학자이자 문인인 박지원이 저술한 한문 소설 '양반전'의 내용이다.
① 박지원은 「한민명전의」에서 한전론을 통해 토지 소유의 상한선을 설정할 것을 주장하였다.
② 박제가에 대한 설명이다.
③ 이수광에 대한 설명이다.
④ 박제가, 유득공 등에 대한 설명이다. 박지원은 노론 집안 출신의 학자로, 서얼 신분이 아니다.

15. ② 【해설】농사직설
제시된 자료는 조선 전기인 세종 때 편찬된 '농사직설'에 대해 서술한 것이다.
② '농사직설'은 정초 등이 편찬한 책으로, 우리의 전통적인 농업과 기술을 본격적으로 정리한 최초의 농서이다.
① '농상집요'는 원나라 농서로, 고려 후기에 이암이 소개하였다.
③ '농가집성'은 조선 후기에 신속이 편찬한 농서이다.
④ '해동농서'는 조선 후기에 서호수가 편찬한 농서이다.

16. ③ 【해설】위정척사 운동
제시된 자료는 1876년 최익현의 개항 반대 상소이다.
임술 민란은 1862년, 병인박해는 1866년, 흥선대원군 하야는 1873년, 영선사 파견은 1881년, 갑신정변은 1884년이다.

17. ③ 【해설】동포들의 해외 이주(일본)
제시된 자료는 일본 관동 대지진 때의 유언비어를 실은 일본 신문 기사다.
③ 1919년 2월 일본 유학생이 최팔용을 중심으로 조선 청년 독립단을 조직한 뒤, 독립 선언서를 작성하여 도쿄에서 발표하였다.
① 신흥 강습소는 남만주(서간도)에 있었던 독립 운동 단체다.
② 미주 지역에 대한 설명이다.
④ 연해주 지역 한인에 대한 설명이다.

18. ② 【해설】영조
제시된 자료는 영조가 반포한 「수성윤음」이다. 영조는 「수성윤음」을 통해 도성의 방어를 규정하였다.
② 「대전통편」은 정조가 반포하였다.
① 영조는 서울 시민의 자발적인 협조를 얻어 청계천을 준설하였다.
③ 영조는 노비종모법을 제정하여 양인의 수를 늘리려 하였다.

④ 영조는 이조 전랑이 삼사 등 청요직 당하관을 추천할 수 있는 권리(통청권)를 혁파하였다.

19. ③ 【해설】신라 하대의 사회
제시된 자료는 신라 하대, 진성여왕 때 일어난 적고적(赤袴賊)의 난과 관련된 내용이다.
③ 고려 시대에는 양민의 대다수인 농민을 백정(白丁)이라고 불렀다.
① 신라 하대에 대한 설명이다.
② 신라 하대에는 지방에서 그 지역의 행정권과 군사권을 장악한 호족이 등장하였다.
④ '삼국사기'에 등장하는 금입택과 사절유택 등의 내용을 통해 신라 하대의 귀족들의 사치스러운 생활을 짐작할 수 있다.

20. ① 【해설】일제 강점기 역사학(박은식)
제시된 자료는 박은식이 쓴 「유교구신론」의 내용이다.
① 박은식에 대한 설명이다.
② 신채호, ③ 문일평에 대한 설명이다.
④ 정인보는 동아일보에 「5천 년간 조선의 얼」을 연재하여 민족정신을 고취하였다.

행 정 법

출제교수: 강성빈 교수님

1. ④ 【해설】행정구제법
일반 공중의 이용에 제공되는 공공용물에 대하여 특허 또는 허가를 받지 않고 하는 일반사용은 다른 개인의 자유이용과 국가 또는 지방자치단체 등의 공공목적을 위한 개발 또는 관리·보존행위를 방해하지 않는 범위 내에서만 허용된다 할 것이므로, 공공용물에 관하여 적법한 개발행위 등이 이루어짐으로 말미암아 이에 대한 일정범위의 사람들의 일반사용이 종전에 비하여 제한받게 되었다 하더라도 특별한 사정이 없는 한 그로 인한 불이익은 손실보상의 대상이 되는 특별한 손실에 해당한다고 할 수 없다. 대법원 2002. 2. 26. 선고 99다35300 판결
① 공익사업의 시행자는 해당 공익사업을 위한 공사에 착수하기 이전에 토지소유자와 관계인에게 보상액 전액을 지급하여야 한다. 공익사업의 시행자가 토지소유자와 관계인에게 보상액을 지급하지 않고 승낙도 받지 않은 채 공사에 착수함으로써 토지소유자와 관계인이 손해를 입은 경우, 토지소유자와 관계인에 대하여 불법행위가 성립할 수 있고, 사업시행자는 그로 인한 손해를 배상할 책임을 진다. 대법원 2021. 11. 11. 선고 2018다204022 판결
② 국립공원구역지정 후 토지를 종래의 목적으로도 사용할 수 없거나 토지를 사적으로 사용할 수 있는 방법이 없이 공원구역 내 일부 토지소유자에 대하여 가혹한 부담을 부과하면서 아무런 보상규정을 두지 않은 경우에는 비례의 원칙에 위반되어 당해 토지소유자의 재산권을 과도하게 침해하는 것이라고 할 수 있다. 헌법재판소 2003. 4. 24. 선고 99헌바110, 2000헌바46 (병합) 전원재판부
③ 공익사업을 수행하여 공익을 실현할 의사나 능력이 없는 자에게 타인의 재산권을 공권력적·강제적으로 박탈할 수 있는 수용권을 설정하여 줄 수는 없으므로, 사업시행자에게 해당 공익사업을 수행할 의사와 능력이 있어야 한다는 것도 사업인정의 한 요건이라고 보아야 한다. 대법원 2011. 1. 27. 선고 2009두1051 판결

2. ① 【해설】행정작용법
공무원연금관리공단이 위와 같은 법령의 개정 사실과 퇴직연금 수급자가 퇴직연금 중 일부 금액의 지급정지 대상자가 되었다는 사실을 통보한 것은 단지 위와 같이 법령에서 정한 사유의 발생으로 퇴직연금 중 일부 금액의 지급이 정지된다는 점을 알려주는 관념의 통지에 불과하고, 그로 인하여 비로소 지급이 정지되는 것은 아니므로 항고소송의 대상이 되는 행정처분으로 볼 수 없다. 대법원 2004. 12. 24. 선고 2003두15195 판결
② 국가배상법이 정한 배상청구의 요건인 '공무원의 직무'에는 권력적 작용만이 아니라 행정지도와 같은 비권력적 작용도 포함되며 단지 행정주체가 사경제주체로서 하는 활동만 제외된다. 대법원 1998. 7. 10. 선고 96다38971 판결
③ 교도소장이 수형자를 '접견내용 녹음·녹화 및 접견 시 교도관 참여대상자'로 지정한 행위는 항고소송의 대상이 되는 '처분'에 해당한다. 대법원 2014. 2. 13. 선고 2013두20899 판결
④ 당연퇴직의 인사발령은 법률상 당연히 발생하는 퇴직사유를 공적으로 확인하여 알려주는 이른바 관념의 통지에 불과하고 공무원의 신분을 상실시키는 새로운 형성적 행위가 아니므로 행정소송의 대상이 되는 독립한 행정처분이라고 할 수 없다. 대법원 1995. 11. 14. 선고 95누2036 판결

3. ③ 【해설】행정작용법
국유재산 또는 공유재산에 대한 점유나 사용·수익을 정당화할 법적 지위에 있는 자에 대하여 이루어진 변상금 부과처분은 당연무효이다. 대법원 2024. 10. 8. 선고 2023다210991 판결
① 어떤 행정처분이 실효의 법리를 위반하여 위법한 것이라고 하더라도, 이러한 하자의 존부는 개별·구체적인 사정을 심리한 후에야 판단할 수 있는 사항이어서 객관적으로 명백한 것이라고 할 수 없으므로, 이는 행정처분의 취소사유에 해당할 뿐 당연무효사유는 아니다. 대법원 2021. 12. 30. 선고 2018다241458 판결
② 과세대상이 되지 아니하는 어떤 법률관계나 사실관계에 대

하여 이를 과세대상이 되는 것으로 오인할 만한 객관적인 사정이 있는 경우에 그것이 과세대상이 되는지의 여부가 그 사실관계를 정확히 조사하여야 비로소 밝혀질 수 있는 경우라면, 그 하자가 중대한 경우라도 외관상 명백하다고 할 수 없으므로 과세요건 사실을 오인한 위법의 과세처분을 당연무효라고 볼 수 없다. 대법원 2001. 6. 29. 선고 2000다17339 판결
④ 행정청이 사전에 교통영향평가를 거치지 아니한 채 '건축허가 전까지 교통영향평가 심의필증을 교부받을 것'을 부관으로 붙여서 한 '실시계획변경 승인 및 공사시행변경 인가 처분'에 중대하고 명백한 흠이 있다고 할 수 없어 이를 무효로 보기 어렵다. 대법원 2010. 2. 25. 선고 2009두102 판결

4. ③ 【해설】실효성 확보수단
행정기본법 제23조

> **행정기본법 제23조(제재처분의 제척기간)**
> ④ 다른 법률에서 제1항 및 제3항의 기간보다 짧거나 긴 기간을 규정하고 있으면 그 법률에서 정하는 바에 따른다.

① 병무청장이 그러한 행정결정을 공개 대상자에게 미리 통보하지 않은 것이 적절한지는 본안에서 해당 처분이 적법한가를 판단하는 단계에서 고려할 요소이며, 병무청장이 그러한 행정결정을 공개 대상자에게 미리 통보하지 않았다거나 처분서를 작성·교부하지 않았다는 점만으로 항고소송의 대상적격을 부정하여서는 아니 된다. 대법원 2019. 6. 27. 선고 2018두49130 판결
② 행정조사기본법 제20조

> **행정조사기본법 제20조(자발적인 협조에 따라 실시하는 행정조사)**
> ② 제1항에 따른 행정조사에 대하여 조사대상자가 조사에 응할 것인지에 대한 응답을 하지 아니하는 경우에는 법령등에 특별한 규정이 없는 한 그 조사를 거부한 것으로 본다.

④ 세무조사결정은 납세의무자의 권리·의무에 직접 영향을 미치는 공권력의 행사에 따른 행정작용으로서 항고소송의 대상이 된다. 대법원 2011. 3. 10. 선고 2009두23617 판결

5. ④ 【해설】행정쟁송법
'국가를 상대로 하는 당사자소송의 경우에는 가집행선고를 할 수 없다.'라고 규정한 행정소송법 제43조는 국가가 당사자소송의 피고인 경우 가집행의 선고를 제한하여, 국가가 아닌 공공단체 그 밖의 권리주체가 피고인 경우에 비하여 합리적인 이유 없이 차별하고 있으므로 평등원칙에 반한다(주: 따라서 국가를 상대로 하는 당사자소송에 있어서도 법원은 가집행선고를 할 수 있음). 헌법재판소 2022. 2. 24. 선고 2020헌가12 전원재판부 결정
① 행정소송법은 공법상 당사자소송을 민사소송으로 변경할 수 있는지에 관하여 명문의 규정을 두고 있지 않다. 그러나 공법상 당사자소송에서 민사소송으로의 소 변경이 금지된다고 볼 수 없다. (중략) 공법상 당사자소송에 대하여도 청구의 기초가 바뀌지 아니하는 한도 안에서 민사소송으로 소 변경이 가능하다고 해석하는 것이 타당하다. 대법원 2023. 6. 29. 선고 2022두44262 판결
② 행정소송법은 당사자소송의 원고적격에 관한 규정을 두고 있지 않다. 그 결과 민사소송법이 준용되어, 당사자소송으로 확인소송을 제기함에 있어서는 보충성(확인의 이익)이 요구된다.
③ 지방소방공무원의 초과근무수당 지급청구권은 법령의 규정에 의하여 직접 그 존부나 범위가 정하여지고 법령에 규정된 수당의 지급요건에 해당하는 경우에는 곧바로 발생한다고 할 것이므로, 지방소방공무원이 자신이 소속된 지방자치단체를 상대로 초과근무수당의 지급을 구하는 청구에 관한 소송은 당사자소송의 절차에 따라야 한다. 대법원 2013. 3. 28. 선고 2012다102629 판결

6. ① 【해설】행정정보
지방자치단체의 업무추진비 세부항목별 집행내역 및 그에 관한 증빙서류에 포함된 개인에 관한 정보는 '공개하는 것이 공익을 위하여 필요하다고 인정되는 정보'에 해당하지 않는다고 한 사례. 대법원 2003. 3. 11. 선고 2001두6425 판결

② 문제은행 출제방식을 채택하고 있는 치과의사 국가시험의 문제지와 정답지는 비공개대상에 해당한다. 대법원 2007. 6. 15. 선고 2006두15936 판결
③ (재소자가 교도관의 가혹행위를 이유로 형사소송 및 민사소송을 제기하면서 그 증명자료 확보를 위해 '근무보고서'와 '징벌위원회 회의록' 등의 정보공개를 요청하였으나 교도소장이 이를 거부한 사안에서) 근무보고서는 비공개대상정보에 해당한다고 볼 수 없고, 징벌위원회 회의록 중 비공개 심사·의결 부분은 비공개사유에 해당하지만 징벌절차 진행 부분은 비공개사유에 해당하지 않는다고 보아 분리 공개가 허용된다고 한 사례. 대법원 2009. 12. 10. 선고 2009두12785 판결
④ 수사기록 중의 의견서, 보고문서, 메모, 법률검토, 내사자료 등은 '수사에 관한 사항으로서 공개될 경우 그 직무수행을 현저히 곤란하게 한다고 인정할 만한 상당한 이유가 있는 정보'에 해당하나, 공개청구대상인 정보가 의견서 등에 해당한다고 하여 곧바로 정보공개법 제9조 제1항 제4호에 규정된 비공개대상정보라고 볼 것은 아니고, 의견서 등의 실질적인 내용을 구체적으로 살펴 수사의 방법 및 절차 등이 공개됨으로써 수사기관의 직무수행을 현저히 곤란하게 한다고 인정할 만한 상당한 이유가 있어야만 위 비공개대상정보에 해당한다. 대법원 2017. 9. 7. 선고 2017두44558 판결

7. ① 【해설】 행정작용법
법령의 규정이 특정 행정기관에게 법령 내용의 구체적 사항을 정할 수 있는 권한을 부여하면서 권한행사의 절차나 방법을 특정하지 아니한 경우에는 수임 행정기관은 행정규칙이나 규정 형식으로 법령 내용이 될 사항을 구체적으로 정할 수 있다. 대법원 2012. 7. 5. 선고 2010다72076 판결
② 제재적 행정처분의 기준이 부령 형식으로 규정되어 있더라도 그것은 행정청 내부의 사무처리준칙을 규정한 것에 지나지 않아 대외적으로 국민이나 법원을 기속하는 효력이 없다. 대법원 2019. 9. 26. 선고 2017두48406 판결
③ 행정규칙은 법규명령과 같은 엄격한 제정 및 개정절차를 요하지 아니하므로, 재산권 등과 같은 기본권을 제한하는 작용을 하는 법률이 입법위임을 할 때에는 대통령령, 총리령, 부령 등 법규명령에 위임함이 바람직하고, 고시와 같은 형식으로 입법위임을 할 때에는 적어도 행정규제기본법 제4조 제2항 단서에서 정한 바와 같이 법령이 전문적·기술적 사항이나 경미한 사항으로서 업무의 성질상 위임이 불가피한 사항에 한정된다 할 것이고, 그러한 사항이라 하더라도 포괄위임금지의 원칙상 법률의 위임은 반드시 구체적·개별적으로 한정된 사항에 대하여 행하여져야 한다. 헌법재판소 2016. 2. 25. 선고 2015헌바191 결정
④ 행정규칙의 내용이 상위법령에 반하는 것이라면 법치국가원리에서 파생되는 법질서의 통일성과 모순금지 원칙에 따라 그것은 법질서상 당연무효이고, 행정내부적 효력도 인정될 수 없다. 이러한 경우 법원은 해당 행정규칙이 법질서상 부존재하는 것으로 취급하여 행정기관이 한 조치의 당부를 상위법령의 규정과 입법 목적 등에 따라서 판단하여야 한다. 대법원 2019. 10. 31. 선고 2013두20011 판결

8. ② 【해설】 행정쟁송법
수익적 행정행위 신청에 대한 거부처분은 당사자의 신청에 대하여 관할 행정청이 거절하는 의사를 대외적으로 명백히 표시함으로써 성립되고, 거부처분이 있은 후 당사자가 다시 신청을 한 경우에는 신청의 제목 여하에 불구하고 그 내용이 새로운 신청을 하는 취지라면 관할 행정청이 이를 다시 거절하는 것은 새로운 거부처분으로 봄이 원칙이다. 대법원 2019. 4. 3. 선고 2017두52764 판결
① 증액경정처분이 있는 경우, 당초 신고나 결정은 증액경정처분에 흡수됨으로써 독립된 존재가치를 잃게 된다고 보아야 하므로, 원칙적으로는 당초 신고나 결정에 대한 불복기간의 경과 여부 등에 관계없이 증액경정처분만이 항고소송의 심판대상이 되고, 납세의무자는 그 항고소송에서 당초 신고나 결정에 대한 위법사유도 함께 주장할 수 있다. 대법원 2009. 5. 14. 선고 2006두17390 판결
③ 거부처분의 처분성을 인정하기 위한 전제요건이 되는 신청권의 존부는 구체적 사건에서 신청인이 누구인가를 고려하지

않고 관계 법규의 해석에 의하여 일반 국민에게 그러한 신청권을 인정하고 있는가를 살펴 추상적으로 결정되는 것이고, 신청인이 그 신청에 따른 단순한 응답을 받을 권리를 넘어서 신청의 인용이라는 만족적 결과를 얻을 권리를 의미하는 것은 아니다. 대법원 2009. 9. 10. 선고 2007두20638 판결
④ 어떠한 처분의 근거가 행정규칙에 규정되어 있다고 하더라도, 그 처분이 상대방에게 권리의 설정 또는 의무의 부담을 명하거나 기타 법적인 효과를 발생하게 하는 등으로 그 상대방의 권리의무에 직접 영향을 미치는 행위라면, 이 경우에도 항고소송의 대상이 되는 행정처분에 해당한다. 대법원 2012. 9. 27. 선고 2010두3541 판결

9. ② 【해설】 행정법통론
허가대상 건축물의 양수인이 구 건축법 시행규칙에 규정되어 있는 형식적 요건을 갖추어 시장·군수 등 행정관청에 적법하게 건축주의 명의변경을 신고한 때에는 행정관청은 그 신고를 수리하여야지 실체적인 이유를 내세워 신고의 수리를 거부할 수는 없다. 대법원 2014. 10. 15. 선고 2014두37658 판결
① 행정관청은 노동조합으로 설립신고를 한 단체가 노동조합법 제2조 제4호 각 목에 해당하는지 여부를 실질적으로 심사할 수 있다(주: 노동조합 설립신고는 실질적 심사가 허용되는 수리를 요하는 신고라는 취지). 대법원 2014. 4. 10. 선고 2011두6998 판결
③ 착공신고 반려행위는 항고소송의 대상이 된다. 대법원 2011. 6. 10. 선고 2010두7321 판결
④ 식품위생법에 따른 식품접객업(일반음식점영업)의 영업신고의 요건을 갖춘 자라고 하더라도, 그 영업신고를 한 당해 건축물이 건축법 소정의 허가를 받지 아니한 무허가 건물이라면 적법한 신고를 할 수 없다. 대법원 2009. 4. 23. 선고 2008도6829 판결

10. ③ 【해설】 행정쟁송법
행정심판법 제51조

행정심판법 제51조(행정심판 재청구의 금지)
심판청구에 대한 재결이 있으면 그 재결 및 같은 처분 또는 부작위에 대하여 다시 행정심판을 청구할 수 없다.

① 당사자의 신청을 받아들이지 않은 거부처분이 재결에서 취소된 경우에 행정청은 종전 거부처분 또는 재결 후에 발생한 새로운 사유를 내세워 다시 거부처분을 할 수 있다. 대법원 2017. 10. 31. 선고 2015두45045 판결
② 처분행정청은 재결에 기속되어 재결의 취지에 따른 처분의 의무를 부담하게 되므로 이에 불복하여 행정소송을 제기할 수 없다. 대법원 1998. 5. 8. 선고 97누15432 판결
④ 행정심판법 제31조

행정심판법 제31조(임시처분)
① 위원회는 처분 또는 부작위가 위법·부당하다고 상당히 의심되는 경우로서 처분 또는 부작위 때문에 당사자가 받을 우려가 있는 중대한 불이익이나 당사자에게 생길 급박한 위험을 막기 위하여 임시지위를 정하여야 할 필요가 있는 경우에는 직권으로 또는 당사자의 신청에 의하여 임시처분을 결정할 수 있다.
③ 제1항에 따른 임시처분은 제30조제2항에 따른 집행정지로 목적을 달성할 수 있는 경우에는 허용되지 아니한다.

11. ④ 【해설】 실효성 확보수단
(행정청이 토지구획정리사업의 환지예정지를 지정하고 그 사업에 편입되는 건축물 등 지장물의 소유자 또는 임차인에게 지장물의 자진이전을 요구한 후 이에 응하지 않자 지장물의 이전에 대한 대집행을 계고하고 다시 대집행영장을 통지한 사안에서) 위 계고처분 등은 행정대집행법 제2조에 따라 명령된 지장물 이전의무가 없음에도 그러한 의무의 불이행을 사유로 행하여진 것으로 위법하다고 한 사례. 대법원 2010. 6. 24. 선고 2010두1231 판결
① 한국자산공사의 공매통지는 공매사실 자체를 체납자에게 알려주는 데 불과한 것으로서, 통지의 상대방의 법적 지위나 권리·의무에 직접 영향을 주는 것이 아니라고 할 것이므로 이

것 역시 행정처분에 해당한다고 할 수 없다. 대법원 2007. 7. 27. 선고 2006두8464 판결

② 이행강제금의 본질상 건축법상 시정명령을 받은 의무자가 이행강제금이 부과되기 전에 그 의무를 이행한 경우에는 비록 시정명령에서 정한 기간을 지나서 이행한 경우라도 이행강제금을 부과할 수 없다. 대법원 2018. 1. 25. 선고 2015두35116 판결

③ 관계 법령에 위반하여 장례식장 영업을 하고 있는 자의 장례식장 사용중지의무는 비대체적 부작위 의무이므로 행정대집행법 제2조의 규정에 의한 대집행의 대상이 아니다. 대법원 2005. 9. 28. 선고 2005두7464 판결

12. ② 【해설】 행정절차법
행정절차법 제9조 및 제12조

> **행정절차법 제9조(당사자등의 자격)**
> 다음 각 호의 어느 하나에 해당하는 자는 행정절차에서 당사자등이 될 수 있다.
>   2. 법인, 법인이 아닌 사단 또는 재단

> **행정절차법 제12조(대리인)**
> ① 당사자등은 다음 각 호의 어느 하나에 해당하는 자를 대리인으로 선임할 수 있다.
>   2. 당사자등이 법인등인 경우 그 임원 또는 직원

① 국가공무원법상 직위해제처분은 당해 행정작용의 성질상 행정절차를 거치기 곤란하거나 불필요하다고 인정되는 사항 또는 행정절차에 준하는 절차를 거친 사항에 해당하므로, 처분의 사전통지 및 의견청취 등에 관한 행정절차법의 규정이 별도로 적용되지 않는다. 대법원 2014. 5. 16. 선고 2012두26180 판결

③ 행정절차법 제23조

> **행정절차법 제23조(처분의 이유 제시)**
> ① 행정청은 처분을 할 때에는 다음 각 호의 어느 하나에 해당하는 경우를 제외하고는 당사자에게 그 근거와 이유를 제시하여야 한다.
>   1. 신청 내용을 모두 그대로 인정하는 처분인 경우
>   2. 단순·반복적인 처분 또는 경미한 처분으로서 당사자가 그 이유를 명백히 알 수 있는 경우
>   3. 긴급히 처분을 할 필요가 있는 경우
> ② 행정청은 제1항 제2호 및 제3호의 경우에 처분 후 당사자가 요청하는 경우에는 그 근거와 이유를 제시하여야 한다 (주: 제1항 제1호의 경우에는 당사자의 요청에도 불구하고 이유제시의무가 없음).

④ 처리기간에 관한 규정은 훈시규정에 불과할 뿐 강행규정이라고 볼 수 없다. 행정청이 처리기간이 지나 처분을 하였더라도 이를 처분을 취소할 절차상 하자로 볼 수 없다. 대법원 2019. 12. 13. 선고 2018두41907 판결

13. ② 【해설】 행정작용법
상대방 있는 행정처분은 특별한 규정이 없는 한 의사표시에 관한 일반법리에 따라 상대방에게 고지되어야 효력이 발생하고, 상대방 있는 행정처분이 상대방에게 고지되지 아니한 경우에는 상대방이 인터넷 홈페이지 접속 등 다른 경로를 통해 행정처분의 내용을 알게 되었다고 하더라도 행정처분의 효력이 발생한다고 볼 수 없다. 대법원 2019. 8. 9. 선고 2019두38656 판결

① 행정처분의 효력발생요건으로서의 도달이란 처분상대방이 처분서의 내용을 현실적으로 알았을 필요까지는 없고 처분상대방이 알 수 있는 상태에 놓임으로써 충분하며, 처분서가 처분상대방의 주민등록상 주소지로 송달되어 처분상대방의 사무원 등 또는 그 밖에 우편물 수령권한을 위임받은 사람이 수령하면 처분상대방이 알 수 있는 상태가 되었다고 할 것이다. 대법원 2017. 3. 9. 선고 2016두60577 판결

③ 행정절차법 제14조

> **행정절차법 제14조(송달)**
> ④ 다음 각 호의 어느 하나에 해당하는 경우에는 송달받을 자가 알기 쉽도록 관보, 공보, 게시판, 일간신문 중 하나 이상에 공고하고 인터넷에도 공고하여야 한다.
>   2. 송달이 불가능한 경우

④ 행정기본법 제15조

> **행정기본법 제15조(처분의 효력)**
> 처분은 권한이 있는 기관이 취소 또는 철회하거나 기간의 경과 등으로 소멸되기 전까지는 유효한 것으로 통용된다. 다만, 무효인 처분은 처음부터 그 효력이 발생하지 아니한다.

14. ① 【해설】 행정법통론
행정절차법 제17조 및 제24조

> **행정절차법 제17조(처분의 신청)**
> ② 제1항에 따라 처분을 신청할 때 전자 문서로 하는 경우에는 행정청의 컴퓨터 등에 입력된 때에 신청한 것으로 본다.

> **행정절차법 제24조(처분의 방식)**
> ① 행정청이 처분을 할 때에는 다른 법령등에 특별한 규정이 있는 경우를 제외하고는 문서로 하여야 하며, 다음 각 호의 어느 하나에 해당하는 경우에는 전자문서로 할 수 있다.
>   2. 당사자가 전자문서로 처분을 신청한 경우

② 석탄산업법시행령 소정의 재해위로금 청구권은 개인의 공권으로서 그 공익적 성격에 비추어 당사자의 합의에 의하여 이를 미리 포기할 수 없다. 대법원 1998. 12. 23. 선고 97누5046 판결

③ 개성공단 전면중단 조치가 고도의 정치적 결단을 요하는 문제이기는 하나, 조치 결과 개성공단 투자기업인 청구인들에게 기본권 제한이 발생하였고, 국민의 기본권 제한과 직접 관련된 공권력의 행사는 고도의 정치적 고려가 필요한 행위라도 헌법과 법률에 따라 결정하고 집행하도록 견제하는 것이 헌법재판소 본연의 임무이므로, 그 한도에서 헌법소원심판의 대상이 될 수 있다. 헌법재판소 2022. 1. 27. 선고 2016헌마364 전원재판부 결정

④ 대법원의 판례가 법률해석의 일반적인 기준을 제시한 경우에 유사한 사건을 재판하는 하급심법원의 법관은 판례의 견해를 존중하여 재판하여야 하는 것이나, 판례가 사안이 서로 다른 사건을 재판하는 하급심법원을 직접 기속하는 효력이 있는 것은 아니다. 대법원 1996. 10. 25. 선고 96다31307 판결

15. ④ 【해설】 행정작용법
변상금 부과처분에 대한 취소소송이 진행 중이라도 그 부과권자로서는 위법한 처분을 스스로 취소하고 그 하자를 보완하여 다시 적법한 부과처분을 할 수도 있다. 대법원 2006. 2. 10. 선고 2003두5686 판결

① 영유아보육법 제30조 제5항 제3호에 따른 평가인증의 취소는 평가인증 당시에 존재하였던 하자가 아니라 그 이후에 새로이 발생한 사유로 평가인증의 효력을 소멸시키는 경우에 해당하므로, 법적 성격은 평가인증의 '철회'에 해당한다. (중략) 평가인증을 철회하는 처분을 하면서도, 평가인증의 효력을 과거로 소급하여 상실시키기 위해서는, 특별한 사정이 없는 한 영유아보육법 제30조 제5항과는 별도의 법적 근거가 필요하다. 대법원 2018. 6. 28. 선고 2015두58195 판결

② 수익적 행정처분에 대한 취소권 등의 행사는 기득권의 침해를 정당화할 만한 중대한 공익상의 필요 또는 제3자의 이익보호의 필요가 있는 때에 한하여 허용될 수 있다는 법리는, 처분청이 수익적 행정처분을 직권으로 취소·철회하는 경우에 적용되는 법리일 뿐 쟁송취소의 경우에는 적용되지 않는다. 대법원 2019. 10. 17. 선고 2018두104 판결

③ 점용료 부과처분에 취소사유에 해당하는 흠이 있는 경우 도로관리청으로서는 당초 처분 자체를 취소하고 흠을 보완하여 새로운 부과처분을 하거나, 흠 있는 부분에 해당하는 점용료를 감액하는 처분을 할 수 있다. 대법원 2019. 1. 17. 선고 2016두56721 판결

16. ③ 【해설】 행정쟁송법
특정인에 대한 행정처분을 주소불명 등의 이유로 송달할 수 없어 관보·공보·게시판·일간신문 등에 공고한 경우에는, 공고가 효력을 발생하는 날에 상대방이 그 행정처분이 있음을 알았다고 볼 수는 없고, 상대방이 당해 처분이 있었다는 사실을 현실적으로 안 날에 그 처분이 있음을 알았다고 보아야 한다. 대법

원 2006. 4. 28. 선고 2005두14851 판결
① 법원에 의한 판결을 받지 않고서도 (중략) 직접 필요한 조치를 할 수도 있으므로, 국가가 국토이용계획과 관련한 지방자치단체의 장의 기관위임사무의 처리에 관하여 지방자치단체의 장을 상대로 취소소송을 제기하는 것은 허용되지 않는다. 대법원 2007. 9. 20. 선고 2005두6935 판결
② 인·허가 등의 수익적 행정처분을 신청한 수인이 서로 경쟁관계에 있어서 일방에 대한 허가 등의 처분이 타방에 대한 불허가 등으로 귀결될 수밖에 없는 때(이른바 경원관계에 있는 경우) 허가 등의 처분을 받지 못한 자는 비록 경원자에 대하여 이루어진 허가 등 처분의 상대방이 아니라 하더라도 당해 처분의 취소를 구할 당사자적격이 있다. 대법원 1992. 5. 8. 선고 91누13274 판결
④ 노동위원회법 제27조

> **노동위원회법 제27조(중앙노동위원회의 처분에 대한 소송)**
> ① 중앙노동위원회의 처분에 대한 소송은 중앙노동위원회 위원장을 피고로 하여 처분의 송달을 받은 날부터 15일 이내에 제기하여야 한다.

17. ① 【해설】 행정구제법
가해행위가 공무원의 행위에 의한 것으로 인정되는 한 가해공무원의 특정은 필요하지 않다.
② 국가배상법 제2조

> **국가배상법 제2조(배상책임)**
> ③ 제1항 단서에도 불구하고 전사하거나 순직한 군인·군무원·경찰공무원 또는 예비군대원의 유족은 자신의 정신적 고통에 대한 위자료를 청구할 수 있다.

③ 국가배상법 제9조

> **국가배상법 제9조(소송과 배상신청의 관계)**
> 이 법에 따른 손해배상의 소송은 배상심의회에 배상신청을 하지 아니하고도 제기할 수 있다.

④ 재판에 대하여 불복절차 내지 시정절차 자체가 없는 경우에는 부당한 재판으로 인하여 불이익 내지 손해를 입은 사람은 국가배상 이외의 방법으로는 자신의 권리 내지 이익을 회복할 방법이 없으므로, 이와 같은 경우에는 배상책임의 요건이 충족되는 한 국가배상책임을 인정하지 않을 수 없다. 대법원 2003. 7. 11. 선고 99다24218 판결

18. ④ 【해설】 행정작용법
도로점용허가 대상 도로가 아닌 다른 도로의 관리청이 그의 필요에 따라 도로점용허가 대상 도로에 관한 공사를 시행하는 경우에는 당초 도로점용허가를 한 처분청과 처분상대방 사이의 공사비용 부담 주체 결정에 관한 부관인 조건을 원용할 수 없다. 대법원 2024. 10. 31. 선고 2022다250626 판결
① 행정주체가 구체적인 행정계획을 입안·결정할 때 가지는 형성의 자유의 한계에 관한 법리는 주민의 입안 제안 또는 변경신청을 받아들여 도시관리계획결정을 하거나 도시계획시설을 변경할 것인지를 결정할 때에도 동일하게 적용된다. 대법원 2012. 1. 12. 선고 2010두5806 판결
② 행정절차법 제40조의2

> **행정절차법 제40조의2(확약)**
> ② 확약은 문서로 하여야 한다.

③ 음주운전으로 인한 교통사고를 방지할 공익상의 필요는 매우 크다 아니할 수 없으므로, 음주운전 내지 그 제재를 위한 음주측정 요구의 거부 등을 이유로 한 자동차운전면허의 취소에 있어서는 일반의 수익적 행정행위의 취소와는 달리 그 취소로 인하여 입게 될 당사자의 개인적인 불이익보다는 이를 방지하여야 하는 일반예방적인 측면이 더욱 강조되어야 할 것이고, 특히 당해 운전자가 영업용 택시를 운전하는 등 자동차 운전을 업으로 삼고 있는 자인 경우에는 더욱 그러하다. 대법원 1995. 9. 26. 선고 95누6069 판결

19. ② 【해설】 실효성 확보수단
지방공무원의 신분을 가지지 아니하는 사람도 구 지방공무원법 제58조 제1항을 위반하여 같은 법 제82조에 따라 처벌되는

지방공무원의 범행에 가공한다면 형법 제33조 본문에 의해서 공범으로 처벌받을 수 있다. 대법원 2012. 6. 14. 선고 2010도14409 판결
① 피고인이 행형법에 의한 징벌을 받아 그 집행을 종료하였다고 하더라도 행형법상의 징벌은 수형자의 교도소 내의 준수사항위반에 대하여 과하는 행정상의 질서벌의 일종으로서 형법 법령에 위반한 행위에 대한 형사책임과는 그 목적, 성격을 달리하는 것이므로 징벌을 받은 뒤에 형사처벌을 한다고 하여 일사부재리의 원칙에 반하는 것은 아니다. 대법원 2000. 10. 27. 선고 2000도3874 판결
③ 법원이 비송사건절차법에 따라서 하는 과태료 재판은 관할 관청이 부과한 과태료처분에 대한 당부를 심판하는 행정소송절차가 아니라 법원이 직권으로 개시·결정하는 것이므로, 원칙적으로 과태료 재판에서는 행정소송에서와 같은 신뢰보호의 원칙 위반 여부가 문제로 되지 아니하고, (생략) (주: 비송재판인 과태료 재판에 있어서는 행정소송에서와 같은 신뢰보호의 원칙이 적용되지 않음). 대법원 2006. 4. 28.자 2003마715 결정
④ 질서위반행위규제법 제12조

> **질서위반행위규제법 제12조(다수인의 질서위반행위 가담)**
> ② 신분에 의하여 성립하는 질서위반행위에 신분이 없는 자가 가담한 때에는 신분이 없는 자에 대하여도 질서위반행위가 성립한다.

20. ③ 【해설】 행정쟁송법
행정기본법상 이의신청은 처분의 직접 상대방인 '당사자'만이 제기할 수 있다.
행정기본법 제36조

> **행정기본법 제36조(처분에 대한 이의신청)**
> ① 행정청의 처분(「행정심판법」 제3조에 따라 같은 법에 따른 행정심판의 대상이 되는 처분을 말한다. 이하 이 조에서 같다)에 이의가 있는 당사자는 처분을 받은 날부터 30일 이내에 해당 행정청에 이의신청을 할 수 있다.

① 행정기본법 제36조

> **행정기본법 제36조(처분에 대한 이의신청)**
> ② 행정청은 제1항에 따른 이의신청을 받으면 그 신청을 받은 날부터 14일 이내에 그 이의신청에 대한 결과를 신청인에게 통지하여야 한다. 다만, 부득이한 사유로 14일 이내에 통지할 수 없는 경우에는 그 기간을 만료일 다음 날부터 기산하여 10일의 범위에서 한 차례 연장할 수 있으며, 연장 사유를 신청인에게 통지하여야 한다.

② 행정기본법 제36조

> **행정기본법 제36조(처분에 대한 이의신청)**
> ④ 이의신청에 대한 결과를 통지받은 후 행정심판 또는 행정소송을 제기하려는 자는 그 결과를 통지받은 날(제2항에 따른 통지기간 내에 결과를 통지받지 못한 경우에는 같은 항에 따른 통지기간이 만료되는 날의 다음 날을 말한다)부터 90일 이내에 행정심판 또는 행정소송을 제기할 수 있다.

④ 행정기본법 제36조

> **행정기본법 제36조(처분에 대한 이의신청)**
> ⑦ 다음 각 호의 어느 하나에 해당하는 사항에 관하여는 이 조를 적용하지 아니한다.
> 1. 공무원 인사 관계 법령에 따른 징계 등 처분에 관한 사항

행 정 학

출제교수: 이명훈 교수님

1. ① 【해설】 인사행정론
전문경력관은 특수 업무에 종사하는 공무원으로 계급 구분과 직군·직렬의 분류를 적용하지 아니할 수 있는 일반직 공무원을 말한다. 기술 또는 연구 업무를 담당하는 공무원은 일반직 공무원으로 분류된다.
② 법관은 특정직 공무원에 해당하나, 헌법재판소 재판관은 정무직 공무원에 해당한다.
③ 국가인권위원회 상임위원은 정무직 공무원에 해당하나, 고위공직자범죄수사처장은 특정직 공무원에 해당한다.
④ 정책보좌관은 별정직 공무원에 해당하나, 대통령 비서실장은 정무직 공무원에 해당한다.

2. ③ 【해설】 조직론
중앙책임운영기관은 '청'단위를 책임운영기관으로 지정한 것이다. 과거 책임운영기관으로 지정된 특허청이 국무총리 소속의 '지식재산처'로 격상됨에 따라 현재 우리나라는 중앙책임운영기관의 지위를 가진 조직이 없다.
① 부총리는 2명으로 하며, 재정경제부장관과 과학기술정보통신부장관이 각각 겸임한다.
② 방송미디어통신위원회는 중앙행정기관으로서의 지위를 지닌 위원회로 대통령 소속 위원회이다.
④ 기획재정부를 기획예산처와 재정경제부로 분리하였으며, 기획예산처의 장은 장관급으로 임명하고 재정경제부장관은 부총리를 겸임한다.

3. ① 【해설】 행정학총론
정부실패를 설명하는 이론은 공공선택론이다. 공공선택론은 비시장적 의사결정에 대한 경제학적 연구를 총칭하는 이론으로 정치인이나 관료를 이기적 존재로 보며, 이들의 이기적 행태가 정부실패를 초래한다고 설명한다.

4. ③ 【해설】 재무행정론
세입, 세출의 결산상 생긴 세계잉여금은 국무회의의 심의를 거쳐 대통령의 승인을 얻어 사용 또는 출연하며, 국회의 동의를 구할 필요는 없다.

5. ④ 【해설】 정책론
사바티어(Sabatier)의 정책옹호연합모형(ACF)에 의하면 신념체계는 규범적 기저 핵심신념, 정책핵심신념, 부차적 측면으로 구성된다. 정책 학습(Policy Learning)은 주로 신념체계의 '부차적 측면'을 변화시킨다. 정책 핵심 신념은 학습만으로는 거의 변하지 않으며, 이를 변화시키기 위해서는 외부적 충격(External Shocks : 경제 위기, 정권 교체) 등이 수반되어야 한다. 또한 정책옹호연합모형은 단기가 아닌 장기적 변동을 설명하는 모형이다. ①과 관련하여 정책 중재자(Policy Broker)는 옹호연합 간의 극심한 갈등을 완화하고 합의를 이끌어내는 역할을 수행하나, 항상 중립적인 것은 아니다. 정책중재자 또한 특정 연합의 구성원일 수 있으며, 실질적인 해결책을 도출하기 위해 전략적으로 개입하기도 한다.

6. ④ 【해설】 행정환류론
옴부즈만은 입법부에 의해 임명된 조사관을 의미하며, 옴부즈만제도는 입법부에 의해 임명된 조사관이 공무원의 권력남용 등을 조사·감시하는 행정통제제도이다. 옴부즈만 제도는 신청 조사가 원칙이나 시민의 민원제기가 없는 경우에도 신문기사 등을 토대로 직권으로 조사할 수 있으므로 국민의 불평제기 이전에도 적극적으로 조사를 할 수 있는 권한이 부여된다. 다만, 옴부즈만 제도는 행정작용을 직접 취소하거나 변경할 수 없으며, 하자 있는 행정작용의 취소 및 변경을 관계기관에 요청 또는 권고할 수 있을 뿐이다. 따라서 문제의 근본적인 원인에 대한 대책을 강구하는 것은 곤란하다.

7. ④ 【해설】 지방행정론
지방의회의 의장은 지방의회 사무직원을 지휘·감독하고 법령과 조례·의회규칙으로 정하는 바에 따라 그 임면·교육·훈련·복무·징계 등에 관한 사항을 처리한다.

8. ④ 【해설】 행정학총론
주인 - 대리인이론에 의하면 대리손실을 최소화하기 위해서는 정보공개의 활성화, 유인설계장치 마련, 효과적인 통제장치의 마련 등이 필요하다. 관료들의 권한강화 및 분권화는 대리인인 관료의 재량권 확대로 인해 오히려 대리손실이 더 확장될 위험성이 있다.

9. ② 【해설】 재무행정론
ㄱ, ㄴ, ㄹ은 옳고, ㄷ은 옳지 않다. 영기준예산제도(ZBB)는 관리자가 신규사업뿐만 아니라 기존사업까지도 비용편익분석 등 과학적 분석기법을 활용하여 분석해야 하기 때문에 시간과 노력이 과중하게 소모되며, 과도한 문서자료가 요구된다(ㄱ). 지속적 지출인 경직성 경비는 영기준 예산제도(ZBB)를 적용한다고 하더라도 감축의 여지가 없기 때문에 영기준 예산제도(ZBB)의 효용이 제약된다(ㄴ). 영기준예산제도(ZBB)는 비용편익분석 등 과학적 분석기법을 활용하는 총체주의 예산제도로 예산의 정치적 측면이나 비경제적 요인을 간과한다(ㄹ).
ㄷ. 영기준예산제도(ZBB)에서 의사결정단위(예산편성단위)는 실·국이 될 수도 있고 과가 될 수도 있으며, 기능구조가 될 수도 있고 사업구조가 될 수도 있다. 따라서 영기준예산제도(ZBB)은 의사결정단위의 신축성을 특징으로 한다.

10. ③ 【해설】 정책론
분배정책은 정부가 공공재원을 통해 특정 개인·조직·지역사회에 권리나 이익 또는 재화나 서비스 등의 가치를 배분해 주는 정책을 의미한다. 분배정책은 주요 관련자들의 동일성과 그들 간의 관계의 안정성 정도가 높다.

11. ③ 【해설】 인사행정론
㉠, ㉢은 옳고, ㉡, ㉣은 옳지 않다. 정직이란 1개월 이상 3개월 이하의 기간 동안 공무원 신분은 보유하나 직무에 종사하지 못하며, 그 기간 중 보수의 전액을 감한다(㉡). 강임은 임용권자가 직제 또는 정원의 변경이나 예산의 감소 등으로 직위가 폐직되거나 하위의 직위로 변경되어 과원이 된 경우 또는 본인이 동의한 경우에 소속공무원을 1계급 아래로 직급을 내리는 것을 말한다. 설문은 강등에 대한 설명이다(㉣).

12. ① 【해설】 조직론
이음매 없는 조직은 분할적·분산적으로 구성된 편린적 조직과 대비되는 조직으로 직무의 범위가 광범위하여, 구성원들의 역할모호성이 나타난다.
<<핵심체크>> 편린적 조직과 이음매 없는 조직

구분	편린적[분산적] 조직(관료제)	이음매 없는 조직(프로세스 조직)
직무	직무의 범위는 협소하며, 직무수행의 자율성은 낮음	직무의 범위는 광범위하며, 직무수행의 자율성은 높음
평가기준	투입 기준	성과 및 고객만족 기준
관리	통제지향	분권화지향
내부구조	조직 내부의 필요에 의한 분산적 설계 (기능 중심 조직)	고객요구의 필요에 의한 통합적 설계 (팀 중심 조직)
산출	생산자 중심의 표준화된 산출물 (소품종 대량생산)	고객요구 중심의 다양한 산출물 (다품종 소량생산)
역할 구분	명확한 역할 구분	역할의 모호성
서비스	시간감각에 둔함	신속한 서비스 제공

13. ② 【해설】 행정학총론
행정체제가 기본 구성요소 외에 잉여요소(초과분, 여분)를 갖는 것을 말한다. 가외성은 중첩성, 반복성, 동등잠재력을 구성요소로 한다. 이 중 동등잠재력(Equipotentiality)은 주된 조직단위의 기능이 마비되었을 때 보조적 단위기관이 이를 대신 수행토록 하는 것을 말한다.

14. ③ 【해설】재무행정론
이용은 질적 한정성의 원칙의 예외, 예비비는 양적 한정성의
원칙의 예외, 계속비는 시간 한정성의 원칙의 예외이다. 따라
서 이용, 예비비, 계속비는 모두 한정성의 원칙의 예외 제도들
이다.

15. ④ 【해설】정책론
메타평가는 평가에 대한 평가로 정책에 관계되지 않은 외부인
에 의한 다면평가의 성질을 지니며, 주로 평가에 사용된 방법
의 적정성, 사용된 자료의 오류 여부, 도출된 결과에 대한 타당
성 여부 등을 검토한다.

16. ④ 【해설】인사행정론
펜들턴(Pendleton)법의 주요 내용은 ① 공개경쟁시험의 채택
(ⓑ), ② 독립적·초당적 연방중앙인사위원회(CSC)의 설치(ⓔ),
③ 시험에 합격한 공무원에 대한 시보임용 기간제의 채택, ④
공무원의 정치헌금 및 정치활동의 금지(ⓐ), ⑤ 시험제도가 실
제적 성격을 가지면서 전문과목 위주의 시험과목 편성, ⑥ 정
부와 민간부문 간 폭넓은 인사교류인정, ⑦ 제대군인에 대한
특혜인정 등이다. 공무원의 교육훈련의무, 성과급제(Merit
Pay System) 등은 펜들턴(Pendleton)법과 관련이 없다.

17. ③ 【해설】조직론
파슨스(Parsons)의 분류에 따르면 통합조직은 사회구성원을
통제하고 갈등을 조정하는 통합기능을 수행하는 조직으로 사
법기관, 경찰, 정신병원 등이 이에 속한다. 반면 형상유지조직
은 한 세대로부터 다음 세대로 문화를 전수하고 교육하는 체제
유지기능을 수행하는 조직으로 종교단체, 학교, 가정 등이 이
에 속한다.

18. ④ 【해설】행정학총론
공공선택론적 접근방법은 비시장적 의사결정에 대한 경제학적
연구를 총칭한다. 공공선택론적 접근방법은 역사적으로 누적·
형성된 개인의 기득권을 유지하기 위한 보수주의적 접근(경쟁
적 시장논리 중시)이라는 비판을 받는다.

19. ④ 【해설】지방행정론
엘코크(Elcock)는 정부 간 관계모형을 대리자모형, 동반자모
형, 지배인모형으로 제시하였다. 엘코크(Elcock)의 지배인 모
형에 의하면 지방정부는 중앙정부로부터 일정한 권한을 위임
받아 그 권한 내에서 자율권을 행사한다고 본다. 즉, 이 모형은
지방정부는 중앙정부로부터 위임받은 권한 범위 내에서 자율
성을 지니며, 중앙정부가 목표를 제시하고 지방정부가 어느 정
도의 자율성을 가지고 이를 집행한다고 보는 모형이다.

20. ① 【해설】정책론
모두 옳지 않은 지문이다. 정부업무평가위원회는 국무총리 소
속으로 위원장 2인을 포함한 15인 이내의 위원으로 구성하며,
기획예산처장관, 행정안전부장관, 국무조정실장은 당연직 위
원이 된다(ⓐ). 중앙행정기관의 장은 자체평가위원회를 구성·
운영하여야 하며 이 경우 평가의 공정성과 객관성을 확보하기
위하여 자체평가위원의 2/3 이상을 민간위원으로 하여야 한다
(ⓑ). 행정안전부장관은 지방자치단체에 대한 합동평가를 효율
적으로 추진하기 위하여 행정안전부장관 소속하에 지방자치단
체합동평가위원회를 설치·운영할 수 있다(ⓒ). 공공기관에 대
한 평가는 공공기관의 특수성·전문성을 고려하고 평가의 객관
성 및 공정성을 확보하기 위하여 공공기관 외부의 기관에서 실
시하여야 한다(ⓓ).

01. ③ 위나라 관구검의 침공으로 국왕이 옥저로 피신한 것은 3세기 동천왕 때의 일이다.
① 4세기 근초고왕
② 4세기 미천왕
④ 4세기 내물마립간

02. ② 사진은 신라의 수도 경주에서 발견된 호우명 그릇이다. 호우명 그릇을 통해 5세기 초반 신라가 고구려의 정치적 영향력 하에 있었다는 것을 추론 할 수 있다.

03. ② 통일 신라의 신문왕은 9주 5소경의 지방제도를 정비하였다.
① 3성 6부이다.
③ 불국사이다. 황룡사는 진흥왕이 건설하였다.
④ 도선이다. 지눌은 고려 무신정권기의 승려이다.

04. ③ 제시문은 고려 성종에 대한 내용이다. 성종은 최승로의 시무 28조를 수용하여 유교정치를 구현하였으며, 향리 제도를 실시하여 호족을 견제하였다. 또한 12목을 설치하여 지방관을 파견하였다.
① 정종이다.
② 광종이다.
④ 예종이다.

05. ① 무령왕릉은 공주 송산리 고분군에 있는 중국 남조식 벽돌무덤이다. 김헌창의 난이 이곳에서 일어났다.
② 전주이다.
③ 영주이다.
④ 평양이다.

06. ③ (가)는 궁예이고, (나)는 왕건이다. 왕건은 친 신라 정책을 추구하여, 신라의 정통성을 자연스레 계승하였다.
① 고려 광종 때의 일이다.
② 견훤이 추진한 일이다.
④ 강동 6주의 확보는 고려 성종 때 이루어졌다.

07. ② 사료는 최충헌이 권력을 잡은 후 국왕에게 올린 '봉사 10조'이다.
① 삼별초는 최우가 만들었다.
③ 쌍성총관부는 공민왕이 수복하였다.
④ 시무 10조를 진성여왕에게 제출한 사람은 최치원이다.

08. ② 사진은 세종 때 만들어진 앙부일구와 자격루이다. <향약집성방>은 <의방유취>와 함께 세종 때 편찬된 대표적인 의서이다.
① 문종 때 편찬되었다.
③ 정조 때 편찬되었다.
④ 영조 때 편찬되었다.

09. ③ 남인은 퇴계 이황의 학통을 계승한 붕당이다. 그들은 예송논쟁에서 국왕의 예는 사대부의 예와 다르다고 주장하여 군주권의 강화를 추구하였다. 18세기에 이르러 정약용 등의 경기 남인 일부는 천주교를 수용하기도 하였다.
③ 서인에 대한 설명이다. 기사환국으로 서인의 영수 송시열이 사망하였다.

10. ② 성균관에 입학하려면 원칙적으로 소과를 합격해야했다. 향리와 같은 중인들은 법적으로는 문과를 포함한 모든 과거를 응시 할 수 있었으나, 실제로는 주로 잡과를 응시하였다. 무신 관리들은 관직에서 물러난 이후로 고향의 서원에서 후학을 양성하기도 하였다.

② 문과(대과)와 무과에 합격한 사람에게는 홍패를, 잡과와 소과를 합격한 사람에게는 백패를 지급하였다.

01. ② '같이'는 '이' 모음 앞에서 'ㅌ'이 'ㅊ'으로 '교체'되는 구개음화 현상이므로 '탈락'은 옳지 않다.
① 바깥[바깓]:음절의 끝소리 규칙이므로 음운 변동의 유형은 대치(교체)이다.
③ 삯일[상닐]:[삯일 → (자음군 단순화, ㄴ첨가) → 삭닐 → (비음화) → 상닐]의 과정을 거치므로 '삯일'에는 탈락(자음군 단순화), 첨가(ㄴ첨가), 교체(비음화)가 일어남을 알 수 있다. 따라서 '첨가'가 일어난다는 것은 적절하다.
④ 국화[구콰]:'ㄱ'과 'ㅎ'이 만나 'ㅋ'으로 축약된 것이므로 자음 축약(거센소리되기)이다. 따라서 음운 변동의 유형은 축약이다.

02. ④ '모자라다'와 어미 '-아도'가 만나 '모자라도'가 된 것은 동음 탈락에 해당하므로 '㉠ 음운의 축약'에 해당하지 않는다. 나머지는 모두 음운의 축약에 해당한다. 참고로 자음 축약이 음절의 끝소리 규칙, 자음군 단순화보다 먼저 적용이 된다.
① '옳다'[올타]와 '옳지'[올치]에는 자음 축약이 일어났다.
② '줘라'에는 모음 축약이 일어났다.
③ '막혀'[마켜]와 '맞힌'[마친]에는 자음 축약이 일어났다.

03. ④ ㉠의 '깎다'는 「3」 값이나 금액을 낮추어서 줄이다.'를 의미한다. 이와 가장 유사한 의미의 '깎다'는 ④이다.
① 「2」 풀이나 털 따위를 잘라 내다.
② 「4」 체면이나 명예를 상하게 하다.
③ 「5」 구기 종목에서, 공을 한옆으로 힘 있게 치거나 차서 돌게 하다.

04. ② ㉠의 '맞다'는 맞다2 '1「3」 시간이 흐름에 따라 오는 어떤 때를 대하다.'를 의미한다. 이와 가장 유사한 의미의 '맞다'는 ②이다.
① 맞다2 '1「4」 자연 현상에 따라 내리는 눈, 비 따위의 닿음을 받다.
③ 맞다2 '1「5」 점수를 받다.
④ 맞다2 '3 가족의 일원으로 예를 갖추어 데려오다.

05. ① '돌다'는 '물체가 일정한 축을 중심으로 원을 그리면서 움직이다.'를 의미한다. 따라서 '남보다 앞서서 차지하다.'를 의미하는 '선점(先 먼저 선 占 점령할 점)하다'는 ㉠과 바꿔 쓸 수 있는 유사한 표현으로 적절하지 않다. '둘레를 빙글빙글 돌다.'를 의미하는 '선회(旋 돌 선 回 돌아올 회)하다'로 바꿔 쓸 수 있다.
② ㉡ '크다'는 '일의 규모, 범위, 정도, 힘 따위가 대단하거나 강하다.'를 의미한다. 따라서 '더할 수 없이 중대하다.'를 의미하는 '막중(莫 없을 막 重 무거울 중)하다'로 바꿔 쓸 수 있다.
③ ㉢ '실리다'는 '글, 그림, 사진 따위가 책이나 신문 따위의 출판물에 나오게 되다.'를 의미한다. 따라서 '서적이나 잡지 따위에 실리다.'를 의미하는 '등재(登 오를 등 載 실을 재)되다'로 바꿔 쓸 수 있다.
④ ㉣ '퍼지다'는 '어떤 물질이나 현상 따위가 넓은 범위에 미치다.'를 의미한다. 따라서 '못된 세력이나 전염병 따위가 세차게 일어나 걷잡을 수 없이 퍼지다.'를 의미하는 '창궐(猖 미쳐 날뛸 창 獗 날뛸 궐)하다'로 바꿔 쓸 수 있다.

06. ③ '보다'는 '눈으로 대상의 존재나 형태적 특징을 알다.'를 의미한다. 따라서 '눈을 감고 말없이 마음속으로 빌다.'를 의미하는 '묵도(默 잠잠할 묵 禱 빌 도)하다'는 ㉢과 바꿔 쓸 수 있는 유사한 표현으로 적절하지 않다. '눈으로 직접 보다.'를 의미하는 '목도(目 눈 목 睹 볼 도)하다'로 바꿔 쓸 수 있다.

① ㉠ '고르다'는 '여럿 중에서 가려내거나 뽑다.'를 의미한다. 따라서 '여러 후보가 있을 때 그중에 마땅한 대상을 고르다.'를 의미하는 '낙점(落 떨어질 락(낙) 點 점 점)하다'로 바꿔 쓸 수 있다.
② ㉡ '휩쓸다'는 '경기 따위에서, 상·메달 따위를 모두 차지하다.'를 의미한다. 따라서 '빠른 기세로 영토를 휩쓸거나 세력 범위를 넓히다.'를 의미하는 '석권(席 자리 석 卷 책 권)하다'로 바꿔 쓸 수 있다.
④ ㉣ '끌어모으다'는 '어떤 대상을 자신이 원하는 목적을 이루기 위해 한곳에 모으다.'를 의미한다. 따라서 '어떤 목적을 달성하고자 사람을 모으거나 물건, 수단, 방법 따위를 집중하다.'를 의미하는 '동원(動 움직일 동 員 인원 원)하다'로 바꿔 쓸 수 있다.

07. ④

○ 갑 → ~을 ≡ 을 → ~갑
○ 병 → 정 ≡ ~정 → ~병
○ ~무 → ~기 ≡ 기 → 무
○ ~갑 → 기 ≡ ~기 → 갑
○ 정 → ~무 ≡ 무 → ~정

세 번째 조건에 의해 '~무 → ~기'이고 네 번째 조건의 대우명제에 의해 '~기 → 갑'이며 첫 번째 조건에 의해 '갑 → ~을'이므로 세 명제를 순서대로 연결하면 '~무 → ~을'이 도출된다. 따라서 무가 여행을 가지 않으면 을도 여행을 가지 않는다.
① 네 번째 조건의 대우명제에 의해 '~기 → 갑'이고 첫 번째 조건에 의해 '갑 → ~을'이므로 두 명제를 연결하면 '~기 → ~을'이 도출된다. 따라서 기가 여행을 가지 않으면 을도 여행을 가지 않는다.
② 두 번째 조건에 의해 '병 → 정'이고 다섯 번째 조건에 의해 '정 → ~무'이므로 두 명제를 연결하면 '병 → ~무'가 도출된다. 따라서 병이 여행을 가면 무는 여행을 가지 않는다.
③ 다섯 번째 조건에 의해 '정 →~무'이고 세 번째 조건에 의해 '~무 → ~기'이며 네 번째 조건의 대우명제에 의해 '~기 → 갑'이므로 세 명제를 순서대로 연결하면 '정 → 갑'이 도출된다. 따라서 정이 여행을 가면 갑도 여행을 간다.

08. ②

(가) 음악 ∧ 감정
(나) 감정 → 창의

(가)에서 '음악 ∧ 감정'이고 (나)에서 '감정 → 창의'이므로 음악을 자주 들으면서 감정이 풍부한 사람이 존재하고 이 사람은 창의적인 사람이라는 결론을 내릴 수 있다. 즉, '음악 ∧ 창의'이므로 창의적인 어떤 사람은 음악을 자주 듣는다고 할 수 있다.
① '창의 → 음악'이다. 특칭 '창의 ∧ 음악'이 참이라고 해서 전칭 '창의 → 음악'이 반드시 참이라고 할 수는 없으므로 적절하지 않다.
③ '감정 → 음악'이다. (가)를 통해 '감정 → 음악'을 보장할 수 없으므로 적절하지 않다.
④ '창의 → 감정'이다. 이 명제는 (나)의 역명제이므로 참, 거짓을 판단하는 것이 불가능하다.

09. ④ 이 글에서는 마약이 사용자에게 '건강 악화와 중독'이라는 해악을 초래한다고 명시하고, 이를 포함한 여러 해악 때문에 국가의 법적 제재가 정당화된다고 한다. 따라서 마약 규제를 정당화하려면 '사용자에게는 해악을 주지 않는다'는 전제가 필요하다는 ④는 지문으로부터 추론할 수 없다.
① 사적 자유가 무분별하게 행사되면 사회적으로 큰 문제를 일으킬 수 있어 무제한적으로 보장될 수 없다고 하였으므로, 적절한 추론이다.

② 중독자가 마약을 구하려 타인에게 폭력을 행사할 수도 있다고 하여, 형사처벌 정당화의 근거로 타인에 대한 위해 가능성을 제시한다.
③ 해악이 사회에 팽배하면 사회적 불안정이 나타나고 총체적 후생의 감소로 귀결된다고 하였으므로, 적절한 추론이다.

10. ② (다)는 규제의 필요성과 우려를 함께 제시하며 논의의 출발점을 마련한다. 이어 (가)는 논점을 '규제 찬반'이 아니라 '위험 분류와 책임 설계'로 전환해 논지를 이어간다. 다음 (나)는 (가)의 '위험 분류'가 왜 필요한지 의료 진단과 사진 보정의 대비 사례로 구체화한다. 마지막 (라)는 전체 논의를 정리하며 위험 수준에 따른 차등 관리 체계가 필요하다는 주장을 제시한다.
① (가)로 시작하면 '이때'가 가리키는 선행 논의가 없어 부자연스럽다.
③ (나)는 (가)의 구체 사례이므로, (가)의 뒤에 와야 한다.
④ (라)는 전체 논의를 정리하는 주장이므로 마지막에 와야 한다.

01. ④ [해설]
상호 이해를 촉진하고 사람들 사이에 신뢰감을 형성하게 한다는 문맥으로 보아, 타인을 '믿는다'는 내용이 적절하다. 따라서 밑줄 친 부분에 들어갈 말로 가장 적절한 것은 ④이다.
[해석]
타인을 믿는 것은 상호 이해를 촉진하고 사람들 사이에 신뢰감을 형성하게 하여 관계를 강화하고 신뢰를 쌓는 데 도움이 된다.
[어휘]
★ faith 믿음, 신뢰, 신앙
● grief 비탄, 큰 슬픔
● thrift 절약, 검약
● privilege 특권, 특혜, 특권[특혜]을 주다

02. ② [해설]
역접을 통해 제한된 정보에도 불구하고라는 문맥으로 보아, 그의 예측이 놀랍도록 '정확하다'는 내용이 적절하다. 따라서 밑줄 친 부분에 들어갈 말로 가장 적절한 것은 ②이다.
[해석]
제한된 정보에도 불구하고 그의 예측은 놀랍도록 정확한 것으로 드러났다.
[어휘]
★ accurate 정확한, 정밀한
● steep 가파른, 비탈진, 급격한
● terrible 끔찍한, 지독한
● blind 눈이 먼, 맹인인

03. ④ [해설]
안전하게 마시기 위해서는 적절한 처리가 필요하다는 문맥으로 보아, 자연 상태의 모든 물이 '음료로 적합한' 것은 아니라는 내용이 적절하다. 따라서 밑줄 친 부분에 들어갈 말로 가장 적절한 것은 ④이다.
[해석]
자연 상태의 모든 물이 음료로 적합한 것은 아니므로 안전하게 마시기 위해서는 적절한 처리가 필요하다.
[어휘]
★ potable 음료로 적합한, 마셔도 되는
● portable 휴대[이동]가 쉬운, 휴대용의
● immediate 즉각적인, 당면한
● narrow 좁은, 편협한

04. ③ [해설]
때로는 적은 것이 더 많을 수 있다는 상반된 의미의 문맥으로 보아, 이러한 생각이 디자인과 철학에서 잘 알려진 '역설'이라는 내용이 적절하다. 따라서 밑줄 친 부분에 들어갈 말로 가장 적절한 것은 ③이다.
[해석]
때로는 적은 것이 더 많을 수 있다는 생각은 디자인과 철학에서 잘 알려진 역설이다.
[어휘]
★ paradox 역설
● tenant 세입자, 임차인
● hardship 어려움, 곤란
● concord 화합, 일치

05. ③ [해설]
대중의 불신으로 이어졌다는 문맥으로 보아, 그 기관은 사건과 관련된 증거를 '숨기려' 했다는 내용이 적절하다.

따라서 밑줄 친 부분에 들어갈 말로 가장 적절한 것은 ③이다.
[해설]
그 기관은 사건과 관련된 증거를 숨기려 했다는 의혹을 받았고, 이는 대중의 불신으로 이어졌다.
[어휘]
★ conceal 숨기다, 감추다
● manifest 나타나다, 분명해지다
● applaud 박수를 치다, 갈채를 보내다
● complement 보완하다, 덧붙이다

06. ② Liam은 내일 회의를 앞두고 보고서를 마무리하는 상황에서 팀의 최신 데이터를 요청하고 있으며, 상대방이 아직 업데이트하지 못한 이유도 설명하고 있다. Liam의 질문을 듣고 Emma가 '한 시간 내로 보내겠다'고 응답하는 것으로 보아, Liam은 상대에게 오늘 중으로 자료를 요청했음을 짐작할 수 있다. 따라서 밑줄 친 부분에 들어갈 말로 가장 적절한 것은 ②이다.
[해석]
Liam: 안녕하세요, 잠깐 시간 괜찮으세요? 저는 판매 보고서와 관련해서 당신의 도움이 필요합니다.
Emma: 물론이죠. 무엇이 필요하신가요?
Liam: 저는 내일 회의를 위한 보고서를 마무리하고 있는데, 당신 팀의 최신 데이터가 빠져 있습니다. 이번에는 관리자께서 특히 최신 수치를 요구하셨습니다.
Emma: 아, 알겠습니다. 아직 숫자를 확인 중이라 업데이트를 못 했습니다.
Liam: 오늘 중으로 그것을 보내주실 수 있을까요?
Emma: 문제 없습니다. 검토할 수 있도록 한 시간 안에 보내드리겠습니다.
① 이번 회의에 참여하지 못하시는 이유가 무엇인가요?
② 오늘 중으로 그것을 보내주실 수 있을까요?
③ 왜 그것을 더 일찍 보내지 않았나요?
④ 이미 그것을 보냈어야 했습니다.

07. ④ [적중 포인트 067] 주의해야 할 조동사와 조동사 관용 표현 ★★★☆☆
'~할 수밖에 없다, ~하지 않을 수 없다'를 의미를 나타날 때는 'have no choice[alternative/option] but to 부정사'의 조동사 관용 표현으로 쓸 수 있다. 따라서 밑줄 친 부분에 들어갈 말로 가장 적절한 것은 ④이다.
[해석]
공급업체가 자재를 제때 배송하지 않으면, 우리는 생산 지연을 피하기 위해 다른 공급업체에 연락할 수밖에 없을 것이다.

08. ④ [적중 포인트 062] to부정사의 부사적 역할 ★★☆☆☆
'결국 ~하다'의 결과를 의미하는 뜻으로 쓰일 때는 only to부정사로 쓰이며 to부정사가 부사 역할을 한다. 따라서 밑줄 친 부분의 to realizing을 to realize로 고쳐야 한다.
[해석]
잠시 시간을 내어, 당신이 가지고 있지만 한 번도 사용하지 않은 물건들에 대해 생각해 보자. 아마도 그때는 좋은 구매라고 생각했지만, 아직도 옷장에 그대로 있는 신발 한 켤레일 수도 있다. 혹은 요리를 더 쉽게 해 줄 거라고 생각했지만 선반에 방치된 주방 기기일 수도 있다. 많은 사람들이 충동적으로 물건을 구입한 후, 나중에 그것이 필요하지 않았다는 사실을 깨닫는다.

09. ② [해설]

이 글은 개인의 욕구와 사회적 기대 사이의 균형을 주제로, 사람들은 삶을 즐기고 자신을 표현하도록 권장받지만 이러한 자유는 사회적 기준과의 조화를 전제로 한다는 점을 강조하고 있다. 특히 개인적 즐거움과 사회적 기준 사이에서 균형을 맞춰야 한다는 부분에서 이러한 핵심이 분명히 드러나며, 동시에 과도한 행동을 피하고 자신의 행동을 통제해야 한다는 흐름이 이어진다. 빈칸에는 욕망을 그대로 따르는 것이 아니라 그것에 휘둘리지 않도록 절제하고 통제해야 한다는 내용이 들어가야 한다. 따라서 밑줄 친 부분에 들어갈 말로 가장 적절한 것은 ②이다.

[해석]

오늘날 사회에서는 사람들에게 삶을 즐기고, 자신이 구매하는 제품을 통해 자신을 표현하라는 권장이 자주 이루어진다. 그러나 이러한 자유에는 한계가 따른다. Gerda Reith는 개인들이 자신의 욕구를 충족하라는 말을 듣는 동시에, 사회적 기대를 충족하기 위해 자신의 행동을 통제해야 한다는 점도 함께 상기된다고 지적한다. 예를 들어, 소비자들은 지속 가능성이라는 명목 아래 책임감 있는 선택을 하고 과도한 소비를 피하라는 요구를 받는다. 이는 하나의 어려움을 만들어 낸다. 사람들은 개인적인 즐거움과 사회적 기준 사이에서 균형을 맞춰야 한다. 만약 이를 해내지 못하면, 그들은 무책임하다는 비판을 받거나 과도한 소비나 기술의 과도한 사용과 같은 해로운 행동에 중독된 사람으로 낙인찍힐 수 있다. 소비자들은 <u>자신의 욕망이 자신을 지배하지 않도록 하는</u> 방법을 찾아야 한다.

① 개인적 본능보다 사회적 규범을 우선시하는
② 자신의 욕망이 자신을 지배하지 않도록 하는
③ 사회적 기대에 기반하여 명확한 목표를 설정하는
④ 책임감 있는 선택을 통해 관계를 개선하는

10. ① [해설]

이 글은 인간 활동이 경제에 미치는 영향을 분석할 때 단순한 지표만으로는 정확한 판단이 어렵고, 보다 포괄적인 경제 분석이 필요하다는 점을 설명한다. 두 번째 문장에서 간단한 지표가 전체 상황을 충분히 반영하지 못할 수 있음을 지적하고, 네 번째 문장에서 올바른 경제적 방법을 사용하는 것이 중요함을 강조한다. 이어지는 사례에서는 방문자 수 증가가 실제 개선을 의미하지 않을 수 있음을 보여 주며, 단순 지표의 한계를 구체적으로 드러낸다. 이러한 지표는 의사결정에 참고가 될 수 있지만, 잘못된 결론을 피하기 위해서는 보다 정교하고 종합적인 경제 분석이 함께 이루어져야 한다고 강조한다. 따라서 밑줄 친 부분에 들어갈 말로 가장 적절한 것은 ①이다.

[해석]

인간의 활동이 경제에 미치는 영향을 분석할 때에는 활동의 기본적인 지표와 실제 이익이나 비용을 정확하게 측정하는 지표를 구분하는 것이 중요하다. 공원을 방문하는 사람 수와 같은 단순한 지표는 유용한 데이터를 제공할 수 있지만, 전체 상황을 모두 보여주지는 못할 수 있다. 예를 들어, 인근 공원이 폐쇄되어 공원 방문객 수가 증가한 경우라면, 이러한 변화가 실제로 개선을 의미하는 것은 아닐 수 있다. 따라서 잘못된 결론을 피하기 위해서는 적절한 경제적 분석 방법을 사용하는 것이 중요하다. 단순한 지표는 의사결정을 이끄는 데 도움이 될 수 있지만, 오해를 불러일으키는 결과를 피하기 위해서는 <u>더 포괄적이고 종합적인 경제 분석과 함께 사용되어야</u> 한다.

① 더 포괄적이고 종합적인 경제 분석
② 경제 데이터에 기반한 적절한 서비스
③ 측정의 신뢰성을 향상시키기 위한 강한 의지
④ 경제적 의사결정을 위한 구체적인 실행 계획

01. ③ 구 여객자동차운수사업법에는 관할관청은 개인택시운송사업자의 운전면허가 취소된 때에 그의 개인택시운송사업면허를 취소할 수 있도록 규정되어 있을 뿐 그에게 운전면허 취소사유가 있다는 사유만으로 개인택시운송사업면허를 취소할 수 있도록 하는 규정은 없으므로, 관할관청으로서는 비록 개인택시운송사업자에게 운전면허 취소사유가 있다 하더라도 그로 인하여 운전면허 취소처분이 이루어지지 않은 이상 개인택시운송사업면허를 취소할 수는 없다. 대법원 2008. 5. 15. 선고 2007두26001 판결
① 헌법 제114조

> **헌법 제114조**
> ⑥ 중앙선거관리위원회는 법령의 범위 안에서 선거관리·국민투표관리 또는 정당사무에 관한 규칙을 제정할 수 있으며, 법률에 저촉되지 아니하는 범위 안에서 내부규율에 관한 규칙을 제정할 수 있다(주: 위 규정을 근거로 중앙선거관리위원회는 법규명령의 성격을 갖는 규칙을 제정할 수 있고, 그 규칙은 헌법 제107조 제2항에 따라 구체적 규범통제의 대상이 됨).

② 헌법 제107조

> **헌법 제107조**
> ② 명령·규칙(주: 법규명령 및 자치법규) 또는 처분이 헌법이나 법률에 위반되는 여부가 재판의 전제가 된 경우에는 대법원은 이를 최종적으로 심사할 권한을 가진다.

④ 재량권 행사의 준칙인 행정규칙이 그 정한 바에 따라 되풀이 시행되어 행정관행이 이루어지게 되면 평등의 원칙이나 신뢰보호의 원칙에 따라 행정기관은 그 상대방에 대한 관계에서 그 규칙에 따라야 할 자기구속을 받게 되므로, 이러한 경우에는 특별한 사정이 없는 한 그를 위반하는 처분은 평등의 원칙이나 신뢰보호의 원칙에 위배되어 재량권을 일탈·남용한 위법한 처분이 된다. 대법원 2009. 12. 24. 선고 2009두7967 판결

02. ③ 도로관리청이 도로점용을 허가하면서 부가하는 조건은 수익적 행정행위의 주된 내용에 덧붙여 그 행정행위 상대방에게 작위, 부작위, 수인 등 의무를 부과하는 부관의 일종으로서 특별한 사정이 없는 한 그 의무의 이행상대방은 수익적 행정행위를 한 행정청으로 한정된다. 대법원 2024. 10. 31. 선고 2022다250626 판결
① 행정청이 수익적 행정처분을 하면서 부가한 부담의 위법 여부는 처분 당시 법령을 기준으로 판단하여야 하고, 부담이 처분 당시 법령을 기준으로 적법하다면 처분 후 부담의 전제가 된 주된 행정처분의 근거 법령이 개정됨으로써 행정청이 더 이상 부관을 붙일 수 없게 되었다 하더라도 곧바로 위법하게 되거나 그 효력이 소멸하게 되는 것은 아니다. 대법원 2009. 2. 12. 선고 2005다65500 판결
② 행정행위의 부관인 부담에 정해진 바에 따라 당해 행정청이 아닌 다른 행정청이 그 부담상의 의무이행을 요구하는 의사표시를 하였을 경우, 이러한 행위가 당연히 또는 무조건으로 행정소송법상 항고소송의 대상이 되는 처분에 해당한다고 할 수는 없다. 대법원 1992. 1. 21. 선고 91누1264 판결
④ 수익적 행정처분에 있어서는 법령에 특별한 근거규정이 없다고 하더라도 그 부관으로서 부담을 붙일 수 있다. 대법원 2009. 2. 12. 선고 2005다65500 판결

03. ④ 납세고지서의 송달이 부적법하면 그 부과처분은 효력이 발생할 수 없고, 또한 송달이 부적법하여 송달의 효력이 발생하지 아니하는 이상 상대방이 객관적으로 위 부과처분의 존재를 인식할 수 있었다 하더라도 그와 같은 사실로써 송달의 하자가 치유된다고 볼 수 없다. 대법원 1988. 3. 22. 선고 87누986 판결

① 국립공원 관리청이 국립공원 집단시설지구개발사업과 관련하여 그 시설물기본설계 변경승인처분을 함에 있어서 환경부장관과의 협의를 거친 이상, 환경영향평가서의 내용이 환경영향평가제도를 둔 입법 취지를 달성할 수 없을 정도로 심히 부실하다는 등의 특별한 사정이 없는 한, 공원관리청이 환경부장관의 환경영향평가에 대한 의견에 반하는 처분을 하였다고 하여 그 처분이 위법하다고 할 수는 없다. 대법원 2001. 7. 27. 선고 99두2970 판결
② 과세예고 통지 후 과세전적부심사 청구나 이에 대한 결정이 있기도 전에 과세처분을 하는 것은 (중략) 납세자의 절차적 권리를 침해하는 것으로서 절차상 하자가 중대하고도 명백하여 무효이다. 대법원 2016. 12. 27. 선고 2016두49228 판결
③ 신청에 의한 처분의 경우에는 신청에 대하여 일단 거부처분이 행해지면 그 거부처분이 적법한 절차에 의하여 취소되지 않는 한, 사유를 추가하여 거부처분을 반복하는 것은 존재하지도 않는 신청에 대한 거부처분으로서 당연무효이다. 대법원 1999. 12. 28. 선고 98두1895 판결

04. ② 특별한 사정이 없는 한 경원관계에서 허가 등 처분을 받지 못한 사람은 자신에 대한 거부처분의 취소를 구할 소의 이익이 있다. 대법원 2015. 10. 29. 선고 2013두27517 판결
① (재단법인 한국연구재단이 대학교 총장에게 두뇌한국(BK)21 사업 협약을 해지하고 연구팀장에 대한 국가연구개발사업의 3년간 참여제한 등을 명하는 통보를 하자 연구팀장이 통보의 취소를 청구한 사안에서) 연구팀장은 위 사업에 관한 협약의 해지 통보의 효력을 다툴 법률상 이익이 있다고 한 사례. 대법원 2014. 12. 11. 선고 2012두28704 판결
③ 파면처분취소소송의 사실심변론종결전에 (중략) 당연퇴직되어 그 공무원의 신문을 상실하고, 당연퇴직이나 파면이 퇴직급여에 관한 불이익의 점에 있어 동일하다 하더라도 최소한도 이 사건 파면처분이 있은 때부터 위 법규정에 의한 당연퇴직일자까지의 기간에 있어서는 파면처분의 취소를 구하여 그로 인해 박탈당한 이익의 회복을 구할 소의 이익이 있다 할 것이다. 대법원 1985. 6. 25. 선고 85누39 판결
④ 제재적 행정처분이 그 처분에서 정한 제재기간의 경과로 인하여 그 효과가 소멸되었으나, 부령인 시행규칙 또는 지방자치단체의 규칙의 형식으로 정한 처분기준에서 제재적 행정처분을 받은 것을 가중사유나 전제요건으로 삼아 장래의 제재적 행정처분을 하도록 정하고 있는 경우, 선행처분인 제재적 행정처분을 받은 상대방이 그 처분에서 정한 제재기간이 경과하였다 하더라도 그 처분의 취소를 구할 법률상 이익이 있다. 대법원 2006. 6. 22. 선고 2003두1684 판결

05. ④ 집행정지의 요건으로 규정하고 있는 '공공복리에 중대한 영향을 미칠 우려'가 없을 것이라고 할 때의 '공공복리'는 그 처분의 집행과 관련된 구체적이고도 개별적인 공익을 말하는 것으로서 이러한 집행정지의 소극적 요건에 대한 주장·소명책임은 행정청에게 있다. 대법원 1999. 12. 20.자 99무42 결정
① 행정처분의 효력정지나 집행정지를 구하는 신청사건에서는 행정처분 자체의 적법 여부는 원칙적으로 판단의 대상이 아니고, (중략) 다만, 집행정지는 행정처분의 집행부정지원칙의 예외로서 인정되는 것이고, 또 본안에서 원고가 승소할 수 있는 가능성을 전제로 한 권리보호수단이라는 점에 비추어 보면, 집행정지사건 자체에 의하여도 신청인의 본안청구가 적법한 것이어야 한다는 것을 집행정지의 요건에 포함시키는 것이 옳다. 대법원 2010. 11. 26.자 2010무137 결정

② 처분상대방이 집행정지결정을 받지 못했으나 본안소송에서 해당 제재처분이 위법하다는 것이 확인되어 취소하는 판결이 확정되면, 처분청은 그 제재처분으로 처분상대방에게 초래된 불이익한 결과를 제거하기 위하여 필요한 조치를 취하여야 한다. 대법원 2020. 9. 3. 선고 2020두34070 판결
③ 행정소송법 제23조

> **행정소송법 제23조(집행정지)**
> ② (생략) 다만, 처분의 효력정지는 처분등의 집행 또는 절차의 속행을 정지함으로써 목적을 달성할 수 있는 경우에는 허용되지 아니한다.

06. ③ 재개발조합과 조합장 또는 조합임원 사이의 선임·해임 등을 둘러싼 법률관계는 사법상의 법률관계로서 그 조합장 또는 조합임원의 지위를 다투는 소송은 민사소송에 의하여야 할 것이다. 대법원 2009. 9. 24.자 2009마168,169 결정
① 공익사업을 위한 토지 등의 취득 및 보상에 관한 법령에 의한 협의취득은 사법상의 법률행위이므로 당사자 사이의 자유로운 의사에 따라 채무불이행책임이나 매매대금 과부족금에 대한 지급의무를 약정할 수 있다. 대법원 2012. 2. 23. 선고 2010다91206 판결
② 텔레비전방송수신료의 징수업무를 위탁받아 자신의 고유업무와 관련된 고지행위와 결합하여 수신료를 징수할 권한이 있는지 여부를 다투는 이 사건 쟁송은 민사소송이 아니라 공법상의 법률관계를 대상으로 하는 것으로서 당사자소송에 의하여야 한다. 대법원 2008. 7. 24. 선고 2007다25261 판결
④ 조세부과처분이 당연무효임을 전제로 하여 이미 납부한 세금의 반환을 청구하는 것은 민사상의 부당이득반환청구로서 민사소송절차에 따라야 한다. 대법원 1995. 4. 28. 선고 94다55019 판결

07. ④ 행정기본법 제34조

> **행정기본법 제34조(수리 여부에 따른 신고의 효력)**
> 법령등으로 정하는 바에 따라 행정청에 일정한 사항을 통지하여야 하는 신고로서 법률에 신고의 수리가 필요하다고 명시되어 있는 경우(행정기관의 내부 업무 처리 절차로서 수리를 규정한 경우는 제외한다)에는 행정청이 수리하여야 효력이 발생한다.

① 부동산투기나 이주대책 요구 등을 방지할 목적으로 주민등록전입신고를 거부하는 것은 주민등록법의 입법목적과 취지 등에 비추어 허용될 수 없다. 대법원 2009. 6. 18. 선고 2008두10997 전원합의체 판결
② 유료노인복지주택의 설치신고를 받은 행정관청으로서는 그 유료노인복지주택의 시설 및 운영기준이 위 법령에 부합하는지와 아울러 그 유료노인복지주택이 적법한 입소대상자에게 분양되었는지와 설치신고 당시 부적격자들이 입소하고 있지는 않은지 여부까지 심사하여 그 신고의 수리 여부를 결정할 수 있다. 대법원 2007. 1. 11. 선고 2006두14537 전원합의체 판결
③ 체육시설업은 등록체육시설업과 신고체육시설업으로 나누어지고, 당구장업과 같은 신고체육시설업을 하고자 하는 자는 (중략) 적법한 요건을 갖춘 신고의 경우에는 행정청의 수리처분 등 별단의 조치를 기다릴 필요 없이 그 접수시에 신고로서의 효력이 발생하는 것이므로 그 수리가 거부되었다고 하여 무신고 영업이 되는 것은 아니다. 대법원 1998. 4. 24. 선고 97도3121 판결

08. ① 행정상의 단속을 주안으로 하는 법규라 하더라도 '명문규정이 있거나 해석상 과실범도 벌할 뜻이 명확한 경우'를 제외하고는 형법의 원칙에 따라 '고의'가 있어야 벌할 수 있다. 대법원 2010. 2. 11. 선고 2009도9807 판결
② 특별한 사정이 없는 이상 경찰서장은 범칙행위에 대한 형사소추를 위하여 이미 한 통고처분을 임의로 취소할 수 없다. 대법원 2021. 4. 1. 선고 2020도15194 판결
③ 과태료는 행정상의 질서유지를 위한 행정질서벌에 해당할 뿐 형벌이라고 할 수 없어 죄형법정주의의 규율대상에 해당하지 아니한다. 헌법재판소 1998. 5. 28. 선고 96헌바83 결정
④ 질서위반행위규제법 제8조

> **질서위반행위규제법 제8조(위법성의 착오)**
> 자신의 행위가 위법하지 아니한 것으로 오인하고 행한 질서위반행위는 그 오인에 정당한 이유가 있는 때에 한하여 과태료를 부과하지 아니한다.

09. ② 행정절차법 제11조

> **행정절차법 제11조(대표자)**
> ⑥ 다수의 대표자가 있는 경우 그중 1인에 대한 행정청의 행위는 모든 당사자등에게 효력이 있다. 다만, 행정청의 통지는 대표자 모두에게 하여야 그 효력이 있다.

① 행정절차법 제11조

> **행정절차법 제11조(대표자)**
> ⑤ 대표자가 있는 경우에는 당사자등은 그 대표자를 통하여서만 행정절차에 관한 행위를 할 수 있다.

③ 보건복지부장관이 이 사건 공표를 통해 어린이집의 평가등급 부여결정을 외부에 표시한 것은 구 행정절차법 제24조 제1항 본문에서 정한 '다른 법령 등에 특별한 규정이 있는 경우'에 해당하므로, 피고 장관이 이 사건 평가등급 부여결정을 하면서 이를 처분상대방인 원고에게 문서 또는 전자문서로 고지하지 않은 것에 구 행정절차법 제24조 제1항에서 정한 처분의 방식을 위반한 절차적 하자가 있다고 보기 어렵다. 대법원 2023. 12. 7. 선고 2022두52522 판결
④ '의견청취가 현저히 곤란하거나 명백히 불필요하다고 인정될 만한 상당한 이유가 있는 경우'에 해당하는지는 해당 행정처분의 성질에 비추어 판단하여야 하며, 처분상대방이 이미 행정청에 위반사실을 시인하였다거나 처분의 사전통지 이전에 의견을 진술할 기회가 있었다는 사정을 고려하여 판단할 것은 아니다. 대법원 2016. 10. 27. 선고 2016두41811 판결

10. ② 국가나 지방자치단체가 행정절차를 진행하는 과정에서 주민들의 의견제출 등 절차적 권리를 보장하지 않은 위법이 있다고 하더라도 그 후 이를 시정하여 절차를 다시 진행한 경우, 종국적으로 행정처분 단계까지 이르지 않거나 처분을 직권으로 취소하거나 철회한 경우, 행정소송을 통하여 처분이 취소되거나 처분의 무효를 확인하는 판결이 확정된 경우 등에는 주민들이 절차적 권리의 행사를 통하여 환경권이나 재산권 등 사적 이익을 보호하려던 목적이 실질적으로 달성된 것이므로 특별한 사정이 없는 한 절차적 권리 침해로 인한 정신적 고통에 대한 배상은 인정되지 않는다. 대법원 2021. 7. 29 선고 2015다221668 판결
① 국가가 일정한 사항에 관하여 헌법에 의하여 부과되는 구체적인 입법의무를 부담하고 있음에도 불구하고 그 입법에 필요한 상당한 기간이 경과하도록 고의 또는 과실로 이러한 입법의무를 이행하지 아니하는 등 극히 예외적인 사정이 인정되는 사안에 한정하여 국가배상법 소정의 배상책임이 인정될 수 있으며, 위와 같은 구체적인 입법의무 자체가 인정되지 않는 경우에는 애당초 부작위로 인한 불법행위가 성립할 여지가 없다. 대법원 2008. 5. 29. 선고 2004다33469 판결
③ 국가배상법 제5조 소정의 영조물의 설치·관리상의 하자로 인한 책임은 무과실책임이고 나아가 민법 제758조 소정의 공작물의 점유자의 책임과는 달리 면책사유도 규정되어 있지 않으므로, 국가 또는 지방자치단체는 영조물의 설치·관리상의 하자로 인하여 타인에게 손해를 가한 경우에 그 손해의 방지에 필요한 주의를 해태하지 아니하였다 하여 면책을 주장할 수 없다. 대법원 1994. 11. 22. 선고 94다32924 판결
④ 한국토지공사에 대해서도 국가배상법 제2조 소정의 공무원에 포함됨을 전제로 이 사건 대집행에 따른 손해배상책임이 고의 또는 중과실로 인한 경우로 제한된다고 한 원심의 판단에는 손해배상책임의 요건에 관한 법리를 오해한 잘못이 있다. 대법원 2010. 1. 28. 선고 2007다82950,82967 판결

01. ① 공동체 생태학이론은 조직을 생태학적 공동체 속에서 상호의존적인 개체군들의 한 구성원으로 파악하고 이에 따라 조직의 행동과 환경적응과정을 설명하는 임의론 입장의 이론이다.
② 자원의존이론은 조직을 환경적 결정에 대하여 능동적인 존재로 보고, 스스로의 이익을 위해 능동적으로 잘 적응 대처하며, 환경을 조직에 유리하도록 관리하는 존재로 보는 접근이다.
③ 제도적 동형화론은 조직이나 제도의 변화는 사회적으로 정당하다고 인정받는 구조와 기능을 닮아가는 것을 의미한다.
④ Scott의 완충전략(일반환경에 대한 전략)으로 분류, 비축, 형평화, 예측, 성장, 배급(할당)등을 들고 있다.

02. ① 사이버네틱스(Cybernetics)모형은 합리모형과 가장 극단적으로 대립되는 의사결정으로서, 분석적 합리성이 존재하지 않는 상황에서의 의사결정으로서의 습관적 의사결정을 가장 잘 설명해 준다. 이것은 인간이 어떤 설정된 목표를 달성하기 위해 자신의 행동을 정보와 피드백을 통해 조정해 나가는 것과 같다는 것이다.

03. ① 롤즈(Rawls)의 정의론은 동등한 정치적 자유가 경제적 평등보다 우선되어야 한다고 보아 동등한 자유의 원칙을 제1 원칙으로서 중요시 여겼다.
② 인간은 자신이 어떠한 존재인지 모르는 상태에서 합리성을 추구하므로 원초적 상태에서 구성원들이 합의하는 규칙 또는 원칙이 공정할 것이라고 전제하고 있다.
③ Rawls는 전통적 자유주의와 사회주의의 양극단을 지양하고 자유와 평등의 조화를 추구하는 중도적 입장을 취하고 있다. 그 결과 우파와 좌파 모두에게 비판을 받고 있다.
④ Rawls는 배분적 정의의 달성은 원초적 상태에서 이루어질 수 있다고 보았다. 원초적 상태란 무지의 베일 상태로서 편견이 완전히 배제된 상태를 말하는 것이다.

04. ③ 일선관료의 역할에 대한 논의는 정책집행 과정에 관한 이론이다.

05. ③ 공무원의 징계의 종류에는 견책, 감봉, 정직, 강등, 해임, 파면이 있다. 그 외에는 징계유사 제도일 뿐 징계가 아니다. 직위해제는 공식적인 징계는 아니지만 일정한 경우 공무원의 신분을 유지하면서 해당자에게 직위를 부여하지 않는 것이다.
① 감봉은 1월 이상 3월 이하의 기간 동안 보수의 1/3을 감하는 징계처분이다.
② 파면은 공무원을 강제로 퇴직시키는 공무원 관계 및 신분의 해제처분으로 5년간 공직임용을 제한하고, 5년 미만 근무자는 1/4을, 5년 이상 근무자는 퇴직금의 1/2을 감하는 가장 중한 징계처분이다.
④ 정직은 1월 이상 3월 이하의 기간 동안 공무원의 신분은 유지하나 직무에 종사하지 못하고 보수는 전액을 감한다.

06. ② 통합재정은 일반회계 위주의 재정운영방식을 탈피하고 일반회계, 특별회계 및 정부관리기금까지 포함한 광의의 통합재정수지에 입각하여 국가의 재정활동을 관리하려는 제도이다. 재정활동의 전모 파악을 위해 융자지출을 통합재정수지의 계산에 포함하고 있다.
① 조세지출은 형식은 조세지만, 내용은 숨겨진 보조금 성격을 가지는 제도로서, 수혜대상자와 조세 감면의 효과가 명확히 드러나지 않기 때문에 가시성과 투명성이 낮은 도구이며, 세제상의 특별규정을 통하여 수행되므로 항구성과 지속성이 강하다.
③ 성인지 예산서는 기획예산처장관이 성평등가족부장관과 협의하여 제시한 작성기준 및 방식 등에 따라 각 중앙관서의 장이 작성한다.
④ 예비타당성조사는 대규모 건설사업, 지능정보화사업, 연구개발사업 등을 대상으로 하며, 교육·보건·환경 분야 등에도 적용되고 있다.

07. ② 계층제의 원리는 직무를 권한과 책임의 정도에 따라 등급화하고 상하계층간에 지휘와 명령복종관계를 확립하여 구성원의 귀속감과 참여감을 하락시킨다.

08. ③ 상임위원회의 예비심사 후, 예산결산특별위원회의 종합심사와 국회의 본회의 의결을 거쳐 예산안을 확정한다.
① 예산심의는 예산과정에서 자원의 합리적 배분을 위하여 국민의 대표인 의회가 행정부에 대하여 가지는 가장 실효성 있는 재정통제의 수단으로서 중요한 의미를 가지고 재정민주주의를 실현하는 과정이다.
② 예산심의는 예산이 편성되면 그에 따른 집행이 이루어지므로 구체적인 정책결정의 기능으로 이해할 수 있다.
④ 예산심의는 사업 및 사업수준에 대한 것과 예산 총액에 대한 것으로 나누어 볼 수 있다.

09. ① 지방자치단체의 통할대표권은 지방자치단체장의 권한이다. 지방자치법 제114조

지방자치법 제114조(지방자치단체의 통할대표권)
지방자치단체의 장은 지방자치단체를 대표하고, 그 사무를 총괄한다.

10. ④ 교정직 공무원은 신분이 보장되는 일반직 공무원이다.
① 감사원 사무총장은 정무직이지만, 사무차장은 일반직 공무원이다.
② 실적주의 적용과 신분보장의 여부에 따라 경력직과 특수경력직 공무원으로 구분된다.
③ 임기제 공무원과 중앙부처 고위공무원은 경력직 공무원이다.

매일 모고 한국사 제6회
정답 및 해설

01. ① 인조반정으로 집권한 서인 정권은 친명배금 정책을 실시하였다. 이괄의 난이 실패로 돌아간 후, 일부 잔당은 후금으로 망명하였으며, 이를 핑계로 후금은 조선을 침공하여 정묘호란을 일으켰다. 이후 후금은 국호를 청으로 바꾸고 조선을 재차 침공하여 병자호란을 일으켰다. 조선 정부는 청과 굴욕적인 군신관계를 체결하게 되었으며, 소현세자를 비롯한 많은 사람들이 포로로 청에 끌려가게 되었다. 소현세자는 청에 억류되어 있는 동안 서양과 청의 선진학문을 섭렵하였으며, 조선에 귀국한 이후 이러한 것들을 소개하기도 하였다. 하지만 소현세자가 갑자기 죽으면서, 차기 왕위는 봉림대군(효종)이 계승하게 되었다.

02. ② 사료는 순조 때 일어난 홍경래의 난 때 나온 격문이다. 사료에 나오는 관서(서토)는 홍경래의 난이 일어난 평안도 지역을 말한다. 경화사족은 세도정치기에 국정을 농단했던 서울에 거주하는 세도가문을 부르는 명칭이다.
① 집현전은 세조 때 폐지되었다.
③ 경복궁 중건은 흥선대원군이 주도한 일이다.
④ 군국기무처는 1차 갑오개혁 때 있었던 관청이다.

03. ① 사료는 15세기 성종 때 서거정이 편찬한 <동문선>의 서문이다. 동문선은 자주적인 입장에서 우리의 역대 문학을 정리한 저서이다.
ㄱ. 분청사기는 15세기에 유행하였다.
ㄴ. 성종 때 서거정이 편찬한 <동국통감>에 대한 설명이다.
ㄷ. 법주사 팔상전과 같은 다층 사원건축은 17세기에 성행하였다.
ㄹ. 신재효는 19세기 중·후반에 활약한 판소리 명창이다.

04. ④ 사진은 고려의 대표적인 불상인 부석사 소조아미타여래좌상이다. 부석사는 아미타 신앙을 설파한 의상대사를 위해 문무왕이 창건해 준 사찰이다. 그래서 부석사의 본당은 석가모니불을 모신 대웅전이 아니라 아미타불을 모신 무량수전(극락)이다. 원효와 의상은 불교 대중화를 위해 극락(정토)왕생을 기원하는 아미타신앙을 설파하였다.
① 아미타 불상은 도교와 관련이 없다.
②, ③ 미륵보살(미륵불)과 관련한 내용이다.

05. ④ 사료는 애국계몽운동의 입장에서 의병항쟁을 비판한 내용이다. 애국계몽운동가들은 개화사상과 사회진화론을 수용하였으므로 전통적 위정척사 관념을 고수한 의병들을 비판적으로 바라봤다.
ㄷ. 애국계몽운동가들은 철도를 근대화의 상징으로 바라보았다.

06. ① 사료는 <조선상고사>에서 신채호가 신라의 삼국통일을 비판적으로 평가한 내용이다. 신채호 등이 추구하는 민족주의 역사학은 우리 민족의 고유하고 특수한 정신(관념)을 강조하였다.
① 백남운 등이 추구한 사회경제사학이다.

07. ④ ㉠ 1932년
㉡ 1940년
㉢ 1941년
㉣ 1923년

08. ③ ㉠ 1945년
㉡ 1948년 4월
㉢ 1948년 5월
㉣ 1943년
㉤ 1946년

09. ③ 1987년에 일어난 6월 민주항쟁은 국민들의 직선제개헌 요구를 전두환 정부가 거부하자 일어난 항쟁이다. 전두환 정권의 2인자였던 노태우가 6·29선언을 통해 직선제개헌을 수용하면서 현재의 헌법이 제정되었다.
ㄱ. 계엄령은 내려지지 않았다.
ㄷ. 박종철, 이한열 열사의 죽음이 6월 항쟁 확산의 기폭제가 되었다.
ㄹ. 유신헌법은 1980년에 폐지되었다.

10. ③ 사료는 박정희가 직접 만든 노래인 새마을노래이다. 박정희 정권은 급격한 산업화와 지속적인 저곡가정책으로 도농격차가 심화되자, 정부 주도의 새마을 운동을 일으켰다.
① 김영삼 정권
② 전두환 정권
④ 김대중 정권 때의 일이다.

매일 모고 국어 제7회
정답 및 해설

01. ④ 어근인 동사 어간 '먹-'에 명사화 접미사 '-이'가 결합하여 '먹는 것'이라는 뜻을 가진 명사 '먹이'가 만들어진다. 따라서 '-이'는 동사 어간 '먹-'에 결합하여 품사를 바꾸는 접미사이다.
① 문장의 주어는 '그는'이며 '선생님이'는 서술어 '되었다'에 대한 보어이다. 따라서 '-이'는 주격 조사가 아니라 보격 조사이다.
② 동사 어간에는 조사가 결합할 수 없다. 동사 어간 '읽-'에 관형사형 전성 어미 '-을'이 결합하여 체언 '책'을 수식하는 관형어로 쓰이고 있는 것이다.
③ '풋-'은 접두사로 '새로운 것', '처음 나온 것', '덜 익은 것', '미숙한 것'의 뜻을 더해주는 접두사이다. '사과'의 품사를 바꾸지 않으며 접두사 '풋-'이 결합하더라도 그대로 품사는 명사이다.

02. ② '뛰놀다'는 용언의 어간 '뛰-'에 용언 '놀다'가 결합한 것이고, '넘어가다'는 용언의 어간 '넘-'에 연결어미 '-어'를 결합하고 또 다른 용언 '가다'와 결합한 것이다. 제시문에 따르면 "용언의 어간이 연결어미 없이 또 다른 용언과 결합하는 것은 문법에 어긋난다"고 명시하고 있기 때문에 '뛰놀다'는 비통사적 합성어이다. '넘어가다'의 경우 연결어미를 통해 결합하고 있기 때문에 문법에 어긋나지 않아서 이는 비통사적 합성어가 아니다. 따라서 이 둘은 다른 종류의 합성어이다.
① '척척박사'는 부사 '척척'과 명사 '박사'가 결합한 것이다. 제시문에서 "부사는 일반적으로 명사를 수식하지 않으므로 부사와 명사의 결합은 문법 규칙에 어긋난다"고 명시하고 있다. 따라서 '척척박사'는 비통사적 합성어이다.
③ '접칼'의 경우 용언의 어간 '접-'이 관형사형 전성어미 없이 곧바로 명사 '칼'에 결합한 것이다. 이 경우 제시문에 따르면 "용언의 어간이 관형사형 전성어미 '-(은)ㄴ' 없이 바로 명사와 결합하는 것은 문법에 어긋난다."라고 명시하고 있기 때문에 '접칼'은 비통사적 합성어이다.
④ '새언니'는 관형어와 명사의 결합이므로 제시문에 따르면 문법적인 결합이다. 하지만 '흔들바위'는 부사 '흔들'과 명사 '바위'의 결합으로 문법적인 결합이 아니다. 따라서 이 둘은 서로 다른 종류의 합성어이다.

03. ③ ㉠의 '벗다'는 '1 「5」 누명이나 치욕 따위를 씻다.'를 의미한다. 이와 가장 유사한 의미의 '벗다'는 ③이다.
① 1 「1」 사람이 자기 몸 또는 몸의 일부에 착용한 물건을 몸에서 떼어 내다.
② 1 「4」 의무나 책임 따위를 면하게 되다.
④ 1 「8」 사람이 어수룩하거나 미숙한 태도를 생활의 적응을 통하여 없애다.

04. ① ㉠의 '담다'는 「2」 어떤 내용이나 사상을 그림, 글, 말, 표정 따위 속에 포함하거나 반영하다.'를 의미한다. 이와 가장 유사한 의미의 '담다'는 ①이다.
② 「1」 어떤 물건을 그릇 따위에 넣다.
③ 「1」 어떤 물건을 그릇 따위에 넣다.
④ 「1」 어떤 물건을 그릇 따위에 넣다.

05. ④ '발굴(發 필 발 掘 팔 굴)하다'는 '세상에 널리 알려지지 않거나 뛰어난 것을 찾아 밝혀내다.'를 의미한다. 따라서 '쉬거나 볼일을 보러 어떠한 곳으로 가다.'를 의미하는 '찾아들다'는 ㉣과 바꿔 쓸 수 있는 유사한 표현으로 적절하지 않다. '찾기 어려운 사람이나 사물을 찾아서 드러내다.'를 의미하는 '찾아내다'로 바꿔 쓸 수 있다.

① ㉠ '고조(高 높을 고 調 고를 조)되다'는 '사상이나 감정, 세력 따위가 한창 무르익거나 높아지다.'를 의미한다. 따라서 '높게 되다.'를 의미하는 '높아지다'로 바꿔 쓸 수 있다.
② ㉡ '환급(還 돌아올 환 給 줄 급)하다'는 '도로 돌려주다.'를 의미한다. 따라서 '빌리거나 뺏거나 받거나 한 것을 주인에게 도로 주거나 갚다.'를 의미하는 '돌려주다'로 바꿔 쓸 수 있다.
③ ㉢ '완수(完 완전할 완 遂 드디어 수)하다'는 '뜻한 바를 완전히 이루거나 다 해내다.'를 의미한다. 따라서 '뜻한 대로 되게 하다.'를 의미하는 '이루다'로 바꿔 쓸 수 있다.

06. ② '빼앗다'는 '합법적으로 남이 가지고 있는 자격이나 권리를 잃게 하다.'를 의미한다. 따라서 '남을 속이어 재물이나 이익 따위를 빼앗다.'를 의미하는 '편취(騙 속일 편 取 가질 취)하다'는 ㉡과 바꿔 쓸 수 있는 유사한 표현으로 적절하지 않다. '남의 재물이나 권리, 자격 따위를 빼앗다.'를 의미하는 '박탈(剝 벗길 박 奪 빼앗을 탈)하다'로 바꿔 쓸 수 있다.
① ㉠ '빼어나다'는 '여럿 가운데서 두드러지게 뛰어나다.'를 의미한다. 따라서 '빼어나게 아름답다.'를 의미하는 '수려(秀 빼어날 수 麗 고울 려(여))하다'로 바꿔 쓸 수 있다.
③ ㉢ '고생스럽다'는 '보기에 일이나 생활 따위에 어렵고 고된 데가 있다.'를 의미한다. 따라서 '험하여 고생스럽다.'를 의미하는 '험난(險 험할 험 難 어려울 난)하다'로 바꿔 쓸 수 있다.
④ ㉣ '사로잡히다'는 '생각이나 마음이 온통 한곳으로 쏠리게 되다.'를 의미한다. 따라서 '사람의 마음이 완전히 사로잡혀 홀리게 되다.'를 의미하는 '매료(魅 매혹할 매 了 마칠 료(요))되다'로 바꿔 쓸 수 있다.

07. ①

(가) ~달리기 → ~수영 ≡ 수영 → 달리기
(나) 달리기 → ~등산 ≡ 등산 → ~달리기
(다) 수영 ∧ 요가

(다)에서 '수영 ∧ 요가'이고 (가)의 대우명제에서 '수영 → 달리기'이므로 수영과 요가에 동시에 관심이 있는 사람이 존재하고 이 사람은 반드시 달리기에도 관심이 있어야 한다. 따라서 '요가 ∧ 달리기'를 도출할 수 있다. 따라서 요가를 좋아하는 어떤 사람은 달리기도 좋아한다.
② (나)의 대우명제에 의해 '등산 → ~달리기'이고, (가)에 의해 '~달리기 → ~수영'이므로 두 명제를 연결하면 '등산 → ~수영'을 도출하는 것이 가능하다. 즉, 등산을 하는 모든 사람은 수영을 좋아하지 않으므로 등산을 하는 사람이 수영도 좋아하는 것은 불가능하다.
③ (다)에서 '수영 ∧ 요가'이므로 수영을 좋아하는 모든 사람이 요가도 반드시 좋아한다고는 할 수 없으므로 수영을 좋아하는 사람 중 요가를 좋아하지 않는 사람이 있을 수는 있으나 이를 반드시 참이라고 할 수는 없다. 즉, '수영 ∧ ~요가'이 거짓이라고 할 수는 없지만 반드시 참이라고 할 수도 없다. 따라서 수영을 좋아하고 요가를 좋아하지 않는 사람이 존재한다고 단정적으로 진술하는 것은 옳다고 할 수 없다.
④ '~등산 → 달리기'로 이 명제는 (나)의 역명제이다. 따라서 참 거짓을 판단할 수 없으므로 전제들을 통해 도출한 결론으로 적절하지 않다.

08. ④ 조건에 따라 표를 그려가며 해결한다. 확실한 정보부터 표에 표시하면서 찾는다. 조건을 순서대로 따라가기보다는 확실한 정보를 주는 조건부터 시작해서 그 조건과 연계되는 조건을 따라가는 순서로 표에 표시하며 찾아간다.

○ 월요일에는 바빠서 연습할 수 없다.

	월	화	수	목	금
연습	X				

○ 수요일 또는 목요일에 연습하지 않으면 월요일에는 연습한다.
:대우명제는 '월요일에 연습하지 않으면 수요일과 목요일에 모두 연습한다.'이다. 해린이는 월요일에 연습하지 않으므로 수요일과 목요일은 모두 연습한다.

	월	화	수	목	금
연습	X		O	O	

○ 금요일에 연습하지 않으면 목요일도 연습하지 않는다.
:대우명제는 '목요일에 연습하면 금요일에도 연습한다.'이다. 해린이는 목요일에 연습하므로 금요일에도 연습한다.

	월	화	수	목	금
연습	X		O	O	O

○ 금요일에 연습하면 화요일에는 연습하지 않는다.

	월	화	수	목	금
연습	X	X	O	O	O

따라서 해린이가 연습할 요일은 수, 목, 금이다.

09. ② 이 글은 고고학에서 유물이나 유구를 발굴하는 주요 방법으로서 트렌치법, 방격법 등을 소개하고 있다. 트렌치법은 유적의 한가운데 도랑을 내고 주변을 발굴하는 방법이며, 방격법은 일정한 기준을 정해 정사각형의 구덩이들을 파서 발굴하는 방법임을 설명하고 있다. 따라서 이 글은 ②처럼 고고학 발굴의 방법과 과정이 핵심 화제임을 알 수 있다.

10. ① ㉠은 트렌치법으로서 넓은 지역을 동시에 조사하기 때문에 쉽게 유적의 성격을 파악할 수 있다고 설명하고 있다. ㉡은 방격법으로서 야외 유적인 주거지, 건물지, 사지 등 넓은 지역을 대상으로 할 때 용이하다고 설명하고 있다. 따라서 ㉠, ㉡은 비교적 넓은 범위 지역을 발굴할 수 있다는 공통점이 있다.

01. ① [해설]
적절한 예방 조치의 부족으로 질병이 빠르게 확산되었다는 문맥으로 보아, 여러 지역에 걸쳐 '광범위한' 감염이 발생했다는 내용이 적절하다. 따라서 밑줄 친 부분에 들어갈 말로 가장 적절한 것은 ①이다.
[해석]
적절한 예방 조치의 부족으로 질병이 빠르게 확산되어 여러 지역에 걸쳐 광범위한 감염이 발생했다.
[어휘]
★ widespread 광범위한, 널리 퍼진
● intelligent 총명한, 똑똑한, 지능이 있는
● empty 비어 있는, 빈
● guilty 죄책감이 드는, 유죄의,

02. ② [해설]
그녀의 공연이 소셜 미디어에서 입소문을 타고 수백만 조회수를 기록했다는 문맥으로 보아, 그녀가 하룻밤 사이에 '인기를 얻었다'는 내용이 적절하다. 따라서 밑줄 친 부분에 들어갈 말로 가장 적절한 것은 ②이다.
[해석]
그 가수는 그녀의 공연이 소셜 미디어에서 입소문을 타고 수백만 조회수를 기록한 후 하룻밤 사이에 인기를 얻었다.
[어휘]
★ popular 인기 있는, 대중적인
● bare 벌거벗은, 맨-
● ingenious 기발한, 독창적인
● impolite 무례한, 실례되는

03. ② [해설]
실제 비상 상황에서 적절하게 대응하는 방법을 이해하고 지시를 받기 위해 안내를 받았다는 문맥으로 보아, 비상 훈련이 시작되기 전에 운동장에 '모이라는' 안내를 받았다는 내용이 적절하다. 따라서 밑줄 친 부분에 들어갈 말로 가장 적절한 것은 ②이다.
[해석]
학생들은 실제 비상 상황에서 적절하게 대응하는 방법을 이해하고 지시를 받기 위해, 비상 훈련이 시작되기 전에 운동장에 모이라는 안내를 받았다.
[어휘] .
★ assemble 모이다, 모으다, 조립하다
● insult 모욕하다
● perplex 당혹하게 하다
● enhance 높이다, 향상시키다

04. ④ [해설]
교사의 특별한 허가 없이는 안된다는 문맥으로 보아 수업 시간 중에 학생들이 교정을 벗어나는 것을 '허용하지' 않는다는 내용이 적절하다. 따라서 밑줄 친 부분에 들어갈 말로 가장 적절한 것은 ④이다.
[해석]
학교는 교사의 특별한 허가 없이 수업 시간 중에 학생들이 교정을 벗어나는 것을 허용하지 않는다.
[어휘]
★ permit 허용[허락]하다
● disgust 혐오감을 유발하다, 역겹게 만들다
● sneer 비웃다, 조롱하다
● flatter 아첨하다, 알랑거리다

05. ④ [해설]
부모가 새로 태어난 형제자매에게 더 많은 관심을 준다는 문맥으로 보아 아이들은 그러한 행동에 때때로 '질투한다'는 내용이 적절하다. 따라서 밑줄 친 부분에 들어갈 말로 가장 적절한 것은 ④이다.
[해석]
아이들은 부모가 새로 태어난 형제자매에게 더 많은 관심을 주면 때때로 질투한다.
[어휘]
★ jealous 질투하는, 시기[시샘]하는
● brief 짧은, 잠시 동안의, 간단한
● visible 보이는, 알아볼 수 있는
● regular 규칙적인, 정기적인

06. ① Noah는 지난주에 논의했던 계약 세부 사항과 관련하여 Ms. Lee를 찾고 있는 상황이다. 이에 대해 B는 회의로 인해 잠시 자리를 비웠다고 안내하고 있다. 이후 Amelia의 질문에 Noah가 전달할 내용을 구체적으로 남기고, Amelia가 이를 전달하겠다고 응답하는 흐름을 고려할 때, Amelia는 Ms. Lee에게 남길 메시지가 있는지를 물었음을 짐작할 수 있다. 따라서 밑줄 친 부분에 들어갈 말로 가장 적절한 것은 ①이다.
[해석]
Noah: 안녕하세요. ABC 회사의 Kevin입니다. 이 씨와 통화할 수 있을까요?
Amelia: 안녕하세요. 지금 자리에 안 계십니다. 회의 때문에 잠시 나가셨고 약 한 시간 후에 돌아오실 예정입니다.
Noah: 그렇군요. 지난주에 논의했던 계약 세부 사항과 관련해서 전화드렸는데, 꽤 긴급한 상황입니다.
Amelia: 알겠습니다. 메시지를 남기시겠습니까?
Noah: 네, 수정된 문서를 이메일로 보냈다고 전해주시고 내일까지 검토해 달라고 말씀해 주세요.
Amelia: 네, 돌아오시면 바로 메시지를 전달해 드리겠습니다.

① 메시지를 남기시겠습니까?
② Kevin과 어떻게 아는 사이이신가요?
③ 직접 만나 뵙기 위한 약속을 잡으시겠습니까?
④ 지금 어디에서 기다리고 계시나요?

07. ② [적중 포인트 064] to부정사의 관용 구문 ★★★★☆
enough는 어순이 특히 중요하며, 반드시 '형용사/부사 + enough + to부정사'의 형태로 써야 한다. 즉, enough는 형용사나 부사 뒤에 위치하여 "~할 만큼 충분히 ~하다"라는 의미를 완성한다. 따라서 밑줄 친 부분에 들어갈 말로 가장 적절한 것은 ②이다.
[해석]
그는 자신의 약속에 늦고 있었음에도 불구하고, 다른 사람들을 위해 문을 열어 줄 만큼 충분히 예의 바른 사람이었다.

08. ④ [적중 포인트 043] 혼동하기 쉬운 주어와 동사 수 일치 ★★★★☆
'명사의 수'의 뜻으로 쓰이는 the number of는 복수 명사와 단수 동사로 써야 한다. 따라서 밑줄 친 부분의 have를 has로 고쳐야 한다.
[해석]
영어가 세계적인 의사소통에서 가장 영향력 있는 언어라고 널리 믿어진다. 과거에는 그랬을지 모르지만, 특정 분야에서는 다른 언어들이 점점 더 우세해지고 있다. 온라인에서 영어가 아닌 콘텐츠의 비율이 증가하고 있다. 주요 이유 중 하나는 모국어가 영어가 아닌 인터넷 사용자 수가 빠르게 증가하고 있기 때문이다.

09. ④ [해설]
이 글은 스포츠와 건축의 관계를 주제로, 스포츠가 반드시 건축물 없이도 이루어질 수 있지만 동시에 스포츠 건축은 규칙과 공간을 바탕으로 발전해 온 오랜 역사를 지닌다는 점을 설명한다. 주어진 글에서는 스포츠가 특별한 건물 없이도 가능하다는 일반적 주장을 제시하고 있으므로, 이어지는 글은 이를 뒷받침하는 구체적 사례를 제시하는 (C)가 자연스럽다. 이후 (B)는 '그러나'라는 전환을 통해 스포츠 건축의 존재와 중요성을 제시하며 앞의 내용과 대비를 이루고, 마지막으로 (A)는 이러한 스포츠 건축의 기원과 발전 과정을 구체적으로 설명하며 내용을 마무리한다. 따라서 글의 순서로 가장 적절한 것은 ④이다.

[해석]

> 스포츠는 항상 특별한 건물을 필요로 하는 것은 아니다. 단순한 들판만으로도 달리기, 공놀이 또는 다른 활동을 할 수 있다.
>
> (C) 초기 영국에서는 축구 경기가 정해진 경기장 없이 마을 전역에서 이루어졌다. 수영, 보트 타기, 서핑과 같은 활동은 특별히 설계되지 않은 자연 공간에서도 이루어질 수 있다. 심지어 건물의 벽조차 핸드볼이나 테니스와 같은 스포츠에 활용될 수 있다.
> (B) 그러나 스포츠 건축은 오랜 역사를 가지고 있다. 이 역사는 스포츠와 건축 모두에 중요하다. 스포츠 시설을 건설하기 위해서는 경기의 명확한 규칙과 특정한 공간이 필요하다.
> (A) 고대에는 '스타디온'이 달리기 경주가 이루어지는 장소이자 길이를 나타내는 단위이기도 했다. 스포츠 건축은 경기 규칙이 문서로 정리되고, 그 규칙에 맞게 시설이 설계되면서 시작되었다.

10. ③ [해설]
이 글은 계획의 유연성과 함께 구체적인 실행의 중요성을 Gary의 사례를 통해 설명하며, 해야 할 일을 미루는 문제를 해결하기 위해서는 명확한 시간 설정과 구조화가 필요하다는 점을 강조한다. Gary는 병원 예약의 필요성을 알고 있음에도 '곧 하겠다'는 막연한 생각으로 행동을 계속 미루고 있는데, 이는 구체적인 시간 기준이 없기 때문에 발생하는 문제이다. 특정 시간에 예약을 하도록 정하고 알림을 설정하면, 단순한 의지에 의존하는 것이 아니라 행동 기준이 분명해져, 정해진 시간에 전화를 하지 않는 것이 곧 지연이라는 사실을 인식하게 된다. 빈칸에는 문제 해결을 위해 시간 설정을 통해 미루는 행위를 명확한 지연으로 자각하게 만드는 내용이 들어가야 한다. 따라서 밑줄 친 부분에 들어갈 말로 가장 적절한 것은 ③이다.

[해석]

> 계획은 유연해야 하지만, 불필요한 지연을 피하기 위해서는 명확한 마감 기한과 해야 할 일을 정하는 것도 중요하다. 최근 감기에 자주 걸리고 있는 Gary는 병원 예약을 해야 한다는 것을 알고 있다. 그러나 병원을 가야 한다는 중요성을 알고 있음에도 불구하고 그는 계속 이를 미루고 있다. 그는 자신을 성실하고 전반적으로 책임감 있는 사람이라고 생각하기 때문에 자신의 건강을 소홀히 할 것이라고는 예상하지 않는다. 하지만 전화를 할 구체적인 시간을 정하지 않으면, 그는 '곧 하겠다'고 생각하게 된다. 그 결과, 아무런 행동도 하지 않은 채 하루하루가 지나간다. 예약 시간을 구체적으로 정하고 자동 알림을 설정하면, Gary는 보다 체계적인 방식을 만들 수 있고, 그로 인해 정해진 시간에 전화를 하지 않는 것은 지연이라는 사실을 더 이상 외면하기 어려워진다.

① 그는 자신의 책임감에 맞게 행동하고 있지 않다는
② 그의 일정은 점점 더 관리하기 어려워진다는
③ 정해진 시간에 전화를 하지 않는 것은 지연이라는
④ 예약을 하는 것이 불필요하게 부담스럽게 느껴진다는

01. ② 구 국민건강보험법 제52조 제1항은 "공단은 사위 기타 부당한 방법으로 보험급여를 받은 자 또는 보험급여비용을 받은 요양기관에 대하여 그 급여 또는 급여비용에 상당하는 금액의 전부 또는 일부를 징수한다."라고 규정하여 그 문언상 일부 징수가 가능함을 명시하고 있다. (중략) 구 국민건강보험법 제52조 제1항에 따른 부당이득징수는 재량행위라고 보는 것이 옳다. 대법원 2020. 10. 15. 선고 2019두61243 판결
① 공무원 임용을 위한 면접전형에서 임용신청자의 능력이나 적격성 등에 관한 판단은 면접위원의 고도의 교양과 학식, 경험에 기초한 자율적 판단에 의존하는 것으로서 오로지 면접위원의 자유재량에 속하고, 그와 같은 판단이 현저하게 재량권을 일탈·남용하지 않은 한 이를 위법하다고 할 수 없다. 대법원 2008. 12. 24. 선고 2008두8970 판결
③ 주택건설사업의 양수인이 사업주체의 변경승인신청을 한 이후에 행정청이 양도인에 대하여 그 사업계획변경승인의 전제로 되는 사업계획승인을 취소하는 처분을 한 경우, 양수인은 그 처분 이전에 양도인으로부터 토지와 사업승인권을 사실상 양수받아 사업주체의 변경승인신청을 한 자로서 그 취소를 구할 법률상의 이익을 가진다. 대법원 2000. 9. 26. 선고 99두646 판결
④ 유가보조금 반환명령은 '운송사업자등'이 유가보조금을 지급받을 요건을 충족하지 못함에도 유가보조금을 청구하여 부정수급하는 행위를 처분사유로 하는 '대인적 처분'으로서, (이하 생략) 대법원 2021. 7. 29. 선고 2018두55968 판결

02. ④ 일반적으로 행정처분이나 행정심판 재결이 불복기간의 경과로 확정될 경우 그 확정력은, 처분으로 법률상 이익을 침해받은 자가 당해 처분이나 재결의 효력을 더 이상 다툴 수 없다는 의미일 뿐, 더 나아가 판결과 같은 기판력이 인정되는 것은 아니어서 그 처분의 기초가 된 사실관계나 법률적 판단이 확정되고 당사자들이나 법원이 이에 기속되어 모순되는 주장이나 판단을 할 수 없게 되는 것은 아니다. 대법원 2008. 7. 24. 선고 2006두20808 판결
① 행정처분의 외부적 성립은 행정의사가 외부에 표시되어 행정청이 자유롭게 취소·철회할 수 없는 구속을 받게 되는 시점을 확정하는 의미를 가지므로, 어떠한 처분의 외부적 성립 여부는 행정청에 의해 행정의사가 공식적인 방법으로 외부에 표시되었는지를 기준으로 판단하여야 한다. 대법원 2017. 7. 11. 선고 2016두35120 판결
② 법무부장관이 출입국관리법 및 동법 시행령에 따라 위 입국금지결정을 했다고 해서 '처분'이 성립한다고 볼 수는 없고, 위 입국금지결정은 법무부장관의 의사가 공식적인 방법으로 외부에 표시된 것이 아니라 단지 그 정보를 내부전산망인 '출입국관리정보시스템'에 입력하여 관리한 것에 지나지 않으므로, 위 입국금지결정은 항고소송의 대상이 될 수 있는 '처분'에 해당하지 않는다. 대법원 2019. 7. 11. 선고 2017두38874 판결
③ 위법한 행정대집행이 완료되면 그 처분의 무효확인 또는 취소를 구할 소의 이익은 없다 하더라도, 미리 그 행정처분의 취소판결이 있어야만, 그 행정처분의 위법임을 이유로 한 손해배상 청구를 할 수 있는 것은 아니다. 대법원 1972. 4. 28. 선고 72다337 판결

03. ④ 행정기본법 제18조

행정기본법 제18조(위법 또는 부당한 처분의 취소)
① 행정청은 위법 또는 부당한 처분의 전부나 일부를 소급하여 취소할 수 있다. 다만, 당사자의 신뢰를 보호할 가치가 있는 등 정당한 사유가 있는 경우에는 장래를 향하여 취소할 수 있다.

① 지방병무청장이 재신체검사 등을 거쳐 현역병입영대상편입처분을 보충역편입처분이나 제2국민역편입처분으로 변경하거나 보충역편입처분을 제2국민역편입처분으로 변경하는 경우, 그 후 새로운 병역처분의 성립에 하자가 있었음을 이유로 하여 이를 취소한다고 하더라도 종전의 병역처분의 효력이 되살아난다고 할 수 없다. 대

법원 2002. 5. 28. 선고 2001두9653 판결
② 흠 있는 부분에 해당하는 점용료를 감액하는 처분은 당초 처분 자체를 일부 취소하는 변경처분에 해당하고, 그 실질은 종래의 위법한 부분을 제거하는 것으로서 흠의 치유와는 차이가 있다. 대법원 2019. 1. 17. 선고 2016두56721 판결
③ 권한 없는 행정기관이 한 당연무효인 행정처분을 취소할 수 있는 권한은 당해 행정처분을 한 처분청에게 속하고, 당해 행정처분을 할 수 있는 적법한 권한을 가지는 행정청에게 그 취소권이 귀속되는 것이 아니다. 대법원 1984. 10. 10. 선고 84누463 판결

04. ③ 부가가치세법상의 사업자등록은 과세관청으로 하여금 부가가치세의 납세의무자를 파악하고 그 과세자료를 확보케 하려는 데 입법취지가 있는 것으로서, 이는 단순한 사업사실의 신고로서 사업자가 소관 세무서장에서 소정의 사업자등록신청서를 제출함으로써 성립되는 것이고, 사업자등록증의 교부는 이와 같은 등록사실을 증명하는 증서의 교부행위에 불과한 것이며, (중략) 과세관청의 사업자등록 직권말소행위는 불복의 대상이 되는 행정처분으로 볼 수가 없다. 대법원 2000. 12. 22. 선고 99두6903 판결
① 행정청이 식품위생법령에 따라 영업자에게 행정제재처분을 한 후 그 처분을 영업자에게 유리하게 변경하는 처분을 한 경우, 변경처분에 의하여 당초 처분은 소멸하는 것이 아니고 당초부터 유리하게 변경된 내용의 처분으로 존재하는 것이므로, 변경처분에 의하여 유리하게 변경된 내용의 행정제재가 위법하다 하여 그 취소를 구하는 경우 그 취소소송의 대상은 변경된 내용의 당초 처분이지 변경처분은 아니고, 제소기간의 준수 여부도 변경처분이 아닌 변경된 내용의 당초 처분을 기준으로 판단하여야 한다. 대법원 2007. 4. 27. 선고 2004두9302 판결
② 국세환급금결정이나 그 결정을 구하는 신청에 대한 환급거부결정 등은 항고소송의 대상이 되는 처분이라고 볼 수 없다. 대법원 1994. 12. 2. 선고 92누14250 판결
④ 거부처분의 처분성을 인정하기 위한 전제요건이 되는 신청권의 존부는 구체적 사건에서 신청인이 누구인가를 고려하지 않고 관계 법규의 해석에 의하여 일반 국민에게 그러한 신청권을 인정하고 있는가를 살펴 추상적으로 결정되는 것이고, 신청인이 그 신청에 따른 단순한 응답을 받을 권리를 넘어서 신청의 인용이라는 만족적 결과를 얻을 권리를 의미하는 것은 아니다. 대법원 2009. 9. 10. 선고 2007두20638 판결

05. ① 군사법원법은 정보공개법 제4조 제1항에서 정한 '정보의 공개에 관하여 다른 법률에 특별한 규정이 있는 경우'에 해당한다. 따라서 군검사가 공소제기된 사건과 관련하여 보관하고 있는 서류 또는 물건에 관하여는 피고인이나 변호인의 정보공개법에 의한 정보공개청구가 허용되지 아니한다. 대법원 2024. 5. 30. 선고 2022두65559 판결
② 정보공개법 시행령 제2조

정보공개법 시행령 제2조(공공기관의 범위)
「공공기관의 정보공개에 관한 법률」 제2조 제3호 마목에서 "대통령령으로 정하는 기관"이란 다음 각 호의 기관 또는 단체를 말한다. 1. 「유아교육법」, 「초·중등교육법」, 「고등교육법」에 따른 각급 학교 또는 그 밖의 다른 법률에 따라 설치된 학교(주: 국·공립학교와 사립학교 모두 정보공개법상 공공기관에 해당함)

③ 정보공개법 시행령 제3조

정보공개법 시행령 제3조(외국인의 정보공개 청구)
법 제5조제2항에 따라 정보공개를 청구할 수 있는 외국인은 다음 각 호의 어느 하나에 해당하는 자로 한다. 1. 국내에 일정한 주소를 두고 거주하거나 학술·연구를 위하여 일시적으로 체류하는 사람

④ 교육공무원승진규정 제26조에서 근무성적평정의 결과를 공개하지 아니한다고 규정하고 있다고 하더라도 위 교

육공무원승진규정은 법률이 위임한 명령에 해당하지 아니하므로 위 규정을 근거로 정보공개청구를 거부하는 것은 잘못이다. 대법원 2006. 10. 26. 선고 2006두11910 판결

06. ① 전기요금의 산정이나 부과에 필요한 세부적인 기준을 정하는 것은 전문적이고 정책적인 판단을 요할 뿐 아니라 기술의 발전이나 환경의 변화에 즉각적으로 대응할 필요가 있다. 전기요금의 결정에 관한 내용을 반드시 입법자가 스스로 규율해야 하는 부분이라고 보기 어려우므로, 심판대상조항은 의회유보원칙에 위반되지 아니한다. 헌법재판소 2021. 4. 29. 선고 2017헌가25 전원재판부 결정
② 헌법 제107조 제2항의 규정에 따르면 행정입법의 심사는 일반적인 재판절차에 의하여 구체적 규범통제의 방법에 의하도록 명시하고 있으므로, 당사자는 구체적 사건의 심판을 위한 선결문제로서 행정입법의 위법성을 주장하여 법원에 대하여 당해 사건에 대한 적용 여부의 판단을 구할 수 있을 뿐 행정입법 자체의 합법성의 심사를 목적으로 하는 독립한 신청을 제기할 수는 없다. 대법원 1994. 4. 26.자 93부32 결정
③ 부작위위법확인소송의 대상이 될 수 있는 것은 구체적 권리의무에 관한 분쟁이어야 하고 추상적인 법령에 관하여 제정의 여부 등은 그 자체로서 국민의 구체적인 권리의무에 직접적 변동을 초래하는 것이 아니어서 그 소송의 대상이 될 수 없다. 대법원 1992. 5. 8. 선고 91누11261 판결
④ 법률유보의 원칙은 '법률에 의한' 규율만을 뜻하는 것이 아니라 '법률에 근거한' 규율을 요청하는 것이므로 기본권 제한의 형식이 반드시 법률의 형식일 필요는 없고 법률에 근거를 두면서 헌법 제75조가 요구하는 위임의 구체성과 명확성을 구비하기만 하면 위임입법에 의하여도 기본권 제한을 할 수 있다 할 것이다. 헌법재판소 2005. 2. 24. 선고 2003헌마289 결정

07. ④ 입법예고를 통해 법령안의 내용을 국민에게 예고한 적이 있다고 하더라도 그것이 법령으로 확정되지 아니한 이상 국가가 이해관계자들에게 위 법령안에 관련된 사항을 약속하였다고 볼 수 없으며, 이러한 사정만으로 어떠한 신뢰를 부여하였다고 볼 수도 없다. 대법원 2018. 6. 15. 선고 2017다249769 판결
① 같은 정도의 비위를 저지른 자들 사이에 있어서도 그 직무의 특성 등에 비추어, 개전의 정이 있는지 여부에 따라 징계의 종류의 선택과 양정에 있어서 차별적으로 취급하는 것은, 사안의 성질에 따른 합리적 차별로서 이를 자의적 취급이라고 할 수 없는 것이어서 평등원칙 내지 형평에 반하지 아니한다. 대법원 1999. 8. 20. 선고 99두2611 판결
② 귀책사유의 유무는 상대방과 그로부터 신청행위를 위임받은 수임인 등 관계자 모두를 기준으로 판단하여야 한다. 대법원 2002. 11. 8. 선고 2001두1512 판결
③ 폐기물처리업에 대하여 사전에 관할 관청으로부터 적정통보를 받고 막대한 비용을 들여 허가요건을 갖춘 다음 허가신청을 하였음에도 다수 청소업자의 난립으로 안정적이고 효율적인 청소업무의 수행에 지장이 있다는 이유로 한 불허가처분은 신뢰보호의 원칙 및 비례의 원칙에 반하는 것으로서 재량권을 남용한 위법한 처분이다. 대법원 1998. 5. 8. 선고 98두4061 판결

08. ③ 참가압류처분에 앞서 독촉절차를 거치지 아니하였고 또 참가압류조서에 납부기한을 잘못 기재한 잘못이 있다고 하더라도 이러한 위법사유만으로는 참가압류처분을 무효로 할 만큼 중대하고도 명백한 하자라고 볼 수 없다. 대법원 1992. 3. 10. 선고 91누6030 판결
① 행정대집행법 제2조

> **행정대집행법 제2조(대집행과 그 비용징수)**
> 법률(법률의 위임에 의한 명령, 지방자치단체의 조례를 포함한다. 이하 같다)에 의하여 직접명령되었거나 또는 법률에 의거한 행정청의 명령에 의한 행위로서 타인이 대신하여 행할 수 있는 행위를 의무자가 이행하지 아니하는 경우 다른 수단으로써 그 이행을 확보하기 곤란하고 또한 그 불이행을 방치함이 심히 공익을 해할 것으로 인정될 때에는 당해 행정청은 스스로 의무자가 하여야 할 행위를 하거나 또는 제삼자로 하여금 이를 하게 하여 그 비용을 의무자로부터 징수할 수 있다.

② 행정기본법 제30조

> **행정기본법 제30조(행정상 강제)**
> ③ 형사, 행형 및 보안처분 관계 법령에 따라 행하는 사항이나 외국인의 출입국·난민인정·귀화·국적회복에 관한 사항에 관하여는 이 절을 적용하지 아니한다.

④ 농지법이 위와 같이 이행강제금 부과처분에 대한 불복절차를 분명하게 규정하고 있으므로, 이와 다른 불복절차를 허용할 수는 없다. 설령 관할청이 이행강제금 부과처분을 하면서 재결청에 행정심판을 청구하거나 관할 행정법원에 행정소송을 할 수 있다고 잘못 안내하거나 관할 행정심판위원회가 각하재결이 아닌 기각재결을 하면서 관할 법원에 행정소송을 할 수 있다고 잘못 안내하였다고 하더라도, 그러한 잘못된 안내로 행정법원의 항고소송 재판관할이 생긴다고 볼 수도 없다. 대법원 2019. 4. 11. 선고 2018두42955 판결

09. ① 당연무효의 행정처분을 소송목적물로 하는 행정소송(주: 무효등확인소송)에서는 존치시킬 효력이 있는 행정행위가 없기 때문에 행정소송법 제28조 소정의 사정판결을 할 수 없다. 대법원 1996. 3. 22. 선고 95누5509 판결
② 절차 내지 형식의 위법을 이유로 과세처분을 취소하는 판결이 확정된 경우에 그 확정판결의 기판력(주: 기속력을 의미함. 이하 같음)은 확정판결에 적시된 절차 내지 형식의 위법사유에 한하여 미친다고 할 것이므로 과세처분권자가 그 확정판결에 적시된 위법사유를 보완하여 행한 새로운 과세처분은 확정판결에 의하여 취소된 종전의 과세처분과는 별개의 처분으로서 확정판결의 기판력에 저촉되는 것은 아니다. 대법원 1986. 11. 11. 선고 85누231 판결
③ 간접강제결정에 기한 배상금은 확정판결의 취지에 따른 재처분의 지연에 대한 제재나 손해배상이 아니고, 재처분의 이행에 관한 심리적 강제수단에 불과한 것이므로, 특별한 사정이 없는 한 간접강제결정에서 정한 의무이행기한이 경과한 후에라도 확정판결의 취지에 따른 재처분의 이행이 있으면 처분상대방이 더 이상 배상금을 추심하는 것은 허용되지 않는다. 대법원 2004. 1. 15. 선고 2002두2444 판결
④ 행정처분을 취소한다는 확정판결이 있으면 그 취소판결의 형성력에 의하여 당해 행정처분의 취소나 취소통지 등의 별도의 절차를 요하지 아니하고 당연히 취소의 효과가 발생한다. 대법원 1991. 10. 11. 선고 90누5443 판결

10. ① 사업인정고시는 수용재결절차로 나아가 강제적인 방식으로 토지소유자나 관계인의 권리를 취득·보상하기 위한 절차적 요건에 지나지 않고 영업손실보상의 요건이 아니다. 따라서 피고가 시행하는 사업이 토지보상법상 공익사업에 해당하고 원고들의 영업이 해당 공익사업으로 폐업하거나 휴업하게 된 것이어서 토지보상법령에서 정한 영업손실 보상대상에 해당하면, 사업인정고시가 없더라도 피고는 원고들에게 영업손실을 보상할 의무가 있다. 대법원 2021. 11. 11. 선고 2018다204022 판결
② 사업인정이란 공익사업을 토지 등을 수용 또는 사용할 사업으로 결정하는 것으로서 공익사업의 시행자에게 그 후 일정한 절차를 거칠 것을 조건으로 일정한 내용의 수용권을 설정하여 주는 형성행위이다. 대법원 2011. 1. 27. 선고 2009두1051 판결
③ 토지보상법 제83조

> **토지보상법 제83조(이의의 신청)**
> ③ 제1항 및 제2항에 따른 이의의 신청은 재결서의 정본을 받은 날부터 30일 이내에 하여야 한다.

④ 어떤 보상항목이 공익사업을 위한 토지 등의 취득 및 보상에 관한 법령상 손실보상대상에 해당함에도 관할 토지수용위원회가 사실을 오인하거나 법리를 오해함으로써 손실보상대상에 해당하지 않는다고 잘못된 내용의 재결을 한 경우에는, 피보상자는 관할 토지수용위원회를 상대로 그 재결에 대한 취소소송을 제기할 것이 아니라, 사업시행자를 상대로 구 공익사업을 위한 토지 등의 취득 및 보상에 관한 법률 제85조 제2항에 따른 보상금증감소송을 제기하여야 한다. 대법원 2018. 7. 20. 선고 2015두4044 판결

01. ① 신공공관리론은 정책기능과 집행기능이 분리되고 집행 기능이 강화되는 것이다.

02. ② 평정자의 평정 기준이 일정치 않아 관대화나 엄격화 경향이 일어날 때 발생하는 오류는 총계적 오류에 대한 설명이다.

03. ④ 보조금이나 조세감면 및 지급보증 행위는 간접적 수단에 속한다.
① 정부의 직접대출은 직접적 수단에 해당한다.
② 경제적 규제는 직접적 수단에 해당한다.
③ 공기업은 직접적 수단에 해당한다.

04. ④ 행정기관이 그 기능을 원활하게 수행할 수 있도록 그 기관장이나 보조기관을 보좌함으로써 행정기관의 목적달성에 공헌하는 기관은 보좌기관이다.

05. ③ 오류의 자기검증 및 회계 간의 연계성 분석기능이 가능한 것은 복식부기의 특성이다.
① 재정의 총괄적이고 체계적인 현황 파악이 어려워지는 것은 단식부기에 해당한다.
② 자산과 부채에 대해 명확하게 인식하기가 곤란한 것은 단식부기에 해당한다.
④ 회계기록의 오류나 탈루가 있을 경우 정확성 여부 검증이 곤란한 것은 단식부기에 해당한다.

06. ③ 킹던의 정책의 창 모형은 정책결정 모형인 쓰레기통 모형을 정책의제 설정과정에 적용시킨 모형이다.
① 정책의 창 모형은 문제의 흐름, 정책의 흐름, 정치의 흐름의 세 가지 흐름이 아무 연관성이 없이 독자적으로 흘러다니다가 우연히 만나서 의사결정이 이루어진다는 것이다.
② 정치의 흐름은 국가적 분위기 전환, 선거에 따른 행정부나 의회의 인적 교체, 이익집단들의 로비활동과 압력행사 등과 같은 요소들로 구성되고 킹던은 정치적 흐름이 가장 중요하고 마지막에 열리는 흐름으로 본다.
④ 정책의 흐름은 문제를 검토하여 해결방안들을 제안하는 전문가들과 분석가들로 구성되며, 여기서 여러 가능성들이 탐색되고 그 범위가 좁혀진다.

07. ② 성인지 예산제도는 예산의 전 과정, 즉 예산편성, 의결, 집행, 성과 등의 전 과정에서 고려하는 것이기 때문에 특정 단계에서만 고려되는 것은 아니다. 성인지 예산제도의 대상 역시 개별 사업만을 의미하는 것이 아니라, 예산뿐만 아니라 기금의 수입지출 결산에 성인지 기금결산서가 포함되도록 규정하고 있다.
성인지 예산제도 도입

국가재정법 제26조(성인지 예산서의 작성)
① 정부는 예산이 여성과 남성에게 미칠 영향을 미리 분석한 보고서(성인지(性認知)예산서)를 작성하여야 한다.
② 성인지 예산서에는 성평등 기대효과, 성과목표, 성별 수혜분석 등을 포함하여야 한다.

08. ③ 생계형 부패에 대한 설명이다. 흑색부패는 사회체제 명백하고 심각한 해를 끼치는 부패로 구성원 모두가 인정하고 처벌을 원하는 부패이다.

09. ① 강압적 권력은 권력 행사자가 수용자에게 불이익을 주어 두려움을 유발함으로써 행사하는 권력으로, 권한과 전혀 다른 개념이다. 권한은 직무를 가지고 있는 사람과는 관계없이 그 직위 자체로 인해 부여받는 권력을 의미한다.

10. ① 민간조직에게 일정구역 내에서 공공 서비스를 제공하는 권리를 인정하는 방식은 허가에 해당한다. 정부가 민간 업자에게 독점권을 행사하도록 허가를 해주고 민간업자는 시민에게 서비스를 하고 그에 대한 대가를 지불받는 방법이다.
② 보조금(granting)은 서비스를 제공하는 민간부문에게 보조금을 지급함으로써 민간에 의한 서비스의 제공을 강화시키는 제도이다. 공공서비스에 대한 요건을 구체적으로 명시하기 곤란하거나 서비스가 기술적으로 복잡하고 서비스의 목표를 어떻게 달성할 것인지가 불확실한 경우에 사용된다.
③ 구입증서방식(바우처; voucher)은 복지정책에서 주로 사용되는 것으로 서비스를 구매할 수 있는 쿠폰을 제공하는 방식이다.
④ BTL방식은 정부소유, 준공시점에 소유권이전, 정부가 위험부담, 비수익사업에서 많이 사용된다.

01. ① 경기도 연천 전곡리 유적은 한반도에서 처음으로 주먹도 끼가 출토된 곳이다.

02. ② 사진은 사각형 형태의 움집터이다. 사각형의 움집터를 조성한 시기는 청동기시대부터이다. 청동기시대부터 전쟁이 잦아지게 되었고, 환호와 목책같은 방어시설을 만들게 되었다.
① 구석기시대이다.
③ 신석기시대이다.
④ 청동기시대에 일부 지역에서 벼농사가 시작되었다.

03. ③ 평양에 대한 설명이다. 유리왕이 천도한 곳은 국내성이다.
① 물산장려운동은 조만식을 중심으로 평양에서 시작되었다.
② 안창호는 평양에 대성학교 건립하였다.
④ 근초고왕의 공격으로 고국원왕이 전사하였다.

04. ① 사료는 선덕여왕과 관련한 내용이다. 황룡사는 진흥왕 때 창건되었고, 황룡사 9층 목탑이 선덕여왕 때 건립되었다.

05. ② 보기는 이황의 주리론에 입각한 이귀기천론에 대한 설명이다. 이황의 대표적인 저서로는 성학십도, 전습록논변, 주자서절요 등이 있다.
① 조식에 대한 설명이다.
③ 서경덕과 조식은 노장사상에 개방적이었으나, 이황은 성리학 이외의 사상에 대해 부정적이었다.
④ 이이에 대한 설명이다.

06. ① 고구려의 대표적인 고분과 벽화를 보여주는 사진이다. 고구려 소수림왕 때 중앙교육기관으로 태학을 설치하였다.
② 신라 문무왕에 대한 설명이다.
③ 백제 근초고왕 때의 일이다.
④ 발해의 최전성기인 선왕 때의 일이다.

07. ④ 사료의 저자는 국왕과 신하의 권력이 조화를 이루어야 한다는 유교적 관점의 정치관을 주장하고 있다.
①, ②, ③은 국왕 중심의 정치를 추구하는 정책들이다.

08. ② 사료의 (가)는 고려 후기 무신집권자 최우에 해당한다. 정방을 설치했다는 부분에서 최우를 추론할 수 있다.
② 재조대장경은 최우 때 조판이 시작되었으나, 그의 아들인 최항 때 완성되었다.

09. ④ 사료의 최우 집권기는 무신들이 정국을 주도하며, 기존의 문벌귀족사회가 해체되고 무인들과 함께 이규보 등의 신진 문사가 성장하는 시기였다.
① 추사체는 19세기에 김정희가 창안하였다.
② 철불의 제작은 고려 초기에 성행하였다.
③ 무신집권기에는 상감청자가 유행하였다.

10. ④ 고려는 토지의 비옥도에 따라 3등급으로 구분하여 전세를 수취하였다. 지대는 전세가 아니라 전호가 지주에게 납부하는 소작료로 공전(국유지)은 1/4, 민전(사유지)는 1/2의를 수취하였다.
④ 전시과는 양계를 제외한 전국에 분급되었다.

01. ④ '그는 버스 시간에 잘 늦는다'의 경우 현재시제 선어말어미 '-는-'이 결합이 되므로 여기에서 '늦다'는 동사이지, 형용사가 아니다.
('늦다' 앞에 '-에'가 있는 경우에 '늦다'는 동사이고 '-에'가 없는 경우에는 형용사이다.)
꼭 해설을 들어 주세요! 구별 기준 총 정리 들어갑니다.
① '철수에게는 많은 기회가 있는다.'는 어색하므로 여기에서 '있다'는 형용사임을 알 수 있다.
② '순이는 곱게 늙는다'는 자연스러우므로 여기에서 '늙다'는 동사임을 알 수 있다.
③ '그는 가쁘게 몰아쉬던 숨을 고른다.'는 자연스러우므로 여기에서 '고르다'는 동사임을 알 수 있다.

02. ③ '할머니는 당신의 유언을 남기셨다'의 '당신'은 선행 체언인 '할머니'를 도로 나타내는 삼인칭 대명사인 재귀 대명사이므로 청자를 가리키는 2인칭 대명사라는 것은 적절하지 않다.
① 제시문의 "1인칭 대명사의 경우에는 화자를 대신 가리키는 말로 '나, 저, 우리, 저희, 짐, 소인' 등이 있다."를 통해 '우리'는 화자를 가리키는 1인칭 대명사임을 알 수 있다.
② '저'는 화자 자신을 가리키는 말이므로 1인칭 대명사임을 알 수 있다.
④ '저희'는 선행 체언인 '그들'을 도로 나타내는 재귀 대명사이다. 참고로 '저희'는 복수의 선행체언을 나타낼 때 쓰는 재귀 대명사이다.

03. ④ '치장(治 다스릴 치 粧 단장할 장)하다'는 '잘 매만져 곱게 꾸미다.'를 의미한다. 따라서 '모양이나 내용 따위를 바꾸다.'를 의미하는 '고치다'는 ②과 바꿔 쓸 수 있는 유사한 표현으로 적절하지 않다. '모양이 나게 매만져 차리거나 손질하다.'를 의미하는 '꾸미다'로 바꿔 쓸 수 있다.
① ㉠ '온전(穩 편안할 온 全 온전할 전)하다'는 '본바탕 그대로 고스란하다.'를 의미한다. 따라서 '건드리지 아니하여 조금도 축이 나거나 변하지 아니하고 그대로 온전하다.'를 의미하는 '고스란하다'로 바꿔 쓸 수 있다.
② ㉡ '선사(膳 반찬 선 賜 줄 사)하다'는 '존경, 친근, 애정의 뜻을 나타내기 위하여 남에게 선물을 주다.'를 의미한다. 따라서 '물건 따위를 남에게 건네어 가지거나 누리게 하다.'를 의미하는 '주다'로 바꿔 쓸 수 있다.
③ ㉢ '호칭(呼 부를 호 稱 일컬을 칭)하다'는 '이름 지어 부르다.'를 의미한다. 따라서 '무엇이라고 가리켜 말하거나 이름을 붙이다.'를 의미하는 '부르다'로 바꿔 쓸 수 있다.

04. ③ '개관(開 열 개 館 집 관)하다'는 '도서관, 영화관, 박물관, 회관 따위의 기관이 설비를 차려 놓고 처음으로 문을 열다.'를 의미한다. 따라서 '진리, 가치, 옳고 그름 따위를 판단하여 드러내 알리다.'를 의미하는 '밝히다'는 ㉢과 바꿔 쓸 수 있는 유사한 표현으로 적절하지 않다. '사업이나 경영 따위의 운영을 시작하다.'를 의미하는 '열다'로 바꿔 쓸 수 있다.
① ㉠ '창건(創 비롯할 창 建 세울 건)하다'는 '건물이나 조직체 따위를 처음으로 세우거나 만들다.'를 의미한다. 따라서 '나라나 기관 따위를 처음으로 생기게 하다.'를 의미하는 '세우다'로 바꿔 쓸 수 있다.
② ㉡ '잠잠(潛 무자맥질할 잠 潛 무자맥질할 잠)하다'는 '분위기나 활동 따위가 소란하지 않고 조용하다.'를 의미한다. 따라서 '조용하고 잠잠하다.'를 의미하는 '고요하다'로 바꿔 쓸 수 있다.
④ ㉣ '중첩(重 무거울 중 疊 겹쳐질 첩)되다'는 '거듭 겹쳐지거나 포개어지다.'를 의미한다. 따라서 '여러 가지 일이나 현상이 한꺼번에 일어나다.'를 의미하는 '겹치다'로 바꿔 쓸 수 있다.

05. ① ㉠의 '쓸다'는 쓸다2 「4」 전염병 따위가 널리 퍼지거나 태풍, 홍수 따위가 널리 피해를 입히다.'를 의미한다. 이와 가장 유사한 의미의 '쓸다'는 ①이다.
② 쓸다2 「2」 가볍게 쓰다듬거나 문지르다.
③ 쓸다2 「3」 질질 끌어서 바닥을 스치다.
④ 쓸다2 「7」 ((주로 '쓸어' 꼴로 쓰여)) 한꺼번에 모조리 모으다.

06. ② ㉠의 '닿다'는 '2 기회, 운 따위가 긍정적인 범위에 도달하다.'를 의미한다. 이와 가장 유사한 의미의 '닿다'는 ②이다.
① 1 「3」 소식 따위가 전달되다.
② 1 「1」 어떤 물체가 다른 물체에 맞붙어 사이에 빈틈이 없게 되다.
④ 5 서로 관련이 맺어지다.

07. ②

| 하윤: 요가 ∧ ~명상 |
| 민재: ~하이킹 → ~요가 ≡ 요가 → 하이킹 |

하윤의 '요가 ∧ ~명상'과 민재의 '요가 → 하이킹'을 연결하면 명상을 하지 않은 어떤 사람은 요가와 하이킹을 모두 했다는 결론(~명상 ∧ 요가 ∧ 하이킹)을 내릴 수 있다.
① 하윤의 '요가 ∧ ~명상'과 민재의 '요가 → 하이킹'을 연결하면 명상을 하지 않은 사람 중 하이킹을 한 사람(~명상 ∧ 하이킹)이 존재한다고 볼 수 있다. 하지만 이를 통해 하이킹을 한 어떤 사람이 명상을 했다는 결론(하이킹 ∧ 명상)을 내리는 것은 불가능하다.
③ 하윤의 '요가 ∧ ~명상'과 민재의 '요가 → 하이킹'을 연결하면 명상을 하지 않은 사람 중 하이킹을 한 사람(~명상 ∧ 하이킹)이 존재한다고 볼 수 있다. 하지만 이를 통해 명상을 하지 않은 모든 사람이 하이킹을 했다는 결론(~명상 → 하이킹)을 내리는 것은 불가능하다.
④ 하윤의 '요가 ∧ ~명상'과 민재의 '요가 → 하이킹'을 연결하면 명상을 하지 않은 어떤 사람은 요가와 하이킹을 모두 했다는 결론(~명상 ∧ 요가 ∧ 하이킹)을 내릴 수 있다. 하지만 이를 통해 명상, 요가, 하이킹을 한 사람이 있다는 결론(명상 ∧ 요가 ∧ 하이킹)을 내리는 것은 불가능하다.

08. ③ 세 번째 조건의 대우명제에 의해 '사인펜 → ~샤프'이고 두 번째 조건에 의해 '~샤프 → ~연필'이며 첫 번째 조건의 대우명제에 의해 '~연필 → ~볼펜'이므로 세 명제를 순서대로 연결하면 '사인펜 → ~볼펜'이 도출된다. 따라서 사인펜을 쓰는 사람은 볼펜을 쓰지 않는다는 결론을 도출할 수 있다.
① 두 번째 조건의 대우명제에 의해 '연필 → 샤프'이고 세 번째 조건에 의해 '샤프 → ~사인펜'이므로 두 명제를 연결하면 '연필 → ~사인펜'이 도출된다. 따라서 연필을 쓰는 사람은 사인펜을 쓰지 않는다.
② 네 번째 조건에 의해 '~색연필 → 사인펜'이고 세 번째 조건의 대우명제에 의해 '사인펜 → ~샤프'이므로 두 명제를 연결하면 '~색연필 → ~샤프'가 도출된다. 따라서 색연필을 쓰지 않는 사람은 샤프도 쓰지 않는다.
④ 첫 번째 조건에 의해 '볼펜 → 연필', 두 번째 조건의 대우명제에 의해 '연필 → 샤프', 세 번째 조건에 의해 '샤프 → ~사인펜', 그리고 네 번째 조건의 대우명제에 의해 '~사인펜 → 색연필'이므로 네 명제를 순서대로 연결하면 '볼펜 → 색연필'이 도출된다. 따라서 볼펜을 쓰는 사람은 색연필도 쓴다.

09. ② 이 글은 개인정보 보호와 혁신이 반드시 대립하지 않으며, 핵심은 데이터의 양이 아니라 수집, 처리, 공유의 규칙과 책임 구조라고 주장한다. 또한 불명확한 규칙은 관리 비용과 유출 위험을 키워 신뢰를 떨어뜨리고 활용 기반을 약화시킬 수 있다고 한다. ②는 명확한 처리 규칙이 이용자 신뢰를 높여 서비스 이용과 지속 가능성을 높일 수 있다는 연결을 제시해, 개인정보 보호를 '혁신의 장애물'이 아니라 '신뢰 가능한 활용 조건'으로 보아야 한다는 이 글의 논지를 강화한다.
① 보호 강화가 곧 혁신 위축이라는 단정으로 지문의 논지와 충돌한다.
③ 이 글은 유출 사고가 신뢰를 무너뜨려 활용 기반을 약화시킨다고 주장한다.
④ 혁신이 데이터 '양'에만 좌우된다고 단정하지만, 이 글은 규칙과 책임 구조가 혁신의 핵심 조건이라고 본다.

10. ② 사람들은 "지금까지 별일 없었으니 괜찮다."라고 익숙함에 기대어 위험을 과소평가했고, 실제로 사고가 날 뻔한 뒤에야 예방 조치를 했다. 따라서 익숙함이 안전을 보장한다고 단정하지 말아야 한다는 ②가 가장 적절하다.
① 이 글은 사후 대응이 아니라 사전 예방(표지판, 미끄럼 방지, 점검)의 필요성을 보여 준다.
③ 안전 장치를 미룬 이유가 '흉하다'였고 그 판단이 문제였으므로 적절하지 않다.
④ 개인의 주의만이 아니라 시설 개선과 점검 같은 구조적 조치가 효과를 냈으므로 적절하지 않다.

매일 모고 영어 제13회
정답 및 해설

01. ④ [해설]
부서지거나 형태를 잃지 않고 다양한 제품에 사용될 수 있다는 문맥으로 보아, 그 제품의 소재는 매우 '유연하다'는 내용이 적절하다. 따라서 밑줄 친 부분에 들어갈 말로 가장 적절한 것은 ④이다.
[해석]
이 소재는 매우 유연하여 부서지거나 형태를 잃지 않고 다양한 제품에 사용될 수 있다.
[어휘]
★ flexible 유연한, 잘 구부러지는, 신축성[융통성] 있는
● drowsy 졸리는
● foolish 어리석은, 바보 같은
● impartial 공정한

02. ③ [해설]
제때 도착하지 않은 주문의 상태 때문에 고객센터에 전화했다는 문맥으로 보아, 주문의 상태를 '문의하기' 위해 전화했다는 내용이 적절하다. 따라서 밑줄 친 부분에 들어갈 말로 가장 적절한 것은 ③이다.
[해석]
그는 제때 도착하지 않은 주문의 상태를 문의하기 위해 고객센터에 전화했다.
[어휘]
★ inquire 묻다, 문의하다, 알아보다
● jeopardize 위태롭게 하다
● harvest 수확하다, 거둬들이다
● accumulate 모으다, 축적하다

03. ② [해설]
아이들에게 어른들이 좋은 본보기를 보이는 것이 중요하다는 문맥으로 보아, 아이들은 종종 부모의 행동을 '따라 한다'는 내용이 적절하다. 따라서 밑줄 친 부분에 들어갈 말로 가장 적절한 것은 ②이다.
[해석]
아이들은 종종 부모의 행동을 따라 하기 때문에 어른들이 좋은 본보기를 보이는 것이 중요하다.
[어휘]
★ imitate 따라 하다, 모방하다, 흉내내다
● deny 거부하다, 부인하다
● surrender 항복[굴복]하다, 포기하다
● exclude 제외하다, 배제하다, 거부하다

04. ④ [해설]
그녀가 항상 적극적으로 참여하고 과제를 제때 수행한다는 문맥으로 보아, 교사가 그녀의 '모범적인' 학습 태도를 칭찬했다는 내용이 적절하다. 따라서 밑줄 친 부분에 들어갈 말로 가장 적절한 것은 ④이다.
[해석]
그 교사는 그녀가 항상 적극적으로 참여하고 과제를 제때 수행하는 모범적인 학습 태도를 보인다고 칭찬했다.
[어휘]
★ exemplary 모범적인
● frugal 절약하는, 소박한
● nocuous 유해한, 유독한
● greedy 탐욕스러운, 욕심 많은

05. ① [해설]
이번 채용 과정에서 한 명만이 최종 단계에 선발될 예정이라는 문맥으로 보아, 가장 자격을 갖춘 단 한 명의 '지원자'가 선발된다는 내용이 적절하다. 따라서 밑줄 친 부분에 들어갈 말로 가장 적절한 것은 ①이다.

[해석]
이번 채용 과정에서는 가장 자격을 갖춘 지원자 단 한 명만이 최종 단계에 선발될 예정이다.
[어휘]
★ candidate 지원자, 후보자
● contempt 경멸, 멸시
● insight 통찰력, 이해
● offender 범죄자

06. ④ Sofia는 화재 발생과 함께 비상 절차가 진행 중임을 알리고, 사람들을 안전하게 대피시키고 있다고 안내하고 있다. 이어서 Sofia가 비상계단 이용 및 엘리베이터 금지와 같은 구체적인 대피 지시가 제시되는 흐름을 고려할 때, James는 즉시 대피해야 하는지 여부를 확인하는 질문을 했음을 짐작할 수 있다. 따라서 밑줄 친 부분에 들어갈 말로 가장 적절한 것은 ④이다.
[해석]
James: 실례합니다, 무슨 일이죠? 방금 경보를 들었습니다.
Sofia: 침착해 주십시오. 3층에서 화재가 보고되었고, 현재 비상 절차가 진행 중입니다.
James: 이런, 우리는 무엇을 해야 하나요?
Sofia: 저희는 모든 사람들이 안전하게 건물을 대피하도록 안내하고 있습니다. 침착하게 직원들의 지시를 따라 주십시오.
James: 지금 즉시 건물을 떠나야 하나요?
Sofia: 네, 비상 계단을 이용하고 출구 표지판을 따라가 주십시오. 비상 상황에서는 엘리베이터가 멈출 수 있으니 사용하지 마십시오.
① 화재 경보가 왜 오작동했는지 알고 계신가요?
② 왜 더 일찍 알려주지 않으셨나요?
③ 상황이 끝날 때까지 여기 있어도 되나요?
④ 지금 즉시 건물을 떠나야 하나요?

07. ③ [적중 포인트 063] to부정사의 동사적 성질 ★★★★☆
to부정사의 의미상의 주어가 문장의 주어나 목적어와 일치하지 않을 때 to부정사의 의미상 주어는 to부정사 앞에 'for 목적격'으로 표시해야 하지만, 인성 형용사(thoughtful)를 포함한 구문에서는 'of 목적격'으로 표시해야 한다. 따라서 밑줄 친 부분에 들어갈 말로 가장 적절한 것은 ③이다.
[해석]
회의가 시작되기 전에 모두를 위해 간식을 준비한 것은 그가 매우 사려 깊었다.

08. ③ [적중 포인트 082] 관계대명사의 선행사와 문장 구조 ★★★☆
whose는 뒤에 완전 구조가 와야 한다. 하지만 뒤에 주어가 없는 불완전 구조를 취하고 있으므로 사람의 선행사를 취하는 관계대명사인 who를 써야 한다. 따라서 밑줄 친 부분의 whose를 who로 고쳐야 한다.
[해석]
나는 마음을 짓누르는 후회를 떨칠 수 없었다. 어둠 속에서 혼자 앉아, 그 순간을 머릿속에서 계속 반복하며 어떻게 이렇게까지 잘못된 방향으로 가게 되었는지 생각했다. 나를 걱정해 준 사람들의 조언을 무시하고, 내가 더 잘 알고 있다고 착각했다. 하지만 이제 충동적인 결정의 결과를 마주하고 나니, 얼마나 어리석었는지 깨달을 수 있었다. 만약 시간을 되돌릴 수 있다면, 나는 분명히 다르게 행동했을 것이다.

09. ② [해설]

이 글은 예상치 못한 어려움이 개인의 잠재된 능력을 끌어내고 성장을 유도한다는 주장을 중심으로, 구체적인 사례를 제시한 뒤 결론으로 이어지는 구조이다. ①번과 ③번 문장은 각각 시간 관리 문제와 실직 상황을 통해 어려움이 능력 개발로 이어지는 예를 보여 주며 중심 내용과 자연스럽게 연결되고, ④번 문장은 이러한 내용을 종합하여 결론을 제시한다. 그러나 ②번 문장은 모바일 앱의 디자인 기능에 대한 설명으로, 글의 핵심 주제인 '어려움과 능력 개발'과 관련이 없다. 따라서 글의 흐름상 어색한 문장은 ②이다.

[해석]

> 사람들이 예상치 못한 어려움에 직면할 때, 그들은 자신이 가지고 있는지도 몰랐던 능력을 발견하는 경우가 많다. ① 시간 관리에 어려움을 겪는 학생은 일을 더 효율적으로 정리하는 법을 배우게 되고, 결국 매우 생산적인 사람이 될 수 있다. (② 오늘날 많은 모바일 앱은 사용자 경험을 향상시키기 위해 색상 테마나 사용자 맞춤형 인터페이스와 같은 다양한 디자인 기능을 제공한다.) ③ 마찬가지로, 직장을 잃은 사람은 새로운 일을 찾는 과정에서 새로운 기술을 익히고, 이후 더 적합한 진로를 찾게 될 수도 있다. ④ 따라서 어려운 상황은 사람들이 스스로 인식하지 못했던 강점을 개발하도록 이끌어 개인의 성장을 촉진할 수 있다.

10. ③ [해설]

이 글은 팀워크와 의사소통의 중요성을 주제로, 팀워크가 생산성에 미치는 영향에 대한 연구를 통해 의사소통 방식이 집단 성과에 중요한 역할을 한다는 점을 강조하고 있다. 첫 번째 문장의 빈칸에는 연구 결과의 핵심 내용이 들어가야 하며, 이후 내용에서 자유롭게 소통한 팀이 더 높은 성과를 보였다는 점과 협력 및 아이디어 공유, 개방적인 환경의 중요성이 반복적으로 제시된다. 특히 세 번째 문장에서 의사소통이 결과 향상에 기여함을 구체적으로 보여 주고 있으므로, 빈칸에는 집단 성과에 큰 영향을 미치는 요소로서 의사소통 방식이 들어가는 것이 자연스럽다. 따라서 밑줄 친 부분에 들어갈 말로 가장 적절한 것은 ③이다.

[해석]

> 팀워크가 생산성에 미치는 영향을 다룬 한 연구에서, 연구자들은 <u>의사소통 방식이 성공에 매우 중요하며</u> 이는 집단의 성과에 상당한 영향을 미칠 수 있다는 사실을 발견했다. 팀으로 작업한 참가자들은 일련의 과제를 수행하도록 요청받았고, 일부 팀은 자유롭게 소통하도록 장려된 반면 다른 팀은 그렇지 않았다. 원활하게 소통한 팀은 전반적으로 더 높은 성과를 보였는데, 이는 협력과 아이디어 공유가 결과를 크게 향상시킬 수 있음을 보여준다. 이는 모든 구성원이 자신의 생각과 의견을 편안하게 표현할 수 있는 지지적이고 개방적인 환경을 조성하는 것이 중요함을 강조한다. 이러한 역동성은 팀의 잠재력을 최대화하고 공동의 목표를 달성하는 데 필수적이다.

① 개인의 노력은 전체 팀의 성과를 좌우할 수 있으며
② 적절한 수준의 경쟁은 더 나은 성과를 이끌어낼 수 있으며
③ 의사소통 방식이 성공에 매우 중요하며
④ 개인의 목표를 팀의 목표와 일치시키는 것은 필수적이며

01. ② 처분청이 위 규정에 따른 고지의무를 이행하지 아니하였다고 하더라도 경우에 따라서는 행정심판의 제기기간이 연장될 수 있는 것에 그치고 이로 인하여 심판의 대상이 되는 행정처분에 어떤 하자가 수반된다고 할 수 없다. 대법원 1987. 11. 24. 선고 87누529 판결
① 행정심판법 제3조

행정심판법 제3조(행정심판의 대상)
② 대통령의 처분 또는 부작위에 대하여는 다른 법률에서 행정심판을 청구할 수 있도록 정한 경우 외에는 행정심판을 청구할 수 없다.
③ 행정심판에 있어서 행정처분의 위법·부당 여부는 원칙적으로 처분시를 기준으로 판단하여야 할 것이나, 재결청은 처분 당시 존재하였거나 행정청에 제출되었던 자료뿐만 아니라, 재결 당시까지 제출된 모든 자료를 종합하여 처분 당시 존재하였던 객관적 사실을 확정하고 그 사실에 기초하여 처분의 위법·부당 여부를 판단할 수 있다. 대법원 2001. 7. 27. 선고 99두5092 판결
④ 행정심판법 제14조

행정심판법 제14조(법인이 아닌 사단 또는 재단의 청구인 능력)
법인이 아닌 사단 또는 재단으로서 대표자나 관리인이 정하여져 있는 경우에는 그 사단이나 재단의 이름으로 심판청구를 할 수 있다.

02. ① 도로점용허가의 점용기간은 행정행위의 본질적인 요소에 해당한다고 볼 것이어서 부관인 점용기간을 정함에 있어서 위법사유가 있다면 이로써 도로점용허가 처분 전부가 위법하게 된다. 대법원 1985. 7. 9. 선고 84누604 판결
② 행정처분에 이미 부담이 부가되어 있는 상태에서 그 의무의 범위 또는 내용 등을 변경하는 부관의 사후변경은, 법률에 명문의 규정이 있거나 그 변경이 미리 유보되어 있는 경우 또는 상대방의 동의가 있는 경우에 한하여 허용되는 것이 원칙이지만, 사정변경으로 인하여 당초에 부담을 부가한 목적을 달성할 수 없게 된 경우에도 그 목적달성에 필요한 범위 내에서 예외적으로 허용된다. 대법원 1997. 5. 30. 선고 97누2627 판결
③ 기선선망어업의 허가를 하면서 운반선, 등선 등 부속선을 사용할 수 없도록 제한한 부관은 그 어업허가의 목적달성을 사실상 어렵게 하여 그 본질적 효력을 해하는 것일 뿐만 아니라 위 시행령의 규정에도 어긋나는 것이며, 더욱이 어업조정이나 기타 공익상 필요하다고 인정되는 사정이 없는 이상 위법한 것이다. 대법원 1990. 4. 27. 선고 89누6808 판결
④ 기부채납의 부관이 당연무효이거나 취소되지 아니한 이상 토지소유자는 위 부관으로 인하여 증여계약의 중요부분에 착오가 있음을 이유로 증여계약을 취소할 수 없다. 대법원 1999. 5. 25. 선고 98다53134 판결

03. ③ 주된 인허가에 관한 사항을 규정하고 있는 법률에서 주된 인허가가 있으면 다른 법률에 의한 인허가를 받은 것으로 의제한다는 규정을 둔 경우, 주된 인허가가 있으면 다른 법률에 의한 인허가가 있는 것으로 보는 데 그치고, 거기에서 더 나아가 다른 법률에 의하여 인허가를 받았음을 전제로 하는 그 다른 법률의 모든 규정들까지 적용되는 것은 아니다. 대법원 2016. 11. 24. 선고 2014두47686 판결
① 행정기본법 제24조

행정기본법 제24조(인허가의제의 기준)
② 인허가의제를 받으려면 주된 인허가를 신청할 때 관련 인허가에 필요한 서류를 함께 제출하여야 한다. 다만, 불가피한 사유로 함께 제출할 수 없는 경우에는 주된 인허가 행정청이 별도로 정하는 기한까지 제출할 수 있다.
② 주택건설사업계획 승인권자가 구 주택법 제17조 제3항에 따라 도시·군관리계획 결정권자와 협의를 거쳐 관계 주택건설사업계획을 승인하면 같은 조 제1항 제5호에 따라 도시·군관리계획결정이 이루어진 것으로 의제되고, 이러한 협의 절차와 별도로 국토의 계획 및 이용에 관한 법률 제28조 등에서 정한 도시·군관리계획 입안을 위한 주민 의견청취 절차를 거칠 필요는 없다. 대법원 2018. 11. 29. 선고 2016두38792 판결
④ 행정기본법 제25조

행정기본법 제25조(인허가의제의 효과)
① 제24조제3항·제4항에 따라 협의가 된 사항에 대해서는 주된 인허가를 받았을 때 관련 인허가를 받은 것으로 본다.

04. ② 정보공개법 제18조

정보공개법 제18조(이의신청)
① 청구인이 정보공개와 관련한 공공기관의 비공개 결정 또는 부분 공개 결정에 대하여 불복이 있거나 정보공개 청구 후 20일이 경과하도록 정보공개 결정이 없는 때에는 공공기관으로부터 정보공개 여부의 결정 통지를 받은 날 또는 정보공개 청구 후 20일이 경과한 날부터 30일 이내에 해당 공공기관에 문서로 이의신청을 할 수 있다.
① 토지보상법 제85조

토지보상법 제85조(행정소송의 제기)
① 사업시행자, 토지소유자 또는 관계인은 제34조에 따른 재결에 불복할 때에는 재결서를 받은 날부터 90일 이내에, 이의신청을 거쳤을 때에는 이의신청에 대한 재결서를 받은 날부터 60일 이내에 각각 행정소송을 제기할 수 있다.
③ 질서위반행위규제법 제20조

질서위반행위규제법 제20조(이의제기)
① 행정청의 과태료 부과에 불복하는 당사자는 제17조 제1항에 따른 과태료 부과 통지를 받은 날부터 60일 이내에 해당 행정청에 서면으로 이의제기를 할 수 있다.
④ 행정기본법 제36조

행정기본법 제36조(처분에 대한 이의신청)
① 행정청의 처분(「행정심판법」 제3조에 따라 같은 법에 따른 행정심판의 대상이 되는 처분을 말한다. 이하 이 조에서 같다)에 이의가 있는 당사자는 처분을 받은 날부터 30일 이내에 해당 행정청에 이의신청을 할 수 있다.

05. ④ 사실심에서 변론종결시까지 당사자가 주장하지 않던 직권조사사항에 해당하는 사항을 상고심에서 비로소 주장하는 경우 그 직권조사사항에 해당하는 사항은 상고심의 심판범위에 해당한다. 대법원 2004. 12. 24. 선고 2003두15195 판결
① 행정소송법 제10조

행정소송법 제10조(관련청구소송의 이송 및 병합)
② 취소소송에는 사실심의 변론종결시까지 관련청구소송을 병합하거나 피고외의 자를 상대로 한 관련청구소송을 취소소송이 계속된 법원에 병합하여 제기할 수 있다.
② 사립학교 교원에 대한 징계처분의 경우에는 학교법인 등의 징계처분은 행정처분성이 없는 것이고 그에 대한 소청심사청구에 따라 위원회가 한 결정이 행정처분이고 교원이나 학교법인 등은 그 결정에 대하여 행정소송으로 다투는 구조가 되므로, 행정소송에서의 심판대상은 학교법인 등의 원 징계처분이 아니라 위원회의 결정이 되고, 따라서 피고도 행정청인 위원회가 되는 것이다. 대법원 2013. 7. 25. 선고 2012두12297 판결
③ 공정거래위원회의 과징금 납부명령 등이 재량권 일탈·남용으로 위법한지 여부는 다른 특별한 사정이 없는 한 과징금 납부명령 등이 행하여진 '의결일' 당시의 사실

상태를 기준으로 판단하여야 한다. 대법원 2019. 1. 31. 선고 2017두68110 판결

06. ④ 행정심판법 제27조

> **행정심판법 제27조(심판청구의 기간)**
> ① 행정심판은 처분이 있음을 알게 된 날부터 90일 이내에 청구하여야 한다.
> ③ 행정심판은 처분이 있었던 날부터 180일이 지나면 청구하지 못한다. 다만, 정당한 사유가 있는 경우에는 그러하지 아니하다.

① 행정심판법 제47조

> **행정심판법 제47조(재결의 범위)**
> ① 위원회는 심판청구의 대상이 되는 처분 또는 부작위 외의 사항에 대하여는 재결하지 못한다.

② 행정심판법 제31조

> **행정심판법 제31조(임시처분)**
> ③ 제1항에 따른 임시처분은 제30조제2항에 따른 집행정지로 목적을 달성할 수 있는 경우에는 허용되지 아니한다.

③ 행정심판법 제15조

> **행정심판법 제15조(선정대표자)**
> ④ 선정대표자가 선정되면 다른 청구인들은 그 선정대표자를 통해서만 그 사건에 관한 행위를 할 수 있다.

07. ④ 대학이 성적불량을 이유로 학생에 대하여 징계처분을 하는 경우에 있어서 수강신청이 있은 후 징계요건을 완화하는 학칙개정이 이루어지고 이어 당해 시험이 실시되어 그 개정학칙에 따라 징계처분을 한 경우라면 이는 이른바 부진정소급효에 관한 것으로서 구 학칙의 존속에 관한 학생의 신뢰보호가 대학당국의 학칙개정의 목적달성보다 더 중요하다고 인정되는 특별한 사정이 없는 한 위법이라고 할 수 없다. 대법원 1989. 7. 11. 선고 87누1123 판결

① 행정기본법 제7조

> **행정기본법 제7조(법령등 시행일의 기간 계산)**
> 법령등(훈령·예규·고시·지침 등을 포함한다. 이하 이 조에서 같다)의 시행일을 정하거나 계산할 때에는 다음 각 호의 기준에 따른다.
> 2. 법령등을 공포한 날부터 일정 기간이 경과한 날부터 시행하는 경우 법령등을 공포한 날을 첫날에 산입하지 아니한다.

② 행정기본법 제14조

> **행정기본법 제14조(법 적용의 기준)**
> ① 새로운 법령등은 법령등에 특별한 규정이 있는 경우를 제외하고는 그 법령등의 효력 발생 전에 완성되거나 종결된 사실관계 또는 법률관계에 대해서는 적용되지 아니한다.

③ 행정기본법 제14조

> **행정기본법 제14조(법 적용의 기준)**
> ③ 법령등을 위반한 행위의 성립과 이에 대한 제재처분은 법령등에 특별한 규정이 있는 경우를 제외하고는 법령등을 위반한 행위 당시의 법령등에 따른다. 다만, 법령등을 위반한 행위 후 법령등의 변경에 의하여 그 행위가 법령등을 위반한 행위에 해당하지 아니하거나 제재처분 기준이 가벼워진 경우로서 해당 법령등에 특별한 규정이 없는 경우에는 변경된 법령등을 적용한다.

08. ③ 행정조사기본법 제5조 단서에서 정한 '조사대상자의 자발적인 협조를 얻어 실시하는 행정조사'는 개별 법령 등에서 행정조사를 규정하고 있는 경우에도 실시할 수 있다. 대법원 2016. 10. 27. 선고 2016두41811 판결

① 납부독촉에도 불구하고 이행강제금을 납부하지 않으면 체납절차에 의하여 이행강제금을 징수할 수 있고, 이 때 이행강제금 납부의 최초 독촉은 징수처분으로서 항고소송의 대상이 되는 행정처분이 될 수 있다. 대법원 2009. 12. 24. 선고 2009두14507 판결

② 건축법에 위반하여 건축한 것이어서 철거의무가 있는 건물이라 하더라도 그 철거의무를 대집행하기 위한 계고

처분을 하려면 다른 방법으로는 이행의 확보가 어렵고 불이행을 방치함이 심히 공익을 해하는 것으로 인정될 때에 한하여 허용되고 이러한 요건의 주장·입증책임은 처분 행정청에 있다. 대법원 1993. 9. 14. 선고 92누16690 판결

④ 비록 건축주 등이 장기간 시정명령을 이행하지 아니하였더라도, 그 기간 중에는 시정명령의 이행 기회가 제공되지 아니하였다가 뒤늦게 시정명령의 이행 기회가 제공된 경우라면, 시정명령의 이행 기회 제공을 전제로 한 1회분의 이행강제금만을 부과할 수 있고, 시정명령의 이행 기회가 제공되지 아니한 과거의 기간에 대한 이행강제금까지 한꺼번에 부과할 수는 없다. 그리고 이를 위반하여 이루어진 이행강제금 부과처분은 법규의 중요한 부분을 위반한 것으로서, 그러한 하자는 중대할 뿐만 아니라 객관적으로도 명백하다. 대법원 2016. 7. 14. 선고 2015두46598 판결

09. ① 영조물의 설치 또는 관리상의 하자로 인한 사고라 함은 영조물의 설치 또는 관리상의 하자만이 손해발생의 원인이 되는 경우만을 말하는 것이 아니고, 다른 자연적 사실이나 제3자의 행위 또는 피해자의 행위와 경합하여 손해가 발생하더라도 영조물의 설치 또는 관리상의 하자가 공동원인의 하나가 되는 이상 그 손해는 영조물의 설치 또는 관리상의 하자에 의하여 발생한 것이라고 해석함이 상당하다. 대법원 1994. 11. 22. 선고 94다32924 판결

② 행위 자체의 외관을 객관적으로 관찰하여 공무원의 직무행위로 보여질 때에는 비록 그것이 실질적으로 직무행위가 아니거나 또는 행위자로서는 주관적으로 공무집행의 의사가 없었다고 하더라도 그 행위는 공무원이 '직무를 집행함에 당하여' 한 것으로 보아야 한다. 대법원 2005. 1. 14. 선고 2004다26805 판결

③ 행정청에는 장애인을 위한 편의시설 설치가 강제되는 대상시설을 확대하여 장애인의 접근권을 실질적으로 개선하는 형태로 해당 행정입법을 개정할 구체적인 의무가 발생한다고 할 것이고, 행정청이 정당한 이유 없이 그 개선입법의무를 이행하지 않는다면 그 행정입법 부작위는 위법하다고 할 것이다(원고들 중 일부에게 각 10만 원의 위자료를 인정한 사례). 대법원 2024. 12. 19. 선고 2022다289051 전원합의체 판결

④ 사실상 군민의 통행에 제공되고 있던 도로 옆의 암벽으로부터 떨어진 낙석에 맞아 소외인이 사망하는 사고가 발생하였다고 하여도 동 사고지점 도로가 피고 군에 의하여 노선인정 기타 공용개시가 없었으면 이를 영조물이라 할 수 없다. 대법원 1981. 7. 7. 선고 80다2478 판결

10. ② 하천법령 규정들에 의한 손실보상청구권은 토지가 하천구역으로 된 경우에는 당연히 발생되는 것이지, 관리청의 보상금지급결정에 의하여 비로소 발생하는 것은 아니므로, 위 규정들에 의한 손실보상금의 지급을 구하거나 손실보상청구권의 확인을 구하는 소송은 행정소송법상 당사자소송에 의하여야 한다. 대법원 2006. 5. 18. 선고 2004다6207 전원합의체 판결

① 도시계획시설의 지정으로 말미암아 당해 토지의 이용가능성이 배제되거나 또는 토지소유자가 토지를 종래 허용된 용도대로도 사용할 수 없기 때문에 이로 말미암아 현저한 재산적 손실이 발생하는 경우에는, 원칙적으로 사회적 제약의 범위를 넘는 수용적 효과를 인정하여 국가나 지방자치단체는 이에 대한 보상을 해야 한다. 헌법재판소 1999. 10. 21. 선고 97헌바26 전원재판부

③ 토지보상법에 의한 보상합의는 공공기관이 사경제주체로서 행하는 사법상 계약의 실질을 가지는 것으로서, 당사자 간의 합의로 같은 법 소정의 손실보상의 기준에 의하지 아니한 손실보상금을 정할 수 있으며, (중략) 손실보상금에 관한 합의 내용이 공익사업법에서 정하는 손실보상 기준에 맞지 않는다고 하더라도 추가로 공익사업법상 기준에 따른 손실보상금 청구를 할 수는 없다. 대법원 2013. 8. 22. 선고 2012다3517 판결

④ 공익사업의 시행자가 사전보상을 하지 않은 채 공사에 착수함으로써 토지소유자와 관계인이 손해를 입은 경우, 토지소유자와 관계인이 입은 손해는 손실보상청구권이 침해된 데에 따른 손해이므로, 사업시행자가 배상해야 할 손해액은 원칙적으로 손실보상금이다. 대법원 2021. 11. 11. 선고 2018다204022 판결

01. ② 근본적인 관계가 제한적 합의이고 어떤 참여자는 자원보유가 없을 수 있으며, 참여자 수와 관련하여 개방적이며 다양한 행위자들이 참여하며 합의와 관련하여 어느 정도의 합의는 있으나 항상 갈등이 있는 것은 이슈네트워크에 대한 해당한다.

이슈네트워크 vs 정책공동체

이슈네트워크	정책 공동체
광범위한 다수의 참여	제한된 참여(관료, 전문가)
유동적, 불안정 네트워크	지속적·안정적 네트워크
자원보유 한정·합의관계	모두 자원보유·교환관계
경쟁적, 갈등적 관계	협력적·의존적 관계
정책산출의 예측 곤란	의도적 정책산출, 예측가능
제로섬 게임(negative)	넌제로섬 게임(positive)
다원주의	뉴거버넌스

02. ④ 모두 다 옳은 내용이다.

주민발안	• 직접발안: 주민의 조례청구를 주민투표로 결정 • 간접발안: 주민의 조례청구를 지방의회 의결로 결정 주민이 지자체 의회에 조례의 개폐를 청구할 수 있음.
주민투표	주민에게 과도한 부담을 주거나 중대한 영향을 미치는 지방자치 단체의 주요 결정사항 등에 대하여 주민투표
주민소환	• 선출직 공무원을 임기 중 소환 및 파면 • 지자체장 및 지방의회의원(비례대표 의원 제외) 소환
주민참여 예산제도	지방자치단체의 장은 지방예산 편성 과정에 주민이 참여할 수 있는 절차를 마련하여 시행
주민감사	지방자치단체와 그 장의 권한에 속하는 사무처리가 법령 위반, 공익을 현저히 해한다고 인정, 새로운 사항의 발견, 중요한 사항이 감사에서 누락된 경우 감사 청구

03. ④ 실체설은 공익이 단순한 사익의 집합을 초월한 선험적·도덕적·규범적인 것으로 존재한다고 주장하며 집단주의적 성격을 띤다.
① 과정설은 집단 이기주의·지역 이기주의의 문제가 나타날 수 있다. 이를 극복하기 위해서는 집단주의적 성격을 띠는 실체설적인 입장을 취해야 한다.
② 절차적 합리성을 강조하여 적법절차의 준수에 의해서 공익이 보장된다고 보는 입장은 과정설이다.
③ 개인의 사익을 초월한 공동체 전체의 공익이 따로 있다고 보는 입장은 실체설이다.

04. ③ 재평가는 이미 실시된 평가의 결과·방법 및 절차에 관하여 그 평가를 실시한 기관 외의 기관이 다시 평가하는 일종의 메타평가(evaluation of evaluation)를 말한다. 정부업무평가기본법 제2조(정의)

정부업무평가기본법 제2조(정의)
5. "재평가"라 함은 이미 실시된 평가의 결과·방법 및 절차에 관하여 그 평가를 실시한 기관 외의 기관이 다시 평가하는 것을 말한다.

05. ④ 엘리슨 모형은 정부의 정책결정에서 합리적인 요소, 조직과정적인 요소, 그리고 정치과정적 요소들이 모두 제각각이 아니라 복합적으로 작동하여 정부조직의 특성에 대한 가정에 따라 달리 적용된다고 본다.

	Model 1	Model 2	Model 3
권력의 소재	최고 지도자 (유기체)	느슨하게 연결된 하부 조직 (연합체)	개인의 집합 (개인의 집합체)
합리성	완전	제한	정치
행위자 목표	조직전체	전체 + 하부	전체 + 하부 + 개인
응집성	매우 강함	중간	매우 약함
정책 결정잉태	명령·지시	SOP	정치적 타협, 흥정
적용	조직 전반	하위 계층	상위 계층
논리	합리모형	회사 모형	쓰레기통 모형

06. ① Y이론과 자기실현 인간, 성숙인간, 동기요인 이론은 인간관의 유사성을 띤다.
② Z이론은 복잡한 인간관과 유사하다.
③ 위생요인은 허즈버그의 불만요인에 해당한다.
④ X이론은 합리적 경제적 인간관과 유사하다.

07. ③ 일정 수준까지 공급되는 것이 바람직한 것으로 판단되는 것은 공공재가 아닌 가치재에 해당한다. 가치재는 시장에서도 생산(공급)이 가능하지만 수량이 불충분하여 정부가 온정주의에 입각하여 직접 공급하는 권장 성격의 재화(서비스)를 말한다. 무료급식, 의무교육이나 기본적인 의료서비스, 문화체육시설, 대중교통과 같이 일정수준 이상 소비하는 것이 바람직한 '필수적인 소비'의 재화(서비스)이다.
① 공공재는 비배제성과 비경합성으로 인해 무임승차(free-riding)가 발생하기 쉽다.
② 공공재의 부족은 시장실패 현상이므로 정부개입을 합리화하는 정당성을 제공한다.
④ 공동체를 유지하기 위한 국방은 공공재에 해당하므로 일반적으로 정부가 공급한다.

08. ③ 하우스(House)는 부하들과 논의해 의사결정을 하고 그들의 의견과 제안을 고려하는 리더를 참여적 리더십이다. 지원적 리더십은 부하의 욕구를 배려하고 후생에 관심을 가지는 리더십이다.
① 리더십 이론은 자질론(특성론)으로부터 시작해 행동유형론(행태론)을 거쳐 상황론으로 발전해 왔다.
② 거래적(교환적) 리더십은 보수적·현상유지적이라는 평가를 받기도 한다.
④ 변혁적 리더십의 특징 중 형식적 사고와 관례를 다시 생각하게 하는 것은 지적 자극인 촉매적 리더십에 해당한다.

09. ④ 시간선택제채용공무원을 통상적인 근무시간보다 짧게 근무하는 공무원으로 통상적인 근무시간 동안 근무하는 공무원으로 임용하는 경우 어떠한 우선권도 인정하지 않는다. 공무원임용령 제3조의3(시간선택제채용공무원의 임용)

공무원임용령 제3조의3(시간선택제채용공무원의 임용)
③ 시간선택제채용공무원을 통상적인 근무시간 동안 근무하는 공무원으로 임용하는 경우에는 어떠한 우선권도 인정하지 아니한다.

① 시간선택제공무원 제도는 2013년에 도입하여 실제 시험은 2014년에 처음 실시되었다.
② 주당 근무시간은 통상적인 근무시간(주40시간)보다 짧게 15시간에서 35시간 사이에서 조정 근무할 수 있는 제도이다.
③ 시간선택제채용공무원은 유연근무제도의 일환으로 도입되었으며 기관 사정이나 정부의 일자리 나누기 정책 구현, 고용률 제고 등을 위해서도 활용되고 있기 때문에 틀렸다.

10. ③ 기획예산제도(PPBS)는 중앙집권적 예산제도로서, 다원주의적 정치적 이해관계에 의한 예산제도라기보다는 경제적 합리성을 추구하는 예산제도이다.
① 기획예산제도(PPBS)은 장기적인 안목을 중시하며 비용편익분석 등 계량적인 분석기법의 사용을 강조한다.
② 장기계획에 근거하여 예산이 편성되므로 행정부에 대한 의회의 통제력을 약화시킨다.
④ 장기계획에 근거하여 단기적 예산편성이 이루어지므로 사업을 계획하고 분석하는 전문가의 영향력이 강해진다.

01. ④ 그림은 기둥에 공포가 하나씩만 배치되어 있는 주심포 양식의 건축양식이다. 대표적인 주심포 양식의 사원 건축으로는 고려의 봉정사 극락전, 부석사 무량수전, 수덕사 대웅전과 조선 초의 무위사 극락전 등이 있다.
①, ②, ③ 다포양식의 사원 건축이다.

02. ② 사료는 이성계가 최영의 요동정벌을 반대했을 때의 주장인 '4불가론'이다. 이성계는 공민왕 때 요동을 공략한 적이 있었으며, 최영과 힘을 합쳐 권문세족 이인임을 숙청하였다.
② 진포대첩을 이끈 장군은 최무선이다.

03. ④ 송상은 국내 전역에 지점인 송방을 설치하였으며, 동래의 내상과 의주의 만상 사이에서 활발한 중계무역을 전개하였다. 또한, 세계 최초로 복식부기법을 활용하였다.
① 만상에 대한 설명이다.
② 종삼회사는 송상이 개항 이후에 만든 회사이다.

04. ③ 사료는 노태우 대통령 집권기에 있었던 남북한 유엔 동시가입과 관련한 내용이다. 이 시기에 미국과 소련의 냉전체제가 종식되면서, 남북한 유엔 동시가입, 공산권 국가와의 수교, 남북기본합의서의 합의 등이 이루어질 수 있었다.
①, ②, ④는 모두 이 사료 이후에 일어난 일들이다.

05. ③ 남북기본합의서는 소련의 해체와 맞물려, 노태우 정권 시기 남한과 북한이 경제교류와 불가침을 서로 약속한 합의서이다. 북한은 이후 핵개발을 추진하였고, 김영삼 정권은 북한의 경수로 건설사업 지원을 통해 이를 막으려고 하였다. 1994년 김일성이 사망한 이후 북한은 3년 여에 걸쳐 이른바 '고난의 행군'을 겪었으며, 김정일은 금강산 관광 등의 남북교류 협력사업을 통하여 경제위기를 극복하려 하였다.

06. ① 1937년에 자행된 연해주 동포의 시베리아 강제이주와 관련된 내용을 보여주는 사료이다. 대한광복군정부는 1914년 연해주 블라디보스토크에서 이상설, 이동휘 등이 건설한 조직이다.
② 신한청년당은 상하이에 있었다.
③ 조선의용대는 우한(한커우)에서 결성되었다.
④ 한국독립군과 조선혁명군은 만주에서 활동하였다.

07. ④ 그래프는 1920년대 후반부터 1930년 대 초반 노동운동의 상황을 보여주고 있다. 암태도 소작쟁의는 1923년에 일어난 농민운동이다.
① 원산총파업은 1929년에 일어났다.
② 신간회는 1927년부터 1931년에 활동한 단체이다.
③ 노동운동과 농민운동은 사회주의의 영향을 많이 받았다.

08. ③ (가)는 1919년에 일어난 3.1운동, (나)는 1929년에 일어난 광주학생항일운동과 관련한 사료이다. 순종의 인산일을 기점으로 일어난 학생 의거는 1926년에 일어난 6.10 만세운동에 대한 설명이다.
① 신민회는 1907년 ~ 1911년에 활동한 비밀결사이다.
② 신사참배거부운동은 민족말살통치기에 일어났다.
④ 브나로드 운동은 1931년 ~ 1935년에 있었다.

09. ① 헤이그 특사파견을 빌미로 1907년 고종황제는 강제 퇴위 당하였으며, 이후에 이루어진 정미7조약과 그 부속조약으로 대한제국의 군대는 해산당하였다.
ㄷ, ㄹ은 을사늑약(1905)과 이로 인해 일어난 을사(병오) 의병과 관련한 사실들이다.

10. ③ 사료는 민족말살통치시기 일제가 우리 민족에게 강요한 황국신민서사이다. 일제는 중·일전쟁 이후 산미증식계획을 재개하였다.
① 무정은 무단통치시기에 출간되었다.
② 무단통치시기의 일이다.
④ 일제는 민족말살통치 시기에 이른바 '내선일체'등을 주장하며 조선인의 민족성을 말살하고 일본인으로 동화시키려 하였다.

매일 모고 국어 제17회
정답 및 해설

01. ④ "그의 신념은 강철과 같다"의 경우, 서술어 '같다'는 주어와 비교의 대상인 부사어 '강철과'를 필수 성분으로 갖는 두 자리 서술어이므로 '같다'가 세 자리 서술어라는 것은 적절하지 않다.
① "철수는 정말로 범인이 아니다"는 주어, 보어를 필요로 하는 두 자리 서술어이다. '정말로'는 문장에서 생략되어도 문장의 완결성을 해치지 않으므로 필수적 부사어가 아니다.
② "국민들은 가장 믿을 만한 후보를 대통령으로 선출한다"에서 필요한 문장 성분은 '국민들은', '후보를', '대통령으로'이다. 이는 각각 주어, 목적어, 필수적 부사어이므로 세 자리 서술어이다.
③ "나는 소중한 친구에게 꽃다발을 주었다"에서 '주었다'는 주어 '나는', 필수적 부사어 '친구에게', 목적어 '꽃다발을'을 필요로 하는 세 자리 서술어이다.

02. ② '내세우다'는 '주장이나 의견 따위를 내놓고 주장하거나 지지하다.'를 의미한다. 따라서 '다른 것을 본뜨거나 본받다.'를 의미하는 '모방(模 법 모 倣 본뜰 방)하다'는 ⓒ과 바꿔 쓸 수 있는 유사한 표현으로 적절하지 않다. '어떤 명목을 붙여 주의나 주장 또는 처지를 앞에 내세우다.'를 의미하는 '표방(標 우듬지 표 榜 노 저을 방)하다'로 바꿔 쓸 수 있다.
① ㉠ '속이다'는 '거짓이나 꾀에 넘어가게 하다.'를 의미한다. 따라서 '이름, 직업, 나이, 주소 따위를 거짓으로 속여 이르다.'를 의미하는 '사칭(詐 속일 사 稱 일컬을 칭)하다'로 바꿔 쓸 수 있다.
③ ⓒ '들어가다'는 '밖에서 안으로 향하여 가다.'를 의미한다. 따라서 '새집에 들어가 살다.'를 의미하는 '입주(入 들 입 住 살 주)하다'로 바꿔 쓸 수 있다.
④ ㉣ '없어지다'는 '어떤 일이나 현상이나 증상 따위가 나타나지 않게 되다.'를 의미한다. 따라서 '느낌이나 생각 따위가 다 없어지다.'를 의미하는 '고갈(枯 마를 고 渴 목마를 갈)되다'로 바꿔 쓸 수 있다.

03. ④ '끌어오다'는 '목적하는 곳으로 따라오게 하면서 오다.'를 의미한다. 따라서 '맡겨 두다.'를 의미하는 '예치(預 미리 예 置 둘 치)하다'는 ㉣과 바꿔 쓸 수 있는 유사한 표현으로 적절하지 않다. '행사나 사업 따위를 이끌어 들이다.'를 의미하는 '유치(誘 꾈 유 致 이를 치)하다'로 바꿔 쓸 수 있다.
① ㉠ '내려가다'는 '값이나 통계 수치, 온도, 물가 따위가 낮아지거나 떨어지다.'를 의미한다. 따라서 '등급이나 계급 따위가 낮아지다.'를 의미하는 '강등(降 내릴 강 等 무리 등)되다'로 바꿔 쓸 수 있다.
② ⓒ '비추다'는 '빛을 내는 대상이 다른 대상에 빛을 보내어 밝게 하다.'를 의미한다. 따라서 '무대의 예술적인 효과 또는 촬영 효과를 높이기 위하여 빛을 비추다.'를 의미하는 '조명(照 비칠 조 明 밝을 명)하다'로 바꿔 쓸 수 있다.
④ ⓒ '훌륭하다'는 '썩 좋아서 나무랄 곳이 없다.'를 의미한다. 따라서 '훌륭하고 귀중하다.'를 의미하는 '고귀(高 높을 고 貴 귀할 귀)하다'로 바꿔 쓸 수 있다.

04. ③ ㉠의 '열리다'는 열리다2 '4 어떤 관계가 맺어지다.'를 의미한다. 이와 가장 유사한 의미의 '열리다'는 ③이다.
① 열리다2 1「3」 하루의 영업이 시작되다.
② 열리다2 1「2」 모임이나 회의 따위가 시작되다.
④ 열리다2 1「1」 닫히거나 잠긴 것이 트이거나 벗겨지다.

05. ④ ㉠의 '밀다'는 '1「6」 뒤에서 보살피고 도와주다.'를 의미한다. 이와 가장 유사한 의미의 '밀다'는 ④이다.
① 1「3」 머리카락이나 털 따위를 매우 짧게 깎다.
② 1「7」 바닥이 반반해지도록 연장을 누르면서 문지르다.
③ 1「4」 피부에 묻은 지저분한 것을 문질러 벗겨 내다.

06. ③ (1) 강한 의지가 시험 합격을 보장해주지는 않는다.
= ~(강한 의지 → 시험 합격)
= 강한 의지는 시험 합격의 충분조건이 아니다.
= 시험 합격은 강한 의지의 필요조건이 아니다.
(2) 우리는 이 학생이 합격에 대한 강한 의지를 가졌음을 인정할 수 있지만, 그 목표를 달성할 가능성이 크다고 보지는 않는다. 이 학생에게는 합격에 필수적인 적절한 학습이 부재하였기 때문이다.
= ~적절한 학습 → ~시험 합격 ≡ 시험 합격 → 적절한 학습
= 시험 합격은 적절한 학습의 충분조건이다.
= 적절한 학습은 시험 합격의 필요조건이다.
이 명제는 '강한 의지 → 시험 합격'으로 표현할 수 있다. (1)에 의해 '~(강한 의지 → 시험 합격)'이므로, '강한 의지 → 시험 합격'은 거짓이다.
① (2)에 의해 적절한 학습은 시험 합격의 필요조건이다.
② 이 명제는 '시험 합격 → 적절한 학습'으로 표현할 수 있다. (2)에 의해 '시험 합격 → 적절한 학습'임을 알 수 있다.
④ (1)에 의해 강한 의지는 시험 합격의 충분조건이 아니다.

07. ③ '모든', '일부'와 같은 양화사(quantifier)에 주의하여 문장을 분석해야 한다. 기호를 이용하여 두 전제를 표현하면 아래와 같다. 이때 p → q ≡ ~p ∨ q 라는 것을 이용한다.

○ 자동차 ∧ 전기
○ 전기 → 기계

'자동차 ∧ 전기'에 의해 자동차 중 전기를 사용하는 것이 존재하고 '전기 → 기계'에 의해 전기를 사용하는 모든 것은 기계이므로 자동차 중 기계인 것이 존재한다. 즉, '자동차 ∧ 기계'이다.
① 전제 1 '자동차 ∧ 전기'를 통해 '자동차 ∧ ~전기'를 도출하는 것은 불가능하다. 반드시 거짓이라고 할 수도 없지만 반드시 참이라고 할 수도 없다.
② 전제 2 '전기 → 기계'이므로 '기계 ∧ 전기'는 반드시 참이라고 할 수 있으나 이를 통해 '기계 ∧ ~전기'를 도출하는 것은 불가능하다. 반드시 거짓이라고 할 수도 없지만 반드시 참이라고 할 수도 없다.
④ ③과 같이 '자동차 ∧ 기계'를 도출하는 것은 가능하나 이를 통해 '자동차 → 기계'를 도출하는 것은 불가능하다.

08. ③ (라)는 기억이 회상 과정에서 재구성되며 외부 정보에 영향을 받는다는 일반 원리를 제시한다. (나)는 수사 상황의 암시가 기억에 섞일 수 있다는 구체 사례로 (라)를 뒷받침한다. (다)는 "그래서"로 이어지며, 이러한 오류 가능성을 줄이기 위한 절차적 대안(표준화·원자료 보존)을 제시한다. (가)는 논의를 종합해, 기억의 정확성이 개인의 성실성보다 검증 가능한 절차 설계에 달려 있다는 결론을 제시한다.
① (가)는 결론 성격이 강해 첫머리에 두면 논지가 전개되기 전에 결론을 먼저 말하는 셈이 된다.
② (나)로 시작하면 사례가 원리(라)보다 먼저 제시되어 전개가 부자연스럽다.
④ (나)는 (라)의 구체적 사례이므로 (라)의 뒤에 이어져야 한다.

09. ② ⓒ은 위험 판단의 기준을 '가능성과 피해 규모'로 제시하며 글의 핵심 논지를 먼저 제시한다. 이어 ㉠이 "하지만"을 통해 현실에서 사람들이 확률 정보만으로 위험을 왜곡해 판단한다는 문제를 제기한다. 다음 ⓒ과 ㉣이 각각 '낮은 확률-큰 피해'와 '높은 확률-제한된 피해' 사례를 제시하여, 위험이 두 요소의 결합이라는 논지를 구체적으로 보여 준다. 이후 ㉢이 이를 일반화해 위험을 두 축으로 보는 관점이 유용하다고 정리한다. 마지막 ㉤이 "따라서"를 통해 위험 소통의 설계 원칙(확률+피해 제시)을 결론으로 제시하며 글을 마무리한다.
① ㉠이 첫머리에 오면 "하지만"이 대비할 선행 주장(ⓒ)이 없어 접속이 어색하다.
③ ㉢은 앞의 사례들이 '두 축' 관점을 뒷받침한 뒤에 나와야 하는데, ㉤보다 뒤에 와 결론의 종합이 분산된다. 또한 ㉠이 사례 뒤에 와 문제 제기가 늦어진다.
④ ⓒ과 ㉣이 먼저 나오면 '무엇을 설명하기 위한 사례인지'(ⓒ)가 뒤늦게 제시되어 논리 구조가 약해진다.

10. ③ 이글에서 제도에 무관심한 사람들은 제도의 정당성이나 개선 가능성에는 관심이 없고, 현재 자신에게 제공하는 이익에만 주목한다고 했다. 따라서 이들이 제도의 장기적 안정성에 큰 가치를 둔다고 추론할 수 없다.
① 제도를 새로 설계하려는 사람들의 믿음으로 나타나 있다.
② 제도의 존속 기간만으로 정당성이 보장되지 않는다고 나와 있다
④ 축적된 경험과 관행에 잠재적 합리성이 있을 수 있다고 했다.

01. ② [해설]
명백한 증거로 틀렸다는 것이 드러나도 자신의 의견을 바꾸지 않았다는 문맥으로 보아, 그는 매우 '고집이 세다'는 내용이 적절하다. 따라서 밑줄 친 부분에 들어갈 말로 가장 적절한 것은 ②이다.
[해석]

> 그는 명백한 증거로 틀렸다는 것이 드러나도 자신의 의견을 바꾸지 않을 만큼 매우 고집이 세다.

[어휘]
★ stubborn 고집 센, 완고한
● obvious 분명한, 명백한
● lenient 관대한
● serene 고요한, 평화로운, 조용한

02. ④ [해설]
그 직원이 갑자기 사직했다는 문맥으로 보아, 적절한 후임자가 구해질 때까지는 그의 자리가 '공석으로' 남아 있다는 내용이 적절하다. 따라서 밑줄 친 부분에 들어갈 말로 가장 적절한 것은 ④이다.
[해석]

> 그 직원이 갑자기 사직한 후, 적절한 후임자가 구해질 때까지 그의 자리는 공석으로 남아 있었다.

[어휘]
★ vacant 비어 있는, 사람이 없는
● frivolous 경솔한, 시시한, 하찮은
● fluent 유창한, 능숙한
● stagnant 고여 있는, 침체된

03. ① [해설]
새로운 개인 기록을 세우기 위해 끊임없이 노력했다는 문맥으로 보아, 그녀는 이전의 성과를 '뛰어넘기' 위해 노력했다는 내용이 적절하다. 따라서 밑줄 친 부분에 들어갈 말로 가장 적절한 것은 ①이다.
[해석]

> 그녀는 이전의 성과를 뛰어넘어 새로운 개인 기록을 세우기 위해 끊임없이 노력했다.

[어휘]
★ surpass 뛰어넘다, 능가하다
● betray 배신[배반]하다
● bestow 수여[부여]하다
● wane 약해지다, 줄어들다, 시들해지다

04. ① [해설]
사회를 점점 더 비정하게 만들고 분열을 심화시킬 수 있다는 문맥으로 보아, 타인의 고통에 '무관심한' 태도를 지닌다는 내용이 적절하다. 따라서 밑줄 친 부분에 들어갈 말로 가장 적절한 것은 ①이다.
[해석]

> 타인의 고통에 무관심한 태도는 사회를 점점 더 비정하게 만들고 분열을 심화시킬 수 있다.

[어휘]
★ indifferent 무관심한
● affective 감정적인, 정서적인
● benevolent 자애로운
● considerate 사려 깊은, (남을) 배려하는

05. ③ [해설]
신호가 점점 약해지고 있다는 문맥으로 보아, 폭우가 두 관측소 간의 통신을 '방해하는' 것으로 보인다는 내용이 적절하다. 따라서 밑줄 친 부분에 들어갈 말로 가장 적절한 것은 ③이다.
[해석]

> 신호가 점점 약해지는 가운데, 폭우가 두 관측소 간의 통신을 방해하는 것으로 보였다.

[어휘]
★ interfere 방해하다, 간섭하다
● recite 암송[낭송/낭독]하다
● revive 활기를 되찾다, 회복하다, 부활시키다
● attach 붙이다, 첨부하다

06. ② Andrew는 자신이 맡은 업무를 모두 마쳤고 도와줄 수 있다고 말한 뒤, Lucy는 시간이 부족하므로 도움이 필요하다고 응답하고 있다. 이어서 B가 '그건 큰 도움이 될 것 같다'고 말하며 자신의 슬라이드 마무리에 집중하겠다고 하는 흐름을 고려할 때, Andrew는 구체적으로 어떤 일을 맡아 도와주겠다는 제안을 했음을 짐작할 수 있다. 따라서 밑줄 친 부분에 들어갈 말로 가장 적절한 것은 ②이다.
[해석]

> Andrew: 프로젝트는 어떻게 진행되고 있나요?
> Lucy: 지금까지는 잘 진행되고 있습니다. 데이터 분석은 끝냈지만, 발표 슬라이드는 아직 작업 중입니다. 정리해야 할 차트가 많아서 예상보다 시간이 더 걸리고 있습니다.
> Andrew: 제가 맡은 부분은 모두 마무리해서 도와드릴 수 있습니다.
> Lucy: 좋네요. 시간이 다소 부족한 상황이라 도움을 주시면 좋겠습니다.
> Andrew: 차트와 그래프는 제가 맡을까요?
> Lucy: 네, 그렇게 해주시면 큰 도움이 될 것 같습니다. 저는 슬라이드 마무리에 집중하겠습니다.

① 왜 아직 모든 것을 끝내지 못했나요?
② 차트와 그래프는 제가 맡을까요?
③ 프로젝트는 언제까지 마무리해야 하나요?
④ 프로젝트는 총 몇 명으로 구성된 팀인가요?

07. ④ [적중 포인트 010] 격에 따른 인칭대명사 ★★☆☆☆
비교 구문에서 than 뒤에 오는 비교 대상이 앞서 언급된 사물(명사)을 대신하는 경우에는, 반복을 피하기 위해 소유대명사를 써야 한다. 즉, my presentation을 다시 쓰지 않고 이를 대신하여 소유대명사 mine을 사용하는 구조가 된다. 따라서 밑줄 친 부분에 들어갈 말로 가장 적절한 것은 ④이다.
[해석]

> 그의 발표는 나의 것보다 훨씬 더 흥미로웠고, 그것은 회의에 참석한 모든 사람들에게 깊은 인상을 주었다.

08. ④ [적중 포인트 079] 명사절 접속사의 구분과 특징 ★★★☆☆
what 뒤에는 불완전 구조를 취한다. 하지만 뒤에 완전 구조를 취하고 있으므로 명사절 접속사 that으로 써야 한다. 따라서 밑줄 친 부분의 what을 that으로 고쳐야 한다.
[해석]

> 지역 도서관은 새로운 디지털 자료 센터와 추가 좌석 공간을 포함한 시설 업그레이드 계획을 발표했다. 이러한 개선이 방문객들에게 더 나은 환경을 제공하기 위한 것이었지만, 진행 중인 공사는 예상치 못한 혼란을 초래했다. 기계 소리와 공사 작업의 소음 때문에 사람들이 책을 읽고 집중하기 어려웠다. 많은 방문객이 예전처럼 조용한 분위기를 즐길 수 없다고 불평했다.

09. ④ [해설]

이 글은 소설과 영화의 긴장 형성 방식을 비교하며, 소설은 이야기 요소와 서술의 상호작용에서 긴장이 발생하고 영화는 이야기 요소와 객관적 이미지에서 긴장이 형성된다는 점을 설명하고, 나아가 영화가 더 풍부한 경험을 제공함을 강조한다. ①번 문장은 작가나 감독과 장면 사이의 갈등을 통해 긴장 형성을 비유적으로 드러내고, ②번 문장은 영화에서 우연성과 관찰자의 참여가 중요함을 제시하며, ③번 문장은 글과 영상의 특성 차이를 통해 논지를 이어간다. 그러나 ④번 문장은 영화 이미지가 기록되고 투사되는 기술적 과정을 설명하는 내용으로, 글의 핵심인 긴장 형성과 경험 방식과 직접적인 관련이 없다. 따라서 글의 흐름상 어색한 문장은 ④이다.

[해석]

소설의 긴장은 이야기의 구성 요소와 서술 간의 상호작용에서 비롯되는 반면, 영화의 긴장은 이야기의 구성 요소와 객관적인 영상에서 발생한다. ① 마치 작가나 감독이 촬영되고 있는 장면과 끊임없이 갈등을 겪고 있는 것과 같다. ② 우연성은 훨씬 더 큰 역할을 하며, 관찰자가 그 경험에 보다 적극적으로 참여할 수 있게 한다. ③ 종이 위의 글자는 변하지 않지만, 화면 속 이미지는 우리가 시선을 옮길 때마다 끊임없이 변화한다. (④ 영상은 필름에 거꾸로 기록되지만, 상영 과정에서 다시 뒤집혀 화면에는 바로 선 모습으로 나타난다.) 따라서 영화는 훨씬 더 풍부한 경험을 제공한다.

10. ② [해설]

이 글은 회사의 제품 개발과 소비자 이해의 중요성을 주제로, 기업이 소비자의 요구를 파악하고 이를 반영해야 시장에서 성공할 수 있음을 설명한다. 주어진 글에서 소비자의 필요를 이해하는 것이 중요하다는 일반적 진술이 제시된 이후, (A)는 이러한 이해를 바탕으로 소비자 요구를 충족하는 제품을 개발하면 판매 증가와 고객 만족으로 이어진다는 긍정적 결과를 제시하며 자연스럽게 연결된다. 이어 (C)는 소비자 선호를 무시할 경우 제품이 잘 팔리지 않을 수 있다는 부정적 결과를 제시하여 대비를 이루고, 마지막으로 (B)는 앞선 내용을 종합하며 시장에서 올바른 방향으로 나아가기 위해서는 소비자 피드백을 수집하는 것이 필수적이라는 결론을 제시한다. 따라서 글의 순서로 가장 적절한 것은 ②이다.

[해석]

기업은 소비자의 요구를 충족하는 새로운 제품과 서비스를 만들어낼 책임이 있다. 이러한 요구를 이해하는 것은 시장에서 성공하기 위해 중요하다.

(A) 기업이 소비자가 원하는 것을 이해하면, 그 요구를 충족시키는 제품을 개발할 수 있다. 이는 더 높은 판매와 더 만족한 고객으로 이어질 수 있다.
(C) 기업이 소비자가 선호하는 것을 무시한다면, 잘 팔리지 않는 제품을 만들게 될 수도 있다.
(B) 따라서 기업이 시장에서 잘못된 방향으로 나아가지 않고 성공하기 위해서는 소비자 피드백을 수집하는 것이 필수적이다.

01. ③ 헌법 제107조 제2항은 위헌·위법한 법규명령에 대한 사법심사방법으로 구체적 규범통제를 정하고 있는 바, 재판 과정에서 대법원이 어떠한 법규명령에 대한 위헌·위법성을 확인하였다 하더라도, 구체적 규범통제의 성격상 그 법규명령은 당해 사건에 한하여 그 적용이 배제될 뿐 일반적으로 효력을 상실하게 되는 것은 아니다.
① 법률이 공법적 단체 등의 정관에 자치법적 사항을 위임한 경우에는 헌법 제75조가 정하는 포괄적인 위임입법의 금지는 원칙적으로 적용되지 않는다고 봄이 상당하고, 그렇다 하더라도 그 사항이 국민의 권리·의무에 관련되는 것일 경우에는 적어도 국민의 권리·의무에 관한 기본적이고 본질적인 사항은 국회가 정하여야 한다. 대법원 2007. 10. 12. 선고 2006두14476 판결
② 만일 하위 행정입법의 제정 없이 상위 법령의 규정만으로도 집행이 이루어질 수 있는 경우라면 하위 행정입법을 하여야 할 헌법적 작위의무는 인정되지 아니한다. 헌법재판소 2005. 12. 22. 선고 2004헌마66 결정
④ 재산권 등과 같은 기본권을 제한하는 작용을 하는 법률이 입법위임을 할 때에는 대통령령, 총리령, 부령 등 법규명령에 위임함이 바람직하고, 고시와 같은 형식으로 입법위임을 할 때에는 적어도 행정규제기본법 제4조 제2항 단서에서 정한 바와 같이 법령이 전문적·기술적 사항이나 경미한 사항으로서 업무의 성질상 위임이 불가피한 사항에 한정된다. 헌법재판소 2016. 2. 25. 선고 2015헌바191 결정

02. ④ 재량행위에 대한 법원의 심사는 합법성 심사, 즉 재량권의 일탈 또는 남용이 있는지 여부만을 대상으로 할 뿐이고, 이와 달리 적법한 재량의 한계 내에서 한 행정청의 판단이 합목적성을 준수하였는지 여부, 이른바 합목적성 심사는 권력분립의 원칙상 법원의 심사 대상이 되지 아니한다.
① 만약 행정청이 과거 상대방에게 한 특정한 처분으로 인하여 그에게 유리한 사실관계가 형성되었음을 인식하고 있었음에도 이를 반영하지 않은 채 재량권을 행사하였다면, 이는 행정청의 사실오인에 기초한 것으로서 재량권 일탈·남용에 해당하여 위법하다. 대법원 2025. 3. 13. 선고 2024두58692 판결
② 난민 인정에 관한 신청을 받은 행정청은 원칙적으로 법령이 정한 난민 요건에 해당하는지를 심사하여 난민 인정 여부를 결정할 수 있을 뿐이고, 이와 무관한 다른 사유만을 들어 난민 인정을 거부할 수는 없다. 대법원 2017. 12. 5. 선고 2016두42913 판결
③ 술에 취한 상태에 있다고 인정할 만한 상당한 이유가 있음에도 불구하고 경찰공무원의 측정에 응하지 아니한 때에는 필요적으로 운전면허를 취소하도록 되어 있어 처분청이 그 취소 여부를 선택할 수 있는 재량의 여지가 없음이 그 법문상 명백하므로, 위 법조의 요건에 해당하였음을 이유로 한 운전면허취소처분에 있어서 재량권의 일탈 또는 남용의 문제는 생길 수 없다. 대법원 2004. 11. 12. 선고 2003두12042 판결

03. ③ 행정기본법 제37조

> **행정기본법 제37조(처분의 재심사)**
> ④ 제1항에 따른 신청을 받은 행정청은 특별한 사정이 없으면 신청을 받은 날부터 90일(합의제행정기관은 180일) 이내에 처분의 재심사 결과(재심사 여부와 처분의 유지·취소·철회·변경 등에 대한 결정을 포함한다)를 신청인에게 통지하여야 한다.

① 처분의 재심사 신청은 처분의 상대방인 '당사자'만이 할 수 있다.

② 행정기본법 제37조

> **행정기본법 제37조(처분의 재심사)**
> ① 당사자는 처분(제재처분 및 행정상 강제는 제외한다. 이하 이 조에서 같다)이 행정심판, 행정소송 및 그 밖의 쟁송을 통하여 다툴 수 없게 된 경우(법원의 확정판결이 있는 경우는 제외한다)라도 다음 각 호의 어느 하나에 해당하는 경우에는 해당 처분을 한 행정청에 처분을 취소·철회하거나 변경하여 줄 것을 신청할 수 있다.

④ 행정기본법 제37조

> **행정기본법 제37조(처분의 재심사)**
> ⑤ 제4항에 따른 처분의 재심사 결과 중 처분을 유지하는 결과에 대해서는 행정심판, 행정소송 및 그 밖의 쟁송수단을 통하여 불복할 수 없다.

04. ① 요청조달계약에 적용되는 국가계약법 조항은 국가가 사경제 주체로서 국민과 대등한 관계에 있음을 전제로 한 사법관계에 관한 규정에 한정되고, 고권적 지위에서 국민에게 침익적 효과를 발생시키는 행정처분에 관한 규정까지 당연히 적용된다고 할 수 없다. 대법원 2017. 6. 29. 선고 2014두14389 판결
② 예산회계법(현 국가를 당사자로 하는 계약에 관한 법률)에 따라 체결되는 계약은 사법상의 계약이라고 할 것이고 동법상 입찰보증금은 사법상의 손해배상 예정으로서의 성질을 갖는 것이라고 할 것이므로 입찰보증금의 국고귀속조치는 국가가 사법상의 재산권의 주체로서 행위하는 것이지 공권력을 행사하는 것이거나 공권력작용과 일체성을 가진 것이 아니라 할 것이므로 이에 관한 분쟁은 행정소송이 아닌 민사소송의 대상이 될 수밖에 없다. 대법원 1983. 12. 27. 선고 81누366 판결
③ 공기업·준정부기관이 법령 또는 계약에 근거하여 선택적으로 입찰참가자격 제한 조치를 할 수 있는 경우, 계약상대방에 대한 입찰참가자격 제한 조치가 법령에 근거한 행정처분인지 아니면 계약에 근거한 권리행사인지는 원칙적으로 의사표시의 해석 문제이다. 대법원 2018. 10. 25. 선고 2016두33537 판결
④ 지방자치단체가 일방 당사자가 되는 이른바 '공공계약'이 사경제의 주체로서 상대방과 대등한 위치에서 체결하는 사법상 계약에 해당하는 경우 그에 관한 법령에 특별한 정함이 있는 경우를 제외하고는 사적 자치와 계약자유의 원칙 등 사법의 원리가 그대로 적용된다. 대법원 2018. 2. 13. 선고 2014두11328 판결

05. ④ 항고소송에 있어서는 행정소송법 제14조에 불구하고 민사소송중 가처분에 관한 규정은 준용되지 않는다. 대법원 1980. 12. 22.자 80두5 결정
① 의과대학 교수, 전공의 또는 수험생 지위에 있는 나머지 신청인들은 이 사건 증원배정 처분의 집행정지를 구할 법률상 이익이 인정되지 않는다. 대법원 2024. 6. 19.자 2024무689 결정
② 행정소송법 제23조

> **행정소송법 제23조(집행정지)**
> ⑤ 제2항의 규정에 의한 집행정지의 결정 또는 기각의 결정에 대하여는 즉시항고할 수 있다. 이 경우 집행정지의 결정에 대한 즉시항고에는 결정의 집행을 정지하는 효력이 없다.

③ 유흥접객영업허가의 취소처분으로 5,000여만원의 시설비를 회수하지 못하게 된다면 생계까지 위협받게 되는 결과가 초래될 수 있다는 등의 사정은 위 처분의 존속으로 당사자에게 금전으로 보상할 수 없는 손해가 생길 우려가 있는 경우라고 볼 수 없다. 대법원 1991. 3. 2. 선고 91두1 판결

06. ② 국가나 지방자치단체에 근무하는 청원경찰은 국가공무
원법이나 지방공무원법상의 공무원은 아니지만, 그 근무
관계를 사법상의 고용계약관계로 보기는 어려우므로 그
에 대한 징계처분의 시정을 구하는 소는 행정소송의 대
상이지 민사소송의 대상이 아니다. 대법원 1993. 7. 13.
선고 92다47564 판결
① 석탄광업자가 석탄산업합리화사업단을 상대로 석탄
산업법령 및 석탄가격안정지원금 지급요령에 의하여 지
원금의 지급을 구하는 소송은 공법상의 법률관계에 관한
소송인 공법상의 당사자소송에 해당한다. 대법원 1997.
5. 30. 선고 95다28960 판결
③ 구 도시재개발법에 의한 재개발조합은 조합원에 대한
법률관계에서 적어도 특수한 존립목적을 부여받은 특수
한 행정주체로서 (중략) 조합원의 자격 인정 여부에 관하
여 다툼이 있는 경우에는 그 단계에서는 아직 조합의 어
떠한 처분 등이 개입될 여지는 없으므로 공법상의 당사
자소송에 의하여 그 조합원 자격의 확인을 구할 수 있다.
대법원 1996. 2. 15. 선고 94다31235 판결
④ 지방자치단체가 A 주식회사를 자원회수시설과 부대
시설의 운영·유지관리 등을 위탁할 민간사업자로 선정하
고 A 주식회사와 체결한 위 시설에 관한 위·수탁 운영 협
약은 사법상 계약에 해당한다. 대법원 2019. 10. 17. 선
고 2018두60588 판결

07. ② 행정청이 점용허가를 받지 않고 도로를 점용한 사람에
대하여 도로법 제94조에 의한 변상금 부과처분을 하였
다가 처분에 대한 취소소송이 제기된 후 해당 도로가 도
로법의 적용을 받는 도로에 해당하지 않을 경우를 대비
하여 처분의 근거 법령을 도로의 소유자가 국가인 부분
은 구 국유재산법 제51조와 그 시행령 등으로, 변경하여
주장한 사안에서, (중략) 위와 같이 근거 법령을 변경하
는 것은 종전 도로법 제94조에 의한 변상금 부과처분과
동일성을 인정할 수 없는 별개의 처분을 하는 것과 다름
없어 허용될 수 없다고 한 사례. 대법원 2011. 5. 26. 선
고 2010두28106 판결
① 행정처분의 무효확인을 구하는 청구에는 특별한 사정
이 없는 한 그 처분의 취소를 구하는 취지까지도 포함되
어 있다고 볼 수는 있으나 위와 같은 경우에 취소청구를
인용하려면 먼저 취소를 구하는 항고소송으로서의 제소
요건을 구비한 경우에 한한다. 대법원 1986. 9. 23. 선고
85누838 판결
③ 행정청이 공무원에 대하여 새로운 직위해제사유에 기
한 직위해제처분을 한 경우 그 이전에 한 직위해제처분
은 이를 묵시적으로 철회하였다고 봄이 상당하므로, 그
이전 처분의 취소를 구하는 부분은 존재하지 않는 행정
처분을 대상으로 한 것으로서 그 소의 이익이 없어 부적
법하다. 대법원 2003. 10. 10. 선고 2003두5945 판결
④ 거부처분에 대한 취소의 확정판결이 있음에도 행정청
이 아무런 재처분을 하지 아니하거나, 재처분을 하였다
하더라도 그것이 종전 거부처분에 대한 취소의 확정판결
의 기속력에 반하는 등으로 당연무효라면 이는 아무런
재처분을 하지 아니한 때와 마찬가지라 할 것이므로 이
러한 경우에는 행정소송법상 간접강제신청에 필요한 요
건을 갖춘 것으로 보아야 한다. 대법원 2002. 12. 11.자
2002무22 결정

08. ③ 행정절차법 제23조가 정하고 있는 처분의 이유제시 의
무는 '공통의 처분절차'로서 침익적 처분과 수익적 처분
모두에 대해서 적용된다.
① 행정청이 미리 공표한 기준, 즉 행정규칙을 따랐는지
여부가 처분의 적법성을 판단하는 결정적인 지표가 되지
못하는 것과 마찬가지로, 행정청이 미리 공표하지 않은
기준을 적용하였는지 여부도 처분의 적법성을 판단하는
결정적인 지표가 될 수 없다. 대법원 2020. 12. 24. 선고
2018두45633 판결
② 행정처분의 상대방에 대한 청문통지서가 반송되었다

거나, 행정처분의 상대방이 청문일시에 불출석하였다는
이유로 청문을 실시하지 아니하고 한 침해적 행정처분은
위법하다. 대법원 2001. 4. 13. 선고 2000두3337 판결
④ 퇴직연금의 환수결정은 당사자에게 의무를 과하는 처
분이기는 하나, 관련 법령에 따라 당연히 환수금액이 정
하여지는 것이므로, 퇴직연금의 환수결정에 앞서 당사자
에게 의견진술의 기회를 주지 아니하여도 행정절차법 제
22조 제3항이나 신의칙에 어긋나지 아니한다. 대법원
2000. 11. 28. 선고 99두5443 판결

09. ① 형사재판확정기록의 공개에 관하여는 정보공개법에 의
한 공개청구가 허용되지 아니한다. 대법원 2016. 12.
15. 선고 2013두20882 판결
② '진행 중인 재판에 관련된 정보'에 해당한다는 사유로
정보공개를 거부하기 위하여는 반드시 그 정보가 진행
중인 재판의 소송기록 자체에 포함된 내용일 필요는 없
다. 그러나 재판에 관련된 일체의 정보가 그에 해당하는
것은 아니고 진행 중인 재판의 심리 또는 재판결과에 구
체적으로 영향을 미칠 위험이 있는 정보에 한정된다고
보는 것이 타당하다. 대법원 2011. 11. 24. 선고 2009두
19021 판결
③ 의사결정과정에 제공된 회의관련 자료나 의사결정과
정이 기록된 회의록 등은 의사가 결정되거나 의사가 집
행된 경우에는 더 이상 의사결정과정에 있는 사항 그 자
체라고는 할 수 없으나, 의사결정과정에 있는 사항에 준
하는 사항으로서 비공개대상정보에 포함될 수 있다. 대
법원 2003. 8. 22. 선고 2002두12946 판결
④ 외국 또는 외국 기관으로부터 비공개를 전제로 정보
를 입수하였다는 이유만으로 이를 공개할 경우 업무의
공정한 수행에 현저한 지장을 받을 것이라고 단정할 수
는 없다. 다만 위와 같은 사정은 정보 제공자와의 관계,
정보 제공자의 의사, 정보의 취득 경위, 정보의 내용 등
과 함께 업무의 공정한 수행에 현저한 지장이 있는지를
판단할 때 고려하여야 할 형량 요소이다. 대법원 2018.
9. 28. 선고 2017두69892 판결

10. ② 공무원이 고의 또는 과실로 그에게 부과된 직무상 의무
를 위반하였을 경우라고 하더라도 국가는 그러한 직무상
의 의무 위반과 피해자가 입은 손해 사이에 상당인과관
계가 인정되는 범위 내에서만 배상책임을 지는 것이고,
이 경우 상당인과관계가 인정되기 위하여는 공무원에게
부과된 직무상 의무의 내용이 단순히 공공 일반의 이익
을 위한 것이거나 행정기관 내부의 질서를 규율하기 위
한 것이 아니고 전적으로 또는 부수적으로 사회구성원
개인의 안전과 이익을 보호하기 위하여 설정된 것이어야
한다. 대법원 2010. 9. 9. 선고 2008다77795 판결
① 공무원의 부작위로 인한 국가배상책임을 인정하기 위
하여는 공무원의 작위로 인한 국가배상책임을 인정하는
경우와 마찬가지로 '공무원이 그 직무를 집행함에 당하
여 고의 또는 과실로 법령에 위반하여 타인에게 손해를
가한 때'라고 하는 국가배상법 제2조 제1항의 요건이 충
족되어야 할 것이다. 대법원 1998. 10. 13. 선고 98다
18520 판결
③ 공익근무요원이 국가배상법 제2조 제1항 단서의 규
정에 의하여 국가배상법상 손해배상청구가 제한되는 군
인·군무원·경찰공무원 또는 향토예비군대원에 해당한다
고 할 수 없다. 대법원 1997. 3. 28. 선고 97다4036 판결
④ 국가배상법 제4조

국가배상법 제4조(양도 등 금지)
생명·신체의 침해로 인한 국가배상을 받을 권리는 양
도하거나 압류하지 못한다.

01. ② 책임운영기관은 정책결정과 집행을 분리함으로써 집행의 효율성과 적시성 및 고객주의 정신을 살리는데 기여하는 제도이다.

책임운영기관(Agency)의 개념

> 책임운영기관의 장에게 행정 및 재정상의 자율성을 부여하고 그 운영 성과에 대하여 책임을 지도록 하는 행정기관

02. ② 정책집행자에게 행정적 재량을 부여한 것은 지시적 위임자형에 속한다.

정책집행 집행자 유형: Nakamura & Smallwood 분류

정책집행 유형	정책 결정자 역할	정책 집행자 역할	실패 가능성	정책 평가 기준
고전적 기술자형	구체적 목표 수립	기술적 권한 (미미한 재량)	기술적 실패 + 협상 실패 + 목표왜곡 부집행 + 무책임성 + 정책의 사전오염	효과성
지시적 위임자형	구체적 목표 수립	행정적 권한 (재량 ○)		능률성
협상자형	결정자와 집행자 목표와 수단에 대한 협상			주민 만족도
재량적 실험가형	추상적 목표지지	목표와 수단의 재정의		수익자 대응성
관료적 기업가형	집행자가 설정한 목표지지	목표달성하기 위한 수단을 획득하기 위해 결정자와 협상		체제 유지도

03. ① 한국철도공사는 준시장형 공기업이다.
② 한국가스공사, ③ 한국공항공사, ④ 한국도로공사는 시장형 공기업이다.

04. ③ 규제의 역설로 최고의 기술을 요구하는 규제가 도리어 기술개발을 지연시키는 경우가 나타날 수 있다.
① 포지티브 규제는 원칙이 금지, 예외가 허용을 의미하고, 네거티브 규제는 원칙이 허용, 예외가 금지를 의미한다. 네거티브 규제가 포지티브 규제보다 자율성이 크다.
② 규제개혁은 규제완화 → 규제품질관리 → 규제관리 등의 단계로 진행되는 것이 일반적이다.
④ 규제합리화위원회는 대통령 소속으로 둔다.

05. ③ 환경운동가나 지역주민은 반성장연합에 속한다.
①, ②, ④ 성장연합(growth coalition)은 토지 또는 부동산의 시장가격이나 임대수익 증대에서 초래되는 교환가치(exchange value)를 높이기 위해 기업을 유치하고 인구를 늘리는 역할을 하는 토지자산가(landlord)와 개발관계자(developer), 지역 언론기관, 금융기관 등이다.

06. ③ 연쇄효과 방지를 위해서는 평정요소별로 모든 피평정자들을 평정하거나 평정요소의 순위를 변화시키는 것이 바람직하다.
① 강제배분법 도입으로 연쇄효과가 줄어드는 것은 아니다.
② 평정 척도의 구간을 많이 두는 것은 변별력을 제고에

기여는 하겠지만, 연쇄효과 방지에는 기여하지 못한다.
④ 다면평가는 평가 자체의 객관성 보완에는 도움이 되지만 연쇄효과 방지와는 관련이 없다.

07. ① 위원회는 기본적으로 여러 사람이 합의를 거쳐 결론을 도출하므로 책임소재가 불분명해 질 수 있다.
② 많은 의사주체가 참여하므로 많은 의사 결정점이 있게 되어 조정비용과 감독비용 등 거래비용이 증가하게 된다.
③ 각 분야의 전문가를 구성원으로 하므로 행정의 전문성을 제고할 수 있다.
④ 위원회 위원의 경우 다양한 이익집단의 대표들로 구성될 가능성이 크므로 다양한 의견이 반영되기 때문에 행정의 민주성이 제고될 가능성이 크다.

08. ③ 허즈버그(Herzberg)의 욕구충족이원론에서 불만요인은 개인의 불만족을 제거할 뿐 만족감을 가져오지는 않는다. 불만요인과 만족요인은 철저히 상호독립적이다.

Herzberg 이원론

┌ 불만요인: 위생요인, 동기유발로 작용 ×
└ 만족요인: 동기유인, 동기유발로 작용

불만요인(위생요인) 직무환경적 요소	만족요인(동기요인) 직무자체적 요소
• 회사의 정책 및 관리 • 감독 기술 • 작업조건 • 대인관계 • 급여·보수, 지위, 안전 • 복지시설	• 성취 • 인정 • 도덕적이고 보람있는 작업 자체 • 책임의 증대(직무충실) • 능력 및 지식의 신장 • 승진·성장과 발전
주변 환경에 영향을 미침	동기유발 직접적으로 영향을 미침

09. ③ 감수성 훈련(sensitivity training)은 폐쇄된 공간에서 10명 내외의 이질적이거나 동질적인 피훈련자끼리 자유로운 토론을 통하여 어떤 문제의 해결 방안이나 상대방에 대한 이해를 얻도록 하는 방법이다. 어떤 사건의 윤곽을 피교육자에게 알려주고 그 해결책을 찾게 하는 방법은 사건처리연습(incident method)에 대한 설명이다.

10. ① 예산집행에서 과도한 지출원인행위를 방지하기 위해서는 지출원인행위와 수입지출에 관한 보고와 기록제도를 두는 것은 신축성유지를 위한 취지보다는 세출예산에 대한 재정통제를 위한 제도이다.

재정 통제	신축성 유지
• 예산의 배정과 재배정 • 예비타당성 조사 • 재무관의 지출원인 행위 통제 • 회계기록 및 재정보고 • 정원·보수의 통제 • 계약의 통제 • 국고채무부담행위에 대한 통제 • 총사업비의 관리	• 이용, 전용, 이체, 이월 • 예비비와 예비금 • 계속비 • 국고채무부담행위 • 수입대체경비 • 총액승인 예산 • 긴급배정 • 추가경정예산

01. ④ 신석기 시대에 정착생활이 시작되면서 부족사회가 형성
되었다.

02. ① 사료의 나라는 삼한이다.
② 동예에 대한 설명이다.
③ 고조선에 대한 설명이다.
④ 옥저에 대한 설명이다.

03. ② (가)는 광개토대왕릉비, (나)는 충주 고구려비이다.
※최근 충주 고구려비가 광개토대왕 때 세워졌다는 주장
도 있음.
② 북부여를 흡수한 왕은 문자명왕이다.

04. ① 진전사지 3층 석탑은 통일신라 중대가 아닌, 하대에 만
들어진 대표적인 석탑이다.

05. ④ 후백제 건국(900)-후고구려 철원 천도(905)-고려 건국
(918)-발해 멸망(926)-민족의 재통일(936)
① 원종과 애노의 난은 후백제의 건국 이전에 일어난 반
란이다.
② 후백제의 멸망으로 민족의 재통일이 이루어졌다. 즉
(라)에 들어갈 내용이다.
③ 공산 전투는 927년으로 발해 멸망 후이다.
④ 발해 멸망 → 신라 멸망 → 후백제 멸망 → 민족의
재통일 순으로 역사의 흐름이 이루어졌다.

06. ① ② 원 간섭기에 관제가 격하되면서 2성 6부는 1부(첨의
부) 4사로, 중추원은 밀직사로 변경되었다.
③ 동녕부와 탐라총관부는 충렬왕 때 돌려받았고 쌍성총
관부는 공민왕 때 탈환하였다.
④ 만권당은 충선왕이 베이징에 만든 기관이다.

07. ③ ㅁ. 고려 성종 때 거란의 1차 침략에서 서희가 외교 담판
으로 강동 6주를 확보하였다.
ㄱ. 고려 인종 때 여진이 금을 건국하자 이자겸, 김부식
은 사대하였다.
ㄹ. 무신 집권기에 몽고의 2차 침입 때 처인성 전투에서
김윤후가 살리타를 사살하였다.
ㄴ. 공민왕 때의 설명이다.
ㄷ. 우왕 때의 설명이다.

08. ④ 녹과전은 몽고 침략으로 신진 관리들에게 녹봉 지급이
힘들어지자 경기 8현의 토지를 대상으로 현직 관료(특히
신진 관료)들에게 지급하였다.

09. ④ 보기는 충선왕의 즉위 교서에 나오는 권문세족에 대한
설명이다. 이 시기에는 귀족세력과 결탁한 불교 사원의
횡포가 극심하였다.
① 이 당시 사대부는 성리학을 수용하면서 주자가례와
소학을 중시하였다.
② 문벌귀족시기인 12세기에 이자겸의 난과 묘청의 난
이 있었다.
③ 위화도 회군 후 1391년에 신진사대부의 경제적 기반
마련을 위해 과전법이 시행되었다.

10. ② 사료는 신채호의 조선상고사의 일부이다. 신채호는 의열
단을 위해 조선혁명선언을 작성하였다.
① 박은식의 저술이다.
③ 백남운에 해당하는 설명이다.
④ 이병도, 손진태에 해당한다.

01 다음 중 4세기 때 있었던 일이 아닌 것은?
① 백제가 일본에 한자와 유교를 전파하였다.
② 고구려가 낙랑군과 대방군을 한반도에서 축출하였다.
③ 위나라 관구검의 침공으로 고구려왕이 옥저로 피신하였다.
④ 신라에서 김씨 세력이 마립간을 칭하며 권력을 강화하였다.

02 다음 유물이 지니는 역사적 의미는?

① 신라가 한강유역을 장악하였다.
② 신라가 고구려의 정치적 영향을 받으면서 성장하였다.
③ 신라의 무덤 양식이 굴식돌방무덤으로 바뀌게 되었다.
④ 백제가 신라의 대야성을 공격하여 김춘추의 딸과 사위가 죽었다.

03 아래 (가), (나), (다)와 관련한 사실에 대한 설명으로 옳은 것은?

> 1. 문왕은 당과 친선을 맺고 당의 (가)를 수용하였다.
> 2. 신문왕은 지방 제도를 정비하여 (나)를 완비하였다.
> 3. 경덕왕은 왕권강화를 위해 대규모의 사찰인 (다)를 건설하였다.
> 4. 왕건은 (라)의 풍수지리 사상을 신봉하여 훈요 10조에 이의 계승을 당부하였다.

① (가) - 5경 15부 62주
② (나) - 9주 5소경
③ (다) - 황룡사
④ (라) - 지눌

04 다음에 제시된 일을 추진한 왕에 대한 설명으로 옳은 것은?

> ㉠ 유교정치를 구현하였다.
> ㉡ 호족들에게 호장, 부호장 등의 직책을 주고 향리 제도를 실시하였다.

① 광군을 설치하였다.
② 노비안검법을 실시하였다.
③ 12목에 지방관을 파견하였다.
④ 별무반을 편성하여 동북 9성을 확보하였다.

05 다음 글과 관련한 지역에서 있었던 역사적 사실은?

> 금강 유역에 위치한 도시로 무령왕릉이 발굴된 도시이다. 백제 멸망이후 당나라가 이곳에 잠시 도독부를 설치하기도 하였다.

① 김헌창의 난이 이곳에서 일어났다.
② 후백제의 견훤이 이곳에 도읍을 정하였다.
③ 주심포 양식의 부석사 무량수전이 건설되었다.
④ 조만식이 물산장려운동을 처음 일으킨 지역이다.

06 아래 글은 어느 배우의 연기 경력에 대한 것이다. (가), (나)가 추진한 일로 옳은 것은?

> 김영철은 특유의 카리스마적 매력으로 여러 군주를 연기하였다. 드라마 '대왕세종'에서는 냉혹한 군주 태종을 연기하였고, '공주의 남자'에서는 감정적 통치자였던 세조를 탁월하게 연기하였다. 무엇보다도 '태조 왕건'에서 그가 연기한 (가)의 광기어린 모습은 지금도 여전히 회자되고 있다. 미륵을 자처하며 공포정치를 행했던 (가)은/는 배우 최수종이 맡았던 개성 출신의 호족이자, 고려를 건국한 (나)과/와 대비되었다.

① (가) - 과거제도를 실시하였다.
② (가) - 도읍을 완산주로 천도하였다.
③ (나) - 친 신라 정책을 실시하여 민심과 정통성을 획득하였다.
④ (나) - 적극적인 북진정책을 실시하여 강동 6주를 확보하였다.

07 다음과 같은 건의를 한 사람이 한일로 옳은 것은?

> 1. 왕은 구기지설을 믿고 새로된 궁궐에 들지 않고 있는데, 길일을 택하여 들어갈 것.
> 2. 근래 관제에 어긋나게 많은 관직을 제수하여 녹봉이 부족하게 되었으니 원제도에 따라 관리 수를 줄일 것.
> 3. 근래 버슬아치들이 공사전을 빼앗아 토지를 겸병함으로써 국가의 수입이 줄고 군사가 결하게 되었으니, 토지 대장에 따라 원주인에게 돌려줄 것.
> 4. 공사조부를 거두는데 향리의 횡포와 권세가의 거듭되는 징수로 백성의 생활이 곤란하니, 유능한 수령을 파견하여 금지케 할것.
> 5. 근래, 양계와 5도에 파견된 제도사가 왕실에게 바치는 공진을 구실로 주구를 일삼고 사비로 돌리기도 하니, 이제부터는 제도사로 하여금 공진을 금하게 할 것
> 6. 지금 승려 한 두 사람이 궁중에 부상 출입하고 또 왕이 내신으로 하여금 불사를 관장하여 곡식으로 민간에게 고리대를 함으로써 그 폐가 적지 않으니, 승려의 왕궁 출입과 곡식 대여를 금할 것.
> 7. 근래 여러 고을의 관리로서 재물을 탐내는 자가 많으니, 양계 병마사와 5도 안찰사에게 명하여 그들의 능력을 가려 유능한 자는 발탁하고 그렇지 못한 자는 장벌할 것.
> 8. 요사이 조정의 신하들의 저택과 복식의 사치가 심하니, 검소한 생활을 할 것.
> 9. 근래 여러 신하들이 산천의 순역을 가리지 않고 마구 원당을 세워 지맥을 손상하여 재변이 자주 일어나니 음양관으로 검토케하여 비보사찰이외에는 헐게 할 것.
> 10. 언론을 맡은 대성 관리는 요사이 그 임무를 다하지 못하니 사람을 골라 임명할 것

① 삼별초를 창설하였다.
② 교정도감을 설치하였다.
③ 쌍성총관부를 수복하였다.
④ 진성여왕에게 시무 10조를 건의하였다.

08 다음 사진과 같은 과학 기술의 발전을 이룩한 국왕에 대한 설명으로 옳은 것은?

① <고려사절요>를 편찬하였다.
② <향약집성방>을 편찬하였다.
③ <대전통편>을 완성하였다.
④ <동국문헌비고>를 편찬하였다.

09 다음 (가)~(라)에 들어갈 내용으로 옳지 않은 것은?

	학통	예송	환국	천주교
남인	(가)	(나)	(다)	(라)

① (가) - 이황 학파
② (나) - 군주권의 강조
③ (다) - 기사환국으로 축출
④ (라) - 경기 남인 일부가 수용

10 다음 중 정상적인 행보를 보이지 않는 인물은?

대웅	소과에 합격하여 성균관에 입학하였다.
기훈	문과 시험에 장원으로 급제하여 백패를 지급받았다.
성빈	향리의 자제로 태어나 역과에 응시하여 합격하였다.
혜광	관직에서 물러나 서원에서 후학을 양성하였다.

① 대웅
② 기훈
③ 성빈
④ 혜광

매일 모고 국어 제2회

01 다음에서 설명하고 있는 음운 변동의 예로 적절하지 않은 것은?

> 음운 변동은 그 결과에 따라 한 음운이 다른 음운으로 바뀌는 교체(交替), 원래 있던 음운이 없어지는 탈락(脫落), 없던 음운이 추가되는 첨가(添加), 두 개의 음운이 합쳐져서 하나로 되는 축약(縮約) 등으로 분류할 수 있다.

① 교체 - 바깥[바깓]
② 탈락 - 같이[가치]
③ 첨가 - 삯일[상닐]
④ 축약 - 국화[구콰]

02 다음 글의 ㉠의 사례가 포함되어 있지 않은 것은?

> 국어의 음운 변동의 종류 중 음운의 탈락과 ㉠ 음운의 축약은 음운이 하나 줄어든다는 공통점이 있다. 하지만 음운의 축약은 두 개의 음운이 결합하여 하나의 음운으로 줄어드는 현상을 말한다. 음운의 축약과 달리 음운의 탈락은 단어의 형태나 발음 과정에서 특정 음운(소리)이 사라지는 현상이다. 가령, '각하'의 발음은 [가카]로 'ㄱ'과 'ㅎ'이라는 음운의 결합하여 'ㅋ'이라는 하나의 음운으로 줄어드는 것은 음운의 축약이다. 반면, '좋아'는 [조아]로 발음되는 것으로 'ㅎ'이 사라지는 현상이다. 이 둘은 음운이 하나 줄어드는 공통점이 있지만 과정상의 차이점이 있으므로 유의하여 구별해야 한다.

① '옳다'는 [올타]로, '옳지'는 [올치]로 발음된다.
② '주다'와 어미 '-어라'가 만나 '줘라'가 되었다.
③ '막혀'는 [마켜]로, '맞힌'은 [마친]으로 발음된다.
④ '모자라다'와 어미 '-아도'가 만나 '모자라도'가 되었다.

03 밑줄 친 표현이 ㉠의 의미와 가장 유사한 것은?

> 우리는 계약을 진행하기 전에 총 예산을 일부 ㉠ 깎기로 결정했다.

① 그는 주말마다 집 앞 정원의 풀을 깎으며 시간을 보낸다.
② 불필요한 말은 오히려 상대의 위신을 깎을 수 있으니 주의해야 한다.
③ 아이들은 운동장에서 공을 깎아 차며 즐겁게 놀고 있었다.
④ 그는 시장에서 채소를 사면서 가격을 조금 깎았다.

04 밑줄 친 표현이 ㉠의 의미와 가장 유사한 것은?

> 마을 사람들은 함께 모여 따뜻한 분위기 속에서 추석을 ㉠ 맞았다.

① 밤새 서리를 맞은 풀잎들이 하얗게 얼어 있었다.
② 나라가 독립을 되찾으며 해방을 맞는 순간이었다.
③ 그녀는 단 한 문제도 틀리지 않고 100점을 맞았다.
④ 그는 친구의 여동생을 아내로 맞았다.

05 ㉠~㉣과 바꿔 쓸 수 있는 유사한 표현으로 적절하지 않은 것은?

> (가) 연이 바람을 받아 하늘에서 빙글빙글 ㉠ 돌고 있었다.
> (나) 팀장을 맡게 된 그는 책임이 ㉡ 크다는 것을 잘 알고 있었다.
> (다) 그의 논문은 우수 논문으로 선정되어 학술지에 ㉢ 실렸다.
> (라) 불법 도박 사이트가 온라인에서 전염병처럼 ㉣ 퍼지고 있다.

① ㉠: 선점하고
② ㉡: 막중하다는
③ ㉢: 등재되었다
④ ㉣: 창궐하고

06 ㉠~㉣과 바꿔 쓸 수 있는 유사한 표현으로 적절하지 않은 것은?

> (가) 당에서는 이미 이 지역의 국회의원 후보를 ㉠ 골라 두었다.
> (나) 선수들은 앞으로 남은 경기 모두를 ㉡ 휩쓸 수 있다는 자신감을 보였다.
> (다) 사고 현장에서 구조대원들은 비참한 광경을 ㉢ 보았다.
> (라) 과거에는 경제 정책에 온갖 방법을 ㉣ 끌어모아 공업화를 추진하였다.

① ㉠: 낙점해
② ㉡: 석권할
③ ㉢: 묵도했다
④ ㉣: 동원하여

07 다음 명제가 모두 참일 때, 항상 참인 것은?

> ○ 갑이 여행을 가면 을은 여행을 가지 않는다.
> ○ 병이 여행을 가면 정도 여행을 간다.
> ○ 무가 여행을 가지 않으면 기도 여행을 가지 않는다.
> ○ 갑이 여행을 가지 않으면 기는 여행을 간다.
> ○ 정이 여행을 가면 무는 여행을 가지 않는다.

① 기가 여행을 가지 않으면 을은 여행을 간다.
② 병이 여행을 가면 무도 여행을 간다.
③ 정이 여행을 가면 갑은 여행을 가지 않는다.
④ 무가 여행을 가지 않으면 을도 여행을 가지 않는다.

08 (가), (나)를 전제로 할 때, 빈칸에 들어갈 결론으로 가장 적절한 것은?

> (가) 음악을 자주 듣는 어떤 사람은 감정이 풍부하다.
> (나) 감정이 풍부한 모든 사람은 창의적이다.
> 따라서 [   ].

① 창의적인 모든 사람은 음악을 자주 듣는다.
② 창의적인 어떤 사람은 음악을 자주 듣는다.
③ 음악을 자주 듣지 않는 어떤 사람도 감정이 풍부하지 않다.
④ 감정이 풍부하지 않은 어떤 사람도 창의적이지 않다.

09 다음 글에서 추론한 내용으로 적절하지 않은 것은?

> 개인은 사적 공간에서 최대한의 자유를 누릴 권리가 있다. 그러나 자유가 무분별하게 행사되면 사회적으로 큰 문제를 일으킬 수 있으므로, 개인의 자유는 무제한적으로 보장될 수 없다. 예를 들어 마약은 개인의 선택 문제이지만, 자유주의를 중시하는 국가에서도 소지·사용이 형사처벌의 대상이 된다. 이는 마약이 사용자에게 건강 악화와 중독을 초래하고, 주변 사람에게도 경제적 파탄 등 심각한 해악을 가져올 수 있으며, 더 나아가 중독자가 마약을 구하려 타인에게 폭력을 행사할 수도 있기 때문이다. 이러한 해악이 사회에 팽배하면 사회적 불안정과 시민의 총체적 후생 감소로 이어질 수 있다. 그러므로 국가는 법적 제재를 통해 마약을 통제해야 한다.

① 개인의 자유가 사적 공간에서 행사되더라도, 사회적 문제로 이어질 수 있다면 무제한적으로 보장되기는 어렵다.
② 마약 사용이 개인의 선택 문제임에도 형사처벌이 정당화될 수 있는 근거로, 마약이 타인에게 폭력을 유발할 가능성이 제시된다.
③ 마약으로 인한 해악이 사회에 널리 퍼질수록 사회적 불안정이 커지고, 그 결과 시민의 총체적 후생이 감소할 수 있다.
④ 마약 규제의 정당화를 위해서는, 마약이 사용자에게는 해악을 주지 않는다는 점이 전제되어야 한다.

10 다음 (가)~(라)를 논리적 순서에 맞게 나열한 것은?

> (가) 이때 중요한 것은 '규제를 할지 말지'의 이분법이 아니라, 어떤 기준으로 위험을 분류하고 그에 맞는 책임 구조를 설계하느냐이다.
> (나) 예컨대 같은 인공지능 도구라도 의료 진단처럼 오류의 피해가 큰 영역과, 사진 보정처럼 피해가 제한적인 영역은 동일한 수준의 통제로 다루기 어렵다.
> (다) 기술 규제는 혁신을 막을 수 있다는 이유로 경계되지만, 규제가 부재할 때 발생하는 피해 역시 사회적 비용으로 누적된다.
> (라) 규제 논의는 기술의 성격과 적용 맥락을 고려해, 위험 수준에 따라 차등적 관리 체계를 마련하는 방향으로 전개되어야 한다.

① (가) - (나) - (다) - (라)
② (다) - (가) - (나) - (라)
③ (다) - (나) - (가) - (라)
④ (라) - (나) - (가) - (다)

01 밑줄 친 부분에 들어갈 말로 가장 적절한 것은?

Having _____ in others can strengthen relationships and build trust, as it encourages mutual understanding and fosters a sense of reliability between individuals.

① grief　　　　② thrift
③ privilege　　④ faith

02 밑줄 친 부분에 들어갈 말로 가장 적절한 것은?

His prediction turned out to be surprisingly _____ despite limited information.

① steep　　　② accurate
③ terrible　　④ blind

03 밑줄 친 부분에 들어갈 말로 가장 적절한 것은?

Not all water in nature is _____, so it must be properly treated before it can be safely consumed.

① portable　　② immediate
③ narrow　　　④ potable

04 밑줄 친 부분에 들어갈 말로 가장 적절한 것은?

The idea that less can sometimes be more is a well-known ____ in design and philosophy.

① tenant　　　② hardship
③ paradox　　④ concord

05 밑줄 친 부분에 들어갈 말로 가장 적절한 것은?

The organization was accused of trying to _____ evidence related to the incident, which led to public distrust.

① manifest　　② applaud
③ conceal　　④ complement

06 밑줄 친 부분에 들어갈 말로 가장 적절한 것은?

 Liam
Hi, do you have a moment? I need your help with the sales report.

Emma
Sure. What do you need?

 Liam
I'm finalizing the report for tomorrow's meeting, but I'm missing the latest data from your team. The manager specifically asked for the updated figures this time.

Emma
Oh, I see. I haven't updated it yet because we were still verifying some numbers.

 Liam
_____

Emma
No problem. I'll send it to you within an hour so you can review it in time.

① Why are you unable to attend this meeting?
② Would it be possible for you to send it to me today?
③ Why didn't you send it earlier?
④ You should have sent it already.

07 밑줄 친 부분에 들어갈 말로 가장 적절한 것은?

If the supplier does not deliver the materials on time, we will have no choice _____ another vendor to avoid delays in production.

① but contact
② too contact
③ contacting
④ but to contact

08 밑줄 친 부분 중 어법상 옳지 않은 것은?

① Take a moment to think about the things you own but never use. Perhaps it's a pair of shoes that seemed like a great purchase at the time but still ② sits in your closet. Maybe it's a kitchen appliance that you thought would make cooking easier but remains untouched on the shelf. Many people buy items ③ impulsively, only ④ to realizing later that they don't need them.

09 밑줄 친 부분에 들어갈 말로 가장 적절한 것은?

In today's society, people are often encouraged to enjoy life and express themselves through the products they buy. However, this freedom comes with limits. Gerda Reith points out that while individuals are told to satisfy their desires, they are also reminded to keep their actions under control to meet social expectations. For example, consumers are asked to make responsible choices in the name of sustainability and to avoid overindulgence. This creates a challenge. People must balance their personal enjoyment with societal standards. If they fail, they might be criticized as irresponsible or labeled as addicted to harmful behaviors, such as overspending or excessive use of technology. Consumers must find a way to ensure they _____.

① prioritize social norms over personal instincts

② avoid letting their desires control them

③ set clear goals based on social expectations

④ improve relationships through responsible choices

10 밑줄 친 부분에 들어갈 말로 가장 적절한 것은?

When analyzing the effects of human activities on the economy, it is crucial to distinguish between basic indicators of activity and accurate measurements of benefit or cost. While simple indicators, such as the number of people visiting a park, can provide useful data, they might not tell the whole story. For instance, if an increase in park visitors occurs because a nearby park has been closed, this change might not actually represent an improvement. Therefore, it is important to use the right economic methods to avoid making mistaken conclusions. Simple indicators can be helpful for guiding decisions, but they must be paired with _____ to avoid misleading outcomes.

① more comprehensive economic analysis

② appropriate services based on economic data

③ a strong commitment to improving measurement reliability

④ detailed action plans for economic decision -making

01 법치행정과 행정입법에 대한 설명으로 옳지 않은 것은? (다툼이 있는 경우 판례에 의함)

① 중앙선거관리위원회규칙은 법규명령이므로 구체적 규범통제의 대상이 될 수 있다.

② 헌법 제107조제2항의 규칙에는 지방자치단체의 조례와 규칙이 모두 포함된다.

③ 구「여객자동차 운수사업법」및 동법 시행령상 개인택시운송사업자의 운전면허가 취소된 때에는 그의 개인택시운송사업면허를 취소할 수 있도록 규정되어 있으므로, 개인택시운송사업자가 운전면허 취소 사유인 음주운전 교통사고로 사망하였다면 그 운전면허 취소처분이 없더라도 관할관청은 당해 개인택시운송사업면허를 취소할 수 있다.

④ 재량권행사의 준칙인 행정규칙이 그 정한 바에 따라 되풀이 시행되어 행정관행이 이루어지게 되면 평등의 원칙이나 신뢰보호의 원칙에 따라 행정기관은 그 상대방에 대한 관계에서 그 규칙에 따라야 할 자기구속을 받게 된다.

02 행정행위의 부관에 대한 설명으로 옳은 것은? (다툼이 있는 경우 판례에 의함)

① 처분 당시 법령을 기준으로 처분에 부가된 부담이 적법하였더라도, 처분 후 부담의 전제가 된 주된 행정처분의 근거 법령이 개정됨으로써 행정청이 더 이상 부관을 붙일 수 없게 되었다면 그때부터 부담의 효력은 소멸한다.

② 행정행위의 부관인 부담에 정해진 바에 따라 당해 행정청이 아닌 다른 행정청이 그 부담상의 의무이행을 요구하는 의사표시를 하였을 경우, 이러한 행위는 당연히 항고소송의 대상이 되는 처분에 해당한다고 할 수 있다.

③ 도로관리청이 수익적 행정행위로서 도로점용허가를 하면서 일정한 의무를 부과하는 부관을 붙인 경우, 특별한 사정이 없는 한 그 의무의 이행상대방은 수익적 행정행위를 한 행정청으로 한정된다.

④ 수익적 행정처분에 있어서는 법령에 특별한 근거규정이 있는 경우에만 그 부관으로서 부담을 붙일 수 있다.

03 행정행위의 하자에 대한 설명으로 옳지 않은 것은? (다툼이 있는 경우 판례에 의함)

① 국립공원 관리청이 국립공원 집단시설지구개발사업과 관련하여 그 시설물기본설계 변경승인처분을 함에 있어서 환경부장관과의 협의를 거친 이상, 환경영향평가서의 내용이 환경영향평가제도를 둔 입법 취지를 달성할 수 없을 정도로 심히 부실하다는 등의 특별한 사정이 없는 한, 공원관리청이 환경부장관의 환경영향평가에 대한 의견에 반하는 처분을 하였다고 하여 그 처분이 위법하다고 할 수는 없다.

② 과세관청이 과세예고 통지 후 과세전적부심사 청구나 그에 대한 결정이 있기 전에 과세처분을 한 경우, 특별한 사정이 없는 한 그 과세처분은 절차상 하자가 중대·명백하여 당연무효이다.

③ 신청에 의한 처분의 경우에는 신청에 대하여 일단 거부처분이 행해지면 그 거부처분이 적법한 절차에 의하여 취소되지 않는 한, 사유를 추가하여 거부처분을 반복하는 것은 존재하지도 않는 신청에 대한 거부처분으로서 당연무효이다.

④ 수도과태료의 부과처분에 대한 납세고지서의 송달이 부적법하면 그 부과처분은 효력이 발생할 수 없지만 처분의 상대방이 객관적으로 위 부과처분의 존재를 인식할 수 있었다는 사실로써 송달의 하자가 치유된다.

04 법률상 이익에 대한 설명으로 옳은 것은? (다툼이 있는 경우 판례에 의함)

① 재단법인 A연구재단이 B대학교 총장에게 연구개발비의 부당집행을 이유로 국가연구개발사업인 BK21 사업 협약을 해지하고 연구팀장 甲에 대한 국가연구개발사업의 3년간 참여제한 등을 명하는 통보를 한 경우, 처분 상대방이 아닌 甲은 위 협약 해지 통보의 효력을 다툴 법률상 이익이 없다.

② 특별한 사정이 없는 한 경원관계에서 허가 등 수익적 처분을 받지 못한 사람은 자신에 대한 거부처분의 취소를 구할 소의 이익이 있다.

③ 파면처분 취소소송의 사실심 변론종결 전에 금고 이상의 형을 선고받아 당연퇴직된 경우에는 해당 공무원은 파면처분의 취소를 구할 이익이 없다.

④ 장래의 제재적 가중처분 기준을 대통령령이 아닌 부령의 형식으로 정한 경우에는 이미 제재기간이 경과한 제재적 처분의 취소를 구할 법률상 이익이 인정되지 않는다.

05 행정소송의 집행정지에 대한 설명으로 옳지 않은 것은? (다툼이 있는 경우 판례에 의함)

① 본안문제인 행정처분 자체의 적법여부는 집행정지 신청의 요건이 되지 아니하는 것이 원칙이지만, 본안소송의 제기 자체는 적법한 것이어야 한다.

② 처분상대방이 집행정지결정을 받지 못했으나 본안소송에서 해당 제재처분이 위법함이 확인되어 취소하는 판결이 확정되면, 처분청은 그 제재처분으로 처분상대방에게 초래된 불이익한 결과를 제거하기 위하여 필요한 조치를 취하여야 한다.

③ 처분의 효력정지는 처분 등의 집행 또는 절차의 속행을 정지함으로써 목적을 달성할 수 있는 경우에는 허용되지 아니한다.

④ 집행정지의 요건으로 규정하고 있는 '공공복리에 중대한 영향을 미칠 우려'가 없을 것이라고 할 때의 '공공복리'는 그 처분의 집행과 관련된 구체적이고도 개별적인 공익을 말하는 것으로서 이러한 집행정지의 소극적 요건에 대한 주장·소명책임은 신청인에게 있다.

06 공법관계와 사법관계에 대한 설명으로 옳은 것은? (다툼이 있는 경우 판례에 의함)

① 공익사업을 위한 토지 등의 취득 및 보상에 관한 법령에 의한 협의취득은 사법상의 법률행위이지만 당사자 사이의 자유로운 의사에 따라 채무불이행책임이나 매매대금 과부족금에 대한 지급의무를 약정할 수 있는 것은 아니다.

② TV방송수신료 통합징수권한의 부존재확인은 민사소송으로 다툴 수 있다.

③ 재개발조합과 조합장 또는 조합임원 사이의 선임·해임 등을 둘러싼 법률관계는 사법상의 법률관계로서 그 조합장 또는 조합임원의 지위를 다투는 소송은 민사소송에 의하여야 한다.

④ 조세부과처분이 당연무효임을 전제로 하여 이미 납부한 세금의 반환을 청구하는 것은 당사자소송절차에 따라야 한다.

07 신고에 대한 설명으로 옳지 않은 것은? (다툼이 있는 경우 판례에 의함)

① 부동산투기나 이주대책 요구 등을 방지할 목적으로 주민등록전입신고를 거부하는 것은 「주민등록법」의 입법 목적과 취지 등에 비추어 허용될 수 없다.

② 유료노인복지주택의 설치신고를 받은 행정관청은 그 유료노인복지주택의 시설 및 운용기준이 법령에 부합하는지와 설치신고 당시 부적격자들이 입소하고 있는지 여부를 심사할 수 있다.

③ 수리를 요하지 아니한 신고에 있어서 적법한 요건을 갖춘 신고의 경우에는 행정청의 수리처분 등 별단의 조처를 기다릴 필요 없이 그 접수시에 신고로서의 효력이 발생하는 것이므로 그 수리가 거부되었다고 하여 무신고 영업이 되는 것은 아니다.

④ 법령등으로 정하는 바에 따라 행정청에 일정한 사항을 통지하여야 하는 신고로서 법률에 신고의 수리가 필요하다고 명시되어 있는 경우(행정기관의 내부 업무 처리 절차로서 수리를 규정한 경우를 포함한다)에는 행정청이 수리하여야 효력이 발생한다.

08 행정벌에 대한 설명으로 옳은 것은? (다툼이 있는 경우 판례에 의함)

① 행정상의 단속을 주안으로 하는 법규라 하더라도 명문의 규정이 있거나 해석상 과실범도 벌할 뜻이 명확한 경우를 제외하고는 「형법」의 원칙에 따라 고의가 있어야 벌할 수 있다.

② 특별한 사정이 없는 이상 경찰서장은 범칙행위에 대한 형사소추를 위하여 이미 한 통고처분을 임의로 취소할 수 있다.

③ 행정질서벌인 과태료는 죄형법정주의의 규율 대상이다.

④ 자신의 행위가 위법하지 아니한 것으로 오인하고 행한 질서위반행위는 과태료를 부과하지 아니한다.

09 행정절차에 대한 설명으로 옳지 않은 것은? (다툼이 있는 경우 판례에 의함)

① 다수의 당사자등에 의해 선정된 대표자가 있는 경우에는 당사자등은 그 대표자를 통하여서만 행정절차에 관한 행위를 할 수 있다.

② 다수의 대표자가 있는 경우 그중 1인에 대한 행정청의 통지는 모든 당사자등에게 효력이 있다.

③ 보건복지부장관이 어린이집의 평가등급 부여결정을 하면서 어린이집 운영자에게 문서 또는 전자문서로 고지하지 않고 어린이집정보공개포털 홈페이지를 통해 위 결정을 공표한 것은 「행정절차법」이 정한 처분방식을 위반한 절차적 하자가 있다고 볼 수 없다.

④ 처분상대방이 이미 행정청에 위반사실을 시인하였다는 사정은 사전통지의 예외가 적용되는 '의견청취가 현저히 곤란하거나 명백히 불필요하다고 인정될 만한 상당한 이유가 있는 경우'에 해당하지 않는다.

10 국가배상에 대한 설명으로 옳지 않은 것은? (다툼이 있는 경우 판례에 의함)

① 국가가 일정한 사항에 관하여 헌법에 의하여 부과되는 구체적인 입법의무를 부담하고 있음에도 불구하고 그 입법에 필요한 상당한 기간이 경과하도록 고의·과실로 입법의무를 이행하지 아니하는 경우, 국가배상책임이 인정될 수 있다.

② 국가나 지방자치단체가 행정절차를 진행하는 과정에서 주민들의 의견제출 등 절차적 권리를 보장하지 않은 경우, 설령 사후적으로 이를 시정하여 절차를 다시 진행하였다 하더라도 특별한 사정이 없는 한 절차적 권리 침해로 인한 국가배상책임이 성립한다.

③ 「국가배상법」상의 영조물의 설치·관리상의 하자로 인한 책임은 무과실책임이고 나아가 「민법」상의 공작물의 점유자의 책임과는 달리 면책사유도 규정되어 있지 않다.

④ 지방자치단체로부터 법령에 의해 대집행권한을 위탁받은 한국토지주택공사가 공무인 대집행을 실시하면서 경과실로 불법행위를 한 경우 한국토지주택공사는 불법행위로 인한 손해배상책임을 진다.

01 조직과 환경에 관한 설명으로 가장 옳지 않은 것은?
① 공동체 생태학이론은 환경이 조직을 결정한다는 극단적 결정론의 입장이다.
② 자원의존이론은 조직 유지에 필요한 핵심자원을 통제·관리하는 능력을 강조한다.
③ 제도적 동형화론에 따르면 조직의 장이 생성되어 구조화되면, 내부 조직뿐만 아니라 새로 진입하려는 조직들도 유사해지는 경향을 나타낸다.
④ 전략적 선택이론에 의하면 환경의 영향을 최소화하기 위한 소극적 전략으로 분류, 형평화, 성장 등을 들고 있다.

02 분석적 합리성이 존재하지 않는 상태에서의 의사결정으로서 "습관적 의사결정"을 가장 잘 설명하는 모형은?
① 사이버네틱스 모형
② 쓰레기통 모형
③ 만족모형
④ 최적모형

03 '롤스(J. Rawls)의 정의론'에 대한 설명 중 가장 옳지 않은 것은?
① 형평성 추구를 위해서 최우선적으로 결과의 평등을 확보하여야 함을 강조한다.
② 원초적 상태에서 구성원들이 합의하는 규칙 또는 원칙이 공정할 것이라고 전제하고 있다.
③ 전통적 자유주의와 사회주의의 양 극단을 지양하고 자유와 평등의 조화를 추구하는 중도적 입장을 취하고 있다.
④ 타고난 차이 때문에 사회적 가치의 획득에서 불평등이 생겨나는 것은 사회적 정의에 어긋난다고 주장한다.

04 립스키(Lipsky)의 일선행정직원론은 정책과정에서 주로 어느 단계에 관한 것인가?
① 의제설정
② 정책결정
③ 정책집행
④ 정책평가

05 징계의 종류에 해당되지 않는 것은?
① 감봉
② 파면
③ 직위 해제
④ 정직

06 재정·예산제도에 대한 설명으로 옳은 것은?
① 조세지출예산제도는 조세지출의 투명성과 항구성·지속성을 제고하는 장점이 있다.
② 통합재정은 일반회계, 특별회계, 기금을 모두 포괄하며, 재정활동의 전모를 파악할 수 있도록 융자지출을 통합재정수지의 계산에 포함하고 있다.
③ 성인지 예산제도는 각 지출부처가 기획예산처와 성평등가족부의 지휘 아래 대부분의 재정사업에 대해 성인지 예산서·결산서를 작성하도록 하고 있다.
④ 예비타당성조사는 대규모 건설사업, 정보화사업, 연구개발사업 등을 대상으로 하며, 교육·보건·환경 분야 등에는 아직 적용되지 않고 있다.

07 조직의 원리에 관한 설명 중 가장 적절하지 않은 것은?
① 통솔범위의 원리는 사람의 관리능력에 한계가 있기 때문에 통솔범위를 두어야 한다는 것으로 계층의 수가 많아지면 통솔범위가 축소된다.
② 계층제의 원리는 직무를 권한과 책임의 정도에 따라 등급화하고 상하계층간에 지휘와 명령복종관계를 확립하여 구성원의 귀속감과 참여감을 증진시키는 순기능이 있다.
③ 명령통일의 원리는 한 사람에게만 보고하고 지시를 받아야 한다는 원리를 말한다.
④ 조정의 원리는 공동목적을 달성하기 위하여 구성원의 행동 통일을 기하도록 집단적 노력을 질서있게 배열하는 과정이다.

08 예산 심의에 대한 설명으로 가장 옳지 않은 것은?
① 재정민주주의를 실현하는 과정이다.
② 구체적인 정책결정의 기능으로 이해할 수 있다.
③ 예산결산특별위원회의 예비심사 후, 상임위원회의 종합심사와 본회의 의결을 거쳐 예산안을 확정한다.
④ 예산심의는 사업 및 사업수준에 대한 것과 예산 총액에 대한 것으로 나누어 볼 수 있다.

09 다음 중 「지방자치법」에서 규정하고 있는 지방의회의 권한으로 옳지 않은 것은?
① 지방자치단체의 통할대표권
② 조례의 제정·개정 및 폐지의 의결
③ 행정사무감사 및 조사권
④ 외국 지방자치단체와의 교류협력에 관한 사항

10 공무원 구분에 관한 설명으로 옳은 것은?

① 감사원 사무차장은 정무직 공무원이다.

② 실적주의 적용과 신분보장의 여부에 따라 일반직과 특정직 공무원으로 구분된다.

③ 임기제 공무원과 중앙부처 고위공무원은 특수경력직 공무원이다.

④ 교도소에서 죄수를 관리하는 교정직 공무원은 일반직 공무원이다.

01 다음 사건들을 시대 순으로 바르게 나열한 것은?

> ㄱ. 인조반정
> ㄴ. 이괄의 난
> ㄷ. 정묘호란
> ㄹ. 청과 군신관계 체결
> ㅁ. 소현세자의 죽음

① ㄱ - ㄴ - ㄷ - ㄹ - ㅁ
② ㄱ - ㄴ - ㄹ - ㅁ - ㄷ
③ ㄴ - ㄱ - ㄹ - ㅁ - ㄷ
④ ㄴ - ㄱ - ㅁ - ㄷ - ㄹ

02 다음 사료와 관련된 사건이 일어난 시기의 모습으로 옳은 것은?

> 어른과 아이(父老子弟)와 공사천민(公私賤民)은 모두 이 격문을 들어라. 무릇 관서는 기자와 단군 시조의 옛터로, 훌륭한 인물이 넘친다. …(중략)… 그러나 조정에서 서토(西土)를 버림이 분토(糞土)나 다름없이 한다.

① 집현전에서 연구하는 학자
② 진귀한 물건을 자랑하는 경화사족
③ 경복궁 중건에 강제로 동원된 농민
④ 신분제도의 철폐를 논의하는 군국기무처의 관리

03 다음의 글이 나왔던 시기의 문화양상으로 옳은 것을 <보기>에서 모두 고르면?

> "우리나라의 글은 송·원의 글도 아니고 또한 한·당의 글도 아니며, 바로 우리나라의 글인 것이다. 마땅히 중국 역대의 글과 나란히 하여 천지 사이에 행하게 하여야 한다. …… 삼국시대 이래의 사·부·시·문 등 여러 가지 문제를 수집하여, 이 가운데 문장과 이치가 아주 바르고 교화에 도움이 될 만한 것을 취하여 분류하고 정리하였다."

> <보기>
> ㄱ. 청자에 백토를 입힌 분청사기가 유행하였다.
> ㄴ. 훈구파와 사림파의 역사의식을 절충한 최초의 통사가 발간되었다.
> ㄷ. 법주사 팔상전과 같은 다층의 사원건축이 이루어졌다.
> ㄹ. 신재효가 판소리를 정리하였다.

① ㄱ, ㄴ
② ㄱ, ㄷ
③ ㄱ, ㄹ
④ ㄴ, ㄹ

04 다음 작품은 영주 부석사 무량수전에 있는 신라 양식의 고려 불상이다. 이 불상이 표현하는 신앙과 관련한 역사적 사실은?

① 도교적 성격이 강하다.
② 궁예가 스스로 이 부처를 자처하였다.
③ 화랑도가 추종하는 신앙과 관련이 깊다.
④ 원효와 의상이 이 불상과 관련한 신앙을 전파하였다.

05 다음 신문 기사의 내용에 공감하는 사람들의 성향으로 옳은 것을 <보기>에서 고르면?

> 오늘 제군을 위해 충고함은 다른 것이 아니라 역시 애국의 성의에서 나옴이니 제군은 깊이 생각하라. 만약 충의의 열성을 어루만져 안정시킬 수 없어 진심으로 국권을 만회하고자 할진대, 눈앞의 치욕을 참고 국가의 원대한 계획을 도모하여 일체 병기를 버리고 각자 향리로 돌아가 …… 산업에 종사하여 자산을 저축하고 자제를 교육하여 지성을 계몽하며 실력을 양성한다면 다른 날에 독립을 회복할 기회를 자연히 기대할 수 있으니, 이것이 실로 오늘 우리들이 힘쓸 정당한 의무요 ……
> - 『황성신문 (1907. 9. 25.)』 -

> <보기>
> ㄱ. 개화파의 사상을 계승하였다.
> ㄴ. 의병투쟁에 대체로 비판적이었다.
> ㄷ. 철도를 열강의 침략을 상징하는 도구로 인식하였다.
> ㄹ. 서구 기술의 수용, 남녀평등, 신분평등 등을 주장하였다.

① ㄱ, ㄴ
② ㄱ, ㄷ
③ ㄴ, ㄹ
④ ㄱ, ㄴ, ㄹ

06 다음 글을 서술한 사람의 역사관으로 적절하지 않은 것은?

> 다른 종족을 끌어들여 같은 종족을 멸망시키는 것은 도적을 불러들여 형제를 죽이는 것과 다를 바 없는 것이다. 이는 삼척동자라도 알 수 있는 바이거늘. 슬프다! 우리나라 역사가여! 이를 아는 자가 매우 적구나 …… 태종대왕 김춘추에 이르러 이 일을 위하여 마음과 힘을 다하고 수완을 다하여 마침내 이 일을 이룬 뒤에는 득의양양하였다. 반만큼이라도 혈기를 가진 자라면 이를 욕하고 꾸짖는 게 옳으며 배척하는 것이 옳거늘, 오늘날 그 본말을 따지지 않고 다만 '우리나라 통일의 실마리를 연 임금이다.'라고 한다. 그가 우리나라 뿐 아니라 중국도 통일하고 일본도 통일하며 기타 동서 여러 나라들을 빠짐없이 통일하였더라도 그 공으로 그 죄를 덮지 못하는데 하물며 삼국 통일한 공으로 그 죄를 덮을 수 있으리오.

① 세계사적 법칙성을 강조하였다.
② 역사적 변화의 원동력을 관념(정신)에 두었다.
③ 민족 독립운동의 일환으로 역사를 연구하였다.
④ 역사의 전개를, 대립하는 두 요소인 '아와 비아의 투쟁'으로 보았다.

07 대한민국 임시정부와 관련된 다음 사실들을 시기 순으로 바르게 나열한 것은?

> ㉠ 윤봉길의 의거
> ㉡ 충칭에 정착
> ㉢ 일본과 독일에 선전포고
> ㉣ 국민대표회의

① ㉠ - ㉣ - ㉡ - ㉢
② ㉠ - ㉣ - ㉢ - ㉡
③ ㉢ - ㉣ - ㉠ - ㉡
④ ㉣ - ㉠ - ㉡ - ㉢

08 다음은 대한민국 정부의 수립과정에서 있었던 일들이다. 시대 순으로 옳게 나열한 것은?

> ㉠ 건국준비위원회의 결성
> ㉡ 제주 4·3사건
> ㉢ 5·10 총선거
> ㉣ 카이로회담
> ㉤ 1차 미·소 공동위원회의 결렬

① ㉣ - ㉤ - ㉠ - ㉡ - ㉢
② ㉣ - ㉤ - ㉡ - ㉢ - ㉠
③ ㉣ - ㉠ - ㉢ - ㉡ - ㉤
④ ㉣ - ㉠ - ㉤ - ㉢ - ㉡

09 다음 보기 중, 6월 민주항쟁과 관련한 단어들을 모두 고르면?

> ㄱ. 계엄령의 반포
> ㄴ. 직선제 개헌
> ㄷ. 이한열의 사망
> ㄹ. 유신헌법의 폐지

① ㄱ, ㄴ
② ㄱ, ㄷ
③ ㄴ, ㄷ
④ ㄴ, ㄹ

10 다음 노래가 등장하게 된 배경은?

> 새벽종이 울렸네
> 새아침이 밝았네
> 너도 나도 일어나 새마을 만드세
>
> 초가집도 없애고
> 마을길도 넓히고
> 소득증대 힘써서
> 새마을을 만드세
>
> 살기좋은 내마을
> 우리 힘으로 만드세

① 세계화로 인한 농산물 전면 개방
② 서울올림픽을 대비하기 위해 이루어진 도시 재개발
③ 급격한 산업화와 저곡가 정책으로 발생한 도·농격차
④ 대한민국과 북한간의 최초의 정상회담을 준비하기 위한 작업

합격까지 **박문각**

亦功 국어
적중 혜선

01 다음 글에서 추론한 내용으로 가장 적절한 것은?

의존형태소는 홀로 사용될 수 없고, 반드시 다른 형태소와 결합하여 사용되는 형태소이다. 이는 한국어 문법에서 중요한 역할을 하며, 문장의 구조와 의미를 형성하는 데 필수적이다. 의존형태소는 크게 조사, 용언의 어간과 어미, 파생 접사로 나눌 수 있다. 조사는 체언에 결합하여 문법적 관계를 나타내는 의존형태소이다. 조사는 주로 주격, 목적격, 부사격, 보격, 관형격, 접속 조사가 있다. 격조사는 체언에 결합하여 각각 주어, 목적어, 부사어, 보어, 관형어로 쓰일 수 있도록 하는 조사이며 접속 조사는 두 개 이상의 체언을 연결하는 조사이다. 용언의 어간은 동사나 형용사의 변하지 않는 부분으로 어미가 결합하여 다양한 형태로 활용된다. 용언의 어간 자체는 의존형태소로 어미와 결합하지 않으면 독립적으로 사용될 수 없다. 용언의 어미는 용언의 어간에 결합하여 다양한 문법적 의미를 부여하는 형태소이다. 어미는 크게 어말 어미와 선어말 어미로 나눌 수 있다. 파생 접사는 어근에 결합하여 새로운 단어를 만드는 형태소로 접두사와 접미사로 나눌 수 있다. 접두사는 어근 앞에 붙어 새로운 의미를 추가하는 기능을 하며 접미사는 어근 뒤에 붙어 새로운 단어를 형성한다.

의존형태소는 문장에서 독립적으로 사용될 수 없지만, 다른 형태소와 결합하여 문장의 의미와 구조를 형성하는 데 필수적인 역할을 한다. 예를 들어, 조사는 체언과 결합하여 문장의 문법적 관계를 명확히 하고, 어미는 용언과 결합하여 시제, 상, 존대 등의 문법적 의미를 부여한다. 파생 접사는 어근과 결합하여 새로운 단어를 만들고, 이를 통해 어휘의 다양성을 증가시킨다. 이처럼 의존형태소는 문장의 정확한 의미 전달과 문법적 구조 형성에 핵심적인 역할을 하며, 한국어의 문법 체계를 이해하는 데 중요한 요소이다. 의존형태소의 올바른 사용은 문장의 의미를 명확히 하고, 효과적으로 의사소통하는 데 큰 도움을 준다.

① '그는 커서 선생님이 되었다.'에서 '-이'는 명사 '선생님'에 결합하여 문장에서 주어로 쓰이도록 하는 주격 조사이다.
② '도서관에 읽을 책이 많다.'에서 '읽을'은 동사 어간 '읽-'에 목적격 조사 -을'이 결합하여 목적어로 쓰이고 있다.
③ '풋사과'에서 '풋-'은 접두사로 명사인 '사과'에 결합하여 품사를 바꾸는 접두사이다.
④ '먹이'에서 '-이'는 동사 어간 '먹-'에 결합하여 품사를 바꾸는 접미사이다.

02 다음 글에서 추론한 내용으로 적절하지 않은 것은?

비통사적 합성어는 어근끼리 일반적인 문법 규칙에 어긋나게 결합한 것이다. 부사는 용언을 수식하므로 부사와 명사의 결합은 문법 규칙에 어긋난다. 예를 들어, '첫사랑'의 경우, 관형사 '첫'과 명사 '사랑'의 결합이므로 문법적이다. '부슬비'의 경우 부사 '부슬'과 명사 '비'가 결합된 것이다. 따라서 '부슬비'는 비통사적 합성어이다. 또한 용언의 어간이 연결어미 없이 또 다른 용언과 결합하는 것은 문법에 어긋난다. 예를 들어, '들어가다'의 경우 용언 '들다'와 '가다'가 연결어미 '-어'를 통해 연결되어 있기 때문에 이는 비통사적 합성어가 아니다.

하지만 '여닫다'의 경우 용언 '열다'의 어근 '열-'이 용언 '닫다'와 바로 연결되어 있으므로 이는 비통사적 합성어이다. 마지막으로 용언의 어간이 관형사형 전성어미 '-(은)ㄴ' 없이 바로 명사와 결합하는 것은 문법에 어긋난다. 예를 들어 '큰아버지'의 경우 용언 '크다'의 어간 '크'에 관형사형 전성어미 '-ㄴ'을 결합하여 명사 '아버지'와 결합하였기 때문에 이는 비통사적 합성어가 아니다. 하지만 '덮밥'의 경우 '덮다'의 어간 '덮-'이 명사 '밥'과 바로 결합되었기 때문에 이는 비통사적 합성어이다.

① '척척박사'의 경우 부사 '척척'과 명사 '박사'가 결합한 것으로 비통사적 합성어이다.
② '뛰놀다'와 '넘어가다'는 같은 종류의 합성어이다.
③ '접칼'의 경우 용언의 어간이 관형사형 전성어미 없이 명사와 결합한 것이므로 비통사적 합성어이다.
④ '새언니'와 '흔들바위'는 서로 다른 종류의 합성어이다.

03 밑줄 친 표현이 ㉠의 의미와 가장 유사한 것은?

경찰 조사 결과 무혐의로 밝혀져 그는 혐의를 ㉠ 벗고 출감했다.

① 손님들은 예의를 지켜 문 앞에서 신발을 벗었다.
② 그는 성실하게 복무를 마친 후 병역의 의무를 벗었다.
③ 그는 오랜 재판 끝에 결국 누명을 벗고 자유의 몸이 되었다.
④ 그는 1년 동안 열심히 배우며 신참의 때를 벗었다.

04 밑줄 친 표현이 ㉠의 의미와 가장 유사한 것은?

화가는 아름다운 풍경을 화폭에 ㉠ 담기 위해 붓을 들었다.

① 작은 선물이지만 마음을 담아 정성을 담았다.
② 그는 봉지에 있던 쌀을 조심스럽게 쌀통에 담았다.
③ 장인은 술을 항아리에 담으며 온도를 세심하게 관리했다.
④ 그는 간장을 작은 병에 담아 선물로 나누었다.

05 ㉠~㉢과 바꿔 쓸 수 있는 유사한 표현으로 적절하지 않은 것은?

> (가) 최근 갈등이 심화되면서 두 나라 사이의 전쟁 위기감이 ㉠ 고조되고 있다.
> (나) 은행은 수수료를 잘못 부과한 사실을 확인하고 즉시 ㉡ 환급했다.
> (다) 우리는 정해진 기한 내에 주어진 과업을 ㉢ 완수하기 위해 최선을 다했다.
> (라) 학교는 잠재력을 지닌 학생들을 ㉣ 발굴하여 적극적으로 지원하고 있다.

① ㉠: 높아지고
② ㉡: 돌려줬다
③ ㉢: 이루기
④ ㉣: 찾아들어

06 ㉠~㉢과 바꿔 쓸 수 있는 유사한 표현으로 적절하지 않은 것은?

> (가) 이 지역은 산수가 ㉠ 빼어나 많은 관광객이 찾는다.
> (나) 법원은 중대한 범죄를 저지른 죄인의 참정권을 ㉡ 빼앗다.
> (다) 성공을 꿈꾸지만 최고가 되는 길은 결코 쉽지 않고 ㉢ 고생스럽다.
> (라) 독자들은 작가의 유려한 문체에 ㉣ 사로잡히고 말았다.

① ㉠: 수려하여
② ㉡: 편취했다
③ ㉢: 험난하다
④ ㉣: 매료되고

07 (가)~(다)를 전제로 할 때, 빈칸에 들어갈 결론으로 가장 적절한 것은?

> (가) 달리기를 좋아하지 않는 모든 사람은 수영도 좋아하지 않는다.
> (나) 달리기를 좋아하는 모든 사람은 등산을 하지 않는다.
> (다) 수영을 좋아하는 어떤 사람은 요가도 좋아한다.
> 따라서 [＿＿＿＿＿＿＿＿＿＿＿].

① 요가를 좋아하는 어떤 사람은 달리기도 좋아한다.
② 등산을 하는 사람이 수영도 좋아한다.
③ 수영을 좋아하고 요가를 좋아하지 않는 사람이 존재한다.
④ 등산을 하지 않는 모든 사람은 달리기를 좋아한다.

08 댄스동아리 활동을 하는 해린이는 다음 조건을 따라 월요일부터 금요일까지 중 연습할 요일을 정하려고 한다. 해린이가 연습하게 될 요일을 있는 대로 모두 고른 것은?

> ○ 월요일에는 바빠서 연습할 수 없다.
> ○ 수요일 또는 목요일에 연습하지 않으면 월요일에는 연습한다.
> ○ 금요일에 연습하지 않으면 목요일도 연습하지 않는다.
> ○ 금요일에 연습하면 화요일에는 연습하지 않는다.

① 수, 목
② 화, 수, 목
③ 화, 목, 금
④ 수, 목, 금

[09~10] 다음 글을 읽고 물음에 답하시오.

> 고고학에서 발굴은 매장 문화재 등의 고고학 자료를 찾아내는 중요한 작업이다. 고고학에서 주로 사용되는 발굴법은 유구의 성격에 따라 달라지는데 트렌치법, 방격법(方格法) 등이 있다.
> ㉠ 트렌치법은 도랑파기법이라고도 하는데 유적의 한가운데를 가로지르는 어느 정도 깊이의 도랑을 판 다음 도랑의 주변부터 점차 발굴 범위를 확대해 나가는 방식이다. 이 방법은 넓은 지역을 동시에 조사하기 때문에 유적이 어떤 곳이었는지 대략적으로 파악할 수 있으나, 유구의 흐름이나 지층이 쌓인 순서인 층서를 정밀하게 파악하기 어렵다는 약점이 있다.
> ㉡ 방격법은 일종의 바둑판식 발굴법으로, 먼저 조사 대상 지역에 X축과 Y축이 직각으로 교차되는 기준점을 정한 후 기준점을 중심으로 사방으로 바둑판 눈금 모양의 구획인 그리드를 설정하여 발굴해 나가는 방법이다. 이 방법은 발굴 작업에 장시간이 소요되는 유적지 발굴에 활용되는 것으로, 주로 야외 유적인 주거지, 건물지, 사지 등 넓은 지역을 대상으로 할 때 용이하다.
> 일반적으로 유적지를 발굴할 때는 발굴 단위별로 지층의 수평을 유지하면서 발굴 속도에 균형을 맞추어 파 내려가게 된다. 이는 각 부분의 전체적인 윤곽을 지층에 따라 확인할 수 있도록 하기 위함이다. 그 과정에서 지층에 따라 출토된 유물을 기록하고 훼손되지 않게 정돈하여야 하므로 이에 대한 주의 깊은 노력이 필요하다.

09 윗글의 핵심 화제로 가장 적절한 것은?
① 고고학 발굴의 대상과 범위
② 고고학 발굴의 방법과 과정
③ 고고학 발굴의 의의와 전망
④ 고고학 발굴의 역사와 전개

10 ㉠과 ㉡의 공통적인 특징으로 가장 적절한 것은?
① 비교적 넓은 범위의 지역을 조사, 발굴할 수 있다.
② 발굴 기자재를 많이 활용하지 않고도 쉽게 작업을 할 수 있다.
③ 도랑을 만듦으로써 유물의 발굴을 용이하게 할 수 있다.
④ 발굴에 드는 비용을 가급적 줄여 경제적으로 진행할 수 있다.

매일 모고 영어 제8회

01 밑줄 친 부분에 들어갈 말로 가장 적절한 것은?

> The disease spread rapidly due to a lack of proper precautions, resulting in _____ infections across several regions.

① widespread   ② intelligent
③ empty   ④ guilty

02 밑줄 친 부분에 들어갈 말로 가장 적절한 것은?

> The singer became _____ overnight after her performance went viral on social media and received millions of views.

① bare   ② popular
③ ingenious   ④ impolite

03 밑줄 친 부분에 들어갈 말로 가장 적절한 것은?

> Students were told to _____ in the schoolyard before the emergency drill began, so that they could receive instructions and understand how to respond properly in case of a real emergency.

① insult   ② assemble
③ perplex   ④ enhance

04 밑줄 친 부분에 들어갈 말로 가장 적절한 것은?

> The school does not _____ students to leave the campus during class hours without special permission from a teacher.

① disgust   ② sneer
③ flatter   ④ permit

05 밑줄 친 부분에 들어갈 말로 가장 적절한 것은?

> Children sometimes become _____ when their parents give more attention to a new sibling.

① brief   ② visible
③ regular   ④ jealous

06 밑줄 친 부분에 들어갈 말로 가장 적절한 것은?

Noah
Good afternoon. This is Kevin from ABC Company. May I speak to Ms. Lee?

Amelia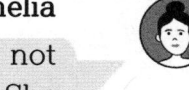
Good afternoon. She's not at her desk right now. She stepped out for a meeting and is expected to return in about an hour.

Noah
I see. I was calling regarding the contract details we discussed last week, and it's quite urgent.

Amelia
Okay. _____

Noah
Yes, please tell her that I've sent the revised document by email and ask her to review it before tomorrow.

Amelia
Sure. I'll make sure she gets your message as soon as she returns.

① Would you like to leave a message?
② How do you know Kevin?
③ Would you like to schedule a meeting in person?
④ Where are you waiting right now?

07 밑줄 친 부분에 들어갈 말로 가장 적절한 것은?

> He was _____ the door open for others even though he was running late for his appointment.

① enough polite
② polite enough to hold
③ politeness enough
④ polite enough to holding

08 밑줄 친 부분 중 어법상 옳지 않은 것은?

It is widely believed ① that English is the most influential language in global communication. ② That may have been the case in the past, but other languages are becoming more dominant in certain fields. The percentage of non-English content online has been increasing. One key reason is that the number of Internet users ③ whose native language is not English ④ have been growing rapidly.

09 주어진 글 다음에 이어질 글의 순서로 가장 적절한 것은?

Sports do not always need special buildings. A simple field can be used for running, ball games, or other activities.

(A) In ancient times, the "stadion" was both a place for running races and a unit of measurement. Sports architecture began when game rules were written down, and designs were made to fit those rules.

(B) However, sports architecture has a long history. This history is important for both sports and architecture. To build sports structures, there must be clear rules and specific spaces for the games.

(C) In early England, football games were played across towns without fixed fields. Activities like swimming, boating, or surfing can happen in natural places that are not designed. Even a wall of a building can be used for sports like handball or tennis.

① (A) - (C) - (B)
② (B) - (C) - (A)
③ (C) - (A) - (B)
④ (C) - (B) - (A)

10 밑줄 친 부분에 들어갈 말로 가장 적절한 것은?

Plans need to be flexible, but it's also important to set clear deadlines and tasks to avoid unnecessary delays. Gary, who has been getting frequent colds recently, knows he needs to make an appointment with a doctor. However, despite knowing the importance of seeing a doctor, he keeps putting it off. He considers himself conscientious and someone who is generally responsible, so he doesn't expect to neglect his health. But without setting a specific time to make the call, he finds himself thinking he will do it "soon." As a result, each day passes without any action. By scheduling the appointment at a specific time and setting an automatic reminder, Gary can create a more structured approach that makes it harder to ignore the fact that _____.

① he is not acting in line with his own sense of responsibility
② his schedule becomes increasingly difficult to manage
③ failing to make the call at the appointed time is a case of delay
④ making the appointment feels unnecessarily burdensome

01 행정행위에 대한 설명으로 옳지 않은 것은? (다툼이 있는 경우 판례에 의함)

① 공무원 임용을 위한 면접전형에서 임용신청자의 능력이나 적격성 등에 관한 판단은 면접위원의 고도의 교양과 학식, 경험에 기초한 자율적 판단에 의존하는 것으로서 면접위원의 자유재량에 속하고, 그와 같은 판단이 현저하게 재량권을 일탈·남용하지 않은 한 이를 위법하다고 할 수 없다.

② 구 「국민건강보험법」 제52조 제1항은 "공단은 사위 기타 부당한 방법으로 보험급여를 받은 자 또는 보험급여비용을 받은 요양기관에 대하여 그 급여 또는 급여비용에 상당하는 금액의 전부 또는 일부를 징수한다."라고 규정하므로 동 조항이 정한 부당이득징수는 기속행위에 해당한다.

③ 주택건설사업의 양수인이 사업주체의 변경승인신청을 한 이후에 행정청이 양도인에 대하여 그 사업계획변경승인의 전제로 되는 사업계획승인을 취소하는 처분을 한 경우, 양수인은 그 처분 이전에 양도인으로부터 토지와 사업승인권을 사실상 양수받아 사업주체의 변경승인신청을 한 자로서 그 취소를 구할 법률상의 이익을 가진다.

④ 「화물자동차 운수사업법」상 유가보조금 반환명령은 '운송사업자등'이 유가보조금을 지급받을 요건을 충족하지 못함에도 유가보조금을 청구하여 부정수급하는 행위를 처분사유로 하는 '대인적 처분'이다.

02 행정행위의 요건과 효력에 대한 설명으로 옳지 않은 것은? (다툼이 있는 경우 판례에 의함)

① 행정의사가 외부에 표시되어 행정청이 자유롭게 취소·철회할 수 없는 구속을 받게 되는 시점에 처분이 성립하고, 그 성립 여부는 행정청이 행정의사를 공식적인 방법으로 외부에 표시하였는지를 기준으로 판단해야 한다.

② 법무부장관의 입국금지결정이 그 의사가 공식적인 방법으로 외부에 표시된 것이 아니라 단지 그 정보를 내부 전산망인 출입국관리정보시스템에 입력하여 관리한 것에 지나지 않은 경우, 이는 항고소송의 대상에 해당되지 않는다.

③ 계고처분이 위법한 경우 행정대집행이 완료되면 그 처분의 취소를 구할 소의 이익은 없다 하더라도, 미리 그 행정처분의 취소판결이 있어야만 그 행정처분의 위법임을 이유로 한 손해배상 청구를 할 수 있는 것은 아니다.

④ 행정처분이 불복기간의 경과로 인하여 확정될 경우 그 처분의 기초가 된 사실관계나 법률적 판단이 확정되고 당사자들이나 법원이 이에 기속되어 모순되는 주장이나 판단을 할 수 없게 된다.

03 행정행위의 취소와 철회에 대한 설명으로 옳은 것은? (다툼이 있는 경우 판례에 의함)

① 현역병 입영대상편입처분을 보충역편입처분으로 변경한 경우, 보충역편입처분에 불가쟁력이 발생한 이후 보충역편입처분이 하자를 이유로 직권취소 되었다면 종전의 현역병 입영대상편입처분의 효력은 되살아난다.

② 행정청은 행정소송이 계속되고 있는 때에도 직권으로 그 처분의 흠을 치유할 수 있으며, 흠 있는 부분에 해당하는 「도로법」상 도로점용료를 감액하는 처분은 당초 처분 자체의 흠을 치유하는 것으로서 흠의 치유에 해당한다.

③ 권한 없는 행정기관이 한 당연무효인 행정처분을 취소할 수 있는 권한은 당해 행정처분을 할 수 있는 적법한 권한을 가지는 행정청에게 속한다.

④ 행정청은 당사자의 신뢰를 보호할 가치가 있는 등 정당한 사유가 있는 경우에는 위법한 처분을 장래를 향하여 취소할 수 있다.

04 「행정소송법」상 처분등에 대한 설명으로 옳은 것은? (다툼이 있는 경우 판례에 의함)

① 행정청이 식품위생법령에 따라 영업자에게 행정제재처분을 한 후 당초 처분을 영업자에게 유리하게 변경하는 처분을 한 경우, 취소소송의 대상이 되는 처분은 변경처분이 된다.

② 「국세기본법」에 따른 과세관청의 국세환급금결정은 항고소송의 대상이 되는 행정처분에 해당한다.

③ 「부가가치세법」상 사업자등록은 단순한 사업사실의 신고에 해당하므로, 과세관청이 직권으로 등록을 말소한 행위는 항고소송의 대상인 행정처분에 해당하지 않는다.

④ 거부처분의 처분성을 인정하기 위한 전제 요건이 되는 신청권은 신청인이 그 신청에 따른 단순한 응답을 받을 권리를 넘어서 신청의 인용이라는 만족적 결과를 얻을 권리를 의미한다.

05 정보공개에 대한 설명으로 옳은 것은? (다툼이 있는 경우 판례에 의함)

① 군검사가 공소제기된 사건과 관련하여 보관하고 있는 서류 또는 물건에 관하여는 피고인이나 변호인의 정보공개법에 의한 정보공개청구가 허용되지 아니한다.

② 「유아교육법」에 따른 사립유치원은 공공기관의 정보공개에 관한 법령상 공공기관에 해당하지 않는다.

③ 국내에 일정한 주소를 두고 있지 않은 외국인이 학술대회 발표를 위해 1주일간 체류하는 경우에는 정보공개청구권자가 될 수 없다.

④ 교육공무원의 근무성적평정 결과를 공개하지 아니한다고 규정하고 있는 「교육공무원 승진규정」을 근거로 정보공개청구를 거부하는 것은 위법하지 않다.

06 법치행정과 행정입법에 대한 설명으로 옳지 않은 것은? (다툼이 있는 경우 판례에 의함)

① 전기요금의 결정에 관한 내용은 반드시 입법자가 스스로 규율해야 하는 부분에 해당하므로 한국전력공사가 작성하여 산업통상자원부장관의 인가를 받은 공급약관에 따라 전기요금을 결정하도록 하는 것은 의회유보원칙에 위반된다.

② 당사자는 구체적 사건의 심판을 위한 선결문제로서 행정입법의 위법성을 주장하여 법원에 대하여 당해 사건에 대한 적용 여부의 판단을 구할 수 있을 뿐 행정입법 자체의 합법성의 심사를 목적으로 하는 독립한 신청을 제기할 수는 없다.

③ 부작위위법확인소송의 대상이 될 수 있는 것은 구체적 권리의무에 관한 분쟁이어야 하고 추상적인 법령에 관하여 제정의 여부 등은 그 자체로서 국민의 구체적인 권리의무에 직접적 변동을 초래하는 것이 아니어서 그 소송의 대상이 될 수 없다.

④ 법률유보의 원칙은 '법률에 의한' 규율만을 뜻하는 것이 아니라 '법률에 근거한' 규율을 요청하는 것이므로 기본권 제한의 형식이 반드시 법률의 형식일 필요는 없고 법률에 근거를 두면서 헌법 제75조가 요구하는 위임의 구체성과 명확성을 구비하기만 하면 위임입법에 의하여도 기본권 제한을 할 수 있다.

07 행정법의 일반원칙에 대한 설명으로 옳지 않은 것은? (다툼이 있는 경우 판례에 의함)

① 같은 정도의 비위를 저지른 자들 사이에 있어서도 그 직무의 특성 등에 비추어, 개전의 정이 있는지 여부에 따라 징계의 종류의 선택과 양정에 있어서 차별적으로 취급하는 것은, 사안의 성질에 따른 합리적 차별로서 평등원칙 내지 형평에 반하지 아니한다.

② 상대방에게 귀책사유가 있어 그 신뢰의 보호가치가 인정되지 않는다면 신뢰보호의 원칙이 적용되지 않는데, 이때 귀책사유의 유무는 상대방과 그로부터 신청행위를 위임받은 수임인 등 관계자 모두를 기준으로 판단하여야 한다.

③ 폐기물처리업에 대하여 사전에 관할 관청으로부터 사업계획 적합통보를 받고 막대한 비용을 들여 허가요건을 갖춘 다음 허가신청을 하였음에도 다수 청소업자의 난립으로 안정적이고 효율적인 청소업무의 수행에 지장이 있다는 이유로 한 불허가처분은 신뢰보호의 원칙 및 비례의 원칙에 반하는 것으로서 재량권을 남용한 위법한 처분이다.

④ 입법 예고를 통해 법령안의 내용을 국민에게 예고하였다면, 그것이 법령으로 확정되지 아니하였더라도 신뢰보호의 대상이 될 수 있다.

08 행정상 강제에 대한 설명으로 옳은 것은? (다툼이 있는 경우 판례에 의함)

① 「행정대집행법」에서는 행정청이 법령등에 따라 부과한 의무의 불이행에 대해서만 행정대집행의 대상으로 삼고 있고 법령등에서 직접 명령한 의무의 불이행에 대해서는 행정대집행의 대상으로 삼고 있지 않다.

② 외국인의 출입국에 관한 사항에 관하여는 「행정기본법」상 행정상 강제 규정이 적용된다.

③ 독촉절차 없이 압류처분을 하였다고 하더라도 이러한 사유만으로는 압류처분을 무효로 되게 하는 중대하고도 명백한 하자가 되지 아니한다.

④ 관할청이 「농지법」상의 이행강제금 부과처분을 하면서 재결청에 행정심판을 청구하거나 관할 행정법원에 행정소송을 할 수 있다고 잘못 안내한 경우 행정법원의 항고소송 재판관할이 생긴다.

09 취소소송의 판결에 대한 설명으로 옳지 않은 것은? (다툼이 있는 경우 판례에 의함)

① 원고의 청구가 이유있다고 인정하는 경우에도 처분 등의 무효를 확인하는 것이 현저히 공공복리에 적합하지 아니하다고 인정하는 때에는 법원은 원고의 청구를 기각할 수 있다.

② 과세의 절차 내지 형식에 위법이 있어 과세처분을 취소하는 판결이 확정되었을 때는 그 확정판결의 기판력은 거기에 적시된 절차 내지 형식의 위법사유에 한하여 미치는 것이므로 과세관청은 그 위법사유를 보완하여 다시 새로운 과세처분을 할 수 있다.

③ 특별한 사정이 없는 한 간접강제결정에서 정한 의무이행기한이 경과한 후에라도 확정판결의 취지에 따른 재처분의 이행이 있으면 더 이상 배상금의 추심은 허용되지 않는다.

④ 행정처분을 취소한다는 확정판결이 있으면 그 취소판결의 형성력에 의하여 당해 행정처분의 취소나 취소통지 등의 별도의 절차를 요하지 아니하고 당연히 취소의 효과가 발생한다.

10 「공익사업을 위한 토지 등의 취득 및 보상에 관한 법률」에 대한 설명으로 옳지 않은 것은? (다툼이 있는 경우 판례에 의함)

① 사업인정고시는 수용재결절차로 나아가 강제적인 방식으로 토지소유자나 관계인의 권리를 취득·보상하기 위한 요건으로서, 영업손실 보상청구를 위해서는 반드시 사업인정이나 수용이 전제되어야 한다.

② 사업인정은 공익사업의 시행자에게 그 후 일정한 절차를 거칠 것을 조건으로 일정한 내용의 수용권을 설정하여 주는 형성행위이다.

③ 토지수용위원회의 수용재결에 대한 이의의 신청은 재결서의 정본을 받은 날부터 30일 이내에 하여야 한다.

④ 어떤 보상항목이 공익사업을 위한 토지 등의 취득 및 보상에 관한 법령상 손실보상대상에 해당함에도 관할 토지수용위원회가 사실을 오인하거나 법리를 오해함으로써 손실보상대상에 해당하지 않는다고 잘못된 내용의 재결을 한 경우에는, 피보상자는 사업시행자를 상대로 보상금증감소송을 제기하여야 한다.

01 신공공관리론에 대한 비판적 시각으로 잘못된 것은?

① 정책기능과 집행기능이 분리되고 환류기능이 강화되어 정책기능이 강화된다.

② 전통적인 행정가치인 형평성이나 공익성 등이 도외시될 수 있고 지나친 인력감축은 우수인재의 손실을 가져올 수 있다.

③ 일선현장의 자율성을 확대하는 것은 정책의 통합성과 책임성을 약화시킬 우려가 있다

④ 개방형인사는 공무원들의 신분을 불안하게 하고 민영화는 서비스에 대한 책임성과 안정성을 저해할 우려가 있다.

02 근무성적 평정상의 오류에 대한 내용상 상호 연결이 맞지 않는 것은?

① 연쇄효과 - 한 평정 요소에 대한 평정자의 판단이 다른 요소의 평정에도 영향을 주는 효과

② 규칙적 오류 - 평정자의 평정 기준이 일정치 않아 관대화나 엄격화 경향이 일어날 때 발생하는 오류

③ 첫머리 효과 - 전체 기간의 실적이나 능력을 평가하기보다는 초기 업적에 영향을 크게 받는 경향

④ 선입견에 의한 오류 - 성별, 출신학교, 종교 등에 대한 평정자가 갖고 있는 생각이 영향을 미치는 경향

03 살라몬(L. M. Salamon)의 정책수단 분류에서 간접적 수단에 속하는 것은?

① 정부의 직접대출

② 경제적 규제

③ 공기업

④ 보조금

04 행정기관에 대하여 관계법령에 규정된 내용으로 옳지 않은 것은?

① 자문기관이라 함은 부속기관 중 행정기관의 자문에 응하여 행정기관에 전문적인 의견을 제공하거나, 자문을 구하는 사항에 관하여 심의·조정·협의하는 등 행정기관의 의사결정에 도움을 주는 행정기관을 말한다.

② 소속기관이라 함은 중앙행정기관에 소속된 기관으로서, 특별지방행정기관과 부속기관을 말한다.

③ 하부조직이라 함은 행정기관의 보조기관과 보좌기관을 말한다.

④ 보조기관이라 함은 행정기관이 그 기능을 원활하게 수행할 수 있도록 그 기관장이나 보조기관을 보좌함으로써 행정기관의 목적달성에 공헌하는 기관을 말한다.

05 정부회계의 기장방식이 복식부기 위주의 회계가 운영될 때 드러나는 특성의 변화로 볼 수 있는 것은?

① 재정의 총괄적이고 체계적인 현황 파악이 어려워진다.

② 자산과 부채에 대해 명확하게 인식하기가 곤란하다.

③ 오류의 자기검증 및 회계 간의 연계성 분석기능이 가능하다.

④ 회계기록의 오류나 탈루가 있을 경우 정확성 여부 검증이 곤란하다.

06 킹던(Kingdon)의 '정책의 창(정책흐름)'모형에 대한 설명으로 옳지 않은 것은?

① 정책문제의 흐름, 정책대안의 흐름, 정치의 흐름이 어떤 계기로 서로 결합함으로써 새로운 정책의제로 형성되는 것을 말한다.

② 정치의 흐름은 국가적 분위기 전환, 선거에 따른 행정부나 의회의 인적 교체, 이익집단들의 로비활동과 압력행사 등과 같은 요소들로 구성된다.

③ 정책과정 중 정책결정 단계에 초점을 맞춘 모형이다.

④ 정책의 흐름은 문제를 검토하여 해결방안들을 제안하는 전문가들과 분석가들로 구성되며, 여기서 여러 가능성들이 탐색되고 그 범위가 좁혀진다.

07 성인지 예산제도에 대한 설명으로 옳지 않은 것은?

① 기존의 예산제도가 성중립적인 것으로 인식하고, 성을 고려하지 않은 예산은 성불평등을 초래한다는 인식에서 출발하였다.

② 성인지 예산제도는 예산 전체 과정보다 예산편성 과정과 개별 사업을 대상으로 하므로 기금의 수입 지출에는 적용되지 않는다.

③ 우리나라 국가재정법 제26조에는 성인지 예산제도를 임의 규정이 아닌 의무규정으로 설정하고 있다.

④ 성인지 예산제는 여성지원만을 위한 예산제도가 아니라 예산이 성에 미치는 영향을 분석해 균형된 사회를 구현하려는 제도이다.

08 공무원 부패 유형에 관한 설명으로 가장 적절하지 않은 것은?

① 제도화된 부패 - 행정체제 내에서 조직의 임무수행에 필요한 행동규범이 예외적인 것으로 전락되고, 부패가 일상적으로 만연화되어 있는 상황을 지칭하는 부패의 유형이다.

② 백색부패 - 사회에 심각한 해가 없거나 관료사익을 추구하려는 기도가 없는 선의의 부패이다.

③ 흑색부패 - 하급행정관료들이 낮은 보수를 채우기 위해 생계유지 차원에서 저지르는 부패의 유형이다.

④ 회색부패 - 사회체제에 파괴적인 영향을 미칠 수 있는 잠재성을 지닌 부패로서 사회구성원 가운데 일부 집단은 처벌을 원하지만 다른 일부집단은 처벌을 원하지 않는 부패의 유형이다.

09 프렌치(J.French)와 레이븐(B.Raven)의 권력의 원천에 관한 설명 중 가장 적절하지 않은 것은?

① 강압적 권력은 어떤 사람이 다른 사람을 처벌할 수 있는 능력을 가지거나 육체적 또는 심리적으로 다른 사람에게 위해를 가할 수 있는 능력으로 권한과 유사한 개념이다.

② 합법적 권력은 상사가 보유하고 있는 직위에 기반을 둔 것으로, 일반적으로 직위가 높을수록 합법적 권력은 더욱 커지는 경향이 있다.

③ 전문적 권력은 다른 사람들이 가치를 두는 정보를 갖고 있는 정도에 기반을 둔 것으로, 다른 사람이 필요로 하는 전문적인 기술이나 지식을 어떤 사람이 갖고 있을 때 발생한다.

④ 보상적 권력은 다른 사람들에게 보상을 제공할 수 있는 능력에 기반을 둔 것이다.

10 다음 중 민간위탁방식에 대한 설명으로 가장 옳지 않은 것은?

① 계약방식은 민간조직에게 일정구역 내에서 공공 서비스를 제공하는 권리를 인정하는 방식이다.

② 보조금 방식은 민간부문의 서비스제공활동에 대하여, 재정 또는 현물로 지원하는 방식이다.

③ 구입증서방식은 시민들의 서비스구입 부담을 완화시키기 위해 금전적 가치가 있는 쿠폰을 제공하는 방식이다.

④ BTL 방식은 사회간접자본 건설에 민간자본을 유치하여 건설 및 운영하는 방식이다.

01 우리나라 구석기 시대의 유적지로서 한반도에 주먹도 끼 문화가 없었다는 학설을 처음으로 뒤엎게 된 유물이 출토된 곳은?

① 연천 전곡리
② 청원 두루봉 동굴
③ 웅기 굴포리
④ 제주 빌레못 동굴

02 다음과 같은 집자리를 남긴 사람들의 생활 모습으로 적절한 것은?

① 무리를 이루어 이동생활을 했다.
② 마을에 목책과 환호를 설치하였다.
③ 이른 민무늬토기 등을 제작하였다.
④ 원시적인 농경이 시작되었으나, 벼농사는 아직 하지 않았다.

03 다음 중 아래의 글과 연관된 지역에서 있었던 일이 아닌 것은?

한반도에서 가장 비옥한 토양을 지니고 있으며, 후기 고조선 문명의 중심지였다.

① 물산장려운동의 시작
② 안창호의 대성학교 건립
③ 고구려 유리왕의 도읍 천도
④ 백제의 공격으로 고국원왕의 전사

04 다음 사료의 밑줄 친 '여자'의 재위기간에 있었던 일이 아닌 것은?

"내가 변방의 군대를 조금 일으켜 거란과 말갈을 거느리고 요동으로 곧장 쳐들어가면 그대 나라는 저절로 풀려 1년 정도의 포위는 느슨해질 것이다. 그러나 이후 이어지는 군대가 없음을 알면 도리어 침략을 멋대로 하여 네 나라가 함께 소란해질 것이니, 그대 나라도 편치 못할 것이다. 이것이 첫번째 계책이다. 나는 또한 너에게 수천 개의 붉은 옷과 붉은 깃발을 줄 수 있는데, 두 나라 군사가 이르렀을 때 그것을 세워 진열해 놓으면 그들이 보고서 우리 군사로 여겨 반드시 모두 도망갈 것이다. 이것이 두번째 계책이다.

백제국은 바다의 험난함을 믿고 병기를 수리하지 않고 남녀가 어지럽게 섞여 서로 즐기며 연회만 베푸니, 내가 수십 수백 척의 배에 군사를 싣고 소리없이 바다를 건너 곧바로 그 땅을 습격하려고 한다. 그런데 그대 나라는 여자를 임금으로 삼고 있으므로 이웃 나라의 업신여김을 받게 되고, 임금의 도리를 잃어 도둑을 불러들이게 되어 해마다 편안할 때가 없다. 내가 왕족 중의 한 사람을 보내 그대 나라의 왕으로 삼되, 자신이 혼자서는 왕노릇을 할 수 없으니 마땅히 군사를 보내 호위케 하고, 그대 나라가 안정되기를 기다려 그대들 스스로 지키는 일을 맡기려 한다. 이것이 세번째 계책이다. 그대는 잘 생각해 보라. 장차 어느 것을 따르겠는가?"

① 황룡사의 창건
② 첨성대의 건립
③ 분황사 모전탑의 건립
④ 의자왕의 대야성 공격

05 다음 사료와 관련된 인물에 대한 설명으로 옳은 것은?

> 우주 만물의 근원이 되는 이는 절대적으로 선한 것이고, 만물을 구성하는 기는 선과 악이 함께 섞여 있는 것이다. 따라서 순선한 이는 존귀하고 선악이 함께 내재한 기는 비천한 것이다. 그러나 선과 악이 함께 섞여 있는 기는 이의 순선에 수렴할 수 있다.

① 경과 의를 근본으로 하는 실천적 성리학풍을 강조하였다.
② 군주 스스로의 수양을 강조한 성학십도를 국왕에게 바쳤다.
③ 이보다는 기를 중심으로 세상을 이해하고 노장사상에 개방적이었다.
④ 주기론의 입장에서 경험적 현실세계를 존중하여 사회경장을 중시하였다.

06 다음과 같은 벽화를 제작한 국가에 대한 설명으로 적절한 것은?

무용총 접객도　　　　무용총 무용도

① 중앙교육기관으로 태학을 설치하였다.
② 나당동맹을 결성하여 삼국을 통일하였다.
③ 마한의 잔여세력을 정복하고 왜와 통교하였다.
④ 흑수말갈을 정복하고 해동성국의 전성기를 누렸다.

07 다음과 같은 관점에서 이루어진 정책으로 적절한 것은?

> 역경에서 말하기를 성인이 인심을 감동시키니 천하가 태평하다고 하였고, 논어에서 말하기를 특별히 할일 없이 꾸밈없이 다스리는 자는 순임금이라 했으니, 장차 무엇을 할 것인가? 몸을 공손히 해 남쪽을 향해 바르게 앉아 있었을 따름이다. 성인이 소위 하늘과 사람을 감동시키는 것은 순일한 덕이 있기 때문이며, 사심이 없기 때문이다. 만약 성왕께서 마음을 바로하고 겸손하시며 항상 경외함에 있어 신하를 예로써 대접한다면, 즉 누군들 심력을 다하여 나아가 꾀를 아뢰고, 물러나면 바르게 보필할 것을 생각하지 않겠습니까? 이것은 소위 예로써 신하를 부리며, 신하는 임금을 충성으로 섬긴다는 것입니다.

① 탕평책
② 대한국제
③ 6조 직계제
④ 의정부서사제

[08~09] 다음 자료를 읽고 물음에 답하시오.

> 고종 12년 (가)가 사저에 정방을 두고 백관의 전주(銓注)를 다루었는데, 문사를 뽑아 이에 속하게 하고 이름을 필자적(몽고어로 문사)이라 하였다. 이전 제도에는 이부는 문전을 관장하고 병부는 무선(武選)을 관장하여 그 연월의 차례를 정하고 노일을 구분하고 공과를 기록하였다.....

08 밑줄 친 (가)가 집권하던 시기의 일로 옳지 않은 것은?
① 강화도 천도
② 대장경 완성
③ 이연년의 난
④ 삼별초 설치

09 위 사료의 시기에 있었던 문화적 동향으로 적절한 것은?
① 추사체가 창안되었다.
② 철불이 활발히 제작되었다.
③ 상감청자가 쇠퇴하고 순청자가 유행하였다.
④ 문인들이 가전체문학, 패관문학과 같은 여러 저술을 남겼다.

10 다음 중 고려의 수취체제와 토지제도에 대한 설명으로 적절하지 않은 것은?
① 토지를 3등급으로 구분하여 수취하였다.
② 공전에서 수취하는 지대는 수확량의 1/4이었다.
③ 민전에서 수취하는 지대는 수확량의 1/2이었다.
④ 경기 지방에 한정하여 관리들에게 전시과를 지급하였다.

매일 모고 국어 제12회

01 다음 글에서 추론한 내용으로 적절하지 않은 것은?

동사는 움직임이나 작용을 나타내는 말이며, 형용사는 성질이나 상태를 나타내는 말이다. 동사와 형용사는 모두 '-다'의 형태로 끝나기 때문에 형태상으로 구별이 쉽지 않다. 따라서 의미로 구별하거나, 문법적인 구별이 필요하다. 동사와 형용사를 구별하는 방법으로 현재 시제 선어말어미 '-는-/-ㄴ-'을 결합시키는 방법이 있다. 동사에는 현재 시제 선어말어미가 결합할 수 있지만 형용사에는 결합이 불가하다.

예를 들어 보자. 동사 '먹다'는 어간 '먹-'에 현재시제 선어말어미 '-는-'을 결합하여 '먹는다'의 형태로 쓸 수 있다. 따라서 '나는 지금 밥을 먹는다'는 어색하지 않다. 하지만 형용사 '아름답다'의 어간 '아름답-'에 동일하게 현재시제 선어말어미 '-는-'을 결합할 경우, '아름답는다'가 되는데 이는 어색한 표현이다. '그녀는 아름답는다'로 쓸 수 없기 때문이다. 이를 통해 동사는 현재 시제 선어말어미로 시제 표현이 가능하지만, 형용사의 경우 본래 기본형이 현재 시제를 포함하고 있음을 알 수 있다.

① '철수에게는 아직 많은 기회가 있었다.'에서 '있다'는 형용사이다.
② '늙은 사람의 말에는 연륜이 느껴졌다.'에서 '늙다'는 동사이다.
③ '그는 가쁘게 몰아쉬던 숨을 고르고 있다.'에서 '고르다'는 동사이다.
④ '그는 버스 시간에 늦어 고향에 가지 못했다.'에서 '늦다'는 형용사이다.

02 다음 글에서 추론한 내용으로 적절하지 않은 것은?

1인칭 대명사의 경우에는 화자를 대신 가리키는 말로 '나, 저, 우리, 저희, 짐, 소인' 등이 있다. 2인칭 대명사의 경우에는 청자를 대신 가리키는 말로 '너, 자네, 그대, 당신' 등이 있다. 3인칭 대명사의 경우에는 화자와 청자 이외의 사람을 가리키는 말로 '그', '그녀', '그이' 따위가 있는데 특히 선행 체언을 도로 나타내는 삼인칭 대명사인 재귀 대명사에는 '저', '저희', '자기', '당신' 등이 있다. 가령 '철수는 자기가 가겠다고 했다.'의 '자기'는 재귀대명사로 3인칭에 해당한다. 다만 이러한 대명사의 경우에 같은 형태임에도 불구하고 맥락에 따라 인칭이 달라질 수 있다.

① '우리'는 화자를 가리키는 1인칭 대명사이다.
② '저의 말씀을 들어 주세요.'의 '저'는 1인칭 대명사이다.
③ '할머니는 당신의 유언을 남기셨다'의 '당신'은 청자를 가리키는 2인칭 대명사이다.
④ '그들도 저희의 자식을 이뻐라 하였다'의 '저희'는 선행 체언을 도로 나타내는 재귀 대명사이다.

03 ㉠~㉣과 바꿔 쓸 수 있는 유사한 표현으로 적절하지 않은 것은?

(가) 오래된 유물이 훼손되지 않고 ㉠ 온전하게 보존되어 있다.
(나) 나는 졸업을 한 언니에게 꽃다발을 한 아름 ㉡ 선사했다.
(다) 그들은 국왕을 황제로 ㉢ 호칭하고 왕비를 황후라고 불렀다.
(라) 그녀는 단정하게 자신을 ㉣ 치장하고 중요한 모임에 참석했다.

① ㉠: 고스란하게
② ㉡: 주었다
③ ㉢: 부르고
④ ㉣: 고치고

04 ㉠~㉣과 바꿔 쓸 수 있는 유사한 표현으로 적절하지 않은 것은?

(가) 혁명 세력은 정권을 장악한 뒤 나라를 ㉠ 창건하고 국호를 붙였다.
(나) 마루와 건넌방 사이에서 남매가 주거니 받거니 하다가 잠깐 ㉡ 잠잠하다.
(다) 이 도서관을 예정대로 ㉢ 개관하려면 공사를 서둘러 마쳐야 한다.
(라) 두 개의 소리가 ㉣ 중첩되어 정확하게 들리지 않았다.

① ㉠: 세우고
② ㉡: 고요하다
③ ㉢: 밝히려면
④ ㉣: 겹쳐

05 밑줄 친 표현이 ㉠의 의미와 가장 유사한 것은?

태풍이 ㉠ 쓸고 간 자리에는 성한 것이라고는 풀 한 포기도 없었다.

① 그 마을은 전쟁 이후 흡사 역병이 쓸고 간 듯 폐허로 변해 있었다.
② 그녀는 소싯적에 긴 힙합 바지로 온 동네를 쓸고 다녔다.
③ 그녀는 머리를 풀더니 손가락으로 머리카락을 천천히 쓸었다.
④ 그는 푼돈이나 동전은 저금통에 쓸어 넣는다.

06 밑줄 친 표현이 ㉠의 의미와 가장 유사한 것은?

> 그는 기회가 ㉠닿을 때마다 새로운 분야에 도전했다.

① 그 정보가 벌써 경쟁 회사에까지 닿았다.
② 운이 닿으려니까 모든 일이 뜻대로 풀리고 있다.
③ 그는 강한 전류에 닿기라도 한 듯한 충격을 느꼈다.
④ 그 사람은 경제인 단체에 줄이 닿아 있다.

07 다음 대화의 ㉠에 들어갈 말로 가장 적절한 것은?

> 하윤: 이번 취미 활동 조사 결과를 보니까, 요가를 한 사람들 중 일부는 명상을 하지 않았더라.
> 민재: 맞아. 그런데 하이킹을 하지 않은 사람들은 모두 요가도 하지 않았더라고?
> 하윤: 아, 그러면 (　　　　㉠　　　　).

① 하이킹을 한 어떤 사람은 명상을 했겠구나
② 명상을 하지 않은 어떤 사람은 요가와 하이킹을 모두 했겠구나
③ 명상을 하지 않은 모든 사람은 하이킹을 했겠구나
④ 명상, 요가, 하이킹을 모두 한 사람이 있겠구나

08 다음 명제가 모두 참일 때, 항상 참인 것은?

> ○ 볼펜을 쓰는 사람은 연필도 쓴다.
> ○ 샤프를 쓰지 않는 사람은 연필도 쓰지 않는다.
> ○ 샤프를 쓰는 사람은 사인펜을 쓰지 않는다.
> ○ 색연필을 쓰지 않는 사람은 사인펜을 쓴다.

① 연필을 쓰는 사람은 사인펜도 쓴다.
② 색연필을 쓰지 않는 사람은 샤프를 쓴다.
③ 사인펜을 쓰는 사람은 볼펜을 쓰지 않는다.
④ 볼펜을 쓰는 사는 사람은 색연필을 쓰지 않는다.

09 다음 글의 논지를 강화하는 것으로 가장 적절한 것은?

> 일부에서는 개인정보 보호를 강화하면 데이터 기반 서비스의 혁신이 위축될 것이라고 우려한다. 개인정보 활용이 제한되면 맞춤형 서비스가 어려워지고, 결국 산업 경쟁력이 떨어진다는 것이다. 그러나 개인정보 보호와 혁신을 반드시 대립하는 것으로만 보는 것은 적절하지 않다. 혁신이 단지 '많은 데이터'에 의존하는 것이 아니라, 데이터를 어떤 규칙 아래에서 수집·처리·공유하느냐에 크게 좌우되기 때문이다. 실제로 수집 목적과 보관 기간이 불명확한 데이터는 기업 내부에서도 책임 소재를 흐리게 하여 관리 비용을 높이고, 유출 사고가 발생하면 서비스 자체의 신뢰가 무너져 활용 기반이 약화될 수 있다. 반대로 활용 범위와 책임이 명확하면 기업은 불필요한 데이터를 줄이면서도 필요한 분석을 안정적으로 수행할 수 있고, 이용자 역시 서비스 이용에 대한 불안을 덜 느낄 수 있다. 따라서 개인정보 보호를 '혁신의 장애물'로만 보지 말고, 신뢰 가능한 데이터 활용의 조건을 만드는 제도로 이해할 필요가 있다.

① 개인정보 보호 규제가 강화될수록 데이터 활용은 항상 줄어들기 때문에 혁신은 필연적으로 위축된다.
② 이용자의 신뢰가 높아지면 서비스 이용이 늘 수 있으므로, 명확한 데이터 처리 규칙은 데이터 기반 서비스의 지속 가능성을 높일 수 있다.
③ 데이터 유출은 어느 산업에서나 발생하므로, 개인정보 보호 수준과 서비스 신뢰는 큰 관련이 없다.
④ 데이터 기반 혁신은 오직 데이터의 '양'에 의해 결정되므로, 수집 목적이나 책임 구조는 부차적이다.

10 다음 글에서 얻을 수 있는 교훈으로 가장 적절한 것은?

> 한 마을에 다리가 하나 있었다. 그 다리는 오래되어 비가 오면 미끄러웠지만, 마을 사람들은 "지금까지 별일 없었으니 괜찮다."라고 여겼다. 어느 날, 다리 옆에 '미끄럼 주의' 표지판을 세우자는 제안이 나왔으나 "보기만 흉하다."라는 이유로 미뤄졌다. 그러던 중 큰비가 내린 다음 날, 한 사람이 다리에서 넘어질 뻔했고, 그제야 사람들은 다리가 위험해졌음을 실감했다. 마을 사람들은 즉시 표지판을 세우고, 미끄럼 방지 처리를 한 뒤, 비가 온 다음엔 점검을 하기로 했다. 이후 사고는 발생하지 않았다.

① 문제가 발생한 뒤에 그에 따른 대처 방안을 마련해야 한다.
② 익숙함이 안전을 보장한다고 단정해서는 안 된다.
③ 외형이 좋지 않으면 안전 장치는 설치하지 않는 것이 낫다.
④ 위험을 줄이기 위해서는 개인의 주의를 강조하면 충분하다.

01 밑줄 친 부분에 들어갈 말로 가장 적절한 것은?

The material is highly _____, allowing it to be used in a wide range of products without breaking or losing its shape.

① drowsy　　　② foolish
③ impartial　　④ flexible

02 밑줄 친 부분에 들어갈 말로 가장 적절한 것은?

He called the customer service center to _____ about the status of his order, which had not arrived on time.

① jeopardize　　② harvest
③ inquire　　　④ accumulate

03 밑줄 친 부분에 들어갈 말로 가장 적절한 것은?

Children often _____ the behavior of their parents, which is why it is important for adults to set a good example.

① deny　　　　② imitate
③ surrender　　④ exclude

04 밑줄 친 부분에 들어갈 말로 가장 적절한 것은?

The teacher praised her for her _____ attitude toward learning, as she always participated actively and completed her assignments on time.

① frugal　　　　② nocuous
③ greedy　　　　④ exemplary

05 밑줄 친 부분에 들어갈 말로 가장 적절한 것은?

In this recruitment process, only one _____ who is the most qualified will be selected for the final stage.

① candidate　　② contempt
③ insight　　　④ offender

06 밑줄 친 부분에 들어갈 말로 가장 적절한 것은?

James
Excuse me, what's going on? I heard an alarm just now.

Sofia
Please remain calm. There has been a fire reported on the third floor, and emergency procedures are currently in progress.

James
Oh no. What should we do?

Sofia
We are guiding everyone to evacuate the building safely. Please stay calm and follow the staff's instructions.

James
_____

Sofia
Yes, please use the emergency stairs and follow the exit signs. Do not use the elevators, as they may stop working during the emergency.

① Do you know why the fire alarm malfunctioned?
② Why didn't you warn us earlier?
③ Can we stay here until it's over?
④ Should we leave the building immediately?

07 밑줄 친 부분에 들어갈 말로 가장 적절한 것은?

It was very thoughtful _____ to prepare snacks for everyone before the meeting started.

① him
② for him
③ of him
④ out of him

08 밑줄 친 부분 중 어법상 옳지 않은 것은?

I couldn't ① shake the regret that weighed heavily on my mind. ② Sitting alone in the dark, I replayed the moment over and over, wondering how I had let things go so wrong. I had ignored the advice of those ③ whose cared about me, thinking I knew better. But now, faced with the consequences of my impulsive decision, I realized how foolish I had been. If only I could turn back time, I would ④ do things differently.

09 다음 글의 흐름상 어색한 문장은?

When people face unexpected challenges, they often discover abilities they did not know they had. ① A student who struggles with time management may learn to organize tasks more efficiently and eventually become highly productive. ② Many mobile apps today offer various design features, such as color themes and customizable interfaces, to enhance user experience. ③ Likewise, a person who loses their job may develop new skills while searching for work and later find a more suitable career path. ④ Therefore, difficult situations can encourage personal growth by pushing individuals to develop strengths they might not have otherwise recognized.

10 밑줄 친 부분에 들어갈 말로 가장 적절한 것은?

In a study about the impact of teamwork on productivity, researchers found that _____ can significantly influence group performance. Participants who worked in teams were asked to complete a series of tasks, and some teams were encouraged to communicate openly while others were not. The teams that communicated well tended to perform better overall, demonstrating that collaboration and sharing ideas can greatly enhance results. This highlights the importance of fostering a supportive and open environment in group settings, where every member feels comfortable contributing their thoughts and suggestions. Such dynamics are essential for maximizing the potential of the team and achieving collective goals.

① individual efforts can determine overall team outcomes

② a healthy level of competition can drive better performance

③ communication patterns are crucial for success

④ aligning personal goals with team objectives is essential

01 행정심판에 대한 설명으로 옳지 않은 것은? (다툼이 있는 경우 판례에 의함)
① 대통령의 처분 또는 부작위에 대하여는 다른 법률에서 행정심판을 청구할 수 있도록 정한 경우 외에는 행정심판을 청구할 수 없다.
② 행정청이 행정처분을 하면서 상대방에게 불복절차에 관한 고지의무를 이행하지 않았다면 이는 절차적 하자로서 그 행정처분은 위법하게 된다.
③ 행정심판에 있어서 행정처분의 위법·부당 여부는 원칙적으로 처분시를 기준으로 판단하여야 할 것이나, 재결 당시까지 제출된 모든 자료를 종합하여 처분 당시 존재하였던 객관적 사실을 확정하고 그 사실에 기초하여 처분의 위법·부당 여부를 판단할 수 있다.
④ 법인이 아닌 사단 또는 재단으로서 대표자나 관리인이 정하여져 있는 경우에는 그 사단이나 재단의 이름으로 심판청구를 할 수 있다.

02 행정행위의 부관에 대한 설명으로 옳지 않은 것은? (다툼이 있는 경우 판례에 의함)
① 도로점용허가의 점용기간을 정함에 있어 위법사유가 있다고 하여 도로점용허가처분 전부가 위법하게 되는 것은 아니다.
② 사정변경으로 당초에 부담을 부가한 목적을 달성할 수 없게 된 경우에도 그 목적달성에 필요한 범위 내에서 예외적으로 부담의 사후변경이 허용된다.
③ 기선선망어업의 허가를 하면서 운반선, 등선 등 부속선을 사용할 수 없도록 제한한 부관은 그 어업허가의 목적달성을 사실상 어렵게 하여 그 본질적 효력을 해하는 것이므로 위법한 것이다.
④ 토지소유자가 토지형질변경행위허가에 붙은 기부채납의 부관에 따라 토지를 국가나 지방자치단체에 기부채납한 경우, 기부채납의 부관이 당연무효이거나 취소되지 아니한 이상 토지소유자는 위 부관으로 인하여 기부채납계약의 중요부분에 착오가 있음을 이유로 기부채납계약을 취소할 수 없다.

03 인허가의제에 대한 설명으로 옳은 것은? (다툼이 있는 경우 판례에 의함)
① 인허가의제를 받으려면 주된 인허가를 신청할 때 관련 인허가에 필요한 서류를 함께 제출하여야 한다. 다만, 불가피한 사유로 함께 제출할 수 없는 경우에는 관련 인허가 행정청이 별도로 정하는 기한까지 제출할 수 있다.
② 주택건설사업계획 승인권자가 도시·군관리계획 결정권자와 협의를 거쳐 관계 주택건설사업계획을 승인하면 도시·군관리계획결정이 이루어진 것으로 의제되고, 이러한 협의 절차와 별도로 「국토의 계획 및 이용에 관한 법률」 제28조 등에서 정한 도시·군관리계획 입안을 위한 주민 의견청취 절차를 거쳐야 한다.

③ 주된 인·허가에 관한 사항을 규정하고 있는 법률에서 주된 인·허가가 있으면 다른 법률에 의한 인·허가를 받은 것으로 의제한다는 규정을 둔 경우, 주된 인·허가가 있으면 다른 법률에 의하여 인·허가를 받았음을 전제로 하는 그 다른 법률의 모든 규정들까지 적용되는 것은 아니다.
④ 인허가의제에 있어서, 주된 행정청과 관련 행정청 간에 협의가 된 사항에 대해서는 협의 성립시점에 관련 인허가를 받은 것으로 의제된다.

04 행정쟁송의 불복기간에 대한 설명으로 옳지 않은 것은? (다툼이 있는 경우 판례에 의함)
① 사업시행자, 토지소유자 또는 관계인은 수용재결에 불복할 때에는 재결서를 받은 날부터 90일 이내에, 이의신청을 거쳤을 때에는 이의신청에 대한 재결서를 받은 날부터 60일 이내에 각각 행정소송을 제기할 수 있다.
② 청구인이 정보공개와 관련한 공공기관의 비공개 결정 또는 부분 공개 결정에 대하여 불복이 있거나 정보공개 청구 후 20일이 경과하도록 정보공개 결정이 없는 때에는 공공기관으로부터 정보공개 여부의 결정 통지를 받은 날 또는 정보공개 청구 후 20일이 경과한 날부터 60일 이내에 해당 공공기관에 문서로 이의신청을 할 수 있다.
③ 행정청의 과태료 부과에 불복하는 당사자는 그 통지를 받은 날부터 60일 이내에 해당 행정청에 서면으로 이의제기를 할 수 있다.
④ 「행정기본법」에 따르면, 행정청의 처분에 이의가 있는 당사자는 처분을 받은 날부터 30일 이내에 해당 행정청에 이의신청을 할 수 있다.

05 행정소송에 대한 설명으로 옳지 않은 것은? (다툼이 있는 경우 판례에 의함)
① 취소소송에는 사실심의 변론종결시까지 관련청구소송을 병합하거나 피고외의 자를 상대로 한 관련청구소송을 취소소송이 계속된 법원에 병합하여 제기할 수 있다.
② 사립학교 교원에 대한 징계처분의 경우에는 학교법인 등의 징계처분은 행정처분이 아니므로 그에 대한 소청심사청구에 따라 위원회가 한 결정이 행정처분이고, 행정소송에서의 심판대상은 학교법인 등의 원 징계처분이 아니라 위원회의 결정이 되며, 따라서 피고도 행정청인 위원회가 된다.
③ 공정거래위원회의 과징금 납부명령이 재량권 일탈·남용으로 위법한지는 다른 특별한 사정이 없는 한 과징금 납부명령이 행하여진 '의결일' 당시의 사실상태를 기준으로 판단하여야 한다.
④ 사실심에서 변론종결시까지 당사자가 주장하지 않던 직권조사사항에 해당하는 사항을 상고심에서 비로소 주장하는 경우 그 직권조사사항에 해당하는 사항은 상고심의 심판범위에 해당하지 않는다.

06 행정심판에 대한 설명으로 옳은 것은? (다툼이 있는 경우 판례에 의함)

① 위원회는 직권으로 심판청구의 대상이 되는 처분 또는 부작위 외의 사항에 대하여도 재결할 수 있다.

② 행정심판위원회는 처분 또는 부작위가 위법·부당하다고 상당히 의심되는 경우로서 처분 또는 부작위 때문에 당사자가 받을 우려가 있는 중대한 불이익이나 당사자에게 생길 급박한 위험을 막기 위하여 임시지위를 정하여야 할 필요가 있는 경우에는 집행정지로 목적을 달성할 수 있더라도 직권으로 또는 당사자의 신청에 의하여 임시처분을 결정할 수 있다.

③ 행정심판의 경우 여러 명의 청구인이 공동으로 심판청구를 할 때에는 청구인들 중에서 3명 이하의 선정대표자를 선정할 수 있고, 선정대표자가 선정되더라도 다른 청구인들은 그 선정대표자를 통해서만 그 사건에 관한 행위를 할 수 있는 것은 아니다.

④ 처분이 있음을 안 날부터 90일이 지나지 않은 경우에는, 설령 처분이 있은 날로부터 180일이 경과하였더라도 정당한 사유가 있으면 행정심판을 제기할 수 있다.

07 행정법의 효력에 대한 설명으로 옳지 않은 것은? (다툼이 있는 경우 판례에 의함)

① 법령등의 시행일을 정하거나 계산할 때에는 법령등을 공포한 날부터 일정 기간이 경과한 날부터 시행하는 경우 법령등을 공포한 날을 첫날에 산입하지 아니한다.

② 새로운 법령등은 법령등에 특별한 규정이 있는 경우를 제외하고는 그 법령등의 효력 발생 전에 완성되거나 종결된 사실관계 또는 법률관계에 대해서는 적용되지 아니한다.

③ 법령등을 위반한 행위 후 법령등의 변경에 의하여 그 행위가 법령등을 위반한 행위에 해당하지 아니하거나 제재처분 기준이 가벼워진 경우로서 해당 법령등에 특별한 규정이 없는 경우에는 변경된 법령등을 적용한다.

④ 수강신청 후에 징계요건을 완화하는 학칙개정이 이루어지고 이어 시험이 실시되어 그 개정학칙에 따라 대학이 성적 불량을 이유로 학생에 대하여 징계처분을 한 경우라면 이는 이른바 진정소급효에 관한 것으로서 특별한 사정이 없는 한 위법하다.

08 행정의 실효성 확보수단에 대한 설명으로 옳지 않은 것은? (다툼이 있는 경우 판례에 의함)

① 「건축법」상 이행강제금 납부의 최초 독촉은 징수처분으로서 항고소송의 대상이 되는 행정처분이 될 수 있다.

② 「행정대집행법」상 건물철거 대집행은 다른 방법으로는 이행의 확보가 어렵고 불이행을 방치함이 심히 공익을 해하는 것으로 인정될 때에 한하여 허용되고, 이러한 요건의 주장·입증책임은 처분 행정청에 있다.

③ 「행정조사기본법」상 '조사대상자의 자발적인 협조를 얻어 실시하는 행정조사'는 개별 법령 등에 별도의 규정이 없어도 실시할 수 있으나, 이미 개별 법령 등에서 행정조사를 규정하고 있는 경우에는 이를 근거로 하지 않은 채 협조만으로 실시할 수는 없다.

④ 장기간 시정명령을 이행하지 아니하였더라도, 그 기간 중에는 시정명령의 이행 기회가 제공되지 아니하였다가 뒤늦게 시정명령의 이행 기회가 제공된 경우라면, 시정명령의 이행 기회 제공을 전제로 한 1회분의 이행강제금만을 부과할 수 있고, 시정명령의 이행 기회가 제공되지 아니한 과거의 기간에 대한 이행강제금까지 한꺼번에 부과할 수는 없으며 이를 위반하여 이루어진 이행강제금 부과처분은 무효이다.

09 국가배상에 대한 설명으로 옳은 것은? (다툼이 있는 경우 판례에 의함)

① 영조물의 설치 또는 관리상의 하자로 인한 사고는 다른 자연적 사실이나 제3자의 행위 또는 피해자의 행위와 경합하여 손해가 발생하더라도 영조물의 설치 또는 관리상의 하자가 공동원인의 하나가 되는 이상 그 손해는 영조물의 설치 또는 관리상의 하자에 의하여 발생한 것으로 볼 수 있다.

② 행위 자체의 외관을 객관적으로 관찰하여 공무원의 직무행위로 보여진다 하더라도 그것이 실질적으로 직무행위에 해당하지 않는다면 그 행위는 「국가배상법」소정의 '직무를 집행하면서' 행한 것으로 볼 수 없다.

③ 행정입법의무의 불이행으로 인해 수퍼마켓 등의 소매점에 대한 장애인의 접근권이 침해된 경우, 그로 인하여 장애인이 입게 되는 정신적 손해는 추상적인 수준에 머물게 되므로 국가의 위자료 지급의무가 배제된다.

④ 공유나 사유임을 불문하고 사실상 도로로 사용되고 있었다면, 도로의 노선인정 기타 공용개시가 없었다고 하여도 해당 도로는 「국가배상법」상 영조물이라고 할 수 있다.

10 행정상 손실보상에 대한 설명으로 옳지 않은 것은? (다툼이 있는 경우 판례에 의함)

① 도시계획시설의 지정으로 말미암아 당해 토지의 이용가능성이 배제되거나 또는 토지소유자가 토지를 종래 허용된 용도대로도 사용할 수 없기 때문에 이로 인하여 현저한 재산적 손실이 발생하는 경우에는, 원칙적으로 국가나 지방자치단체는 이에 대한 보상을 해야 한다.

② 「하천법」부칙과 이에 따른 특별조치법이 하천구역으로 편입된 토지에 대하여 손실보상청구권을 규정하였다고 하더라도 당해 법률규정이 아니라 관리청의 보상금지급결정에 의하여 비로소 손실보상청구권이 발생한다.

③ 손실보상금에 관한 당사자 간의 합의가 성립하면, 그 합의내용이 토지보상법에서 정하는 손실보상 기준에 맞지 않는다고 하더라도 합의가 적법하게 취소되는 등의 특별한 사정이 없는 한 추가로 토지보상법상 기준에 따른 손실보상금 청구를 할 수 없다.

④ 공익사업의 시행자가 사전보상을 하지 않은 채 공사에 착수함으로써 토지소유자와 관계인이 손해를 입은 경우, 토지소유자와 관계인이 입은 손해는 손실보상청구권이 침해된 데에 따른 손해이므로 사업시행자가 배상해야 할 손해액은 원칙적으로 손실보상금이다.

매일 모고 행정학 제15회

01 정책네트워크 이론에서 다음의 내용이 해당하는 주체는?

> ○ 근본적인 관계가 제한적 합의이고 어떤 참여자는 자원보유가 한정적이다.
> ○ 참여자 수와 관련하여 개방적이며 다양한 행위자들이 참여한다.
> ○ 합의와 관련하여 어느 정도의 합의는 있으나 항상 갈등이 있다.

① 정책공동체
② 이슈네트워크
③ 하위정부
④ 정책듀엣

02 우리나라 주민참여 제도에 대한 설명에서 옳은 내용은 몇 개인가?

> ㄱ. 주민소송은 위법한 행위나 공금의 부과 징수를 업무를 게을리 한 사실에 대하여 해당 지방자치단체의 장을 상대방으로 하여 소송을 제기하는 제도이다.
> ㄴ. 주민투표의 대상은 주민에게 과도한 부담을 주거나 중대한 영향을 미치는 지방자치단체의 주요결정사항으로서 그 지방자치단체의 조례로 정하는 사항이라면 가능하다.
> ㄷ. 주민감사청구의 대상은 당해 지방자치단체와 그 장의 권한에 속하는 사무처리가 법령에 위반되거나, 공익을 현저히 해한다고 인정되는 경우에 감사를 청구할 수 있다.
> ㄹ. 주민참여 예산제도는 지방자치단체의 예산편성 과정에 주민이 참여하는 제도이고, 국민참여예산제도는 국가의 예산 편성과정에 국민이 참여하는 제도이다.

① 1개
② 2개
③ 3개
④ 4개

03 행정의 본질적 가치(이념)인 공익에 관한 설명 중 가장 적절한 것은?

① 지나친 집단 이기주의를 극복하기 위해서는 공익에 대한 과정설적인 입장을 반영할 필요가 있다.
② 실체설은 절차적 합리성을 강조하여 적법절차의 준수에 의해서 공익이 보장된다고 본다.
③ 과정설은 개인의 사적 이익은 성격상 아무리 합쳐도 공익이 될 수 없다고 본다.
④ 실체설은 공익을 단순히 사익의 집합이 아니라고 보아 집단주의적 성격을 띤다.

04 정부업무평가기본법에 대한 설명으로 옳지 않은 것은?

① 자체평가라 함은 중앙행정기관 또는 지방자치단체가 소관 정책 등을 스스로 평가하는 것을 말한다.
② 특정평가라 함은 국무총리가 중앙행정기관을 대상으로 국정을 통합적으로 관리하기 위하여 필요한 정책등을 평가하는 것을 말한다.
③ 재평가라 함은 이미 실시된 평가의 결과·방법 및 절차에 관하여 그 평가를 실시한 기관이 다시 평가하는 것을 말한다.
④ 합동평가는 지방자치단체 또는 그 장이 위임받아 처리하는 국가사무, 국고보조사업 그 밖에 대통령령이 정하는 국가의 주요시책 등에 대하여 국정의 효율적인 수행을 위하여 평가가 필요한 경우에 행정안전부장관이 관계중앙행정기관의 장과 합동으로 평가하는 것이다.

05 현실적 정책결정의 다면성을 나타내 주는 엘리슨(Allison) 모형의 특성으로 가장 거리가 먼 것은?

① 합리적 행위자모형(model Ⅰ)은 한 사람의 인간에 행동을 결정하듯이 서로 긴밀하게 연결되어 통일적이고 일관된 행동을 결정한다는 가정을 두고 있다.
② 조직행태모형(model Ⅱ)은 하위조직들이 새로운 문제에 대해서 이미 구비하고 있는 해결방안들과 상례화된 절차에 따라 대응하기 때문에 정부의 정책결정은 점증주의 양태를 보이게 된다.
③ 관료정치모형(model Ⅲ)은 정책결정에 참여하는 개인들은 자신이 보유한 정치적 자원을 동원하여 서로 경쟁하고 게임의 규칙에 따라 저마다 목표달성을 위해 노력한다.
④ 정부의 정책결정에서 합리적인 요소, 조직과정적인 요소, 그리고 정치과정적 요소들이 모두 제 각각으로 작동하여 정부조직의 특성에 대한 가정에 따라 달리 적용된다고 본다.

06 조직 내 성숙한 자기실현 인간관과 가장 유사한 것은?

① Y이론
② Z이론
③ 위생요인
④ X이론

07 공공재에 관한 설명으로 적절하지 않은 것은?

① 비배제성과 비경합성으로 인해 무임승차(free-riding)
가 발생하기 쉽다.

② 시장실패의 발생가능성은 정부개입을 합리화하는
정당성을 제공한다.

③ 문화행사와 같이 사회구성원에게 일정 수준까지 공
급되어야 바람직하다고 판단되는 것이다.

④ 공동체를 유지하기 위한 국방은 일반적으로 정부가
공급한다.

08 다음 중 리더십에 대한 설명으로 옳지 않은 것은?

① 리더십 이론은 자질론으로부터 시작해 행동유형론
을 거쳐 상황론으로 발전해 왔다.

② 거래적 리더십은 보수적·현상유지적이라는 평가를
받기도 한다.

③ 하우스(House)는 부하들과 상담하고 의사결정 전에
부하들의 의견을 반영하는 리더를 지원적 리더라고
하였다.

④ 변혁적 리더십의 특징 중 형식적 사고와 관례를 다
시 생각하게 하는 것은 촉매적 리더십에 해당한다.

**09 우리나라의 시간선택제 공무원 제도에 대한 설명으로
옳은 것은?**

① 2013년에 국가공무원, 2015년에 지방공무원을 대상
으로 시간선택제채용공무원 시험이 최초로 실시되
었다.

② 시간선택제채용공무원의 주당 근무시간은 40시간으
로 한다.

③ 유연근무제도의 일환으로 도입되었으며, 기관 사정
이나 정부의 일자리 나누기 정책 구현 등을 위해서
는 활용되지 않는다.

④ 시간선택제채용공무원을 통상적인 근무시간 동안
근무하는 공무원으로 임용하는 경우 어떠한 우선권
도 인정하지 않는다.

10 기획예산제도(PPBS)의 특성에 해당하지 않는 것은?

① 장기적인 안목을 중시하며 비용편익분석 등 계량적
인 분석기법의 사용을 강조한다.

② 도입 초기부터 행정부에 대한 의회의 통제력을 약화
시킨다는 점에서 의회의 반대에 직면했던 제도이다.

③ 장기적 관점에서 다원적 이해관계를 고려하여 기획
과 예산을 연결시키는 제도이다.

④ 사업을 계획하고 분석하는 전문가의 영향력이 강해
진다.

01 아래의 건축물과 같은 양식의 건물은?

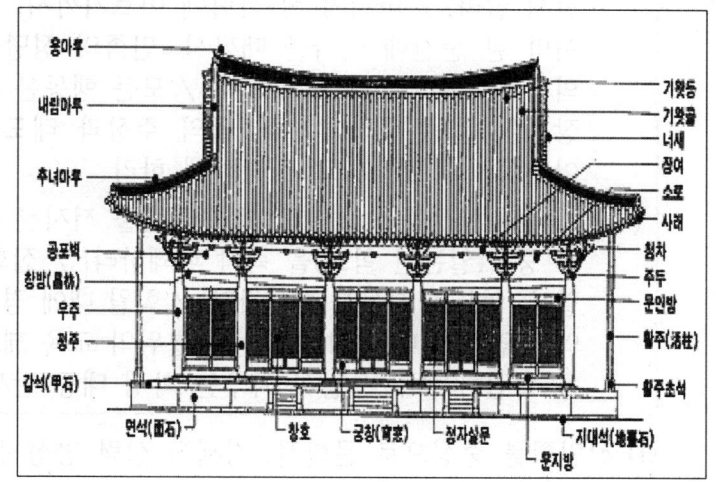

① 법주사 팔상전
② 금산사 미륵전
③ 성불사 응진전
④ 부석사 무량수전

02 다음과 같은 주장을 했던 인물의 행적으로 적절하지 않은 것은?

> 1. 以小逆大 一不可
>   (소로써 대를 거역하는 것이다.)
> 2. 夏月發兵 二不可
>   (여름에 군대를 동원하는 것이다.)
> 3. 擧國遠征 倭乘其虛 三不可
>   (온나라 군대를 동원하여 원정하러 가면 왜구가 그 틈을 노릴 것이다.)
> 4. 時方署雨 弩弓解膠 大軍疾疫 四不可
>   (여름철이라서 비가 자주 내리므로 활이 눅고 군사들은 질병을 앓을 것이다.)

① 요동공략
② 진포대첩
③ 위화도회군
④ 권문세족 이인임 처단

03 다음 중 조선 후기의 개성상인에 대한 설명으로 적절한 것은?
① 청과의 후시 무역을 주도하였다.
② 조선 전기에 종삼회사를 운영하였다.
③ 국내 상업에 비해 무역업에는 종사하지 않았다.
④ 사개송도치부법이라는 독자적인 복식 부기법을 활용하였다.

04 밑줄 친 변화가 일어나게 된 원인으로 옳은 것은?

> 오늘을 대한민국이 유엔의 후원하에 탄생한 지 43년 만에 유엔의 정회원국으로 새출발하는 날이기에 한 국민 모두에게 매우 뜻 깊은 날이다. 대한민국은 동서 화해를 바탕으로 새롭게 형성되고 있는 국제 질서하에 유엔의 역할이 증대되고 있는 오늘날 정회원국으로서 응분의 역할을 다해야 할 것이다. 더욱 뜻 깊은 것은 조선 민주주의 인민 공화국이 우리와 함께 유엔에 가입하게 된 것이다. 이제 남북한 관계에 있어서 새로운 장을 여는 중요한 계기를 마련하게 되었다. '세계 평화의 날'이기도 한 오늘, 남북한은 한반도의 평화 통일을 달성하겠다는 굳은 결의를 새롭게 해야 할 것이다.
> - 1991.9.18. 한국 외무부 장관의 유엔가입 수락연설 -

① 북한의 핵개발
② 김일성의 사망
③ 미국과 소련의 냉전 종식
④ 김대중 대통령의 햇볕정책

05 연표에서 (가)~(다)에 들어갈 통일 정책을 순서대로 옳게 나열한 것은?

(가)	(나)	(다)	
노태우	김영삼	김대중	

	(가)	(나)	(다)
①	북한 경수로 건설 시작	남북기본합의서의 체결	금강산 관광 시작
②	북한 경수로 건설 시작	금강산 관광 시작	남북기본합의서의 체결
③	남북기본합의서의 체결	북한 경수로 건설 시작	금강산 관광 시작
④	남북기본합의서의 체결	금강산 관광 시작	북한 경수로 건설 시작

06 다음은 국외 이주 동포의 수난을 알려 주는 글이다. 밑줄 친 '이 지역'에서의 민족 운동을 설명하기 위한 연구 활동으로 적절한 것은?

> 이 지역에서 살던 우리들은 5, 6일 간 먹을 식량만 가지고 떠나도록 허용되었다. 나호트카로 끌려가 4일간 머물다가 화물 열차에 실렸다. 그것이 1937년 10월 초 어느 날이었다. 식량 배급은 거의 없고, 의복과 이불도 받지 못하여 추위에 떨었다. 외출도 금지되었다. 소독도 하지 않아 이가 바글바글 하였는데, 기차가 멈추면 여자들은 차창을 열고 머리칼을 터는게 이가 먼지처럼 떨어졌다. 이동 중에도 남자들은 잡혀가 숙청되었다. 40일 만에 도착한 곳은 집한 채 없는 허허 벌판이었다.
>
> - 국학 자료원,『한인의 항일 투쟁과 수난사』-

① 대한 광복군 정부의 결성 배경과 활동을 알아본다.
② 여운형이 중심이 된 신한청년당의 활동을 알아본다.
③ 조선 의용대의 핵심 인물인 김원봉의 행적을 조사한다.
④ 한국 독립군과 조선 혁명군의 항일 전투 일지를 정리한다.

07 다음은 일제 강점기 노동 쟁의의 발생 횟수를 보여주는 그래프이다. (가) 시기의 노동 쟁의와 관련된 내용이 아닌 것은?

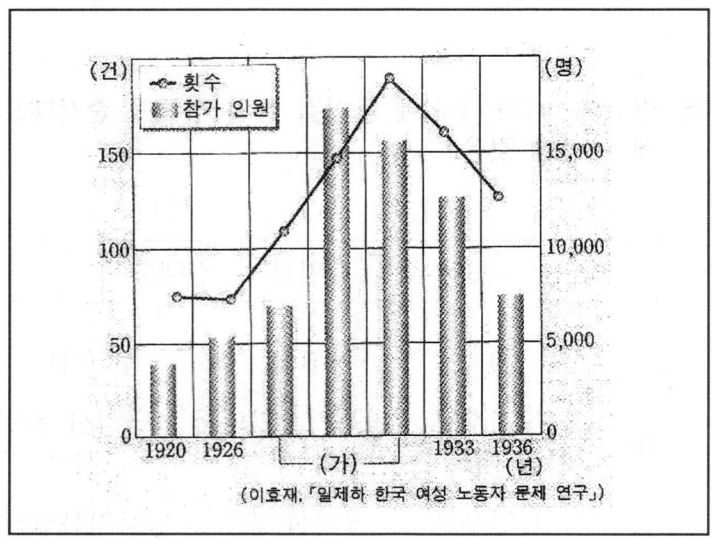

(이호재,『일제하 한국 여성 노동자 문제 연구』)

① 원산 노동자 총파업
② 신간회의 적극적 지원
③ 사회주의 계열의 주도
④ 암태도 소작쟁의와의 연대 투쟁

08 다음 (가)와 (나) 사이에 전개되었던 민족 운동에 대한 설명으로 옳은 것은?

> (가) 오늘 우리들의 이 거사는 정의, 인도, 생존, 번영을 위하는 겨레의 요구이니, 오직 자유의 정신을 발휘할 것이요, 결코 배타적 감정으로 치닫지 말라. / 마지막 한 사람에 이르기까지, 마지막 한 순간에 다다를 때까지, 민족의 정당한 의사를 시원스럽게 발표하라. / 모든 행동은 가장 질서를 존중하여, 우리들의 주장과 태도를 어디까지나 떳떳하고 정당하게 하라.
>
> (나) 검거된 학생들을 탈환하자! / 만행을 저지른 광주 중학(일본인 학교)을 즉각 폐쇄하라! / 집회, 결사, 언론의 자유를 획득하자! / 학원 내에 경찰의 출입을 반대한다! / 조선인 본위의 교육 제도를 확립하자! / 용감히 싸우는 학생 대중 만세!

① 신민회를 중심으로 문화적, 경제적 실력 양성 운동이 전개되었다.
② 일제의 신사 참배 강요에 대한 거부 운동이 전국으로 확산되었다.
③ 순종의 인산일을 기점으로 서울 중심가에서 학생 의거가 일어났다.
④ 동아일보와 학생들을 중심으로 농촌계몽운동인 브나로드가 일어났다.

09 다음 사건을 계기로 일어난 사실로 옳은 것을 <보기>에서 고르면?

> 1907년 이준, 이상설, 이위종 등이 고종의 밀서를 가지고 헤이그 만국 평화 회의에 출석하여 일제와 체결한 조약의 부당성을 세계 각국에 호소하고자 하였다. 그러나 일본, 영국 등의 방해로 회의 참석을 거부당하였다.

> <보기>
> ㄱ. 고종 황제가 강제로 퇴위 당하였다.
> ㄴ. 시위대와 진위대의 군인을 해산하였다.
> ㄷ. 일제의 강요에 의해 을사조약이 체결되었다.
> ㄹ. 최익현, 민종식, 신돌석 등이 의병 운동을 일으켰다.

① ㄱ, ㄴ　　② ㄱ, ㄷ　　③ ㄱ, ㄹ　　④ ㄴ, ㄹ

10 다음 내용을 암송하던 시기에 있었던 사실로 옳은 것은?

> 1. 우리는 황국 신민이다. 충성으로써 군국에 보답하자.
> 2. 우리 황국 신민은 신애협력하고 단결을 굳게 한다.
> 3. 우리 황국 신민은 인고단련의 힘을 길러 황도를 선양한다.

① 이광수가 무정을 출간하였다.
② 헌병 경찰 통치가 시행되었다.
③ 산미증식계획이 다시금 시작되었다.
④ 우리 민족과 일본인의 거주지를 구분하고, 학교도 구분하였다.

매일 모고 국어 제17회

01 다음 글에서 추론한 내용으로 적절하지 않은 것은?

> 서술어가 필요로 하는 문장 성분의 개수를 '서술어의 자릿수'라 한다. 서술어의 자릿수는 최소 한 자리에서 최대 세 자리이다. 한 자리 서술어는 주어만을 필요로 하는 서술어이다. '해가 뜬다'와 같은 문장의 경우, '뜬다'라는 서술어는 주어인 '해가'만 있어도 문장이 성립하므로 한 자리 서술어라고 할 수 있다. 두 자리 서술어의 경우, 주어와 목적어를 필요로 하는 경우, 주어와 부사어를 필요로 하는 경우, 그리고 주어와 보어를 필요로 하는 경우가 있다. 서술어가 반드시 필요로 하는 부사어를 필수 부사어라 하며 이는 문장에서 생략되지 않는 예외적인 성분이다. 예를 들어, "나는 빠르게 학교에 갔다"에서 '갔다'라는 서술어는 '나는'이라는 주어와 '학교에'라는 부사어를 필요로 한다. 따라서 이는 두 자리 서술어이며, '학교에'는 필수적 부사어이다. 하지만 '빠르게'의 경우 같은 부사어이지만 생략이 가능하므로 이는 필수적 부사어가 아니다.
>
> 세 자리의 경우, 주어, 목적어, 부사어를 필요로 한다. "나는 너를 친구로 여긴다"와 같은 문장에서 서술어 '여긴다'는 주어, 목적어, 그리고 필수적 부사어를 필요로 하는 세 자리 서술어이다.

① "철수는 정말로 범인이 아니다"에서 '정말로'는 필수적 부사어가 아니다.
② "국민들은 가장 믿을 만한 후보를 대통령으로 선출한다"에서 '선출한다'는 세 자리 서술어이다.
③ "나는 소중한 친구에게 꽃다발을 주었다"에서 '주었다'는 주어, 목적어, 필수적 부사어를 필요로 한다.
④ "그의 신념은 강철과 같다"에서 '같다'는 세 자리 서술어이다.

02 ㉠~㉢과 바꿔 쓸 수 있는 유사한 표현으로 적절하지 않은 것은?

> (가) 사기범은 대통령 비서관이라고 ㉠ 속여 정보를 빼내려 했다.
> (나) 새로운 정부는 자본주의를 ㉡ 내세우며 경제 개혁을 추진했다.
> (다) 그는 분양받은 새 아파트에 ㉢ 들어가기를 손꼽아 기다렸다.
> (라) 인정이 메말라 가고, 정서는 ㉣ 없어져 가는 요즘의 세태가 걱정스럽다.

① ㉠: 사칭하여
② ㉡: 모방하며
③ ㉢: 입주하기를
④ ㉣: 고갈되어

03 ㉠~㉢과 바꿔 쓸 수 있는 유사한 표현으로 적절하지 않은 것은?

> (가) 지난번 사고 이후 책임자는 대령에서 중령으로 ㉠ 내려갔다.
> (나) 무대를 ㉡ 비추는 불빛 속에 배우들의 모습이 드러났다.
> (다) 우리는 호국 영령들의 ㉢ 훌륭한 희생 정신을 기리기 위해 묵념을 올렸다.
> (라) 각국의 대사들은 올림픽 대회를 자국에 ㉣ 끌어오기 위해 치열한 로비 활동을 벌였다.

① ㉠: 강등되었다
② ㉡: 조명하는
③ ㉢: 고귀한
④ ㉣: 예치하기

04 밑줄 친 표현이 ㉠의 의미와 가장 유사한 것은?

> 외교 관계 개선으로 적성국과도 통상이 ㉠ 열리는 계기가 마련되었다.

① 지금 시간이면 약국 문이 열렸을 것이다.
② 최신 기술을 소개하는 박람회가 성황리에 열렸다.
③ 오랜 단절 끝에 두 나라 사이에 국교가 열렸다.
④ 창고의 문이 열려 있어 물건이 보였다.

05 밑줄 친 표현이 ㉠의 의미와 가장 유사한 것은?

> 부모님은 자녀가 원하는 길을 갈 수 있도록 묵묵히 ㉠ 밀어 주셨다.

① 그는 면도를 하며 깔끔하게 수염을 밀었다.
② 경기를 앞두고 운동장을 롤러로 밀어 정비했다.
③ 아버지는 주말마다 목욕탕에 가서 때를 미신다.
④ 그는 후배를 끝까지 밀어 주며 성장을 도왔다.

06 다음 글에서 추론할 수 있는 것으로 적절하지 않은 것은?

> 강한 의지가 시험 합격을 보장해주지는 않는다. 가령, 어떤 학생이 합격하겠다는 강한 의지를 가졌다고 하자. 그런데 이 학생은 적절한 학습을 하지 않고 강한 의지로 동기부여를 하는 데에만 몰두하였다. 우리는 이 학생이 합격에 대한 강한 의지를 가졌음을 인정할 수 있지만, 그 목표를 달성할 가능성이 크다고 보지는 않는다. 이 학생에게는 합격에 필수적인 적절한 학습이 부재하였기 때문이다.

① 적절한 학습은 시험 합격의 필요조건이다.
② 시험을 합격한 학생은 모두 적절한 학습을 한 학생이다.
③ 강한 의지를 가지기 위해서는 시험 합격이 필요하다.
④ 강한 의지는 시험 합격의 충분조건이 아니다.

07 다음 전제가 모두 참이라고 할 때, 반드시 참인 결론은?

> ○ 어떤 자동차는 전기를 사용한다.
> ○ 전기를 사용하는 모든 것은 기계이다.

① 어떤 자동차는 전기를 사용하지 않는다.
② 어떤 기계는 전기를 사용하지 않는다.
③ 어떤 자동차는 기계이다.
④ 모든 자동차는 기계이다.

08 다음 (가)~(라)를 논리적 순서에 맞게 나열한 것은?

> (가) '기억의 정확성'은 개인의 성실성보다, 기억을 다루는 절차가 얼마나 검증 가능하게 설계되어 있는지에 달려 있다.
> (나) 예를 들어 목격자가 사건을 떠올릴 때 수사관이 특정 단서를 암시하면, 목격자는 그 단서를 자신의 기억 일부로 편입해 더 확신에 차게 말할 수 있다.
> (다) 그래서 진술을 확보할 때는 질문의 형식과 정보 제공 순서를 표준화하고, 가능하면 원자료(초기 진술·녹화 기록)를 함께 보존해야 한다.
> (라) 사람들은 기억을 '저장된 정보를 꺼내는 과정'으로 생각하지만, 실제 기억은 회상 과정에서 재구성되며 외부 정보의 영향을 받기 쉽다.

① (가) - (라) - (나) - (다)
② (나) - (라) - (다) - (가)
③ (라) - (나) - (다) - (가)
④ (라) - (다) - (나) - (가)

09 다음 ㉠~㉤을 문맥에 맞게 가장 적절한 순서로 배열한 것은?

> ㉠ 하지만 사람들은 확률이 낮다는 말만 들으면, 실제 손실 규모와 상관없이 위험을 과소평가하거나 반대로 과대평가하기도 한다.
> ㉡ 위험을 합리적으로 판단하려면 '발생 가능성'뿐 아니라 '발생했을 때의 피해 규모'도 함께 제대로 고려해야 한다.
> ㉢ 예를 들어 항공 사고는 발생 가능성이 매우 낮지만, 한 번 발생하면 피해가 크고 회복이 어렵다.
> ㉣ 반면 가벼운 교통사고처럼 발생 가능성은 높더라도 피해가 비교적 제한적인 경우도 있다.
> ㉤ 따라서 위험 소통은 단순히 확률을 나열하는 방식에서 벗어나, 피해의 성격과 규모를 함께 제시하는 방향으로 설계되어야 한다.
> ㉥ 이런 점에서 위험은 '확률'과 '피해'라는 두 축으로 구성된다는 관점이 유용하다.

① ㉠ - ㉡ - ㉢ - ㉣ - ㉥ - ㉤
② ㉡ - ㉠ - ㉢ - ㉣ - ㉥ - ㉤
③ ㉡ - ㉢ - ㉣ - ㉠ - ㉤ - ㉥
④ ㉢ - ㉣ - ㉡ - ㉠ - ㉥ - ㉤

10 다음 글에서 추론한 내용으로 적절하지 않은 것은?

> 어떤 학자는 사회 제도를 평가할 때, 그 제도가 오랜 시간 유지되어 왔다는 사실 자체가 곧 정당성을 보장하지는 않는다고 본다. 그러나 그는 제도가 형성되는 과정에서 축적된 경험과 관행에는 개인의 이성으로는 포착하기 어려운 합리성이 담겨 있을 수 있다고도 본다. 반면 제도를 설계하는 사람들 중 일부는, 기존 제도가 비효율적이라면 과감히 폐기하고 새로운 규칙을 도입해야 한다고 주장한다. 이들은 사회 질서가 인간의 계획과 통제를 통해 개선될 수 있다고 믿는다. 한편 또 다른 사람들은 제도의 정당성이나 개선 가능성에는 관심이 없고, 제도가 현재 자신에게 제공하는 이익에만 주목한다.

① 제도를 설계하려는 사람들은 사회 질서를 인간의 계획으로 개선할 수 있다고 믿는다.
② 제도가 오래 유지되었다는 사실만으로 그 정당성이 보장된다고 보지는 않는다.
③ 제도에 무관심한 사람들은 제도의 장기적 안정성에 큰 가치를 둔다.
④ 기존 제도의 경험과 관행에는 개인의 이성으로 파악하기 어려운 합리성이 포함될 수 있다.

매일 모고 영어 제18회

01 밑줄 친 부분에 들어갈 말로 가장 적절한 것은?

He is so _____ that he refuses to change his opinion even when there is clear evidence proving him wrong.

① obvious   ② stubborn

③ lenient   ④ serene

02 밑줄 친 부분에 들어갈 말로 가장 적절한 것은?

After the employee resigned unexpectedly, his position was left _____ until a suitable replacement was found.

① frivolous   ② fluent

③ stagnant   ④ vacant

03 밑줄 친 부분에 들어갈 말로 가장 적절한 것은?

She worked tirelessly to _____ her previous achievements and set a new personal record.

① surpass   ② betray

③ bestow   ④ wane

04 밑줄 친 부분에 들어갈 말로 가장 적절한 것은?

Being _____ to others' suffering can make society less compassionate and more divided over time.

① indifferent   ② affective

③ benevolent   ④ considerate

05 밑줄 친 부분에 들어갈 말로 가장 적절한 것은?

As the signal was gradually weakening, the heavy rain seemed to be _____ with communication between the two stations.

① reciting   ② reviving

③ interfering   ④ attaching

06 밑줄 친 부분에 들어갈 말로 가장 적절한 것은?

Andrew
Hey, how's the project coming along?

Lucy
It's going well so far. I've finished the data analysis, but I'm still working on the presentation slides. There are a lot of charts to organize, so it's taking longer than expected.

Andrew
I've finished all the parts I was responsible for, so I can help you.

Lucy
That's great. We're a bit short on time, so your help would be appreciated.

Andrew
_____

Lucy
Sure, that would be very helpful. I'll focus on finalizing the slides.

① Why didn't you finish everything yet?

② Do you want me to take care of the charts and graphs?

③ When does the project need to be completed?

④ How many people are on the project team?

07 밑줄 친 부분에 들어갈 말로 가장 적절한 것은?

His presentation was far more engaging than _____, which impressed all the participants at the meeting.

① me

② my

③ I

④ mine

1

08 밑줄 친 부분 중 어법상 옳지 않은 것은?

The local library announced plans to upgrade ① its facilities, including a new digital resource center and additional seating areas. ② While these improvements were meant to provide a better environment for visitors, the ongoing renovations caused unexpected disruptions. The loud sounds of machinery and construction work made it difficult for people ③ to read and focus. Many visitors complained ④ what they could not enjoy the peaceful atmosphere they once had.

09 다음 글의 흐름상 어색한 문장은?

The novel's tension lies in the interplay between story elements and narration, while film's tension arises from the story's elements and the objective image. ① It's as if the author or director were in continual conflict with the scene being shot. ② Chance plays a much larger role, allowing the observer to participate in the experience more actively. ③ The words on the page remain constant, but the image on the screen changes continuously as we shift our focus. ④ Although the image is recorded upside down on film, it is inverted again during projection, making the image on the screen right side up. Film, therefore, offers a much richer experience.

10 주어진 글 다음에 이어질 글의 순서로 가장 적절한 것은?

Companies are responsible for creating new products and services that meet consumer needs. Understanding these needs is important for success in the market.

(A) When companies understand what consumers want, they can develop products that satisfy those needs. This can lead to greater sales and happier customers.

(B) Therefore, in order for the company to succeed in the market without going in the wrong direction, it is essential to collect consumer feedback.

(C) If companies ignore what consumers prefer, they may create products that do not sell well.

① (A) - (B) - (C)
② (A) - (C) - (B)
③ (B) - (C) - (A)
④ (C) - (A) - (B)

01 행정입법에 대한 설명으로 옳지 않은 것은? (다툼이 있는 경우 판례에 의함)

① 법률이 공법적 단체 등의 정관에 자치법적 사항을 위임한 경우에는 헌법 제75조가 정하는 포괄적인 위임입법의 금지는 원칙적으로 적용되지 않지만, 그 사항이 국민의 권리·의무에 관련되는 것일 경우에는 적어도 국민의 권리·의무에 관한 기본적이고 본질적인 사항은 국회가 정하여야 한다.

② 하위 행정입법의 제정 없이 상위 법령의 규정만으로도 집행이 이루어질 수 있는 경우라면 하위 행정입법을 하여야 할 헌법적 작위의무는 인정되지 아니한다.

③ 법원이 구체적 규범통제를 통해 위헌·위법으로 선언한 법규명령의 규정은 일반적으로 그 효력을 상실한다.

④ 법률이 일정한 사항을 고시와 같은 행정규칙에 위임하는 것은 전문적·기술적 사항이나 경미한 사항으로서 업무의 성질상 위임이 불가피한 사항에 한정된다.

02 기속행위와 재량행위에 대한 설명으로 옳지 않은 것은? (다툼이 있는 경우 판례에 의함)

① 행정청이 과거 상대방에게 한 특정한 처분으로 인하여 그에게 유리한 사실관계가 형성되었음을 인식하고 있었음에도 이를 반영하지 않은 채 재량권을 행사하였다면, 이는 행정청의 사실오인에 기초한 것으로서 재량권 일탈·남용에 해당하여 위법하다.

② 난민 인정에 관한 신청을 받은 행정청은 원칙적으로 법령이 정한 난민 요건에 해당하는지를 심사하여 난민 인정 여부를 결정할 수 있을 뿐이고, 법령이 정한 난민 요건과 무관한 다른 사유만을 들어 난민 인정을 거부할 수는 없다.

③ 「도로교통법」상 술에 취한 상태에 있다고 인정할 만한 상당한 이유가 있음에도 불구하고 경찰공무원의 측정에 응하지 아니한 때에는 필요적으로 운전면허를 취소하도록 되어 있으므로 해당 법조의 요건에 해당하였음을 이유로 한 운전면허취소처분에 있어서 재량권의 일탈 또는 남용의 문제는 생길 수 없다.

④ 재량행위에 대한 법원의 심사는 재량권의 일탈 또는 남용 및 재량권의 한계 내에서의 행정청의 판단, 즉 합목적성 내지 공익성의 판단 등을 대상으로 한다.

03 「행정기본법」상 처분의 재심사에 대한 설명으로 옳은 것은?

① 처분으로 법률상 이익이 침해된 제3자는 해당 처분에 대해 재심사를 청구할 수 있다.

② 당사자는 제재처분이 행정심판, 행정소송 및 그 밖의 쟁송을 통하여 다툴 수 없게 된 경우에도 그 처분의 근거가 된 사실관계 또는 법률관계가 추후에 당사자에게 유리하게 바뀐 경우에는 해당 처분을 한 행정청에 처분을 취소·철회하거나 변경하여 줄 것을 신청할 수 있다.

③ 처분의 재심사 신청을 받은 행정청은 특별한 사정이 없으면 신청을 받은 날부터 90일(합의제행정기관은 180일) 이내에 처분의 재심사 결과(재심사 여부와 처분의 유지·취소·철회·변경 등에 대한 결정을 포함한다)를 신청인에게 통지하여야 한다.

④ 처분을 유지하는 재심사 결과에 대하여는 행정심판, 행정소송 및 그 밖의 쟁송수단을 통하여 불복할 수 있다.

04 공공계약에 대한 설명으로 옳지 않은 것은? (다툼이 있는 경우 판례에 의함)

① 요청조달계약에는 「국가를 당사자로 하는 계약에 관한 법률」 중 국가가 사경제 주체로서 국민과 대등한 관계에 있음을 전제로 한 사법관계에 대한 규정뿐만 아니라, 고권적 지위에서 국민에게 침익적 효과를 발생시키는 행정처분에 대한 규정까지 적용된다.

② 조달청장이 「예산회계법」에 따라 입찰보증금 국고귀속조치를 취하는 것은 국가가 사법상의 재산권의 주체로서 행위하는 것이다.

③ 공기업·준정부기관이 법령 또는 계약에 근거하여 선택적으로 입찰참가자격 제한 조치를 할 수 있는 경우, 계약상대방에 대한 입찰참가자격 제한 조치가 법령에 근거한 행정처분인지 아니면 계약에 근거한 권리행사인지는 원칙적으로 의사표시 해석의 문제이다.

④ 지방자치단체가 일방 당사자가 되는 이른바 '공공계약'이 사경제의 주체로서 상대방과 대등한 위치에서 체결하는 사법상 계약에 해당하는 경우 그에 관한 법령에 특별한 정함이 있는 경우를 제외하고는 사적 자치와 계약자유의 원칙 등 사법의 원리가 그대로 적용된다.

05 행정소송의 집행정지에 대한 설명으로 옳지 않은 것은? (다툼이 있는 경우 판례에 의함)

① 의과대학 교수, 전공의 또는 수험생은 의대정원 증원배정 처분의 집행정지를 구할 법률상 이익이 인정되지 않는다.

② 집행정지의 결정에 대하여는 즉시항고할 수 있으며, 이 경우 집행정지의 결정에 대한 즉시항고에는 결정의 집행을 정지하는 효력이 없다.

③ 유흥접객영업허가의 취소처분으로 5,000여만 원의 시설비를 회수하지 못하게 된다면 생계까지 위협받을 수 있다는 등의 사정은 집행정지를 인정하기 위한 회복하기 어려운 손해가 생길 우려가 있는 경우에 해당하지 아니한다.

④ 「민사집행법」상 가처분에 관한 규정은 항고소송에 준용된다.

06 공법관계와 사법관계에 대한 설명으로 옳은 것은? (다툼이 있는 경우 판례에 의함)

① 구 「석탄산업법」상의 석탄가격안정지원금 지급청구에 관한 소송은 민사소송에 해당한다.

② 국가나 지방자치단체에 근무하는 청원경찰의 징계처분에 대한 소송은 행정소송에 해당한다.

③ 「도시재개발법」에 의한 재개발조합의 조합원은 조합원의 자격 인정 여부에 관하여 다툼이 있는 경우 민사소송에 의하여 그 조합원 자격의 확인을 구할 수 있다.

④ 지방자치단체가 사인과 체결한 자원회수시설에 대한 위탁운영협약은 공법상 계약에 해당하므로 그에 관한 다툼은 당사자소송의 대상이 된다.

07 행정소송에 대한 설명으로 옳지 않은 것은? (다툼이 있는 경우 판례에 의함)

① 행정처분의 무효확인을 구하는 소에는 원고가 그 처분의 취소를 구하지 아니한다고 밝히지 아니한 이상 그 처분이 당연무효가 아니라면 그 취소를 구하는 취지도 포함되어 있는 것으로 보아야 하고, 그와 같은 경우에 취소청구를 인용하려면 먼저 취소를 구하는 항고소송으로서의 제소요건을 구비하여야 한다.

② 행정청이 점용허가를 받지 않고 도로를 점용한 사람에 대하여 「도로법」에 의한 변상금 부과처분을 하였다가, 처분에 대한 취소소송이 제기된 후 해당 도로가 「도로법」 적용을 받는 도로에 해당하지 않을 경우를 대비하여 처분의 근거 법령을 구 국유재산법 등으로 변경하여 주장하는 것은 허용될 수 있다.

③ 이미 직위해제처분을 받아 직위해제된 공무원에 대하여 행정청이 새로운 사유에 기하여 직위해제처분을 하였다면, 이전 직위해제처분의 취소를 구하는 소송을 제기하는 것은 부적법하다.

④ 주택건설사업 승인신청 거부처분에 대한 취소의 확정판결이 있은 후 행정청이 재처분을 하였다 하더라도 그 재처분이 종전 거부처분에 대한 취소의 확정판결의 기속력에 반하는 경우, 「행정소송법」상 간접강제신청에 필요한 요건을 갖춘 것으로 보아야 한다.

08 행정절차에 대한 설명으로 옳지 않은 것은? (다툼이 있는 경우 판례에 의함)

① 행정청이 미리 공표한 처분기준인 행정규칙을 따랐는지 여부가 처분의 적법성을 판단하는 결정적인 지표가 되지 못하는 것과 마찬가지로, 행정청이 미리 공표하지 않은 처분기준을 적용하였는지 여부도 처분의 적법성을 판단하는 결정적인 지표가 될 수 없다.

② 행정처분의 상대방에 대한 청문통지서가 반송되었거나 행정처분의 상대방이 청문일시에 불출석하였다는 이유만으로 행정청이 관계 법령상 그 실시가 요구되는 청문을 실시하지 아니하고 한 침해적 행정처분은 위법하다.

③ 행정청은 침익적 행정처분의 경우에만 이유를 제시하여야 하고 수익적 행정처분의 경우에는 이유제시를 하지 않아도 무방하다.

④ 퇴직연금의 환수결정은 당사자에게 의무를 과하는 처분이기는 하나 관련 법령에 따라 당연히 환수금액이 정하여지는 것이므로, 퇴직연금의 환수결정에 앞서 당사자에게 의견진술의 기회를 주지 아니하여도 「행정절차법」에 어긋나지 아니한다.

09 정보공개에 대한 설명으로 옳은 것은? (다툼이 있는 경우 판례에 의함)

① 형사재판확정기록의 공개에 관하여는 「공공기관의 정보공개에 관한 법률」에 의한 공개청구가 허용되지 아니한다.

② 「공공기관의 정보공개에 관한 법률」 제9조제1항제4호의 '진행 중인 재판에 관련된 정보'에 해당한다는 사유로 정보공개를 거부하기 위해서는 그 정보가 진행 중인 재판의 소송기록 그 자체에 포함된 내용이어야 한다.

③ 의사결정과정에 제공된 회의관련자료나 의사결정과정이 기록된 회의록은 의사가 결정되거나 의사가 집행된 경우에는 더 이상 의사결정과정에 있는 사항 그 자체라고는 할 수 없으므로 비공개대상정보에 포함될 수 없다.

④ 외국 또는 외국 기관으로부터 비공개를 전제로 입수한 정보는 비공개를 전제로 하였다는 이유만으로 비공개대상정보에 해당한다.

10 국가배상에 대한 설명으로 옳지 않은 것은? (다툼이 있는 경우 판례에 의함)

① 공무원의 부작위로 인한 국가배상책임을 인정하기 위하여는 공무원의 작위로 인한 국가배상책임을 인정하는 경우와 마찬가지로 「국가배상법」 제2조 제1항의 요건이 충족되어야 한다.

② 직무상 의무를 부과한 법령의 목적이 단순히 공공일반의 이익을 위한 것이라도 공무원이 그 직무상 의무를 위반하여 손해를 입힌 경우 국가배상책임이 인정된다.

③ 공익근무요원은 「국가배상법」 제2조 제1항 단서의 규정에 의하여 국가배상법상 손해배상청구가 제한되는 군인·군무원·경찰공무원 또는 향토예비군대원에 해당한다고 할 수 없다.

④ 생명·신체의 침해로 인한 국가배상을 받을 권리는 양도하거나 압류하지 못한다.

01 책임운영기관의 특징에 대한 설명으로 옳지 못한 내용은?
① 경쟁원리에 따라 운영하는 것이 바람직하거나 전문성이 필요한 사무에 주로 적용된다.
② 정책결정과 집행 기능을 유기적으로 연계시켜 운영함으로써 집행의 효율성 확보에 기여한다.
③ 공공성이 강하면서도 자율운영이 보다 효율적인 사무가 책임운영기관으로 바람직하다.
④ 정부가 직접 운영하는 기관이기 때문에 정부기관이며, 직원의 신분은 공무원 신분이다.

02 나카무라(Nakamura)와 스몰우드(Smallwood)의 정책집행 유형 중에서 다음의 내용을 포함한 유형은?

○ 정책결정자들은 정책목표를 수립하고, 나머지 부분은 집행자들에게 위임된다고 본다.
○ 집행자들은 목표와 방침에 합의한 상태에서 구체적인 집행에 필요한 충분한 재량권을 부여받는다.
○ 목표달성을 위해 필요한 범위 안에서 행정적, 기술적, 협상 권한을 집행자들이 소유한다.

① 고전적 기술자형
② 지시적 위임자형
③ 협상자형
④ 재량적 실험가형

03 다음 제시된 공기업 중 분류상 특징이 다른 하나는?
① 한국철도공사
② 한국가스공사
③ 한국공항공사
④ 한국도로공사

04 정부규제에 관한 설명으로 가장 적절한 것은?
① 포지티브 규제는 네거티브 규제에 비해 규제대상기관의 자율성이 크다.
② 규제개혁은 규제관리 → 규제완화 → 규제품질관리 등의 단계로 진행되는 것이 일반적이다.
③ 규제의 역설은 최고의 기술을 요구하는 규제가 오히려 기술개발을 지연시킬 수 있다고 본다.
④ 정부의 규제정책을 심의 조정하고 규제의 심사 정비 등에 관한 사항을 종합적으로 추진하기 위하여 국무총리 소속으로 규제합리화위원회를 두고 있다.

05 지방자치 활성화 이후에 강화되는 성장연합의 주체들에 속하지 않은 것은?
① 토지 자산가
② 지역 언론기관
③ 환경운동가
④ 금융기관

06 다음 중 근무성적평정에서 연쇄효과를 방지할 수 있는 방안에 해당되는 것은?
① 배점의 집중화나 관대화를 막기 위하여 강제배분 도입이 필요하다.
② 평정척도를 5단계에서 두 단계를 추가하여 7단계로 하는 것이 바람직하다.
③ 평정을 피평정자별로 하지 않고 평정 요소별로 모든 피평정자들을 평가한다.
④ 상관에 의한 일방적 평가를 피하고 다면평가를 도입하는 것이 좋다.

07 위원회 조직운영으로 기대되는 특징으로 가장 옳지 않은 것은?
① 책임성 확보
② 거래비용 증대
③ 행정의 전문성 제고
④ 행정의 민주성 제고

08 동기이론에 대한 설명으로 가장 옳지 않은 것은?
① 매슬로우(Maslow)는 충족된 욕구는 동기부여의 역할이 약화되고 그 다음 단계의 욕구가 새로운 동기요인이 된다고 하였다.
② 맥클랜드(McClelland)는 욕구를 권력욕구, 친교욕구, 성취욕구로 분류하고, 성취욕구의 중요성을 강조한다.
③ 허즈버그(Herzberg)의 욕구충족요인 이원론에서 불만요인은 개인의 불만족을 방지하는 효과를 가져오는 요인으로서, 충족되면 만족감을 갖게 되어 동기가 유발된다.
④ 앨더퍼(Alderfer)의 ERG이론은 상위 욕구가 만족되지 않으면, 하위 욕구를 더욱 충족시키고자 한다고 주장한다.

09 공무원 교육훈련방법에 대한 설명으로 옳지 않은 것은?
① 강의(lecture)는 교육내용을 다수의 피교육자에게 단시간에 전달하는 데 효과적인 방법이다.
② 역할연기(role playing)는 실제 직무상황과 같은 상황을 실연시킴으로써 문제를 빠르게 이해시키고 참여자들의 태도변화와 민감한 반응을 촉진시킨다.
③ 감수성 훈련(sensitivity training)은 어떤 사건의 윤곽을 피교육자에게 알려주고 그 해결책을 찾게 하는 방법이다.
④ 시뮬레이션(simulation)은 업무수행 중 직면할 수 있는 어떤 상황을 가상적으로 만들어 놓고 피교육자가 그 상황에 대처해 보도록 하는 방법이다.

10 예산집행에 대한 설명으로 가장 옳지 않은 것은?

① 예산집행의 보고 및 기록제도는 예산의 신축성을 유지하는 방법이다.

② 예산의 배정과 재배정 및 정원과 보수의 문제는 재정통제의 방법이다.

③ 국고채무부담행위뿐만 아니라 지출원인행위도 예산집행에 포함된다.

④ 예산집행의 목표는 예산집행상의 신축성 유지와 재정통제에 있다.

01 선사시대에 대한 설명으로 옳지 않은 것은?
① 신석기 유적지인 부산 동삼동에서 조개더미 유적이 나왔다.
② 신석기 시대의 움집은 원형이거나 모서리가 둥근 사각형이다.
③ 철기시대에 한반도에서는 세형동검 같은 독자적인 철기가 제작되었다.
④ 청동기 시대에 정착생활이 이루어지면서 처음으로 부족사회가 형성되었다.

02 밑줄 친 '이 나라'에 대한 설명으로 옳은 것은?

> '이 나라' 족장들 중에 세력이 큰 자는 스스로 신지라 부르고, 그 다음의 세력자는 읍차라고 한다. 사람들은 산과 바다에 흩어져 살았고 성곽은 없다.
> - 『삼국지 위지 동이전』 -

① 5월, 10월에 제천행사를 열었다.
② 족외혼과 책화의 풍습이 있었다.
③ 국가 통치를 위해 8조의 법이 있었다.
④ 고구려에 소금, 어물 등을 공납으로 바쳤다.

03 (가), (나)에 대한 설명으로 옳지 않은 것은?

> (가) 중국 길림성 통구에 위치한 이 비석에는 "신라가 사신을 보내 왕에게 말하기를, '왜인이 그 국경에 가득 차 성을 부수었으니, *노객은 백성된 자로서 왕에게 귀의하여 분부를 청한다.'라고 하였다. …(중략)… 10년 경자에 보병과 기병 5만을 보내, 신라를 구원하게 하였다."라는 내용이 기록되어 있다.
> (나) 남한강 유역의 중원(현재 충주)에 위치한 이 비석에는 "신라왕이 신하와 함께 고구려 대사자 다우환노를 만나, 중원에 주둔하고 있던 고구려 사자 금노로 하여금 신라 국내의 여러 사람을 내지로 옮기게 하였다."라는 내용이 기록되어 있다.
> *노객 : 신라 왕이 자신을 낮추어 부른 말

① (가) 비석의 왕이 후연을 격파하고 요동을 장악하였다.
② (나) 비석을 건립한 왕 시기에 고구려가 북부여를 흡수하였다.
③ (가) 비석이 만들어진 시기에 신라의 왕은 마립간의 칭호를 사용하였다.
④ (나) 비석이 건립된 시기의 고구려는 중국의 남조, 북조와 동시에 교류를 맺고 있었다.

04 삼국시대와 통일 신라 시대에 만들어진 탑인 (가)~(라)에 대한 설명으로 옳지 않은 것은?

> (가) 양양 진전사지 3층 석탑
> (나) 불국사 석가탑
> (다) 미륵사지 석탑
> (라) 쌍봉사 철감선사 승탑

① (가) - 신라 중대의 대표적인 석탑이다.
② (나) - 세계에서 가장 오래된 목판인쇄본이 발견되었다.
③ (다) - 목탑 양식을 반영한 것으로, 무왕의 백제 중흥을 반영한 것이다.
④ (라) - 승려의 사리를 모신 것으로, 신라 하대 선종의 성장과 관련이 깊다.

05 (가)~(라)에 들어갈 사건으로 옳은 것은?

> 후백제 건국 ⇒ (가) ⇒ 후고구려 철원 천도 ⇒ (나) ⇒ 고려 건국 ⇒ (다) ⇒ 발해 멸망 ⇒ (라) ⇒ 민족의 재통일

① (가) - 원종과 애노의 난이 일어났다.
② (나) - 후백제가 멸망하였다.
③ (다) - 공산 전투에서 후백제 군이 고려군을 대파하였다.
④ (라) - 신라 경순왕이 고려에 귀부하여, 신라가 멸망하였다.

06 원 간섭기에 대한 설명으로 옳은 것은?
① 정동행성은 원나라가 고려의 내정을 간섭하던 기구였다.
② 관제가 격하되어 2성은 6부로, 중추원은 도병마사로 개편되었다.
③ 동녕부, 탐라총관부, 쌍성총관부는 공민왕이 무력으로 탈환하였다.
④ 공민왕은 베이징에 만권당을 설치하여 원나라의 학자들과 교류하였다.

07 사건이 일어난 순서를 바르게 나열한 것은?

> ㄱ. 금나라가 군신 관계를 요구하자 이자겸 등이 이를 수용하였다.
> ㄴ. 홍건적의 침공으로 개경을 함락당하였다.
> ㄷ. 명의 무리한 요구에 반발하여 최영이 요동 정벌을 시도하였다.
> ㄹ. 처인성 전투에서 김윤후가 적장 살리타를 사살하였다.
> ㅁ. 거란과의 외교담판으로 강동 6주를 확보하였다.

① ㅁ - ㄷ - ㄱ - ㄹ - ㄴ
② ㄷ - ㄱ - ㄹ - ㄴ - ㅁ
③ ㅁ - ㄱ - ㄹ - ㄴ - ㄷ
④ ㅁ - ㄷ - ㄱ - ㄴ - ㄹ

08 고려시대 토지제도에 대한 설명으로 옳지 않은 것은?

① 공음전은 문종 때부터 지급하기 시작하였다.
② 군인전은 2군 6위의 직업군인에게 지급되었고 영업전의 성격이 강하였다.
③ 진전과 황무지를 개간한 사람들에게 소유권을 인정하는 사패권을 부여하였다.
④ 녹과전은 전·현직 관리들에게 전국의 토지를 관등에 따라 지급하였다.

09 밑줄 친 가문에 해당하는 세력이 집권하고 있을 때의 상황으로 옳은 것은?

> 이제부터 만약 종친으로서 같은 성에 장가드는 자는 황제의 명령을 위배한 자로서 처리할 것이니 마땅히 여러 대를 내려오면서 재상을 지낸 집안의 딸을 취하여 부인을 삼을 것이며 재상의 아들은 왕족의 딸과 혼인함을 허락할 것이다. 만약 집안의 세력이 미비하면 반드시 그렇게 할 필요는 없다. …(중략)… 철원 최씨, 해주 최씨, 공암 허씨, 평강 채씨, 청주 이씨, 당성 홍씨, 황려 민씨, 횡천 조씨, 파평 윤씨, 평양 조씨는 다 여러 대의 공신 재상의 종족이니 가히 대대로 혼인할 것이다. 남자는 종친의 딸에게 장가가고 딸은 종비(宗妃)가 됨직하다.
>
> － 『고려사』 －

① 신진사대부는 개혁사상으로 선종 불교를 수용하였다.
② 이자겸의 난으로 귀족 사회 내부의 모순이 드러났다.
③ 위화도 회군으로 정치권력을 장악한 신진사대부 세력이 토지개혁을 시도하였다.
④ 불교가 타락하여, 민중의 토지를 강탈하고 강제로 물건을 강매하게 하는 횡포가 빈번하였다.

10 다음 글을 서술한 사람의 행적으로 적절한 것은?

> 다른 종족을 끌어 들여 같은 종족을 멸망시키는 것은 도적을 불러들여 형제를 죽이는 것과 다를 바 없는 것이다. 이는 삼척 동자라도 알 수 있는 바이거늘. 슬프다! 우리나라 역사가여! 이를 아는 자가 매우 적구나 … 태종대왕 김춘추에 이르러 이 일을 위하여 마음과 힘을 다하고 수완을 다하여 마침내 이 일을 이룬 뒤에는 득의양양하였다. 반만큼이라도 혈기를 가진 자라면 이를 욕하고 꾸짖는 게 옳으며 배척하는 것이 옳거늘, 오늘날 그 본말을 따지지 않고 다만 '우리나라 통일의 실마리를 연 임금이다.'라고 한다. 그가 우리나라 뿐 아니라 중국도 통일하고 일본도 통일하며 기타 동서 여러 나라들을 빠짐없이 통일하였더라도 그 공으로 그 죄를 덮지 못하는데 하물며 삼국 통일한 공으로 그 죄를 덮을 수 있으리오.

① 한국통사를 저술하였다.
② 조선혁명선언을 작성하였다.
③ 역사의 보편성과 법칙성을 강조하였다.
④ 실증사학 단체인 진단학회를 설립하였다.